Herman Bavinck

As maravilhas de Deus

Herman Bavinck

As *maravilhas de Deus*

Instrução na religião cristã de acordo com a Confissão Reformada

Traduzido por
David Brum Soares

Publicado originalmente em holandês por J. H. Kok (Kampen), em 1909, como *Magnalia Dei: Onderwijzing in de Christelijke Religie naar Gereformeerde Belijdenis* e traduzido para o inglês pela Wm. Eerdmans Publishing Company como *Our Reasonable Faith* por Henry Zylstra © 1956. Traduzido e publicado com permissão da Wm. Eerdmans Publishing Company.

Todas as citações bíblicas foram extraídas da Versão Almeida Século 21 (A21), salvo indicação em contrário.

Os pontos de vista desta obra são de responsabilidade dos autores e colaboradores diretos, não refletindo necessariamente a posição da Pilgrim Serviços e Aplicações ou de sua equipe editorial.

PUBLISHER *Samuel Coto*
EDITORES *André Lodos Tangerino e Guilherme Cordeiro Pires*
PREPARAÇÃO *Jean Xavier*
REVISÃO *Adalberto Júnior, Arthur Guanaes e Eliana Moura Mattos*
DIAGRAMAÇÃO *Aldair Dutra de Assis*
CAPA *Jonatas Belan*

DADOS INTERNACIONAIS DE CATALOGAÇÃO NA PUBLICAÇÃO (CIP)
(BENITEZ CATALOGAÇÃO ASS. EDITORIAL, MS, BRASIL)

B343m Bavinck, Herman
1.ed. As maravilhas de Deus : instrução na religião cristã de acordo com a confissão reformada / Herman Bavinck ; tradução de David Brum Soares. – 1.ed. – São Paulo: Pilgrim Serviços e Aplicações; Rio de Janeiro: Thomas Nelson Brasil, 2021.
736 p.; 13,5 x 20,8 cm.

Título original : The wonderful Works of God.

ISBN : 978-65-56891-91-0

Confissão. 2. Doutrinas cristãs. 3. Fé. 4. Pecado. 5. Teologia sistemática. 6. Vida cristã. I. Soares, David Brum. II. Título.

03-2021/91 CDD 268

Índice para catálogo sistemático:
1. Confissão : Teologia : Vida cristã 268

Aline Graziele Benitez – Bibliotecária – CRB-1/3129

Thomas Nelson Brasil é uma marca licenciada à Vida Melhor Editora LTDA.
Todos os direitos reservados . Vida Melhor Editora LTDA.
Rua da Quitanda, 86, sala 601A — Centro
Rio de Janeiro, RJ — CEP 20091-005
Tel.: (21) 3175-1030
www.thomasnelson.com.br

Sumário

Introdução à edição brasileira de Rev. Dr. Pedro Lucas Dulci ▪ 7
Prefácio de Henry Zylstra ▪ 35

1. O bem supremo do homem ▪ 43
2. O conhecimento de Deus ▪ 51
3. Revelação geral ▪ 61
4. O valor da revelação geral ▪ 75
5. A forma da revelação especial ▪ 95
6. O conteúdo da revelação especial ▪ 109
7. As Escrituras Sagradas ▪ 135
8. Escritura e confissão ▪ 159
9. O ser de Deus ▪ 173
10. A divina Trindade ▪ 191
11. Criação e providência ▪ 213
12. Origem, essência e propósito do homem ▪ 239
13. Pecado e morte ▪ 283
14. O pacto da graça ▪ 327
15. O mediador da aliança ▪ 349
16. As duas naturezas de Cristo ▪ 381
17. A obra de Cristo na sua humilhação ▪ 405
18. A obra de Cristo na sua exaltação ▪ 435

Introdução à edição brasileira

Colocando a casa em ordem: como Herman Bavinck contribui para a recuperação da identidade teológica da Igreja

---

I. A crise de identidade dos pastores e teólogos da Igreja

Dentre os diferentes obstáculos que as igrejas cristãs precisam enfrentar em momentos distintos da história, a fragilidade teológica da sua liderança é um dos que menos têm recebido atenção. Os fundadores do Centro de Pastores-Teólogos, Todd Wilson e Gerald Hiestand, têm contribuído muitíssimo para reverter essa situação e anunciar à igreja evangélica que: "os pastores hoje em dia estão passando por uma espécie de crise de identidade. De modo geral, eles não sabem quem são nem o que deveriam fazer".[1]

[1]WILSON, Todd; HIESTAND, Gerald. "Introdução". In: *Tornando-se um pastor teólogo*: identidade e possibilidade para a liderança da igreja. Viçosa, MG: Ultimato, 2020, p. 11.

Em razão de uma série de transformações culturais e também eclesiásticas, os pastores e líderes da Igreja abriram mão da teologia como o fator distintivo da sua vocação ministerial. Essa perda não só lançou pastores e líderes em um oceano de confusão pessoal, como também fragilizou consideravelmente as dinâmicas próprias das igrejas locais. Aqueles que eram responsáveis por criar uma atmosfera de valorização e reconhecimento do caráter fundamental da teologia para a formação cristã cederam espaço às pressões culturais e aos modismos religiosos que colocam muitas comunidades eclesiásticas em rota de ruína.

O teólogo norteamericano Kevin J. Vanhoozer explica essa crise de identidade teológica da Igreja em termos muito conhecidos por nós brasileiros: "um grande número de pastores trocou seu direito de primogenitura vocacional por um prato de sopa de lentilhas (Gn 25:29-34; Hb 12:16): habilidades de gerenciamento, planos estratégicos, cursos de 'liderança', técnicas terapêuticas e assim por diante. Congregações demandam essas qualificações de seus pastores, e é melhor ainda se eles tiverem um título de MBA".[2] Por trás de sermões recheados de pressuposições seculares, de aconselhamentos que objetivam fazer seus ouvintes se sentirem mais realizados e até de projetos megalomaníacos de construções de novos prédios para as igrejas esconde-se uma radical incapacidade de compreender como um pastor conduz teologicamente o rebanho de Jesus. Talvez tudo isso explique por que têm se tornado muito mais comuns as histórias de pastores e líderes que: "renunciam ao cargo todos os anos, abandonam o ministério sem nunca desejarem voltar ou fazem tentativas quase sempre insanas de ocultar a confusão e o desgaste que sentem com diferentes formas de automedicação, que vão de bebida, pornografia, casos extraconjugais, comida em excesso, obsessão por dinheiro ou poder ao completo desapego emocional da vida das pessoas que eles pastoreiam – ou do próprio Deus".[3]

A despeito do momento de fracasso teológico de muitas igrejas contemporâneas, existe uma compreensão compartilhada ao longo dos séculos da história eclesiástica de que os pastores são teólogos. O pastor e teólogo norte-americano Albert Mohler Jr. nos lembra

---

[2]VANHOOZER, Kevin J. O *Pastor como teólogo público: recuperando uma visão perdida*. São Paulo: Edições Vida Nova, 2016, p. 17.
[3]WILSON; HIESTAND, op. cit., p. 12.

com precisão que: "nos primeiros séculos da igreja e, de fato, nos anais da história cristã, os principais teólogos da igreja eram seus pastores. Atanásio, Irineu e Agostinho eram pastores de igrejas, embora sejam respeitados como alguns dos primeiros grandes teólogos do cristianismo. De modo semelhante, os grandes teólogos da Reforma eram, na maioria, pastores, como João Calvino e Martinho Lutero. É claro que suas responsabilidades atingiam frequentemente um alcance maior do que as de um pastor".[4] Essa afirmação não é enviesada por vir das mãos de um pastor, como Mohler. Lemos também na obra do importante teólogo acadêmico Alister E. McGrath a mesma percepção histórica do lugar da teologia na vida da Igreja: "a princípio, o estudo do cristianismo na Europa Ocidental concentrava-se nas escolas ligadas às catedrais e aos monastérios. De modo geral, a teologia era vista como a disciplina voltada às questões práticas, como os assuntos relativos à fé e à espiritualidade, em vez de ser tida como matéria teórica. Entretanto, com a fundação das universidades, o estudo acadêmico da fé cristã gradualmente se transferiu dos monastérios e catedrais para a arena pública".[5] Em seguida, ele completa esse mesmo raciocínio voltando nossos olhares para a atualidade:

> nunca é demais enfatizar que a atual posição de fé global ocupada pelo cristianismo não se deve à atuação das faculdades de teologia ou aos departamentos de religião. Existe uma forte dimensão pastoral no cristianismo, que geralmente não se encontra adequadamente refletida nas discussões teológicas acadêmicas. Na verdade, muitos estudiosos já alegaram que a teologia latino-americana da libertação representa uma correção, há muito devida, da tendência excessivamente acadêmica da teologia ocidental, introduzindo um ajuste saudável na direção da aplicabilidade social. De acordo com essa perspectiva, a teologia é vista como algo que oferece modelos para a ação transformadora, e não como reflexão puramente teórica. No entanto, essa tendência acadêmica é recente. O puritanismo é um exemplo excelente de um movimento que posicionou a integridade teológica

[4]MOHLER JR., Albert. *Deus não está em silêncio*. São José dos Campos, SP: Editora Fiel, 2016, p. 115.
[5]MCGRATH, Alister E. *Teologia: sistemática, histórica e filosófica*. São Paulo: Shedd Publicações, 2005, p. 172.

> lado a lado com a prática pastoral, acreditando que uma coisa era incompleta sem a outra. As obras de indivíduos como Richard Baxter e Jonathan Edwards estão repletas da crença de que a teologia encontra sua verdadeira expressão no cuidado pastoral e no nutrimento das almas. Mais recentemente, essa preocupação em assegurar que a teologia encontrasse sua expressão no cuidado pastoral levou a um renovado interesse em relação à teologia pastoral.[6]

Fica evidente, portanto, que desde o início a percepção conservada a respeito dos pastores-teólogos é a de que eles são presentes que o próprio Deus deu à Igreja: "E ele mesmo deu uns para... *pastores também mestres*. Querendo o aperfeiçoamento dos santos, para a obra do ministério, para edificação do corpo de Cristo" (Ef 4:11-12). Mesmo que essa visão sobre o pastoreio teológico da Igreja esteja sendo ofuscada por todo o tipo de imagem concorrente às Escrituras, é preciso ter clareza que a preparação dos discípulos e a edificação da Igreja são cumpridas por esse ministério teológico.[7]

Nesse sentido, precisamos concordar com Mohler Jr. que: "um dos mais notáveis desenvolvimentos dos últimos séculos foi a transformação da teologia em disciplina acadêmica, mais associada com a universidade do que com a igreja".[8] A genealogia dessa transformação pode ser recuada até os primeiros anos do chamado Século das Luzes, que, para a igreja, foi um período de densas trevas. Uma das diversas relações que mais foi afetada pelo Iluminismo foi entre a Igreja e a Universidade. Os modelos de instituições de ensino e pesquisas universitárias que conhecemos são filhos legítimos das transformações ocorridas nas pressuposições que governavam

---

[6]Ibid., p. 182.

[7]Quanto às imagens rivais ao pastor-teólogo, Vanhoozer faz um pequeno sumário muito instrutivo para nós: "a ascensão e a queda de quatro modelos que predominaram em diferentes épocas na história da igreja norte-americana: o 'mestre' de conhecimento bíblico e teológico (final do século XVIII e início do XIX), o 'pregador de reavivamento' (século 19), o 'construtor' de igrejas e congregações (final do século XIX e início do XX) e o 'gestor' de pessoas e programas (século XX) [...] Além de imagens mais antigas (e.g., negociador político, terapeuta, administrador) que continuam desfrutando de considerável influência, ele menciona o magnata da mídia e o ativista comunitário. Há ainda outras imagens, como o 'documento humano vivo', o tolo sábio, o treinador moral, o agente de esperança, o diagnosticador, o contador de histórias populares e a parteira. Essa proliferação de imagens indica simplesmente a falta de consenso e até mesmo a confusão generalizada sobre o que os pastores são e o que deveriam fazer". VANHOOZER, op. cit., p. 25-26.

[8]MOHLER JR., op. cit., p. 115.

essas instituições. Diferentemente do que havia acontecido durante grande parte da Idade Média, na Modernidade algumas ênfases dos movimentos iluministas tornaram-se verdadeiras pressuposições do trabalho acadêmico.

Quem descreve esse processo e o relaciona com a formação dos pastores-teólogos da igreja é Gerald Hiestand, em seu artigo sobre O *pastor-teólogo como teólogo eclesiástico*. Quanto a isso, ele diz o seguinte: "a universidade de pesquisa moderna, uma vez que é herdeira do Iluminismo, adotou o ideal da objetividade desinteressada do Iluminismo. Embora exista certa adequação (qualificada) à objetividade na pesquisa e na sistematização, a articulação do significado eclesiástico é muitas vezes sacrificada no altar da neutralidade e da objetividade".[9] A despeito dos inegáveis ganhos que obtivemos a partir da busca por precisão no conhecimento universitário, no que diz respeito à teologia enquanto disciplina científica, nós comprometemos fatalmente sua proficuidade para a vida cristã em nome de métodos de pesquisa mais cuidadosos e análises mais exatas – e, consequentemente, a Igreja foi enormemente prejudicada. No ambiente universitário, tornou-se absolutamente possível e rigoroso afirmarmos quais eram as intenções originais dos escritos neotestamentários do apóstolo Paulo, mas totalmente ilegítimo e desincentivado prescrevermos padrões de conduta para a Igreja a partir de tais estudos. Formar teólogos acadêmicos era radicalmente diferente de formar pastores-teólogos. Conforme Hiestand, "dizer no que a igreja *costumava* acreditar é admissível; dizer no que ela *deveria* acreditar é proibido de acordo com os padrões predominantes da corporação acadêmica".[10]

Em tudo isso, conseguimos perceber o núcleo do deslocamento que a teologia sofreu, deixando de ser uma sabedoria produzida no interior da Igreja e pautada pela sua agenda, para submeter-se às novas determinações da recém configurada universidade de pesquisa. À revelia do fato de que a teologia já era uma atividade de sala de aula no período medieval, ela ainda acontecia no interior das escolas das catedrais e se desenvolvia sob os olhares de sua liderança.

[9]HIESTAND, Gerald. "O pastor-teólogo como teólogo eclesiástico". In: *Tornando-se um pastor teólogo*: identidade e possibilidade para a liderança da igreja. Viçosa, MG: Ultimato, 2020, p. 72
[10]Ibid., p. 72

Seus teólogos mais importantes seriam ainda, por muitos anos, clérigos da igreja. Segundo Vanhoozer, entretanto, um acontecimento histórico marcou o ponto de transição definitivamente no imaginário social a respeito do trabalho teológico:

> a ruptura decisiva ocorreu no início do século XIX, quando Friedrich Schleiermacher, um pastor que foi nomeado professor da Universidade de Berlim (e considerado por muitos o pai da teologia moderna), reestruturou o currículo teológico conforme a divisão quádrupla que hoje conhecemos bem – estudos bíblicos, história da igreja, teologia sistemática e teologia prática e considerou sua unidade de acordo com o treinamento vocacional, e não das matérias. Esse modelo de Berlim teve grande influência na educação teológica da América do Norte e levou a uma divisão entre as disciplinas clássicas, ou acadêmicas (as três primeiras divisões), e as disciplinas profissionais, ou práticas (a quarta divisão).[11]

A partir desse momento, a história já é mais conhecida por todos nós. Uma distinção muito rígida foi feita entre pastores e teólogos. Aos últimos foram concedidas todas as honras e méritos acadêmicos fornecidos pelas universidades modernas, enquanto aos primeiros restou um trabalho dominado por questões práticas e burocráticas, sem valorizar a pesquisa e a reflexão biblicamente orientada. Conforme resume bem Vanhoozer, "ser um teólogo no mundo acadêmico implica correr o risco de tornar-se uma mente sem corpo... o teólogo que não é pastor se assemelha a uma alma que, depois da morte, foi separada do corpo (i.e., da igreja). Lamentamos esse "estado

[11]VANHOOZER, op. cit. p. 22. McGrath concorda com Vanhoozer ao dizer que: "Uma das justificativas mais sólidas em defesa da necessidade da existência de faculdades de teologia foi dada por F. D. E. Schleiermacher, no início do século XIX, que defendia ser essencial para o bem tanto da igreja quanto do Estado que se tivesse um clero bem instruído. Schleiermacher, em sua obra *Brief outline of the Study of theology* (1811) defendia que a teologia era composta por três grandes áreas: a teologia filosófica (que identifica a "essência do cristianismo"); a teologia histórica (que trata da história da igreja, a fim de compreender seu contexto e suas necessidades atuais) e a teologia prática (que está voltada às "técnicas" sobre a liderança e à prática da igreja). Essa abordagem em relação à teologia resultou na união entre suas credenciais acadêmicas e o consenso público em torno da ideia de que um clero bem instruído era algo importante para a sociedade. Esse pressuposto foi prontamente aceito na Berlim do início do século XIX, onde Schleiermacher vivia. Contudo, com o surgimento do secularismo e do pluralismo no Ocidente, sua validade passou a ser progressivamente questionada" (MCGRATH, op. cit. p. 170).

intermediário" anormal, mas, crentes na ressurreição, aguardamos com expectativa o tempo em que corpo e alma serão reunidos".[12]

II. Lições da trajetória de formação de um pastor-teólogo para o contemporâneo

Precisamente nesse contexto de uma nova articulação entre igreja, teologia, universidade e processos de modernização surge uma figura na história. Essa figura tem condições privilegiadas de nos ajudar a lidar com os efeitos ainda presentes de tais deformidades que as comunidades cristãs enfrentam por estarem alienadas de boa teologia produzida para elas. Trata-se do político, educador, pastor e teólogo holandês Herman Bavinck (1854-1921). Conforme um dos seus mais recentes biógrafos, James Eglinton, "para seus contemporâneos, ele era conhecido não apenas como um teólogo brilhante. Para eles, ele também era – dentre outras coisas – um pioneiro em psicologia, um reformador pedagógico, um defensor da educação de meninas e defensor dos direitos de voto das mulheres, um parlamentar e um jornalista. Ele foi, e em alguns círculos hoje continua sendo, uma pessoa de importância internacional".[13] Apesar de alguns líderes e teólogos latino-americanos serem rápidos em questionar o valor das contribuições que os escritos de homens europeus têm para pensar as condições da igreja brasileira, uma breve reconstrução do contexto cultural e intelectual de Bavinck será suficiente para percebermos que, guardadas as devidas especificidades, sua teologia respondeu desafios que ainda são os nossos. Mais do que isso, uma vez que Bavinck havia "nascido logo depois que a Holanda se comprometeu com os ideais sociais democráticos liberais, ele era uma espécie de garoto-propaganda dessa nova era de oportunidades, igualdade e liberdade"[14] – tornando-se um paradigma privilegiado para compreendermos o significado e os limites dessa sociedade que ainda insiste em permanecer entre nós.

Procuraremos deixar explícito que a riqueza que existe no constante esforço de conhecer e difundir no Brasil o pensamento

[12]VANHOOZER, op. cit. p. 15.
[13]EGLINTON, James. *Bavinck*: a critical biography. Grand Rapids, Michigan: Baker Academic, 2020, p. xvii
[14]ibid.

de neocalvinistas como Bavinck está na paridade que podemos estabelecer entre os ambientes culturais, eclesiásticos e teológicos. Apesar de ser muito pretensioso tentar resumir aqui todas as contribuições que a vida e a obra de Herman Bavinck têm para a recuperação da identidade teológica da Igreja – uma vez que tão somente agora muitos dos seus escritos estão sendo vertidos para o inglês e, assim, mais difundidos pelos estudiosos –, é possível organizar sua trajetória formativa em torno de três grandes contribuições. Ademais, será a partir dessas grandes contribuições retiradas da trajetória eclesial de Bavinck que procuraremos mostrar como ainda hoje é muito significativo para a igreja brasileira ter em mãos uma obra como As *Maravilhas de Deus*. No interior dos objetivos específicos que Bavinck tinha para essa obra, podemos encontrar respostas teológicas para, pelo menos, três situações que insistem em definir a experiência religiosa cristã contemporânea. Por um lado, uma espiritualidade pietista que fragmenta a vida cristã em dualismos antagônicos; por outro, um sincretismo entre a fé cristã e o espírito do tempo exemplificado perfeitamente na teologia liberal; e, por fim, a ineficácia de uma igreja reformada morta em seu minimalismo teológico. Nesse sentido, não é reducionista a síntese que Eglinton faz na apresentação de Bavinck enquanto "um europeu moderno, um calvinista ortodoxo e um homem da ciência. Essa é a história de Herman Bavinck".[15] Gostaria de explorar cada um desses aspectos a partir do percurso intelectual do próprio teólogo holandês.

Em primeiro lugar, as contribuições teológicas de Herman Bavinck sumarizadas em As Maravilhas de Deus *respondem à tendência à fragmentação teológica*. Isso já começa a ficar evidente no contexto familiar de Bavinck. Filho do reverendo Jan Bavinck e da piedosa Gesina Magdalena, o jovem Herman cresceu em um genuíno ambiente reformado da comunidade de fé que havia se separado [*Afscheiding*] da igreja estatal em 1834 – a *Christelijke Gereformeerde Kerk* [Igreja Cristã Reformada]. John Bolt nos explica que essa separação em 1834 foi "um protesto contra o controle da Igreja reformada Holandesa pelo Estado. Ela também entrou em uma longa e rica tradição de divergência eclesiástica em questões de doutrina, liturgia e

[15]Ibid., p. xxii.

espiritualidade, assim como de política".[16] Dentre tais divergências estavam as características da espiritualidade reformada pietista que havia se firmado naquele território desde o influente movimento de teologia e espiritualidade experiencial dos séculos XVII e XVIII chamado *Nadere Reformatie* [Segunda Reforma], bem como a onda reavivamentista evangélica do século XIX, chamada de *Réveil*. Nesse sentido, "a igreja de Bavinck, sua família e sua própria espiritualidade foram, assim, definitivamente moldados por fortes parâmetros de profunda espiritualidade reformada e pietista".[17] Essa primeira constatação é muito importante para nós, pois, apesar de as fases iniciais desses movimentos teológicos e espirituais petistas afirmarem uma teologia reformada ortodoxa e valiosa – a qual Bavinck não só conhecia bem, como também considerava essa tradição como sua –, ao final do século XIX esse grupo assumiu uma postura bastante separatista e sectária, até mesmo na opinião do nosso teólogo holandês. De forma muito semelhante ao que ainda experimentamos em vários segmentos da igreja evangélica brasileira, a fragmentação religiosa produzida por uma espiritualidade que só consegue enxergar antagonismo entre a fé cristã e a cultura mostrava-se incapaz de dar lugar a um tratamento ortodoxo e culturalmente relevante aos novos desafios de seu próprio tempo.

Quem nos ajuda a compreender as dimensões dessa fragmentação sectária do ambiente religioso originário de Bavinck é seu amigo de infância Henry Elias Dosker, quando nos diz o seguinte: "eu conhecia intimamente os pais do Dr. Bavinck. Eles eram típicos de seu ambiente e acalentavam todas as ideias e ideais puritanos e frequentemente provincianos da Igreja da Separação primitiva". Isso significa dizer que o ambiente em que Bavinck e seus nove irmãos cresceram era muito simples e austero em seu modo de vida, "exibindo algo do que os alemães chamam de *Kultur-feindlichkeit* (hostilidade à cultura), isto é, eles eram piedosos ao extremo, ensinando seus filhos mais pelo exemplo do que por preceito".[18] Apesar do seu pai ser um piedoso pastor que se sentia muito à vontade pregando

---

[16]BOLT, John. Introdução do organizador. In: BAVINCK, Herman. *Dogmática Rerformada*. São Paulo: Editora Cultura Cristã, 2012, p. 12.
[17]Ibid.
[18]DOSKER, Henry Elias. Herman Bavinck: a Eulogy. In: BAVINCK, Herman. *Essays on Religion, Science and Society*. Grand Rapids, Michigan: Backer Academic, 2011, p. 15.

no púlpito da igreja, Bavinck dizia que aquela espiritualidade era um tipo de misticismo que chegava às raias de quase não ser saudável[19] – contribuindo para o cultivo de uma espiritualidade que paulatinamente afastava os cristãos das questões que começam a tomar proporções comprometedoras na Modernidade.

Ao que parece, Bavinck percebeu que, para ser fiel ao chamado pastoral e teológico que entendia ter sobre si, eram necessárias habilidades intelectuais e qualidades de intérprete da cultura que ele não encontraria no ambiente do pietismo holandês. É por isso que Bolt diz que: "Bavinck não foi simplesmente um cronista do passado de ensino de sua própria igreja".[20] Foi essa leitura que o fez deixar o Seminário Teológico de Kampen depois de apenas um ano estudando naquela que era a instituição que formava os obreiros de sua denominação. Em um gesto visionário e muito arriscado, Bavinck transferiu seus estudos para a famosa Universidade de Leiden, conhecida pela sua abordagem científica da teologia e agressivamente moderna. Tanto a família de Bavinck quanto sua comunidade de fé simplesmente não entenderam sua decisão e ficaram estarrecidas. Entretanto, o desejo de Bavinck de se tornar familiarizado com a teologia moderna e de receber em primeira mão uma formação mais científica que a escola teológica de Kampen não poderia dar evidenciou aquela que seria a forma como ele enfrentou a fragmentação típica dos ambientes pietistas. Conforme explica uma vez mais Bolt: "Bavinck entendeu como sendo a tensão em sua vida entre seu compromisso com a teologia e a espiritualidade ortodoxas e seu desejo de entender e apreciar tudo o que pudesse sobre o mundo moderno, inclusive sua visão de mundo e sua cultura".[21] Esse é, com certeza, o selo do neocalvinismo e uma das suas contribuições mais perenes à Igreja de todos os tempos, qual seja, uma representação da ortodoxia clássica calvinista nos termos e a partir dos temas modernos. Prova disso é dada por um importante teólogo do século XX que ocupou a cátedra de teologia dogmática da *Vrije Universiteit Amsterdam* [Universidade Livre de Amsterdã] gerações depois de Bavinck, o holandês Gerrit Cornelius Berkouwer:

---

[19]Ibid.
[20]BOLT, op. cit., p. 11.
[21]Ibid., p. 13.

> Bavinck não se limitou a questões dogmáticas distintas; ao contrário, se preocupou com as questões mais amplas do papel que a igreja deveria desempenhar no mundo e com a natureza da catolicidade da igreja. Ele nunca parou de lutar com elas. A beleza da catolicidade, uma beleza que ele via continuamente ameaçada e desfigurada na história, cativou sua mente e afetou sua abordagem dos problemas teológicos. Suas objeções à decisão do sínodo em 1920 estavam relacionadas à sua visão da igreja e à sua visão da relação da teologia com a cultura. Uma constelação de perguntas pairou na atmosfera e foi levantada em discussões intermináveis e conferências de alunos. Todos eles infringiram a tradição da igreja, embora nenhuma das pessoas envolvidas tivesse a menor ideia de abandonar essa tradição. Mas sua fidelidade à tradição não era servil e eles se sentiam pessoalmente responsáveis por enfrentar a "renovação" que Bavinck desejava, uma renovação que afetaria a relação da tradição com outras tradições, com outras pessoas e com outras igrejas.[22]

Existe muita exemplaridade para os pastores e líderes da igreja brasileira no desejo de Bavinck de não perpetuar uma espiritualidade fragmentada que se mostrava incapaz de produzir uma resposta ortodoxa e integral ao seu tempo. No interior desse esforço estava a correta convicção de que a teologia não poderia ser relevante apenas aos assuntos de devoção íntima e de religiosidade privada às quatro paredes da igreja. Ao contrário, era imperativa ao trabalho teológico a capacidade de dialogar criticamente com as filosofias e as ciências humanas e naturais que orientavam o surgimento de instituições e artefatos culturais modernos e contemporâneos. O valor da leitura de uma obra madura como é *As Maravilhas de Deus* está justamente na forma como ela responde à fragmentação teológica que ainda domina vários ambientes cristãos.

Essa busca por respostas adequadas aos novos desafios da Igreja faz sobressair um dos principais temas orientadores de toda a teologia de Bavinck – qual seja, a *graça restaura a natureza*. Jan Veenhof, outro dos sucessores de Bavinck na cátedra de teologia dogmática na Universidade Livre, é categórico em asseverar que: "a visão

---

[22]BERKOUWER, G. C. A *half century of theology*: movements and motives. Grand Rapids, Michigan: William B. Eerdmans Publishing Company, 1979, p. 12.

de Bavinck da relação entre natureza e graça é uma parte central – na verdade, talvez possamos até dizer o tema central – de sua teologia".[23] O filósofo reformacional canadense Albert M. Wolters, comentando a obra de Veenhof, vai além e explica que: "a intuição central de Bavinck de que a graça restaura a natureza é, portanto, fundamental para uma compreensão tanto do gênio distinto do calvinismo quanto do vigoroso movimento filosófico ao qual ele deu origem. Além disso, é de grande relevância para a discussão renovada da doutrina da criação na teologia contemporânea".[24] Essa formulação dogmática está em reta oposição aos dualismos presentes tanto no pietismo holandês quanto no evangelicalismo brasileiro, que rebaixam ao mero âmbito natural tudo aquilo que não diz respeito aos assuntos religiosos e espirituais do reino da graça. Contra essa fragmentação dicotômica que pode assumir a famigerada oposição entre sagrado e secular, Bavinck ensinou que: "a graça não permanece fora ou acima ou além da natureza, mas a permeia e a renova completamente. E assim a natureza, regenerada pela graça, era conduzida à sua mais elevada revelação. Voltará de novo aquela situação na qual nós servimos a Deus livre e alegremente, sem compulsão ou

---

[23]VEENHOF, Jan. *Nature and Grace in Herman Bavinck*. Dordt College Press, 2006, p. 7.

[24]WOLTERS, Albert M. Translator's Praface. In: VEENHOF, Jan. *Nature and Grace in Herman Bavinck*. Dordt College Press, 2006, p. 3. Em relação à contribuição específica de Bavinck a toda a filosofia reformacional que virá em anos subsequentes à sua morte, Wolters também explica que: "o pensamento de Bavinck em geral e sua ênfase na criação em particular (entendida amplamente em termos de ordenanças da criação para toda a vida e realidade) também são de grande importância para a compreensão da chamada "escola de filosofia de Amsterdã", que se baseia diretamente nos insights de Bavinck... Durante a década de 1920, os dois [Vollenhoven e Dooyeweerd] elaboraram juntos o esboço básico de sua filosofia comum, amplamente conhecida como a filosofia da ideia cosmonômica, um nome diretamente ligado à ênfase calvinista nas ordenanças da criação. Central para a visão religiosa subjacente à cosmonômica filosofia é a visão de Bavinck de que a graça restaura a natureza, ou seja, que a criação não é abolida, mas integralmente renovada pela salvação em Cristo... Isso não quer dizer que Vollenhoven e Dooyeweerd não tenham alterado substancialmente a formulação do insight de Bavinck. O aparato conceitual de Bavinck é emprestado em grande parte do neotomismo, enquanto Vollenhoven e Dooyeweerd desenvolveram uma estrutura categorial e terminológica própria, que fazem justiça mais completa à intuição religiosa do calvinismo. Essa estrutura e terminologia são particularmente evidentes no uso das categorias 'lei', 'sujeito' e 'direção', que substituem as categorias neotomistas de Bavinck, 'substância' e 'acidentes', para expressar os efeitos do pecado na criação. Onde Bavinck fala do pecado como 'acidental' para a 'substância' da criação, Vollenhoven e Dooyeweerd falam de uma mudança na 'direção' religiosa dentro do lado sujeito da criação, deixando o lado da lei (ou 'estrutura') não afetado por pecado" (WOLTERS, op. cit., p. 3).

temor, simplesmente pelo amor, e em harmonia com a nossa verdadeira natureza".[25]

Em outras palavras, a estrutura básica da visão de mundo cristã sumarizada na teologia de Bavinck é a de que o Deus Trino criou toda a realidade originalmente boa e com valor intrínseco. Apesar de a queda do ser humano no pecado ter corrompido a direção das ordenanças criacionais da Trindade, a redenção anunciada no Evangelho não introduzirá novos elementos ou substâncias a esse mundo natural caído, mas antes o restaurará e o colocará em sua direção original. Ou seja, a graça não suplementa nem remove qualquer elemento da realidade como se fosse intrinsecamente mau e sem valor. Ela restaura e aperfeiçoa a natureza criada que sofre com as consequências do pecado. Veenhof nos lembra que: "essa é uma antiga questão de como deve ser estabelecida a relação entre o Evangelho de Cristo e a cultura, entendida no sentido mais amplo da palavra".[26]

---

[25]BAVINCK, Herman. Common Grace. Trad. Raymond van Leeuwen. Calvin Theological Journal 24,1989, p. 59-60. É importante ressaltar, mesmo que rapidamente, que essa discussão em torno do que seria o núcleo teológico da abordagem de Bavinck tem sido objeto de frutíferas pesquisas teológicas e filosóficas que não só identificam seu lugar de importância, como também o encaminham em direções novas e mais promissoras. Esse é o caso, por exemplo, do trabalho de Brian G. Mattson, que prefere explicitar dimensões escatológicas mais evidentes nesse núcleo teológico de Bavinck e defende que este não se refere tão somente ao conhecido slogan da "graça que restaura a natureza", mas, em suas palavras, "a visão de Herman Bavinck pode ser assim resumida: 'a graça restaura e aperfeiçoa a natureza'" (MATTSON, Brian G. *Amnésia Cultural*: três ensaios sobre Teologia dos Dois Reinos. Brasília, DF: Editora Monergismo, 2018, p. 51). Com isso, Mattson busca mostrar não apenas que natureza e graça não são reinos desassociados – como querem os propagadores da Teologia dos Dois Reinos –, mas, na verdade, são "momentos" diferentes no "teodrama" divino. Optando por um mote mais detalhado, Mattson demonstra que a obra consumada de Cristo abre as portas da "era vindoura" no interior da "presente era", irrompendo-a e fraturando-a momento após momento. Tal refinamento não só traz implicações óbvias ao que o cristianismo faz com a cultura (restaurando-a e aperfeiçoando-a), mas também coloca a teologia neocalvinista de Bavinck na mesma direção de renovação intelectual que a filosofia reformacional de Dooyeweerd nos encaminhou no diálogo com movimentos importantes no contemporâneo – notoriamente a Nouvelle Théologie romana e a Ortodoxia Radical anglófona. Todas as discussões sobre a necessária elevação e o aperfeiçoamento da criação (e não somente um retorno a um estado primitivo) encontram em Bavinck possibilidades de serem repensadas para além das visões já difundidas sobre a ontologia participativa platônica, ou *theosis* (deificação) da teologia oriental que, em nossa perspectiva, não foram ainda suficientemente problematizadas pelos reformados brasileiros. Quanto a isso, sugiro a leitura: MATTSON, Brian G. *Restored to our destiny* (A thesis presented for the degree of Doctor of Philosophy at the University of Aberdee), 2008; EGLINTON, James. *Bavinck's Organic Motif*: Questions Seeking Answers. Calvin Theological Journal 45, p. 51-71,2010; BRAUN JR., Guilherme. *Um método trinitário neocalvinista de apologética*: reconciliando a apologética de Van Til com a filosofia reformacional. Brasília, DF: Editora Monergismo, 2019.

[26]VEENHOF, op. cit., p. 7

A obra consumada de Cristo Jesus conduz de volta todas as coisas às suas direções originais. Isso faz com que possamos olhar para cada elemento da realidade e da experiência humana não mais fragmentado pela dicotomia de sagrado e profano – como se existissem objetos da criação ou espaços da realidade que fossem mais santos e importantes que outros que permaneceriam meramente naturais e dessacralizados. Em vez disso, o esforço cristão será o de anunciar como o Evangelho reconcilia a arte, a filosofia, a ciência, a política e a educação no que cada uma delas é culpada, enferma e ferida. Bavinck conseguiu recolher os fragmentos de uma vida cristã na qual a espiritualidade pietista funcionava sem precisar fazer qualquer tipo de negociação ou concessão com o espírito da sua época. Essa não é uma conquista qualquer e nos leva à segunda contribuição perene à igreja cristã que podemos inferir a partir de sua vida e obra.

Em segundo lugar, as contribuições teológicas de Herman Bavinck sumariazadas em As Maravilhas de Deus *respondem à tendência ao sincretismo teológico.* Se por um lado o tipo de espiritualidade cultivado pelo pietismo holandês levava a uma fragmentação da vida cristã, por outro, as tentativas científicas e acadêmicas de produzir teologia no século XIX deram lugar a vários sincretismos intelectuais. Bavinck alcançou o grande feito de não precisar fazer em sua teologia nenhuma síntese filosófica estranha às Escrituras. No entanto, ele precisou, uma vez mais, ultrapassar o contexto em que estava inserido. Isso porque, na Universidade de Leiden, Bavinck estudaria sob a orientação de ninguém menos que Johannes Scholten e Abraham Kuenen, os grandes paradigmas da teologia liberal neerlandesa, que se valiam de todos aqueles pressupostos de objetividade e neutralidade científicas que mencionamos anteriormente – capazes de reduzir a teologia cristã a um mecanicismo determinista alienado de toda a vida orgânica da Igreja de Cristo. O Dr. Fabrício Tavares de Moraes nos explica que: "em 1876, por meio do edito do Ensino Superior, os acadêmicos cristãos dos Países Baixos se depararam com um cisma – imposto pelo próprio Estado holandês – entre o ensino teológico e a vida acadêmica".[27] Foi justamente nesse ambiente de extremo dualismo entre o trabalho teológico de um pastor e o trabalho de um

[27]MORES, Fabrício Tavares de. Prefácio do tradutor. In: BAVINCK, Herman. *Filosofia da Revelação*. Brasília, DF: Editora Monergismo, 2019, p. 31.

pesquisador universitário que Bavinck iniciou seus anos de formação em Leiden e perseverou no projeto de "não somente argumentar em prol da possibilidade da teologia, mas também, antecipando muitos atuais trabalhos filosóficos do meio reformado, lançou as bases para uma epistemologia fundamentalmente bíblica".[28]

A pergunta que alguns poderiam fazer é a seguinte: se esse era o estado deplorável da teologia em Leiden, porque Bavinck abriu mão de Kampen? Uma vez mais, o comentário especializado da obra bavinckiana vindo de James Eglinton, ao lado do reverendo Gustavo Monteiro, responde de maneira muito assertiva essa questão: "sua escolha em estudar em Leiden não deveria ser interpretada como um abandono da teologia ortodoxa. Pelo contrário, sua escolha foi motivada primeiramente pela busca por um ensino acadêmico mais rigoroso em teologia do que aquele que poderia ser oferecido na Kampen daquela época".[29] Em um gesto de rara precisão nas biografias dos grandes teólogos da Igreja, Bavinck aprofundou-se na metodologia científica dos seus professores para recolocar na ordem do discurso contemporâneo a ortodoxia reformada – à revelia do desacordo que mantinha com os pressupostos e as conclusões teológicas de seus antigos mestres de Leiden. Com isso ele estava respondendo ao espírito do seu tempo sem precisar valer-se de nenhuma síntese de filosofia idealista e de teologia bíblica, por exemplo.

Esse esforço de Bavinck é tão inovador não só para sua época, como ainda para os nossos dias, que alguns de seus principais comentadores insistem em fazer uma leitura dualista do teólogo holandês, como se existissem "dois Bavincks" – o pastor calvinista piedoso e o teólogo científico moderno. Quanto a isso, vemos Bolt sustentar que: "uma certa tensão no pensamento de Bavinck entre as alegações da modernidade, particularmente sua orientação terrena, científica, e a corrente pietista reformada da ortodoxia de manter-se afastada da cultura moderna continuam a desempenhar seu papel até mesmo em sua teologia madura, expressa na *Dogmática Reformada*".[30] A dificuldade de dissolver essa tensão está no fato de que conhecemos poucos casos de sucesso de intelectuais cristãos que

[28]Ibid.
[29]EGLINTON, James; MONTEIRO, Gustavo. Prefácio à edição brasileira. In: BAVINCK, Herman. *Filosofia da Revelação*. Brasília, DF: Editora Monergismo, 2019, p. 13.
[30]BOLT, op. cit., p. 14.

conseguiram manter um diálogo profícuo com a cultura sem abraçar o espírito do seu tempo – fazendo de Bavinck um exímio ortodoxo, ainda que moderno.[31]

Não obstante, a mais recente biografia crítica da vida e obra de Bavinck escrita por Eglinton tem o mérito de justamente abordar essa tensão sem afirmar um isolacionismo pietista do seu lado calvinista, nem um sincretismo liberal com modernas filosofias que estavam em voga. Em oposição a ambos os espectros, Eglinton nos explica que: "ao rejeitar o conjunto dominante de ferramentas usado pela maioria dos intérpretes de Bavinck nas últimas décadas, em *Trinity and Organism* propus uma nova leitura de Bavinck. Ele não era mais o 'o médico e o monstro' [Jekyll e Hyde] da teologia reformada. Sem negar o difícil desafio que ele colocou para si mesmo ou a difícil realidade vivida que emanava das tensões em seu pensamento, defendi Bavinck como um pensador criativo cuja imaginação teológica lhe permitiu visualizar uma articulação distinta da fé cristã histórica dentro de seu próprio meio moderno".[32] Em outras palavras, sua conclusão foi a de que a rejeição da hermenêutica dos "dois Bavincks" tem consequências para todas as leituras futuras da obra do teólogo – incluindo *As Maravilhas de Deus*, em nossas mãos. A saber, "não é mais aceitável que seus leitores simplesmente anexem porções de seus pensamentos ou escritos para seu próprio 'campo'. Em vez disso, eles devem lutar com os dois lados dessa tensão ao explorarem o exemplo de modernidade de Bavinck, não negando a ortodoxia e não impedindo a participação na modernidade".[33] Nesse sentido, podemos entender que Bavinck se inseriu e se desenvolveu no interior dessa luta para ser um calvinista ortodoxo ao mesmo tempo que seria participante de uma cultura em rápida modernização. Conforme explica Berkouwer: "isso implicou o desafio de conectar a fé cristã com o pensamento moderno. Bavinck também havia falado da necessidade de fazer contato com a 'consciência e a vida da época em que a teologia [...] é produzida'. Esse motivo iria assumir proporções maiores em meio a ainda mais problemas de relacionamento entre teologia e cultura. De qualquer forma, crescia

---

[31]cf. BROCK, Cory C. *Orthodox yet Modern*: Herman Bavinck's Use of Friedrich Schleiermacher (Studies in Historical and Systematic Theology). Lexham Press, 2020.
[32]EGLINTON, op. cit., p. xix
[33]Ibid.

a consciência de que o isolamento não era mais possível, de que os tempos e a vocação estavam ligados".[34]

A menção que Eglinton faz de sua investigação prévia, chamada *Trinity and Organism*,[35] nos ajuda a entender um dos elementos fundamentais utilizados por Bavinck tanto para afastar-se da moderna teologia liberal quanto para distinguir-se como um calvinista na vanguarda de seu tempo. Enquanto Scholten construiu sua teologia em ressonância com os pressupostos mecanicistas e deterministas da filosofia moderna, reapresentando a narrativa bíblica sob as rígidas linhas de um olhar cartesiano racionalista, Bavinck insistiu em sinalizar que a natureza da cosmovisão trinitária presente nas Escritura seria melhor compreendida pelo signo do *organismo*. Conforme explica Eglinton e Monteiro, "a terminologia favorita de Bavinck quando escrevia acerca da unidade-na-diversidade centrada em Deus é 'orgânico'. O mundo criado pela Trindade e a imagem da Trindade (o ser humano individual e, coletivamente, a raça humana) que nele se encontra são mais adequadamente descritos como organismos, ou como orgânicos em suas existências".[36] Dessa maneira, Bavinck mantinha essencialmente diálogo com as questões típicas que emergiram do pensamento moderno, mas lhes fornecia um tratamento absolutamente distinto do mecanicismo liberal, tencionando seus leitores a enxergarem o caráter orgânico das relações internas à Trindade, como também suas expressões em toda a realidade criada. Será justamente esse esforço que livrará Bavinck de precisar recorrer às teorias científicas e filosóficas estranhas ao drama escriturístico para se mostrar relevante à Modernidade. Nisso temos claramente o núcleo da sua postura teológica em uma sensibilidade singular aos dilemas de seu tempo que deveriam ser respondidos com a sabedoria perene que a ortodoxia calvinista já havia alcançado no passado.

A singularidade desse esforço de Bavinck em desenvolver uma capacidade de falar a diferentes grupos e ênfases do seu tempo ainda hoje é de fundamental importância para a igreja brasileira. Vanhoozer sustenta que essa precisa ser uma das habilidades dos teólogos da igreja: "pastores-teólogos têm de ser trilíngues, capazes de falar

[34]BERKOUWER, op. cit., p. 13.
[35]EGLINTON, James. *Trinity and Organism*: Towards a New Reading of Herman Bavinck's Organic Motif. T&T Clark Studies in Systematic Theology, 17. T&T Clark, 2012.
[36]EGLINTON; MONTEIRO, op. cit., p. 15.

a língua de cada um dos três contextos sociais [a academia, a igreja e a sociedade civil] ou ao menos falar suficientemente bem para pedir orientações (e dá-las)".[37] Qualquer comunidade que procure ser uma presença teológica fiel em sociedades de secularização crescente como a Holanda do século XIX e o Brasil do século XXI precisará desse trilinguismo. Isso é muito diferente de optar simplesmente pela mera atitude sincrética em teologia que procura estabelecer sínteses artificiais entre o conteúdo da teologia bíblica e a filosofia dominante em seu período. Isso coloca Bavinck em uma posição muito distinta e privilegiada em relação a outros nomes da teologia moderna, como Albert Schweitzer, Karl Barth e Rudolf Bultmann, por exemplo – que foram pródigos em submeter a narrativa bíblica aos desmandos da filosofia moderna. Mencionando os sincretismos de cada um desses, N. T. Wright deixa claro que: "a falta de neutralidade dos estudos paulinos por toda a parte é fácil de mostrar em todo o decorrer do século XX"[38] e testemunha uma tendência dominante de sincretismo teológico que Bavinck resistiu com muito brilhantismo.

A proficuidade de um esforço dessa natureza para a vida da igreja e da sociedade ficará evidente logo nos primeiros anos de trabalho pastoral e teológico de Bavinck – que o colocou em uma rota de crescimento e relevância sem precedentes. Quando retornou a Kampen e se apresentou ao Sínodo das Igrejas da Separação de 1834, Bavinck foi minuciosamente avaliado e aprovado com louvor para ser um ministro daquelas igrejas reformadas. Passou dois anos pastoreando de maneira muito frutífera e piedosa na pequena cidade de Franeker, até ser chamado para lecionar teologia em Kampen – posição docente que ocupou entre 1883 e 1901. Foi nesse período que, dentre muitos artigos e pequenos textos, ele escreveu sua *magnus opus* em quatro volumes, a *Dogmática Reformada* (1895-1901), que passou por uma detalhada revisão entre 1906-1911 e que, no século XXI, está traduzida para o inglês, o coreano, o português, o italiano e o indonésio. Quem testemunha o quão importantes foram esses anos não só para a igreja reformada da Holanda, como também para toda a teologia moderna é Dosker, quando nos conta que: "Bavinck era naturalmente o herói dos alunos. Enquanto escrevo, está diante

[37]VANHOOZER, op. cit., p. 20.
[38]WRIGHT, N. T. Paulo: novas perspectivas. São Paulo: Edições Loyola, 2009, p. 32-33

de mim um maço de testemunhos, longos demais para citar, sobre sua rara habilidade e poder inspirador como professor, todos escritos por alunos que se sentaram diante dele nesses dias gloriosos. Ele tinha apenas 35 anos quando começou seu trabalho em Kampen, mas carregava uma velha cabeça sobre os ombros jovens. Havia lido profunda e amplamente, em um grau surpreendente, como todas as suas obras publicadas testemunham".[39] O esforço de ultrapassar a tensão entre ortodoxia e modernismo havia sido bem-sucedido e mostrava frutos que seriam perenes para a Igreja em todo o mundo.

Apesar das imensas lutas e até mesmo das crises de fé que Bavinck experimentou para levar a cabo o projeto de formar-se em uma instituição teológica liberal, não se pode ignorar os efeitos impactantes que isso causou. Ainda nas palavras de Dosker, "seu treinamento universitário o tirou do estreito sulco em que quase todo o ministério de sua igreja e a massa de seus membros estavam se movendo. Sua *Weltanschauung* [cosmovisão] era praticamente a dos antigos anabatistas holandeses, que buscavam sua força na separação do mundo, em seus aspectos culturais, sociais e filosóficos. E o Dr. Bavinck era um elefante branco entre eles. Ele se vestia de maneira diferente, falava de maneira diferente, ensinava de maneira diferente – ele era um homem à parte. E exatamente isso atraiu seus alunos e o tornou um fator tão poderoso no avanço cultural da igreja que ele amava e pela qual trabalhou tão assiduamente nas duas décadas seguintes".[40] Sem precisar recorrer ao sincretismo teológico, Bavinck forneceu para as gerações seguintes as condições para um trabalho teológico ortodoxo e extremamente relevante. Quem dá testemunho desse período é o próprio Berkouwer, que viveu seus dias mais desafiadores e concluiu que: "aprenderíamos algo sobre a aspereza e severidade de tudo isso e descobriríamos que havia um problema comum que católicos e protestantes compartilhavam ao buscarem o caminho certo para a igreja viajar 'entre os tempos'. Em tudo isso, não é de se admirar que Bavinck tenha se tornado um modelo de como a teologia poderia ser feita com compromisso com a verdade combinada com abertura aos problemas e cuidado nos julgamentos contra os outros. E entendemos que essa postura nada tinha a ver com relativismo".[41]

---

[39]DOSKER, op. cit., p. 17.
[40]Ibid.
[41]BERKOUWER, op. cit., p. 18.

Em terceiro e em último lugar, as contribuições teológicas de Herman Bavinck sumarizadas em As Maravilhas de Deus *respondem à tendência ao minimalismo teológico.* O que eu chamo aqui de "minimalismo teológico" diz respeito a uma ênfase que tem se tornado recorrente em movimentos teológicos, alianças de igrejas e até mesmo em fraternidades teológicas que buscam coalizões e cobeligerâncias cristãs em uma abordagem que prescinda da discussão teológica pormenorizada. É como se a unidade dos cristãos só pudesse ser alcançada quando debates sobre melindres teológicos fossem deixados de lado para que, então, pudéssemos nos concentrar "naquilo que verdadeiramente importa" – a comunhão cristã verdadeira e unitária. Vale dizer, no entanto, que a crítica ao minimalismo não precisa, necessariamente, nos conduzir ao enciclopedismo de tipo moderno e iluminista. Em vez disso, trata-se de reconhecer que a nova vida em Cristo apregoada pelas Escrituras exige de nós um tratamento integral de questões que muitas vezes nos serão estranhas e extemporâneas – mas muito fundamentais para o nosso testemunho. É por isso que a iniciativa de Bavinck de condensar sua *Dogmática Reformada* em uma obra muito mais acessível ao grande público como é *As Maravilhas de Deus* tem uma importância teológica de primeira grandeza. Nesse gesto está pressuposto o fato de que pesa sobre os ombros de todo discípulo de Jesus um imperativo teológico, fazendo com que todo cristão precise lidar com os temas nuançados das Escrituras. Não é um luxo teológico distinguir o conteúdo da revelação especial do valor da revelação geral, por exemplo. É uma condição de possibilidade para a correta orientação do ser humano no mundo regido por Deus.

A dificuldade de enfrentar o minimalismo teológico, como fez Bavinck, está no fato de que na maioria das vezes ele é apresentado de forma muito bonita e até piedosa. Isso acontece quando escutamos pastores e líderes da igreja dizendo que não vão entrar em discussões teológicas pormenorizadas e mais técnicas porque o seu trabalho intelectual é "guiado pelo chão que pisam" – no sentido de que tiraram as questões teológicas do contexto em que estavam e não iriam se preocupar com aquilo que não eram as carências do seu tempo – deixando de lado toda e qualquer discussão técnica em teologia só porque não tangenciam o momento pontual da vida do teólogo. Talvez não exista nenhum perigo maior do que esse minimalismo teológico para todo aquele que deseje ardentemente ver em unidade as diferentes expressões históricas da Igreja invisível do Senhor Jesus. Quem abre mão de discutir pontos centrais da teologia cristã – como inerrância das Escrituras, divindade de Cristo, ordem da salvação e, até mesmo, os eventos dos últimos dias – não está escolhendo um caminho mais maduro para desfrutar da verdadeira comunhão. Ao contrário, ele está mostrando-se incapaz de vivenciar sua comunhão mística com irmãos de comunidade diferentes ao não acreditar que essa comunhão é eficiente para corrigir erros teológicos e formulações doutrinárias deficientes. Quem busca unidade sem verdade, em nome de sua paixão pela comunhão, na verdade não acredita na mediação exclusiva de Cristo – que é exclusiva não só entre Deus e os seres humanos, mas entre humanos e humanos. Se não podemos questionar pontos centrais da teologia cristã nesses ambientes, eles não estão refletindo a forma apostólica de lidar com as diferenças e as divisões no meio da Igreja (cf. 1Co 11:19). Por mais elegante e gourmetizada que seja a apresentação dessas propostas, esconde-se ceticismo com o real poder que mantém os cristãos unidos misticamente ao corpo de Cristo. Não existe unidade sem verdade.

Nesse aspecto, Bavinck também tem muito que nos ensinar. Simultaneamente àquele período frutífero de docência em Kampen, as denominações reformadas holandesas estavam passando por outro tumulto que afetaria a vida de Bavinck. Sob a liderança do vulto do neocalvinismo holandês, o teólogo e primeiro-ministro Abraham Kuyper, uma nova divisão com a igreja estatal aconteceu em 1886. O cerne da crítica de Kuyper era muito simples e, uma vez mais, remetia às convicções mais básicas da fé reformada. Tratava-se da sua crítica à permissividade da Igreja com a teologia liberal e em como os elementos mínimos da fé ortodoxa foram comprometidos nessa Igreja Nacional. Por algumas décadas, Kuyper procurou transformar essa situação. Mas, em 1886, ele finalmente decidiu que não era mais possível permanecer naquela circunstância e deixou oficialmente a *Nederlandse Hervormde Kerk* [Igreja Reformada da Holanda]. Os vários líderes que acompanharam Kuyper em sua saída chamaram a si mesmos de *Doleantie* [Os lamentadores], devido à tristeza que sentiam em ver que a única saída encontrada para a igreja de seu país foi a divisão. Nos próximos seis anos, quase 200 congregações e aproximadamente 170 mil membros se intitulavam *De Doleerrende Kerk* [A Igreja da Lamentação]. A situação mudou de nome apenas em 1892 quando as congregações oriundas do cisma de 1834 fundiram-se com a nova igreja formada e então se batizaram de *Gereformeerde Kerken in Nederland* [Igrejas Reformadas na Holanda]. Eram aproximadamente 700 congregações e quase 300 mil membros.

Os dias de lamentação abriram caminhos para uma reforma sem precedentes no território holandês, que passava, necessariamente, uma vez mais pela questão da formação teológica dos pastores das igrejas reformadas holandesas. O núcleo da questão era muito simples e colocava Bavinck no interior de um furacão: quem deve coordenar a formação teológica desses obreiros, o Estado ou a Igreja? H. E. Dosker nos lembra que: "para nós, a resposta parece fácil; não era assim para holandeses formados na universidade. A posição de Bavinck sobre esta questão foi predeterminada por sua própria experiência. Ele amava a liberdade do estudo científico e duvidava do direito das igrejas de fazerem uma demanda com a qual os fundadores da igreja nos dias da Reforma nunca haviam sonhado; mas ele também amava sua própria igreja e, portanto, foi colocado em uma posição muito difícil".[42] No ano da nova separação das igrejas, a *Vrije Universiteit Amsterdam* [Universidade Livre de Amsterdã] já tinha mais de seis anos que havia sido fundada por Kuyper, e Bavinck já havia sido convidado para ser professor ali quatro vezes! Apesar da íntima relação com Kuyper e da total concordância com o movimento antirrevolucionário que tinha na Universidade Livre, o seu grande quartel general, Bavinck tinha uma preocupação muito grande de deixar Kampen e prejudicar a formação teológica da sua denominação – mostrando mais uma vez a integridade de um pastor-teólogo, registrada no pequeno livro *Blijven of Heengaan*? [Declinar ou aceitar?], de 1902. No entanto, dado o estado das igrejas reformadas na Holanda, essa decisão era incontornável e seria categórica para seus últimos anos de vida. Foi nesse período que assumiu a cátedra de teologia dogmática da *Vrije*, que havia sido ocupada antes por Kuyper, e, junto ao professor Petrus Biesterveld, que deixou o seminário de Kampen e os melhores anos de sua vida para trás, para começar um trabalho em um campo inteiramente novo.

[42]DONER, op. cit., p. 18.

Os anos em Amsterdã foram marcados por uma alteração significativa nas ênfases e publicações de Bavinck que também respondem a um ataque frontal a qualquer tendência ao minimalismo teológico. Ele mesmo escreveu uma carta muito pessoal para Dosker dizendo que: "à medida que envelheço, minha mente se afasta cada vez mais dos estudos dogmáticos para os filosóficos, e destes para sua aplicação às necessidades práticas do mundo ao meu redor".[43] Essa transformação é muito importante para os nossos interesses e pode ser observada nos textos de Bavinck que foram publicados a partir do ano em que começou a lecionar na Universidade Livre. Ela não aponta para uma diminuição do lugar de honra que os estudos teológicos tinham para Bavinck. Pelo contrário, trata-se justamente de uma preocupação em se aprofundar ainda mais no tocante às questões mais fundamentais a todos os assuntos da vida – não deixando nenhum aspecto da existência livre de um rigoroso tratamento cristão. Foi por isso que, naquele mesmo ano, surgiu a *Hedendaagsche Moraal*, um estudo sobre ética contemporânea e, dois anos depois, veio a público tanto a *Visão Cristã do Mundo* quanto a *Ciência do Ponto de Vista Cristão*, e em 1907 ele publicou *Pro et Contra*, uma reflexão desapaixonada sobre a evolução, que atraiu ampla atenção dos seus leitores – ficando ainda mais explícitos o molde contemporâneo que Bavinck dava para a prática científica, filosófica e cosmovisionária. Foi nesse período também que ele começou a se aprofundar e deixar sua contribuição perene para a educação cristã. Em 1904 publicou os seus *Princípios Pedagógicos* e, rapidamente, ganhou destaque entre os promotores desta causa, tornando-se uma autoridade inquestionável em pedagogia.[44] Além de todos esses textos menores, em 1907 ele publicou a obra que o leitor tem em mãos: sua segunda maior obra, *Magnalia Dei* [As Maravilhas de Deus], um resumo da *Dogmática Reformada* preparado pelo próprio Bavinck e pensado para o público geral que estaria mais amparado pelas abundantes referências

---

[43]DOSNER, op. cit., p. 20.

[44]Dosker corretamente nos assinala que: "Seu interesse por questões educacionais continuou ininterrupto até o fim, como testemunhado por seu *Manual para Treinamento na Religião Cristã* (1913), *Treinamento do Professor* (1914), *Educação de Adolescentes* (1916) e *Nova Educação* (1917). E no último ano de sua vida ativa, publicou um volume sobre *Psicologia Bíblica e Religiosa* (1920). Assim, ele se dedicou aos assuntos docentes até o fim" (DOSNER, op. cit., p. 20).

bíblicas e pela ausência de discussões desnecessariamente técnicas. Em termos do projeto de fornecer uma identidade teológica para a igreja e seus pastores, *As Maravilhas de Deus* é uma obra-chave para cumprir o propósito de dar acessibilidade ao que há de essencial na dogmática cristã. Em meio aos refinados interesses filosóficos do teólogo reformado, sempre esteve a preocupação de cuidar doutrinariamente da igreja à qual ele serviu por toda a vida. Essa preocupação ainda precisa ocupar o coração dos pastores e líderes da igreja evangélica brasileira, que podem encontrar em *As Maravilhas de Deus* um excelente instrumento para o cumprimento dessa responsabilidade.

Os anos finais da vida de Bavinck foram muito duros. Não podemos nos esquecer de que ele presenciou a primeira grande guerra mundial. Seu amigo diz que: "em 1918, ele escreveu uma carta que parecia um soluço. Disse ele: 'nossa civilização moderna está morta. Levará um século antes que ela recupere seu equilíbrio'".[45] Ele não estava errado. Antes de nos refazermos culturalmente sucumbiríamos uma vez mais nos escombros de outra guerra mundial, que deixaria a teologia cristã em uma nova posição de responsabilidade para pensar o seu próprio tempo. Entretanto, mesmo diante de fortes oposições e consequências terríveis que só quem experimentou uma guerra conhece, Bavinck continuou produzindo – foi nessa época que ele viajou aos Estados Unidos da América a convite de B. B. Warfield e seu amigo Geerhardus Vos para proferir as famosas *Stone Lectures* sobre *Filosofia da Revelação*.[46] Além disso, ele também teve a coragem de mostrar-se extemporâneo e publicar um volume sobre *Mulher no Mundo Moderno* (1918), no qual defendeu de forma inequívoca, dentre outras questões, o sufrágio feminino. E, dessa forma, Bavinck permaneceu sempre trabalhando, ensinando, escrevendo, dando palestras e pregando em todas as partes do país e fora dele. Onde quer que uma convenção educacional se reunisse, ele certamente estaria entre os líderes mais entusiasmados. Sua presença eclesiástica permaneceu forte até o fim e, no Sínodo Geral, seus conselhos sempre tiveram o maior peso. Não é por acaso que, justamente, em uma dessas reuniões, no Sínodo em Leeuwarden, em 1920, no encerramento de um

[45] DOSKER, op. cit., p. 20.
[46] BAVINCK, Herman. *Filosofia da Revelação*. Brasília, DF: Editora Monergismo, 2019.

discurso magistral, ele afundou em sua cadeira e foi compelido a deixar a reunião – havia sofrido um enfarto agudo do miocárdio e lutaria mais alguns meses, até falecer em 29 de julho de 1921.

III. A teologia dogmática a serviço da fé viva daqueles que já morreram

A morte de Bavinck marcou um novo período para a teologia continental. A década de 1920 foi exatamente quando Gerrit C. Berkouwer iniciou sua trajetória na Universidade Livre de Amsterdã. Seu relato sobre aqueles anos iniciais nos ajuda a entender um pouco mais o significado e a extensão do trabalho de Bavinck. Nas palavras de Berkouwer: "quando comecei a estudar teologia na Universidade Livre, em 1922, fomos imediatamente forçados a perguntar que tipo de disciplina a dogmática realmente era. Sabíamos que Bavinck havia escrito sua conceituada dogmática e que Kuyper havia publicado um grande número de estudos dogmáticos e que, de fato, suas palestras publicadas haviam se tornado uma espécie de dogmática, embora ele não as considerasse uma obra acabada. A dogmática chegou até nós como um sistema completo e acabado que tínhamos de dominar para os exames da igreja; tivemos que demonstrar que seríamos capazes de passar o material para outras pessoas".[47] Parecia ser desafiador lidar com a sensação de que uma grande era teológica havia se estabelecido e que agora cabia aos novos líderes da igreja entender o que significaria dar continuidade àqueles estudos profundos e técnicos sobre o registro da profissão de fé da igreja. Junto a essa bem-estabelecida tradição que os precedia, ainda existiam todo o tipo de dúvidas e incertezas que eram típicas do novo século que estava acabando de nascer.

Uma vez mais esse cenário é muito próximo ao nosso e, ao mesmo tempo, faz com que a teologia dogmática possa facilmente assumir uma natureza perigosa. Ao que parece, tudo estava dado e bem-estabelecido no interior dessa disciplina. Os novos estudantes deveriam apenas certificar-se de que seriam capazes de aprender e transmitir essa tradição aos novos membros das suas igrejas. Isso os levaria a desenvolver uma noção equivocada de que havia pouco espaço para

[47]BERKOUWER, op. cit., p. 25.

ajustes e até mesmo correções de um sistema dogmático tão bem-formulado – levando pastores e estudantes de teologia a uma possível idolatria do que já estava teoricamente dado. Quem nos alertou desse risco também foi um protagonista dos anos seguintes à morte de Bavinck, o filósofo e jurista holandês Herman Dooyeweerd. Em sua obra *No Crepúsculo do pensamento Ocidental*, ele nos chama a atenção para o fato de que: "a teologia dogmática é uma ciência muito perigosa. Sua elevação a um mediador necessário entre a Palavra de Deus e o crente constitui-se idolatria e demonstra uma incompreensão fundamental de sua posição e caráter reais. Se a nossa salvação for dependente da teologia dogmática e da exegese, estamos perdidos, pois ambas são obras humanas, suscetíveis a todos os tipos de erros, discordâncias de opiniões e heresias. Podemos até dizer que todas as heresias são de origem teológica".[48] Longe de fazer um elogio ao minimalismo teológico, o que Dooyeweerd esforça-se para estabelecer aqui é um cuidado que somente aqueles que estão intimamente comprometidos com o Deus Trino revelado nas Escrituras são capazes de perceber. A saber, que nenhuma formulação teórica dos conteúdos da Palavra de Deus, por melhor que tenha sido feita, conseguirá colocar-se como mediadora da revelação divina e dos discípulos de Jesus. A teologia cumpre um papel importantíssimo na edificação da igreja, mas nunca poderá ser isenta de erros humanos, discordâncias de opiniões e até mesmo de heresias advindas dos nossos limites cognitivos em lidar com a Palavra de Deus, que é viva e escapa de todo sistema teórico. Precisamos constantemente submeter nossas produções teológicas ao exame crítico da Palavra de Deus, que é a Bíblia. Esta não pode ser substituída ou até mesmo questionada por nenhuma formulação humana, antes o contrário. Ou ainda, nas palavras de Dooyeweerd, "o verdadeiro conhecimento de Deus em Jesus Cristo e o verdadeiro autoconhecimento não são de natureza teológico-dogmática, ou filosófica, mas têm uma significância religiosa absolutamente central. Esse conhecimento é uma questão de vida ou morte espiritual. Mesmo uma dogmática teológica ortodoxa, embora esplendidamente elaborada, não pode garantir esse conhecimento espiritual central".[49]

---

[48]DOOYEWEERD, Herman. *No crepúsculo do pensamento ocidental*. Brasília, DF: Editora Monergismo, 2017, p. 182.
[49]Ibid., p. 192.

Foi nessa consciência que Bavinck terminou os seus dias. Seu amigo pessoal H. E. Dosker narra um episódio muito íntimo e extremamente relevante para nós: "quando questionado se temia morrer, Bavinck disse: 'minha dogmática não me serve de nada, nem meu conhecimento, mas eu tenho minha fé, e nisso tenho tudo'. E em outra ocasião disse: 'tenho um desejo, mas não pode ser realizado, e é isto: quando eu entrar na glória celestial, que possa ser permitido por um momento retornar a este mundo para testificar perante todo o povo de Deus e até mesmo perante o mundo dessa glória'. Ele morreu como viveu, uma criança simples de Deus. Agora ele descansa de seu longo e árduo trabalho, e muitos dos enigmas que o intrigaram aqui embaixo estão claros e iluminados pela luz do trono de Deus".[50] A simplicidade desse relato da singeleza da fé de Bavinck poderia levar alguns críticos – e até mesmo os adeptos ao minimalismo teológico – a sustentarem que, frente à realidade da morte, os esforços teológicos como a *Dogmática Reformada* ou As *Maravilhas de Deus* são vãos e não servem para nada. Alguns biógrafos gostam de usar esse episódio da vida de Bavinck para deslegitimar todo o seu esforço em vida. Entretanto, não é esse o significado da declaração do teólogo holandês. O que está em questão aqui não é o valor da teologia ou do conhecimento, mas a prioridade da fé em relação a todos eles. Na verdade, é justamente a persistência de Bavinck na fé até os seus últimos segundos de vida que garantia a serventia de seus livros e pesquisas. Os tratados de teologia ou os ensaios de filosofia não teriam nenhum valor se não fossem fruto de uma fé viva no Deus Trino que direcionaria e traria substância genuinamente cristã aos desenvolvimentos teóricos de Bavinck. Conforme ele mesmo explica em sua obra A *Certeza da fé*:

> se sua fé tivesse que se sustentar sobre esses argumentos, ela certamente estaria edificada sobre um fundamento bastante fraco. Todavia, ela está enraizada em algo muito mais profundo do que esses raciocínios concebidos após os fatos. Não alcançamos e sustentamos nossas convicções mais profundas, nossa biocosmovisão, mediante a demonstração científica – elas não são produtos do entendimento ou da vontade. Essas crenças estão localizadas mais entranhadamente:

[50]DOSKER, op. cit., p. 21.

> nos recônditos da alma, no coração. Elas são partes do próprio homem; são, por assim dizer, parte de sua essência; elas são o indivíduo, tal como nasceu, cresceu e foi moldado num ambiente particular. J. G. Fichte (1762-1814) disse que a filosofia pela qual um homem opta determina o tipo de homem que ele será. A estrutura do pensamento de determinado indivíduo muitas vezes nada mais é do que a história de seu coração.[51]

Por tudo isso, podemos terminar a apresentação dessa obra convictos de que essa é a função do estudo teológico meticuloso, completo, sem sincretismos e habilitado para responder as questões do nosso tempo – como o que teremos lugar a partir de agora com As *Maravilhas de Deus* em língua portuguesa. Em vez de substituir ou de tornarem-se mediadoras necessárias para a fé das pessoas em Cristo Jesus, a teologia e a filosofia cristã têm uma função muito específica e limitada à sua esfera de responsabilidade. A saber, a de ajudar a colocar em ordem didática e logicamente arranjada os conteúdos apresentados na santa Palavra de Deus de maneira proveitosa para a edificação da Igreja de Jesus. Se o estudo teológico for conduzido assim, alimentado pela certeza da fé, então poderemos entender como Bavinck contribuiu imensamente para construir e manter segura a tradição da qual fala Jaroslav Pelikan: “a tradição é a fé viva do morto; o tradicionalismo é a fé morta do vivo”.[52]

■ Rev. Dr. Pedro Lucas Dulci

Pastor da Igreja Presbiteriana Bereia

Teólogo residente do Invisible College e

Doutor em Filosofia pela UFG, com período de pesquisa na Universidade Livre de Amsterdã, na Holanda.

[51]BAVINCK, Herman. A *certeza da fé*. Brasília, DF: Editora Monergismo, 2018, p. 41-42.
[52]PELIKAN, Jaroslav. A *tradição cristã*: uma história do desenvolvimento da doutrina - Vol. 1. São Paulo: Edições Vida Nova, 2014, p. 32.

Prefácio

Aqueles bem familiarizados com a história das Igrejas Reformadas dos Países Baixos – isto é, das *Gereformeerde*[1] como distintas das *Hervormde kerken*[2] – saberão que, entre os herdeiros da *Afscheiding*[3] de 1834 e a *Doleantie*[4] de 1886, não há nomes tidos com tanta estima quanto Abraham Kuyper e Herman Bavinck. Eles foram figuras heroicas de uma conquista colossal no mundo cristão. Suas carreiras, aproximadamente na mesma época – no final do século XIX e início do século XX, devem ser consideradas um favor especial de Deus em benefício do cristianismo histórico tanto na Europa quanto no Novo Mundo.

Os dois homens, que com o tempo chegaram a ser mencionados frequentemente em um curto espaço de tempo copartidários da causa reformada na Holanda, foram frequentemente comparados

[1]A expressão "Igrejas Reformadas dos Países Baixos" (*Gereformeerde Kerken in Nederland, em holandês*) refere-se à denominação cristã que surgiu no século XIX após cismas dentro do protestantismo reformado holandês em decorrência de controvérsias em torno do liberalismo teológico (N.E.).

[2]A Igreja Reformada dos Países Baixos (*Nederlandse Hervormde Kerk*, em holandês) foi a denominação cristã da Holanda fundada em 1571, tendo o status de igreja "pública" ou "privilegiada" até 1795. Assim, ao usar essa expressão, o prefaciante está se referindo às igrejas que adotaram alguma forma de liberalismo teológico (N.E.).

[3]A Secessão de 1834 (*Afscheiding*, em holandês) refere-se à separação de um grupo de cristãos da Igreja Reformada dos Países Baixos para formar um novo "pacto de igrejas", por conta da influência estatal e do liberalismo teológico prevalentes na antiga denominação (N.E.).

[4]A Agonia de 1886 (*Doleantie*, em holandês) refere-se ao cisma dentro da Igreja Reformada dos Países Baixos, novamente por conta do liberalismo teológico, e com a minoria retirante sendo influenciada por Abraham Kuyper (N.E.).

e contrastados. Algumas pessoas colocam a diferença entre eles da seguinte maneira: "Em Kuyper, temos um exemplo de gênio brilhante; em Bavinck, um exemplo do talento lúcido". O reverendo J. H. Landwehr, o primeiro biógrafo de Bavinck, relata outro contraste: "Bavinck era um espírito aristotélico e, Kuyper, um espírito platônico. Bavinck era o homem do conceito claro; Kuyper, o homem da ideia fecunda. Bavinck trabalhava com o que a história já tinha concedido; Kuyper especulou muito mais pela intuição. A mente de Bavinck era primariamente indutiva; a de Kuyper, dedutiva". Ambos se complementavam na renascença da vitalidade calvinista na vida e no pensamento holandês do século XIX.

Herman Bavinck nasceu em 13 de dezembro de 1854, e o centenário do seu nascimento foi bastante celebrado nos Países Baixos, em 1954. A natureza e o escopo de suas contribuições foram enumerados com apreço. Bavinck nasceu na cidade de Hoogeveen, na província de Drente. Seu povo originalmente veio do distrito ou condado de Bentheim. Seu pai, o reverendo Jan Bavinck, foi um ministro das igrejas que, em 1834, tinham interesse em manter a tradição pura do cristianismo histórico, separando-se da Igreja do Estado da Holanda.

O jovem Bavinck destacou-se como estudante no ensino médio em Zwolle e, então, foi para a Escola Teológica da sua igreja em Kampen. Ali ele permaneceu por apenas um ano. Escolheu, em seguida, ir para Leiden para realizar seu treinamento teológico complementar. Leiden deu a ele pelo menos duas coisas: um respeito pelo estudo acadêmico substancial e um conhecimento, em primeira mão, da teologia moderna influenciada pelo liberalismo. Ambas as lições lhe foram muito úteis. O ideal de estudo acadêmico teológico sólido para o cristianismo reformado ortodoxo continuou sendo algo importante em sua vida ao longo de sua carreira, assim como o seu conhecimento íntimo do mais novo pensamento religioso. Ambos enraizaram suas convicções calvinistas e o prepararam para uma profissão na teologia que tratasse realisticamente os problemas da época.

Em 1880, ele se graduou em Leiden, tendo feito uma dissertação sobre a ética de Ulrico Zuínglio. Ele serviu como ministro da igreja em Franeker por um ano e, então, tornou-se professor de dogmática na Escola de Teologia de Kampen. O assunto da sua aula inaugural, *A Ciência da Santa Divindade* (*De Wetenschap der Heilige Godgeleerdheid*, 1882), fascinou-o por toda vida. Durante a década em que esteve estudando arduamente e ensinando efetivamente em Kampen, Bavinck recebeu três vezes a oferta da cadeira de teologia na Universidade Livre de Amsterdã. Ele só aceitou a oferta na terceira vez, e somente depois de ter podido satisfatoriamente tranquilizar sua consciência (veja seu livro *Rejeite ou aceite* [*Blijven of Heengaan*], Kampen, 1902) de que não estaria prejudicando a integridade da educação teológica em sua igreja. Bavinck só sucedeu Abraham Kuyper na Universidade Livre quando este trocou sua cadeira de professor em Amsterdã pelo ofício de ministro no governo em Haia.

Bavinck era, antes de tudo, um teólogo, um dogmático. Sua *magnum opus* são os quatro volumes da sua *Dogmática reformada*, fruto do seu esforço em Kampen e desenvolvida durante os anos de 1895-1901, tendo recebido, em 1906-1911, uma versão revisada. Um volume da sua obra, A *doutrina de Deus*, editado e traduzido pelo Dr. W. Hendriksen, foi publicado em Grand Rapids, em 1951. Este volume, As *Maravilhas de Deus*, entregue em 1909 como *Magnalia Dei* (As maravilhosas obras de Deus), é um compêndio ou resumo da Dogmática de quatro volumes. É menos técnico e não foi escrito apenas para teólogos profissionais, mas sim com um foco maior no público comum. Tem mais referências bíblicas e anotações, mas, ainda assim, é, como a obra principal, um livro de dogmática cristã básica e apresenta claramente e em bela perspectiva as doutrinas fundamentais do ensino bíblico.

Alguns dizem que Bavinck era mais um filósofo que um teólogo, e é bem verdade que sua teologia tem a disciplina de um filósofo treinado e bem-preparado. Mas, antes de qualquer coisa, Bavinck queria ser, em sua dogmática, um teólogo bíblico. É como disse Landwher: "Assim como Calvino inspirou-se nas Escrituras para organizar seus pensamentos, Bavinck estava sempre imerso na Bíblia para refletir sobre suas ideias e estava sendo guiado por ela em sua sistematização". Além disso, como teólogo acadêmico, ele não era o espectador desprendido olhando sem interesse para a realidade da religião. Em sua aula inaugural em Amsterdã, *Religião e Teologia* (*Godsdienst em Godgeleerdheid*, 1902), ele diz:

> Religião, o temor a Deus, deve, portanto, ser o elemento que inspira e anima toda a investigação teológica. Isso deve ser a pulsação da ciência. Um teólogo é uma pessoa ousada para falar sobre Deus,

porque fala de Deus e por meio de Deus. Ensinar teologia é um trabalho santo. É uma ministração sacerdotal na casa do Senhor. É, por si só, um culto, uma consagração da mente e do coração para honrar o nome de Deus.

Foi assim que Bavinck conduziu sua profissão. Landwehr, um antigo aluno, diz como as coisas eram em sua sala de aula: a leitura, ele conta, tornou-se um sermão, pois o professor era comovido pela verdade, e a maioria de suas biografias recorda as palavras que ele proferiu durante sua última enfermidade: "Agora, minha escolaridade não me beneficia em nada, nem minha dogmática: é apenas minha fé que pode me salvar". Nessa declaração, ele não estava depreciando uma vida de esforço científico teológico, mas simplesmente indicando a ordem certa de prioridades.

Quando o Dr. J. C. Rullman submeteu seu artigo sobre Bavinck para a *Christelijke Encyclopaedie* [Enciclopédia cristã], em 1925, ele sentiu que não poderia caracterizar melhor a obra de Bavinck senão citando o colega deste na Universidade Livre, Dr. W. J. Geesink. A citação é útil aqui também. Dr. Geesink escreveu – ele estava, naturalmente, usando o holandês:

> Como professor, Bavinck teria sido premiado em qualquer quesito universitário. Sua tremenda erudição e o seu vasto arcabouço teórico se tornaram amplamente expressivos em sua sala de aula. Sendo um estudioso profundamente perspicaz, ele tinha um dom para descobrir problemas e, quando descobria um, podia transmiti-lo para sua audiência de maneira inteligível. Se tivesse uma solução para o problema, compartilhava também, nunca de maneira apressada, mas com ponderação e calma. E, se não tivesse uma solução, sua integridade acadêmica o impedia de forçar uma que era ilusória e na qual uma parte do problema era satisfeita à custa de aniquilar outra. E, com seu respeito pela lógica e sua disciplina na escola, ele tinha plena ciência dos perigos do irracionalismo para não reconhecer que há alguns problemas que não podem ser resolvidos.
>
> Como teólogo e dogmático por profissão, Bavinck retornou a Calvino para sua teologia reformada. Ao fazer isso, e levando em consideração também, embora não sem críticas e reservas, os estudos modernos e a ciência, ele ajudou a libertar a teologia reformada do

> endurecimento a que foi submetida desde os anos de 1750 [...]. Como Agostinho, a quem colocou na vanguarda de todos os pensadores antes e depois do século IV, ele buscou por uma filosofia da revelação a fim de obter uma resposta aos problemas da vida e do mundo – por uma resposta, seja dito, que satisfaria tanto o coração quanto a mente.

Bavinck escreveu um número impressionante de obras robustas nas áreas de religião e teologia, filosofia e ética aplicada e, especialmente, psicologia e teoria da educação. A bibliografia das suas obras publicadas, que inclui, além dos volumes completos, as palestras inaugurais, reitorais e outros artigos acadêmicos, mas que não inclui seu movimentado trabalho jornalístico, chega a cerca de sessenta itens na catalogação de Landwehr.[5] No campo da religião e da teologia, as seguintes publicações merecem menção em adição à *Dogmática Reformada* e às As *Maravilhas de Deus*. Em 1888, ele publicou seu pequeno e eterno clássico sobre ecumenicidade, intitulado A *catolicidade do Cristianismo e a Igreja* (*De Katholiciteit van Christendom en Kerk*). Em 1894, houve uma palestra definitiva sobre um tema que foi delineado primeiramente por Calvino e também bastante desenvolvido por Abraham Kuyper, a saber, *Graça comum* (*De Algemeene Genade*). Suas belas meditações em O *sacrifício do louvor* (*De Offerande des Lofs*, 1901) já estavam em sua sexta edição quando ele morreu, e foram traduzidas para o inglês e publicadas em 1922. Um tipo de volume devocional, A *certeza da Fé* (*De Zekerheid des Geloof*), foi publicado no mesmo ano. Também importantes são suas palestras acadêmicas de 1911, intituladas *Modernismo e ortodoxia* (*Modernisme en Orthodoxie*) e *Chamado e regeneração* (*Roeping em Wedergeboorte*) de 1903.

Entre seus livros mais filosóficos, estão as palestras Stone, em Princeton, realizadas em 1908 e publicadas em inglês no ano seguinte como *The Philosophy of Revelation* [*A filosofia da revelação*, já publicadas em português], *a Ética de hoje* (*Hedendaagsche Moraal*, 1902) e as duas palestras filosóficas de 1904 intituladas *Filosofia cristã* (*Christelijke Wetenschap*) e A *biocosmovisão cristã* (*Christelijke Wereldbeschouwing*). Um tema que ocupou Bavinck vez após outra e ao qual

[5]O leitor deve levar em consideração que a bibliografia enumerada por Zylstra em 1954, tanto em holandês quanto em inglês, está severamente desatualizada diante do renascimento dos estudos sobre Bavinck no final do século XX e início do século XXI. [N. E.]

ele dedicou uma das suas reflexões mais maduras foi a inter-relação entre religião e aprendizado. Nenhuma instituição de educação superior cristã e ortodoxa deve ignorar suas muitas publicações sobre o assunto: *Religião e divindade* (*Godsdienst en Godgeleerdheid*, 1902), *Educação e teologia* (*Opleiding en Theologie*, 1896), *O ofício do doutor ou professor de teologia* (Het Doctorenambt, 1899), *Aprendizado e filosofia* (*Geleerdheid en Wetenschap*, 1899), *A autoridade da Igreja e a liberdade da ciência* (*Het Recht der Kerken en de Vrijheid der Wetenschap*, 1899) e *A escola teológica e a universidade livre* (*Theologische School em Vrije Universiteil*, 1899).

Foi durante os últimos anos da sua vida profissional que Bavinck se tornou expressivo nas outras duas áreas da vida e do pensamento, isto é, a ética aplicada e a psicologia moralmente fundamentada. Para a primeira categoria, podemos citar obras como *O papel da mulher na sociedade moderna* (*De Vrouw in de Hedendaagsche Maatschappij*, 1918), *A família cristã* (*Het Christelijke Huisgezin*, 1908), *A imitação de Cristo na vida moderna* (*De Navolging van Christus in het Moderne Leven*, 1918), *O problema da guerra* (*Het Problem van den Oorlog*, 1915) e *Cristianismo, guerra e uma liga das nações* (*Christendom, Oorlog, Volkenbond*, 1920). Esta última obra nos faz pensar quanto o interesse de Bavinck se estendia aos problemas do nosso tempo. De fato, deve ser dito que ele tinha uma ótima "noção do seu tempo", e isso explica, em partes, a sua nítida preocupação com a psicologia e os princípios da educação. Em 1915, veio o tratado *Sobre o subconsciente* (*Het Onbewuste*); em 1897, *Os princípios da psicologia* (*Beginselen der Psychologie*); e, em 1920, *A psicologia bíblica e religiosa* (*Bijbelsche en Religieuse Psychologie*). Seu maior trabalho na teoria da educação é *Princípios pedagógicos* (*Paedagogische Beginselen*, 1904). Não é de se admirar que ele tenha dedicado considerável atenção a esse campo de estudos. Os livros de Dr. Cornelius Jaarsma, *A filosofia educacional de Herman Bavinck* (Grand Rapids, 1935) e de L. Van der Zweep, *A Pedagogia de Bavinck* (Kampen, s. d.), representam isso.

Herman Bavinck visitou os Estados Unidos duas vezes; primeiro em 1892, quando foi convidado pela Aliança das Igrejas Reformadas que Adotam o Sistema Presbiteriano a dirigir a reunião em Toronto sobre o tema: "A influência da Reforma Protestante sobre a condição moral e religiosa das pessoas e nações"; e depois em 1908, quando demonstrou pelas suas palestras Stone em Princeton que merece ser nomeado com Kuyper, Warfield, Hodge e Orr como excepcional entre os teólogos calvinistas modernos. Na vida política prática, ele era muito menos ativo que Kuyper; sua inclinação seria para a filosofia política em vez da política em si. Ele era, no entanto, um membro da Câmara Alta, representando a Holanda do Sul nos Estados Gerais, de 1911 em diante. Seus melhores serviços aqui foram prestados como consultor e assessor em educação. A tradução das suas obras para o inglês tem sido irregular e dispersa, e até agora apenas *O sacrifício do louvor*, *O reino de Deus*, *A filosofia da revelação* e o pequeno tratado *Evolução* foram traduzidos. O livro *As maravilhas de Deus* é, portanto, uma adição importante. Ainda não houve uma biografia definitiva, mas três precursores foram escritos. O primeiro é o *In memoriam*, de J. H. Landwehr, de 1921; o segundo é *Dr. Herman Bavinck*, do Dr. V. Hepp, do mesmo ano – o segundo volume prometido de continuação nunca foi produzido; e o terceiro é *Herman Bavinck*, de A. B. W. Kok, de 1945. Uma variedade de estudos periódicos holandeses tem analisado as ideias de Bavinck, e na Holanda, além do livro do Dr. Jaarsma, também tivemos a dissertação de doutorado não publicada, de Princeton, do Dr. Anthony Hoekema sobre a doutrina do pacto de Bavinck.

Podemos dizer que, no todo de sua apologia para o cristianismo reformado bíblico, Bavinck tinha quatro influências opostas em mente, duas delas fora e duas dentro do escopo da fé reformada. As duas influências externas eram o liberalismo religioso moderno e o catolicismo romano, ao passo que as duas influências internas eram, de um lado, uma ortodoxia formal moribunda e, do outro, um pietismo evasivo. Ele falou diversas vezes e eloquentemente contra todas essas forças. Note, por exemplo, o sentimento e a perspectiva com os quais ele defendeu o envolvimento mundial de um calvinismo universal em vez de um escape do mundo de um pietismo sectário:

> Podemos não ser uma seita. Podemos não querer ser uma, e não é possível que sejamos, exceto pela negação do caráter absoluto da verdade. De fato, o reino dos céus não é desse mundo, mas ele demanda que tudo que está nesse mundo o sirva. É exclusivo e ciumento, e ele não admitirá manter nenhum reino independente ou neutro no mesmo nível dele. Naturalmente, seria muito mais fácil deixar essa era em seus próprios termos e buscar a nossa força em uma retirada

> tranquila. Nenhum descanso desse tipo, no entanto, é permitido para nós aqui, porque toda criatura é boa e nada deve ser recusado se for recebido com ações de graças, pois todas as coisas são santificadas pela Palavra de Deus e oração, portanto, a rejeição de qualquer criatura é ingratidão a Deus, um equívoco ou má avaliação da sua bondade e de seus dons. Nossa guerra deve ser conduzida apenas contra o pecado. Não importa quão complicados possam ser os relacionamentos em que os crentes em Cristo são colocados nessa era. Não importa quão sérios, difíceis e virtualmente intransponíveis os problemas sociais, políticos e, especialmente, os científicos possam ser. Foi a falta de fé e fraqueza em nós que fugiu assoberbada da luta, talvez até sob um disfarce de motivação o cristã, e rejeitou a cultura da época como se fosse demoníaca.

Esse é um dos alarmes que Bavinck gostava de soar como sua defesa da fé. Ele o soou, da mesma forma, em seu discurso intitulado A *catolicidade do cristianismo e a Igreja.* É uma declaração bem representativa. "A fé," ele continua, "tem a promessa de vitória sobre o mundo". Dr. Hepp, apropriadamente, escreveu na conclusão de sua biografia de Bavinck as seguintes palavras:

> O que uma vez ele disse de Calvino também se aplica a ele: a posteridade "não pode encontrar nenhum caminho melhor de honrar seus pioneiros e guias do que confessar com o coração e a boca: porque dele e por ele e para ele são todas as coisas; glória, pois, a ele eternamente".

■ Henry Zylstra*

Agosto de 1955

*Henry Zylstra (1909-1956) foi o tradutor de *Maravilhas de Deus* para o inglês e um hábil linguista que lecionou no Calvin College, Michigan (EUA). Além de produções teológicas próprias sobre educação e sobre o relacionamento entre cristianismo e cultura, ele foi um dos entusiastas responsáveis pela tradução de uma quantidade impressionante de material teológico holandês para o inglês, e participou de diversos projetos da igreja reformada continental nos EUA (Christian Reformed Church), como a publicação de um novo saltério.

1. O bem supremo do homem

Deus, e somente Deus, é o bem supremo do homem.

Em geral, podemos dizer que Deus é o bem supremo de todas as suas criaturas. Isso porque Deus é o criador e sustentador de todas as coisas, a fonte de todo ser e de toda a vida, o manancial abundante de todos os bens. Todas as coisas devem sua existência, desde sempre, exclusivamente a ele, que é o único ser eterno e onipresente.

Mas a ideia de "bem supremo" geralmente inclui a noção de que esse bem é reconhecido e apreciado como tal pelas próprias criaturas; porém, isso não acontece, é claro, com criaturas inanimadas ou irracionais. As inanimadas têm apenas uma existência e não têm qualquer princípio de vida, e as outras criaturas, como as plantas, têm o princípio de vida, mas são desprovidas de qualquer consciência. É verdade que os animais receberam, além da sua existência e vida, um tipo de consciência, mas é uma consciência que apenas nota as coisas visíveis ao redor deles. Eles estão cientes das coisas terrenas, mas não das celestiais; daquilo que é real, agradável e útil; mas não têm qualquer noção do verdadeiro, do bom e do belo; eles têm consciência e desejo sensível, mas, por causa disso, satisfazem-se com o sensível e não podem entender a ordem espiritual.

O homem, no entanto, é bem diferente. Ele é uma criatura que, desde o começo, foi criada segundo a imagem e semelhança de Deus, e essa origem e ascendência divinas não podem ser apagadas ou destruídas. Mesmo que ele tenha perdido, por causa do pecado, os atributos gloriosos do conhecimento, da justiça e da santidade contidos nessa imagem de Deus, ainda há no homem "pequenos fragmentos" daquilo que foi dado a ele na Criação; e eles são suficientes não apenas para o declarar culpado, mas também para comprovar seu antigo esplendor e lembrá-lo continuamente de seu chamado divino e de seu destino celestial.

Em todo o seu pensar e em todo o seu agir, em toda a vida e atividade do homem, torna-se evidente que ele é uma criatura que não pode se satisfazer com aquilo que todo o mundo físico tem a oferecer. Ele é, de fato, um cidadão do reino físico, mas também se ergue acima desse reino para o sobrenatural. Com seus pés plantados firmemente no chão, ele levanta sua cabeça e lança os olhos para o céu. Ele tem conhecimento das coisas visíveis e temporais, mas também está ciente das coisas invisíveis e eternas. Seu desejo sai à procura de bens terrenos, sensíveis e efêmeros, mas também dos celestiais, espirituais e eternos.

O homem compartilha sua consciência sensível com os animais, mas, além dessas qualidades, ele foi dotado de um entendimento e de uma razão que o permitem pensar e se colocar acima de um mundo de imagens sensíveis para um mundo de pensamentos incorpóreos e para o reino das ideias eternas. O pensar e saber humanos, mesmo que ligados ao seu cérebro, são, ainda assim, em sua essência, quase inteiramente uma atividade espiritual, transcendendo o que ele enxerga e toca. Por meio desse pensamento, ele estabelece sua conexão com um mundo que não pode ver nem tocar, mas que é tão real e que tem mais da realidade essencial do que a fisicalidade da terra. O que ele está realmente buscando não é uma realidade tangível, mas a verdade espiritual, uma verdade única, eterna e imperecível. Seu entendimento pode encontrar descanso apenas nessa verdade divina absoluta.

Assim também o homem compartilha seu desejo sensível com os animais. Consequentemente, ele sente necessidade de comida e bebida, de luz e ar, de trabalho e descanso, e também é dependente de toda a terra para sua existência física. Porém, muito acima desse nível de desejo, ele recebe uma vontade que, guiada por sua razão e sua consciência, alcança outros bens superiores. O agradável e útil, ainda que tenham seu valor e lugar em seu tempo, não o satisfazem; ele exige e busca um bem que não se torna bom por causa das circunstâncias, mas que é bom em si mesmo, por meio de si mesmo e para si mesmo; um bem imutável, espiritual e eterno. E sua vontade, novamente, pode encontrar seu descanso apenas nessa bondade divina absoluta e elevada.

De acordo com o ensino das Sagradas Escrituras, tanto a razão quanto a vontade têm suas raízes no coração do homem. Quanto ao coração, o autor de Provérbios diz que devemos guardá-lo com toda diligência, porque dele procedem as fontes da vida (4:23). Assim como o coração no sentido físico é o ponto de origem e a força propulsora da circulação do sangue, também ele é espiritual e eticamente a fonte da vida superior no homem, além de ser o assento da nossa autoconsciência, do nosso relacionamento com Deus e da nossa subserviência à sua lei, isto é, de toda a nossa natureza espiritual e moral. Consequentemente, toda a nossa vida racional e volitiva tem o seu ponto de origem no coração e é governada por ele.

Agora, aprendemos em Eclesiastes 3:11 que Deus colocou a eternidade no coração do homem. Deus fez tudo belo a seu tempo, faz tudo acontecer no momento certo, no momento em que ele determinou, de modo que a história, tanto no todo quanto em cada parte, corresponde ao conselho de Deus e exibe a glória desse conselho. Deus colocou o homem no centro da totalidade desse mundo e estabeleceu a eternidade em seu coração, a fim de que ele não descansasse nas manifestações externas e visíveis, mas que, em vez disso, buscasse e conhecesse os eternos pensamentos de Deus no curso temporal da natureza e da história.

Esse *desiderium aeternitatis*, esse anseio por uma ordem eterna que Deus plantou no coração do homem, nos confins mais íntimos do seu ser, no centro da sua personalidade, é a causa do fato incontestável de que tudo que pertence à ordem temporal não pode satisfazer o homem. Ele é um ser sensível, terreno, limitado e mortal. Ainda assim, ele é atraído para o eterno e destinado para ele. Não é de nenhum proveito ao homem ganhar esposa e filhos, casas e campos, tesouros e propriedades, ou, na verdade, o mundo inteiro, se, ao ganhar, ele perder a sua alma (Mateus 16:26). Porque o mundo todo não pode superar o valor de um homem. Não há um homem tão rico que possa, por qualquer meio, redimir a alma do seu irmão, nem dar a Deus algum resgate por ele; a redenção da alma é preciosa demais para qualquer criatura poder alcançar (Salmos 49:7-9).

— ▪ —

Na verdade, há muitos que estão perfeitamente dispostos a admitir isso desde que apenas prazeres sensíveis e tesouros terrenos estejam envolvidos. Eles prontamente reconhecem que essas coisas não podem satisfazer o homem nem corresponder ao seu destino superior, mas julgam de outra forma quando os então chamados "valores ideais" – ciência, arte, cultura, o serviço da verdade, do bem e do belo, o viver pelos outros e a aspiração para servir ao que é chamado "humanidade" – entram em cena. Mas essas coisas também pertencem àquilo que a Escritura diz que passará (1João 2:17).

Ciência, conhecimento e aprendizado são certamente ótimos dons, pois vêm do Pai das luzes e, portanto, devem ser altamente valorizados.

Quando Paulo diz que a sabedoria deste mundo é loucura diante de Deus (1Coríntios 3:19), e quando, em outra passagem, adverte contra a filosofia (Colossenses 2:8), ele tem em mente aquela falsa e vã sabedoria que não reconheceu a sabedoria de Deus em sua revelação geral e especial (1Coríntios 1:21) e se tornou vã em todas as suas imaginações (Romanos 1:21). Mas, para o resto, Paulo e toda a Sagrada Escritura colocam o conhecimento e a sabedoria em um plano de importância muito elevado. E não poderia ser de outra forma, porque toda a Bíblia afirma que somente Deus é sábio, que ele tem um conhecimento perfeito de si mesmo e de todas as coisas, que pela sabedoria ele estabeleceu o mundo, que ele faz suas múltiplas riquezas conhecidas da igreja, que em Cristo estão escondidos todos os tesouros da sabedoria e do conhecimento e que o Espírito é o Espírito da sabedoria e do conhecimento que sonda as coisas profundas de Deus (Provérbios 3:19; Romanos 11:33; 1Coríntios 2:10; Efésios 3:10 e Colossenses 2:3). Um livro que prossegue com pensamentos como esses não pode ter uma baixa estima pelo conhecimento nem pode desprezar a filosofia. Pelo contrário, a sabedoria é melhor do que rubis, e todas as coisas que podem ser desejadas não podem ser comparadas a ela (Provérbios 13:11); ela é um dom daquele que é o Deus do conhecimento (Provérbios 2:6; 1Samuel 2:3).

Mas o que as Escrituras exigem é um conhecimento que tem o temor a Deus por princípio (Provérbios 1:7). Quando se rompe a conexão com esse princípio, ainda é possível, sobre falsos pretextos, reter-se o nome de conhecimento, mas gradualmente ocorre a degeneração em sabedoria mundana, que é loucura para Deus. Qualquer ciência, filosofia ou conhecimento que supõe poder permanecer em suas próprias pretensões e deixar Deus de fora de suas suposições se torna o seu próprio antagonista e desilude todos que neles põem suas expectativas.

É fácil entender isso. Porque, em primeiro lugar, a ciência e a filosofia sempre têm um lugar especial e podem se tornar a ocupação de apenas algumas poucas pessoas. Esse grupo seleto, que pode dedicar suas vidas inteiras à disciplina do aprendizado, pode conhecer apenas uma pequena parte do todo, permanecendo ignorante de todo o restante. Seja qual for a satisfação que o conhecimento pode dar, ele nunca pode, por causa desse caráter especial e limitado, satisfazer as necessidades profundas gerais que foram plantadas na natureza humana na criação e que, assim, estão presentes em todos.

Em segundo lugar, sempre que a filosofia – após um período de decadência – entra em um novo período de renascimento, começa com uma expectativa extraordinária e exagerada. Nesse momento, ela vive na esperança de que, por intermédio de uma rigorosa e contínua investigação, resolverá o enigma do mundo. Mas, sempre que essa nova excitação exagerada passa, a antiga desilusão entra em cena e, em vez de diminuir, os problemas aumentam à medida que o estudo avança. O que parecia ser autoevidente prova-se um novo mistério e, desse modo, o fim de todo conhecimento é a triste – e às vezes desesperadora – confissão de que o homem anda sobre a terra por enigmas e que a vida e o destino são mistérios.

Em terceiro lugar, é bom lembrar que a filosofia e a ciência, ainda que pudessem atingir um grau de certeza muito maior do que são capazes de atingir hoje, deixariam o coração do homem insatisfeito. A razão é que o conhecimento sem a virtude e uma base moral se torna um instrumento nas mãos do pecado para conceber e executar um mal maior e, assim, a mente cheia de conhecimento alista-se no serviço de um coração depravado. Nesse sentido, o apóstolo Paulo escreve: "E mesmo que eu tivesse o dom de profecia, e conhecesse todos os mistérios, e tivesse todo o conhecimento, mas não tivesse amor, eu nada seria" (1Coríntios 13:2).

O mesmo se aplica à arte, que também é um dom de Deus. Assim como o próprio Senhor não é somente verdade e santidade, mas também glória e difusor da beleza do seu nome amplamente sobre todas as suas obras, também é ele que, pelo seu Espírito, equipa o artista com sabedoria, entendimento e conhecimento em toda espécie de ofício (Êxodo 31:3; 35:31). A arte é, portanto, em primeiro lugar, uma evidência da habilidade do homem de fazer e criar, e tal habilidade é espiritual por natureza, dando expressão aos seus mais profundos anseios, seus mais elevados ideais e seu desejo insaciável de harmonia. Além disso, a arte, em todos os seus exemplares e em todas as suas formas, evoca um mundo ideal perante nós, em que as dissonâncias de nossa existência na terra são purgadas em uma harmonia gratificante. Assim, revela-se uma beleza que, neste mundo caído, foi obscurecida pelos sábios, mas descoberta pelo simples olhar do artista. E, já que a arte pinta para nós uma imagem de outra realidade mais elevada, ela se torna um consolo em nossa vida, uma vez que eleva a alma para fora da consternação e preenche nossos corações com esperança e alegria.

Mas, apesar de a arte poder realizar tanto, é apenas na imaginação que podemos aproveitar a beleza que ela revela. A arte não pode fechar o abismo entre o ideal e o real, tampouco pode realizar o *além* da sua visão no *aqui* do nosso mundo presente. Ela nos mostra a glória de Canaã de longe, mas não nos conduz para um país melhor nem nos torna cidadãos dele. A arte é muito, mas não é tudo. Não é, como um notável artista uma vez chamou, o objeto mais santo e nobre, a única religião e única salvação do homem. Ela não pode nos reconciliar pelo nosso pecado, é incapaz de nos purificar da corrupção e não consegue enxugar nossas lágrimas das aflições da vida.

Quanto à cultura, à civilização, à filantropia, à vida da sociedade ou qualquer outro nome que queiram chamar, tudo isso também não pode ser denominado "bem supremo" do homem. Sem dúvidas, podemos falar de algum progresso nas ideias humanitárias e de um desenvolvimento na filantropia; quando comparamos a forma como os pobres e doentes, os miseráveis e indigentes, as viúvas e os órfãos, os loucos e os aprisionados eram frequentemente tratados nos tempos antigos com a forma como são geralmente tratados hoje, certamente temos motivo para alegria e gratidão. Surgiu um espírito de ternura e misericórdia que busca os perdidos e tem compaixão dos oprimidos, mas, ao mesmo tempo, nossa era exibe uma terrível ostentação de vícios macabros, de adoração ao dinheiro, prostituição, alcoolismo e abominações semelhantes, e temos vergonha de responder se estamos progredindo ou regredindo. Em um momento, estamos otimistas, mas, pouco tempo depois, estamos mergulhados em um profundo pessimismo novamente.

Seja como for, isto é certo: se a vida de serviço à humanidade e de amor ao próximo não estiver enraizada na lei de Deus, ela perderá seu vigor e caráter. Em última instância, o amor ao próximo não é algo que se justifica por si só e emerge de forma espontânea e natural do coração humano. Pelo contrário, é um sentimento, uma ação e um serviço que requerem uma tremenda força de vontade, que devem ser constantemente mantidos contra as formidáveis forças do interesse próprio. Além disso, esse amor ao próximo muitas vezes recebe pouco incentivo, mesmo do próximo. Geralmente, as pessoas não são tão amáveis a ponto de cuidarmos delas e amá-las naturalmente, sem qualquer esforço ou luta. De fato, o amor ao próximo somente poderá ser mantido se, por um lado, for posto sobre nós e baseado na lei de Deus; e apenas se, por outro lado, esse mesmo Deus nos conceder o desejo de viver em retidão de acordo com todos os seus mandamentos.

—— ▪ ——

A conclusão, portanto, é a mesma de Agostinho, que disse que o coração do homem foi criado para Deus e não pode encontrar descanso sem repousar no coração do seu Pai. Como consequência, todos os homens estão realmente buscando a Deus, como Agostinho também declarou, mas nem todos o buscam da maneira certa nem no lugar correto. Eles o buscam cá embaixo, enquanto ele está lá em cima. Eles o buscam na terra, enquanto ele está no céu. Eles o buscam longe, enquanto ele está perto. Eles o buscam no dinheiro, em propriedades, na fama, no poder e na paixão; e ele é encontrado num lugar alto e santo, e também com aquele que tem um espírito contrito e humilde (Isaías 57:15). Mas eles o buscam e, mesmo tateando, talvez possam encontrá-lo (Atos 17:57). Ao mesmo tempo que o buscam, eles fogem dele. Eles não têm interesse nenhum em um conhecimento dos seus caminhos e, ainda assim, nada podem sem ele. Eles se sentem atraídos para Deus e, ao mesmo tempo, repelidos por ele.

Nisso, como Pascal tão profundamente pontuou, consiste a grandeza e a miséria do homem. Ele anseia pela verdade e está errado por natureza; aspira por descanso e se joga de um desvio para outro;

arqueja por uma felicidade permanente e eterna e se agarra a prazeres momentâneos; procura por Deus e se perde na criatura; é um filho nascido na casa do pai e se alimenta dos restos da comida dos porcos em uma terra estranha; esquece-se da fonte de águas vivas e cava para si cisternas rotas que não retêm água (Jeremias 2:13); é um homem faminto que sonha que está comendo, mas, ao acordar, percebe que sua alma está vazia; e ele é como um homem sedento que sonha que está bebendo, mas, ao acordar, percebe que está enfraquecido e que sua alma ainda tem sede (Isaías 29:8).

A ciência não pode explicar essa contradição no homem. Ela conta apenas com sua grandeza, não com sua miséria; ou apenas com sua miséria, não com sua grandeza. Isso o exalta demais ou o humilha demais, pois a ciência não sabe de sua origem divina nem de sua profunda queda. Mas as Escrituras conhecem os dois aspectos e lançam luz sobre o homem e sobre a humanidade; as contradições são reconciliadas, as névoas são dissipadas e as coisas ocultas são reveladas. O homem é um enigma cuja solução só pode ser encontrada em Deus.

2. O conhecimento de Deus

Deus é o bem supremo do homem – esse é o maior testemunho de toda a Escritura.

A Bíblia começa relatando que Deus criou o homem segundo sua imagem e semelhança, a fim de que ele conhecesse Deus, seu Criador, corretamente, para que o amasse com todo o seu coração e vivesse com ele em eterna bem-aventurança. E a Bíblia termina com a descrição da nova Jerusalém, cujos habitantes verão a Deus face a face e terão o nome dele em suas testas.

Entre esses dois momentos está a revelação de Deus em todo seu comprimento e largura. Quanto ao seu conteúdo, essa revelação tem a única, excelente e abrangente promessa do pacto da graça: "eu serei o vosso Deus e vós sereis o meu povo". Quanto ao seu ponto central e de clímax, essa revelação tem o Emanuel – Deus conosco. Porque a promessa e seu cumprimento andam de mãos dadas. A palavra de Deus é o começo, o princípio e a semente; e é no ato que a semente chega à sua realização completa. Assim como no princípio Deus chamou as coisas à existência pela sua palavra, então, pela sua palavra, ele trará à existência, no decorrer das eras, o novo céu e a nova terra, onde o tabernáculo de Deus estará entre os homens.

É por causa disso que é dito que Cristo, em quem o Verbo se fez carne, é cheio de graça e verdade (João 1:14).

Ele é a Palavra que no princípio estava com Deus e ele mesmo era Deus; logo, ele era a vida e a luz dos homens. O Pai compartilha sua vida com Cristo e manifesta seu pensamento em Cristo; portanto, o pleno ser de Deus é revelado nele. Ele não apenas declara e revela o nome do Pai a nós, mas, em si mesmo, nos mostra e nos dá o Pai.

Cristo é Deus manifesto e entregue. Ele é Deus se revelando e se compartilhando, e, portanto, é cheio de verdade e de graça. A palavra da promessa – eu serei um Deus para ti – incluía em si, desde o momento em que foi proferida, o cumprimento – eu sou teu Deus. Deus se entrega ao seu povo a fim de que nós nos entreguemos a ele.

Nas Escrituras, encontramos Deus constantemente repetindo sua declaração: "Eu sou o teu Deus". Da promessa à Eva em Gênesis 3:15 em diante, esse rico testemunho, compreendendo toda bênção e toda salvação, é repetido vez após vez, seja na vida dos patriarcas, na história do povo de Israel ou na igreja do Novo Testamento. E, em resposta, a igreja, ao longo das eras, achega-se com infinitas variedades de suas linguagens de fé, com palavras de gratidão e louvor: "Tu és nosso Deus, e nós somos teu povo, o rebanho do seu pastoreio".

Essa declaração de fé por parte da igreja não é uma doutrina científica nem uma forma de unidade que está sendo repetida, mas uma confissão de uma realidade profundamente sentida – uma convicção da realidade que surgiu da experiência de vida. Os profetas, os apóstolos e os santos em geral que aparecem antes de nós no Antigo e Novo Testamentos e posteriormente na igreja de Cristo não se sentaram e filosofaram sobre Deus utilizando conceitos abstratos, mas confessaram o que Deus significa para eles e o que deviam a ele em todas as situações da vida. Para eles, Deus não era um conceito frio, o qual eles buscaram analisar racionalmente, mas sim uma força viva e pessoal, uma realidade infinitamente mais real do que o mundo ao redor deles. Na verdade, ele era para eles o único, eterno e venerável Ser. Eles contaram com ele em suas vidas, viveram em sua tenda, andaram como se sempre estivessem perante sua face, serviram-no em seus átrios e o adoraram em seu santuário.

A sinceridade e a profundidade de sua experiência são demonstradas na linguagem que usaram para expressar o que Deus significava para eles. Não precisavam procurar palavras, porque seus lábios transbordavam o que brotava dos seus corações e o mundo dos homens e a natureza forneciam suas figuras de linguagem. Para eles, Deus era Rei, Senhor, Valente, Líder, Pastor, Salvador, Redentor, Auxiliador, Médico, Homem e Pai; e toda a felicidade e o bem-estar, a verdade e a justiça, a vida e a misericórdia, a força e o poder, a paz e o descanso que tinham eles haviam encontrado em Deus. Ele era sol e escudo, luz e fogo, fonte, rocha e abrigo, refúgio e torre, prêmio e sombra, cidade e templo. Tudo o que o mundo tem a oferecer em bens discretos e subdivididos era para eles uma imagem e semelhança da insondável plenitude da salvação disponível em Deus para seu povo. É assim que Davi, no Salmos 16:2, se dirige ao Senhor: "Tu és o meu Senhor; além de ti não tenho outro bem". Asafe também cantou dessa forma no Salmos 73: "Quem mais eu tenho no céu, senão a ti? E na terra não desejo outra coisa além de ti. Meu corpo e meu coração desfalecem; mas Deus é a fortaleza da minha vida e minha herança para sempre". Para o santo, o céu em toda a sua glória e bem-aventurança seria vazio e morto sem Deus; e, quando ele vive em comunhão com Deus, não se importa com nada mais na terra, porque o amor de Deus transcende em muito a todos os outros bens.

Essa é a experiência dos filhos de Deus, uma experiência que foi sentida porque Deus se apresentou a eles para sua alegria no Filho do seu amor. Foi nesse sentido que Cristo disse que a vida eterna, isto é, a totalidade da salvação, consiste no conhecimento do único e verdadeiro Deus e de Jesus Cristo, aquele que ele enviou.

Foi num momento propício que Cristo falou essas palavras. Ele estava a ponto de cruzar o ribeiro de Cedrom para entrar no jardim de Getsêmani e para sofrer a última aflição em sua alma, no entanto, antes de prosseguir para esse ponto, ele se prepara como Sumo Sacerdote para sua paixão e morte, e ora ao Pai para que este possa glorificá-lo durante e após o seu sofrimento, para que o Filho, por sua vez, possa glorificar o Pai ao distribuir todas aquelas bênçãos que ele estava prestes a conquistar pela sua obediência até a morte. Quando o Filho ora dessa forma, ele não deseja nada além da própria vontade e do prazer do Pai. O Pai deu a ele poder sobre toda carne para que o Filho possa dar a vida eterna para tantos quanto o Pai tem dado a ele. Essa vida eterna consiste em nada além do *conhecimento* do único e verdadeiro Deus e de Jesus Cristo, aquele que foi enviado para revelar o Pai (João 17:1-3).

— ▪ —

O conhecimento de que Jesus fala aqui obviamente tem seu próprio caráter peculiar. É diferente de qualquer outro conhecimento que possa ser obtido, e a diferença não é de grau, mas de princípio e essência. Isso se torna evidente tão logo começamos a comparar os dois tipos de conhecimento. O conhecimento de Deus de que Jesus falou difere do conhecimento das coisas criadas em sua origem e objeto, bem como em sua essência e efeitos.

Antes de tudo, ele difere em sua origem, pois é totalmente devido a Cristo. Podemos dizer, em certo sentido, que conseguimos todos os nossos outros conhecimentos em razão de nosso discernimento e julgamento, de nosso próprio esforço e estudo, mas, quanto a esse conhecimento do verdadeiro Deus, nós, como crianças, devemos deixar Cristo dá-lo a nós. Não é possível encontrar fora dele, nem em escolas, nem entre os maiores filósofos. Somente Cristo conhecia o Pai. Ele estava com o Pai no princípio, repousou em seu seio e o viu face a face. Ele próprio era Deus, o esplendor da glória de Deus e a imagem expressa da sua pessoa, o Filho primogênito e amado do Pai, em quem estava todo o seu prazer (Mateus 3:17; João 1:14; Hebreus 1:3). Nada no ser do Pai está escondido do Filho, porque o Filho compartilha a mesma natureza, os mesmos atributos e o mesmo conhecimento. Ninguém conhece o Pai, senão o Filho (Mateus 11:27).

E esse Filho veio à terra e manifestou o Pai para nós, e também revelou o nome do Pai aos homens. Para isso, ele se tornou carne e veio à terra: para que ele nos fizesse conhecer aquele que é verdadeiro (1João 5:20). Nós não conhecíamos a Deus e não tínhamos interesse em conhecer os seus caminhos, mas Cristo nos fez conhecer o Pai. Ele não era um filósofo, estudioso ou artista: seu trabalho era revelar o nome do Pai para nós, e foi justamente isso que ele fez ao longo de toda a sua vida. Ele revelou Deus em suas palavras, em suas obras, em sua vida, em sua morte, em sua pessoa e em tudo o que ele era e fazia. Ele nunca disse ou fez nada que não visse o Pai fazendo, pois seu alimento era executar a vontade do Pai. Quem vê a ele, vê o Pai também (João 4:34; 8:26-28; 12:50; 14:9).

Ele é confiável em sua revelação de Deus porque é Jesus Cristo, aquele que foi *enviado*. Ele recebeu o nome de Jesus do próprio Deus, porque foi enviado para salvar seu povo dos pecados deles (Mateus 1:21), e também é chamado Cristo, porque é o Ungido do Pai, eleito e qualificado para todos os seus ofícios pelo próprio Deus (Isaías 42:1; Mateus 3:16). Ele é o enviado, porque não veio — como muitos falsos profetas e sacerdotes — em seu próprio nome, não se promoveu, nem tomou crédito sozinho. Ele não o fez porque o Pai tanto amou esse mundo que deu seu Filho Unigênito para que todo aquele que nele crer, não pereça, mas tenha vida eterna; portanto, ele foi *enviado* (João 3:16).

Aqueles, então, que aceitam e creem em quem Cristo foi recebem a prerrogativa e estão qualificados para carregar o nome de filhos de Deus (João 1:12). Eles são nascidos de Deus, participam da natureza divina e conhecem a Deus ao olharem para Cristo, seu Filho. Ninguém conhece o Filho, senão o Pai; ninguém conhece o Pai, senão o Filho, e aquele a quem o Filho o quiser revelar (Mateus 11:27).

Em segundo lugar, o conhecimento de Deus difere de todos os outros conhecimentos no que diz respeito ao seu *objeto*. Quanto a outros conhecimentos, ainda que sejam, particularmente em nossa época, de alcance tão amplo, eles giram em torno da criatura, estão limitados ao temporal e nunca poderão descobrir o eterno. É verdade que existe uma revelação do poder eterno e da divindade de Deus nas obras da natureza também. Mas o conhecimento de Deus derivado da natureza é fraco, obscuro, misturado com erros e, acima de tudo, de pouco valor. Porque os homens, conhecendo a Deus pela natureza, não o glorificaram ou o adoraram como Deus, mas se tornaram fúteis em suas especulações e substituíram a glória do Deus incorruptível por imagens semelhantes à criatura. O mundo é tanto um obscurecimento quanto uma revelação de Deus (Romanos 1:20-23).

Mas, nesta oração sacerdotal, aquele que vem à tona é o que deixa os outros conhecimentos e que ousa falar do *conhecimento de Deus*! Deus como o objeto do conhecimento humano, quem pode compreender isso? Como o homem pode conhecer a Deus, o Infinito e Incompreensível, aquele que não pode ser medido nem pelo tempo nem pela eternidade, aquele em cuja presença os anjos cobrem os rostos com suas asas, que vive em uma luz inacessível e que nenhum homem viu ou pode ver? Como esse alguém pode ser conhecido pelo homem, cujo fôlego está em suas narinas e que é menos que nada e menos que vaidade? Como ele pode conhecer Deus, se seu melhor conhecimento é cheio de remendos e retalhos? Com todo esse conhecimento *sobre*, ele tem conhecimento *de quê*? O que ele sabe das coisas em sua origem, essência e propósito? Ele não está cercado de mistérios em suas mãos? Ele não está sempre nos limites do desconhecido? É para crermos, então, que tal homem pobre, fraco, ignorante e pecador deve conhecer a Deus – o Altíssimo, Santo, Onisciente e Poderoso Deus?

Está além do nosso alcance, mas Cristo, que viu o Pai, o revelou para nós. Podemos confiar nele, e o seu testemunho é verdadeiro e digno de toda aceitação. E se você, ó homem, quer saber quem Deus é, não pergunte ao sábio, aos escribas, aos debatedores dessa era, mas olhe para Cristo e ouça sua palavra! Não diga em seu coração: quem subirá aos céus ou quem descerá ao abismo? Porque a palavra está perto de ti, a palavra que Cristo proclama. Ele próprio é a Palavra, a revelação perfeita do Pai. Como ele é, assim é o Pai – Justo, Santo, cheio de graça e verdade. Em sua cruz, o conteúdo completo da fé do Antigo Testamento é descoberto: "O Senhor é compassivo e misericordioso; demora para irar-se e é grande em amor. Não nos trata de acordo com nossos pecados, nem nos retribui segundo nossas transgressões. Pois seu amor para com os que o temem é grande, tanto quanto o céu se eleva acima da terra. Como o Oriente se distancia do Ocidente, assim ele afasta de nós nossas transgressões. Como um pai se compadece de seus filhos, assim o Senhor se compadece dos que o temem" (Salmos 103:8,10-13). Vendo a glória de Cristo no espelho da sua palavra, clamamos em êxtase: "Nós o conhecemos, porque ele primeiro nos conheceu; o amamos porque ele nos amou primeiro" (1João 4:19).

Essa origem e esse conteúdo determinam também a *essência* peculiar desse conhecimento de Deus.

No versículo da oração sacerdotal mencionado anteriormente, Jesus fala de um conhecimento que não é uma simples *informação*, mas um *conhecer* real. Há uma grande diferença entre os dois. Conseguir alguma informação, em livros, sobre uma planta, um animal, uma pessoa, um país ou um povo não é ter um conhecimento pessoal direto desse assunto. Essa informação é simplesmente baseada na descrição de outra pessoa dessa questão, e, nesse sentido, informação é uma questão apenas mental. Mas o conhecimento real inclui um elemento de interesse e envolvimento pessoal e uma atividade do coração.

É verdade que uma descrição do conhecimento de Deus pode ser encontrada na Palavra que Cristo nos deu, e também é possível ter informação sobre Deus que difere essencialmente do conhecimento real de Deus que Jesus queria transmitir. Portanto, um tipo de conhecimento da vontade do Senhor desacompanhado de uma preparação do coração para cumpri-la é possível (Lucas 12:47-48). Homens podem clamar: Senhor! Senhor! E ainda assim não terem acesso ao reino dos céus (Mateus 7:21). Há uma fé, como a dos demônios, que não abre espaço para o amor, mas para temor e tremor (Tiago 2:19). Há ouvintes da Palavra que não querem ser praticantes e que, portanto, serão castigados em dobro (Tiago 1:22).

Quando Jesus fala do conhecimento de Deus nesses termos, ele tem em mente um conhecimento semelhante, em gênero, ao que ele próprio tem. Ele não era um teólogo por profissão nem um doutor ou professor em divindade, mas conhecia Deus por visão e discernimento direto e pessoal; ele o via em todo lugar, na natureza, em sua palavra, em seu serviço; ele o amava acima de tudo e era obediente a Deus em todas as coisas, até na morte na cruz. Seu conhecimento da verdade era consistente com a sua prática. O conhecimento e o amor andavam juntos.

De fato, conhecer a Deus não consiste em saber um monte de coisas sobre ele, mas sim em ver o Senhor na pessoa de Cristo, encontrá-lo no caminho da nossa vida e, na experiência das nossas almas, conhecer suas virtudes, sua justiça e sua santidade, e também sua compaixão e sua graça.

É por isso que esse conhecimento, diferente de qualquer outro, carrega o nome de "conhecimento da fé". Não é produto do estudo e da reflexão científica, mas de uma fé simples e infantil. Essa fé não é apenas um conhecimento seguro, mas também uma confiança firme de que, não somente para outros, mas também para mim, a remissão de pecados, a justiça eterna e a salvação são dadas gratuitamente por Deus, simplesmente de graça, apenas por causa dos méritos de Cristo. Apenas aqueles que se tornam como criancinhas entrarão no reino dos céus (Mateus 18:3). Somente os puros de coração verão a face de Deus (Mateus 5:8). Aqueles que nasceram da água e do Espírito poderão entrar no reino (João 3:5). Aqueles que conhecem seu nome porão sua confiança nele (Salmos 9:10). Deus é conhecido na mesma proporção em que é amado.

Se entendemos o conhecimento de Deus dessa maneira, não é surpresa que sua operação e seu *efeito* sejam nada menos que a vida eterna. De fato, parece haver pouca relação entre conhecimento e vida. O autor de Eclesiastes não nos diz que, na muita sabedoria, há muita frustração? Que, quanto maior o conhecimento, maior a tristeza? Que produzir muitos livros é algo que não tem fim, e que estudar demais deixa o corpo esgotado (Eclesiastes 1:18 e 12:12)?

Conhecimento é poder – entendemos isso, pelo menos em certa medida. Todo conhecimento é um triunfo do espírito sobre a matéria, uma sujeição da terra ao senhorio do homem. Mas esse conhecimento devia ser vida – quem pode entender isso? E, ainda assim, até na ordem natural, a profundidade e as riquezas da vida são ampliadas pelo conhecimento. Quanto mais compreensível a consciência, mais intensa a vida. As criaturas inanimadas não sabem, e elas não vivem. Quando a consciência se desenvolve nos animais, a vida deles também ganha em conteúdo e escopo. A vida mais rica entre os homens é a vida daquele que conhece mais. O que, na verdade, é a vida do louco, do ingênuo, do simples e subdesenvolvido? É pobre e limitada comparada com aquela do pensador e poeta; mas, seja qual for a diferença observada aqui, é apenas uma diferença de grau. A vida em si não é transformada pelo conhecimento, e essa vida, seja do estudioso mais ilustre ou do trabalhador mais simples, deve necessariamente terminar em morte, pois é alimentada apenas pelos recursos limitados deste mundo.

Esse conhecimento de que Cristo fala não é de uma criatura, mas do único e verdadeiro Deus.

Se o conhecimento das coisas visíveis pode enriquecer a vida, quanto mais o conhecimento de Deus fará pela vida? Porque Deus não é um Deus de morte e dos mortos, mas de vida e dos vivos, e todos aqueles que ele recriou segundo sua imagem e os restaurou para sua comunhão são, por causa disso, elevados acima do nível da morte e da mortalidade. Aquele que crê em mim, disse Jesus, mesmo que morra, viverá, e todo aquele que vive, e crê em mim, jamais morrerá (João 11:25-26). Conhecer Deus em Cristo traz consigo a vida eterna, a alegria imperturbável e a bênção celestial. Isso não é simplesmente um efeito; o conhecer a Deus é por si só imediatamente uma vida nova, eterna e abençoada.

De acordo com esse ensinamento das Santas Escrituras, a igreja cristã determinou o caráter desse corpo de conhecimento ou ciência que, desde os tempos antigos, tem sido chamado de “teologia”. A teologia é a ciência que deriva o conhecimento de Deus da sua revelação, que estuda e pensa sob a orientação do seu Espírito e, então, tenta descrevê-lo a fim de servi-lo para a glória dele. Um teólogo, um verdadeiro teólogo, é alguém que fala de Deus, por meio de Deus, sobre Deus, e faz isso sempre para glorificar o seu nome. Entre o instruído e o simples, há apenas uma diferença de grau: ambos têm um só Senhor, uma só fé, um só batismo, um só Deus e Pai de todos, que é sobre todos, por todos e em todos. Mas a graça foi concedida a cada um de nós conforme a medida do dom de Cristo (Efésios 4:5-7).

Nesse espírito, Calvino começou seu catecismo de Genebra com a seguinte questão: "Qual é o fim principal do homem?". E a resposta veio clara e ressoante: "Conhecer a Deus, por quem ele foi criado". Da mesma forma, o catecismo de Westminster começou sua lição com a pergunta "Qual o fim principal do homem?", e a resposta breve e rica foi: "Glorificar a Deus e gozá-lo para sempre".

3. Revelação geral

Se é verdade que o homem pode ter conhecimento de Deus, então, pressupõe-se que Deus voluntariamente escolhe se fazer conhecido para o homem de uma forma ou de outra.

Não podemos atribuir o conhecimento de Deus a nós mesmos, à nossa própria descoberta, investigação ou reflexão. Se não nos fosse dado por um ato de favor livre e desobrigado, não haveria nenhuma possibilidade de alcançá-lo pelos nossos próprios esforços.

Quando se trata do conhecimento das coisas criadas, a situação é um pouco diferente. Mesmo que, no empreendimento desse conhecimento, sejamos absolutamente dependentes de Deus, ainda assim, na Criação, ele encarregou o homem da tarefa de subjugar e dominar toda a terra, o equipou e deu-lhe o interesse de fazer isso. O homem está acima da natureza, e pode tomar a medida do fenômeno natural, estudá-lo e, em certa medida, artisticamente criar coisas. Ele pode, de certa forma, forçar a natureza a se revelar e descobrir seus segredos.

Porém, essa habilidade também é limitada de todas as formas. Conforme a ciência penetra cada vez mais profundamente no fenômeno e se aproxima da essência das coisas, ela vê os mistérios aumentando e ela mesma encurralada pelo incompreensível. Não são poucos os que estão tão profundamente convictos das limitações do conhecimento humano, que dizem: "Não sabemos", e às vezes acrescentam: "E nunca saberemos".

Se essa limitação do conhecimento humano já se torna aparente no estudo da natureza inanimada, ela naturalmente é mais visível no estudo das criaturas vivas, animadas e racionais.

Porque, nessa área, entramos em contato com realidades que não podem ser deixadas de lado arbitrariamente. Elas permanecem perante nós em sua objetividade e podem ser conhecidas por nós, de alguma forma, na medida em que correspondem ao que encontramos dentro de nós. Vida, consciência, sentimento e percepção, entendimento e razão, desejo e vontade; eles não nos ajudam a desmembrá-los e remontá-los. Eles não são mecânicos, mas orgânicos em sua natureza; nós temos que tomá-los da forma como eles se apresentam. Temos que respeitá-los em sua natureza misteriosa, tendo em vista que dissecar a vida é matá-la.

Isso é mais verdadeiro quando se trata da natureza do próprio homem. Ainda que seja verdade que ele é um ser físico e, nessa medida, não pode escapar à nossa percepção, é a sua manifestação externa que podemos perceber. Por trás dessa manifestação, uma vida misteriosa se espreita, a qual tem apenas uma expressão muito imperfeita e inadequada em sua forma externa. Até certo ponto, o homem também tem a habilidade de ocultar o lado interior da sua natureza aos outros. Ele pode controlar sua expressão facial de forma que nenhum músculo revele o que está acontecendo dentro dele; pode empregar uma linguagem para esconder seus pensamentos; pode, em suas ações, simular uma atitude que está em conflito com o que ele é por dentro. E, ainda que estejamos lidando com uma pessoa íntegra que despreza todas essas sutilezas de engano, devemos, a fim de conhecê-la, depender bastante do que ela escolhe revelar. É verdade que o ser humano faz isso involuntariamente; ele não tem um controle absoluto sobre si e frequentemente se revela sem querer. Mesmo assim, ele deve – seja por sua vida, suas palavras ou suas ações, voluntária ou involuntariamente – abrir-se e expressar o mistério da sua personalidade para o conhecermos como ele realmente é. O conhecimento de uma pessoa é possível apenas se ela se revela a nós, seja involuntariamente, seja deliberada e conscientemente.

Essas considerações nos levam a um entendimento correto das condições necessárias para que um ser humano tenha conhecimento de Deus. Deus é absolutamente independente e perfeitamente soberano. Ele não depende em nenhum aspecto de nós, mas nós somos absolutamente dependentes dele, tanto natural quanto racional e moralmente. Portanto, não temos nenhum controle e poder sobre ele. Não é possível fazermos dele o objeto de nosso estudo e reflexão. Não podemos buscá-lo, exceto se ele se deixar ser encontrado. Não podemos aceitá-lo, exceto se ele se der a nós. Além disso, Deus é invisível e habita em uma luz inacessível, de forma que nenhum homem o viu nem pode lhe ver. Se ele se mantiver oculto ou escondido, simplesmente não poderemos trazê-lo para o âmbito da nossa percepção física ou espiritual; e, sem qualquer tipo de percepção, naturalmente, nenhum conhecimento é possível. Por fim, para não ser repetitivo, Deus é o Todo-Poderoso. Ele tem não apenas suas criaturas, mas ele mesmo em perfeito controle. Ainda que nós seres humanos estejamos sempre nos revelando mais ou menos, seja intencionalmente ou não, Deus se revela apenas na medida em que ele deseja e apenas porque ele quer. Não pode haver algo como uma manifestação involuntária de Deus acontecendo, por assim dizer, fora da esfera da sua consciência e liberdade. Deus controla a si mesmo perfeitamente e se revela apenas na medida do seu bom prazer.

O conhecimento de Deus é possível, portanto, apenas sobre a base de uma revelação da parte de Deus. Um conhecimento de Deus é disponível ao homem quando, e somente quando, Deus escolhe se revelar.

—— ▪ ——

Essa autoexposição de Deus geralmente é denominada *revelação.* A Escritura usa vários verbos para isso, como aparecer, falar, ordenar, trabalhar, tornar conhecido, dentre outros. Eles indicam que a revelação nem sempre acontece da mesma maneira, mas que ela vem em várias formas. Na verdade, todas as obras de Deus, sejam por palavra ou ação, são elementos constituintes da única, imensa, abrangente e contínua revelação de Deus. A criação, a manutenção e o governo de todas as coisas, o chamado e a liderança de Israel, o envio de Cristo, o derramamento do Espírito Santo, a escrita da Palavra de Deus, a sustentação e propagação da igreja, dentre outros, são todos maneiras e formas pelas quais a revelação de Deus vem até nós. Cada um deles nos diz algo de Deus. Nesse sentido, tudo que existe e acontece pode e deve nos levar ao conhecimento dele, aquele cujo conhecer é a vida eterna.

Essa revelação, seja geral ou especial, tem as seguintes características descritas a seguir.

Em primeiro lugar, ela sempre vem do *próprio Deus* agindo em sua liberdade. Nisso, como em todas as outras coisas, ele é absolutamente soberano. Ele age com perfeita liberdade e deliberação. É verdade, existem aqueles que repudiam a confissão de um Deus pessoal e autoconsciente e, ainda assim, falam de uma revelação de Deus. Mas isso é dar um significado à palavra que está em conflito com seu sentido comum. Do ponto de vista daqueles cuja deidade é apenas uma força todo-poderosa, inconsciente e impessoal, pode ser possível falar de uma manifestação involuntária dessa força, mas não de qualquer revelação real, porque essa é uma ideia que presume a perfeita consciência e liberdade de Deus. Cada revelação digna de ser assim chamada procede da ideia de que Deus existe pessoalmente, que ele é consciente de si mesmo e que pode se fazer conhecido às criaturas. Nosso conhecimento humano de Deus tem sua base e ponto de origem no conhecimento que Deus tem de si mesmo. Somente se houver autoconsciência e autoconhecimento em Deus é possível que haja o conhecimento de Deus para o homem. Qualquer um que negue isso deve chegar à conclusão irracional de que nenhum conhecimento de Deus é possível ou que Deus alcança a autoconsciência apenas no homem. E isso seria colocar o homem no lugar de Deus.

A Escritura ensina algo bem diferente. Embora seja inacessível, a habitação de Deus é *luz*; ele conhece a si mesmo perfeitamente e, portanto, pode se revelar para nós. Nenhum homem conhece o Filho senão o Pai; e ninguém conhece o Pai senão o Filho, e aquele a quem o Filho o quiser revelar (Mateus 11:27).

Em segundo lugar, toda revelação que procede de Deus é autorrevelação. Deus é a origem e também o conteúdo da sua revelação. Isso também é verdade para a revelação mais elevada, que veio a nós em Cristo, porque o próprio Jesus disse que ele revelou o nome do Pai para os homens (João 17:6). O Filho Unigênito, que está no seio do Pai, manifestou Deus a nós (João 1:18). Mas isso também é verdade para qualquer outra revelação que Deus deu de si mesmo. Todas as outras obras de Deus na natureza e na graça, na criação e na regeneração, no mundo e na história nos ensinam algo do incompreensível e louvável ser de Deus. Elas não fazem isso da mesma maneira e com a mesma extensão; há diferenças infinitas entre elas. Uma obra fala da sua justiça; outra, da sua misericórdia; de uma obra seu poder onipotente brilha e, de outra, a sua sabedoria divina resplandece.

Mas todas juntas, cada uma em sua própria extensão, declaram as maravilhosas obras de Deus para nós. Elas nos familiarizam com suas virtudes e perfeições, com seu ser e suas autodiferenciações, com seu pensamento e palavra e com sua vontade e seu beneplácito.

Sobre isso, nunca devemos esquecer, é claro, que a revelação de Deus, independentemente da riqueza do seu conteúdo, nunca deve ser ensinada como sendo idêntica ao autoconhecimento de Deus. O autoconhecimento ou a autoconsciência de Deus são tão infinitos quanto seu ser; e é da sua própria natureza não ser sujeita à apreensão das criaturas. A revelação de Deus em suas criaturas, tanto objetivamente nas obras das suas mãos quanto subjetivamente na consciência das suas criaturas racionais, pode compreender, sempre, apenas uma pequena parte do conhecimento infinito que Deus tem de si mesmo. Não apenas nós seres humanos, mas os santos e anjos no céu também. Até o Filho de Deus em sua natureza humana tem um conhecimento de Deus que é diferente, em princípio e essência, do autoconhecimento de Deus. Contudo, o conhecimento que Deus compartilhou em sua revelação e que pode ser obtido pelas criaturas racionais por ela, embora seja limitado e finito, e assim o será por toda a eternidade, ainda é um conhecimento real e claro. Deus se revela em suas obras como ele é. Pela sua revelação, nós aprendemos a conhecê-lo. Portanto, não pode haver descanso para o homem até que ele se levante acima e além da criatura para o próprio Deus. No estudo da revelação, nossa preocupação deve ser um interesse em conhecer a Deus. Seu propósito não é nos ensinar alguns sons e falar certas palavras. Seu objetivo primário é nos conduzir através das criaturas para o Criador e nos fazer descansar no coração do Pai.

Em terceiro lugar, a revelação que procede de Deus e cujo conteúdo é Deus também tem Deus como seu propósito. Essa revelação é dele, por ele e *para* ele também; ele fez todas as coisas para si mesmo (Romanos 11:36; Provérbios 16:4). Embora o conhecimento de Deus, que é compartilhado em sua revelação, permaneça essencialmente diferente do seu próprio autoconhecimento, ele é, ainda assim, tão rico, tão vasto e tão profundo, que nunca poderá ser completamente absorvido na consciência de qualquer criatura racional. O entendimento dos anjos excede muito ao do homem, e eles sempre olham para a face do Pai que está no céu (Mateus 18:10), mas, ainda assim, eles desejam examinar as coisas que são relatadas para nós por aqueles que pregaram o evangelho (1Pedro 1:12). E, conforme as pessoas pensam mais e mais profundamente na revelação de Deus, elas são mais impelidas a clamar com Paulo: "Ó profundidade da riqueza, da sabedoria e do conhecimento de Deus! Quão insondáveis são os seus juízos, e quão inescrutáveis, os seus caminhos!" (Romanos 11:33). A revelação, portanto, não pode ter seu propósito final no homem; em parte, ela passa por ele e vai além dele.

É verdade que o homem tem um lugar importante na revelação, que é direcionada para a humanidade a fim de que ela busque o Senhor, e mesmo tateando, possa encontrá-lo (Atos 17:27), e o evangelho deve ser pregado a todas as criaturas para que, crendo, elas possam ter a vida eterna (Marcos 16:15-16; João 3:16,36). Mas isso não pode ser o propósito final e mais elevado da revelação. Deus não pode repousar no homem. Pelo contrário, é dever do homem conhecer e servir a Deus, a fim de que ele, liderando e juntamente com todas as criaturas, dê a Deus a honra devida a ele por todas as suas obras. Em sua revelação, seja passando pelo homem ou ao lado dele, Deus está preparando para si mesmo louvor, glorificando seu próprio nome e espalhando no mundo das suas criaturas suas excelências e perfeições. Porque a revelação é de Deus e por Deus, ela tem seu fim e propósito também em sua glorificação.

Toda essa revelação, que é de Deus e por Deus, tem seu ponto médio e, ao mesmo tempo, seu ponto alto na pessoa de Cristo. Não é o firmamento cintilante, nem a poderosa natureza, nem qualquer príncipe ou gênio da terra, nem algum filósofo ou artista; é o Filho do Homem que é a maior revelação de Deus. Cristo é a Palavra que se tornou carne, que no princípio estava com Deus e era Deus, o unigênito do Pai, a imagem de Deus, o resplendor da sua glória e a imagem expressa da sua pessoa; aquele que viu a Cristo, viu o Pai (João 14:9). É nessa fé que o cristão permanece. Ele aprendeu a conhecer Deus na pessoa de Jesus Cristo, aquele que Deus enviou. O próprio Deus, que disse que a luz deveria brilhar da escuridão, é aquele que brilhou em seu coração a fim de dar a luz do conhecimento da glória de Deus na face de Jesus Cristo (2Coríntios 4:6).

—— ▪ ——

Mas, a partir desse ponto de vista elevado, o cristão olha ao seu redor, para frente, para trás e para todos os lados. E se, ao fazer isso, sob a luz do conhecimento de Deus, que ele deve a Cristo, ele cuidadosamente observar a natureza e a história, o céu e a terra, então vai descobrir traços em todos os lugares desse mesmo Deus que ele aprendeu a conhecer e adorar em Cristo como seu Pai. O sol da justiça abre uma vista maravilhosa para ele que se estende até os confins da terra. Pela sua luz, ele olha para trás, para a noite de tempos passados, e, assim, penetra em direção ao futuro de todas as coisas. À frente dele e atrás dele, o horizonte é nítido, ainda que o céu frequentemente esteja obscurecido pelas nuvens.

O cristão, que vê tudo à luz da Palavra de Deus, pode ser tudo, menos limitado em sua visão. Ele é generoso em coração e mente. Ele olha para toda a terra e considera tudo dele, porque ele é de Cristo e Cristo, de Deus (1Coríntios 3:21-23). Ele não pode deixar sua crença no fato de que a revelação de Deus em Cristo, à qual ele deve sua vida e salvação, tem um caráter especial. Essa crença não o exclui do mundo; pelo contrário, ela o coloca em posição para investigar a revelação de Deus na natureza e na história e coloca os meios à sua disposição, de forma que ele possa reconhecer o verdadeiro, o bom e o belo e distingui-los das falsas e pecaminosas misturas dos homens.

Por isso, ele faz uma distinção entre uma revelação *geral* e *especial* de Deus. Na revelação geral, Deus faz uso do curso natural do fenômeno e do curso natural dos eventos; na revelação especial, ele frequentemente emprega meios, visões, profecias e milagres incomuns para torná-lo conhecido ao homem. O conteúdo de primeiro tipo são especialmente os atributos de poder, sabedoria e bondade; o de segundo tipo são especialmente a santidade e a justiça de Deus, a compaixão e a graça. O primeiro é direcionado a todos os homens e, pela graça comum, serve para restringir a irrupção do pecado; o segundo veio para todos aqueles que vivem sob o evangelho e tem como sua glória, pela graça especial, o perdão de pecados e a renovação da vida.

Mas, ainda que essencialmente as duas revelações devam ser distinguidas, elas também são intimamente conectadas uma com a outra. Ambas têm sua origem em Deus, em sua bondade e favor soberanos. A revelação geral se deve à Palavra que estava com Deus no princípio, que fez todas as coisas, que brilhou como uma luz na escuridão e ilumina cada homem que vem ao mundo (João 1:1-9). A revelação especial deve a essa mesma Palavra, pois ela foi feita carne em Cristo e agora está cheia de graça e verdade (João 1:14). Graça é o conteúdo de ambas as revelações, comum em primeiro lugar, e especial em segundo, mas de uma forma que uma é indispensável à outra.

É a graça comum que torna a graça especial possível, prepara o caminho para ela e depois a auxilia; e a graça especial, por sua vez, conduz a graça comum ao seu próprio nível e a coloca a seu serviço. Ambas as revelações, finalmente, têm como seu propósito a preservação da raça humana: a primeira ao sustentá-la e a segunda ao redimi-la. Dessa forma, ambas servem ao fim de glorificar todas as excelências de Deus.

—— ▪ ——

O conteúdo das duas revelações – não apenas da especial, mas também da geral – está contido nas Escrituras Sagradas. A revelação geral, embora derivada da natureza, ainda assim é extraída da Escritura, porque, sem ela, nós seres humanos, por causa da escuridão em nosso entendimento, nunca seríamos capazes de compreendê-la na natureza. A Escritura, por sua vez, derrama uma luz em nosso caminho pelo mundo e põe em nossas mãos uma interpretação verdadeira da natureza e da história. Ela nos faz ver Deus onde, de outra forma, nunca o veríamos. Iluminados por ela, contemplamos as excelências de Deus espalhadas por todas as obras de suas mãos.

A própria criação, ensinada pela Escritura, demonstra a revelação de Deus na natureza, porque a criação é em si mesma um ato de revelação, o começo e o primeiro princípio de toda revelação posterior. Se o mundo tivesse permanecido eternamente sozinho, ou ao lado de Deus, ele poderia nunca ter sido uma revelação dele; em segundo lugar, tal mundo seria eternamente um impedimento para Deus em sua revelação de si mesmo. Mas aquele que, com as Escrituras, mantém a criação do mundo, confessa, assim, que Deus se revela na inteireza desse mundo. Toda obra testifica o seu criador, e isso é verdade na medida em que ela pode, em um sentido peculiar, ser chamada de "produto" do seu criador.

Em virtude de o mundo ser, em um sentido absoluto, obra de Deus e dever tanto a sua natureza como seu ser, no começo e para sempre, ao seu criador, toda criatura manifesta algo das excelências e perfeições de Deus. Dessa forma, assim que a revelação de Deus na natureza é negada ou, por exemplo, é limitada apenas para o coração ou sentimento do homem, existe o perigo que ameaça a criação de Deus de forma que ela seja irreconhecível. Será dito que a natureza é governada por outro poder diferente daquele que governa o coração humano e, dessa forma, seja aberta ou ocultamente, o politeísmo será introduzido no pensamento humano. A Escritura, ao ensinar a criação, sustenta a revelação de Deus e, ao mesmo tempo, a unidade de Deus e a unidade do mundo.

Além disso, a Escritura ensina não apenas que, no princípio, Deus chamou as coisas à existência, mas também que esse mundo é continuamente, a cada momento, sustentado e governado por esse mesmo Deus. Ele não está apenas infinitamente exaltado sobre o mundo, mas também habita em todas as suas criaturas em seu poder todo-poderoso e onipresente. Ele não está longe de cada um de nós, porque nele vivemos, nos movemos e existimos (Atos 17:27-28). Portanto, a revelação que vem até nós do mundo não é meramente um lembrete de um trabalho de Deus que ele exerceu há muito tempo: é também um testemunho do que Deus, nesses nossos tempos, deseja e faz.

Quando levantamos nossos olhos para o alto, vemos não apenas aquele que criou essas coisas e traz a vida aos milhares, mas também observamos que ele os chama pelo nome, pela grandeza do seu poder, porque ele é forte em poder e porque nenhum deles está perdido (Isaías 40:25-26). Os céus declaram a glória de Deus e o firmamento anuncia as obras das suas mãos (Salmos 19:1). Ele se cobre com luz como um manto; ele estende os céus como uma cortina; ele põe os vigamentos da sua morada nas águas; ele faz das nuvens o seu carro e anda sobre as asas do vento (Salmos 104:2-3). Montanhas e vales são estabelecidos no lugar que ele determinou para eles e ele os rega da sua alta morada (Salmos 104:8,13). Ele satisfaz a terra com o fruto das suas obras, faz crescer a erva para os animais e a verdura para o homem; ele traz comida da terra e o vinho que alegra o coração do homem (Salmos 104:13-15). Cingido de poder, ele consolida os montes e aplaca o ruído dos mares (Salmos 65:6-7). Ele alimenta as aves do céu e veste os lírios do campo com glória (Mateus 6:25-30). Ele faz nascer o Sol sobre maus e bons e envia chuva sobre justos e injustos (Mateus 5:45); ele fez o homem um pouco menor do que os anjos e o coroou de glória e honra, e lhe deu domínio sobre as obras das suas mãos (Salmos 8:5-6)!

Além disso, Deus executa seu conselho e estabelece sua obra na história assim como na natureza. De um só ele fez toda a raça humana para que habitasse sobre toda a superfície da terra (Atos 17:26). Ele destrói a primeira raça humana no dilúvio e, ao mesmo tempo, a preserva na família de Noé (Gênesis 6:6-9). Na torre de Babel, ele confunde a língua dos homens e os dispersa sobre a face da terra (Gênesis 11:7-8). E, quando o Altíssimo dividiu para as nações a herança delas e separou os filhos de Adão, ele determinou os tempos previamente estabelecidos e os territórios da sua habitação, de acordo com o número dos filhos de Israel (Deuteronômio 32:8; Atos 17:26). Embora ele tenha escolhido os filhos de Israel para serem os portadores da sua revelação especial e permitido que as nações pagãs andem de acordo com seus próprios caminhos (Atos 14:16), mesmo assim ele não os negligenciou nem os deixou aos seus próprios destinos. Pelo contrário, ele não deixou de dar testemunho de si mesmo; então, ele fez o bem, dando chuvas do céu e estações frutíferas, fartando-os de mantimento e enchendo o coração deles de alegria (Atos 14:17). Aquilo que se pode conhecer de Deus é manifesto neles, porque Deus lhes manifestou (Romanos 1:19), a fim de que eles buscassem o Senhor e, mesmo tateando, pudessem encontrá-lo (Atos 17:27).

Por essa revelação geral, Deus preservou os povos e os conduziu para a dispensação da plenitude dos tempos para que todas as coisas convirjam em Cristo, tanto as que estão no céu como as que estão na terra (Efésios 1:10). De todas as nações, tribos, povos e línguas, ele reúne a sua igreja (Romanos 11:25; Efésios 2:14ss; Apocalipse 7:9) e a prepara para o fim do mundo, quando as suas nações salvas andarão na luz da cidade de Deus, e todos os reis e povos da terra trarão sua glória e honra a ele (Apocalipse 21:24-26).

Na ciência da teologia, os homens tentaram organizar todas essas testemunhas da natureza e da história sobre a existência e o ser de Deus e classificá-las em grupos. Então, ocasionalmente falamos de seis evidências para a existência de Deus.

Em primeiro lugar, o mundo, sendo tão poderoso e abrangente, está, no entanto, continuamente testificando que está confinado às formas de espaço e tempo, que ele é temporal, acidental e dependente por natureza. Ele exige, portanto, um ser eterno, necessário e independente como a causa final de todas as coisas. Esse é o argumento cosmológico.

Em segundo lugar, o mundo, em suas leis e ordenanças, em sua unidade e harmonia, e na organização de todas as suas criaturas, exibe um propósito que seria ridículo explicar com base no acaso. Portanto, ele aponta para um ser onisciente e onipotente, que – com uma mente infinita – estabelece esse propósito e, por seu poder todo-poderoso e onipresente, busca realizá-lo. Esse é o argumento teleológico.

Em terceiro lugar, na consciência de todos os homens há algum senso de um ser supremo, sobre o qual nada mais elevado pode ser concebido e pensado como autoexistente. Se tal ser não existisse, a ideia mais elevada, mais perfeita e mais inevitável seria uma ilusão, e o homem perderia a sua confiança na validade da sua consciência. Esse é o argumento ontológico.

O quarto argumento deriva do terceiro: o homem não é meramente um ser racional, mas também um ser moral. Ele sente em sua consciência que é ligado a uma lei que está muito acima dele e que exige sua obediência incondicional. Essa lei pressupõe um legislador santo e justo que pode preservar e destruir. Esse é o argumento moral.

A esses quatro argumentos, dois outros geralmente são acrescentados, derivados da similaridade ou correspondência dos povos e da história da humanidade. É um fenômeno notável que não existam povos ou nações sem religião. Alguns estudiosos argumentam que isso não é verdade, mas eles têm sido refutados cada vez mais pelas investigações históricas. Não há tribos ou povos ateus. Esse fenômeno é de grande importância, porque a universalidade absoluta desse senso religioso nos coloca perante uma escolha entre duas posições: que, sobre esse ponto, a humanidade generalizada está sofrendo de uma superstição estúpida ou que esse conhecimento e serviço de Deus, que em formas distorcidas aparece entre todos os povos, são baseados na existência de Deus.

Da mesma forma, a história da humanidade, quando vista sob a luz da Escritura, exibe um contexto e um padrão que apontam para um governo de todas as criaturas por um ser supremo. É verdade que essa ideia é confrontada por todos os tipos de objeções e dificuldades na vida de indivíduos e nações. Mas é ainda mais notável, portanto, que qualquer um que faça um estudo sério da história prossiga partindo do pressuposto de que a história é algo em que uma intencionalidade e um padrão são evidentes, e cabe a ele descobri-los e apresentá-los. A história e a filosofia da história são baseadas na fé na providência de Deus.

Todas essas assim chamadas "evidências" não são suficientes para compelir um homem a crer. Na verdade, a ciência e a filosofia têm bem poucas evidências capazes de realizar isso. Pode ser que, nas ciências formais, como matemática e lógica, isso seja possível; mas, no momento em que fazemos contato com o verdadeiro fenômeno na natureza e, ainda mais, na história, nossas argumentações e conclusões, como uma regra geral, são sujeitas a todos os tipos de descrença e objeções. Na religião e na ética, no direito e na estética, depende ainda mais da atitude do investigador de ser sujeito ou não à convicção. O tolo ainda pode, ainda que tudo lhe contrarie, dizer em seu coração: "Não há Deus" (Salmos 14:1), e os pagãos, embora conhecessem a Deus, não o glorificaram e não foram gratos (Romanos 1:21). Os argumentos para a existência de Deus mencionados acima não são dirigidos ao homem como uma criatura apenas logicamente racional, mas ao homem como um ser racional e moral. Seu apelo não é somente para sua mente analítica e racional, mas também ao seu coração e seu sentimento, sua razão e sua consciência. Assim, eles têm o seu valor, fortalecendo a fé e estabelecendo o vínculo de conexão entre a revelação de Deus *fora* do homem e a revelação *dentro* do homem.

—— ▪ ——

No final das contas, a revelação de Deus na natureza e na história poderia não ter qualquer efeito sobre o homem se não houvesse algo no próprio homem que respondesse a ela. A beleza da natureza e da arte não poderia dar qualquer prazer ao homem, a menos que ele tivesse um sentimento pela beleza em seu peito. A lei moral não encontraria nenhuma resposta no homem se ele mesmo não reconhecesse a voz da consciência dentro de si. Os pensamentos que Deus, por sua Palavra, incorporou no mundo seriam incompreensíveis para ele se ele mesmo não fosse um ser pensante. E, assim também, a revelação de Deus em todas as obras de suas mãos seria quase irreconhecível para o homem, se Deus não plantasse em sua alma um sentido inextinguível da sua existência e ser. No entanto, o fato indiscutível é que o próprio Deus acrescentou à revelação externa na natureza uma revelação interna para o homem. As investigações históricas e psicológicas da religião revelam vez após vez que a religião não pode ser explicada, exceto com base nesse sentido inato. Ao final do seu estudo, os investigadores sempre retornam à proposição que repudiam desde o princípio, a saber, que o homem é, no fundo, uma criatura religiosa.

A Escritura não deixa qualquer dúvida sobre isso. Depois que Deus fez todas as coisas, ele criou o homem e o criou imediatamente segundo sua imagem e semelhança (Gênesis 1:26). O homem é a descendência de Deus (Atos 17:28). Ainda que, como o filho perdido da parábola, ele tenha fugido do lar de seu pai, mesmo assim, até em seu desvio mais distante, ele nutre uma memória da sua origem e destino. Em sua queda mais profunda, ele ainda retém alguns pequenos pedaços da imagem de Deus. Deus se revela *fora* do homem. Ele se revela também *dentro* do homem. Ele não se deixa sem testemunho no coração e na consciência humanos.

Essa revelação de Deus não deve ser considerada como uma segunda revelação completamente nova, que completa a primeira. Não é uma fonte independente de conhecimento separada da outra. Em vez disso, ela é uma capacidade, uma sensibilidade, um motor para encontrar Deus em suas obras e entender sua revelação. É uma consciência do divino em nós que nos permite ver o divino fora de nós mesmos, assim como o olho nos permite detectar a luz e a cor, e o ouvido nos equipa para captar os sons. É, como Calvino chamou, um *sensus divinitatis* – senso de divindade, ou, como Paulo descreveu, uma habilidade para ver as coisas invisíveis de Deus, ou seja, seu eterno poder e divindade, as coisas visíveis da criação.

Quando tentamos analisar esse senso incriado de divindade, percebemos que ele consiste em dois elementos. Em primeiro lugar, é caracterizado por um senso de dependência absoluta. Subjacente à mente e à vontade, ao nosso pensamento e ação, há em nós uma autoconsciência que é interdependente da nossa autoexistência e parece coincidir com ela. Antes de pensarmos, antes de desejarmos, nós *somos* e *existimos*. Existimos em uma forma *definida* e em unidade indissolúvel com essa existência; nós temos um *senso* de existência e um senso de existir *como* nós somos. O centro dessa quase identidade da autoexistência e da autoconsciência é o sentimento de dependência. No mais íntimo do nosso ser, nós somos imediatamente – sem o benefício do raciocínio, isto é, antes de todo raciocínio – conscientes de nós mesmos como seres criados, limitados e dependentes. Somos dependentes de tudo ao nosso redor, de todo o mundo espiritual e material. O homem é um "dependente" do universo. E, mais que isso, ele é dependente *junto com* outras coisas criadas. Ele também é dependente em um sentido absoluto de Deus, que é o único ser eterno e real.

Mas esse senso de divindade tem um outro elemento constituinte. Se ele não fosse nada mais que um sentimento de dependência absoluta e deixasse bem indefinido o ser cujo poder causou esse sentimento, então esse sentimento levaria o homem a uma revolta impotente ou a uma resignação passiva e estoica. Mas esse senso de divindade tem em si mesmo um senso da natureza daquele ser de quem homem sente ser dependente. É um senso de um poder mais elevado e absoluto, não de uma força cega, irracional, imperturbável e impassível, equivalente ao destino ou à necessidade. Pelo contrário, é um senso de um poder supremo que também é perfeitamente justo, sábio e bom. É um senso do "poder eterno", mas também da "divindade", isto é, da absoluta perfeição de Deus. É por isso que esse sentimento de dependência não traz consigo desânimo e desespero, mas leva o homem à religião, para servir e honrar à divindade. Em outras palavras, a dependência da qual o homem é consciente contra o ser divino é de um tipo muito especial. Ela tem em si o elemento da liberdade e se inclina para ações livres. Não é uma dependência de um escravo, mas de um filho, de um filho perdido. "O senso de divindade," portanto, como Calvino escreveu, "é, ao mesmo tempo, a semente da religião".

4. O valor da revelação geral

Ao determinar o valor da revelação geral, corre-se o grande risco de superestimá-la ou de subestimá-la. Quando nos atentamos às riquezas da graça que Deus nos deu em sua revelação especial, às vezes nos tornamos tão enamorados dela, que a revelação geral perde toda a sua importância e o seu valor para nós. E quando, por outro lado, refletimos sobre o bom, o verdadeiro e o belo que devem ser encontrados por meio da revelação geral de Deus na natureza e no mundo humano, então pode acontecer que a graça especial, manifesta em nós na pessoa e na obra de Cristo, perca sua glória e atração para a nossa alma.

Esse perigo, desviar-se tanto para a direita quanto para a esquerda, sempre existiu na igreja cristã e, em cada vez, as revelações geral e especial têm sido ignoradas ou negadas. Cada uma delas têm sido negadas tanto na teoria quanto na prática. Atualmente, a tentação para injustiçar a revelação geral não é tão forte quanto em tempos passados; no entanto, muito mais forte é a tentação, que nos ataca por todos os lados, de limitar a revelação especial a confins ainda mais estreitos para a pessoa de Cristo, por exemplo, ou, pior ainda, negá-la completamente e torná-la parte da revelação geral.

Devemos tomar cuidado com esses dois extremismos; e seremos mais prudentes se, sob a luz da Santa Escritura, olharmos para a história da humanidade e deixarmos que ela nos ensine o que as pessoas devem à revelação geral. Isso tornará mais evidente para nós que, embora, sob a luz dessa revelação, os homens alcançaram muitas coisas; seu conhecimento e sua habilidade têm sido limitados por fronteiras inevitáveis.

Quando o primeiro homem e a primeira mulher transgrediram o mandamento de Deus no Éden, sua punição não aconteceu imediatamente, nem com força total. Eles não morrem no mesmo dia em que pecaram, mas permaneceram vivos; eles não foram enviados para o inferno, mas se viram com uma tarefa confiada a eles aqui na terra. Sua linhagem não pereceu; e mais: eles receberam a promessa da semente da mulher. Resumindo, agora Deus estabeleceu uma condição que ele já tinha previsto, mas que o homem não seria capaz de antecipar. É uma condição que tem um caráter muito especial, uma vez que, nela, a ira e a graça, a punição e a bênção, o julgamento e a longanimidade estão misturados. É a condição que ainda existe na natureza e entre os homens, e ela compreende os mais fortes contrastes dentro de si mesma.

Vivemos em um mundo estranho, um mundo que nos apresenta enormes contrastes. O alto e o baixo, o grande e o pequeno, o sublime e o ridículo, o belo e o feio, o trágico e o cômico, o bem e o mal, a verdade e a mentira; tudo isso está interligado em inter-relações insondáveis. A gravidade e a vaidade da vida se apoderam de nós. Em um momento, somos levados pelo otimismo; em outro, pelo pessimismo. O choro está constantemente cedendo lugar ao riso. O mundo inteiro para diante do humor, que tem sido muito bem descrito como riso em meio ao choro.

Essa é a causa mais profunda desse estado atual do mundo: por causa do pecado do homem, Deus está continuamente manifestando sua ira; e, ainda assim, por causa do seu próprio beneplácito, está sempre revelando sua graça. Somos consumidos pelo seu anjo e, pela manhã, somos saciados pela sua misericórdia (Salmos 90:7,14). Sua ira dura por um momento, mas em seu favor está a vida; o choro pode durar uma noite, mas a alegria vem pela manhã (Salmos 30:6). Maldição e bênção são tão singularmente interdependentes, que às vezes um parece se tornar o outro. Trabalhar afadigado com o suor é, ao mesmo tempo, uma maldição e uma bênção. Ambos apontam para a cruz que, de uma vez e simultaneamente, é o maior julgamento e a mais rica graça. E é por isso que a cruz é o ponto médio da história e a reconciliação de todas as antíteses.

Essa condição se estabelece imediatamente depois da Queda e, durante o primeiro período, isto é, até o chamado de Abraão, ela tinha um caráter muito especial. Os primeiros capítulos do livro de

Gênesis são extremamente importantes, pois constituem o ponto de partida e o fundamento da história inteira do mundo.

—— ▪ ——

O que merece atenção agora é que a revelação geral e a especial, embora distintas, não estão isoladas uma da outra, mas estão em constante inter-relação e são direcionadas para as mesmas pessoas, isto é, para a humanidade. A revelação especial ainda não havia sido dada a poucas pessoas nem limitada a um povo em especial, mas foi distribuída entre todos que viviam até então. A criação do mundo, a formação do homem, a história do paraíso e da queda, a punição pelo pecado e a primeira anunciação da graça de Deus (Gênesis 3:15), assim como a adoração pública (Gênesis 4:26), os primórdios da cultura (Gênesis 4:17), o dilúvio e a construção da torre de Babel – tudo isso são tesouros que a humanidade carregou consigo como parte do seu ferramental em sua jornada no mundo. Portanto, não ficamos surpresos que tradições desses eventos, ainda que de formas muito distorcidas, surjam entre os vários povos da terra. A história da humanidade tem um princípio comum e é construída sobre uma ampla base comum.

Ainda assim, apesar dessa unidade e semelhança, um abismo logo se desenvolveu, provocado pela religião, entre os homens e Deus. O culto ao Senhor era bem simples, tendo em vista que não era possível haver um culto público, como nós o conhecemos, já que a humanidade consistia apenas em poucas famílias. Mesmo assim, o culto a Deus existia desde o princípio na forma de sacrifícios, orações, apresentação de ofertas e consagração a Deus do melhor que havia (Gênesis 4:3-4). A Escritura não nos diz como os homens começaram a trazer esses sacrifícios, e as interpretações dos estudiosos da origem dos sacrifícios diferem bastante em nossos dias. Mas o que é claro é que esses primeiros sacrifícios surgiram de um senso de dependência de Deus e de gratidão a ele; além disso, tinham um caráter simbólico e foram feitos para ser uma expressão da consagração humana e rendição a Deus. O que importava não era tanto a oferta, mas a disposição do ofertante exprimida na oferta. Assim, tanto na disposição quanto na oferta, Abel trouxe um sacrifício mais excelente do que Caim (Hebreus 11:4) e, portanto, foi favorecido pelo

Senhor. Mas, desde o começo, havia uma divisão entre os filhos de Adão, entre a igreja e o mundo. Ainda que, depois do assassinato de Abel, Deus tenha cuidado de Caim, procurando-o e admoestando-o a se converter e provendo favor a ele em vez de julgamento (Gênesis 4:9-16), a infração não havia sido curada. O cisma seguiu seu caminho e culminou na separação dos cananeus e dos filhos de Sete.

—— ▪ ——

Na família dos cananeus, a incredulidade e a apostasia aumentaram a passos largos e de geração em geração. É verdade que eles não chegaram ao ponto da idolatria e adoração de imagens; a Escritura não menciona a existência delas entre os homens antes do dilúvio. Essas formas de falsa religião não são originais, mas o produto do desenvolvimento posterior e uma evidência de um senso religioso que os cananeus suprimiram em seus corações. Os cananeus não se entregavam à superstição, mas à incredulidade, chegando a negar a existência e a revelação de Deus na prática, não na teoria. Eles viviam e agiam como se Deus não existisse; comiam, bebiam e se casavam, assim como será na vinda do Filho do Homem (Mateus 24:37-38). E eles lançavam suas energias na cultura e buscavam sua salvação nela (Gênesis 4:17-24). Eles se regozijavam com uma vida longa, que às vezes durava centenas de anos (Gênesis 5:3ss); tinham presentes valiosos e força física colossal; ostentavam o poder de suas espadas (Gênesis 4:23-24); e, por isso, imaginavam que seus próprios braços poderiam salvá-los.

Nas gerações de Sete, é verdade que o conhecimento e o culto a Deus foram puramente preservados por um longo tempo. Na verdade, diz-se que, nos dias de seu filho Enos, os homens começaram a invocar o nome do Senhor (Gênesis 4:26). Não significa que os homens começaram a adorar a Deus com sacrifícios e orações naquela época, porque isso já havia sido feito antes. Lemos sobre sacrifícios relacionados a Caim e Abel, e, embora nada seja dito sobre orações, sem dúvida elas constituíram uma parte do culto a Deus desde o princípio, porque sem oração nenhum culto a Deus é concebível. De fato, a oferta do sacrifício é em si uma oração encarnada e sempre foi, em todos os lugares, acompanhada pela oração. Nem a expressão usada em Gênesis 4:26 significa dizer que foi nessa época que os homens começaram a invocar Deus pelo nome de "Senhor"; porque, além da questão de o nome de Jeová já ser conhecido ou não, a natureza de Deus expressa nesse nome não foi revelada pelo Senhor até ele a revelar a Moisés, e isso aconteceu muito mais tarde (Êxodo 3:14). É mais provável que essa expressão signifique que, nessa época, os filhos de Sete se separaram dos cananeus. Eles realizavam reuniões públicas para a confissão do nome do Senhor e, assim, de forma pública e unidos, diferentemente dos cananeus, testificavam a sua lealdade ao culto a Deus. Suas orações e ofertas não eram mais feitas individualmente, mas eram uma expressão também de um testemunho unificado em grupo. Paralelamente à forma como os cananeus se rendiam à adoração do mundo e buscavam a salvação nele, os filhos de Sete se entregavam a Deus e invocavam seu nome em oração e ações de graças, na pregação e confissão. E isso no meio de uma geração má.

Por meio dessa pregação pública, um chamado ao arrependimento era continuamente estendido aos descendentes de Caim. Isso continuou até quando a decadência religiosa e moral se estabeleceu entre os filhos de Sete, e eles também começaram a se misturar com o mundo. O neto de Enos foi chamado Maalalel (Gênesis 5:15), que significa "o louvor de Deus". Enoque andou com Deus (Gênesis 5:22). Lameque, no nascimento do seu filho Noé, deu expressão à sua esperança de que esse filho os consolaria das obras e do trabalho das suas mãos por causa da terra que o Senhor amaldiçoou (Gênesis 5:29). E o próprio Noé finalmente veio como um pregador da justiça (2Pedro 2:5) e proclamou aos seus contemporâneos o evangelho da salvação por meio do Espírito de Cristo (1Pedro 3:19-20).

Mas santos como esses começaram a ser cada vez mais uma exceção. Os filhos de Sete e os cananeus começaram a casar entre si e a gerarem filhos, superando as gerações anteriores em aptidão física (Gênesis 6:4). A corrupção da humanidade estava desenfreada; a imaginação dos corações dos homens era má desde sua juventude; e a terra estava cheia com a violência deles (Gênesis 6:5,12-13 e 8:21). Ainda que Deus, em sua longanimidade, concedesse um adiamento de 120 anos (Gênesis 6:3; 1Pedro 3:20), e embora na pregação de Noé ele apontasse para uma via de fuga, ainda assim a humanidade seguiu em frente para a sua desgraça e finalmente pereceu nas águas do dilúvio.

—— ▪ ——

Depois desse terrível julgamento, do qual apenas Noé e sua família, num total de oito almas, foram poupados, é estabelecida uma dispensação que, de muitas maneiras, difere da anterior. O dilúvio, como a Escritura descreve, foi um evento único na história da humanidade e tem seu único paralelo na conflagração mundial dos últimos dias (Gênesis 8:21ss). Esse dilúvio é como um batismo que condena o mundo e resgata os crentes (1Pedro 3:19-20).

A nova dispensação foi introduzida pela conclusão de um pacto. Após o dilúvio, quando Noé constrói um altar e oferece sacrifícios a Deus, expressando por meio deles a gratidão e a oração do seu coração, o Senhor diz a si mesmo que nunca mais permitirá que esse julgamento venha sobre a terra e que ele introduzirá uma ordem fixa no curso da natureza. A consideração dessa ocasião é que a imaginação do coração do homem é má desde sua juventude (Gênesis 8:21). Essas palavras são supreendentemente semelhantes e, ainda assim, notavelmente diferentes daquelas de Gênesis 6:5, em que lemos que toda a imaginação dos pensamentos do coração do homem era continuamente má. As palavras usadas em Gênesis 6:5 são sobre *extirpação*; as de Gênesis 8:21 são sobre *preservação* da terra. No primeiro caso, a ênfase recai sobre os atos perversos que o coração corrupto da humanidade manifestava; no segundo, a ênfase é sobre a natureza má que sempre continua no homem, mesmo após o dilúvio.

Portanto, é como se o Senhor, nessas últimas palavras, quisesse dizer que ele sabe o que esperar das suas criaturas se ele as deixar por si mesmas. Então, o coração do homem, que sempre permanece o mesmo, explodiria em todos os tipos de pecados horríveis, constantemente o provocaria à ira e faria com que Deus destruísse o mundo outra vez. E ele não quer fazer isso. Dessa forma, ele agora estabelecerá leis fixas para o homem e a natureza e prescreverá um curso estabelecido para ambos, a fim de limitá-los. E isso acontece na aliança que Deus estabelece com sua criação após o dilúvio e que é chamado de "pacto da natureza".

Agora, é verdade que, em um sentido mais amplo, esse pacto também veio da graça de Deus. Contudo, ele difere em princípio do que é geralmente chamado de "pacto da graça" e é estabelecido com a igreja em Cristo, porque esse pacto da natureza repousa sobre a consideração de que o coração do homem é mau e permanece mau desde sua juventude em diante. Ele tem como seu conteúdo a restauração da bênção, dada na criação, da fecundidade e do domínio sobre os animais (Gênesis 9:1-3 e 7) e, para isso, carrega consigo um mandamento contra o roubo da vida (Gênesis 9:5-6). Esse pacto é estabelecido com Noé, o ancestral da segunda raça do homem, e nele é estabelecido com toda a humanidade; na verdade, com toda a criação, animada e inanimada (Gênesis 9:9ss). Esse pacto é selado com uma manifestação natural, o arco-íris (Gênesis 9:12ss), e seu propósito é evitar um segundo julgamento como o dilúvio e garantir a existência contínua da humanidade e do mundo (Gênesis 8:21-22 e 9:14-16).

—— ▪ ——

Assim, a vida e a existência do homem e do mundo repousam sobre uma base diferente e mais firme.

Essa base não é mais o ato e a lei da criação; em vez disso, é um ato novo e especial da misericórdia e longanimidade de Deus. Não é por causa das ordenanças da criação – as quais o homem transgrediu, afinal – que Deus é obrigado a garantir ao homem sua vida e existência. É por causa desse pacto que ele se obriga a manter a criação, apesar da sua queda e rebelião. A partir desse momento, a manutenção e o governo do mundo criado não descansam mais sobre uma pura decisão da vontade, mas sobre uma obrigação pactual. Pelos termos desse pacto, Deus se obriga a sustentar o mundo e a sua vida. Nesse pacto, ele deu seu nome e honra, sua verdade e fidelidade, sua palavra e promessa às suas criaturas, como uma garantia da continuação das suas existências. As ordenanças que governam o homem e o mundo estão, portanto, firmemente fixadas em um pacto de graça feito com toda a natureza.[1]

Esse pacto da natureza chama à existência um estado de coisas totalmente diferente daquelas que existiam antes do dilúvio. As tremendas forças naturais, que antes operavam e que também estavam trabalhando no próprio dilúvio, foram reprimidas. Os terríveis monstros, que viviam entre as outras criaturas antes do dilúvio foram destruídos. As enormes catástrofes, que antes abalavam o universo

[1]Gênesis 8:21-22; Jó 14:5-6,26:10; Salmos 119:90-91,148:6; Isaías 28:24ss; Jeremias 5:24,31:35-36,33:20,25.

inteiro, deram lugar a um curso regular de eventos. O tempo da vida humana foi encurtado; a força do homem, diminuída; sua natureza, amadurecida; ele foi restringido para a vida em sociedade e colocado sob a disciplina do Estado. Leis e ordenanças apareceram em todo lugar. Agora havia barragens e diques para segurar a corrente das iniquidades. Ordem, medida e número vieram a ser o traço que caracteriza a criação. Deus restringe o animal selvagem no homem e, assim, dá a oportunidade para desenvolver seus dons e energias na arte e na ciência, no Estado e na sociedade, no trabalho e na vocação. Assim, Deus satisfaz as condições que tornam a *história* possível.

—— ▪ ——

Mais uma vez, no entanto, essa história é interrompida pela intervenção da mão de Deus na confusão de línguas em Babel. Depois do dilúvio, a humanidade viveu primeiro na terra de Ararate, no planalto armênio, onde Noé se tornou lavrador (Gênesis 9:20). Conforme as pessoas cresciam em número, uma parte delas se espalhou ao longo dos rios Tigre e Eufrates em direção ao leste e, então, chegaram às planícies de Sinar, ou Mesopotâmia (Gênesis 11:2). Aqui eles se instalaram e rapidamente, conforme cresciam em riqueza e poder, planejaram a construção de uma alta torre para fazer um nome para si mesmos e para prevenir a dispersão da humanidade. Em rebeldia ao mandamento de Deus para multiplicar e dominar toda a terra, eles fizeram o seu ideal, por meio de um centro externo, para manter a unidade e vincular toda a humanidade a um reino mundial que deveria encontrar sua força no poder e todo o seu propósito e esforço na glorificação do homem. Pela primeira vez na história surge a ideia de concentrar e organizar toda a humanidade, em todo seu poder e sabedoria, em toda sua arte, ciência e cultura contra Deus e seu reino. É uma ideia que surgiu de novo, e de novo posteriormente, cuja realização tem sido o objetivo de todos aqueles que dizem ser grandes homens no curso das eras.

Portanto, tornou-se necessário Deus intervir e fazer esse esforço de estabelecer um império mundial ser impossível de uma vez por todas. Ele faz isso ao confundir as línguas, pois, até esse momento, havia apenas uma língua. A forma e o período de tempo durante o qual essa confusão aconteceu não são especificamente ditos, mas agora as pessoas diferiam uma das outras fisiológica e psicologicamente. Eles começaram a ver e a nomear as coisas diferentemente e, por causa disso, foram divididos em nações e povos, dispersando-se em todas as direções por toda a face da terra. Devemos lembrar também de que essa confusão de linguagem já foi preparada pela separação em tribos e famílias dos descendentes dos filhos de Noé (Gênesis 10:1ss) e pela migração dos descendentes de Noé da Armênia para Sinar (Gênesis 11:2). Toda a ideia de uma torre de Babel não teria surgido se a ameaça e o medo da dispersão já não tivessem se apresentado seriamente e por muito tempo.

A Escritura explica dessa maneira o surgimento das nações e dos povos, de línguas e linguagens. E, de fato, a divisão surpreendente da humanidade é um fato singular e inexplicável. Pessoas que tinham os mesmos pais, o mesmo espírito, a mesma alma e compartilhavam a mesma carne e o mesmo sangue agora se levantavam umas contra as outras, como estranhas. Elas não se entendiam e não podiam se comunicar entre si. Além disso, a humanidade é dividida em raças que desafiam a existência das outras, que são determinadas a destruir umas às outras e viver no passar dos séculos, na guerra fria ou declarada. Instinto de raça, senso de nacionalidade, inimizade e ódio: essas são as forças divisoras entre os povos. Isso é uma punição surpreendente e um terrível julgamento, e não pode ser desfeito por qualquer cosmopolitismo ou ligas de paz, por uma linguagem "universal", nem por qualquer Estado mundial ou cultura internacional.

Se chegar a existir uma unidade entre a humanidade novamente, ela não será alcançada por qualquer aglomerado externo e mecânico em volta de alguma torre de Babel ou algo do tipo, mas apenas por um desenvolvimento de dentro, um ajuntamento sob uma única e mesma Cabeça (Efésios 1:10), pela criação de uma pacificação de todos os povos em um novo homem (Efésios 2:15), pela regeneração e renovação por meio do Espírito Santo (Atos 2:6) e pelo andar de todas as pessoas sob uma única e mesma luz (Apocalipse 21:24).

A unidade da humanidade, que pode apenas ser restaurada por uma operação interna, começando de dentro para fora, é, portanto, uma unidade que na operação interna daquela primeira confusão de língua era basicamente conturbada. A unidade espúria foi radicalmente perturbada para que se pudesse criar espaço para a verdadeira unidade. O Estado mundial foi destruído para que o reino de

Deus pudesse existir na terra. Daqui em diante, portanto, as nações se separam e se dispersam sobre a face da terra. E, de todas essas nações, Israel é escolhida para ser a portadora da revelação de Deus. As revelações geral e especial, inter-relacionadas até agora, são separadas por um tempo para se encontrarem novamente aos pés da cruz. Israel é segregada a fim de andar nos caminhos e nas ordenanças de Deus, e o Senhor deixa as outras nações andarem por seus próprios caminhos (Atos 14:16).

—— ▪ ——

Não devemos, naturalmente, interpretar isso como Deus, sem cuidado algum por essas nações, deixando-as inteiramente aos seus próprios destinos. Tal pensamento é em si mesmo irracional, porque Deus é Criador, Sustentador e Governador de todas as coisas, e nada existe ou acontece sem sua força toda-poderosa e onipresente.

Além disso, a Escritura repetidamente fala de algo bem oposto à negligência de Deus aos outros povos. Quando o Altíssimo repartiu às nações suas heranças, ao separar os filhos de Adão ele definiu os limites do povo de acordo com o número dos filhos de Israel (Deuteronômio 32:8). Na repartição da terra, Deus contou com Israel e distribuiu um território para eles que correspondia ao seu número; mas também deu às outras nações a sua herança e estabeleceu os seus limites. Ele fez toda a raça do homem de um só sangue e declarou que eles não deveriam todos viver em um só lugar, mas em toda a face da terra; porque ele não criou a terra em vão: ele a formou para ser habitada (Isaías 45:18). Consequentemente, também determinou os tempos previamente estabelecidos para a duração dos vários povos e os limites das suas habitações. O período de vida e o lugar de habitação foram determinados pelo seu conselho e designados por sua providência (Atos 17:26).

Embora, nos tempos passados, ele tenha suportado que os pagãos andassem por seus próprios caminhos, ainda assim não os deixou sem testemunho, mas fez bem para eles, dando chuvas do céu e estações frutíferas, fartando-os de mantimentos e enchendo seus corações com alegria (Atos 14:16-17). Ele faz nascer o Sol sobre os maus e bons, faz chover sobre justos e injustos (Mateus 5:45). Por sua revelação na natureza e história, ele enviou sua voz aos corações e às consciências de todos (Salmos 19:1). Desde a própria criação em diante, Deus manifestou suas coisas invisíveis pelas coisas que foram criadas, a saber, seu eterno poder e sua divindade (Romanos 1:19-20). Apesar de as nações pagãs não terem recebido uma lei como o povo de Israel recebeu e, em sentido concreto, não ter uma lei, mesmo assim mostravam que – em sua natureza moral – são uma lei para si mesmos e têm a lei escrita em seus corações, pois ocasionalmente fazem o que é ordenado pela lei. E isso é confirmado ao considerarmos a voz da consciência, aquela que segue seus atos e os pensamentos que surgem em suas mentes, pois ela os acusa ou desculpa (Romanos 2:14-15).

O senso religioso e moral dos gentios, portanto, prova que Deus continuou a ter um cuidado com eles. Pelo Verbo que, no princípio, estava com Deus e que era Deus, todas as coisas foram feitas, e a vida e luz dos homens estava no Verbo; o ser e a consciência, a existência e o entendimento deviam-se a esse Verbo não apenas como ponto de origem e princípio, mas também porque eram continuamente sustentados pelo Verbo de Deus. O Verbo de Deus não é apenas o criador de todas as coisas: ele permaneceu no mundo como o sustentador e governador de tudo. Assim, deu aos homens suas vidas e, pela consciência, pela razão e pelo entendimento, iluminou cada homem que veio ao mundo (João 1:3-10).

—— ▪ ——

A história põe seu selo de confirmação sobre esse testemunho das Escrituras. Na família dos cananeus, todos os tipos de invenções e empreendimentos começaram a florescer logo depois da Queda (Gênesis 4:17ss), e o povo se instalou nas planícies de Sinar após o dilúvio, logo alcançando um alto nível de cultura. De acordo com Gênesis 10:9-10, Ninrode, um filho de Cuxe, o filho de Cam, foi o fundador do reino de Babel. A Escritura fala dele como um poderoso caçador diante do Senhor, porque – pela sua força física incomum – destruiu os animais predadores, tornou as planícies de Sinar seguras para habitação e moveu e atraiu as pessoas para tornar essa área seu lugar de moradia. Assim, ele construiu várias cidades: Babel, Ereque, Acade e Calné; todas nas planícies de Sinar. A partir desse ponto, ele foi para a terra da Assíria e fundou as cidades de Nínive, Reobote-Ir, Calá e Résem.

De acordo com as Escrituras, portanto, os habitantes mais antigos de Sinar não eram semitas, mas camitas. A recente ciência da assiriologia, que se ocupa com os escritos cuneiformes escavados na Assíria, confirma isso, enquanto também ensina que o Sinar era orginalmente habitado por uma tribo dos sumérios, que não podem ser reconhecidos como uma parte dos semitas. Aconteceu que essa população inicial de Sinar foi mais tarde excedida por uma migração dos semitas, e estes, então, mantiveram seu próprio idioma, é verdade, mas assumiram a cultura dos sumérios e se fundiram com ela para constituírem os futuros caldeus. Especificamente, o elemento semítico se tornou dominante quando Hamurabi, o rei da cidade de Babel (talvez o mesmo que Anrafel de Gênesis 14:1), elevou Babel à condição de uma cidade capital e fez toda Sinar subordinada a ele. O décimo capítulo de Gênesis dá expressão ao mesmo pensamento, porque – apesar de, no verso 11, nós lermos que Ninrode, o camita, foi para a terra da Assíria e fundou cidades lá – o verso 22 nos diz que Assur, isto é, o antepassado do povo que vivia na Assíria, é parente de Arfaxade, Lude e Arão, e, portanto, deve ser considerado entre os descendentes de Sem.

A qualidade da civilização que encontramos na terra de Sinar – quanto à ciência e arte, moralidade e direito, comércio e indústria – alcançou patamares que, quanto mais passamos a saber pelas escavações, mais ficamos espantados. Como e quando ela surgiu, nós não sabemos; mas a ideia popular de que, quanto mais longe voltarmos ao passado, mais vulgar e bárbaro são os povos, é totalmente desacreditada por essa civilização. Contanto que não acolhamos toda sorte de noções fantásticas sobre o estado bárbaro dos assim chamados povos "primitivos" e, guiados pela história, tentemos penetrar no passado, estaremos confirmados na ideia das Escrituras de que o período mais antigo da humanidade de Noé, com a ajuda de homens como Ninrode, estava em um nível muito alto de cultura.

Além disso, essa civilização não permaneceu confinada à terra de Sinar. Conforme a humanidade se espalhou mais e mais após a confusão de línguas, eles se estabeleceram em partes bem separadas da terra. Assim, algumas das tribos foram mais e mais se afastando do centro da cultura e civilização, buscando seus lares em extensões desabitadas e inóspitas da Ásia, Europa e África. Não é de se admirar que essas tribos e pessoas, vivendo suas vidas isoladas, sem qualquer comércio com outras nações e sempre lutando com uma natureza selvagem e indisciplinada, permaneceram no nível de cultura inicial ou, em alguns casos, esse nível até caiu. Em estudos históricos, nós nos referimos a eles como "povos primitivos" ou "povos não civilizados", mas essas designações são realmente enganosas e imprecisas, porque, em todos esses povos, encontramos as características e propriedades que são os elementos básicos da civilização. Todos eles são humanos e se distinguem dos seres naturais; todos têm consciência e vontade, razão e entendimento, família e comunidade, ferramentas e ornamentos.

Existem tantas diferenças entre essas nações, que seria impossível apontar o limite entre povos "civilizados" e "não civilizados". Há uma diferença notável na cultura entre os povos do interior da África do Sul, a população da Polinésia e as raças congoides. No entanto, independentemente de como eles se diferem, todos têm um fundo comum de ideias, tradições – com relação ao dilúvio, por exemplo –, de memórias e esperanças. Isso aponta para a origem em comum.

Tudo isso é até mais verdadeiro com os assim chamados povos "civilizados", os indianos e chineses, fenícios e egípcios. Os fundamentos da cosmovisão, a *Weltanschauung*[2], que encontramos nesses povos são os mesmos que chamam nossa atenção nas escavações na terra de Sinar. Essa é a origem de toda cultura, o berço da humanidade. Foi da Ásia Central que a humanidade se espalhou; e, a partir desse centro, levamos conosco os elementos da cultura que são comuns aos povos civilizados, e cada um deles os desenvolveu de forma independente, e cada um à sua maneira. A cultura antiga da Babilônia, com sua escrita, astronomia, matemática, calendário e afins, ainda é a base sobre a qual nossa cultura está construída.

—— ▪ ——

Porém, quando vemos toda essa história da civilização de um ponto de vista moral e religioso, ficamos com uma profunda sensação de insatisfação e desilusão. Com respeito a isso, o apóstolo

[2]Palavra alemã que significa, literalmente, "visão de mundo" ou "cosmovisão" (N.T.).

Paulo disse que os gentios, conhecendo a Deus, por sua revelação geral, não o glorificaram como Deus nem lhe foram gratos, mas se tornaram vãos em suas imaginações, e seu coração tolo foi obscurecido. Dizendo-se sábios, tornaram-se loucos e substituíram a glória do incorruptível por imagens semelhantes ao homem corruptível, às vezes aos quadrúpedes e aos répteis (Romanos 1:21-23). Uma investigação histórica imparcial das religiões de vários povos leva à mesma conclusão. É possível, com a ajuda de uma falsa filosofia, estudar as várias formas de religião e chegar a uma essência nebulosa da religião nos sentimentos da humanidade, e, então, não perceber a seriedade da conclusão do apóstolo Paulo. Mas o fato permanece: a humanidade, ao longo do progresso da sua civilização, não glorificou Deus nem lhe deu graças.

Encontramos essa adoração da criatura ao invés do criador até mesmo entre os primeiros habitantes das planícies de Sinar. De acordo com alguns, a ideia que baseia a religião dos babilônios, como a que baseia outras religiões, ainda é a da unidade de Deus e, sem dúvida, esse conceito da deidade deve ter existido antes que fosse aplicado para as criaturas. Na realidade, contudo, a religião entre os babilônios consistia em uma glorificação de toda sorte de criaturas. Não podemos compreender como essa transição do serviço ao único e verdadeiro Deus para a glorificação de criaturas aconteceu, por causa da ausência de dados históricos.

Mas é uma suposição arbitrária e infundada dizer que a religião se desenvolveu do polidemonismo (a glorificação de toda sorte de almas e espíritos: fetichismo, animismo e totemismo) por meio do politeísmo (a glorificação de todos os tipos de deuses) até o monoteísmo (a glorificação de um deus). Em nenhum lugar vemos tal desenvolvimento acontecer. Israel é uma exceção única. Mas o que a história ensina repetidamente é que os homens podem cair do monoteísmo para o politeísmo: testemunhamos isso na história de Israel, na história de muitas igrejas cristãs e também no tempo presente. Quando a crença no único Deus é abandonada, toda sorte de ideais politeístas e de práticas supersticiosas vem logo em seguida.

Além disso, não existe tal grande diferença entre religiões "superiores" e "inferiores", isto é, dos assim chamados povos civilizados e não civilizados, como geralmente costuma-se afirmar. As mesmas ideias e práticas, ainda que de forma modificada, estão presentes entre todos os povos pagãos; e essas ideias e práticas sobrevivem em suas várias formas também entre as nações cristãs. Com a decadência da religião cristã em círculos modernos, essas ideias e práticas são revividas também.

Quais são essas ideias e práticas? Em primeiro lugar, existem a idolatria e a adoração de imagens entre todos os povos. Idolatria significa colocar algo no lugar do único e verdadeiro Deus, ou ao lado dele, e pôr a confiança naquilo. Às vezes esses substitutos são criaturas: o firmamento, por exemplo, com seu Sol, a Lua e as estrelas, como na religião babilônica, apropriadamente chamada de uma religião astral; às vezes são heróis, gênios ou grandes homens, concebidos como um tipo de ser intermediário entre deuses e homens, como a adoração na Grécia Antiga, por exemplo; às vezes eles são os antepassados que, após suas mortes, passaram para um estado de seres mais elevados e diferentes, e, como na religião chinesa, tornam-se o objeto principal de glorificação; outras vezes, novamente, esses substitutos idólatras para Deus são alguns animais, como o bezerro e o crocodilo, na religião egípcia; ou – para especificar mais um tipo –, às vezes eles são almas e espíritos, que imaginam habitar temporária ou permanentemente toda sorte de criaturas animadas e inanimadas e, assim, constituem-se objeto de adoração em religiões tanto dos povos civilizados quanto dos não civilizados.

Contudo, independentemente da forma de idolatria, ela representa sempre uma adoração da criatura ao invés do Criador. A distinção entre Deus e o mundo é perdida. A santidade de Deus, isto é, sua distinção e sua absoluta transcendência de cada criatura foi perdida pelos gentios.

Em segundo lugar, todos os tipos de falsas ideias sobre o homem e o mundo acompanham essa idolatria. Entre os gentios, a religião não é algo independente e que permanece por si mesma, mas é intimamente inter-relacionada com toda a vida, com o Estado e a sociedade, a arte e a ciência. Em lugar nenhum encontramos uma religião que consiste meramente em atitudes e estados de sentimento. A religião, que é o relacionamento do homem com Deus, governa todas as outras relações também e, portanto, implica uma visão definitiva do homem e do mundo, da origem, da essência e do propósito de todas as coisas. As ideias religiosas que acompanham uma crença nos deuses sempre carregam uma relevância sobre o passado e o futuro. Há reminiscências do paraíso e expectativas para o futuro em todas as religiões; há ideias sobre a origem e o futuro do homem e do mundo. Há noções da era de ouro que existiu no princípio, seguida por eras de prata, ferro e argila; há noções de uma imortalidade do homem, de vida após a morte, de um julgamento que, no final, vai cair sobre todos e de um estado diferente para o justo e o injusto nesse julgamento. Nas várias religiões, essas diversas ideias são enfatizadas de formas variadas. A religião chinesa olhou para o passado e consiste na adoração aos antepassados; a egípcia olhou para o futuro, se ocupou com os mortos e foi, de fato, uma religião da morte. Mas, em todas as religiões, esses elementos estão presentes, seja em maior ou menor grau.

Todas essas representações religiosas têm em comum o fato de misturarem o componente da verdade com toda sorte de erro e loucura. A linha entre o Criador e a criatura foi apagada e, portanto, o limite entre mundo e homem, corpo e alma, céu e inferno não foi corretamente desenhado. A cada turno, o físico e o moral, o material e o espiritual, o mundano e o celestial têm sido confundidos e misturados uns com os outros. Na ausência de um senso de santidade de Deus, existe a ausência correspondente de um senso do pecado. O mundo do paganismo não conhece a Deus, não conhece o mundo, e o homem e não conhece o pecado e a miséria.

Em terceiro lugar, todas as religiões das nações são caracterizadas pelo esforço para alcançar a salvação por meio da força humana. A idolatria leva naturalmente a uma religião obstinada. Quando a adoração do único Deus verdadeiro é abandonada e não há mais uma revelação objetiva e verdadeiramente histórica como recurso, o homem tenta forçar os deuses ou espíritos que ele inventou a se revelarem. A idolatria é sempre acompanhada de superstição, adivinhação e mágica. "Adivinhação" é o nome dado para o esforço da parte de alguém – com a ajuda de adivinhos, sacerdotes e oráculos, e por meio da astrologia e intepretação de sonhos – para conhecer a vontade dos deuses. E é dado o nome de "mágica" para o esforço por meio de preces formais, sacrifícios voluntários, flagelações e práticas similares, para fazer a vontade dos deuses útil para si mesmo.

Naturalmente, essas coisas também se manifestam de formas variadas. Ainda assim, elas têm o seu lugar nas diversas religiões e constituem um componente necessário na religião gentílica. É o homem a figura central e que busca merecer sua salvação, e em nenhuma dessas religiões a real natureza da redenção (reconciliação) e da graça é compreendida.

— ▪ —

Ainda que esse esboço sirva para caracterizar religiões pagãs no geral, aconteceram modificações em algumas delas que merecem nossa atenção deliberada e uma consideração separada, embora de forma breve. Quando, por um lado, a religião de um povo perde seu caráter em todos os tipos de formas rudes e brutas de superstição e adivinhação, e, por outro lado, a cultura ou civilização se desenvolve rapidamente, um conflito está fadado a ocorrer. E desse conflito, sem dúvida sob a providência de Deus, nascem aqueles homens que tentam se reconciliar e tirar a religião da sua profunda degeneração. Homens como Zaratustra, que viveu na Pérsia, provavelmente antes do século VII a.C., Confúcio, na China do século VI a.C. Buda, na Índia do século V a.C., e Maomé, na Arábia do século VII d.C. E houve muitos outros, nem todos conhecidos pelo nome.

Não pode haver diferença de opinião sobre o fato de que as religiões fundadas por esses homens são, em várias dimensões, muito superiores às religiões tribais em que elas nasceram. Hipóteses de evolução e de degeneração são, ambas, na religião e em qualquer outra área de cultura, muito enviesadas e inadequadas para explicar a plenitude de manifestações evidentes em tudo isso, pelo menos para explicá-las por qualquer formulação. Períodos de florescimento e decaimento, avivamento e recaída são constantes na história de todos os povos e em todos os domínios da vida.

Além disso, não podemos dizer que esses homens eram intencionalmente enganadores, instrumentos ou agentes de Satanás. Eles eram homens sinceros e, em suas próprias almas, lutaram com o conflito que surgia entre a fé tribal ou popular e suas próprias consciências iluminadas. Pela luz que lhes foi concedida, eles tentaram uma melhor maneira de obter a verdadeira felicidade.

Contudo, embora isso precise ser reconhecido, essas religiões reformadoras permaneceram diferentes apenas em grau, e não em tipo das idolatrias do povo. Com certeza esses homens cortaram os ramos silvestres da árvore da falsa religião, mas não arrancaram a raiz. Zaratustra, em sua pregação, enfatizava o contraste entre o bem e o mal, porém entendeu esse contraste como sendo não meramente ético, mas, primariamente, físico por natureza. Portanto, ele foi forçado a distinguir um Deus bom e um Deus mal e, assim, a criar um dualismo que se estendeu a tudo, ao mundo natural, humano e animal, e que tinha um efeito prático de mutilar a vida. O *confucionismo* foi uma religião estatal composta por elementos religiosos de outras religiões e combinava dentro de si a adoração de deuses da natureza e de ancestrais. O *budismo*, antes de tudo, não era uma religião, mas uma filosofia que postulava o sofrimento como a raiz do mal e a existência como a fonte do sofrimento, e que, portanto, recomendava abstinência, anestesiamento da consciência e aniquilação do ser como o caminho para a salvação. E Maomé, que conhecia o judaísmo e o cristianismo e que – por meio de sua crença fervorosa em um juízo iminente que, segundo ele, certamente adviria aos seus contemporâneos materialistas – chegou à confissão de um único Deus, de fato, efetuou uma reforma religiosa e moral. Mas, em sua vida pessoal, o pregador dessa religião deu mais e mais espaço para os estadistas e legisladores; e a religião que ele fundou não deixou espaço para a comunhão entre Deus e o homem, porque ela não entendia nem a causa da separação nem o caminho para reconciliação. Para o *maometismo*, a salvação do céu consiste em uma satisfação total dos desejos sensuais.

— ▪ —

Desse modo, quando avaliamos todo o terreno da revelação geral, descobrimos, de um lado, que tem sido de grande valor e que carregou frutos ricos e, por outro lado, que a humanidade não encontrou Deus por sua luz. É devido à revelação geral que algum sentido religioso e ético está presente em todos os homens; que eles ainda têm alguma consciência da verdade e da falsidade, do bem e do mal, da justiça e da injustiça, da beleza e da feiura; que eles vivem no relacionamento do casamento e da família, da comunidade e do Estado; que eles são contidos por todos esses controles externos e internos contra a degeneração em direção a uma bestialidade; que, dentro do âmbito desses limites, eles se ocupam com a produção, a distribuição e o aproveitamento de todos os tipos de coisas materiais e espirituais; resumindo, que a humanidade é, pela revelação geral, preservada em sua existência, mantida em sua unidade e capacitada a continuar a desenvolver sua história.

Apesar de tudo isso, contudo, a verdade permanece, como o apóstolo Paulo coloca: o mundo pela sabedoria não conheceu a Deus na sabedoria dele (1Coríntios 1:21). Quando Paulo atribui sabedoria ao mundo, ele quer dizer o que diz em completa seriedade. Sob a luz da revelação geral, o mundo acumulou um tesouro de sabedoria, uma sabedoria que se refere às coisas da vida terrena. Mas essa sabedoria do mundo o constitui menos desculpável, pois prova que a humanidade não careceu de tais dons de Deus, como mente e razão, capacidade racional e moral. A sabedoria do homem demonstra que o homem, por causa da escuridão da sua mente e do endurecimento de seu coração, não usou os dons que lhe foram dados corretamente.

A luz resplandeceu nas trevas, é verdade, mas as trevas não compreenderam (João 1:5). O Verbo (*Logos*) estava no mundo, mas o mundo não o reconheceu (João 1:10). Em toda a sua sabedoria, o mundo não conheceu a *Deus* (1Coríntios 1:21).

5. A forma da revelação especial

A insuficiência da revelação geral demonstra a necessidade da revelação especial.

Mas essa necessidade deve ser entendida corretamente. Ela não significa que Deus foi obrigado ou forçado – seja internamente por causa do seu ser ou externamente por causa das circunstâncias – a se revelar de uma forma especial. Toda revelação, especialmente aquela que vem até nós em Cristo por meio das Escrituras, é um ato da graça de Deus, uma dispensação livre da sua vontade e um símbolo do seu favor imerecido e perpetuamente concedido a nós. Portanto, podemos falar da necessidade ou indispensabilidade da revelação especial apenas na medida em que tal revelação é indissoluvelmente conectada com o propósito designado pelo próprio Deus para a sua criação. Se é o prazer de Deus restaurar uma criação devastada pelo pecado, recriar o homem segundo sua própria imagem e fazer com que ele viva mais uma vez na bênção eterna do céu, então uma revelação especial é necessária. Para esse propósito, uma revelação geral é inadequada.

Na realidade, não é esse propósito que torna a revelação especial necessária. Porque, quando passamos a ver e reconhecer a insuficiência da revelação geral para esse destino do mundo e do homem, também percebemos que até essa convicção é causada pela revelação especial. Por natureza, consideramos a nós mesmos e nossas habilidades, o mundo e suas riquezas suficientes para a nossa salvação. As religiões pagãs não são uma exceção a essa regra, mas uma confirmação dela. É verdade que elas falam de sacerdotes, adivinhos, oráculos e coisas semelhantes; e apelam a eles como portadores de uma revelação especial. Esse fato por si só é uma forte evidência para a tese de que a revelação geral é insuficiente e de que todos, em seus corações, sentem a necessidade de uma revelação diferente e mais íntima de Deus do que a natureza e a história nos dão. Mas essas revelações especiais, para as quais o paganismo apela, claramente demonstram também que o homem, que perdeu a comunhão com Deus, não consegue entender a revelação dele na natureza e que, portanto, ainda busca a Deus, mas das suas próprias maneiras. Isso o leva cada vez mais longe do conhecimento da verdade e o conduz a um cativeiro ainda mais profundo no serviço da idolatria e injustiça (Romanos 1:20-32).

A revelação especial de Deus, consequentemente, é necessária para um entendimento correto da sua revelação geral na natureza, na história, no coração e na consciência. Precisamos limpar o conteúdo puro da revelação geral de todos os tipos de erros humanos e, assim, avaliar essa revelação segundo seu verdadeiro valor. É quando nos submetemos à luz das Escrituras que primeiro reconhecemos que a revelação geral tem uma importância rica para toda a vida humana e que, ainda assim, em toda a sua riqueza, ela é insuficiente e inadequada para alcançar o fim apropriado ao homem.

Poderíamos, portanto, com o objetivo de termos uma compreensão clara e uma ordem adequada em nossa abordagem, falar primeiro da revelação geral e de sua insuficiência para, depois, prosseguir para a revelação especial. Porém, essa forma de abordagem não deve ser interpretada como se, ao lidar com a primeira, colocássemos a revelação especial de lado e não prestássemos nenhuma atenção ao seu conteúdo durante todo esse tempo. Pelo contrário, essa revelação especial nos guiou também na discussão anterior e derramou sua luz sobre nossa abordagem ao problema.

Portanto, nesse estudo da revelação especial, não propomos conduzir uma suposta investigação sem pressuposições. Não passaremos, como os céticos dos nossos dias, através das várias religiões a fim de descobrir se elas nos dão essa revelação especial de Deus que nosso coração nos diz ser necessária. Apenas pela revelação especial, que nos é concedida em Cristo, aprendemos a reconhecer as religiões falsas como sendo falsas; e a reconhecer como pecado a idolatria e a adoração de imagens, a feitiçaria e a adivinhação, a incredulidade e a superstição, independentemente de virem em formas grosseiras ou refinadas. Portanto, seria como se deliberadamente apagássemos a luz que nos ilumina se colocássemos a revelação de lado ou não a levássemos em consideração, ainda que temporariamente ou para fins metodológicos. Fazer isso seria provar que amamos mais a escuridão do que a luz por medo de que nossos pensamentos e obras se manifestem (João 3:19-21).

É verdade que a revelação geral pode, até certo ponto, demonstrar a necessidade de uma revelação especial. Ela pode dar muitas razões sólidas para que se abra a possibilidade de tal revelação, porque se — não levando em conta o materialismo e o panteísmo, que praticamente negam *toda* revelação — crermos na existência de uma Deus pessoal que criou o mundo, que deu ao homem uma alma imortal e o destinou para a salvação eterna, e que ainda sustenta e governa todas as coisas por sua providência, então, não há qualquer razão fundamental para argumentar contra a possibilidade de uma revelação especial. A criação *é* revelação, uma revelação muito especial, absolutamente sobrenatural e maravilhosa. Qualquer um que aceita a ideia de "criação" reconhece, em princípio, a possiblidade de qualquer revelação posterior, até a da encarnação. Mas, ainda que a revelação geral possa contribuir para a defesa da *necessidade* e da *possibilidade* de uma revelação especial, ela não pode dizer nada sobre sua *realidade*, porque esta depende inteiramente de um dom gracioso de Deus. A realidade da revelação especial pode ser demonstrada apenas pela sua própria existência, e é apenas por sua própria luz que ela pode ser vista e reconhecida.

—— ▪ ——

Essa revelação especial — a qual Deus falou a nós primeiramente por meio dos profetas e depois por intermédio do Filho (Hebreus 1:1), e que rejeitamos não por causa de argumentos e evidências, mas sim por causa de uma fé como de crianças — permanece, de fato, em relação contínua com a revelação geral, mas, ao mesmo tempo, é essencialmente distinta dela. Essa distinção, como indicamos rapidamente antes, sendo necessário desenvolver melhor agora, aparece especialmente na *forma* que ocorre, no *conteúdo* que ela abrange e no *propósito* para o qual ela aponta.

A *forma* como a revelação especial ocorre não é sempre a mesma, mas difere em termos dos meios empregados por Deus. Portanto, ela também é caracterizada por vários nomes, como: aparição, revelação, manifestação, tornar conhecido, proclamar, ensinar, dentre outros. A designação *falar* é especialmente provocativa. As Escrituras também empregam essa palavra para as obras de Deus na criação e providência. Deus disse: "Haja luz; e houve luz" (Gênesis 1:3). Pela palavra os céus foram criados; e todo o exército deles, pelo sopro da sua boca (Salmos 33:6). Ele fala e tudo é feito; ele manda e tudo permanece firme (Salmos 33:9). A voz do Senhor está sobre as águas, fala no trovão, quebra os cedros, causa um tremor no deserto, coloca o inimigo para fugir e o destrói (Salmos 29:3-9; 104:7; Isaías 30:31; 66:6). Todas essas obras de Deus na criação e providência podem ser corretamente chamadas de *falar* e *dizer*, porque Deus é um ser pessoal, consciente e pensante que traz todas as coisas à existência pela palavra do seu poder e que, assim, põe pensamentos na mente do homem, o qual, sendo sua imagem e semelhança, é capaz de ler e entender. Deus certamente tem algo a dizer ao homem em suas obras.

Há pouca discordância sobre essa voz de Deus nas obras das suas mãos. Muitos que negam uma revelação especial apreciam falar de uma revelação de Deus na criação. Entre esses, no entanto, existe uma diferença considerável. Alguns encontram a maior parte dessa revelação na natureza; outros, na história e em homens famosos; e outros, ainda, na história das religiões e nos líderes das diversas fés. Além disso, haverá uma tendência de enfatizar a revelação que vem de fora para o homem, seja na natureza ou história; ou será enfatizado o que acontece no próprio homem, em seu coração, em sua mente e em sua consciência. Cada vez mais está ganhando terreno a ideia de que a religião e a revelação estão intimamente relacionadas em nossos dias ou até que ambas têm o mesmo conteúdo e são, na verdade, nada mais que dois lados de uma mesma moeda. A revelação, então, é considerada o lado divino, e a religião, o lado humano, e ambas são elementos na relação entre Deus e homem. A ideia é que Deus se revela ao homem na medida da religião do homem, e ele tem tanta religião quanto Deus se manifestar a ele.

No entanto, essa ideia tem suas raízes no panteísmo, que identifica Deus e o homem e, portanto, identifica também a revelação e a religião. Aqueles que adotam essa visão dificilmente podem falar de qualquer revelação real de Deus, nem mesmo na natureza e na história, nem no mundo e no homem. Porque, quando corretamente entendida, a revelação presume, como ressaltamos antes, que Deus é consciente de si mesmo, que ele se conhece e que, portanto, pode, de acordo com sua boa determinação, compartilhar um conhecimento de si mesmo com suas criaturas. Sobre o fundamento panteísta, a personalidade, a autoconsciência, o autoconhecimento e, portanto, a vontade racional de Deus são negados. Sobre esse fundamento, Deus é nada mais que a essência e a energia de todas as coisas e em todas as coisas. No melhor dos cenários, consequentemente, o panteísmo pode falar apenas de uma manifestação ou obra inconsciente e involuntária de Deus. E isso não seria algo que presentearia a mente do homem com pensamentos, ideias ou conhecimento de Deus, mas, na melhor das hipóteses, poderia apenas provocar estados emocionais, afeições e atitudes específicas no coração do homem. Então, o homem teria que tomar isso e — em completa independência e liberdade, e de acordo com a extensão da sua cultura e educação — expressá-los em palavras. Na prática, isso é fazer da religião na humanidade e no indivíduo um processo por meio do qual Deus se torna consciente de si mesmo e passa a se conhecer. Deus, então, não fala ao homem nem se revela a ele. É o homem, pelo contrário, que revela Deus para o próprio Deus.

Se essa linha de pensamento panteísta ainda usa os termos *revelação*, *voz* de Deus e outras expressões, ela não os toma da própria filosofia, porque eles não têm nenhum espaço lá, mas da visão de mundo e de vida que provêm das Escrituras; portanto, ela também falsifica esses termos. A Escritura chama até a revelação geral de uma *fala* de Deus, porque procede da ideia de que Deus realmente quer dizer alguma coisa nessa revelação e que ele realmente o faz. Por isso, a Escritura também sustenta a noção de que Deus e o homem são distintos em tipo e que a religião e a revelação também são distintas em espécie. Porque, se Deus tem o seu próprio pensamento e ele se conhece, e se ele tem expresso o seu pensamento em uma extensão maior ou menor em suas obras, então a possibilidade permanece real para que o homem — por causa da sua mente obscurecida — compreenda mal esses pensamentos de Deus e se torne fútil em suas especulações. Nesse caso, é improvável que a religião seja o outro lado da revelação, pois, na verdade, ela se torna uma deturpação equivocada e culpável dela.

—— ▪ ——

Ao interpretar a revelação geral de Deus da maneira que interpreta e ao chamá-la de discurso ou voz de Deus no sentido já indicado, a Escritura abre caminho para uma *linguagem* adicional e mais essencial ou apropriada da parte de Deus em sua revelação especial. Toda a Escritura nos apresenta Deus como um ser que é perfeitamente consciente de si mesmo, como um ser que pode pensar e, portanto, falar. Nós nos lembramos da pergunta feita no Salmos 94:9: "Aquele que fez o ouvido não ouvirá? Aquele que formou o olho não verá?" Essa questão poderia, tendo em mente o Espírito Santo, ser suplementada por essa outra: "Aquele que conhece a si mesmo perfeitamente, não deveria ser capaz de transmitir um conhecimento de si mesmo para suas criaturas?" Quem negasse essa possibilidade estaria negando não apenas o Deus da regeneração, mas também o Deus da criação e providência, como a Escritura o revela a nós. Assim, quem entende a voz ou o discurso de Deus na revelação geral no sentido certo, isto é, no sentido bíblico, perde o direito de levantar objeções inerentes à voz de Deus na revelação especial. Deus pode se revelar em uma maneira especial, pois ele faz isso numa maneira geral. Ele pode falar em um sentido apropriado, porque pode falar em um sentido metafórico, e pode ser o recriador, porque é o criador de tudo.

A grande diferença entre esse *discurso* da parte de Deus na revelação geral e o da revelação especial é que, na primeira, Deus deixa ao homem a tarefa de descobrir os seus pensamentos nas obras das suas mãos e, na segunda, ele próprio dá uma expressão direta a esses pensamentos e, dessa forma, oferece-os à mente do homem. Em Isaías 28:26, lemos que Deus instrui o lavrador, ensinando-o como deve fazer o seu trabalho. Mas essa instrução não chega até ele de forma escrita, em tantas palavras, nem na forma de lições de escola; antes, é um ensinamento que está contido e expresso em todas as leis da natureza, nas características do ar e do solo, do tempo e lugar, da semente e da planta. O que o lavrador precisa fazer é conscientemente conhecer todas essas leis da natureza e, dessa forma, conhecer a lição que Deus ensina por meio delas. Nessa tarefa, ele é suscetível ao engano e erro, mas – quando enfim se apropria desse ensinamento –deve agradecer a Deus por isso, porque todas as coisas vêm dele, grande em palavras e obras.

Na revelação geral, esse ensinamento objetivo é adequado aos seus propósitos. O que Deus pretende com isso é provocar o homem a buscá-lo, senti-lo e encontrá-lo (Atos 17:27) e, se não o encontrar, ser indesculpável (Romanos 1:20). Mas, em sua revelação especial, Deus tem compaixão do homem que tateia e não o encontra. Nela, Deus procura o homem, e ele mesmo diz ao homem quem e o que ele é. Ele não deixa que o homem deduza e infira, a partir de alguns fatos, quem Deus é. Ele mesmo diz ao homem com palavras: estou aqui e sou assim. É verdade que, na revelação especial, Deus também faz uso dos fatos da natureza e da história para se revelar em suas várias excelências. E esses fatos, que são frequentemente milagres, não são apenas suplementos ou adendos, mas um elemento indispensável *da própria* revelação. Nunca são fatos puros, no entanto, sua interpretação é deixada para nós. Ao contrário, eles estão cercados por todos os lados pela própria palavra de Deus, ou seja, são precedidos, acompanhados e seguidos por essa palavra. O conteúdo central da revelação especial é a pessoa e a obra de Cristo. Esse Cristo é anunciado e descrito séculos antes no Antigo Testamento e, quando ele apareceu e cumpriu suas obras, é novamente interpretado e explicado nos escritos do Novo Testamento. A revelação especial, consequentemente, segue uma linha que conduz ao Cristo, mas – em paralelo e em conexão com ela – também conduz às Escrituras, a Palavra de Deus.

Por essa razão, a revelação especial pode, em um sentido muito mais adequado do que a revelação geral, ser chamada de um *discurso*, apesar disso também ser correto quanto à revelação geral. O primeiro versículo da carta aos Hebreus compreende toda a revelação de Deus, tanto no Antigo como no Novo Testamento, a dos profetas e a do Filho, em um único termo: *fala*. Mas ele imediatamente acrescenta que essa revelação veio muitas vezes e de várias maneiras. A primeira expressão "muitas vezes" significa dizer que a revelação não veio perfeita e completa em um único momento, mas veio por meio de muitos eventos sucessivos e, portanto, traçou o percurso de uma longa história. E a segunda expressão, "de muitas maneiras", significa dizer que as diversas revelações divinas não foram todas da mesma forma, mas que, acontecendo em diferentes tempos e lugares, elas aconteceram também de maneiras diferentes e vieram de várias formas.

—— ▪ ——

Em muitos lugares da Escritura Sagrada,[1] nós simplesmente lemos que o Senhor apareceu, disse, ordenou; e não encontramos têm comentário sobre a maneira como isso aconteceu. Outros textos, no entanto, também derramam alguma luz sobre a forma da revelação e nos permitem distinguir entre dois tipos de meios empregados por Deus para atender ao propósito da sua revelação.

Ao primeiro tipo pertencem todos aqueles meios que têm um caráter externo e objetivo. Por meio deles, por assim dizer, Deus vem ao homem de fora; aparece e fala com ele. Ele aparece frequentemente dessa forma a Abraão; a Moisés; ao povo de Israel no Monte Sinai; sobre o tabernáculo e no Santo dos Santos; e nos pilares de nuvem ou fogo como símbolos da sua presença.[2] Outras vezes, ele anuncia o que tem para dizer por meio de anjos,[3] especialmente por meio do Anjo do pacto que carrega seu nome nele (Êxodo 23:21). Além disso, ele faz uso da sorte para o propósito de se revelar a Israel (Provérbios 16:33) ou do Urim e Tumim (Êxodo 28:30). Algumas vezes ele fala com uma voz audível,[4] ou mesmo escreve sua lei nas tábuas do testemunho (Êxodo 31:18; 25:16).

Os milagres também devem ser considerados nesse grupo dos meios da revelação, visto que, nas Escrituras, os milagres ocupam um lugar de suma importância. Em nosso tempo, eles foram submetidos a duros ataques de todos os lados. Era perda de tempo tentar defender os milagres da Escritura Sagrada contra aqueles que rejeitaram a visão bíblica da vida e do mundo. Porque, se Deus não existe – e essa é a tese do ateísmo e do materialismo – ou se ele não tem uma existência própria, pessoal e independente, sendo meramente um com o mundo – como o panteísmo defende; ou se, após a criação, ele se

[1]Por exemplo, Gênesis 2:16,18; 4:6; 6:13; 12:7; 13:14.
[2]Gênesis 15:17; Êxodo 3:2; 13:21; 19:9; 33:9; Levítico 16:2.
[3]Gênesis 18:2; 32:1; Daniel 8:13; Zacarias 1:9ss; Mateus 1:20.
[4]Êxodo 19:9; Deuteronômio 4:33; 5:26; Mateus 3:17; e 2Pedro 1:17.

afastou do mundo e o deixou seguir seus próprios caminhos – como o deísmo defende; então, é autoevidente que os milagres são impossíveis. E, se a *impossibilidade* dos milagres é evidente desde o princípio, nenhum argumento sobre sua *realidade* é necessário.

Mas a Escritura tem uma ideia bem diferente acerca de Deus e do mundo, e, também, do relacionamento que existe entre eles. Em primeiro lugar, ela ensina que Deus é um ser consciente, volitivo e onipotente, que chamou todo o mundo com todas as suas energias e leis à existência e que, ao fazer isso, de modo nenhum gastou a plenitude de seus poderes. Ele retém e possui dentro de si mesmo uma plenitude de vida e força infinita. Nada é muito maravilhoso ou difícil para ele (Gênesis 18:14); com ele todas as coisas são possíveis (Mateus 19:26).

Além disso, a visão bíblica não considera o mundo como uma unidade cujas várias partes são todas da mesma natureza e substância, diferenciando-se apenas nas formas das suas manifestações. Em vez disso, a Bíblia considera o mundo um organismo cujos membros, ainda que pertençam ao todo, são, cada um, dotados de diferentes propriedades e encarregados de diferentes funções. Neste mundo, há espaço para diversos tipos de seres que, apesar de todos serem sustentados e governados pelo mesmo poder divino, ainda assim diferem uns dos outros em suas naturezas. Esse rico mundo compreende matéria e espírito, corpo e alma, terra e céu. Contém criaturas inorgânicas e orgânicas; inanimadas e animadas; irracionais e racionais; minerais, plantas e animais; seres humanos e anjos. E, dentro do ser do homem, ainda existe uma distinção entre sua mente e seu coração, sua razão e sua consciência, seus conceitos e suas afeições. Todas essas esferas diferentes em um único e mesmo mundo dependem de diferentes energias e habilidades e operam de acordo com leis diferentes. De fato, todas as coisas são interdependentes das outras, assim como os membros do corpo. Contudo, cada parte tem seu próprio lugar e uma função no todo.

Em terceiro lugar, as Escrituras ensinam que Deus e o mundo, embora sejam diferentes um do outro, nunca são separados. De fato, Deus tem uma existência única, perfeita e independente em si mesmo, mas ele não é segregado do mundo; pelo contrário, vivemos e nos movemos e temos nosso ser nele (Atos 17:28). Ele é naturalmente o Criador que, no princípio, chamou todas as coisas à existência; mas ele é e permanece também o dono, o possuidor, o rei e o Senhor que, pelo seu poder onipotente e onipresente, sustenta e governa todas as coisas. Ele é a primeira causa de todas as coisas, não apenas no princípio, mas também continuamente. As causas secundárias por meio das quais ele opera diferem umas das outras; mas a primeira causa de todas as criaturas é e permanece sendo Deus, e Deus somente.

Se, nesses conceitos básicos, nós concordamos com a Escritura Sagrada e nos firmamos no terreno firme do teísmo, não temos base nenhuma para lançar dúvidas sobre a possibilidade de milagres ou para atacar essa possibilidade. Porque, sobre essa base, todo fenômeno da natureza e da história é um ato e uma obra de Deus e, nesse sentido, um milagre. Os assim chamados "milagres" são nada mais que uma manifestação especial desse mesmo poder divino que trabalha em todas as coisas. Esse poder funciona de várias maneiras, faz uso de diferentes meios (causas secundárias) de acordo com diferentes leis e, portanto, tem resultados variados. Tem sido dito corretamente que, para a rocha, é uma maravilha que a planta possa crescer; para a planta, que o animal possa se mover; para o animal, que o homem possa pensar; e, para o homem, que Deus possa ressuscitar os mortos. Se é verdade que Deus, por seu poder onipresente e onipotente, opera por intermédio de todas as criaturas assim como seus meios, por que ele não seria capaz de operar de uma maneira diferente com esse mesmo poder? Quando digo uma "maneira diferente", eu quero dizer uma maneira que difere daquela que conhecemos no curso normal da natureza e história. Milagres não são violações das leis naturais. Essas leis são completamente reconhecidas nas Escrituras, ainda que não sejam classificadas e formuladas lá. Assim, por exemplo, de acordo com a Escritura, as leis de toda a natureza são firmemente fixadas pelo pacto que Deus fez com Noé (Gênesis 8:22). Mas, assim como o homem subjuga a terra por sua razão e vontade, governa e controla a natureza por meio da sua cultura, Deus tem o poder de fazer esse mundo criado apto para carregar o seu conselho. O que milagres provam é que não é o mundo, mas o Senhor que é *Deus*.

—— ▪ ——

Tudo isso não necessitaria de argumentos ou disputa se o homem não tivesse caído. Nesse caso, o homem teria conhecido a Deus e o reconheceria pelas obras das mãos dele. Sem entrar na questão de se haveria milagres se não tivesse havido pecado, basta notar aqui que, se houvesse milagres, eles teriam uma natureza e um propósito diferentes. Porque os milagres que realmente aconteceram e que a Escritura relata têm o seu próprio caráter e propósito peculiar.

No Antigo Testamento, o julgamento e a redenção andam de mãos dadas como acompanhantes dos milagres. Assim, o dilúvio é um meio de destruir a geração impiedosa da época e, ao mesmo tempo, um meio de preservar Noé e sua família na arca. Os milagres se agrupam em torno das pessoas de Moisés e Josué – as pragas do Egito, a travessia do Mar Vermelho, a entrega da lei no Sinai e a invasão e conquista de Canaã – e têm como propósito o julgamento dos inimigos de Deus e do povo deles, bem como o estabelecimento de um lar seguro para o povo de Deus na terra da promessa. Os milagres posteriores e que se centram na pessoa de Elias acontecem no tempo de Acabe e Jezabel, um tempo em que o paganismo ameaçava suprimir completamente a adoração a Jeová. O ápice desse episódio aconteceu no Monte Carmelo, onde a luta entre Jeová e Baal é decidida.

Todos os milagres do Antigo Testamento têm uma característica em comum: que, negativamente, eles lançam julgamento para as nações ímpias; e, positivamente, eles criam e preservam um lugar entre o povo de Israel para a revelação contínua de Deus. Nisso eles alcançam seu propósito que, contra toda a idolatria e adoração a imagens, o Deus do pacto – o Deus de Israel – é conhecido e reconhecido como Deus: "Vede agora que eu, eu o sou, e não há outro deus além de mim. Eu faço morrer e faço viver. Eu firo e curo; e não há quem possa livrar-se da minha mão" (Deuteronômio 32:39; 4:35; Isaías 45:5,18,22). E, quando esse propósito foi alcançado, segue-se rapidamente para a revelação completa na pessoa de Cristo.

A pessoa de Cristo é por si só um milagre em sua origem, em sua essência, em suas palavras e em suas obras. É o milagre da história mundial. Consequentemente, os milagres que ele realizou têm sua própria natureza peculiar. Em primeiro lugar, durante sua vida aqui na terra, ele mesmo faz muitos milagres: aqueles em que ele demonstra seu poder sobre a natureza (transformando a água em vinho, alimentando multidões, acalmando a tempestade e andando sobre as águas); aqueles em que ele demonstra o seu poder sobre as consequências do pecado, isto é, sobre as doenças e calamidades da vida; e aqueles, por fim, em que ele demonstra o seu poder sobre o pecado, isto é, sobre a sua culpa e corrupção, e sobre a dominação de Satanás (o perdão de pecados, a expulsão de Satanás e de espíritos malignos). A singularidade da pessoa de Cristo se expressa nesses três tipos de milagres. Com uma única exceção, a maldição da figueira, todos os milagres de Jesus são redentivos por natureza. Ele não veio ao mundo para condená-lo, mas para salvá-lo (João 3:17). Em seus milagres, ele também age como profeta, sacerdote e rei; também neles ele faz a obra da qual o Pai o encarregou (João 4:34; 5:36; 9:4).

A pessoa de Cristo se manifesta até mais claramente nos milagres que são feitos não por ele, mas *nele* e *com* ele. Especialmente nesses nós vemos quem e o que ele é. A concepção sobrenatural, sua vida e morte milagrosas, sua ressurreição, ascensão e sessão à destra de Deus, todos são milagres peculiarmente redentores. Eles provam, muito mais que suas obras, seu poder absoluto contra o pecado e suas consequências, contra Satanás e todo o seu domínio. E eles ilustram, mais completamente que as outras obras, que esse poder da pessoa de Cristo é um poder redentor e regenerador, que ganhará a vitória final apenas nos novos céus e na nova terra.

Os milagres realizados na época apostólica pelas primeiras testemunhas podem ser caracterizados como as obras do Cristo exaltado (Atos 3:6; 4:10). Eles foram necessários para demonstrar que Jesus – rejeitado pelo mundo, crucificado na cruz, morto e reconhecido como morto – ainda estava *vivo* e que ele tinha todo poder tanto no céu quanto na terra. Os milagres do Antigo Testamento mostravam que Jeová era Deus e que não há outro além dele. Os milagres do Novo Testamento mostram que Jesus Cristo, o nazareno, a quem os judeus crucificaram, foi ressuscitado por Deus e colocado à sua destra como Príncipe e Salvador (Atos 4:10; 5:30-31). Quando esse fim foi alcançado, quando uma igreja foi plantada no mundo, uma igreja que crê e confessa essa revelação do Pai no Filho por meio da comunhão do Espírito Santo, então os milagres visíveis e externos cessaram, mas os milagres espirituais da regeneração e da conversão continuam na igreja até que a plenitude dos gentios seja alcançada e todo o Israel seja salvo. No fim dos tempos, de acordo com as Escrituras, haverá outros milagres do aparecimento de Cristo, a ressurreição dos mortos, o julgamento e os novos céus e a nova terra.

O fim e o objeto de toda revelação e dos milagres nessa revelação são a restauração da humanidade caída, a recriação do mundo e o reconhecimento de Deus como Deus. Portanto, os milagres não são um elemento estranho e singular na revelação nem um adendo arbitrário a ela. Pelo contrário, eles são um componente necessário e indispensável da revelação: são, na verdade, revelações. Deus se faz conhecido aos homens em todas as suas excelências e perfeições por meio de palavras e ações.

—— ▪ ——

Ao primeiro grupo de meios, todos externos e objetivos em natureza, um segundo tipo deve ser acrescentado. A ele pertencem todos aqueles meios que são subjetivos, que acontecem dentro do homem, nos quais Deus fala ao homem não de fora, mas de dentro.

O primeiro desse tipo é a revelação singular que veio a Moisés como mediador do Antigo Testamento, a qual é descrita como uma revelação em que Deus falou a Moisés face a face, como um homem fala com seu amigo (Êxodo 33:11).

O papel de Moisés no Antigo Testamento era especial, e ele estava bem acima dos profetas. Deus falou com ele não por meio de visões, mas por um discurso direto. Moisés viu Deus não como em um sonho, mas diretamente: ele viu sua semelhança e forma, não o seu ser ou sua face, mas o resplendor divino quando a glória do próprio Deus passou por ele (Números 12:8 e Êxodo 33:18-23).

A esse tipo de meio pertencem também os sonhos (Números 12:6; Deuteronômio 13:1-6); as visões, isto é, um estado de ser em que o olho físico se fecha para o mundo externo e o olho da alma se abre para as coisas divinas (Números 12:6; Deuteronômio 13:1-6); e especialmente a inspiração da mente humana pelo Espírito de Deus.[5] Este último meio de revelação ocorre frequentemente no Antigo Testamento também, mas lá ele sempre é representado como uma operação do Espírito que vem dos céus sobre o profeta apenas por um momento. Todavia, no Novo Testamento, após o Espírito Santo ter sido derramado, a inspiração se torna mais comum não apenas como meio de revelação, mas também toma um caráter mais orgânico e permanente.

[5]Números 11:25-29; 2Samuel 23:2; Mateus 16:17; Atos 8:29; 1Coríntios 2:12; 2Pedro 1:21

Esses dois tipos de meios de revelação podem ser classificados sob os nomes de *manifestação* e *inspiração*. Ao fazer isso, devemos lembrar, no entanto, que a *manifestação* de modo nenhum consistiu apenas em ações, mas incluiu pensamentos e palavras também. Também devemos nos lembrar de que a *inspiração* da qual estamos falando aqui difere tanto da atividade do Espírito sobre os profetas e apóstolos enquanto registravam a revelação em forma escrita (a inspiração das Escrituras) quanto da iluminação interna que está presente em todos os cristãos.

6. O conteúdo da revelação especial

Tendo observado as diversas formas pelas quais a revelação especial vem aos homens, passamos agora a considerar o seu *conteúdo*. Como no estudo da revelação geral, passaremos brevemente pela história da revelação especial, pois, dessa forma – e sem um tratamento separado – o seu *propósito* também se tornará claro.

A revelação especial não começou com Abraão: na verdade, ela chega imediatamente após a Queda. Portanto, é importante notar que Abraão foi filho de Terá, pertencente à oitava geração descendente de Sem. E de Sem nós lemos que Jeová foi o seu Deus e permaneceria sendo (Gênesis 9:26). Foi na família de Sem, como na de Sete antes do dilúvio, que o conhecimento de Deus foi preservado por mais tempo e em seu estado mais puro. Portanto, quando o Senhor chamou Abraão, ele não se apresenta como um Deus diferente, mas como o mesmo Deus que Abraão já conhecia e confessava. Apesar de tudo, sabemos também por outras passagens bíblicas, como as que mencionam Melquisedeque (Gênesis 14:18-20), que o conhecimento do verdadeiro Deus não tinha sido completamente perdido. Além disso, somos informados de que o rei filisteu Abimeleque, os heteus em Hebrom e o faraó do Egito reconheciam e honravam o Deus de Abraão.[1]

Depois da confusão de línguas e da divisão da humanidade, a incredulidade não cresceu rapidamente entre os homens, mas a superstição e a idolatria, sim. Assim aconteceu no Egito (Êxodo 18:9-12), em Canaã (Gênesis 15:16,18:1ss) e na Babilônia. Até entre

[1]Gênesis 20:3; 21:22; 23:6; 26:29; 40:8; 41:16,38-39.

os descendentes de Sem a verdadeira religião cedeu à idolatria. De acordo com Josué 24:2,14-15, os antepassados de Israel – como Terá, o pai de Abraão, Naor e Harã – serviam a outros deuses quando eles viveram do outro lado do rio. E, em Gênesis 31:19,34 e 35:2-4, lemos que Labão tinha ídolos do lar e os honrava. Labão, portanto, é chamado de "arameu", um sírio (Gênesis 31:20 e Deuteronômio 26:5).

A fim de prevenir a humanidade de cair em superstição e injustiça, impedir o pacto da natureza com Noé de ser quebrado e o propósito de Deus para a humanidade de ser frustrado, Deus agora usa uma abordagem diferente com Abraão. Ele não pode destruir os filhos dos homens em um dilúvio geral, mas, deixando que os outros povos andem segundo seus próprios caminhos, ele pode estabelecer um pacto com uma pessoa, e, nessa pessoa, com um povo. E assim, por meio desse pacto, prosseguir com sua promessa e cumpri-la. Então, quando o cumprimento chegar, ele poderia novamente incluir toda a humanidade dentro das suas bênçãos. A segregação temporária de um povo se torna o meio para uma unificação permanente de toda a humanidade.

Em Abraão, portanto, uma nova era começa na história da revelação. A parte da revelação propagada aos patriarcas é, de fato, acomodada ao que aconteceu antes e absorve a revelação anterior em si mesma, mas também é melhorada e desenvolvida posteriormente. É muito importante, portanto, entender essa nova revelação em sua própria qualidade característica. É importante porque a revelação a Abraão – e, logo, a religião de Abraão – é decisiva para a de Israel e, assim, constitui a essência da religião israelita.

Em nosso tempo, muitos obstruíram o caminho para um entendimento correto da essência da religião de Israel. Em primeiro lugar, eles se recusam a reconhecer algum valor histórico no período dos patriarcas e consideram Abraão, Isaque, Jacó e os outros como semideuses ou heróis, assim como, por exemplo, na Ilíada de Homero. Em segundo lugar, compreendem a religião e Israel como tendo sua origem em um fundamento religioso pagão, como animismo, fetichismo, adoração a ancestrais, polidemonismo e politeísmo. E, em terceiro lugar, tentam mostrar que a essência da religião de Israel, como no tempo dos profetas posteriores, particularmente no século VIII a.C., consistiu em um monoteísmo ético: isto é, o reconhecimento de um único Deus que é um ser onipotente, mas também bom e justo.

Essa concepção moderna do Antigo Testamento deve ser considerada um esforço para explicar toda a religião de Israel e a de outros povos também sobre uma base puramente natural, como se um desenvolvimento lento e gradual tivesse acontecido sem qualquer revelação especial. No entanto, toda a Escritura se opõe a essa visão e pune a concepção moderna pelo fracasso dos seus esforços em entender corretamente tanto a origem quanto a natureza da religião de Israel.

Não é por esse caminho que a origem da religião de Israel pode ser encontrada. Simplesmente não é verdade que os profetas vinham cada vez com uma nova e diferente divindade. Eles sempre pregaram a palavra no nome do mesmo Deus de Abraão, Isaque e Jacó, o Deus dos seus pais, o Deus de Israel, a quem o povo é, por causa dos termos do pacto, obrigado a servir e adorar. Muitos que sentem o peso dessa consideração viram as costas aos profetas para se voltarem a Moisés, considerando-o como o verdadeiro fundador da religião de Israel. Mas Moisés também não apareceu — e não poderia aparecer — em nome de uma divindade estranha e desconhecida. Nesse caso, ele não teria encontrado uma resposta entre o povo. Em vez disso, ele se acomodou ao povo e à história deles e os convocou para o êxodo do Egito no nome e pela ordem do Deus que era o Fiel, que fez uma aliança com os patriarcas e que agora veio confirmar sua promessa. De fato, uma reflexão séria sobre a origem da religião de Israel nos compele a ir com a Escritura ao período dos patriarcas.

Devemos voltar a esse período se quisermos entender a essência e a natureza da religião de Israel, essência esta que certamente não repousa no assim chamado monoteísmo ético. É verdade que a religião de Israel também incluía esse elemento, mas definitivamente não é caracterizada por isso. Esse elemento era o pressuposto, e não o conteúdo dela. O coração e o núcleo dessa religião era outro, a saber: que o Deus que é único, eterno, justo e santo se comprometeu na aliança para ser o Deus de *Israel*.

—— ▪ ——

É dessa forma que o apóstolo Paulo entendia. Em Romanos 4 (com o qual Gálatas 3:5ss deve ser comparado), ele pergunta o que é o mais característico que Abraão recebeu de Deus. E, apelando a Gênesis

15:6, ele responde essa questão. Ele diz que ela não está nas obras, mas na justiça da fé; em outras palavras, na graça do perdão dos pecados, no favor imerecido de Deus, assim como Davi mais tarde pensou no perdão de pecados como constituindo a bem-aventurança do pecador.

Além disso, o apóstolo argumenta que esse grande dom da graça não foi dado a Abraão quando ele estava sob a circuncisão, mas bem antes disso (Gênesis 16:6); e que a instituição da circuncisão, que aconteceu quatorze anos depois (Gênesis 17), presumia a justiça da fé e servia como um sinal e selo disso. Consequentemente, o perdão de pecados – e, assim, toda a salvação – é independente da lei e das suas demandas. O mesmo é verdadeiro do escopo universal desse favor: não é pela lei, mas muito antes da lei e em independência da lei, que a promessa veio a Abraão assegurando-lhe que ele seria o pai de muitas nações e herdeiro do mundo.

Todo o argumento do apóstolo repousa sobre a história do próprio Antigo Testamento. Aquilo que permanece no primeiro plano dessa história é isto: não o que Abraão sabe sobre Deus e faz por ele, mas o que Deus dá a Abraão. Primeiro, é Deus que busca Abraão, chama-o e o conduz a Canaã. Segundo, é Deus quem promete ser um Deus para Abraão e sua descendência. Terceiro, Deus promete a Abraão que, apesar de todas as expectativas dizendo o contrário, ele terá uma posteridade e se tornará o pai de uma grande nação e que essa nação terá Canaã como sua herança. Quarto, Deus diz que, em sua posteridade, Abraão será uma bênção para todas as nações da terra. E, quinto, Deus elabora essa promessa na garantia de uma aliança, sela com o sinal da circuncisão e, após a prova de fé de Abraão, confirma com um juramento.[2]

Todas essas promessas juntas constituem o conteúdo da revelação de Deus a Abraão. O centro e o cerne de todas elas são a única e excelente promessa: eu serei teu Deus e o Deus do teu povo. Essas promessas se estendem pelo povo e da terra de Israel para o Cristo e, nele, para toda a humanidade e para todo o mundo (Romanos 4:11ss). Não a lei, mas o evangelho; não exigências, mas promessa: esse é o centro da revelação. E, do lado humano, aquilo que corresponde a isso é a fé e a conduta ou caminhada da fé (Romanos 4:16-22;

[2]Gênesis 12:1-3,7; 13:14-17; 15:1ss, 17-21; 17:1ss; 18:10; e 22:17-19

Hebreus 11:8-21). Tendo em vista que uma promessa não pode se tornar nossa, exceto pela fé, e a fé se expressa na conduta justa (Gênesis 17:1), Abraão é o exemplo da fé piedosa; Isaque, de uma fé mansa; e Jacó, de uma fé lutadora.

É na história dos patriarcas que a natureza e o chamado do povo de Israel já são descritos para nós. Enquanto as nações da terra estão seguindo seus próprios caminhos e desenvolvendo o que lhes foi dado na revelação geral, um ato criativo de Deus (Gênesis 18:10; Deuteronômio 32:6; Isaías 51:1-2) chamou um povo à existência em Abraão. Assim como ele, esse povo deve viver pela fé, precisa reconhecer que deve a terra da sua herança não à sua própria força, mas à graça de Deus. E pode alcançar um domínio abençoado sobre os povos vizinhos apenas quando, como Isaque, se lembra fielmente da promessa da salvação do Senhor; e apenas quando, como Jacó, aguarda militantemente o cumprimento dessa promessa. Nenhum planejamento ou deliberação humanos pode promover essa realização, assim como nenhuma fraqueza ou pecado humano pode impedi-la, porque Deus é aquele que dá e quem cumpre a promessa. Mesmo enquanto pune o pecado, ele faz a punição servir ao cumprimento do seu propósito. E Israel, como Jacó, compartilha dessa promessa e bênção do Senhor apenas quando, refinado pelo sofrimento e quebrantado pela força, alcança a vitória por meio da luta da fé e oração. Eu não te deixarei ir se não me abençoares (Gênesis 32:26; Oseias 12:4).

— ▪ —

Essa promessa *continua a ser* o conteúdo de todas as revelações seguintes de Deus no Antigo Testamento. É claro que ela é elaborada e desenvolvida, e também continua a ser o cerne e a essência da religião de Israel. É verdade que a conclusão da aliança no Sinai e a dispensação legalista que Deus instituiu marcam o começo de outra era. Mas, a fim de entender a natureza da religião de Israel e a economia do Antigo Testamento, devemos estar profundamente convictos de que a promessa, previamente dada a Abraão, não foi extinguida pela dispensação da lei.

O apóstolo Paulo também nos ensina isso explicitamente.

Em Gálatas 3:15ss, Paulo compara a promessa feita a Abraão e à sua semente com um acordo ou, melhor, com um testamento que, uma vez confirmado, ninguém ousa anular. O mesmo vale para a promessa de Deus a Abraão e para todas as vantagens que ela contém. As promessas são uma dispensação livre de Deus. Elas eram, por assim dizer, doadas por Deus para Abraão e sua semente e, portanto, devem, em algum momento, em virtude da direção de Deus, ser colocadas nas mãos dessa semente. Nem todos os descendentes físicos de Abraão devem ser considerados entre a sua posteridade favorecida. Sua descendência vinda de Agar e Quetura (Gênesis 17:20; 25:2) não está entre eles, porque a Escritura não fala de "sementes", isto é, de muitas gerações ou povos, mas apenas de uma semente – uma geração –, que deveria vir de Jacó. E essa é a semente, a geração, o povo que deveria nascer do filho da promessa – Isaque – e que deveria resultar em Cristo, a semente e descendente superior.

Quando Deus doou suas propriedades de salvação a Abraão e sua semente na promessa por meio de um testamento, isso implicou que essas propriedades deveriam um dia pertencer a Cristo, que elas deveriam ser de sua posse e que ele as daria à igreja reunida em todo o mundo. Consequentemente, essa promessa, dada a Abraão por meio de um testamento, isto é, sem depender de qualquer condição humana, somente pela dispensação soberana de Deus, não poderia ser anulada por uma lei suplementar posterior. Se isso acontecesse, Deus teria aniquilado sua própria promessa, sua própria ação, seu próprio testamento e seu próprio juramento.

Afinal, existem apenas duas possibilidades: nós recebemos os benefícios incluídos na promessa por meio da promessa ou os recebemos por meio da lei; pela graça ou por mérito; por meio da fé ou por meio das obras. É certo que Abraão recebeu sua justiça de fé pela promessa, antes mesmo que a circuncisão fosse instituída; que os israelitas, nos tempos dos patriarcas e no Egito, por centenas de anos receberam o mesmo benefício somente em virtude da promessa, porque ainda não havia lei. É certo também que Deus deu a promessa para Abraão e para a sua semente, incluindo Cristo – em quem ela veio para toda a humanidade – e que Deus, portanto, a deu como uma aliança eterna, confirmada com um juramento precioso (Gálatas 3:17; Hebreus 6:13ss). Se tudo isso for verdade, então é impossível que a lei, que Deus deu a Israel posteriormente, pudesse abolir essa promessa.

— ■ —

No entanto, se for assim, a questão se torna mais importante: por que Deus deu a lei a Israel? Em outras palavras, qual é o significado e a importância dessa dispensação do pacto da graça que começou com a lei e qual é a natureza ou a essência da religião de Israel? Essa pergunta era importante nos dias de Paulo e não é menos importante hoje.

Havia algumas pessoas nos dias dos apóstolos que buscavam a essência da religião de Israel na lei e que, portanto, exigiam que os gentios viessem ao cristianismo por meio de Israel, isto é, por meio da circuncisão e pela preservação da lei.

Havia outros que desprezavam a lei, pois a atribuíam a um deus inferior e a consideravam uma representação de uma posição religiosa inferior. Tanto o nomismo quanto o antinomismo estavam presentes naquela época, representando extremos diametralmente opostos.

Em nosso tempo, as mesmas atitudes estão presentes, embora os nomes dados e suas formas sejam diferentes. Alguns encontram a essência da religião de Israel no monismo ético, isto é, no reconhecimento de que Deus é santo, o qual exige apenas que guardemos seus mandamentos; esses indivíduos encontram a essência do cristianismo na mesma coisa e, assim, a distinção entre os dois é perdida: os judeus e os cristãos iluminados confessam a mesma religião. Outros, no entanto, das alturas da liberdade espiritual menosprezam o judaísmo legalista, limitado e sufocante; para eles, o maior ideal é emancipar a humanidade das mãos dos judeus. Eles traçam a origem de todo mal no judaísmo e buscam por todo o bem na raça indo-europeia. Portanto, espíritos semíticos e antissemíticos se opõem um ao outro e, ainda assim, como extremos, eles cometem o mesmo erro.

Para Paulo, o problema do significado e da intenção da lei era tão importante que ele trata do assunto diversas vezes em suas cartas, e sua solução para o problema é a seguinte.

Primeiro, a lei é algo que foi adicionado à promessa — algo que veio depois e não estava conectado com ela originalmente. Após a promessa, muitos anos se passaram antes de a lei ser proclamada, e, q quando ela o foi, tinha um caráter temporário e transitório. Embora a promessa ou o pacto da graça seja eterno, a lei durou apenas até o momento em que a verdadeira semente de Abraão – Cristo – apareceu, aquele em quem a promessa foi realizada e que tinha que receber o conteúdo da promessa e distribui-lo (Romanos 5:20; Gálatas 3:17-19).

Segundo, esse caráter transitório e temporário da lei se expressa já em sua origem. É verdade que a lei tem sua origem em Deus, mas ele não a deu direta e imediatamente e para cada membro desse povo. Diversos tipos de instrumentos de mediação estavam presentes. Do lado de Deus, a lei foi dada por meio de anjos, no meio de trovões e relâmpagos, em uma nuvem espessa, com a voz de uma trombeta estridente.[3] E, do lado do povo, que estava cheio de pavor e que precisou permanecer em pé na base da montanha, Moisés foi chamado para servir como mediador, para falar com Deus e receber a lei.[4] Não foi assim no caso da promessa. A promessa não veio por anjos, mas foi dada a nós pelo próprio Filho de Deus, e, quanto a nossa parte, não designamos ninguém para servir de mediador para nós, para aceitar a lei por nós. Em Cristo, todos os cristãos pessoalmente compartilham dessa promessa (João 1:17; Gálatas 3:22,26).

Terceiro, visto que ela vem de Deus, a lei é santa, justa, boa e espiritual; em nenhum sentido ela é a causa ou o motivo do pecado, ainda que o pecado faça da lei a sua ocasião. Na verdade, a lei possui em si energia e força, porque é uma lei para a vida; ela apenas não tem essa energia e força no homem por causa da carne pecaminosa dele. Mas tudo isso não nega que a lei difere da promessa não apenas em grau, mas também em tipo, e é verdade que ela não se opõe à promessa nem está em conflito com ela, mas não tem a mesma qualidade da promessa e da fé. Portanto, não é possível que a lei tenha sido dada para anular a promessa, pois, diferente da promessa em sua natureza, a lei também tem um propósito distinto.[5]

Quarto, o propósito especial, que é próprio da lei e para qual Deus deu a lei, tem um caráter duplo. Em primeiro lugar, foi acrescentada à promessa por causa das transgressões (Gálatas 3:19), isto é, para tornar a transgressão mais severa. É verdade que havia pecado antes da lei (Romanos 15:12-13), mas aquele pecado era diferente; não era “transgressão” no sentido que Paulo fala em distinção do pecado em geral. Como em Adão, no entanto, que recebeu uma ordem

[3]Êxodo 19:16-18; Hebreus 12:18; Atos 7:38; Gálatas 3:19.
[4]Êxodo 19:21ss; 20:19; Deuteronômio 5:22-27; 18:16; Hebreus 12:19; Gálatas 3:19-20.
[5]Rm 7:7-14; 8:3; Gálatas 3:17,21.

cuja observância o problema da vida ou morte dependia (Romanos 5:12-14), assim também, em Israel, que também devia herdar a vida ou morte por meio da obediência ou desobediência, o pecado toma um caráter diferente.

Esse pecado, ao ser contra uma lei associada à questão de vida ou morte, tornou-se uma "transgressão". Ele assumiu o caráter de uma aliança violada, colocando-se fora e em oposição ao relacionamento peculiar que Deus estabeleceu em seu pacto de obras com Adão e seu pacto no Sinai com Israel. Onde não há essa lei, o pecado permanece sendo pecado – é verdade –, mas não há "transgressão" (Romanos 4:15). Os pecados dos gentios certamente são pecados, mas eles não estão violando a aliança como os pecados de Israel; e estando sem essa lei que Deus deu a Israel, os gentios também são condenados (Romanos 2:12).

Em Israel, os pecados poderiam se tornar transgressões precisamente porque Israel recebeu uma lei de Deus que foi acompanhada pela promessa de vida e pela ameaça de morte. Portanto, foi a lei que, por assim dizer, tornou isso possível. Consequentemente, até esse ponto, Paulo pôde dizer que a lei do Sinai, embora seja santa e realmente não provoque o pecado, ainda assim, foi acrescentada à promessa para aumentar as "transgressões", ou seja, que ela é a força do pecado e desperta o desejo; que o pecado toma ocasião do mandamento para se tornar transgressão; que, sem essa lei, o pecado dorme e morre; e que a lei faz a ofensa abundar – isto é, ofensa não no sentido de pecado no geral, mas no sentido daqueles pecados especiais que são da natureza de um tropeço, violação ou quebra da aliança.[6] Mas, visto que a lei carrega tudo isso em seu despertar, ela necessariamente também incita ira, ou seja, ameaça a punição divina, pronuncia julgamento sobre todos os homens e sobre todos os seus atos, não justifica ninguém, mas coloca todos sob a maldição, sujeitando todos à ira de Deus.[7] Portanto, se no Antigo Testamento houve pessoas que receberam o perdão de pecados e a vida eterna, eles devem isso não à lei, mas à promessa.

Contudo, em conexão com esse propósito negativo – o aumento das transgressões e a agravação do julgamento –, a lei também

[6]Gálatas 3:19; Rm 5:13,20; 7:8; 1Co 15:56.
[7]Rm 3:19-20; 4:15; Gálatas 3:10-11,12.

assume um propósito positivo. Precisamente pelo fato de a lei dar ao pecado o caráter de transgressão, de violação de aliança e de infidelidade; de tornar o pecado, ainda que seja o desejo secreto do coração, realmente pecado, isto é, como estando em conflito com a lei de Deus e, portanto, merecendo sua ira e maldição de morte (Romanos 3:20; 7:7; 1Coríntios 15:56); quando ela faz isso, não deixa dúvidas da necessidade da promessa e prova que, se a justificação do pecado é possível, alguma outra justiça além daquela baseada na lei e nas obras da lei deve estar disponível (Gálatas 3:11). Assim, longe de ser oposta à promessa, a lei serve precisamente como o meio de Deus para trazer a promessa constantemente para mais perto do seu cumprimento. A lei coloca Israel sob restrições, como um prisioneiro é posto sob contenção e sua liberdade de movimento é negada. Como um "pedagogo", a lei toma Israel pela mão, acompanha-o sempre e em todo lugar, e em nenhum momento perde-o de vista. Como um guardião e tutor, a lei mantinha uma vigilância estrita sobre Israel a fim de que esse povo pudesse aprender a conhecer e amar a promessa em sua necessidade e sua glória. Sem a lei, por assim dizer, a promessa e seu cumprimento não teriam chegado a lugar nenhum. Então, Israel rapidamente cairia no paganismo e perderia tanto sua revelação de Deus com sua promessa quanto sua própria religião e seu lugar entre as nações. Mas agora a lei a cercou, segregou, manteve em isolamento, guardou-o de dissoluções e, assim, criou uma área e definiu uma esfera na qual Deus poderia preservar sua promessa de forma pura, dar um escopo mais amplo, desenvolvê-la, ampliá-la e trazê-la para mais perto do seu cumprimento. A lei foi útil para o cumprimento da promessa. Ela colocou todo mundo sob a ira de Deus e sob a sentença de morte, abrangendo todos dentro do âmbito do pecado, a fim de que a promessa, dada a Abraão e cumprida em Cristo, fosse dada a todos os cristãos e que todos eles atingissem a herança como filhos (Gálatas 3:21; 4:7)

—— ▪ ——

Quando tomamos esse ponto de vista do apóstolo Paulo, conseguimos uma visão agradavelmente iluminadora da revelação de Deus no Antigo Testamento, da religião de Israel, da importância da lei, da história e profecia, dos livros dos salmos e de sabedoria.

Com a chegada de Moisés, um período realmente novo começa na revelação de Deus e na história de Israel, porém, assim como a revelação dada a Abraão não anula os primeiros pronunciamentos de Deus, mas os absorve e dá prosseguimento, assim a dispensação da graça de Deus *sob* a lei dá continuidade à dispensação da graça de Deus *antes* da lei. A lei, que foi acrescentada à promessa, não tornou a promessa sem efeito ou a extinguiu, mas tomou a promessa para si a fim de servir ao desenvolvimento e cumprimento dela. A promessa é o principal e a lei, auxiliar. A primeira é o objetivo; a segunda é o meio. Não é na lei que o centro da revelação de Deus e o cerne da religião de Israel estão, mas sim na promessa. E, tendo em vista que a promessa é uma promessa de Deus, ela não é um som vazio, mas uma palavra cheia de poder, que é a expressão de uma vontade inclinada a fazer tudo que agrada a Deus (Salmos 33:9; Isaías 55:11). Portanto, essa promessa é a força propulsora da história de Israel até alcançar seu cumprimento em Cristo.

Assim como, de acordo com Isaías 29:22, Abraão é redimido da terra dos caldeus pelo chamado de Deus e, após isso, recebe a promessa do pacto pela livre dispensação de Deus, assim também Israel primeiramente foi guiado pelo Senhor ao Egito e colocado como escravo dos faraós, a fim de, posteriormente, ser redimido dessa miséria e, como um povo, ser levado para a aliança de Deus no Monte Sinai. Esses três eventos – a escravidão no Egito, a emancipação dessa escravidão pela forte mão de Deus e a conclusão do pacto no Sinai – são a fundação da história de Israel e os pilares sobre os quais sua vida religiosa e ética repousa. São eventos que continuam na memória de geração a geração, e são constantemente citados nas histórias, nos salmos e nas profecias. A realidade histórica desses eventos não pode ser negada até pela crítica mais radical.

Além disso, esses eventos significativos são a prova de que a lei não foi dada – e não poderia ser – para anular a promessa. Pelo contrário, quando Deus aparece a Moisés na sarça ardente, chamando-o para seu ofício, não é como um Deus desconhecido e estranho que ele aparece, mas como o Deus de Abraão, Isaque e Jacó, um Deus que tem visto a opressão sobre seu povo, ouvido seu clamor e que, por ser Jeová, que significa o Fiel, ele agora consente em realizar sua promessa e regatar seu povo da miséria da escravidão (Êxodo 3:6ss). Consequentemente, Israel não se tornou o povo de Deus pela primeira vez em Horebe nem foi aceito como o povo de Deus com base na lei; na verdade, Israel já era o seu povo em virtude da promessa, e é por causa dessa mesma promessa que foi redimido da sua miséria. A miséria e a redenção precedem a lei do Sinai. E, assim como Abraão, redimido por seu chamado e tendo recebido a promessa de Deus como a fé de uma criança, é, em termos dessa promessa, sujeito a uma vida santa diante da face de Deus (Gênesis 17:1), assim também Israel, tendo sido libertado da escravidão do Egito pela forte mão de Deus, é admoestado e sujeito por Deus no Sinai a uma nova obediência. A lei que veio ao povo por meio de Moisés era uma lei de gratidão; ela veio no despertar da redenção e baseava-se e descansava na promessa. Em sua força, Deus guiou seu povo a uma habitação amorosa da sua glória (Êxodo 15:13), e também carregou seu povo sobre as asas da águia, trazendo-os até ele (Êxodo 19:4; Deuteronômio 32:11-12). Portanto, também a lei é introduzida com o preâmbulo: "Eu sou o Senhor teu Deus, que te tirou da terra do Egito, da casa da escravidão." (Êxodo 20:2; Deuteronômio 5:6).

Mas esse relacionamento pactual agora exige uma ordem mais específica de obediência.

No período patriarcal, quando apenas algumas famílias compartilhavam a bênção da promessa a Abraão, não havia necessidade de uma regulação mais específica; e, no Egito, quando o povo suspirava no cativeiro, não havia oportunidade para ela. Mas agora Israel foi resgatado, tornando-se um povo livre e independente em sua própria terra. Se era para continuar a existir um povo e uma nação de Deus nessas novas circunstâncias, o pacto da graça teria que tomar a forma de um pacto nacional, e a promessa teria que fazer uso da assistência da lei a fim de se manter e se desenvolver.

Isso era o mais necessário, porque Israel – como Paulo a representa – ainda era uma criança. O povo passou por uma escola difícil no Egito e tinha, por sua experiência de escravidão, recebido um profundo senso de dependência, uma profunda consciência da necessidade de ajuda e apoio. Mas Israel não estava imediatamente pronto para a independência. Toda a sabedoria e mansidão de Moisés foram exigidas (Números 12:3) para prover a liderança indispensável para esse povo, tanto no êxodo do Egito quanto no deserto. Diversas vezes Israel foi chamado de povo obstinado, porque não se dobraram ao mandamento de Deus (Êxodo 32:9; 33:3; 34:9; Deuteronômio 9:6; e vários outros textos). No deserto, e posteriormente em Canaã, Israel constantemente exibe a natureza de uma criança. Esse povo não era um povo sensato e racional; careceu de autoconsciência, de espírito de discernimento, de uma mente filosófica e do poder do pensamento abstrato. Era, portanto, um povo de sentimento e emoção.

Consequentemente, Israel, por um lado, era muito receptivo a todos os tipos de convicções, suscetível a um mundo de sentimentos e, portanto, singularmente bem qualificado para a influência de poderes terrenos e celestiais. Afinal, eles foram formados pelo próprio Deus para serem os receptores e portadores da sua revelação. Esse lado do caráter israelita nos confronta nas Escrituras em todos aqueles homens e mulheres de Deus que, honrados com o chamado do Senhor, tiveram apenas uma resposta humilde: "Eis me aqui, fala Senhor, pois teu servo, teu criado, ouve – que seja feito em mim de acordo com tua palavra!" Eles aceitam a palavra do Senhor e a guardam, e preservam no coração. Mas, por outro lado, Israel era, como vemos em Êxodo 32:8, disposto a "rapidamente se desviar do caminho", inclinado a vagar, inconstante, caprichoso, temperamental, rebelde, facilmente desviado por alguma pessoa ou incidente e apaixonado; odiava com um ódio ardente e amava com um amor profundo, terno e mais que maternal; em um momento, sofria até a morte e, no seguinte, saltava de alegria para o céu. Eles não tinham a calma ocidental, mas estavam sempre inflamados com a paixão oriental. Israel apreciava comidas apimentadas como alho e cebola (Números 11:5), lentilhas (Gênesis 25:34) e carnes saborosas (Gênesis 27:14ss). Eram enamorados por cores brilhantes, roupas deslumbrantes, perfumes, pedras preciosas (Josué 7:21; Isaías 3:18ss) e de tudo que brilha e cintila no sol. Da Costa e Heine são ambos filhos de Israel.[8*]

Esse povo tinha que ser colocado sob a tutela e a disciplina da lei se fosse para realizar seu chamado por meio da promessa de ser uma bênção para todas as gerações da terra e a natureza da lei corresponde a essa necessidade.

[8*]Isaac Da Costa (1798-1862) e Heinrich Heine (1797-1896) foram escritores românticos judeus do século XIX que se converteram ao protestantismo, embora por vezes com fés idiossincráticas e até heterodoxas. Por causa de seu forte apelo emocional e zelo religioso, são citados por Bavinck como analogias palpáveis da religião israelita na era mosaica (N.E).

Em primeiro lugar, a lei não surge da promessa ou da fé, mas foi acrescentada à promessa e serve não para anular a promessa, mas para pavimentar o caminho para seu cumprimento. Nos tempos modernos, existem muitos que tentam reverter os papéis da lei e da promessa. Eles não falam da lei e dos profetas, mas dos profetas e da lei; e propõem a visão de que as leis nos livros de Moisés não surgiram até séculos após Moisés e, em grande medida, até após o Exílio. Nessa visão, de fato é possível reconhecer que a lei não era o principal na revelação de Deus na religião de Israel. A promessa precedeu a lei e ocupou o lugar mais alto, enquanto a lei era o seu meio. Portanto, é bem possível que a lei de Moisés tenha sido revisada posteriormente por editores secundários ou terciários e que, assim, fosse enriquecida por meio de interpolações ou adendos trazidos pelas circunstâncias da época, pois a lei em sua totalidade tinha um caráter temporal e transitório. Já no livro de Deuteronômio, Moisés modificou vários pontos, mas, ainda assim, a visão sugerida anteriormente de que a profecia precedia a lei é contrária aos fatos, à natureza da lei, à natureza e função da profecia, e também a um raciocínio sólido. Certamente não pode haver disputa sobre o fato de que Israel tinha seu templo, sacerdotes, sacrifícios e coisas semelhantes muito antes do século VIII a. C., e que tanto para esse propósito quanto para a vida social e política, leis e regulamentos eram necessários. Uma religião sem um *culto* e sem ritual e regulação é impensável em qualquer lugar, particularmente na antiguidade e em Israel. Além disso, a objeção de que não há espaço para essa lei escrita, com um conteúdo tão rico, como o registrado de Êxodo a Deuteronômio, no tempo de Moisés, perde toda a sua força desde a descoberta do código de Hamurabi, um homem que viveu 2:250 anos antes de Cristo e que reinou sobre Babel por 55 anos.

Em segundo lugar, o conteúdo da lei está de acordo com o propósito que Deus lhe deu. A fim de determinar seu valor, não devemos compará-la com as leis que estão em vigor para os cristãos hoje, porque, ainda que a lei mosaica, especialmente em seus princípios, continue a ser significante até hoje, sabemos que o próprio Deus pretendia que ela fosse um código temporário e que, na plenitude do tempo, quando ela chegasse ao seu cumprimento, fosse abandonada por causa da sua fraqueza e inutilidade.

Da mesma forma, a comparação da lei de Israel com a dos povos antigos – de Babel, por exemplo – pode não ser o critério de julgamento. Essa comparação tem suas utilidades, é claro; chama a nossa atenção para todos os tipos de pontos de similaridade e diferença e, assim, pode nos ajudar a entender a lei mosaica um pouco melhor em alguns pontos. Mas Israel era um povo peculiar, separado por Deus, e tinha seu próprio destino para cumprir – ser o portador da promessa. Portanto, Israel precisava viver seu próprio estilo de vida também tendo em vista esse propósito.

Ao olhar a lei do Senhor dada a Israel desse ponto de vista, distinguimos os seguintes aspectos característicos:

Primeiro: é uma lei que é religiosa por completo. Não apenas em algumas de suas partes, como na que regula o culto público, por exemplo, mas em sua totalidade, isto é, em suas prescrições éticas, cívicas, sociais e políticas. Acima de toda a lei estão as palavras: "Eu sou o Senhor teu Deus, que te tirou da casa da escravidão". A lei não é baseada em um monoteísmo abstrato, mas sobre um relacionamento histórico entre Deus e seu povo, um relacionamento criado pelo próprio Deus. É uma lei pactual que regula a vida de Israel, pois Israel precisa vivê-la de acordo com as exigências da promessa. Deus é o legislador em todos os mandamentos e, por sua causa, todos devem ser guardados. Toda a lei é permeada pelo pensamento: Jeová te amou primeiro, te buscou, te resgatou, te levou para seu pacto; portanto, você deve amar o Senhor com todo o seu coração, toda a sua alma e com toda a sua força (Deuteronômio 6:5; 10:12). Esse é o primeiro e maior mandamento (Mateus 22:37,38).

Segundo: é uma lei moral por completo. Três partes distinguíveis geralmente são descobertas na lei: as leis morais, civis e cerimoniais. Essa é uma boa classificação, mas, ao fazer essas distinções, não devemos esquecer que toda a lei é inspirada e sustentada por princípios morais. A aplicação desses princípios morais a casos particulares muitas vezes difere da aplicação que devemos fazer em nossos dias. O próprio Jesus diz que Moisés permitiu a carta de divórcio a uma mulher casada por causa da dureza dos corações deles (Mateus 19:8). Mas o espírito que permeia a lei mosaica é o espírito do amor. Amarás o teu próximo como a ti mesmo (Levítico 19:18). Esse é o segundo mandamento, semelhante ao primeiro (Mateus 22:39); e nesses dois, toda a lei é cumprida.[9] Esse amor demonstra ser uma grande misericórdia para com os fracos e oprimidos, pobres, estrangeiros, viúvas, órfãos, servos e criadas, surdos, cegos, idosos e outros grupos marginalizados, como nenhuma outra lei da antiguidade. Foi dito com razão que o código moral de Israel foi escrito do ponto de vista dos oprimidos. Israel nunca se esqueceu de que tinha sido um estrangeiro e servo no Egito.

Terceiro: a lei de Israel é sagrada. Essa característica, de forma alguma, é limitada àquela parte que especificamente leva o nome de lei da santidade (Levítico 17–26). Novamente, não se ouviu falar em uma lei desde a antiguidade que conceba o pecado de forma tão extrema e profunda quanto essa lei. Esse pecado é chamado por vários nomes: ofensa, culpa, queda, rebeldia, entre outros, e ele sempre é considerado, em última análise, como sendo cometido contra Deus – o Deus da aliança. Portanto, o pecado sempre tem o caráter de "transgressão" – de violação da aliança. Há, no entanto, perdão para todos esses pecados, mas não no sentido de que Israel deva alcançar este perdão por meio de suas boas obras ou sacrifícios, pois o perdão vem pela promessa; é um benefício não da lei, mas do evangelho; não é ganho por sacrifícios, mas recebido em humildade dependente pela fé.[10]

Mas esses mesmos textos, que declaram de forma tão poderosa a livre graça de Deus, são notáveis por imediatamente adicionarem o julgamento que Deus, de modo que jamais manterá o culpado inocente e, também, visitará a iniquidade dos pais sobre os filhos até a terceira e quarta geração. Uma coisa não entra em conflito com a outra, e é precisamente porque Jeová perdoa os pecados do seu povo por pura graça por meio da promessa que ele deseja que este povo, tendo recebido um bem tão grande pela graça, também ande no caminho desse pacto. E, caso Israel não faça isso, Deus, de acordo com a natureza do pecado cometido, assume uma das três opções de ação: (1) em alguns casos, a lei, por seus sacrifícios, abre a possibilidade de reconciliação novamente. Aqui, a ofensa não tem mais consequências cívicas; (2) em outros casos, a lei estabelece uma ou outra penalidade cívica, às vezes até a pena de morte, embora seja

[9]Rm 13:8; Gálatas 5:14; 1Tm 1:5.
[10]Êxodo 33:19; 34:6,7,9; Números 14:18-20.

relativamente rara; e (3) mais frequentemente, Deus retém a sua punição por determinado tempo e, então, vai ao povo com seus julgamentos, pestes, exílio e coisas semelhantes. Essas três medidas que Deus mantém contra o seu povo no caso de transgressão não anulam a promessa e também não a realizam, mas simplesmente são os meios pelos quais ele executa sua promessa ao seu povo e concede sua fidelidade, mesmo nos dias de apostasia e ofensa.

De todas as gerações da terra, o Senhor tem conhecido somente Israel; *portanto*, ele o pune por todas as suas iniquidades.

Quarto: por fim, a lei mosaica é também uma lei de liberdade, tendo em vista que assume e concede uma grande medida de liberdade. Isso se torna imediatamente aparente pelo fato notável de que o povo, por sua vez, voluntariamente consente o pacto de Deus e voluntariamente toma a lei para si. Deus não impõe seu pacto e ele mesmo sobre o seu povo, mas, em vez disso, os convida a voluntariamente aceitarem.[11] Além disso, a lei não interfere nos direitos e nas relações existentes, mas assume e reconhece esses direitos. Antes da entrega da lei no Sinai, Israel já havia se organizado um pouco. Ele era, por exemplo, subdividido genealogicamente em casas, famílias (grupos de casas), gerações e tribos; portanto, era organizado patriarcalmente. Cada uma dessas quatro subdivisões do povo tinha seu próprio chefe ou representante, e todos os representantes dessas pessoas, chamados anciãos ou príncipes, constituíam juntos a assembleia de Israel (Josué 7:14). Algumas assembleias desses anciãos já tinham ocorrido no Egito (Êxodo 4:29; 3:16ss) e frequentemente se reuniram após o Êxodo para ouvir as palavras do Senhor (Êxodo 19:7), para transmitir as propostas apresentadas por Moisés (Deuteronômio 1:22-23) ou para eles mesmos apresentarem proposições a Moisés (Deuteronômio 1:22-23).

Além dessas assembleias de anciãos, o povo de Israel tinha mais dois tipos de oficiais: primeiro, os "oficiais" que regulavam os assuntos pertinentes à ordem cívica, os quais já existiam no Egito;[12] e, segundo, os "juízes", introduzidos por Moisés para ajudá-lo nos assuntos da lei.[13] Mais tarde, esses juízes, como os oficiais, tiveram que ser designados em todas as cidades pela escolha dos anciãos.

[11]Êxodo 19:8; 24:3,7; Deuteronômio 5:27; Josué 24:15-25.
[12]Êxodo 5:6,10,14 e 19; Números 11:16; Deuteronômio 1:15; 16:18; Js 23:2.
[13]Êxodo 18:21,23; Deuteronômio 1:13ss.

Nessa organização do povo, o lar constituía o ponto de partida e a base. Até hoje o lar está em uma posição de alta honra entre os judeus. E, como o lar ocupava um lugar tão importante em Israel, a esposa também era mais honrada do que em qualquer outro povo antigo. A questão determinante nesse assunto – como tem sido corretamente observado – é se o homem era considerado primariamente em Israel um membro da família, seja marido, filho ou irmão; ou primariamente cidadão ou guerreiro. O último era o caso de Grécia e Roma. Isso fez com que a mulher fosse considerada inferior, mas, em Israel, o homem era considerado, em primeiro lugar, um membro da família, e sua tarefa era, antes de tudo, cuidar dela. Assim sendo, ele não ficou contra ou acima da esposa, mas ao lado dela. Ela, junto com ele, reivindicou o respeito e o amor dos filhos (Êxodo 20:2) e tinha direito de receber a aprovação do seu marido (Provérbios 12:4; 31:10ss).

— ▪ —

Toda essa forma de governo patriarcal-aristocrata existiu em Israel mesmo antes de ser reconhecida e confirmada pela lei. Muitas das leis referem-se ao casamento e servem para manter a santidade desse estado de vida e para proteger o lar. Outras regulamentações protegem a forma patriarcal de governo da ordem do sacerdócio e do reinado. Os anciãos, os oficiais e os juízes distinguem-se dos sacerdotes e dos levitas. Foi somente no mais alto tribunal de justiça que os sacerdotes também tiveram um assento,[14] já que uma boa explicação da lei – uma tarefa atribuída aos sacerdotes[15] – era muito essencial para as decisões importantes tomadas naquele nível.

Em toda a sua ordem política, Israel estava nos polos opostos de uma hierarquia. Da mesma forma, também não havia espaço para o despotismo depois da lei. Quando, mais tarde, Israel veio a desejar um rei de Deus e o recebeu (1Samuel 8:7), esse rei não se comportaria da mesma forma que os reis dos outros povos; ele deveria estar sujeito à lei de Deus e seria o executor da sua vontade (Deuteronômio 17:14-20), porque, fundamentalmente, Deus era o Rei, assim

[14]Deuteronômio 17:8-13; 19:17,18.
[15]Levítico 10:8-11; Ezequiel 7:26; 44:23; Jeremias 18:18

como ele era o legislador e juiz de Israel.[16] Isso se evidencia no fato de que, como regra geral, ele pronunciava sentenças por meio dos juízes, os quais tinham de ser estritamente imparciais em seus julgamentos, não deviam fazer acepção de pessoas e tinham que fazer seus julgamentos somente de acordo com a norma da lei. Isso se manifestou ainda mais no fato de que, em casos especiais, ele fez sua vontade conhecida por meio da sorte, do Urim e Tumim, e por meio dos profetas. E isso se manifesta da forma mais forte no fato de que, no caso de muitas transgressões, ele reteve a punição para si mesmo. Muitas das prescrições da lei não eram regras no sentido em que era atribuído a cada uma delas uma penalidade no caso de violação, mas apenas fortes avisos e advertências. Elas eram direcionadas para a consciência e, portanto, deixaram um alto grau de liberdade para Israel. Os tipos de punição também eram limitados, consistindo principalmente em espancamentos e, nos casos de grandes violações (blasfêmia, idolatria, feitiçaria, maldizer os pais, assassinato e adultério), em morte por apedrejamento. Não houve nenhuma menção a inquisições, torturas, detenções, exílios, confisco de propriedades e mortes na fogueira ou na forca. Se Israel andasse no caminho do pacto, o povo receberia ricas bênçãos do Senhor, mas, se não obedecesse à sua voz, seria visitado pela sua maldição e receberia todos os tipos de calamidade (Deuteronômio 28:29).

A partir desses aspectos característicos da lei, o *propósito* para o qual Deus a deu a Israel torna-se evidente. O próprio Senhor define este propósito quando, na conclusão do pacto no Sinai, Moisés diz ao povo de Israel que, se eles ouvirem a voz de Deus e guardarem sua aliança, eles, entre todos os povos, serão seus – um reino de sacerdotes e uma nação santa (Êxodo 19:5,6). Para ser a nação escolhida por Deus de todos os povos da terra, Israel deve estabelecer-se no caminho da aliança. Porque Israel não foi escolhido por seus méritos, mas de acordo com o amor soberano de Deus e seu juramento aos pais deles (Deuteronômio 7:6-8). E Israel não recebeu esse privilégio gracioso para desprezar as nações e se exaltar acima deles, mas para ser um reino de sacerdotes que realiza uma tarefa sacerdotal às nações – levar a eles o conhecimento do serviço de Deus e apenas

[16]Êxodo 15:18; 19:6; Números 23:21; Deuteronômio 33:5; Juízes 8:22ss; 1Samuel 8:7; Isaías 33:22; Salmos 44:5; 68:25.

dessa maneira reinar sobre as nações. Israel só poderia cumprir esse chamado se fosse uma nação santa, se como um povo se consagrasse inteiramente ao Senhor, ouvisse sua voz e andasse em seu pacto.

Essa santidade a que Israel é chamado ainda não tem o sentido profundo e completo que recebe no Novo Testamento e compreende não apenas a moral, mas, como se torna claro na lei de santidade em Levítico 17:26, inclui também a santidade cerimonial. O que devemos observar, no entanto, é que as partes morais e cerimoniais da lei não se opõem umas às outras; em outras palavras, são dois lados da mesma moeda. Israel é um povo santo quando, tanto interna quanto externamente, em fé e conduta, vive de acordo com todas as leis de importância moral, social e cerimonial dadas ao povo no Sinai. E se este povo – como o Senhor sabia – falhasse na sua fidelidade do seu chamado e se, ao longo da sua história, se tornasse culpado de desobediência e se afastasse, o Senhor certamente iria castigá-lo mais do que qualquer outro povo do mundo. Somente no final desse castigo, o Senhor retornaria ao seu povo e teria compaixão deles, circuncidaria seus corações e os corações de seus filhos, a fim de que eles pudessem amar o Senhor seu Deus com todo seu coração e com toda sua alma (Deuteronômio 4:29-31; 30:1ss). Ele não pode deixar seu povo em seus próprios caminhos, porque zela por seu próprio nome e por sua própria honra (Deuteronômio 32:26ss). Apesar da infidelidade de Israel e por meio dela, o Senhor deve estabelecer sua própria fidelidade, a integridade da sua palavra, a imutabilidade do seu conselho e a firmeza do seu pacto. Ele deve demonstrar que é Deus e que não há outro Deus além dele (Deuteronômio 32:39). Desse modo, a lei termina na promessa, assim como começa com ela, retornando ao seu ponto de partida.

—— ▪ ——

Então, é do ponto de vista do pacto que a Escritura vê toda a história de Israel. O propósito da Escritura nos livros históricos do Antigo Testamento não é apresentar um relato exaustivo e unificado de todos os destinos do povo de Israel, tampouco traçar a conexão causal entre todos os eventos. O que a Escritura descreve nesses livros é o progresso do reino de Deus. Aquilo que tem pouca ou nenhuma relevância para isso é apenas brevemente mencionado ou completamente ignorado, e, proporcionalmente, passa mais tempo em tudo o que é importante para esse reino. Em sua história de Israel, a Escritura quer nos ensinar quem e o que Deus é para o seu povo. É com alguma propriedade, portanto, que os escritos históricos referentes a Israel têm sido chamados de agenda ou diário de Jeová. Por assim dizer, o Senhor faz um registro a cada dia para gravar as suas experiências e seu cuidado com Israel.

No período anterior, quando o povo ainda vivia sob o impacto das poderosas obras de Deus, eles permaneceram fiéis à sua lei. Por essas ações, Jeová provou ser manifestamente o único Deus verdadeiro (Êxodo 6:6; 18:18), de forma que o povo não pensava em outros deuses. Quando eles ouviram a palavra do Senhor da boca de Moisés, todos eles responderam com uma só voz: "Faremos tudo que o Senhor falou."[17] Mais tarde, quando Israel recebeu Canaã como sua herança e foi confrontado por Josué com a escolha de quem serviriam, Israel quase foi arrogante em sua resposta: "Longe de nós abandonar o Senhor para cultuar outros deuses" (Josué 24:16; Juízes 2:7).

Mas, então, Josué e os anciãos do povo morreram – aqueles que testemunharam os atos poderosos de Deus. Outra geração surgiu – uma que não conhecia o Senhor nem a obra que ele fez por Israel. E, por causa disso, o povo se desviou do Senhor – o Deus dos seus pais – que os conduziu para fora do Egito. Eles adoraram outros deuses – os deuses das nações vizinhas (Juízes 2:6-13). É verdade que Israel não era criativo na idolatria. Ele não criou sua própria religião falsa, mas a tomaram os deuses do mundo pagão ou começaram a servir o Senhor na forma de imagens como os pagãos usavam. No Egito e no deserto, o povo caiu na adoração egípcia dos ídolos;[18] mais tarde, na Palestina, eles se tornaram culpados de adorar os deuses canaanitas, fenícios (Baal, Aserá e Astarte) e assírios (fogo e estrela).[19] Israel continuamente violou o primeiro e segundo mandamentos e, ao fazer isso, violou os alicerces da aliança.

Já nos dias dos juízes – aqueles heróis do povo da lei –, a história de Israel era, por um lado, uma questão de apostasia, punição e consequente terror, e, por outro, de resgate e bênção (Juízes 2:11-23). Foi um período de confusão, durante o qual as várias tribos perderam a

[17] Êxodo 19:8; 24:3,7; Deuteronômio 5:27.
[18] Êxodo 16:28; Js 24:14; Ez 20:7,13.
[19] Jz 10:6; 2Rs 21:3,5,7; 23:5-15; Jr 7:24-31; Ez 20:21; 22:3.

visão da causa nacional. Cada um envolvia-se em sua própria política, e cada homem fazia o que era certo aos seus próprios olhos (Juízes 17:6; 21:25). É verdade que Samuel e a instituição da monarquia puseram um fim a essa situação. Mas, após Salomão, a unidade nacional foi totalmente quebrada, e dez tribos se separaram da casa real de Davi. Jeroboão tornou essa divisão política também religiosa, estabelecendo um santuário especial em Dã, introduzindo a adoração de imagens e abolindo o sacerdócio legítimo. Assim, ele se tornou o rei que "fez Israel pecar". A história do reino de Efraim durante dois séculos e meio transformou-se na história do progressivo afastamento de Jeová. A profecia levantou sua voz em vão, e o clímax foi o cativeiro das dez tribos. É verdade que Judá era altamente privilegiado sobre Israel por ser governado continuamente pela casa real de Davi, por permanecer com a posse do santuário autorizado e do sacerdócio legítimo. Ainda assim, apesar das muitas reformas feitas por reis piedosos, neste reino também a apostasia e a falta de Deus finalmente se tornaram tão grandes, que o julgamento teve que vir. Aproximadamente 140 anos depois do reino de Israel, Judá também perdeu sua existência independente.

Mas essa apostasia ininterrupta do povo de Israel não deve nos cegar para o fato de que Deus, ao longo dos séculos, preservou um remanescente entre eles de acordo com a eleição da sua graça. Havia em Israel aqueles que permaneceram fiéis ao pacto de Jeová. Mesmo nos dias sombrios de Elias, havia sete mil que não se dobraram a Baal. Esses eram os piedosos, os justos, os fiéis, os destituídos, os pobres ou qualquer outro nome pelo qual são chamados nos Salmos. Estes continuaram confiando no Deus de Jacó e não usaram de falsidade para com sua aliança. Ansiavam por Deus como a corça anseia pelas águas correntes; preferiam seu templo a qualquer outra morada; meditavam em sua lei e se apegavam às suas promessas. Para eles, a lei não era um fardo, mas um prazer; alegravam-se nela o dia todo. Repetiam as palavras de Moisés e diziam que a observância dessa lei provaria ser sabedoria e entendimento aos olhos das nações. Pois, quando as pessoas ouviram as ordenanças da lei, eles deveriam clamar: "Essa grande nação é realmente um povo sábio e inteligente. Pois que grande nação há que tenha estatutos e preceitos tão justos quanto toda esta lei que hoje ponho diante de ti" (Deuteronômio 4:6-8).

À medida que os tempos se tornavam mais onerosos, esse remanescente se agarrava mais firmemente à promessa. Deus não abandonaria o trabalho das suas mãos, e, por causa do seu nome e da sua honra, ele não poderia quebrar a aliança que havia firmado com os pais pelo seu favor soberano. E, fora do círculo deles, Deus chamou aqueles homens que – como profetas, salmistas e sábios – declararam a palavra de Deus e desdobraram o significado da promessa em relatos cada vez mais claros. Das profundezas de suas calamidades, levantaram suas cabeças para o alto. Pela iluminação do Espírito do Senhor, eles veem o futuro e profetizam o novo dia. O dia do Filho e Senhor de Davi, da raiz de Jessé, do Emanuel, o Ramo da justiça, o Servo do Senhor, o Anjo da aliança, da nova aliança e do derramamento do Espírito Santo. O Antigo Testamento começa, após a queda, com a promessa da semente da mulher (Gênesis 3:15) e termina com o anúncio da vinda do Anjo da Aliança (Malaquias 3:1).

—— ▪ ——

Depois do cativeiro, também sobreviveu um remanescente em Israel (Malaquias 3:16). Por meio desse cativeiro, na verdade, as pessoas como um povo foram purgadas, afastadas permanentemente da idolatria e da adoração de imagens, e colocadas sob a firme disciplina da lei por Esdras e Neemias. Essa situação trouxe novos perigos. Desenvolveu-se um escolasticismo bíblico que se cegou para a lei e não tinha interesse na essência e no espírito da antiga aliança. Surgiram seitas, como as dos fariseus, saduceus e essênios que, por um tratamento arbitrário da revelação divina, substituíram um Israel espiritual por um carnal. Ainda assim, a liderança de Deus também continuou em Israel nos quatrocentos anos entre Malaquias e João Batista. Após o exílio, Israel nunca mais desfrutou de uma independência política plena. Passou de um poder para outro e se tornou sucessivamente sujeito à Pérsia e à Média, à Macedônia, ao Egito, à Síria e a Roma. Em outras palavras, foi um servo em sua própria terra (Neemias 9:36-37).

Mas essa sujeição política fez algum bem. Israel começou cada vez mais a refletir sobre seu próprio caráter e chamado, orgulhou-se novamente da sua posse espiritual da revelação divina, pensou nisso como seu privilégio peculiar e deu o maior cuidado possível à coleta e preservação dessa revelação. Além disso, essa consciência de seus privilégios espirituais tornou-se tão real para Israel, que não apenas seu caráter foi formado por ela, mas também foi capacitado por ela para manter sua independência nacional sob forte perseguição. Israel sofreu e foi oprimido como nenhum outro povo do mundo.

Tanto na Palestina quanto fora dela, Israel permaneceu como ele mesmo. Em seu Antigo Testamento, eles tinham um tesouro mais rico que toda a sabedoria dos gentios e formaram uma comunidade cosmopolita tendo Jerusalém como sua capital. Em suas sinagogas, ofereciam às nações idólatras o espetáculo de uma religião sem imagens ou altar, sem sacrifício nem sacerdócio. Israel pregava em toda parte a unidade e a integridade do seu Deus e carregava em seu seio a esperança inextirpável de um futuro glorioso que também seria uma bênção para as outras nações. Assim, abriu caminho para a cristandade entre os povos pagãos, e, dentro de si, pela graça de Deus, aqueles muitos fiéis foram preservados, aqueles que, como Simeão e Ana, além de tantos outros, esperavam a redenção de Israel com uma expectativa silenciosa. Maria, a mãe do Senhor, é o exemplo mais glorioso desses santos. Nela, Israel alcança o seu destino: isto é, receber a mais elevada revelação de Deus na fé dependente e guardá-la. Eis a serva do Senhor: cumpra-se em mim segundo a tua palavra (Lucas 1:38).

—— ▪ ——

Assim, a revelação inteira do Antigo Testamento converge em Cristo não sobre uma nova lei, doutrina ou instituição, mas sobre a pessoa de Cristo. Uma pessoa é a revelação completa de Deus; o Filho do Homem é o próprio e único Filho de Deus. O relacionamento do Antigo e Novo Testamento não é de lei e evangelho, mas sim de promessa e cumprimento (Atos 13:12; Romanos 1:2), sombra e corpo (Colossenses 2:17), imagem e realidade (Hebreus 10:1), coisas que podem ser abaladas e coisas inabaláveis (Hebreus 12:27), escravidão e liberdade (Romanos 8:15; Gálatas 4). E como Cristo era o verdadeiro conteúdo da revelação do Antigo Testamento (João 5:39; 1Pedro 1:11; Apocalipse 19:10), ele também é a pedra angular e a coroa nessa dispensação da nova aliança. Ele é o cumprimento da lei; de toda justiça (Mateus 3:15; 5:17); de todas as promessas, nele está o sim e o amém (2Coríntios 1:20); da nova aliança que agora é estabelecida em seu sangue (Mateus 26:28). O próprio povo de Israel – com toda a sua história, seus ofícios e suas instituições, seu templo e seu altar, seus sacrifícios e suas cerimônias, sua profecia, seu saltério e seus ensinos de sabedoria – alcança seu objetivo e seu propósito nele. Cristo é o cumprimento de tudo isso, primeiro em sua pessoa e manifestação, depois em suas palavras e obras, em seu nascimento e vida, em sua morte e ressurreição, em sua ascensão e sessão à direita de Deus.

Se, então, ele apareceu e terminou seu trabalho, a revelação de Deus não pode ser ampliada ou aumentada. Ela pode apenas ser esclarecida pelo testemunho apostólico e ser pregada a todas as nações. Como a revelação está completa, agora chegou o tempo no qual seu conteúdo é feito propriedade da humanidade. Enquanto no Antigo Testamento tudo conduzia a Cristo, no Novo Testamento tudo deriva dele. Cristo é o ponto decisivo das eras. A promessa, feita a Abraão, agora vem a todas as nações. A Jerusalém terrena dá lugar à Jerusalém celestial, que é a mãe de todos nós (Gálatas 4:26), e Israel é suplantado pela igreja de todas as línguas e povos. Essa é a dispensação da plenitude dos tempos, na qual a parede de separação é derrubada, na qual é feito um novo homem constituído de judeus e gentios, e na qual todos são reunidos sob uma única cabeça, a saber, Cristo (Efésios 1:10; 2:14-15).

E essa dispensação continua até quando a plenitude dos gentios chegar e Israel for salvo. Quando Cristo reunir sua igreja, preparar sua noiva, concluir seu reino, ele a dará ao Pai a fim de que Deus possa ser tudo em todos (1Coríntios 15:28). Eu serei teu Deus e vós serão meu povo: esse era o conteúdo da promessa. Essa promessa recebe seu cumprimento perfeito na nova Jerusalém em Cristo, por meio dele que era, que é e que há de vir (Apocalipse 21:3).

7. As Escrituras Sagradas

Nosso conhecimento da revelação, tanto a geral quanto a especial, vem até nós pelas Escrituras Sagradas.

É importante entender a relação entre a revelação e a Escritura. Por um lado, há uma importante diferença entre as duas. A revelação, por exemplo, antecedeu o seu próprio registro por um longo tempo de diversas formas. Assim, embora certamente houvesse revelação antes de Moisés, não havia Escritura. Além disso, essa revelação muitas vezes continha muito mais do que posteriormente foi registrado nas Escrituras. Os livros dos profetas, tomando como exemplo um profeta como Amós, são muitas vezes um breve resumo do que eles falaram aos seus contemporâneos. Muitos profetas do Antigo Testamento e muitos apóstolos do Novo Testamento – que eram todos canais da revelação especial – não deixaram um registro escrito. E nos foi dito que Jesus fez muitos outros sinais que não caberiam nos livros (João 20:30; 21:25). E, por outro lado, Deus pode ter revelado aos seus profetas e apóstolos, enquanto escreviam, coisas que eles não sabiam antes do momento de escrever e, assim, não poderiam ter pregado aos outros antes disso. Isso é verdade, por exemplo, pelo menos para uma parte da revelação que João recebeu em Patmos a respeito do futuro.

Portanto, a Escritura não é a própria revelação, mas a descrição – o registro – por meio da qual a revelação pode ser conhecida. Contudo, quando chamamos a Escritura de registro da revelação, devemos estar alertas para outro erro. Afinal de contas, existem aqueles que não apenas distinguem entre revelação e Escritura, mas também separam e segregam as duas. Eles reconhecem que Deus foi ativo de uma maneira especial na revelação que precedeu a Escritura; mas, quanto ao resto, defendem que o registro da revelação foi deixado inteiramente para as pessoas que a escreviam, e isso teria acontecido fora do âmbito da providência especial de Deus. De acordo com essa visão, a Escritura permaneceu um registro da revelação, mas de forma incidental e defeituosa. O resultado é que devemos, com muita dificuldade, examinar as Escrituras para ver quais partes integram ou não a revelação especial. Sobre essa base, uma forte distinção é feita entre a Palavra de Deus e as Escrituras Sagradas. É um ponto de vista que conduz à fórmula de que as Escrituras Sagradas *não* são a Palavra de Deus, mas que a Palavra de Deus está *contida* nas Escrituras Sagradas.

Essa visão da questão é, em si, muito implausível, porque, além de interpretar a relação entre a palavra e a Escritura muito mecanicamente, ela também esquece o fato de que, quando Deus queria dar uma revelação especial, que, na descendência de Abraão, foi dirigida para toda a humanidade em Cristo, ele também teve de tomar medidas especiais para preservá-la em seu estado puro e para fazer essa revelação globalmente disponível. A palavra escrita difere da falada, pois ela não desaparece no ar, mas continua viva; não é, como as tradições orais, sujeita à falsificação; e não está limitada às poucas pessoas que a ouvem, mas pode se espalhar para todos os povos e terras. A escrita torna permanente a palavra falada, protege-a contra a falsificação e a dissemina por toda a parte.

No entanto, não precisamos nos deter nessa argumentação humana. A visão de que a revelação especial é de Deus, mas que as Escrituras surgiram separadas do seu cuidado especial, é diretamente contrária ao testemunho da própria Escritura. Ela declara repetida e enfaticamente que como *Escritura* ela também é a Palavra de Deus. É verdade que a Escritura deve ser distinguida da revelação que a precede, mas ela não deve ser separada dessa revelação. A Escritura não é um suplemento humano, incidental, arbitrário e defeituoso para a revelação, mas sim um elemento da revelação. Na verdade, as Escrituras são a finalização e o cumprimento, a pedra angular e o toque final da revelação.

— ▪ —

A fim de sentir a força disso, devemos notar os seguintes testemunhos claros da própria Escritura.

Primeiro, Deus frequentemente ordena que seus profetas não apenas proclamem a revelação por meio de palavras, mas por meio da escrita também. Em Êxodo 17:14, Moisés recebe a ordem do Senhor para escrever o relato da batalha vitoriosa contra Amaleque – uma batalha que teve uma tremenda importância para Israel – como um memorial no livro dos atos redentores de Deus. Em Êxodo 24:3,4,7 e 34:27, Moisés é encarregado de escrever as leis e os estatutos de acordo com os quais Deus fez sua aliança com Israel. E, quando Israel finalizou sua peregrinação no deserto e chegou aos campos de Moabe, é expressamente dito que Moisés reportou as jornadas dos filhos de Israel de acordo com a ordem do Senhor (Números 32:2). Além disso, é especificamente dito que a canção entoada por Moisés em Deuteronômio 32 deve ser escrita e ensinada aos filhos de Israel para que depois, nos dias de apostasia, possa ser uma testemunha contra eles (Deuteronômio 31:19,22). Ordens similares para registrar a revelação recebida também são dadas aos profetas.[1] Mesmo que essas ordens se refiram a uma pequena parte da Escritura, ainda assim enfatizam que Deus, o qual exige que nenhum homem acrescente ou diminua as suas palavras (Deuteronômio 4:2; 12:32; Provérbios 30:6), também dedicou um cuidado especial ao registro escrito da sua revelação.

Em segundo lugar, Moisés e os profetas são perfeitamente conscientes do fato de que devem proclamar a Palavra não apenas oralmente, mas de forma escrita também. Moisés é chamado para sua tarefa de uma maneira especial, isto é, chamado para ser um líder do povo de Israel (Êxodo 3), mas o Senhor também fala com ele face a face – como um homem fala com um amigo (Êxodo 33:11) – e o familiariza com todos os seus estatutos e suas ordenanças. Vez após outra, e como um preâmbulo a cada lei particular, aparecem as palavras: "E o Senhor falou", "Então, o Senhor disse" e coisas do gênero (Êxodo 6:1,10,13). Nos livros de Moisés, assim como em toda Escritura, toda a entrega da lei é atribuída ao Senhor, o qual também mostrou sua palavra a Jacó, bem como seus estatutos e julgamento para Israel. Ele não lidou assim com nenhuma outra nação; e, quanto aos seus

[1] Isaías 8:1; 30:8; Jeremias 25:13; 30:2; 36:2; Ezequiel 24:2; Daniel 12:4; Habacuque 2:2.

julgamentos, os outros não os conheceram (Salmos 147:19,20; 103:7). Os profetas também estão conscientes da fonte da sua profecia e sabem que o Senhor os chamou[2] e que eles receberam suas revelações dele.[3] O que Amós disse era a convicção de todos eles: certamente o Senhor Deus não fará coisa alguma sem a revelar aos seus servos, os profetas (Amós 3:7; compare com Gênesis 18:17). Mas eles também sabiam que, enquanto escreviam, estavam proclamando as palavras do Senhor – e não as suas próprias. Assim como Moisés fez ao escrever as leis, os profetas frequentemente introduziam suas profecias específicas com as fórmulas: "assim diz o Senhor", "a palavra do Senhor veio até mim", ou a "visão", "palavra" ou "tarefa" do Senhor.[4]

Em terceiro lugar, há o testemunho do Novo Testamento. É verdade que Jesus e os apóstolos repetidamente citavam discursos do Antigo Testamento sob o nome de Moisés, Isaías, Davi e Daniel (Mateus 8:4; 15:7; 22:43; 24:15). Não menos frequentemente, contudo, eles fazem uso das frases introdutórias "Está escrito" (Mateus 4:4), "A Escritura diz" (João 7:38), "O Espírito Santo diz" (Hebreus 3:7) e termos semelhantes. Por esse método de referência, eles claramente indicam que a Escritura do Antigo Testamento, embora constituída de várias partes e originada por diversos autores, ainda assim é um todo orgânico também em sua forma escrita, cujo autor é o próprio Deus. Jesus e seus apóstolos não apenas dão uma expressão indireta disso, como também dizem diretamente em palavras claras. Jesus declara que a Escritura não pode ser quebrada – isto é, roubada de sua autoridade (João 10:35); e declara que ele pessoalmente não veio para destruir a lei e os profetas, mas para cumpri-los (Mateus 5:17; Lucas 6:27). O apóstolo Pedro escreve que a palavra da profecia é confiável e uma luz sobre o nosso caminho. É assim porque a Escritura que está contida no Antigo Testamento não repousa sobre uma previsão e intepretação pessoal do futuro, porque nenhuma profecia da Escritura é de interpretação particular; porque a profecia não veio nos tempos antigos pela vontade do homem, mas homens santos de Deus falaram, conduzidos pelo Espírito Santo (2Pedro 1:19-21; cf. 1Pedro 1:10-12). Nesse mesmo sentido, Paulo testifica que as

[2]1Samuel 3; Isaías 6; Jeremias 1; Ezequiel 1-3; Amós 3:7-8; 7:15
[3]Isaías 5:9; 6:9; 22:14; 28:22; Jeremias 1:9; 3:6; 20:7-9; Ezequiel 3:16,26,27; Amós 3:8.
[4]Isaías 1:1; 2:1; 8:1; Jeremias 1:2; 2:1; 4:11; Ezequiel 1:1; 2:1; 3:1; Daniel 7:1; Amós 1:3,6,9; e em outros lugares.

Escrituras Sagradas do Antigo Testamento podem nos tornar sábios para a salvação se buscarmos e lermos por meio da fé – a fé que está em Cristo Jesus. Porque toda e qualquer Escritura incluída nessas Escrituras Sagradas foram dadas pela inspiração de Deus e, por causa disso, são proveitosas para ensinar, repreender, corrigir e instruir em justiça (2Timóteo 3:16).

Em quarto lugar, quanto às Escrituras do Novo Testamento, pode-se dizer que, embora o próprio Jesus não tenha deixado um documento escrito, ele escolheu, chamou e qualificou seus apóstolos para irem ao mundo, particularmente após sua partida, para serem suas *testemunhas*.[5] Ele os equipa para essa tarefa dando-lhes graça e poderes especiais[6] e, mais especificamente, outorga-lhes o Espírito Santo que traria todas as coisas que Jesus lhes disse à memória (João 14:26), guiando-os em toda verdade e também em toda verdade sobre coisas que viriam a acontecer (João 16:13). Portanto, na realidade, não eram os próprios apóstolos que testemunhavam de Jesus; foi o Espírito Santo que testificou acerca de Jesus neles e por meio deles (João 15:26-27). Assim como o Filho veio para glorificar o Pai, o Espírito Santo veio para glorificar o Filho e, para isso, o Espírito recebe do Filho tudo que ele fala e faz (João 16:14).

Os apóstolos deviam trazer seu testemunho de Cristo não apenas aos seus contemporâneos e conterrâneos, como faziam quando estavam em Jerusalém, na Judeia e em Samaria, mas a todas as criaturas e aos confins da terra.[7] Nesse mandato de ir para todo o mundo, está contida a ordem de testemunhar de Jesus *pelas Escrituras* também, apesar de os apóstolos não serem ordenados a fazer isso diretamente. Mas, se a promessa que veio a Abraão foi também para a humanidade em Cristo, ela não alcançaria esse propósito a não ser que fosse registrada de forma escrita e, assim, preservada para todos os tempos e distribuída para todos os povos. Portanto, os apóstolos eram guiados de tal forma pelo Espírito Santo em sua missão, que naturalmente pegaram a caneta e, por meio das epístolas e cartas, testemunharam a plenitude da graça e verdade que foi revelada em Cristo Jesus, e não apenas em sua pregação oral, mas também em seus escritos. Era o seu propósito consciente desdobrar

[5]Mateus 10:1; Marcos 3:13; Lucas 6:13; 9:1; João 6:70.
[6]Mateus 10:1,9; Marcos 16:1-5 e seguintes; Atos 2:43; 5:12; Romanos 15:19; Hebreus 2:4.
[7]Mateus 28:19; Marcos 16:15; Atos 1:8.

a verdade que Deus revelou em Cristo e que lhes tornou conhecido pelo seu Espírito.

Mateus escreve o livro da geração, isto é, da história de Jesus Cristo, o Filho de Davi (Mateus 1:1). Marcos nos diz como o evangelho começou com Jesus Cristo – o Filho de Deus – e o tomou como seu ponto de origem (Marcos 1:1). Lucas quer, por meio de uma investigação cuidadosa e de um relato ordenado, dar certeza a Teófilo sobre as coisas que certamente são acreditadas nos círculos dos santos, com base no testemunho dos apóstolos (Lucas 1:1-4). João escreve seu evangelho para que creiamos que Jesus é o Cristo – o Filho de Deus – e que, crendo, tenhamos vida em seu nome (João 20:31); e em sua primeira carta, ele também declara aquilo que viu, ouviu, contemplou, e também o que suas mãos apalparam a respeito do Verbo da vida, e o faz para que possamos ter comunhão com os apóstolos, com o Pai e com seu Filho, Jesus Cristo (1João 1:1-3). Paulo estava convencido não apenas de que havia sido chamado para ser um apóstolo do próprio Jesus Cristo (Gálatas 1:1) e que havia recebido o evangelho dele por revelação,[8] mas também que ele estava proclamando a Palavra de Deus por meio de sua voz e de sua caneta.[9] Ele até diz que qualquer um que pregar qualquer outro evangelho é anátema (Gálatas 1:8). E, assim como todos os apóstolos conectam a vida ou a morte eterna com a aceitação ou a rejeição da sua pregação, do mesmo modo o apóstolo João, no último capítulo do seu Apocalipse, ameaça todos aqueles que acrescentarem ou diminuírem palavras a essa profecia com grande punição (Apocalipse 22:18-19).

—— ▪ ——

A atividade particular do Espírito Santo por meio do qual o registro da revelação aconteceu é geralmente chamada de *inspiração* (2Timóteo 3:16). É possível esclarecer a natureza dessa inspiração por comparações emprestadas da natureza e por explicações específicas na própria Escritura. Em geral, um ser humano pode verdadeiramente ser capaz de tomar os pensamentos dos outros para sua mente e ser guiado por outros em seu pensar. Toda instrução e

[8]Gálatas 1:12; Efésios 3:2; 1Timóteo 1:12.
[9]1Tessalonicenses 2:13; 2Tessalonicenses 2:15; 3:14; 1Coríntios 2:4,10-13; 2Coríntios 2:17.

educação são baseadas nessa habilidade, assim como toda ciência e todo conhecimento. Essa comunicação de pensamentos entre indivíduos geralmente acontece por diversos meios, sejam eles sinais ou gestos, sejam palavras faladas ou escritas. Quando estamos sendo influenciados pelos pensamentos de outra pessoa, geralmente os estudamos deliberada e intencionalmente, e, muitas vezes, isso nos demanda um esforço considerável; desse modo, tentamos fazer das ideias e dos pensamentos de outra pessoa uma parte da nossa própria vida espiritual. Mas os fenômenos de hipnotismo, sugestão e afins provam que, sem qualquer atividade de nossa parte, essas ideias e esses pensamentos de terceiros podem ser introduzidos em nosso inconsciente, ser impostos a nós e dirigir nossa vontade e nossa ação. Dessa forma, as pessoas podem ser transformadas em instrumentos passivos que simplesmente realizam a vontade do hipnotizador. Tanto as Escrituras como a experiência ensinam que, desse modo, um ser humano é suscetível também às influências e aos poderes de espíritos malignos; nesses casos, a pessoa não mais fala e age por conta própria, mas é governada pelo espírito maligno em seu pensamento e em sua conduta. Em Marcos 1:24, por exemplo, é o espírito imundo que fala através do homem possuído e que reconhece Jesus como o Santo de Deus.

Outro fenômeno que pode servir para esclarecer a natureza da inspiração do Espírito Santo é a chamada inspiração dos artistas. Todos os grandes pensadores e poetas aprenderam por experiência que devem o melhor e o mais belo de suas obras não aos seus esforços, mas a lampejos de ideias repentinos que invadiram suas mentes. Naturalmente, essa experiência não exclui a investigação e a reflexão preliminar, ou seja, o talento não torna o esforço e a diligência desnecessários.

Mas ainda que nesses casos o estudo seja, como regra geral, a condição indispensável dessas experiências inspiradoras, a intuição que resulta não é a consequência lógica ou o fruto do estudo; em outras palavras, há sempre um poder secreto operando em homens de talento que não é suscetível a cálculos lógicos. Ao escrever à sua irmã, Nietzsche falou sobre esse poder secreto: "Você não tem ideia de quão poderosas são essas inspirações; elas te preenchem com um êxtase apaixonado da mente, você se sente transportado e completamente fora de si, não ouve nada e não vê nada – apenas aceita. O pensamento vem como um relâmpago, e tudo acontece de forma involuntária, como se fosse uma tempestade de liberdade, independência, poder e divindade. Essa é a minha experiência com a inspiração".

Certamente, se manifestações desse tipo acontecem até nas vidas normais das pessoas e dos artistas, não pode existir base para atacar a influência de Deus sobre o pensamento e a volição das suas criaturas. Por meio do seu Espírito, Deus atua em sua criação, sendo presente nela,[10] e, dessas criaturas, o homem é o que foi feito pelo sopro do Todo-Poderoso e pelo Espírito de Deus.[11] Nele vivemos, movemo-nos e existimos (Atos 17:28). Nosso pensamento, nosso desejo e nossas ações – mesmo em seu estado pecaminoso – se dão sob o governo de Deus, e nada acontece fora da deliberação da sua vontade (Efésios 1:11). O coração do rei está nas mãos do Senhor como as correntes de águas; ele o dirige para onde quer (Provérbios 21:1). Os caminhos do homem estão diante dos olhos do Senhor, ele pondera todos os seus passos (Provérbios 5:21; 16:9; 19:21; 21:2). E, de uma maneira muito diferente e muito mais íntima, Deus, por seu Espírito, habita nos corações dos seus filhos. Por esse Espírito, ele os faz confessar Cristo como seu Senhor (1João 4:3), faz com que eles conheçam as coisas que lhes foram dadas por Deus (1Coríntios 2:12; 1João 2:20; 3:24; 4:6-13), concede-lhes os dons de sabedoria e conhecimento (1Coríntios 12:8) e trabalha neles tanto o desejar quanto o fazer, segundo a sua boa vontade (Filipenses 2:13).

Obviamente, todas essas influências do Espírito de Deus sobre o mundo e a igreja não são idênticas à inspiração que veio aos profetas e apóstolos, mas podem servir, ainda assim, como esclarecimento e explicação. Se é verdade que não somente em rótulos, mas de fato também existe algo como uma habitação e operação do Espírito de Deus em todas as criaturas, e se esse mesmo Espírito habita em um sentido diferente e especial nos filhos de Deus, então não há fundamento nenhum para considerar a atividade que é chamada de *inspiração* como impossível ou improvável. Ao mesmo tempo, contudo, é extremamente necessário entender a diferença entre a operação do Espírito de Deus no mundo e na igreja, por um lado, e a que

[10]Gênesis 1:3; Salmos 33:6; 104:30.
[11]Jó 33:4; Salmos 139:1-16 e seguintes.

ocorreu nos profetas e apóstolos, por outro. Essa distinção se torna bem aparente quando comparamos Romanos 8:14 com 2Pedro 1:21. No primeiro texto, Paulo diz que todos os que são *guiados* pelo Espírito de Deus são filhos de Deus, mas, no segundo, Pedro declara que os homens santos de Deus, isto é, os profetas, foram *movidos* pelo Espírito Santo e, assim, produziram a profecia. A condução do Espírito é a porção de todos os cristãos e consiste em uma iluminação da mente e em um governo e uma direção da vontade e das inclinações; por causa dessa influência, a mente e a vontade recebem o conhecimento, o poder e o desejo para fazer o que agrada a Deus. Mas o "mover" do Espírito foi concedido apenas aos profetas e apóstolos e consistia em um estímulo e uma provocação para tornar conhecida aos homens a revelação da vontade de Deus que eles receberam.

O caráter especial dessa inspiração é indicado mais adiante pela fórmula recorrente do Novo Testamento em referência ao Antigo, a saber, que aquilo que é dito no Antigo foi falado *pelo* Senhor por intermédio dos profetas (Mateus 1:22; 2:15,17,23; 3:3; 4:14). O grego usa uma expressão para essa fórmula que designa o Senhor como a fonte ou origem do que é dito e que designa os profetas como meios ou *agentes* do que está sendo dito. Essa distinção é mais nitidamente evidente quando lemos que Deus falou *através da boca* dos seus profetas.[12] A verdade que a Escritura ensina sobre essa questão é: Deus, ou seu Espírito, é realmente o locutor da sua palavra, mas, ao dar expressão a ela, fez uso dos profetas e apóstolos como seus agentes.

—— ▪ ——

No entanto, estaríamos compreendendo mal toda a Escritura se inferíssemos, a partir desses indícios, que os profetas e apóstolos foram meros agentes passivos, mental e volitivamente inativos e servindo ao Espírito Santo apenas como uma espécie de alto-falante. Porque é verdade não apenas que Deus sempre honra as suas obras e nunca lida com suas criaturas racionais como se elas não fossem racionais, mas que o Espírito Santo também evidentemente contraria qualquer ideia mecânica de inspiração, até mesmo porque, embora os profetas fossem movidos ou dirigidos pelo Espírito Santo, *eles*

[12]Lucas 1:70; Atos 1:16; 3:18; 4:25.

próprios também falavam (2Pedro 1:21). As palavras que eles escrevem são diversas vezes referidas como as palavras *deles*.[13] Em vários casos, lemos que eles eram preparados, separados e equipados para o ofício (Jeremias 1:5; Atos 7:22; Gálatas 1:15). E, da mesma forma que recebem a palavra, eles também permanecem completamente autoconscientes quando registram a revelação; sua própria atividade não é suprimida pelo mover do Espírito, mas é elevada, energizada e purgada. Eles mesmos fazem investigações diligentes (Lucas 1:3), relembram e refletem sobre a revelação que haviam recebido anteriormente,[14] fazem uso de fontes históricas[15]; alguns deles – os salmistas, por exemplo – encontram os materiais para suas canções em suas próprias experiências; e em todos os escritos de que a Bíblia é composta, a disposição pessoal do escritor, a qualidade peculiar do seu caráter, seu desenvolvimento pessoal e sua educação, sua própria língua e estilo – tudo isso vem da expressão de cada um dos muitos escritores. O estudo das Escrituras nos ensina não apenas a *única* palavra de Deus; ele nos familiariza também com as diferentes pessoas que a escreveram. Que diferença existe entre os livros de Reis e Crônicas, entre Isaías e Jeremias, entre Mateus e Lucas, entre João, Pedro e Paulo!

——— ▪ ———

Tal conceito de inspiração que é sugerido aqui nos permite também fazer completa justiça ao lado humano das Escrituras Sagradas. A Bíblia não desceu para nós completa instantaneamente; na verdade, ela foi crescendo gradualmente. O Antigo Testamento, como o temos, abrange 39 livros: 5 deles são livros de lei, 12 são históricos (de Josué a Ester), 5 são poéticos (de Jó a Cantares) e 17 são proféticos. Essa ordem, é claro, não é cronológica, já que muitos livros históricos – por exemplo, Esdras, Neemias e Ester – são muito posteriores a muitos dos livros poéticos e proféticos. Além disso, entre os livros proféticos, muitos dos menores – como Joel, Obadias, Amós e Oseias – são mais antigos que os livros de Isaías, Jeremias, Ezequiel e Daniel. A ordem é baseada na natureza do conteúdo, não na cronologia, e a origem de todos esses livros aconteceu gradualmente no curso de

[13]Mateus 22:43-45; João 5:46; Romanos 10:20.
[14]João 14:26; 1João 1:1-3.
[15]Números 21:14; Josué 10:13.

muitos séculos entre diversas circunstâncias diferentes e por meio do trabalho de homens muito diferentes.

Na ciência da teologia, há um ramo especial que se ocupa com a investigação das circunstâncias sob as quais um livro específico da Bíblia surgiu, por quem foi escrito, a quem foi destinado, além de outras coisas. Por causa do mau uso que foi feito nesse ramo de estudo, ele tem um nome ruim. Talvez você já tenha ouvido falar alguma vez que a "alta crítica" arrancou sistematicamente página após página da Bíblia; mas o mau uso de uma coisa não invalida seu uso. Se devemos entender as Escrituras em sua totalidade e em suas partes, é de grande importância conhecer exatamente quão gradualmente a Bíblia passou a existir e sob quais circunstâncias cada livro surgiu, até porque, no longo prazo, esse conhecimento pode apenas beneficiar a interpretação da Palavra de Deus. Aprendemos dela que a inspiração do Espírito de Deus entrou profunda e amplamente na vida e no pensamento dos homens santos de Deus.

Por séculos, isto é, até a época de Moisés, não havia Escritura, nenhum registro escrito da Palavra de Deus – pelo menos, não sabemos de algo do tipo. Todavia, isso não significa que seja impossível que algum relatório escrito de alguma promessa ou evento tenha sido feito antes de Moisés – algo que fosse muito importante para a história da revelação especial e que mais tarde foi aproveitado e preservado por Moisés em seus livros.

Há não muito tempo tal afirmação seria considerada loucura, porque antes imaginavam que a arte da escrita não era conhecida nos dias de Moisés. Contudo, por causa das descobertas feitas na Babilônia e no Egito, agora estamos mais bem-informados e sabemos não apenas que a arte da escrita era conhecida muito antes de Moisés, mas também que era amplamente usada.

Temos conhecimento de eventos e de leis que foram escritos. A escrita surgiu centenas de anos antes de Moisés, portanto, não é irracional afirmar que ele, antes de seu registro histórico e da entrega da lei, fez uso de fontes escritas mais antigas. O relato de Gênesis 14, por exemplo, pode muito bem ser baseada em uma tradição escrita.

Mas não podemos ter certeza disso e, em geral, podemos dizer que, antes de Moisés, não havia palavra de Deus escrita. Havia, naturalmente, uma palavra de Deus, porque a revelação especial começou imediatamente após a Queda e, portanto, havia, nesse sentido, também algo como um cânon – uma regra de fé e prática. A humanidade em nenhum momento ficou sem a Palavra de Deus. Sempre, desde o começo, o homem teve posse não apenas da revelação geral de Deus na natureza e na consciência, mas também da revelação especial na palavra e na história. Mas essa palavra de Deus não foi imediatamente escrita; ela foi transferida oralmente nas famílias e gerações, passada adiante, dos pais aos filhos. Nessa época antiga, quando a população da terra era limitada, quando as pessoas ainda aproveitavam a bênção da vida longa, quando o relacionamento de sangue, um senso de família e respeito pelo passado significavam muito mais do que em nossos tempos, essa forma de continuidade era suficiente para a pura preservação e difusão da Palavra de Deus.

Mais tarde, no entanto, quando as pessoas começaram a se espalhar pela face da terra e quando caíram em todos os tipos de idolatria e superstição, a tradição oral não foi suficiente. É Moisés que começa o registro da Palavra de Deus, mas pode ser que tenha havido relatórios escritos que ele tomou e incluiu; como dissemos, não sabemos ao certo, mas a probabilidade de isso ser verdade aumenta quando consideramos que apenas em algumas poucas passagens nos chamados cinco livros de Moisés é mencionada qualquer composição feita pelo próprio Moisés.[16] Portanto, é bem possível que várias porções do pentateuco existissem, em parte, antes de Moisés, e também que elas tenham sido revisadas por ele ou por outros sob seu comando. Ou que, mais tarde, após a morte de Moisés, algumas foram editadas em seu espírito e em sua forma, e acrescentadas às porções já existentes. Essa última possibilidade geralmente foi aceita em períodos anteriores no tocante ao relato da morte de Moisés (Deuteronômio 34), mas deve ser ampliada para incluir também anexos e porções similares, como as encontradas em Gênesis 12:6b; 13:7; 36:31b, dentre outras. Entretanto, isso não deve tirar a autoridade divina da Palavra; além disso, é uma possibilidade que de modo nenhum é contrariada pela expressão bíblica recorrente: a lei ou livro *de Moisés*.[17] Além do mais, os cinco livros de Moisés permanecem o livro ou a lei de Moisés mesmo que algumas partes fossem derivadas por ele de outras fontes, escritas pelos seus oficiais por sua ordem ou editadas

[16]Êxodo 17:14; 24:4 e 7; 34:27; Números 33:2; Deuteronômio 31:9,22.
[17]1Reis 2:3; 2Reis 14:6; Malaquias 4:4; Marcos 12:26; Lucas 24:27-44; João 5:46-47.

em seu espírito por aqueles que o sucederam. Paulo também, como regra geral, não escrevia suas cartas, mas outra pessoa as escrevia (1Coríntios 16:21). E o livro de Salmos é, às vezes, em sua totalidade, atribuído a Davi porque ele é o fundador do saltério, e isso é feito ainda que vários dos salmos não sejam dele, mas de outros autores.

—— ▪ ——

Com base na lei mosaica – isto é, no pacto de Deus, o qual foi concluído com os patriarcas, confirmado a Israel no Sinai e ordenado por Deus na lei de Moisés – surgiu, posteriormente na história de Israel, sob a liderança do Espírito Santo, uma tríplice literatura sagrada: os salmos, a profecia e a literatura de "sabedoria". Esses dons especiais do Espírito Santo foram combinados com os dons naturais peculiares da raça semítica e particularmente do povo de Israel, mas transcendem esses dons naturais e são incumbidos de um chamado ao serviço do reino de Deus para o benefício de toda a humanidade.

A profecia começa com Abraão,[18] tem sua continuação em Jacó,[19] Moisés[20] e Miriã,[21] mas ganha um caráter próprio particularmente a partir de Samuel, acompanhando a história de Israel até um tempo considerável após o cativeiro. Os livros dos profetas são divididos no Antigo Testamento hebraico em dois grandes grupos, os profetas "anteriores" e os "posteriores". O primeiro grupo abrange os livros de Josué, Juízes, Samuel e Reis, e a razão para designar esses livros como "anteriores" é que eles foram escritos por profetas que precederam os profetas posteriores das Escrituras.

Em outras palavras, havia muito mais profetas em Israel do que os quatro maiores e os 12 menores, cujos livros foram preservados na Bíblia. Os livros históricos mencionados anteriormente são cheios de nomes de profetas e, às vezes, incluem longas descrições de suas atividades. Eles falam de Débora; Samuel; Gade; Natã; Aías; Semaías; Azarias; Hanani; Jeú, o filho de Hanani; Elias; Eliseu; Hulda e Zacarias, o primeiro mártir dos profetas no reino de Judá; além de muitos outros que não são nomeados (2Crônicas 25, por exemplo). Nada

[18]Gênesis 18:17; 20:7; veja também Amós 3:7; Salmos 105:15.
[19]Gênesis 49.
[20]Números 11:25; Deuteronômio 18:18; 34:10; Oseias 12:13.
[21]Êxodo 15:20; Números 12:2.

escrito pela mão desses personagens chegou a nós. Algumas vezes, até lemos a respeito de escolas de profetas,[22] onde muitos filhos ou discípulos dos profetas se dirigiam juntos a exercícios espirituais e deveres teocráticos. Muito provavelmente a escrita profética da história chegou até nós a partir dessas escolas, e isso, é claro, em livros como Josué, Juízes e outros. Especialmente nos livros de Crônicas, há diversas referências aos escritos históricos dos profetas.[23]

Os profetas, cujas atividades estão descritas nos livros históricos, são frequentemente descritos em nossos tempos como profetas de *ações* em contraste com os profetas posteriores de *palavra*. Essa distinção é permitida apenas se lembrarmos que todos os profetas – posteriores e anteriores – foram profetas de *palavra*. Todos falaram e testemunharam; o hebraico original muito provavelmente aponta para esse fato (Êxodo 4:16; 7:1), e as características fundamentais do ensino profético já estão contidas nos testemunhos dos profetas mais antigos. Mas há dois aspectos em que os profetas anteriores distinguem-se dos posteriores. Em primeiro lugar, eles limitaram sua visão para as exigências internas do povo de Israel e não incluíram os outros povos na sua perspectiva; e, em segundo lugar, eles prestaram mais atenção ao presente do que ao futuro. Suas palavras de admoestação e ameaça têm, em geral, um propósito imediato e prático. Durante os reinados de Davi e Salomão e até algum tempo depois, ainda se nutria a esperança de que Israel manteria o pacto de Deus e andaria em seus caminhos.

Mas, no século IX a.C., Israel gradualmente foi se envolvendo na política externa dos povos vizinhos e, apesar do seu chamado e destino, tornou-se fortemente associado a eles, e, por esse motivo, os profetas logo passam a incluir os povos vizinhos em seu escopo também. Eles não esperavam mais o cumprimento perfeito das promessas de Deus nessa época apóstata, mas procuraram isso no futuro messiânico, um futuro que o próprio Deus deveria fazer acontecer. Em suas torres de vigias, esses profetas posteriores olharam toda a extensão da terra e apontaram para os sinais dos tempos não como se pudessem entendê-los, mas conforme a luz do Espírito Santo.[24] Eles avaliaram as condições em Israel, fossem no âmbito religioso,

[22]1Samuel 10:5-12; 19:19 e seguintes; 2Reis 2:35; 4:38-43; 6:1.
[23]1Crônicas 29:29; 2Crônicas 9:29; 20:34, dentre outros.
[24]1Pedro 1:4; 2Pedro 2:20-21.

ético, político ou social; avaliaram também as relações de Israel com outros povos, como Edom, Moabe, Assur, Caldeia e Egito no tocante ao critério do pacto central no qual Jeová se opõe ao seu povo. E todos eles – cada um de acordo com sua própria natureza, seu tempo e sua maneira – pregaram aquilo que, em essência, é a mesma palavra de Deus: proclamaram os pecados de Israel e a punição de Deus para os pecados; confortaram o povo do Senhor com a imutabilidade do seu pacto, a promessa da sua fidelidade, o perdão de todas as suas injustiças; e direcionaram os olhos de todos para o futuro radiante em que Deus, sob o governo de um rei da casa de Davi, estenderá seu domínio sobre Israel e sobre todos os povos.

Assim, a palavra pregada por eles em nome de Deus assume uma importância que vai muito além do tempo em que ela é pregada. Essa palavra não mais tem seus limites e seus propósitos no Israel dos tempos antigos; em vez disso, seu conteúdo e sua importância se estendem aos confins da terra e podem chegar ao seu cumprimento apenas na própria humanidade. E agora a palavra da profecia se compromete com a escrita. Do século IX a.C. em diante, isto é, a partir dos dias de Joel e Obadias, os profetas começaram a escrever o conteúdo das suas profecias, às vezes expressamente pelo comando de Deus.[25] Eles fazem isso com propósitos claros e explícitos, a saber, que as palavras deles possam permanecer até o último dia, para toda a eternidade (Isaías 30:8) e que gerações posteriores possam reconhecer sua autenticidade (Isaías 34:16).

—— ▪ ——

Os *salmos* mantêm um curso paralelo com a profecia. Eles também são antigos; além disso, canção e música eram muito amadas em Israel.[26] Canções dedicadas a vários assuntos foram preservadas para nós nos livros históricos. Há a canção da espada (Gênesis 4:23-24), a canção do poço (Números 21:17-18), a canção da conquista de Hesbom (Números 21:27-30), a canção da passagem do Mar Vermelho (Êxodo 15), a canção de Moisés (Deuteronômio 32), a canção de Débora (Juízes 5), a canção de Ana (1Samuel 2), o lamento de Davi

[25]Isaías 8:1; Habacuque 2:2; Isaías 36:3.

[26]1Samuel 18:7; 2Samuel 19:35; Amós 6:5; além de outros.

pela morte de Saul e Jônatas (2Samuel 1) e seu lamento por Abner (2Samuel 3:33-34) e o livro de Jasar (Josué 10:13; 2Samuel 1:18), que parece ter contido várias canções. Além disso, muitas canções são registradas nos livros dos profetas: por exemplo, a canção da videira (Isaías 5), a canção de zombaria do rei caído da Babilônia (Isaías 14), o salmo de Ezequias (Isaías 38), a oração de Jonas (Jonas 2), a canção de adoração de Habacuque e muitas outras. Várias dessas canções estão intimamente relacionadas aos Salmos, de modo que a transição de um para outro é difícil de perceber. Há também um relacionamento íntimo entre os salmos e a profecia, o que é aparente até na forma, tendo em vista que ambos vêm de uma poderosa inspiração do Espírito Santo, tratam de todo o mundo da natureza e história, consideram todas as coisas sob a luz da Palavra de Deus, divulgam a proclamação do reino do Messias e fazem uso da linguagem e da forma de poesia. Quando o poeta dos salmos é levado aos mistérios da vontade e do conselho de Deus, ele se torna um profeta; e, quando a alma do profeta é refrescada pelas promessas de Deus, sua profecia é elevada ao plano da poesia (1Crônicas 25:1-3). Asafe é chamado de "vidente" (2Crônicas 29:30) e Davi, em Atos 2:30, é chamado de profeta.

Mas, naturalmente, há uma diferença entre os dois. A poesia dos Salmos foi preparada pela canção de Miriã, a canção de Moisés (Deuteronômio 32) e o salmo de Moisés (Salmos 90), mas ela só floresceu depois do reavivamento do culto a Jeová sob Samuel, nos salmos de Davi – o amável cantor de Israel (2Samuel 23:1). Os salmos davídicos compreendem as formas fundamentais com base nas quais os salmos posteriores foram exercidos – fossem de Salomão, Josafá, Ezequias, aqueles do cativeiro ou posteriores. No final do Salmos 72, os salmos de Davi são todos designados como "orações", e essa é a característica peculiar de todos os salmos. Eles diferem bastante entre si. Alguns deles são canções de adoração e ação de graças; outros, de queixa e súplica. Alguns deles têm o gênero de hinos, alguns de elegia, e outros são profético-didáticos. Há salmos que celebram as obras de Deus na natureza e salmos que celebram suas obras na história. Eles tratam do passado, do presente e frequentemente também do futuro, mas essa estrutura básica de oração sempre está presente neles, ou seja, é uma característica de todos eles. Se, no caso da profecia, o Espírito Santo se apodera de alguém, controlando e o movendo, no caso dos salmos esse mesmo Espírito conduz o poeta para as profundezas da sua própria vida espiritual. Um estado espiritual pessoal sempre é a ocasião para sua canção. Mas esse estado da alma sempre foi formado e moldado pelo Espírito do Senhor.

Davi não seria o amável cantor de Israel se não tivesse sido o homem de caráter notável e de ricas experiências de vida que foi, e foi justamente seu estado de mente ou alma – em todas as suas variações de luto e ansiedade, tentação e impulso, perseguição e resgate, e experiências semelhantes – que se tornou as cordas nas quais foram tocadas as melodias das palavras e dos atos objetivos de Deus na natureza e história, em instituições e pregações, no julgamento e na redenção. É a harmonia da revelação objetiva de Deus e da sua condução subjetiva que é articulada na canção, que é cantada diante de Deus, dedicada à sua honra, que convida todas as criaturas a se juntarem aos hinos de louvor, que continuam a cantar até que todas as coisas no céu e na terra saibam seus acordes e que são, portanto, para todos os tempos e todas as gerações, a expressão mais rica das experiências mais profundas que a alma humana pode viver. Os salmos nos ensinam a dizer o que acontece em nossos corações em conexão com sua revelação em Cristo por intermédio do Espírito, e, por causa dessa importância, tais salmos foram proferidos não apenas pelos salmistas, mas também estiveram nos lábios da igreja de todos os tempos.

—— ▪ ——

À profecia e aos salmos deve ser acrescentado o *chokma*, isto é, a arte dos provérbios, ou a literatura de sabedoria. Ela também tem sua base no talento natural, como se torna aparente a partir da fábula de Jotão (Juízes 9:7ss), do enigma de Sansão (Juízes 14:14), da parábola de Natã (2Samuel 12), da conduta da mulher tecoíta (2Samuel 14) e muitos outros. Mas essa literatura de sabedoria alcançou seu caráter dedicado especialmente em Salomão[27] e, então, continuou nos provérbios de outros homens sábios (Provérbios 22:17ss) e nos livros de Jó, Eclesiastes, Cântico dos Cânticos, e assim por diante, até após o

[27]1Reis 4:29-34.

cativeiro. A profecia revela a vontade de Deus na história de Israel e de outros povos; os salmos dão expressão ao eco da realização da vontade de Deus nas almas dos seus santos; e os provérbios ou a literatura de sabedoria relatam a vontade de Deus para a vida e conduta prática. Essa literatura de sabedoria também repousa sobre o fundamento da revelação divina; seu ponto de partida é que o temor do Senhor é o princípio da sabedoria (Provérbios 1:7). Mas esse tipo de literatura não relaciona essa revelação à história dos povos ou às experiências subjetivas da alma; em vez disso, torna-a aplicável ao comum, à vida diária, à vida do homem e da mulher, aos pais e filhos, às amizades e à sociedade, aos negócios e à profissão. Ela não opera no plano elevado da profecia; nem vê tão longe. Ela não explora tão profundamente quanto os salmos, mas presta atenção às vicissitudes da vida – experiências sob as quais as pessoas tendem a desesperadamente sucumbir – e ergue as pessoas novamente sobre o nível dessas experiências. Ela o faz pela fé na justiça da providência de Deus. Assim, a literatura de Provérbios assume uma importância humana geral e, sob a condução do Espírito Santo, é preservada para todos os tempos.

A revelação, a lei e a vontade de Deus – estabelecidas principalmente nos livros de Moisés – completam-se nos dias do Antigo Testamento na pregação do profeta, na canção do cantor e nas máximas do sábio. O profeta é a cabeça; o cantor, o coração; e o sábio, a mão.

Os ofícios proféticos, sacerdotais e reais cumpriram seus chamados dessa forma sob a Antiga Dispensação, e, em Cristo, esse tesouro inestimável da literatura sagrada se tornou a propriedade comum do mundo.

Assim como a promessa culmina no cumprimento, também a Escritura do Antigo Testamento culmina na do Novo. Uma é incompleta sem a outra. É apenas no Novo que o Antigo Testamento é revelado, e o Novo já tem seu centro e sua essência contidos no Antigo. O relacionamento é como de um pedestal e uma estátua, fechadura e chave, sombra e corpo. As designações “Antigo” e “Novo” Testamentos primeiramente se referiam às duas dispensações do pacto da graça que Deus deu ao seu povo antes e depois de Cristo.[28] Posteriormente, os termos foram transferidos para os dois corpos de escritos que constituem a descrição e a interpretação dessas duas dispensações do pacto. Em Êxodo 24:7, a lei, que era o pronunciamento ou a declaração da aliança de Deus com Israel, é chamada de livro da aliança (compare com 2Reis 23:2) e, em 2Coríntios 3:14, Paulo já fala de uma leitura do Antigo Testamento – naturalmente uma referência aos livros desse testamento. De acordo com esses exemplos, a palavra *Testamento* gradualmente passou a ser usada para os escritos ou livros contidos na Bíblia e dá uma interpretação para a antiga e a nova dispensações da graça.

Assim como no Antigo, o Novo Testamento é composto de vários livros. Ele compreende 5 livros históricos (os quatro Evangelhos e Atos dos Apóstolos), 21 doutrinários (as epístolas ou cartas dos apóstolos) e 1 livro profético (o Apocalipse de João). E, apesar de os 39 livros terem sido escritos durante um período de mais de mil anos, os livros do Novo Testamento foram todos escritos na segunda metade do século I d.C.

Os Evangelhos vêm em primeiro lugar no Novo Testamento, e, novamente, a ordem não é cronológica, mas sim material. Ainda que muitas cartas dos apóstolos sejam mais antigas, os evangelhos são colocados primeiro porque tratam da pessoa e da obra de Cristo, as quais constituem a base para todo esforço apostólico posterior. A palavra "evangelho", no começo, tinha o significado geral de uma mensagem agradável e feliz, contudo, nos dias do Novo Testamento, ela veio a ser usada para as boas notícias proclamadas por Jesus, o Cristo (Marcos 1:1). Somente depois escritores eclesiásticos, como Inácio, Justino e outros, a usaram para se referir aos livros ou registros escritos que continham a alegre mensagem de Cristo.

Existem quatro evangelhos no Novo Testamento. Naturalmente, eles não contêm quatro evangelhos ou boas notícias diferentes; na verdade, existe apenas um único evangelho, o evangelho de Jesus Cristo (Marcos 1:1; Gálatas 1:6-8). Todavia, esse evangelho – essa única boa notícia da salvação – é exibido de quatro maneiras diferentes, por quatro pessoas diferentes, a partir de quatro pontos de vista diferentes e em quatro formas diferentes. Essa ideia da questão se

[28]Jeremias 31:31ss; 2Coríntios 3:6ss; Hebreus 8:6ss.

expressa bem nas inscrições sobre os quatro livros em nossas Bíblias modernas: o evangelho *segundo* Mateus, *segundo* Marcos, e assim por diante. A ideia era que, nos quatro evangelhos, o único Evangelho, a única imagem da pessoa e obra de Cristo estava sendo descrita de várias perspectivas. Portanto, na Igreja Primitiva, os quatro evangelistas eram comparados aos quatro seres viventes de Apocalipse 4:7: Mateus era como se fosse o homem; Marcos, o leão; Lucas, o boi; e João, a águia. Isso foi feito porque o primeiro evangelista descreveu Cristo em sua manifestação humana; o segundo, em sua manifestação profética; o terceiro, em sua manifestação sacerdotal; e o quarto, em sua natureza divina.

Mateus, que era o publicano Levi, escolhido por Cristo para o ofício de apóstolo (Mateus 9:9; Marcos 2:14; Lucas 5:27), originalmente escreveu seu evangelho, de acordo com Irineu, em aramaico, na Palestina, por volta do ano de 62 d.C.; e o destinou especificamente aos judeus e cristãos judeus da Palestina a fim de demonstrar-lhes que Jesus era verdadeiramente o Cristo e que todas as profecias do Antigo Testamento foram cumpridas nele (Mateus 1:1).

Marcos era o filho de Maria (Atos 12:12), que muito provavelmente tinha sua própria casa em Jerusalém (Atos 1:13; 2:2). No começo, Marcos acompanhava Paulo e, mais tarde, Pedro (1Pedro 5:13). De acordo com a tradição, ele foi convidado pelos cristãos em Roma a dar um relato do início do evangelho de Jesus Cristo (Marcos 1:1). Aparentemente, o convite foi feito porque, ao ter residido brevemente em Jerusalém e acompanhado Pedro, ele estava bem informado sobre o assunto. Ele respondeu ao convite em Roma, presumivelmente, por volta dos anos 64-67.

Lucas, o amado médico, como Paulo o chamava (Colossenses 4:14), pode ter vindo de Antioquia. Ele pertencia à igreja dessa cidade desde por volta do ano 40. Era um companheiro de viagem e cooperador de Paulo e permaneceu leal ao apóstolo até o fim (2Timóteo 4:11). Ele escreveu um livro de história, não apenas da vida e obra de Cristo (em seu evangelho), mas também dos primeiros anos da propagação do evangelho na Palestina, na Ásia Menor, na Grécia e em Roma (em Atos dos Apóstolos). Escreveu este último livro em aproximadamente 70-75 e o endereçou a um certo Teófilo, uma pessoa de boa posição social e que tinha interesse no evangelho.

Esses três evangelhos são intimamente relacionados um com o outro e são baseados na tradição que vivia sobre o ensino e a vida de Jesus nos círculos dos primeiros discípulos. O quarto evangelho é diferente em tipo. João, o discípulo a quem Jesus amava, permaneceu em Jerusalém após a ascensão de Jesus, e, com Tiago e Pedro, foi um dos três pilares da igreja (Gálatas 2:9). Mais tarde ele deixou Jerusalém e, no final da sua vida, chegou a Éfeso como o sucessor de Paulo. De lá, sob o imperador Domiciano, foi banido para a ilha de Patmos nos anos 95-96 e morreu no ano 100 como um mártir. João não foi um homem que teve uma parte importante no esforço missionário. Ele não foi o fundador de novas igrejas, mas dedicou seus esforços à preservação das igrejas existentes por meio de um conhecimento puro da verdade. Uma situação diferente se desenvolveu gradativamente para a igreja no final do século. A luta a respeito da relação entre igreja cristã com Israel, da lei e da circuncisão havia acabado. A igreja estava assumindo uma posição independente na questão dos judeus e estava penetrando cada vez mais no mundo greco-romano; dessa forma, entrou em contato com outras tendências espirituais, particularmente com o gnosticismo. Portanto, o objetivo de João é liderar a igreja de modo seguro para longe desses perigos do mundo anticristão, isto é, da tendência de negar a encarnação do Verbo (1João 2:22; 4:3). Contra essa tendência anticristã, João, em seus escritos, que datam dos anos 80 até 95, estabelece a imagem completa de Cristo como o Verbo que se tornou carne. Em seu evangelho, João indica que Cristo era exatamente isso em sua peregrinação na terra; em suas cartas, ele indica que Cristo ainda é o Verbo encarnado na igreja agora; e no Apocalipse, João indica que ele o será no futuro também.

Todos os escritos do Novo Testamento descritos até agora, sob a orientação do Espírito Santo, têm sido motivados por uma ocasião histórica, e isso também é verdade com relação aos escritos de Paulo, Pedro, Tiago e Judas. Após a ascensão de Jesus e a perseguição da igreja em Jerusalém, os apóstolos fizeram mais do que pregar o Evangelho para judeus e gentios; eles também permaneceram com as congregações que fundaram, continuando em comunhão e residência com eles. Eles recebiam relatórios orais e escritos que tratavam da condição espiritual dessas igrejas, estavam interessados em seu crescimento e cuidaram de todas as igrejas em seus corações apostólicos

(2Coríntios 11:28). Portanto, eles se sentiam chamados a visitar as igrejas pessoalmente ou, se isso fosse impossível, a admoestá-las ou confortá-las de acordo com suas necessidades por meio de epístolas e cartas – advertindo ou encorajando e, assim, as conduzindo mais profundamente para a verdade salvífica por todos esses meios.

Assim como seu trabalho apostólico em geral, esse esforço escriturístico deles, constituindo-se como uma parte histórica, orgânica e essencial desse trabalho apostólico, era básico e fundamental para a igreja cristã. Os evangelhos e as cartas dos apóstolos são como os livros dos profetas, pedaços de textos "ocasionais", mas, ao mesmo tempo, estendem-se muito além das preocupações temporais e locais das igrejas daquela época, sendo dirigidas à igreja de todas as eras.

Embora se desenvolva historicamente, toda a Escritura é, como Agostinho disse, uma carta enviada por Deus do céu para sua igreja na terra, e, longe de supor que a "investigação histórica" da origem dos livros da Bíblia – à parte do mau uso que pode, é claro, ser feito por esse estudo – pode ser injusta com caráter divino da Escritura, podemos ver que esse estudo peculiarmente serve para nos ensinar as maravilhosas maneiras pelas quais Deus trouxe sua obra de arte à existência.

—— ▪ ——

Esse vislumbre na origem dos livros da Bíblia, é claro, não esgota o estudo desta; na verdade, ele é o início de tal estudo. Aos poucos, todo um grupo de ciências cresceu ao redor da Bíblia, e o propósito de todas elas é entender melhor o significado das Escrituras. Deve bastar aqui dizer poucas coisas sobre esses estudos.

Em primeiro lugar, sabemos que cada livro, além de ter sua origem individual, eventualmente tomou seu lugar em uma coleção ou *cânon*, isto é, uma lista ou um grupo de escritos que constituem a regra de fé e conduta. Essa "coleção" já havia ocorrido dentro do âmbito de um único livro: os Salmos e Provérbios, por exemplo, provêm de várias pessoas e foram gradativamente reunidos em um mesmo livro. Mais tarde, os vários livros foram reunidos em um só e receberam o título de Bíblia. Não devemos supor, contudo, que a igreja tenha feito esse cânon ou concedido autoridade canônica aos escritos dos profetas e apóstolos. Pelo contrário, esses escritos, a partir do momento em que foram compostos, foram imediatamente autorizados na igreja e operaram lá como regra de conduta e fé. A Palavra de Deus – a princípio oral e, posteriormente, escrita – não deriva sua autoridade dos homens, tampouco da autoridade dos cristãos, mas de Deus, que cuida e confirma sua Palavra.

Mais tarde, quando o número de livros proféticos e apostólicos aumentou e estes foram acompanhados por outros textos que não foram escritos por profetas e apóstolos, mas que supostamente foram escritos ou aceitos como tal em alguns círculos, então surgiu a necessidade de a igreja distinguir os verdadeiros livros canônicos dos livros falsos, forjados, apócrifos ou pseudoepígrafos, e, portanto, elaborar uma lista dos verdadeiros. Isso aconteceu tanto com os livros do Antigo Testamento antes de Cristo quanto com os do Novo Testamento no século IV d.C. Há uma ciência especial cujo trabalho é investigar esse assunto e esclarecer a canonicidade da Bíblia.

Em segundo lugar, é importante notar que os manuscritos originais escritos pelos próprios profetas e apóstolos se perderam, sem exceção, ou seja, o que temos são apenas cópias deles. A mais antiga dessas para o Antigo Testamento data do século IX e X d.C.; e, para o Novo Testamento, do século IV e V d.C.[29*] Em outras palavras, séculos separam os manuscritos originais das cópias existentes. Durante esse período de tempo, o texto teve uma história e foi submetido a mudanças menores ou maiores. Por exemplo – apenas para mencionar um aspecto dessa questão complexa –, não havia nenhuma vogal ou marcas de pontuação nos manuscritos hebraicos originais; e isso foi introduzido nas cópias apenas séculos depois. A divisão em capítulos, como estamos acostumados hoje, ocorreu apenas no começo do século XIII, e a divisão em versículos data do século XVI. Para essas e outras considerações semelhantes, é necessária uma ciência especial que utilize todos os meios úteis para "estabelecer" o texto original e apresentá-lo como base para a exegese.

Em terceiro lugar, devemos notar que o Antigo Testamento é escrito em hebraico e, o Novo Testamento, em grego; portanto, no momento em que a Bíblia foi distribuída entre povos que não entendiam esses idiomas, uma tradução se tornou necessária. Já no século

[29*] A datação das cópias dos manuscritos bíblicos feita por Bavinck, embora reflita o melhor da manuscritologia de sua época, está desatualizada. [N. E.].

III a.C., começou-se a traduzir o Antigo Testamento para o grego, e, mais tarde, a tradução do Antigo e Novo Testamento para muitos idiomas antigos e modernos continuou. Após o reavivamento de missões aos pagãos no século XIX, esse trabalho de tradução foi, mais uma vez, energeticamente empreendido. Agora, a Escritura, seja em partes ou em sua totalidade, está disponível em mais de 4 mil idiomas. O estudo dessas traduções, especialmente as antigas, também é muito importante para um entendimento apropriado das Escrituras Sagradas, porque toda tradução, afinal de contas, é, na verdade, um tipo de interpretação.

Por fim, em quarto lugar, uma tremenda quantidade de cuidado e de esforço tem sido dedicada à interpretação das Escrituras Sagradas, e isso tem acontecido desde os dias dos judeus antigos, passando pelos séculos, e permanece até hoje. E, ainda que seja verdade que todo exegeta tenha sua inclinação privada e que muito da interpretação tenha sido enviesada, ainda assim a história da interpretação das Escrituras aponta para um notável progresso, um progresso no qual cada século contribuiu com a sua parte. Em última instância, é o próprio Deus que, muitas vezes por meio do erro humano, mantém sua Palavra e faz seus pensamentos triunfarem sobre a sabedoria do mundo.

8. Escritura e confissão

Já na época dos apóstolos, havia divergências sobre a essência do cristianismo e o relacionamento com judeus e gentios. A mais notável, no entanto, é a unanimidade com a qual a Escritura foi aceita como a Palavra de Deus em toda a igreja cristã.

Isso é verdade primeiramente no caso do Antigo Testamento. No ensino de Jesus e dos apóstolos, ele era constantemente mencionado, isto é, recorria-se ao Antigo Testamento vez após outra, e, de maneira bem imperceptível e como se fosse a coisa mais natural do mundo, a autoridade do Antigo Testamento da igreja judaica foi transmitida no ensino de Jesus e dos apóstolos para a igreja cristã. O evangelho assumiu o Antigo Testamento e não poderia ser aceito e reconhecido sem ele. O evangelho é, acima de tudo, o cumprimento das promessas do Antigo Testamento, e, sem este, o evangelho fica suspenso no ar. O Antigo Testamento é o pedestal no qual o evangelho repousa e a raiz da qual ele veio. Onde quer que o evangelho encontrasse uma entrada, as Escrituras do Antigo Testamento eram, imediatamente e sem qualquer oposição, apropriadas como a Palavra de Deus. Em outras palavras, não havia uma igreja do Novo Testamento sem uma Bíblia; desde o começo, a igreja tinha posse da lei, dos salmos e dos profetas.

Os escritos apostólicos logo foram acrescentados. Alguns eram escritos, como os evangelhos e as epístolas gerais, e destinados para toda a igreja; outros, como algumas das epístolas, eram endereçados a igrejas específicas – em Roma, Corinto, Colossos e outros lugares.

É bastante natural que todos esses escritos, vindos dos apóstolos e de pessoas apostólicas de grande reputação desde o começo das igrejas cristãs, fossem lidos em voz alta nas reuniões e que, algumas vezes, fossem enviados para outras igrejas para que estas também pudessem lê-las. Assim, por exemplo, o próprio apóstolo Paulo pede que a carta que ele está enviando para a igreja de Colossos seja enviada para a igreja de Laodiceia e que os colossenses procurassem ler a carta que ele enviou para Laodiceia – muito provavelmente a carta à igreja em Éfeso (Colossenses 4:16). E, em 2Pedro 3:15-16, o apóstolo faz menção não apenas a uma carta que seus leitores acabaram de receber de Paulo, mas também a outras cartas paulinas que ensinam a mesma doutrina que o próprio Pedro apresenta, mas que às vezes são difíceis de entender e suscetíveis a distorções por ignorantes e inconstantes. Não temos o direito, é claro, de inferir que nesse tempo havia uma "coleção" das cartas de Paulo; mas o que podemos inferir é que os escritos de Paulo eram conhecidos em um círculo muito maior do que as igrejas locais às quais cada uma das cartas havia sido endereçada. Naturalmente, as igrejas do primeiro período também conseguiram a maior parte do seu conhecimento do evangelho por meio dos apóstolos e seus discípulos.

Mas, quando eles morreram e suas pregações foram interrompidas, os escritos dos apóstolos naturalmente se tornaram mais e mais valiosos. A partir do testemunho vindo do meio do século II d.C., sabemos que os evangelhos, e posteriormente também as epístolas e cartas, foram regularmente lidos na assembleia dos cristãos, reconhecidos como evidência de uma verdade ou outra e colocados na mesma categoria de autenticidade dos livros do Antigo Testamento. No final do século II, os escritos do Novo Testamento, com aqueles do Antigo, foram considerados como "toda a Escritura", como "o fundamento e pilar da fé", como *a* Escritura Sagrada, e foram regularmente lidos nos cultos religiosos (Irineu, Clemente de Alexandria e Tertuliano). É verdade que, com relação a alguns escritos (Hebreus, Tiago, Judas, 2Pedro, 2João e 3João, Apocalipse de João e certos livros que posteriormente foram julgados como apócrifos), houve por muito tempo uma divergência de opinião sobre se eles deviam ou não ser reconhecidos como Escrituras Sagradas; contudo, gradualmente passou a se ter maior clareza e unanimidade nessa questão também. Os escritos comumente reconhecidos foram reunidos juntos sob o nome de *cânon* (que significa *regra da verdade da fé*) e foram registrados e estabelecidos assim no Sínodo de Laodiceia, no ano de 360; em Hipona, na Numídia, no ano de 396; e em Cartago, no ano de 397.

Essas Escrituras do Antigo e do Novo Testamentos constituem o fundamento dos profetas e apóstolos no qual todas as igrejas cristãs, em comunhão uma com a outra, posicionam-se ou reivindicam sua posição. Em suas confissões oficiais, todas as igrejas reconhecem a autoridade divina dessas Escrituras e se apropriam delas como uma regra confiável de fé e prática. Nunca houve uma diferença ou um conflito sobre esse ponto dogmático nas igrejas cristãs. Antigamente, o ataque às Escrituras como a Palavra de Deus veio de fora, por exemplo, por meio de filósofos pagãos, como Celso e Porfírio de Antioquia no século II; dentro da cristandade, não houve nenhum tipo de ataque como esse até o século XVIII.

—— ▪ ——

A igreja não recebeu essa Escritura de Deus para simplesmente descansar sobre ela, muito menos para enterrar esse talento. Pelo contrário, a igreja é chamada a preservar essa Palavra de Deus, explicá-la, pregá-la, aplicá-la, traduzi-la, espalhá-la para o mundo, louvá-la e defendê-la – em síntese, fazer os pensamentos de Deus, escritos nas Escrituras, triunfarem em todos os lugares e em todos os tempos sobre os pensamentos dos homens. Todo o trabalho para o qual a igreja é chamada é o esforço e a ministração da Palavra de Deus. É um serviço da Palavra de Deus quando ela é pregada na assembleia dos cristãos, interpretada e aplicada, quando é compartilhada nos sinais do pacto e é mantida em disciplina. E, num sentido maior, esse serviço à Palavra é muito mais abrangente, isto é, ele inclui nosso coração e nossa vida; nossa profissão e nosso negócios; lar, campo e escritório; ciência e arte; Estado e comunidade; e obras de misericórdia e missões; para que, em todas as esferas e em todos os estilos de vida, a Palavra seja aplicada, trabalhada e seguida. A igreja deve ser o pilar e o fundamento da verdade (1Timóteo 3:15): isto é, um pedestal que sustenta, mantém e estabelece a verdade contra o mundo. Quando a igreja negligencia e se esquece disso, ela se torna relaxada em seu dever e enfraquece a sua própria existência.

Quando a igreja se torna relaxada em seu dever, logo se desenvolve uma divergência de opinião em relação ao significado da

Palavra de Deus. Ainda que o Espírito Santo tenha sido prometido à igreja e dado como seu guia para toda a verdade, isso não implica que a igreja recebeu o dom da infalibilidade, em sua totalidade ou em suas partes. Até mesmo nas igrejas do período apostólico várias heresias surgiram do paganismo ou do judaísmo, e, ao longo das eras seguintes, esses são os dois recifes em que a igreja sempre ameaça encalhar e, por esse motivo, precisamos buscar evitá-los com a máxima vigilância e cuidado.

A igreja é obrigada a se pronunciar de forma resoluta e clara contra essas heresias – sejam quais forem –, e afirmar qual é a verdade que lhe foi concedida pelo próprio Deus em sua Palavra. A igreja faz isso por suas assembleias menores e maiores (sínodos), nas quais ela estabelece, de acordo com sua convicção, o que deve ser mantido como verdade divina e, portanto, como o ensino da igreja em algum ponto particular. Desse modo, a verdade disposta na Escritura leva, por parte de todos aqueles que creem e a abraçam, a uma *confissão* ou um *credo*. A confissão é a obrigação de todos os cristãos e também é a prescrição dos seus próprios corações; a pessoa que realmente crê com todo seu coração e sua alma não pode deixar de confessar, isto é, testemunhar a verdade que o tornou livre e a esperança que está plantada em seu coração pela verdade.[1] Assim, todo cristão e toda igreja – se o testemunho do Espírito Santo estiver presente – confessam que a Palavra de Deus é a verdade. E, à medida que os erros e as heresias aumentam de maneira cada vez mais sutil, a igreja é mais compelida a tomar o devido cuidado com a verdade que ela confessa e a declarar seu credo em termos precisos e sem ambiguidade. Naturalmente, a confissão oral, por força das circunstâncias, torna-se também uma confissão escrita.

Sabemos que existem aqueles que têm contestado de diversas maneiras a formulação e a manutenção dessa confissão eclesiástica. Os remonstrantes da Holanda, por exemplo, defendiam que uma confissão viola a autoridade exclusiva da Escritura, a liberdade da consciência e impede o desenvolvimento do conhecimento. Contudo, essas objeções são baseadas em mal-entendidos. A função das confissões ou dos credos não é empurrar as Escrituras para o segundo plano, mas manter e proteger a Palavra de Deus contra o capricho

[1]Mateus 10:32; Romanos 10:9-10; 2Coríntios 4:13; 1Pedro 3:15; 1João 4:2-3.

individual. Longe de violar a liberdade da consciência, elas a apoiam contra todo tipo de espíritos heréticos que buscam desviar as almas fracas e desinformadas. E, por fim, as confissões não impedem o progresso do conhecimento, mas o mantêm no curso certo de desenvolvimento, e também devem ser verificadas e avaliadas pelas Escrituras Sagradas como a única norma de fé. Esse exame e avaliação podem acontecer em qualquer momento, embora devam ser feitos de formas seguras e legítimas.

O credo apostólico (os doze artigos) é o mais antigo dos credos cristãos. Não foi formulado pelos próprios apóstolos, mas surgiu já no início do século II d.C., e desenvolveu-se a partir da ordem batismal de Mateus 28:19. Originalmente era um pouco menor do que agora, mas basicamente era o mesmo, ou seja, um breve resumo dos grandes fatos sobre os quais o cristianismo repousa e, como tal, continua a ser o terreno comum e o elo inquebrável de unidade de toda a cristandade. A esse credo apostólico, quatro outras confissões foram adicionadas, todas elas tendo um caráter ecumênico (isto é, geral) e aceitas por muitas igrejas, a saber: o credo do Concílio de Niceia, de 325; o credo que, no artigo IX da *Confissão de Fé* reformada, é chamado de Credo Niceno, mas que, ainda que o tenha absorvido para si, é na verdade uma expansão do credo e surgiu consideravelmente depois; o credo do Concílio de Calcedônia, de 451; e, por fim, o credo erroneamente designado de Credo de Atanásio.

Em todas essas confissões, as doutrinas relacionadas a Cristo e à Trindade são estabelecidas, e esses eram os pontos em questão durante os primeiros séculos. "Mas vós, quem dizeis que eu sou?" – essa era a questão mais importante que, com base na Palavra do Senhor, a igreja tinha que responder por si mesma e sustentar contra todo o mundo.

Do lado judeu da questão, havia todas aquelas pessoas que estavam dispostas a reconhecer Jesus como um homem enviado por Deus, dotado com dons incomuns, animado pelo espírito profético, poderoso em atos e palavras, mas não era mais do que um homem. E, do lado pagão, havia aqueles que estavam dispostos a reconhecer Jesus como um filho dos deuses, uma divindade que veio dos céus e que, como os anjos do Antigo Testamento, se manifestou por pouco tempo na terra em um corpo espiritual. Mas eles não estavam dispostos a confessá-lo como o Filho Unigênito do Pai que se tornou carne. Contra essas duas heresias, a igreja, seguindo o pensamento das Escrituras, precisa sustentar, por um lado, que Cristo é o próprio Filho Unigênito de Deus e, por outro lado, que ele verdadeiramente veio em carne. E essa foi a confissão de fé que a igreja fez em seus credos depois de uma longa luta por definições. Ela rejeitou, com o apóstolo João, todo ensino anticristão que negava que o Filho de Deus veio em carne (1João 2:18; 4:2-3). Assim, a igreja cristã, pela formulação e afirmação desses credos, manteve a essência e o coração – o caráter peculiar – da religião cristã, e é por isso que os concílios e sínodos em que essas confissões surgiram têm uma importância tão grande e fundamental para toda a cristandade. Nos fatos do cristianismo – que a confissão apostólica resume – e na doutrina da pessoa de Cristo e do ser uno e trino de Deus, há uma concordância nas igrejas cristãs que as une como uma unidade contra o judaísmo e o paganismo, unidade esta que não pode, por causa das tristes divisões que as separam, ser esquecida ou ignorada.

Dessa base comum, no entanto, logo surgiram todos os tipos de diferenças e divisões. O exercício da disciplina levou à separação dos montanistas, na segunda metade do século II; do novacionismo, em meados do século III; e do donatismo, no século IV. Muitas causas contribuíram para isso. Antes de tudo, havia uma aversão entre gregos e latinos; a tensão contínua entre Constantinopla e Roma; e a luta pela supremacia entre os patriarcas e o papado. Some-se a isso muitas diferenças menores com relação à doutrina e à liturgia, sendo a mais importante delas a confissão da igreja grega que, no ser de Deus, o Espírito Santo não procedeu do Pai *e do Filho*, como o Ocidente ensinava, mas apenas do Pai. A separação, que aconteceu periodicamente por breves intervalos, tornou-se evidente em 1054. A igreja do Oriente – que prefere ser chamada de Igreja Ortodoxa, porque supõe ter permanecido mais leal ao ensino da Igreja Primitiva – sofreu grandes perdas pela formação de seitas (os cristãos armênios; os nestorianos, na Síria; os cristãos sírios, na Pérsia; os monofisistas-jacobitas, na Síria; os cópticos, no Egito; e os maronitas, no Líbano) e também por causa do maometismo que, em 1453, conquistou Constantinopla. Ao mesmo tempo, no entanto, a igreja oriental teve uma importante vitória na conversão dos eslavos e continua a existir como a igreja ortodoxa na Grécia, na Turquia, na Rússia e em certos países menores, como Bulgária, Iugoslávia e Romênia.

No Ocidente, a Igreja Católica, sob a liderança dos bispos de Roma, espalhou-se mais e mais ao longo dos séculos. Um momento de tranquilidade, privilégio e prestígio se seguiu após a conversão do imperador Constantino, que deu fim a um longo período de perseguição e ódio. E, embora a secularização da igreja ganhasse terreno rapidamente, mesmo assim realizou muita coisa desde o tempo da conversão de Constantino até a Reforma. Assim como nos primeiros séculos, a igreja resistiu e conquistou o paganismo, e depois trabalhou também para a conversão das nações e da civilização da Europa, a fim de manter as grandes verdades do cristianismo e a independência da igreja com uma firmeza louvável, além de ter cooperado efetivamente no desenvolvimento de uma arte e ciência cristãs. Contudo, independentemente desses grandes méritos, não pode ser negado que, ao se espalhar e ascender ao poder, a igreja se moveu para direções que não foram indicadas pelo cristianismo apostólico original, e isso se evidenciou de três formas, particularmente.

Em primeiro lugar, a Igreja Católica elevou a *tradição* mais e mais ao plano de uma regra independente de fé, estando ao lado e, às vezes, até acima das Escrituras Sagradas. Uma quantidade de doutrinas e costumes romanos – como a missa, o celibato para os religiosos, a canonização dos santos, a concepção imaculada de Maria, além de outras – não pode ser provada ou apoiada por qualquer texto das Escrituras. Ainda assim, essas doutrinas e práticas são mantidas com base na "tradição". Com relação a essa tradição, alega-se que ela pode abranger apenas aquilo que "tem sido crido em todo lugar, sempre e por todos", mas, em última análise, é o papa quem determina se algo é tradição ou não.

Assim, toda relação entre a Escritura e a Igreja foi modificada por Roma. A Escritura não é indispensável, mas meramente útil para a igreja; todavia, a igreja é indispensável para a Escritura, porque esta não tem nenhuma autoridade, a não ser que seja garantida pela igreja quando a declara digna de confiança. Assim, a Escritura é vista como obscura em si mesma, sendo necessário, então, que a igreja a esclareça. Ela não tem precedência nem constitui a fundação da igreja; ao contrário, a igreja tem precedência sobre ela e constitui a base na qual a Escritura se fundamenta. Assim como profetas e apóstolos receberam o dom da inspiração, assim também o papa, quando fala *ex cathedra* em seu ofício papal, recebe o apoio especial do Espírito e é, portanto, infalível. A igreja é suficiente em si mesma e poderia, se fosse necessário, viver sem a Escritura, visto que é a única, verdadeira e perfeita mediadora da salvação. Além disso, a igreja é também a possuidora e distribuidora dos benefícios da graça contida nos sacramentos, bem como do meio da graça, do estado e do reino de Deus na terra.

Em segundo lugar, a Igreja Católica, se não perdeu completamente o coração do evangelho – a livre graça de Deus, a justificação dos pecados somente pela fé –, ainda assim misturou-o com partes impuras e, desse modo, confundiu a distinção entre a lei e o evangelho. Essa distorção do evangelho original ocorreu já nos primeiros séculos, mas, posteriormente, desenvolveu-se rapidamente e conseguiu um consentimento oficial. No conflito entre Agostinho e Pelágio, um que continua até hoje, a igreja romana – especialmente após a Reforma – tem se alinhado mais e mais a Pelágio não apenas em nome, mas também em atitudes. Segundo eles, Deus concede a *capacidade*, ao homem que ouve o evangelho, de se afastar do pecado, voltar-se para Deus e sua graça e perseverar em sua conversão. Entretanto, o próprio desejo e a perseverança são contribuições do homem, portanto, por meio de boas obras ele deve merecer sua admissão no reino dos céus.

Essas boas obras caem em duas categorias de acordo com a igreja romana: aquelas relacionadas a guardar os mandamentos regulares que se aplicam a todo mundo e as que buscam satisfazer os conselhos acrescentados à lei por Cristo (celibato, pobreza e obediência). A primeira forma é boa, mas a segunda é melhor e mais difícil, embora seja mais rápida e segura também. A primeira é planejada para os leigos e, a segunda, para os religiosos – os monges e as freiras. Quem anda nesse caminho de boas obras sempre receberá da igreja, por meio dos sacramentos, tanta graça quanto merece. Finalmente, se ele perseverar até o fim, chegará – não no momento da sua conversão ou de sua morte, e somente após anos de sofrimento no purgatório – ao reino dos céus.

Em terceiro lugar, a Igreja Católica logo começou a fazer uma distinção entre o clero e os leigos, e não são os cristãos em geral, mas o clero que configura, no sentido correto, os sacerdotes. Nessa condição sacerdotal, várias outras classificações têm sido feitas.

No Novo Testamento, os nomes *presbítero* e *bispo* são designações intercambiáveis para os mesmos ofícios, mas, por volta do século II, essa unidade foi esquecida: o bispo foi elevado acima do nível de diáconos e presbíteros (pastores, sacerdotes), e gradualmente passou a ser considerado um sucessor dos apóstolos e preservador da tradição. Esses bispos têm o cânon, os sacerdotes e os capelães como seus inferiores, e arcebispos, patriarcas e, por fim, o papa como seus superiores. E essa extensa hierarquia eclesiástica culmina no papa que, no Concílio do Vaticano de Roma, em 1870, foi oficialmente declarado infalível. Ele é o "pai" (Papa: papai) de toda a igreja, o "sacerdote-chefe", o sucessor de Pedro, o vice-regente de Cristo, a mais elevada autoridade legislativa e judicial, e aquele que, com a ajuda de um grande colégio de oficiais (cardeais, prelados, procuradores, notários e outros), governa toda a igreja.

Esses erros, que tomaram seu ponto de partida em leves desvios da direção correta, foram piorando cada vez mais ao longo das eras. Eles se desenvolveram – e continuam a se desenvolver – em tal direção, que a antiga igreja católica cristã está sempre se tornando cada vez mais a igreja romana ultramontanista (isto é, inseparavelmente sujeita à igreja em Roma) e papal – na qual Maria, a mãe de Jesus, e o papa, como o substituto de Cristo, empurram a pessoa e obra de Cristo mais e mais para o segundo plano.

As três heresias ou os três erros mencionados representam um contingenciamento e uma violação dos ofícios profético, sacerdotal e real de Cristo.

—— ▪ ——

Essa corrupção da igreja não se desenvolveu sem esforços vigorosos e constantemente renovados para neutralizá-la. Na Idade Média, especialmente, não faltavam pessoas e tendências destinadas a introduzir melhorias, mas todos esses movimentos tiveram pouco sucesso na época, e alguns deles acabaram deixando pouco efeito prático. Outros foram suprimidos à força e regados a sangue. Contra a Reforma do século XVI, esses meios de repressão e aniquilação também foram aplicados, mas não tiveram sucesso. Os tempos estavam maduros para uma reforma. A igreja estava em um nível espiritual e ético tão baixo, que não era mais confiável nem mesmo para seu próprio povo. Havia um amplo senso, em todos os lugares, de que esse tipo de coisa não poderia continuar e também um desejo para que algo mudasse. E muitas pessoas, por exemplo, na Itália, começaram a zombar da religião e do cristianismo, caindo em completa incredulidade. É difícil saber o que teria acontecido com a igreja sem a Reforma, mas o fato é que foi uma bênção também para a igreja romana e continua sendo até hoje.

A Reforma não foi o único movimento formidável proclamado nesse novo tempo. Ela foi precedida, acompanhada e seguida por outros movimentos, cada um deles sendo tão importante em seus domínios quanto a Reforma. A descoberta da arte da impressão e da pólvora, o surgimento da classe média, a descoberta da América, a renascença da literatura e da arte, uma nova ciência e filosofia natural – todos esses movimentos e eventos importantes são evidências de um despertar da autoconsciência e da transição da Idade Média para o novo tempo.

E a Reforma, embora tenha procedido por seu próprio princípio e se encaminhado para seu próprio fim, foi carregada e apoiada por todos esses movimentos.

Além disso – e essa não é a consideração menos importante –, a Reforma, em sua oposição à Igreja Romana, dirigiu-se à raiz do problema. Ela não ficou satisfeita com uma melhoria das formas externas, mas insistiu que a causa da corrupção fosse removida; para isso, eram necessários um ponto de partida firme, uma norma ou critério confiável e um princípio positivo. Em contraste com as tradições da Igreja Romana, a Reforma encontrou a *palavra* de Cristo, a qual considerava digna de aceitação em si mesma e por si mesma, necessária para a vida e o bem-estar da igreja, e também autossuficiente e clara. Em contraste com as boas obras às quais Roma associou a salvação do homem, a Reforma encontrou a *obra* de Cristo, a qual considerava ser perfeita e sem necessidade de qualquer realização humana. E, por fim, em contraste à alegação do papa de ser o representante infalível de Cristo, a Reforma encontrou o *Espírito de Cristo* derramado sobre a igreja e que conduz os filhos de Deus a toda a verdade.

A Reforma não encontrou esse princípio positivo por meio da investigação e reflexão científica, mas da experiência do coração culpado e oprimido que finalmente encontrou reconciliação e perdão na graça de Deus. Ela não foi um movimento filosófico ou científico, mas sim uma reforma religiosa e moral por natureza. Como sempre acontece em casos de cisma e separação, muitos se identificaram com o movimento movidos por motivos impuros e detestáveis. Aqueles no coração da Reforma eram os cansados e sobrecarregados que estavam definhando sob o jugo romano, mas que encontraram descanso para suas almas novamente aos pés do Salvador.

Essa experiência do perdão de pecados era suficiente para Lutero, era suficiente para ele encontrar "um Deus gracioso". É verdade, desse novo ponto de vista, que ele olhou de forma muito mais livre e ampla para todo o mundo do que o cristão romano a quem o natural sempre teve a qualidade de profano. Mas, descansando inteiramente na justificação, que ele obteve somente pela fé, ele deixou tudo o que era secular – arte e ciência, Estado e sociedade – continuar por si mesmo. A Reforma luterana limitou-se à restauração do ofício da pregação, e, quando encontrou nas Escrituras a resposta para a pergunta "Como o homem é salvo?", desistiu de todo esforço adicional.

Para Zuínglio e Calvino, que tomaram conta da Reforma na Suíça, o trabalho começou a partir do ponto em que havia sido interrompida por Lutero. Eles também não chegaram ao ponto da Reforma por meio de um argumento racional, mas pela experiência do pecado e da graça, da culpa e da reconciliação. Essa experiência era o ponto de partida deles, mas não era o lugar de repouso nem o fim de seus percursos. Eles foram muito mais longe, tanto para frente quanto para trás. Por trás da graça de Deus que se expressa no perdão da culpa, reside a soberania de Deus, o infinito e louvável ser de Deus em todas as suas excelências e perfeições. Eles viram que, se Deus era soberano na obra da salvação, era soberano sempre e em todo lugar – tanto na criação quanto na recriação. Se ele se tornou Rei no coração do homem, também se tornou em sua mente e em sua mão; em seu lar, em seu escritório e em seu campo; no Estado e na sociedade; na arte e na ciência. A questão "Como o homem é salvo?" não foi suficiente, mas teve que apontar para outra pergunta mais elevada, profunda e abrangente: "Como Deus deve ter a glória que lhe é devida?". Assim, para Zuínglio e ainda mais para Calvino, a obra da Reforma tinha apenas começado quando eles encontraram a paz do coração no sangue da cruz. O mundo inteiro estava aberto diante deles, por assim dizer, não para ser deixado à própria sorte, mas para ser penetrado e consagrado pela Palavra de Deus e pela oração.

Eles começaram em seu ambiente imediato, dirigindo-se à igreja e à cidade onde moravam. Eles restauraram não apenas o ofício da pregação, mas também a liturgia e disciplina da igreja, e reformaram não apenas a vida religiosa do domingo, mas também a vida cívica e social dos dias da semana. E mais: reformaram não apenas a vida privada do cidadão, mas também a vida pública do Estado. A partir desse ponto, suas reformas se espalharam para outras terras e outros lugares. A Reforma luterana limitou-se principalmente à Alemanha, Dinamarca, Suécia e Noruega, mas a Reforma de Calvino penetrou Itália e Espanha, Hungria e Polônia, Suíça e França, Bélgica e Holanda, Inglaterra e Escócia, Estados Unidos e Canadá. Se não tivesse sido combatida e destruída pela Contrarreforma dos jesuítas em muitos países, teria posto um fim à dominação mundial de Roma de uma vez por todas.

—— ▪ ——

Essa conquista, no entanto, não foi permitida, e desde o começo a Reforma foi atacada pela Igreja Romana. No Concílio de Trento, Roma deliberada e conscientemente se opôs à Reforma e, depois disso, seguiu nessa direção; além disso, a Reforma se enfraqueceu por divisões internas e disputas sem fim. Já no século XVI, o socianismo e o anabatismo surgiram, ambos procedentes da mesma ideia básica, isto é, o conflito incompatível entre natureza e graça. Portanto, eles sacrificaram a graça em favor da natureza ou a natureza em favor da graça. Essa mesma oposição entre criação e recriação, humano e divino, razão e revelação, terra e céu, humanidade e cristandade – ou qualquer outra forma com a qual se queira designar os termos do contraste – continuou ativa posteriormente e continua até hoje. As separações e os cismas do século XVI não foram os únicos, ou seja, cada século posterior aumentou esse número. O século XVII deu origem ao remonstrantismo na Holanda, ao independentismo na Inglaterra e ao pietismo na Alemanha. No século XVIII, sugiram o moravianismo, o metodismo, o swedenborgianismo e, no mesmo século, todas as igrejas foram invadidas pela inundação do deísmo. Após a Revolução Francesa, no começo do século XIX, um avivamento religioso poderoso aconteceu nas igrejas romana e protestante, mas mesmo assim as separações continuaram. Darbismo, irvingismo, mormonismo, espiritismo e todos os tipos de seitas caíam como fragmentos de igrejas que eram muitas vezes enfraquecidas e consumidas por um espírito de dúvida e indiferença. E, fora das igrejas, o poder do monismo, seja na forma materialista ou panteísta, organizou suas forças para um ataque mortal final a toda a religião cristã.

Parecia, assim, que toda a esperança para unidade e universalidade da igreja de Cristo havia se perdido... Há, no entanto, um conforto: Cristo reúne os seus de todas as nações, tribos, povos e línguas. Ele chamará todas as suas ovelhas e elas ouvirão sua voz. E serão *um* só rebanho e *um* só Pastor (João 10:16).

9. O ser de Deus

Até agora discutimos a natureza da revelação que Deus nos concedeu em sua graça e explanamos de que maneira essa revelação surgiu e como, sob a liderança formativa dos credos e confissões, viemos a conhecê-la. Resta agora estabelecer o conteúdo dessa revelação e pontuar sistematicamente o que devemos a essa revelação na mente e no coração, tanto no conhecimento quanto na vida. Se, até agora, olhamos para o edifício da revelação pelo lado de fora e já temos alguma ideia da sua arquitetura, devemos agora entrar no próprio santuário para dar uma olhada completa nos tesouros de sabedoria e conhecimento lá contidos e organizá-los para o banquete de nossos olhos.

Não é necessário argumentar que podemos desenvolver o rico conteúdo dessa revelação de várias formas e analisar suas diversas partes diante de nós com diferentes padrões. Não precisamos discutir cada uma dessas formas e ordens de abordagem; na verdade, limitamos a discussão a dois métodos, nos quais o conteúdo da doutrina cristã pode ser tratado e frequentemente o é.

Em primeiro lugar, podemos ir diretamente ao cristão que, com uma fé verdadeira em seu coração, assumiu o conteúdo da revelação para si e, então, perguntar a ele de que maneira chegou ao conhecimento da verdade, em que esse conhecimento consiste e com que frutos esse conhecimento tem contribuído para seu pensamento e sua vida – esse é o ponto de vista do nosso *Catecismo de Heidelberg*. O locutor nesse catecismo é o cristão. Ele dá um relato abrangente e claro do que, na vida e na morte, é o seu único conforto e dos vários pontos necessários para saber, para viver e morrer abençoado com esse conforto. Esse é um belo método de abordagem e merece o reconhecimento mais caloroso de um manual prático de teologia. É um método que tem muitas vantagens: ele imediatamente relaciona a verdade ao todo da vida cristã; protege de argumentos acadêmicos e especulações inúteis; e, ao abordar cada doutrina, aponta diretamente qual é o seu valor para a mente e o coração. Que benefício e que conforto há em acreditar em tudo isso? Que eu sou justificado diante de Deus em Cristo e sou um herdeiro da vida eterna.

Mas existe também outra grande ordem na qual as verdades da fé podem ser tratadas. Não estamos limitados ao método de nos dirigirmos a um cristão e pedir que ele fale em que acredita. Podemos também nos colocar na posição do cristão e, então, tentar relatar, a partir da Escritura, o conteúdo da nossa fé. Dessa forma, não permitimos que o desenvolvimento da nossa confissão seja determinado pelas perguntas que nos são feitas sobre ele.

De acordo com esse segundo método, nós mesmos estabelecemos positivamente o conteúdo da nossa fé. Nossa preocupação, então, não é tanto seguir a ordem pela qual chegamos ao conhecimento da verdade, mas sim de tentamos traçar qual ordem está objetivamente presente nas verdades da fé, como elas se relacionam entre si e qual é o princípio regulador de todas elas. Essa é a ordem seguida na *Confissão de Fé* reformada, conhecida como *Confissão Belga*, na qual o cristão também é o locutor, mas não espera que as perguntas lhe sejam feitas; em vez disso, ele mesmo explica o conteúdo da sua fé. Ele crê com seu coração e confessa com sua boca o que Deus tem a dizer às igrejas em sua Palavra e por intermédio do seu Espírito.

Esses dois métodos evidentemente não são opostos entre si; na verdade, um complementa e preenche o outro, e ambos são de grande valor. É um privilégio inestimável para as igrejas e escolas cristãs reformadas ter a Confissão de Fé junto com o Catecismo, e o Catecismo junto com a Confissão de Fé. O que esses dois juntos nos dão é o objetivo e o subjetivo, o teológico e o antropológico. Assim, eles se harmonizam; e mente e coração estão em equilíbrio neles. Dessa forma, a verdade de Deus se torna uma bênção tanto para a nossa mente quanto para nossa vida.

É plenamente comprovado que esses dois métodos de estabelecer o conteúdo da revelação não se opõem, mas se complementam e se equilibram, o que é provado pelo fato de que não apenas no catecismo, mas também na confissão de fé, é o cristão que está falando. Em ambos, o cristão não está em isolamento, mas em comunhão com seus irmãos e irmãs, e é a igreja, o corpo de cristãos que se expressa neles. *Todos* nós cremos com o coração e confessamos com a boca – essas são as primeiras palavras da confissão, assim como seu meio e também o seu fim. É uma real confissão cristã que contém o resumo da doutrina de Deus e *da salvação eterna das almas*.

Essas duas – a doutrina de Deus e a doutrina da salvação eterna das almas – não são doutrinas independentes que não têm nada a ver com a outra, mas são inseparavelmente relacionadas entre si. A doutrina de Deus é, ao mesmo tempo, uma doutrina da salvação eterna das almas; e a segunda também inclui a primeira. O conhecimento de Deus na face de Jesus Cristo, seu Filho, é a vida eterna (João 17:3).

Esse conhecimento de Deus é diferente em tipo, não apenas em grau, do conhecimento que obtemos na vida cotidiana ou na escola. É um tipo peculiar de conhecimento, o qual difere em princípio, objeto e efeito de qualquer outro tipo de conhecimento – como falamos no Capítulo 2. Esse conhecimento é uma questão tanto da mente quanto do coração, e ele não nos torna mais "eruditos", pelo menos não em primeiro lugar, mas nos torna mais sábios, melhores e mais felizes. Ele nos *abençoa* e nos dá vida *eterna* de fato no futuro, mas também aqui e agora. As três coisas necessárias para sabermos não têm como fim que apenas possamos, em algum momento, sermos abençoados *na nossa morte*. Também é o seu fim que imediatamente, a partir desse momento, possamos ser abençoados *na nossa vida*.

Aquele que crê no Filho *tem* a vida eterna (João 3:16). Bem-aventurados *são* os puros de coração: eles já são bem-aventurados na terra, por causa da promessa de que verão a Deus no futuro (Mateus 5:8). Porque eles são salvos em esperança (Romanos 8:24).

——— ▪ ———

Uma vez que recebemos o princípio da vida eterna em nossos corações, somos impelidos a sempre desejar conhecer mais aquele que nos concedeu essa vida. Buscamos mais e mais conhecer aquele que é a fonte da nossa salvação. Por causa do conforto de que desfrutamos em nossos corações, do benefício e do fruto que o conhecimento de Deus produz em nós e em nossas vidas, sempre voltamos para a adoração do Ser Eterno. E, então, sempre ficamos mais certos de que Deus não existe para nós, mas que nós existimos para ele. Não somos indiferentes à nossa salvação, mas essa salvação é um meio para sua glória. O conhecimento de Deus nos deu vida, mas a vida que nos foi dada nos leva de volta para o conhecimento de Deus, em quem encontramos todo o nosso bem e toda a nossa glória. Ele se torna o objeto de nossa adoração, o tema da nossa canção e a força da nossa vida. Por causa de Deus, por meio de Deus e para Deus são todas as coisas – isso se torna a decisão dos nossos corações e o lema do nosso trabalho –, e nós e todas as criaturas ao nosso redor nos tornamos meios para a glória dele. A verdade que a princípio amávamos porque nos dera vida torna-se cada vez mais querida por nós simplesmente por si própria e pelo que nos revela a respeito do Ser Eterno. Toda a doutrina da fé – em sua totalidade e em suas partes – torna-se uma proclamação do louvor a Deus, uma exibição de suas excelências e uma glorificação do seu nome. O Catecismo nos leva à Confissão de Fé.

No entanto, quando tentamos refletir um pouco sobre o que significa para nós – criaturas pobres, fracas e pecaminosas – conhecer a *Deus*, o Infinito e o Eterno, profunda reverência e santa timidez agarram os nossos sentimentos. E, então, pensamos: é realmente verdade que, na mente obscurecida de um ser humano culpado, alguma luz pode descer de Deus, a quem nenhum homem viu, que habita em uma luz inacessível (1Timóteo 6:16), que é luz, e em quem não há treva alguma (1João 1:5)?

Houve muitos, e ainda existem alguns, que têm dado uma resposta negativa a essa questão, mas essa negação da possibilidade do conhecimento de Deus pode vir de duas atitudes mentais bem diferentes. Hoje em dia, esse temperamento cético é o resultado de um tipo de argumento puramente racionalista e abstratamente científico.

Dizem que o conhecimento disponível para a mente humana é limitado ao fenômeno empiricamente observável e, então, argumentam que é uma contradição defender, por um lado, que Deus tem personalidade, mente e vontade, e, por outro, que ele é, ainda assim, infinito, eterno e absolutamente independente.

Contra isso, podemos prontamente responder que não pode haver qualquer conhecimento de Deus na mente humana a menos que

Deus – seja de forma geral na natureza e na história, seja de forma especial em seu Filho – tenha se revelado. Se, no entanto, Deus de fato se revelou, segue-se que ele pode ser conhecido na medida em que se revelou. Mas se alguém sustentasse que ele não se revelou de forma nenhuma, a implicação seria que o mundo existiu eternamente ao lado de Deus e independente dele, e que ele não poderia se revelar nele e por meio dele. E a implicação adicional disso seria que nunca mais deveríamos falar sobre Deus, pois essa palavra seria apenas um som vazio, não tendo qualquer base na realidade. O chamado agnosticismo (a doutrina da impossibilidade do conhecimento de Deus) acaba por ser, na prática, idêntico ao ateísmo (a negação da existência de Deus).

Mas essa negação da possibilidade de conhecimento de Deus também pode surgir de um profundo senso da própria pequenez e insignificância, e, aliado a isso, de um profundo sentimento da infinita grandeza e esmagadora majestade de Deus. Nesse sentido, o reconhecimento de que não sabemos de nada – esse conhecimento é maravilhoso demais para nós – tem sido a confissão de todos os santos. Nos pais e mestres da igreja, geralmente encontramos a afirmação de que, ao refletir sobre Deus, eles poderiam dizer, em última análise, muito mais sobre o que Deus não é do que sobre o que ele é. Calvino adverte seus leitores a não tentarem, por suas próprias forças, arrancar os segredos de Deus, já que esses mistérios transcendem sobremaneira nossas frágeis capacidades de conhecimento. E os poetas, como Vondel e Bilderdijk, muitas vezes têm cantado sobre essa incomparável grandeza de Deus.

Embora essa humilde confissão da sublime majestade de Deus e da pequenez humana possa ser, em certo sentido, chamada de uma negação da capacidade de conhecimento de Deus, ainda assim parece que, para evitarmos mal-entendidos e estarmos de acordo com a Sagrada Escritura, devemos fazer uma distinção entre Deus ser cognoscível e ser compreensível, porque certamente não existe um livro no mundo que apoia, na mesma medida e da mesma maneira que a Escritura Sagrada, a absoluta transcendência de Deus acima de toda e qualquer criatura e, ao mesmo tempo, o relacionamento íntimo entre a criatura e seu Criador.

—— ▪ ——

Na primeira página da Bíblia, a transcendência absoluta de Deus sobre suas criaturas chama a nossa atenção. Sem esforço e sem se cansar, ele chama o mundo inteiro à existência por meio de sua palavra. Pela palavra do Senhor, foram criados os céus e todo o exército deles pelo sopro da sua boca (Salmos 33:6). Ele falou, e tudo se fez; ele mandou, e logo tudo apareceu (Salmos 33:9). Ele faz tudo de acordo com a sua vontade nos exércitos dos céus e entre os habitantes da terra, e ninguém pode deter a sua mão, nem lhe dizer: Que fazes (Daniel 4:35)? As nações são como a gota de um balde, como o pó das balanças, eis que ele considera as ilhas como um grãozinho. E nem todas as árvores do Líbano bastariam para queimar, nem os seus animais bastariam para um holocausto. Todas as nações são insignificantes diante dele; ele as considera menos que nada, algo inútil. Quem podeis comparar a Deus? A que figura ele se assemelha (Isaías 40:15-18)? Pois quem nos céus é comparável ao Senhor? Quem entre os seres angelicais é semelhante ao Senhor (Salmos 89:6)? Não há nome pelo qual ele possa verdadeiramente ser nomeado: seu nome é maravilhoso.[1] Quando Deus fala a Jó a partir do trovão e exibe a magnitude das suas obras diante dele, este humildemente abaixa sua cabeça e diz: eu não sou digno; que te responderia? Pelo contrário, tapo a boca com as mãos (Jó 40:4). Deus é grande, e não podemos compreendê-lo (Jó 36:26). Tal conhecimento é maravilhoso demais para nós; elevado demais para que possamos alcançá-lo (Salmos 139:6).

Ainda assim, esse mesmo Deus sublime e exaltado está em íntimo relacionamento com todas as suas criaturas, até com a mais medíocre e menor delas. O que a Escritura nos dá não é um conceito abstrato de Deus, como o do filósofo, mas coloca o próprio Deus vivo perante nós e nos deixa vê-lo nas obras de suas mãos. Temos que levantar nossos olhos e ver quem fez todas as coisas. Todas as coisas foram feitas por suas mãos, estabelecidas por sua vontade e ação, e tudo é sustentado pela sua força. Portanto, tudo carrega o selo das suas excelências e a marca da sua bondade, sabedoria e poder, e entre as criaturas apenas o homem foi criado à sua imagem e semelhança. Apenas o homem é chamado de *descendência* de Deus (At 17:28).

[1]Gênesis 32:29; Juízes 13:18; Provérbios 30:4.

Por causa desse relacionamento íntimo, Deus pode ser nomeado nos termos das suas criaturas e descrito antropomorficamente. A mesma Escritura que fala da maneira mais elevada acerca da incomparável grandeza e majestade de Deus, fala dele em figuras e imagens que pulsam com vida. Fala dos seus olhos e ouvidos, suas mãos e seus pés, sua boca e seus lábios, seu coração e suas entranhas. Atribui todos os tipos de atributos a ele – sabedoria e conhecimento, vontade e poder, justiça e misericórdia; e lhe atribui também emoções como alegria e luto, medo e aborrecimento, zelo e inveja, remorso e ira, ódio e raiva. Ela fala da sua observação e de seu pensamento, sua audição e sua visão, seu lembrar e esquecer, cheirar e sentir, sentar e levantar, visitar e abandonar, abençoar e amaldiçoar. Ela o compara a sol e luz, fonte e nascente, rocha e abrigo, espada e escudo, leão e águia, herói e guerreiro, artista e construtor, rei e juiz, lavrador e pastor, homem e pai. Em resumo, tudo que pode ser encontrado no mundo que seja um apoio, abrigo e auxílio é perfeita e originalmente encontrado em abundância em Deus, e dele toda a família nos céus e na terra recebe o nome (Efésios 3:15). Ele é o Sol do ser, e todas as criaturas irradiam como seus raios.

Portanto, é importante para nós, nessa questão do conhecimento de Deus, manter esses dois grupos de declarações sobre o ser divino e fazermos justiça a cada um deles. Afinal, se sacrificarmos a transcendência absoluta de Deus sobre todas as suas criaturas, caímos no politeísmo (a religião pagã de muitos deuses) ou panteísmo (a religião na qual tudo é Deus), duas falsas religiões que, de acordo com a lição da história, são intimamente relacionadas e facilmente se convertem uma na outra.

E se sacrificarmos o íntimo relacionamento de Deus com suas criaturas, encalhamos no recife do deísmo (a crença em Deus sem a revelação) ou do ateísmo (a negação da existência de Deus), duas religiões que, tal como aquelas outras, têm diversas características em comum entre si.

As Escrituras e a teologia cristã apegam-se a ambos os grupos de características (tanto a transcendência quanto a imanência). Deus, na verdade, não tem um nome segundo o qual podemos realmente nomeá-lo, e ele se chama e nos permite chamá-lo de muitos nomes. Ele é o infinitamente exaltado e, ao mesmo tempo, aquele que convive com todas as suas criaturas. Em certo sentido, todos os seus atributos não podem ser compartilhados, mas, em outro sentido, todos podem. Não podemos entender isso com a nossa mente, e não existe um conceito adequado de Deus. Ninguém consegue dar uma definição ou uma descrição de Deus que seja adequada ao seu Ser. O nome que expressa plenamente o que ele é não pode ser encontrado, mas um grupo de características descrito anteriormente não entra em conflito com o outro. É precisamente porque Deus é o Altíssimo e o Exaltado que vive na eternidade que ele também habita com aqueles que têm um espírito contrito e humilde (Isaías 57:15). Sabemos que Deus não se revelou a fim de que pudéssemos elaborar um conceito filosófico sobre ele a partir da sua revelação, mas para que possamos aceitá-lo – o Deus vivo e verdadeiro – como nosso Deus e para que possamos reconhecê-lo e confessá-lo. Essas coisas estão escondidas aos sábios e prudentes, mas foram reveladas aos pequeninos (Mateus 11:25).

O conhecimento que conseguimos de Deus por meio da sua revelação é, portanto, um conhecimento de fé. Não é adequado, no sentido de que não é equivalente ao ser de Deus, porque Deus é infinitamente exaltado acima de todas as suas criaturas. Esse conhecimento também não é puramente simbólico – isto é, formulado em expressões que arbitrariamente formamos e que não correspondem a qualquer realidade; em vez disso, esse conhecimento é éctipo (uma marca como em uma impressão) ou análogo (correspondente ou similar em forma), pois é baseado na semelhança e no relacionamento que, apesar da majestade absoluta de Deus, ainda assim existe entre Deus e todas as obras de suas mãos. O conhecimento que Deus nos concede de si mesmo na natureza e na Escritura é limitado, finito e fragmentado, mas, ainda assim, é verdadeiro e puro. Deus é como ele se revelou em sua Palavra, e especialmente em e por meio de Cristo; e somente ele é exatamente como nossos corações precisam.

—— ▪ ——

O esforço de considerar todos os dados das Escrituras Sagradas em sua doutrina de Deus e de manter tanto sua transcendência e seu relacionamento com a criatura levou a igreja cristã a fazer uma distinção muito cedo entre dois grupos de atributos do ser divino. Ambos os grupos foram nomeados diferentemente na história da igreja. A igreja católica romana ainda prefere falar de atributos negativos e positivos; a luterana, de atributos inativos e operativos; e as igrejas reformadas, de atributos incomunicáveis e comunicáveis. No fundo, todavia, essa divisão equivale às mesmas coisas em todas essas igrejas. O propósito de cada uma delas é insistir na transcendência de Deus (sua distinção e superioridade em relação ao mundo) *e* na imanência de Deus (sua comunhão e habitação no mundo). Os nomes reformados de atributos incomunicáveis e comunicáveis fazem melhor justiça a esse propósito do que os nomes que os católicos romanos e luteranos empregam. A insistência no primeiro grupo de atributos nos salva do politeísmo e do panteísmo; e a insistência no segundo grupo nos protege do deísmo e ateísmo.

Ainda que todas as nossas designações para esses atributos sejam inadequadas, não há objeção convincente para abandonarmos os termos reformados. Contudo, o que precisamos fazer é lembrar que esses dois grupos de atributos incomunicáveis e comunicáveis não têm total separação entre si, contudo, a força dessa distinção não deve ser perdida também, e o impulso dessa distinção é que Deus tem todos os seus atributos incomunicáveis em uma forma absoluta e em um grau infinito e, portanto, incomunicável. É verdade que o conhecimento, a sabedoria, a bondade, a justiça e outros atributos de Deus têm certas características em comum com as mesmas virtudes das suas criaturas, mas são peculiares a Deus de uma forma independente, imutável, eterna, onipresente, simples ou, para resumir, absolutamente divina.

Nós, como seres humanos, podemos fazer uma distinção entre o ser e os atributos das pessoas. Um ser humano pode perder seu braço ou sua perna; ou, em um estado de sono ou doença, perder a consciência sem deixar de ser humano. Mas em Deus isso é impossível, uma vez que seus atributos coincidem com seu ser e, também, que todo atributo é o seu ser. Ele não é apenas sábio e verdadeiro, bom e santo, justo e misericordioso; mas também *é* sabedoria, verdade, bondade, santidade, justiça e misericórdia. Portanto, ele também é a fonte de todos os atributos do homem, *é* tudo que ele *tem* e também a fonte de tudo o que as criaturas têm. Ele é a fonte abundante de todos os bens.

Entre os atributos incomunicáveis de Deus, estão aquelas excelências ou virtudes que revelam que tudo que está em Deus existe nele de um modo absolutamente divino e, portanto, não é suscetível de ser compartilhado com as criaturas. Esse grupo de atributos afirma a absoluta exaltação e incomparabilidade de Deus. É verdade que o nome *deus* também é aplicado às criaturas na Bíblia. As Escrituras Sagradas fazem menção não apenas aos ídolos dos pagãos como deuses, conforme vemos na proibição de ter outros deuses perante ele (Êxodo 20:3), mas elas também designam Moisés como um deus para Arão (Êxodo 4:16) e para Faraó (Êxodo 7:1); e falam dos juízes entre os homens como deuses (Salmos 82:1,6); e Cristo apela a essa designação dos Salmos em sua própria autodefesa (João 10:33-35).

Mas esse uso da linguagem é derivado e imitativo. O nome de Deus original e essencialmente pertence somente a Deus, e é a esse nome que sempre associamos uma ideia de um ser pessoal de fato, mas que também é um poder elevado bem acima de todas as criaturas e tem uma natureza eterna.

É assim que ele temtem os atributos incomunicáveis, os quais são peculiares e próprios dele. Não são encontrados nas criaturas e não podem ser compartilhados com elas, porque todas são dependentes, mutáveis, compostas e sujeitas ao tempo e espaço. Contudo, Deus é *independente* no sentido de que não é determinado por nada e que todo o resto é determinado por ele (Atos 17:25; Romanos 11:36). Ele é *imutável*, de modo que permanece o mesmo eternamente; e toda variação e mudança são próprias das criaturas e da relação na qual elas se colocam contra Deus (Tiago 1:17). Ele é *simples*, não complexo, totalmente livre de toda composição de espírito e matéria, pensamento e extensão, ser e propriedades, razão e vontade, e outros componentes; e tudo o que ele *tem* também *é* pura verdade, vida e luz.[2] Ele é *eterno* porque transcende o tempo e, ainda assim, penetra cada momento do tempo com sua eternidade (Salmos 90:2); é *onipresente* porque transcende todo espaço e, ainda assim, sustenta cada ponto de espaço por sua força onipotente e sempre presente.[3]

[2]Salmos 36:9; João 5:26; 1João 1:5.
[3]Salmos 139:7; Atos 17:27-28.

Em tempos modernos, existem muitos pensadores que negam todo valor religioso a esses atributos incomunicáveis e veem neles nada além de abstrações metafísicas. Mas exatamente o oposto é provado pelo fato de que qualquer sacrifício dessas distinções imediatamente abre a porta ao panteísmo e politeísmo.

Se Deus não é considerado independente e imutável, eterno e onipresente, simples e livre de composição, logo ele é puxado para o nível da criatura e identificado com o mundo em sua totalidade ou com um dos seus poderes. Portanto, constantemente cresce o número daqueles que trocam o Deus da revelação por uma força imanente ou que preferem confessar um politeísmo ao invés do único Deus verdadeiro. É evidente que a *unicidade* e a *unidade* de Deus estão diretamente conectadas com os atributos incomunicáveis.[4] Deus é o verdadeiro e único Deus apenas se ninguém e nada mais for o que ele é – no nível dele ou até abaixo dele –, e tão somente se for independente e imutável, eterno e onipresente, ele pode ser o Deus da nossa fé incondicional, da nossa confiança absoluta e da nossa salvação perfeita.

—— ▪ ——

Entretanto, ainda é verdade que precisamos de mais do que esses atributos incomunicáveis. Que bem faria para nós saber que Deus é independente e imutável, eterno e onipresente, se não soubéssemos que ele é compassivo, gracioso e muito misericordioso? É verdade que os atributos incomunicáveis nos dizem sobre o modo pelo qual tudo que está em Deus existe; mas eles nos deixam no escuro sobre o *conteúdo* do ser divino. Isso não se aplica aos atributos comunicáveis, os quais nos dizem que esse Deus é tão infinitamente exaltado e sublime, mas, mesmo assim, também habita em todas as suas criaturas, relaciona-se com todas elas e tem todas aquelas virtudes que, de forma derivada e limitada, também são próprias das suas criaturas. Ele não é apenas um Deus de longe, mas também é um Deus de perto. Ele não é apenas independente e imutável, eterno e onipresente, mas também sábio e poderoso, justo e santo, gracioso e misericordioso. Ele não apenas é Elohim, mas também Jeová.

[4]Deuteronômio 6:4; Marcos 12:29; João 17:3.

Assim como os atributos incomunicáveis se expressam bem no nome Elohim, que significa Deus, os atributos comunicáveis se destacam no nome Jeová. A derivação e a importância original desse nome não são conhecidas por nós. Muito provavelmente ele existiu por algum tempo antes do tempo de Moisés – como parece ser sugerido pelo nome próprio Joquebede, mas Deus, naquela época, ainda não tinha se dado a conhecer a seu povo por esse nome. Ele se revela a Abraão como El-Shaddai – Deus Todo-Poderoso (Gênesis 17:1; Êxodo 6:2), que sujeita todas as forças da natureza e as utiliza para servir à graça. Mas, quando milhares de anos se passaram e Deus parece ter se esquecido do seu pacto com os patriarcas e de sua promessa a eles, ele se torna conhecido a Moisés como Jeová, isto é, o Deus que é o mesmo que apareceu aos patriarcas, que é fiel ao seu pacto, que cumpre sua promessa e que, ao longo dos séculos, permanece o mesmo para com o seu povo. O significado de Jeová agora se torna: Eu sou o que sou (Eu serei o que serei), e o nome designa a imutável fidelidade de Deus em seu relacionamento com Israel. Jeová é o Deus do pacto que, de acordo com seu amor soberano, escolheu seu povo e o tomou para si. Assim, enquanto o nome Elohim (Deus) aponta para o ser eterno em sua elevação soberana sobre o mundo, o nome Jeová (Senhor) afirma que esse mesmo Deus tem voluntariamente se revelado ao seu povo como um Deus de santidade, graça e fidelidade.

Do passado até os dias atuais, toda a luta religiosa em Israel está essencialmente relacionada a essa questão de quem Deus é. Os pagãos e muitos filósofos, tanto os antigos quanto os contemporâneos, dizem que Jeová é apenas o Deus de Israel – um Deus nacional, limitado e pequeno. Mas Moisés, Elias e todos os profetas, com Cristo e seus discípulos, tomam uma posição oposta e sustentam que somente o *Senhor*, o qual entrou em aliança com os patriarcas e o povo de Israel, é o único, eterno e verdadeiro Deus; e não existe outro Deus além dele (Isaías 43:10-15; 44:6). Portanto, Jeová é realmente o nome característico de Deus (Isaías 43:28; 48:12). O Deus do pacto, que tão condescendentemente desceu ao seu povo e que habita naqueles que são de espírito humilde e contrito, é, ao mesmo tempo, o Altíssimo e o Elevado (Isaías 57:15).

Assim, os dois tipos de atributo não estão em conflito um com o outro, e podemos dizer que o primeiro serve para iluminar e reforçar os demais. Considere, por exemplo, o amor de Deus. Não nos seria permitido falar dele, e nem seríamos capazes de falar sobre, se o atributo ao qual os homens chamam de "amor" não fosse, em certo sentido, uma impressão (éctipa), imagem ou semelhança do amor que está presente em Deus. Deve haver certa correspondência entre o amor divino e o humano ou, de outro modo, todo o nosso pensar e falar do amor de Deus seria um som vazio. Mas essa semelhança não é, de maneira nenhuma, uma identidade. O amor mais puro e forte entre os homens é nada mais que um reflexo muito fraco do amor que está em Deus, e isso nos ensina a entender os atributos incomunicáveis. A partir deles, aprendemos que, em Deus, o amor transcende bastante o amor das criaturas, porque o amor em Deus é independente, imutável, simples, eterno e onipresente. Ele não depende de nós nem é despertado por nós, mas flui, livre e puro, das profundezas do ser divino. Ele não conhece nenhuma variação, não diminui nem aumenta, não aparece nem desaparece e não há nenhuma sombra de mudança nele. O amor não é apenas uma propriedade do ser divino ao lado de outras propriedades ou atributos que nunca entram em conflito com os outros, mas também coincide com o próprio ser divino. Deus é amor, de forma completa e perfeita, e com todo o seu ser, e esse amor não está sujeito ao tempo e espaço, mas está acima deles e desce da eternidade para dentro dos corações dos filhos de Deus. Tal amor é absolutamente confiável, de tal modo que nossa alma pode descansar nele em cada necessidade – incluindo a própria morte –, pois, se esse Deus de amor é por nós, quem será contra nós? E o mesmo pode ser dito de todos os atributos comunicáveis. Existe nas criaturas de Deus uma fraca semelhança de conhecimento e sabedoria, bondade e graça, justiça e santidade, e da vontade e do poder que são próprios de Deus. Tudo o que é transitório é uma imagem, e as coisas que são vistas vieram à existência a partir das coisas que não são vistas (Hebreus 11:3). Mas todos esses atributos estão presentes em Deus de uma forma original, independente, imutável, simples e infinita. O *Senhor* somente é Deus e foi ele quem nos fez para ser o seu povo, as ovelhas do seu rebanho (Salmos 100:3).

Os atributos comunicáveis são tão numerosos, que é impossível colocá-los todos aqui e descrevê-los. Se quiséssemos tratar deles adequadamente, deveríamos fazer uso de todos aqueles nomes, aquelas imagens e as comparações que as Escrituras Sagradas usam para nos dar alguma ideia de quem e o que Deus é para suas criaturas, e, mais especificamente, para seu povo, pois a Escritura, como falamos brevemente, atribui a Deus órgãos do corpo, como olhos e ouvidos, mãos e pés (e outras coisas). Ela transfere consciência, emoções, paixões, decisões e ações humanas para a pessoa de Deus. Ela se refere a Deus com os nomes de ofícios e vocações que são encontrados entre os seres humanos ao chamá-lo de rei, legislador e juiz; guerreiro e herói, lavrador e pastor; e homem e pai. As Escrituras convidam todo o mundo orgânico e inorgânico para ajudar a tornar Deus real para nós, comparando-o com um leão, uma águia, com o sol, o fogo, uma fonte, um escudo, e assim por diante, e todas essas maneiras de falar são um esforço para nos ajudar a conhecer a Deus e deixar uma impressão profunda da perfeita suficiência do seu ser. Nós, seres humanos, precisamos de todo o mundo de fora para nossa existência espiritual e física, porque somos pobres e fracos, e porque nada temos, mas tudo isso de que precisamos, tanto para a alma quanto para o corpo, tanto para o tempo quanto para a eternidade, está, sem exceção, disponível para nós – de modo original, perfeito e infinito – em Deus, o qual é o bem supremo e a fonte transbordante de todos os bens.

A primeira coisa que a Escritura Sagrada nos dá, em seu uso de todas essas descrições e nomes do ser divino, é um senso inerradicável do fato de que Jeová, o Deus que se revelou a Israel e em Cristo, é o próprio, verdadeiro e vivo Deus. Os ídolos dos pagãos e os ídolos (panteístas e politeístas, deístas e ateístas) dos filósofos são obras das mãos humanas, ou seja, não podem falar, ver, ouvir, provar ou se mover. Mas o Deus de Israel está nos céus e faz tudo o que deseja. Ele é o único Deus (Deuteronômio 6:4), o Deus verdadeiro (João 17:3) e o Deus eterno.[5] As pessoas querem fazer de Deus um Deus morto para poder tratá-lo como quiserem; todavia a mensagem das Escrituras é esta: isso está errado. Deus existe, Ele é o verdadeiro Deus e *vive* agora e na eternidade. E terrível coisa é cair nas mãos do Deus vivo (Hebreus 10:31)!

Como um Deus *vivo*, que é pura vida e a fonte de toda vida (Salmos 36:9; Jeremias 2:13), ele também é *Espírito* (João 4:24), sem corpo,

[5]Deuteronômio 5:26; João 3:10; Daniel 6:27; Atos 14:15; 2Coríntios 6:16; 1Timóteo 3:15; 6:17.

ainda que toda sorte de órgãos físicos lhe seja atribuída (Deuteronômio 4:12,16). Portanto, nenhuma imagem, semelhança ou similaridade pode ser feita dele (Deuteronômio 4:15-19). Ele é invisível.[6] Como Espírito, ele tem *consciência*, conhecimento perfeito de si mesmo (Mateus 11:27; 1Coríntios 2:10), e nele e por meio dele próprio, Deus também tem conhecimento perfeito de tudo o que está para acontecer no tempo, não importa quão escondido ou pequeno isso possa ser.[7] Como Espírito, ele tem *vontade* e, por meio dela, faz tudo que lhe agrada (vontade secreta ou conselho).[8] Ele determina o que deve ser a norma condutora da nossa conduta (vontade revelada ou mandamento),[9] e, como Espírito, por fim, ele tem *poder* por meio do qual, apesar de qualquer oposição, executa o que ele planejou, e, por isso, nada é impossível para ele.[10]

Mas esse conhecimento ou essa consciência, essa vontade e esse poder não são arbitrários, isto é, em todas as suas partes eles são eticamente determinados. Podemos ver isso na *sabedoria* que é atribuída a Deus nas Escrituras Sagradas,[11] e por meio da qual ele organiza e direciona todas as coisas de acordo com o propósito que estabeleceu na criação e recriação.[12] E essa realidade moral se manifesta mais ainda na *bondade* e *graça*, por um lado, e na *santidade* e *justiça*, por outro, que são atribuídas a Deus. Ele não é meramente o onisciente e o onipotente, mas também é o todo-bondoso e o único realmente bom (Mateus 5:45), além de ser perfeito e a fonte de tudo que é bom nas criaturas (Salmos 145:9). Essa bondade de Deus se espalha por todo o mundo (Salmos 145:9; Mateus 5:45), mas varia de acordo com os objetos aos quais ela é direcionada – assumindo, por assim dizer, várias formas. Ela é chamada *longanimidade* ou *paciência* quando é manifestada aos culpados (Romanos 3:25), *graça* quando é manifestada àqueles que receberam o perdão de pecados (Efésios 2:8), e *amor* quando Deus, por sua graça direcionada às suas criaturas, entrega-se a elas (João 3:16; 1João 4:8). Ela é chamada *benignidade* ou *misericórdia* quando essa bondade de Deus é manifestada para

---

[6]Êxodo 33:20; João 1:18; 6:46; 1Timóteo 6:16.
[7]Isaías 46:10; Jeremias 11:20; Mateus 10:30; Hebreus 4:14.
[8]Salmos 115:3; Provérbios 21:1; Daniel 4:35.
[9]Deuteronômio 29:29; Mateus 7:21; 12:50.
[10]Gênesis 18:14; Jeremias 22:37; Zacarias 8:6; Mateus 19:26; 1Timóteo 6:15.
[11]Provérbios 8:22-31; Jó 28:20-28; Romanos 16:27; 1Timóteo 1:17.
[12]Salmos 104:24; Efésios 3:10; Romanos 11:33.

aqueles que desfrutam de seu favor,[13] e *benevolência* ou *beneplácito* quando a ênfase recai sobre o fato de que a bondade e todos os seus benefícios são um dom gratuito.[14]

—— ▪ ——

A santidade e a justiça de Deus andam de mãos dadas com essa bondade e graça de Deus, e ele é chamado "santo" não apenas por ser exaltado sobre toda criatura, mas especialmente porque ele é separado de tudo aquilo que é pecaminoso e impuro no mundo. Sendo assim, ele exige que seu povo, escolhido por sua livre graça para ser seu, seja santo;[15] e ele se santifica nesse povo por meio de Cristo (Efésios 5:26-27), assim como Cristo se santificou para eles a fim de que eles também fossem santificados na verdade (João 17:19). E a *retidão* e a *justiça* de Deus estão intimamente relacionadas à sua santidade, porque, como santo, ele não pode ter comunhão com o pecado; na verdade, ele odeia o pecado (Salmos 45:7; Jó 34:10), ira-se contra ele (Romanos 1:18), tem ciúmes da sua honra (Êxodo 20:5) e não pode, portanto, considerar inocente aquele que é culpado (Êxodo 34:5,7). Sua natureza santa exige também que, fora de si mesmo, no mundo criado, ele mantenha a justiça em vigor e, sem acepção de pessoas, recompense a todos de acordo com suas obras (Romanos 2:2-11; 2Coríntios 5:10). Hoje em dia, existem aqueles que dizem que Deus não presta atenção nos pensamentos e atos pecaminosos dos homens, mas o verdadeiro Deus vivo, apresentado pelas Escrituras, pensa muito diferente sobre isso, e sua ira se acende terrivelmente contra o pecado original e atual; e mais: ele quer puni-los tanto no tempo quanto na eternidade por meio de um julgamento justo (Deuteronômio 27:26; Gálatas 3:10).

Mas ele não apenas pune os ímpios de acordo com sua justiça, pois o extraordinário ensino das Escrituras diz que é segundo essa mesma justiça que ele concede salvação aos santos. É verdade que esses santos são, em si mesmos, igualmente pecadores e não são melhores do que os outros, porém, enquanto os ímpios escondem ou encobrem os seus pecados, os santos os reconhecem e os confessam

[13] Gênesis 39:21; Números 14:19; Isaías 54:10; Efésios 2:7.
[14] Mateus 11:26; Lucas 2:14; 12:32; 2Tessalonicenses 1:11.
[15] Êxodo 19:5-6; Levítico 11:44-45; 1Pedro 2:9.

– essa é a diferença entre eles. Embora eles sejam *pessoalmente* culpados e impuros, estão do lado de Deus e contra o mundo, e podem, portanto, apelar à promessa do pacto da graça, à verdade da sua palavra e à justiça que o próprio Deus realizou em Cristo.

Nos termos dessa justiça, podemos até corajosamente dizer – com a devida reverência – que Deus é obrigado a perdoar os pecados do seu povo e lhes garantir a vida eterna.[16] E, se Deus frequentemente deixa seu povo esperar por ele e prova a fé dele por um longo tempo, segue-se então uma perfeita redenção dele e, portanto, a *integridade* e a *fidelidade* de Deus são evidenciadas mais gloriosamente.[17]

O Senhor aperfeiçoará aqueles que pertencem ao seu povo, porque sua misericórdia permanece para sempre (Salmos 138:8). O Senhor é misericordioso e gracioso, demora para se irar e é grande em amor e verdade.[18]

Alguns confiam em carros e outros em cavalos, mas nós faremos menção do nome do Senhor, nosso Deus.[19] Porque esse Deus é o nosso Deus para sempre e sempre; ele será o nosso guia até a morte (Salmos 48:14). Ele é um Deus *bem-aventurado* e *glorioso* (1Timóteo 6:15; Efésios 1:17), e bendito o povo cujo Deus é o Senhor (Salmos 33:12).

[16]Salmos 4:2; 7:10; 31:2; 34:22; 35:24; 51:16; 103:17; 1João 1:9.
[17]Gênesis 24:27; 32:10; Josué 21:45; 2Samuel 7:28; Salmos 57:3; 105:8.
[18]Êxodo 34:6; Salmos 86:15; 103:8; 145:8.
[19]Salmos 20:7; Jeremias 9:23; 1Coríntios 1:31; 2Coríntios 10:17.

10. A divina Trindade

O Ser eterno se revela em sua existência trina de forma ainda mais rica e fundamental do que em seus atributos. É nessa santíssima Trindade que cada atributo do seu ser vem à tona, por assim dizer, alcança seu conteúdo mais completo e assume seu significado mais profundo. É apenas quando contemplamos essa Trindade que conhecemos quem e o que Deus é; além disso, só assim saberemos quem e o que Deus é para a humanidade perdida, e entenderemos isso apenas quando o conhecermos e o confessarmos como o Deus Trino do pacto – como Pai, Filho e Espírito Santo.

Ao considerar essa parte da nossa confissão, é especialmente necessário que um tom de santa reverência e de temor seja a característica da nossa abordagem e atitude. Para Moisés, foi uma hora terrível e inesquecível quando o Senhor apareceu a ele no deserto no fogo da sarça ardente. Quando Moisés olhou de longe para a sarça ardente, que queimava, mas não se consumia; e quando quis apressar-se até o local, o Senhor o conteve e disse: "Não te aproximes daqui. Tira as sandálias dos pés, pois o lugar em que estás é terra santa". Quando Moisés ouviu isso, escondeu o rosto, pois teve medo de olhar para Deus (Êxodo 3:1-6).

Esse santo respeito é apropriado também para nós enquanto testemunhamos a revelação de Deus pela sua Palavra como um Deus Trino, uma vez que sempre temos de nos lembrar de que, ao estudarmos esse fato, não estamos lidando com uma doutrina sobre Deus, um conceito abstrato ou uma proposição científica sobre a natureza da divindade. Não estamos lidando com uma construção humana cujos fatos nós mesmos ou outros instituímos e que agora tentamos analisar e logicamente desmembrar. Em vez disso, ao tratar da Trindade, estamos lidando com o próprio Deus – o único Deus verdadeiro –, que se revelou assim em sua Palavra. É como ele disse a Moisés: eu sou o Deus de Abraão, Isaque e Jacó (Êxodo 3:6). Assim, ele se revela a nós também em sua Palavra e se manifesta a nós como Pai, Filho e Espírito.

É assim que a igreja cristã sempre confessou e aceitou a revelação de Deus como o Deus Trino. Encontramos isso nos doze artigos do credo dos apóstolos, no qual o cristão não diz apenas como ele pensa sobre Deus. Ele não está dando uma noção de Deus nem dizendo que Deus tem tal e tal atributo e que existe desse e daquele modo. Pelo contrário, ele confessa: eu acredito *em* Deus, o Pai; e *em* Jesus Cristo, seu único Filho; e *no* Espírito Santo; ou seja, eu acredito no Deus Trino. Ao confessar isso, o cristão manifesta que Deus é o Deus vivo e verdadeiro, que ele é Deus como Pai, Filho e Espírito, o Deus da sua confiança, para quem ele completamente se rendeu e em quem ele descansa todo o seu coração. Ele é o Deus da sua vida e salvação, e, como Pai, Filho e Espírito, Deus o criou, redimiu, santificou e glorificou. O cristão deve tudo a ele, pois é a sua alegria e o seu conforto poder acreditar *nesse* Deus, confiar nele e esperar tudo dele.

O que o cristão continua a confessar sobre esse Deus não se resume a alguns termos abstratos, mas é descrito como uma série de atos feitos por Deus no passado, no presente e que serão feitos no futuro. São os atos – os milagres – de Deus que constituem a confissão do cristão. O que o cristão confessa em seu credo é uma longa, ampla e importante história. É uma história que compreende todo o mundo em sua largura e profundidade; em seu início e fim; em sua origem, seu desenvolvimento e seu destino; desde o ponto da criação até o cumprimento das eras. A confissão da igreja é uma declaração dos poderosos atos de Deus.

Esses atos são numerosos e caracterizados por uma grande diversidade, mas eles também constituem uma unidade rígida. Estão relacionados entre si, preparam um para o outro e são interdependentes entre si, e neles há ordem e padrão, desenvolvimento e progresso. Eles procedem da criação para redenção e, depois, para a santificação e glorificação. O fim retorna ao começo e, ao mesmo tempo, é o ápice que é exaltado muito acima do ponto de origem. Os atos de Deus formam um círculo que se desenvolve na forma de uma espiral e representam uma harmonia da linha horizontal e vertical, movendo-se para cima e para a frente ao mesmo tempo.

Deus é o arquiteto e construtor de todos esses atos, a fonte e o fim último deles. Dele, por meio dele e para ele são todas as coisas, pois ele é o Criador, Restaurador e Aperfeiçoador. A unidade e a diversidade nas obras de Deus procedem da unidade e diversidade que existem no Ser divino, e esse ser é único e simples. Ao mesmo tempo, esse ser é triplo em sua pessoa, revelação e influência, e toda a obra de Deus é um todo inquebrável e, ainda assim, compreende a mais rica variedade e mudança. A confissão da igreja compreende toda a história mundial, e nessa confissão estão incluídos os momentos de Criação e Queda, reconciliação e perdão, renovação e restauração. É uma confissão que procede do Deus Trino e que conduz tudo de volta para ele.

Portanto, o capítulo da Santíssima Trindade é o coração e o centro da nossa confissão, a marca distintiva da nossa religião e o louvor e conforto de todos aqueles que verdadeiramente creem em Cristo. Foi essa confissão que estava em jogo na guerra de cosmovisões ao longo dos séculos. A confissão da Santíssima Trindade é a pérola preciosa que foi confiada à igreja cristã para ser protegida e defendida.

—— ▪ ——

Se essa confissão da Trindade de Deus toma uma posição tão central na fé cristã, é importante conhecer a base sobre a qual ela repousa e de que fonte ela fluiu para a igreja. Em nossos dias, não são poucos os que defendem que a Trindade é fruto de argumentos humanos e ensinamentos acadêmicos, sem valor nenhum para a vida religiosa. De acordo com eles, o evangelho original, como foi proclamado por Jesus, não pregava nada da doutrina da Trindade de Deus – isto é, nada sobre o próprio termo nem sobre a realidade que ele descreve. Foi apenas quando – o argumento deles continua – o Evangelho original e simples de Jesus começou a se relacionar com a filosofia grega e foi, assim, falsificado que a igreja cristã atribuiu a natureza divina à pessoa de Cristo. Eventualmente, o Espírito Santo também foi incluído no Ser divino, e, então, a igreja confessou as três pessoas no único Ser divino.

Mas a própria igreja cristã sempre teve uma ideia bem diferente sobre isso, pois não via a doutrina da Trindade como uma descoberta de teólogos astutos nem como um produto do relacionamento entre o evangelho e a filosofia grega, mas sim como uma confissão que estava materialmente embutida no evangelho e em toda a palavra de Deus – uma doutrina, em suma, que a fé cristã inferiu da revelação de Deus. Em resposta à questão "Visto que existe apenas um Ser divino, por que você fala do Pai, Filho e Espírito Santo?", o Catecismo de Heidelberg dá uma breve e conclusiva resposta: porque Deus se revelou dessa maneira em sua Palavra (Pergunta 25). A revelação de Deus é o terreno firme sobre o qual essa confissão da igreja repousa e também a fonte por meio da qual essa doutrina da igreja cristã una, santa e católica cresceu e foi construída. Deus se revelou assim. E ele se revelou como um Deus Trino porque existe dessa maneira; e ele existe dessa maneira porque assim ele se revelou.

A Trindade, na revelação de Deus, aponta de volta para a Trindade em sua existência.

Essa revelação não aconteceu em um único momento, tampouco foi apresentada e aperfeiçoada em um único ponto no tempo; na verdade, essa revelação tem uma longa história que se estende pelos séculos. Começou na Criação, continuou após a Queda, nas promessas e atos graciosos feitos a Israel, e alcançou seu ápice na pessoa e obra de Cristo, no derramamento do Espírito Santo e no estabelecimento da igreja. Ela se mantém ao longo dos séculos, apesar de toda oposição, baseada no inextinguível testemunho da Escritura e na firme confissão da igreja. Como a revelação teve essa longa história, houve progresso e desenvolvimento também na confissão da existência trina de Deus. Deus não sofre mudança, permanecendo o mesmo para sempre, mas, no progresso da revelação, ele se torna sempre mais claro e mais glorioso para o povo e para os anjos; dito de outra forma, à medida que sua revelação prossegue, nosso conhecimento vai sendo ampliado.

——— ▪ ———

Nos dias da antiga aliança, quando Deus começou a se revelar, o que permaneceu em primeiro plano certamente foi a unidade e a unicidade de Deus.

Por causa do pecado do homem, o conhecimento puro de Deus se perdeu: a verdade, como Paulo diz, foi impedida pela sua injustiça. Até aquilo que pode ser conhecido de Deus nas coisas criadas se tornou fútil pelas especulações dos homens e foi obscurecido pela insensatez dos seus corações. Toda a humanidade caiu em idolatria e adoração de imagens (Romanos 1:18-23).

Portanto, era necessário que a revelação começasse com uma ênfase sobre a unicidade de Deus, a qual parece gritar para a humanidade: os deuses para os quais vocês se curvam não são o verdadeiro Deus. Há apenas um Deus verdadeiro — o Deus que no princípio criou os céus e a terra (Gênesis 1:1; 2:1); o Deus que se manifestou a Abraão como o Todo-Poderoso (Gênesis 17:1; Êxodo 6:3); o Deus que apareceu a Moisés como Jeová, como o *Eu sou o que Sou* (Êxodo 3:14); e o Deus que, pelo favor soberano, escolheu o povo de Israel e os chamou e aceitou em sua aliança (Êxodo 19:4ss). Antes de tudo, no entanto, a revelação tinha como seu conteúdo o seguinte: apenas Jeová é Elohim, apenas o SENHOR é Deus e não há outro Deus além dele.[1]

Para o povo de Israel, a revelação da unicidade de Deus era desesperadamente necessária, visto que por todos os lados Israel estava cercado por pagãos que sempre buscavam seduzir o povo a apostatar e ser infiel ao Senhor; além disso, até o exílio, grande parte da nação de Israel se sentiu atraída à idolatria pagã e à adoração de imagens, e diversas vezes caiu nessas práticas, apesar da prescrição da lei e dos avisos dos profetas. Portanto, o próprio Deus enfatizou que ele, o Senhor, o qual agora estava aparecendo a Moisés e queria redimir seu povo, era o mesmo Deus que se fez conhecido a Abraão, Isaque e Jacó como o Deus Todo-Poderoso (Êxodo 3:6,15). Quando deu a sua lei a Israel, ele escreveu em cima dela como seu preâmbulo: "Eu sou o Senhor teu Deus, que te tirou da terra do Egito". E, no primeiro e segundo mandamentos, ele rigorosamente proibiu toda idolatria e adoração de imagens (Êxodo 20:2-5). É porque o Senhor nosso Deus é um único Deus, que Israel deve adorá-lo com todo o seu coração, com toda a sua alma e com toda a sua força (Deuteronômio 6:4-5), pois o Senhor somente é o Deus de Israel e, portanto, Israel deve servir apenas a ele.

[1]Deuteronômio 4:35-39; Josué 22:22; 2Samuel 7:22; 22:32; 1Reis 18:39; Isaías 45:5,18,21; entre outros.

Ainda assim, apesar da unicidade de Deus ser tão fortemente enfatizada e constituir o primeiro artigo da lei básica de Israel, as distinções dentro dessa unidade da divindade vêm à tona também enquanto a revelação da plenitude do seu ser progride. O próprio nome geralmente empregado para designar Deus no hebraico tem certa importância aqui, pois *Elohim* está na forma plural e, portanto, embora antigamente não designasse as três pessoas, ele aponta, em sua natureza como um plural intensivo, para a plenitude de vida e poder presentes em Deus. Não há dúvidas de que Deus, às vezes, ao falar de si mesmo, usa um referente plural e, por meio dele, faz distinções em si mesmo que carregam um caráter pessoal (Gênesis 1:26-27; 3:22; Isaías 6:8).

O mais importante é o ensino do Antigo Testamento, segundo o qual Deus traz à existência todas as coisas em sua criação e providência mediante sua Palavra e seu Espírito. Ele não é um ser humano que, com grande dificuldade e muito esforço, faz algo a partir dos materiais que tem. Em vez disso, simplesmente pelo ato de falar ele chama todas as coisas à existência a partir do nada.

No primeiro capítulo de Gênesis, essa verdade nos é ensinada da maneira mais sublime possível, e em diversas outras passagens ela é expressa mais gloriosamente em palavras e canções. Ele fala e está feito; ordena e tudo aparece (Salmos 33:9), envia a sua palavra e derrete os pedaços de gelo (Salmos 147:18), e sua voz está sobre as águas, faz tremer o deserto, faz os montes saltarem como bezerros e desnuda as florestas (Salmos 29:3-10).

Duas verdades estão contidas nesse elevado relato das obras de Deus: a primeira é que Deus é o Todo-Poderoso que só precisa falar e todas as coisas passam a existir, cuja palavra é *lei* (Sl 33:9) e cuja voz é *poder* (Sl 29:4); e a segunda é que Deus trabalha deliberadamente – com premeditação – e executa todas as suas obras com a maior sabedoria. A palavra que Deus fala é poder, mas também é o veículo de seu pensamento. Ele fez a terra por seu poder, estabeleceu o mundo por sua sabedoria e estendeu os céus pelo seu discernimento (Jeremias 10:12; 51:15), e fez todas as coisas com sabedoria: a terra está cheia das suas riquezas (Salmos 104:24). Essa sabedoria de Deus não veio de fora dele, mas estava com ele desde o princípio, isto é, ele a possuiu como o princípio dos seus caminhos antes das suas obras da antiguidade. Enquanto ele preparava os céus, traçava um círculo sobre a face do abismo, estabelecia as nuvens e firmava as fontes do abismo, a sabedoria já estava lá, ao lado dele; a cada dia era o seu prazer e sempre se alegrava em sua presença (Provérbios 8:22-31; Jó 20:20-28). Deus se regozijou na sabedoria com a qual ele criou o mundo.

Ao lado dessa palavra e sabedoria, o Espírito de Deus, como o mediador da criação, se manifesta, e assim como Deus simultaneamente *é* sabedoria e também a *possui* para que possa compartilhá-la e exibi-la em suas obras, também ele é Espírito em seu ser (Deuteronômio 4:12 e 15) e possui Espírito, aquele Espírito pelo qual ele pode habitar no mundo e estar presente sempre e em todo lugar (Salmos 139:7). Sem que alguém tivesse sido seu conselheiro, o Senhor – pelo seu Espírito – trouxe tudo à existência (Isaías 40:13ss). No princípio, esse Espírito se movia sobre as faces das águas (Gênesis 1:2) e permaneceu ativo em tudo que foi criado. Por esse Espírito, Deus ornamenta os céus (Jó 26:13), renova a face da terra (Salmos 104:30), dá vida ao homem (Jó 33:4), mantém o ar nas narinas do homem (Jó 27:3), lhe dá entendimento e sabedoria (Jó 32:8) e também seca a relva e faz a sua flor cair (Isaías 40:7). Resumindo, os céus foram feitos pela palavra do Senhor, e todo o exército deles, pelo sopro da sua boca (Salmos 33:6).

—— ▪ ——

E essa diversidade em Deus é expressa ainda mais nas obras de recriação, pois nelas não se trata de Elohim, mas de Jeová; não de Deus em geral, mas do Senhor, o Deus do pacto que se revela e que se faz conhecido em suas maravilhas de redenção e salvação. Como tal, ele redime e conduz o seu povo não apenas pela sua palavra transmitida a eles, mas também por meio do Anjo do pacto (o Anjo do Senhor). Esse anjo já aparece na história dos patriarcas: para Agar (Gênesis 16:6ss), para Abraão (Gênesis 18ss) e para Jacó (Gênesis 28:13ss); e também revela sua graça e seu poder principalmente na emancipação de Israel da escravidão do Egito.[2] Esse Anjo do Senhor não está no mesmo plano de importância dos anjos criados; em vez disso, é uma revelação e manifestação especial de Deus.

[2]Êxodo 3:2; 13:21; 14:19; 23:20-23; 32:34; 33:2; Números 20:16.

Por um lado, ele é claramente distinto de Deus, que fala dele como o seu Anjo e, por outro lado, é um com o próprio Deus em nome, poder, redenção, bênção; e também é digno de ser adorado e honrado. Ele é chamado Deus (Gênesis 16:13), o Deus de Betel (Gênesis 31:13), sendo usado de forma intercambiável com Deus ou o Senhor (Gênesis 28:30,32; Êxodo 3:4) e carrega o nome de Deus nele (Êxodo 23:21). Ele redime de todo mal (Gênesis 48:16), resgata Israel da mão dos egípcios (Êxodo 3:8), recua as águas e seca o mar (Êxodo 14:21), preserva o povo de Deus na sua peregrinação, os traz seguros para Canaã, os faz triunfar contra seus inimigos (Êxodo 3:8; 23:20), deve ser absolutamente obedecido como se fosse o próprio Deus (Êxodo 23:20) e sempre acampa ao redor daqueles que temem o Senhor (Salmos 34:7; 35:5).

Assim como em sua obra de recriação Jeová executa suas atividades redentoras por meio do Anjo do pacto, ele também, por seu Espírito, distribui todos os tipos de capacidades e dons para o seu povo. No Antigo Testamento, o Espírito do Senhor é a fonte de toda vida, prosperidade e habilidade. Ele concede coragem e força aos juízes: Otoniel (Juízes 3:10), Gideão (Juízes 6:34), Jefté (Juízes 11:29) e Sansão (Juízes 14:6; 15:14). Ele dá dons artísticos para os criadores dos ornamentos sacerdotais, do tabernáculo e do templo;[3] e concede sabedoria e entendimento aos juízes que carregam o fardo do povo ao lado de Moisés (Números 11:17,25). Também dá o espírito da profecia aos profetas,[4] renovação, santificação e orientação a todos os filhos de Deus (Salmos 51:12-13; 143:10).

Em resumo, a palavra, a promessa e a aliança que o Senhor deu a Israel no êxodo do Egito existiram ao longo das eras e permaneceram até após o exílio nos dias de Zorobabel, de modo que o povo não precisava temer (Ageu 2:4-5). Quando o Senhor conduziu Israel para fora do Egito, ele se tornou o Salvador de Israel, e essa disposição de Deus para com seu povo se manifestou no fato de que, em toda a opressão que eles passaram, ele também foi oprimido (ele considerou a aflição do seu povo como sua), e que, assim, enviou seu Anjo para preservá-los. Ele os redimiu por seu amor e graça, os tomou e os carregou como seus próprios filhos ao longo desses dias

[3]Êxodo 28:3; 31:3-5; 35:31-35; 1Crônicas 28:12.
[4]Números 11:25-29; 24:2-3; Miqueias 3:8; e outras passagens semelhantes.

da antiguidade e enviou-lhes o Espírito da sua santidade a fim de os conduzir nos caminhos do Senhor (Isaías 63:9-12). Nos dias da antiga aliança, o Senhor, por intermédio do sumo sacerdote, concedeu sua bênção tríplice ao povo de Israel: a bênção da vigilância, a bênção da graça e a bênção da paz (Números 6:24-26).

Então, gradualmente, porém de maneira ainda mais inconfundível, a tríplice distinção dentro do Ser divino se manifestou na história da liderança de Deus em Israel. Contudo, o Antigo Testamento contém outras promessas de que no futuro haverá uma revelação superior e mais rica. Afinal de contas, Israel repudiou a Palavra do Senhor e envergonhou o seu Espírito Santo (Isaías 63:10; Salmos 106). A revelação de Deus no Anjo do pacto e no Espírito do Senhor provou ser inadequada: se Deus queria confirmar sua aliança e cumprir sua promessa, outra e mais elevada revelação seria necessária.

Essa revelação foi anunciada pelos profetas. No futuro, nos últimos dias, o Senhor levantará do meio de Israel um profeta semelhante a Moisés e colocará as suas palavras na boca desse profeta (Deuteronômio 18:18). Ele será um sacerdote para sempre, segundo a ordem de Melquisedeque (Salmos 110:4); será um rei da casa de Davi (2Samuel 7:12-16), um ramo do tronco de Jessé (Isaías 11:1), um rei que julgará e procurará executar o juízo (Isaías 16:5). Ele será um ser humano, um homem, filho de mulher (Isaías 7:14). Não terá beleza nem formosura (Isaías 53:2ss), mas, ao mesmo tempo, ele será Emanuel (Isaías 7:14); o Senhor, nossa justiça (Jeremias 23:6); o Anjo da aliança (Malaquias 3:1); o próprio Senhor aparecendo ao seu povo (Oseias 1:7; Malaquias 3:1). E o seu nome será Maravilhoso Conselheiro, Deus Forte, Pai Eterno e Príncipe da Paz (Isaías 9:6).

A manifestação do servo do Senhor deve ser seguida por uma dispensação mais rica do Espírito Santo. Como Espírito de sabedoria e entendimento, de conselho e força, de conhecimento e temor do Senhor, esse Espírito repousará sobre o Messias (Isaías 11:2; 42:1; 61:1). Ele será derramado sobre toda a carne, sobre filhos e filhas, velhos e jovens, servos e servas,[5] e dará um novo coração e um novo espírito para que seu povo possa andar em seus estatutos e guardar suas ordenanças e praticá-las.[6]

[5]Joel 2:28-29; Isaías 32:15; 44:3; Ezequiel 36:26-27; Zacarias 12:10.
[6]Ezequiel 11:19-20; 36:26; Jeremias 31:31-34; 32:38-41.

Assim, o próprio Antigo Testamento sugere que a revelação completa de Deus consistirá na revelação do seu ser trino.

■

O cumprimento do Novo Testamento satisfaz completamente essa promessa e esse anúncio. A esse respeito também, a unidade ou unicidade de Deus é o ponto de partida de toda revelação.[7] Mas, a partir dessa unicidade, a diferença no Ser divino agora passa a ser muito mais clara no Novo Testamento, e isso acontece primeiro nos grandes eventos redentivos da encarnação, da satisfação e do derramamento; e depois na instrução de Jesus e seus apóstolos. A obra da salvação é um todo, uma obra de Deus do início ao fim, mas há três momentos importantes nela, a saber, eleição, perdão e renovação, relacionados com uma causa tríplice no Ser divino: isto é, o Pai, o Filho e o Espírito Santo.

A própria concepção de Cristo já nos mostra a tríplice atividade de Deus, porque, enquanto o Pai dá o Filho ao mundo (João 3:16) e enquanto o próprio Filho desce dos céus (João 6:38), esse Filho é concebido em Maria pelo Espírito Santo (Mateus 1:20; Lucas 1:35). No batismo, Jesus é ungido pelo Espírito Santo e publicamente declarado como o Filho amado do Pai – o Filho em quem ele se agrada (Mateus 3:16-17). As obras que Jesus fez lhe foram reveladas pelo Pai (João 5:19; 8:38) e são realizadas por ele na força do Espírito Santo (Mateus 12:28). Em sua morte, ele se oferece a Deus por meio do Espírito eterno (Hebreus 9:14). A ressurreição é feita pelo Pai (Atos 2:24) e, ao mesmo tempo, é um ato próprio de Jesus pelo qual é fortemente demonstrado que ele é o Filho do Pai de acordo com o Espírito de santidade (Romanos 1:3). E, após a sua ressureição, no quadragésimo dia, ele ascende no Espírito que o vivificou nos céus e lá faz os anjos, as autoridades e os poderes serem submetidos à sua pessoa.

O ensino de Jesus e dos apóstolos está de completo acordo com a lição transmitida nesses eventos.

Jesus veio à terra para anunciar o *Pai* e fazer seu nome conhecido entre os homens (João 1:18; 17:6). Aplicado a Deus como criador de todas as coisas, o nome *pai* também foi usado pelos pagãos. Esse

[7]João 17:3; 1Coríntios 8:4; 1Timóteo 2:5.

sentido do termo também é apoiado pela Escritura em vários lugares.[8] Além disso, o Antigo Testamento usa diversas vezes o nome *Pai* para se referir ao relacionamento teocrático de Deus com Israel, pois, em sua maravilhosa capacidade, ele criou e manteve esse relacionamento (Deuteronômio 32:6; Isaías 63:16). Mas, no Novo Testamento, uma nova luz gloriosa é derramada sobre esse nome de pai aplicado a Deus. Jesus sempre indica uma diferença essencial entre o relacionamento dele com o Pai e o dos outros – judeus ou discípulos – com o Pai. Quando, por exemplo, Jesus ensina aos discípulos o "Pai nosso", ele expressamente diz: "orai [*vós*] deste modo..." E, após a ressurreição, quando anuncia sua futura ascensão a Maria Madalena, ele diz: "estou voltando para meu Pai e vosso Pai, meu Deus e vosso Deus" (João 20:17). Em outras palavras, Deus é o seu *próprio* Pai (João 5:18), ele conhece o Filho e o ama reciprocamente de tal forma e com tanta intensidade, que apenas o Filho pode conhecer e amar o Pai de volta.[9] Entre os apóstolos, Deus é constantemente mencionado como o Pai do nosso Senhor Jesus Cristo (Efésios 1:3). Esse relacionamento entre o Pai e o Filho não se desenvolveu no tempo, mas existe desde a eternidade (João 1:1,14; 17:24). Portanto, Deus é primariamente Pai porque, em um sentido bastante único, ele é o Pai do Filho, e essa é sua característica original, especial e pessoal.

Em um sentido derivado, Deus também é chamado de Pai de todas as criaturas, porque ele é o criador e sustentador (1Coríntios 8:6; e em outras passagens). Ele é chamado de Pai de Israel porque Israel é a sua obra por virtude da eleição e do chamado (Deuteronômio 32:6; Isaías 64:8); e de Pai da igreja e de todos os cristãos, porque o amor do Pai pelo Filho repousa sobre eles (João 16:27; 17:24) e porque eles foram aceitos como seus filhos e nascem dele por meio do Espírito (João 1:12; Romanos 8:15).

Portanto, o Pai sempre é o *Pai*, a primeira pessoa, é ele quem tem a iniciativa no ser e no conselho de Deus, em todas as obras de criação e providência, redenção e santificação. Ele concedeu ao Filho ter vida em si (João 5:26) e também envia o Espírito (João 15:26). São deles a eleição e o beneplácito (Mateus 11:26; Efésios 1:4,9,11). Dele procedem a criação, a providência, a redenção e a renovação (Salmos 33:6;

---

[8]Lucas 3:38; Atos 17:28; Efésios 3:15; Hebreus 12:9.
[9]Mateus 11:27; Marcos 12:6; João 5:20.

João 3:16). Em um sentido especial, o reino, o poder e a glória são dele (Mateus 6:13), e ele particularmente carrega o nome de *Deus* diferente do *Senhor* Jesus Cristo e do Espírito Santo. De fato, o próprio Cristo, como Mediador, não somente o chama de seu Pai, mas também de seu Deus (Mateus 27:46; João 20:17), e Cristo é chamado de Cristo de Deus.[10] Para resumir, a primeira pessoa do Ser divino é o *Pai* porque "*dele* procedem todas as coisas" (1Coríntios 8:6).

Se Deus é o Pai, logo se deduz que também existe um *Filho* que recebeu vida dele e que compartilha de seu amor. No Antigo Testamento, o nome filho de Deus foi designado para anjos,[11] para o povo de Israel[12] e, inclusive, especialmente para o rei teocrático desse povo.[13] Mas, no Novo Testamento, esse nome toma um significado muito mais profundo, pois Cristo é o Filho de Deus em um sentido muito peculiar, e também é exaltado acima dos anjos e profetas (Mateus 13:32; 21:27; 22:2). E ele mesmo diz que ninguém pode conhecer o Filho, senão o Pai; e ninguém pode conhecer o Pai, senão o Filho (Mateus 11:27). Diferentemente de anjos e homens, ele é o próprio Filho do Pai (Romanos 8:32), o Filho amado de quem o Pai se agrada (Mateus 3:17), o Filho Unigênito (João 1:18) a quem o Pai concedeu ter vida em si mesmo (João 5:26).

Esse relacionamento muito especial e único entre o Pai e o Filho não se desenvolveu no tempo por meio da concepção sobrenatural do Espírito Santo, pela unção no batismo ou pela ressurreição e ascensão – ainda que muitos tenham defendido isso –, mas é um relacionamento que existiu por toda a eternidade. O Filho, que em Cristo assumiu a natureza humana, estava no princípio com Deus como a Palavra (João 1:1); assim, já tinha a forma de Deus (Filipenses 2:6); era rico e cheio de glória (João 17:5,24); já era o resplendor da glória de Deus e a representação exata da sua pessoa (Hebreus 1:3); e, exatamente por isso, ele pôde ser enviado, na plenitude dos tempos, para entrar no mundo.[14] Portanto, a criação (João 1:3; Colossenses 1:16), a providência (Hebreus 1:3) e a realização de toda a salvação (1Coríntios 1:30) também lhe são atribuídas. Ele não é, como as

[10]Lucas 9:20; 1Coríntios 3:23; Apocalipse 12:10.
[11]Jó 38:7.
[12]Deuteronômio 1:31; 8:5; 14:1; 32:6,18; Oseias 11:1.
[13]2Samuel 7:11-14; Salmos 2:7.
[14]João 3:16; Gálatas 4:4; Hebreus 1:6.

criaturas, feito ou criado, mas é o primogênito de todas as criaturas: isto é, o Filho que tem a primazia e os direitos de primogênito sobre todas as criaturas (Colossenses 1:15). Assim, ele também é o primogênito dos mortos, o primogênito dentre muitos irmãos; e, portanto, entre todos e em todos, ele é o primeiro (Romanos 8:29; Colossenses 1:18). E mesmo que, na plenitude dos tempos, tenha assumido a forma de servo, ele, ainda assim, tinha a forma de Deus e era, em todas as coisas, parecido com o Pai (Filipenses 2:6): em vida (João 5:26), conhecimento (Mateus 11:27), força (João 1:3; 5:21,26) e honra (João 5:23). Ele é, por si só, Deus, e deve ser adorado acima de todos por toda a eternidade.[15] Assim como todas as coisas procedem *do* Pai, todas elas também existem *por meio* do Filho (1Coríntios 8:6).

—— ▪ ——

Ambos – o Pai e o Filho – se juntam e são unidos no *Espírito Santo* e, por meio do Espírito, habitam em todas as criaturas. É verdade que Deus é um Espírito por natureza (João 4:24) e santo (Isaías 6:3); mas o Espírito Santo é claramente distinto de Deus como Espírito. Assim como o homem é, em sua natureza invisível, um espírito e também tem um espírito, por meio do qual ele sabe de si e é autoconsciente, também Deus é um Espírito por natureza e também tem um Espírito, um Espírito que sonda as profundezas do seu ser (1Coríntios 2:11). Ele é chamado de Espírito de Deus ou Espírito Santo (Salmos 51:12; Isaías 63:10-11), e isso é feito em distinção ao espírito de um anjo, de um ser humano ou de qualquer outra criatura. Mas, embora ele seja distinto de Deus – do Pai e do Filho –, ele está no mais íntimo dos relacionamentos com os dois. Ele é chamado de sopro do Todo-Poderoso (Jó 33:4), o sopro da sua boca (Salmos 33:6), é enviado pelo Pai e pelo Filho (João 14:26; 15:26) e procede de ambos, não apenas do Pai (João 15:26), mas também do Filho, porque ele também é chamado de Espírito de Cristo ou o Espírito do Pai (Romanos 8:9).

Embora o Espírito Santo seja, nesse sentido, dado, enviado ou derramado pelo Pai e pelo Filho, ele frequentemente aparece como um poder ou um dom que qualifica os homens para realizar seu chamado ou ofício. Assim, por exemplo, o Espírito Santo é mencionado

[15] João 1:1; 20:8; Romanos 9:5; Hebreus 1:8-9.

várias vezes em Atos dos Apóstolos em conexão com o dom da profecia (8:15; 10:44; 11:15; 15:8; 19:2), mas não se justifica inferir por esse fato, como muitos fazem, que o Espírito Santo nada mais é que um dom ou poder de Deus. Em outras passagens, ele definitivamente aparece como uma pessoa, como alguém que leva nomes pessoais, que tem características pessoais e faz atos pessoais. Assim, em João 15:26 e 16:13-14, Cristo usa o referente masculino: *ele* (embora a palavra grega para *Espírito* seja um gênero neutro) testificará acerca de mim e me glorificará. No mesmo evangelho de João, Cristo o chama de Consolador, usando o mesmo nome que é usado para Cristo em 1João 2:1, o qual é traduzido como *advogado* na versão bíblica utilizada.

Além desses nomes pessoais, toda sorte de características pessoais também é atribuída ao Espírito Santo: por exemplo, individualidade (Atos 13:2), autoconsciência (Atos 15:28), autodeterminação ou vontade (1Coríntios 12:11). Atribui-se também a ele todo tipo de atividades pessoais, como investigar (1Coríntios 2:11), ouvir (João 16:13), falar (Apocalipse 2:17), ensinar (João 14:26) e orar (Romanos 8:27), e isso é expresso de forma mais clara e sublime no fato de que ele é colocado no mesmo nível do Pai e do Filho (Mateus 28:19; 2Coríntios 13:14).

O último ponto é o mais importante e indica que o Espírito Santo não é simplesmente uma pessoa, mas também o próprio Deus. As Escrituras nos dão todos os dados necessários para fazer essa confissão, contudo, precisamos apenas observar que, apesar da distinção entre Deus e seu Espírito indicada anteriormente, ambos frequentemente se representam de forma intercambiável na Escritura, de maneira que é quase a mesma coisa se Deus ou seu Espírito diz ou faz algo. Em Atos 5:3-4, mentir para o Espírito Santo é mentir para Deus. Em 1Coríntios 3:16, os cristãos são chamados de templo de Deus, porque o Espírito de Deus habita neles. A esses fatos precisamos acrescentar os vários atributos divinos, como eternidade (Hebreus 9:14), onipresença (Salmos 139:7), onisciência (1Coríntios 2:11) e onipotência (1Coríntios 12:4-6), além de várias obras divinas – como criação (Salmos 33:6), providência (Salmos 104:30) e redenção (João 3:3) – serem atribuídas ao Espírito Santo tanto quanto ao Pai e ao Filho. Consequentemente, ele compartilha a mesma glória dos dois, bem como toma seu lugar ao lado do Pai e do Filho como a causa da salvação (2Coríntios 13:14; Apocalipse 1:4). É também em seu nome que somos batizados (Mateus 28:19) e abençoados (2Coríntios 13:14). Além disso, a blasfêmia contra o Espírito Santo é um pecado imperdoável (Mateus 12:31-32). Em outras palavras, assim como todas as coisas *procedem* do Pai, *por meio* do Filho todas elas existem e repousam *no* Espírito Santo.

Todos esses elementos da doutrina da Trindade, espalhados ao longo das Escrituras, foram reunidos por Jesus em sua ordem batismal e pelos apóstolos em suas bênçãos. Após a sua ressurreição e antes da sua ascensão, Cristo ordenou aos apóstolos irem e fazerem discípulos de todas as nações, batizando-os em um nome no qual, ainda assim, três sujeitos são revelados, tendo em vista que Pai, Filho e Espírito são – em sua unicidade e em suas distinções – a plenitude da revelação perfeita de Deus. Assim também, de acordo com os apóstolos, todo o bem e a salvação do homem estão presentes no amor do Pai, na graça do Filho e na comunhão do Espírito Santo.[16] Beneplácito, presciência, poder, amor, reino e força são do Pai; mediação, reconciliação, graça e redenção são do Filho; e, por fim, regeneração, renovação, santificação e redenção são do Espírito. O relacionamento entre Cristo e o Pai corresponde completamente ao relacionamento do Espírito com Cristo, e, assim como o Filho nada fala e nada faz por si mesmo, mas recebe tudo do Pai (João 5:26; 16:15), o Espírito Santo recebe tudo de Cristo (João 16:13-14). Como o Filho testifica do Pai e o glorifica (João 1:18; 17:4,6), o Espírito Santo testifica do Filho e o glorifica (João 15:26; 16:14). Assim como ninguém vem ao Pai, a não ser pelo Filho (João 14:6), ninguém pode dizer que Jesus é o Senhor a não ser pelo Espírito Santo (1Coríntios 12:3). Por meio do Espírito, temos comunhão com o Pai e com o Filho, e é no Espírito Santo que o próprio Deus, por meio de Cristo, habita em nossos corações. E se tudo isso está certo, então o Espírito Santo é, com o Filho e o Pai, o único e verdadeiro Deus e deve ser eternamente enaltecido e adorado como tal.

A igreja cristã, em sua confissão da Trindade de Deus, tem dito "sim" e "amém" para essa instrução do Espírito Santo. A igreja não

[16]1Coríntios 13:14; 1Pedro 1:2; 1João 5:4-6; Apocalipse 1:4-6.

chegou até essa rica e gloriosa confissão sem uma dura e longa luta de cosmovisões. Foram necessários séculos da mais profunda experiência da vida espiritual dos filhos de Deus e do intelecto mais dedicado dos pais e mestres da igreja para chegar ao entendimento desse ponto da revelação das Escrituras e para reproduzi-la puramente na confissão da igreja. Sem dúvida, a igreja não teria sido bem-sucedida nesse esforço de alicerçar seus fundamentos se não tivesse sido conduzida à verdade pelo Espírito Santo e se não tivesse recebido homens como Tertuliano e Irineu, Atanásio e os três capadócios, Agostinho, Hilário e tantos outros que, dotados e equipados com dons incomuns de piedade e sabedoria, mantiveram-se no curso certo.

Nada menos do que a essência do cristianismo estava em jogo nessa batalha de cosmovisões. De ambos os lados, a igreja foi exposta ao perigo de se permitir ser arrancada do firme fundamento sobre o qual foi construída e, assim, ser engolida pelo mundo.

Por um lado, havia a ameaça do arianismo, assim chamado por causa do presbítero alexandrino Ário, que morreu no ano 336. Ário defendia que somente o Pai era o eterno e verdadeiro Deus, já que apenas ele, no sentido pleno da palavra, não foi gerado. Com relação ao Filho – o *Logos* – que em Cristo se tornou carne, ele ensinou que, como esse Cristo foi gerado, ele não poderia ser Deus, mas uma criatura – uma criatura que foi criada antes das outras criaturas, mas, ainda assim, foi feita pela vontade de Deus, igual a todas as outras. E, da mesma forma, Ário defendeu que o Espírito Santo era uma criatura, uma qualidade ou um atributo de Deus.

Por outro lado, o partido do sabelianismo estava ativo, assim chamado por causa de Sabélio, que viveu em Roma no começo do século III. Sabélio defendeu que o Pai, o Filho e o Espírito Santo eram apenas três nomes para o mesmo Deus – um Deus que se tornou conhecido em várias formas e manifestações enquanto sua revelação progredia. Na forma do Pai, de acordo com ele, Deus operava como criador e legislador, então, ele operou como redentor na forma do Filho, e agora opera na forma do Espírito Santo como o recriador da igreja.

Enquanto o arianismo tenta manter a unicidade de Deus, colocando o Filho e o Espírito fora do ser divino e os reduzindo ao nível de criaturas; o sabelianismo tenta chegar ao mesmo fim roubando a independência das três pessoas da divindade. Isso acontece pela transformação das três pessoas em três modos sucessivos de revelação do mesmo Ser divino. Na primeira tendência, o modo de pensar judeu, deísta e racionalista se manifesta de forma bem característica, ao passo que, na segunda, observa-se a ideia de panteísmo e de misticismo pagão. No momento em que a igreja se propôs a dar uma explicação clara da verdade, mais tarde declarada na confissão da Trindade de Deus, essas duas outras tendências também emergiram e acompanham a confissão da igreja até os dias atuais. A igreja e cada um dos seus membros devem sempre estar em guarda contra não fazer jus, por um lado, à unidade do Ser divino e, por outro, às três pessoas dentro desse ser. A unidade não pode ser sacrificada em favor da diversidade; nem a diversidade pode ser sacrificada em favor da unidade. Manter ambas em sua conexão inseparável e em sua relação pura – não apenas teoricamente, mas também na vida prática – é o chamado de todos os cristãos.

A fim de satisfazer esse requisito, a igreja e a teologia cristã no período primitivo se utilizaram de várias palavras e expressões que não podem ser encontradas literalmente nas Escrituras Sagradas. A igreja começou a falar da *essência* de Deus e das três *pessoas* nessa essência do ser, bem como do *triúno* e do *trinitário* ou das propriedades *essenciais* e *pessoais*, da *geração eterna* do Filho e da *procedência* do Espírito do Pai e do Filho, além de outros termos.

Não há nenhuma razão para a igreja e a teologia cristã não usarem esses termos e modos de expressão, porque a Escritura Sagrada não foi dada à igreja por Deus para ser repetida irrefletidamente, mas para ser entendida em toda a sua plenitude e riqueza e para ser reafirmada nas nossas palavras, a fim de que, dessa forma, ela possa proclamar as poderosas obras de Deus. Além disso, esses termos e essas expressões são necessários para manter a verdade da Escritura contra seus oponentes e protegê-la do equívoco e do erro. E a história tem ensinado ao longo dos séculos que uma desaprovação e rejeição despreocupadas desses nomes e modos de expressão levam a vários desvios dessa confissão.

Ao mesmo tempo, devemos sempre nos lembrar, no uso desses termos, de que eles são de origem humana e, portanto, são limitados, imperfeitos e falíveis, e os próprios pais da igreja sempre reconheceram isso. Por exemplo, eles defendiam que o termo *pessoa* – que foi usado para designar as três maneiras de existência no Ser divino

– não faz justiça à verdade em questão, mas serve como uma ajuda para manter a verdade e eliminar o erro. A palavra foi escolhida não por ser precisa em cada aspecto, mas por não haver sido encontrado nenhum outro termo melhor. Nesse sentido, a palavra está muito atrás do pensamento, e o pensamento está muito atrás da realidade. Embora apenas possamos preservar a realidade com essa forma inadequada, nunca podemos nos esquecer de que é a realidade em si, e não a palavra, que conta. Na dispensação da glória, outras expressões melhores certamente serão postas em nossos lábios.

—— ▪ ——

A própria realidade envolvida na confissão da Santíssima Trindade é de suma importância para a mente e o coração.

É por essa confissão que a igreja mantém, em primeiro lugar, tanto a unidade quanto a diversidade no ser de Deus. O Ser divino é um: há apenas um ser que é Deus e que pode ser chamado de Deus. Na criação e redenção, natureza e graça, igreja e mundo, Estado e sociedade; em todo lugar e sempre, estamos envolvidos com o mesmo Deus vivo e verdadeiro. A unidade do mundo, da humanidade, da verdade, da virtude, da justiça e da beleza depende da unidade de Deus; por esse motivo, no momento em que a unidade de Deus é negada, abre-se a porta para o politeísmo.

Mas essa unidade ou unicidade de Deus, de acordo com a Escritura e a confissão da igreja, não é uma unidade sem conteúdo nem uma solidão, mas uma plenitude de vida e força, e abrange a diferença, a distinção ou a diversidade. É essa diversidade que se manifesta nas três pessoas ou nos modos do ser de Deus. Essas três pessoas não são apenas três modos de revelação, mas sim três modos de ser, uma vez que Pai, Filho e Espírito compartilham uma e a mesma natureza e características divinas. Eles são um ser, mas, ainda assim, cada um tem o seu próprio nome e suas próprias características particulares, pelos quais são distinguidos dos outros. O Pai apenas tem paternidade, o Filho somente tem geração e o Espírito apenas tem a qualidade de proceder dos dois.

A ordem das três pessoas em todo agir divino corresponde a essa ordem de existência no Ser divino. O Pai é aquele *de* quem; o Filho é aquele *através* de quem; e o Espírito é aquele *em* quem todas as coisas existem. Todas as coisas na criação e na redenção (ou recriação) vêm do Pai, por meio do Filho e no Espírito. No Espírito e através do Filho, elas voltam ao Pai. Portanto, somos particularmente devedores do Pai por seu amor eletivo; do Filho, por sua graça resgatadora; e do Espírito, por seu poder regenerador e renovador.

Em segundo lugar, a igreja, ao manter essa confissão, toma uma posição firme contra as heresias do deísmo (crença em Deus sem revelação), panteísmo, politeísmo, judaísmo e paganismo. No coração humano, sempre existe uma tendência ambígua: (1) pensar em Deus como distante e pensar em nós e no mundo como independentes de Deus; e (2) atrair Deus para a terra, identificá-lo com o mundo e, então, deificar o homem e o mundo. A tendência da primeira é pensar no que podemos fazer sem Deus na natureza, em nosso chamado, em nosso trabalho, em nossa ciência e arte, e também na obra de redenção. E, se a segunda tendência prevalece em nós, substituímos a glória de Deus pela imagem de alguma criatura, deificando mundo, Sol, Lua e estrelas, arte, ciência ou Estado; e, nessa criatura, geralmente concebida em nossa imagem, cultuamos a nossa própria grandeza. No primeiro caso, Deus está apenas longe; no segundo, ele está apenas perto. No primeiro, ele está fora do mundo, acima e livre dele; no segundo, ele está dentro do mundo e é idêntico a ele.

Mas a igreja confessa os dois: Deus está acima do mundo, diferente dele em essência e, ainda assim, está, com todo o seu ser, presente nele e não está separado do mundo em nenhum ponto no espaço e tempo. Ele está longe e perto, é exaltado sobre todas as criaturas e, ao mesmo tempo, profundamente condescendente com todas elas. Ele é nosso Criador que nos trouxe à existência pela sua vontade como criaturas distintas dele e, também, nosso Redentor que nos salva não pelas nossas próprias obras, mas pelas riquezas da sua graça. Ele é nosso Santificador que habita em nós como seu templo e, como o Deus Trino, é um único Deus e está *acima* de nós, é *por* nós e está *em* nós.

Por fim, em terceiro lugar, essa confissão da igreja também é de suma importância para a vida espiritual. Sem qualquer razão, alguns argumentam que essa doutrina da trindade é apenas um dogma filosoficamente abstrato e que não tem qualquer valor para a religião e para a vida. A *Confissão Belga* tem uma visão completamente diferente disso. No artigo VIII dessa confissão, a igreja declara que Deus é um em essência e três em pessoas, e isso sabemos pelo testemunho das Escrituras Sagradas e pelas atividades das três pessoas – especialmente aquelas que sentimos dentro de nós. É verdade que não baseamos nossa fé na Trindade sobre o sentimento e a experiência; mas, quando acreditamos nela, percebemos que a doutrina está em íntima relação com a experiência espiritual dos filhos de Deus.

Os cristãos conhecem as obras do Pai, o Criador de todas as coisas – aquele que nos deu vida, fôlego e tudo o mais. Eles aprendem a conhecê-lo como o Legislador, que emitiu seus santos mandamentos a fim de que eles pudessem andar neles; como o Juiz, que é provocado por uma ira terrível contra todas as injustiças dos homens e que de maneira nenhuma inocenta o culpado, e também aprendem a conhecê-lo, por fim, como o Pai, que, por causa de Cristo, é seu Deus e Pai, em quem confiam para suprir todas as necessidades do corpo e da alma e para converter em bem todo mal que vier sobre eles. Eles sabem que ele pode fazer isso como o Deus Todo-Poderoso e que deseja fazer isso como um Pai fiel, portanto, eles confessam: creio em Deus Pai, Todo-Poderoso, Criador dos céus e da terra.

Assim, eles também aprendem a conhecer em si mesmos as obras do Filho, aquele que é o unigênito do Pai, o qual foi concebido em Maria pelo Espírito Santo, assim como aprendem a conhecê-lo como seu maior Profeta e Mestre; aquele que perfeitamente lhes revelou o segredo do conselho e da vontade de Deus com relação à redenção deles. Eles aprendem a conhecê-lo como seu único Sumo Sacerdote, aquele que os redimiu pelo sacrifício único do seu corpo e que ainda intercede constantemente por eles diante do Pai, e também como seu eterno Rei, que os governa com sua Palavra e seu Espírito, e que os protege e os preserva em sua redenção já alcançada. Portanto, eles confessam: creio em Jesus Cristo, o Filho Unigênito de Deus, nosso Senhor.

E eles também aprendem a reconhecer neles mesmos as obras do Espírito Santo, aquele que os regenera e os conduz a toda verdade, bem como a conhecê-lo como o operador da fé deles, aquele que, por meio dessa fé, faz com que eles compartilhem de Cristo e todos os seus benefícios. Aprendem a conhecê-lo como seu consolador, aquele que intercede por eles com gemidos inexprimíveis e que testifica que eles são filhos de Deus, e também como a garantia da sua herança eterna, aquele que os preserva até o dia da redenção deles. E, portanto, eles confessam: creio também no Espírito Santo.

Assim, a confissão da Trindade é o todo da religião cristã, e, sem ela, nem a criação, nem a redenção, nem a santificação podem ser mantidas incólumes.

Qualquer desvio dessa confissão leva ao erro em outras doutrinas, do mesmo modo que uma representação equivocada dos artigos de fé pode ser explicada por um equívoco da doutrina da Trindade. Podemos proclamar verdadeiramente as poderosas obras de Deus somente quando as reconhecemos e as confessamos como a grande obra do Pai, do Filho e do Espírito Santo.

No amor do Pai, na graça do Filho e na comunhão do Espírito Santo está contida toda a salvação dos homens.

11. Criação e providência

O significado prático da doutrina da Trindade para a vida cristã é evidência suficiente de que a Escritura não quer nos dar um conceito abstrato da divindade, mas quer colocar todos nós pessoalmente em contato com o Deus vivo e verdadeiro. A Escritura rompe com nossas noções e nossos conceitos nos conduzindo de volta ao próprio Deus; portanto, a Escritura não argumenta sobre Deus, mas o apresenta para nós e o mostra em todas as obras das suas mãos. É como se a Escritura dissesse para erguermos nossos olhos e contemplarmos aquele que fez todas essas coisas. Desde o começo, as coisas invisíveis, seu eterno poder e sua divindade são cuidadosamente diferenciados das criaturas – as coisas que foram criadas. Não aprendemos a conhecer e glorificar a Deus de modo independente das suas obras, mas pelas e nas suas obras na natureza e na graça.

É por isso que as Escrituras Sagradas nos apresentam constantemente as poderosas obras de Deus, pois elas são simultaneamente uma descrição delas e uma canção de louvor a elas, e em quase todas as suas páginas elas falam dos poderosos atos de Deus justamente por querer que conheçamos o Deus vivo e verdadeiro. Como Deus vivo, ele é, ao mesmo tempo, um Deus *atuante*, isto é, não pode fazer outra coisa senão trabalhar – e ele sempre trabalha (João 5:17). Toda vida, especialmente a plenamente abençoada e eterna vida de Deus, é poder, energia e atividade. A obra reflete o criador. Porque Deus é o Autor – o Criador de todas as coisas –, suas obras são grandes e maravilhosas (Salmos 92:5; 139:14), verdadeiras e fiéis (Salmos 33:4; 111:7), justas e misericordiosas (Salmos 145:17; Daniel 9:14). Dentre essas obras, certamente estão a criação e a preservação de todas as coisas, os céus e a terra, a humanidade e os inúmeros povos, as maravilhas feitas em Israel e para Israel, e as obras que ele realizou por meio de seu servo.[1] E todas essas obras o louvam (Salmos 145:10). Ele é a Rocha cujo trabalho é perfeito (Deuteronômio 32:4).

Além disso, todas essas obras de Deus são criadas não com indiferença nem sob coação, mas deliberada e livremente. Isso é evidente pelo fato de que ele faz, sustenta e governa todas as coisas pela sua Palavra. É falando – ordenando – que ele chama todas as coisas à existência (Salmos 33:9). Sem a Palavra, que no começo estava com Deus e era Deus, nada do que foi feito se fez (João 1:3). Em Jó 28:20ss e Provérbios 8:22ss, a verdade é apresentada como se Deus, ao criar o mundo, tivesse consultado primeiro a sabedoria; e, em conjunto com ela, tivesse feito todas as coisas (Salmos 104:24; Jeremias 10:12). As Escrituras Sagradas também expressam essa questão de modo diferente, dizendo que Deus traz tudo à existência de acordo com sua vontade ou seu *conselho*. Em outras palavras, todas as obras de Deus – tanto aquelas da criação quanto as da redenção – são produto não apenas do seu pensamento, mas também da sua vontade. Humanamente falando, podemos dizer que toda obra de Deus é precedida por uma deliberação da mente e por uma decisão da vontade. Em algumas passagens da Escritura, a palavra usada é conselho,[2] determinação ou decreto,[3] propósito,[4] ordenação,[5] favor ou beneplácito de Deus.[6] O apóstolo Paulo fala do beneplácito e do conselho da vontade de Deus (Efésios 1:5,11).

Com relação ao conselho de Deus, a Escritura ensina que ele é excelente e maravilhoso (Isaías 29:29; Jeremias 32:19), independente (Mateus 11:26), imutável (Hebreus 6:17), indestrutível (Isaías 46:10) e soberano sobre tudo – inclusive sobre a transgressão dos ímpios ao entregar Cristo para a cruz e para a morte (Atos 2:23; 4:28). O fato de coisas e eventos – inclusive os pensamentos e atos pecaminosos dos homens – terem sido eternamente conhecidos e determinados no conselho de Deus não os rouba de seu caráter próprio, mas os estabelece e os garante, cada um em seu próprio tipo e natureza,

[1]Gênesis 2:2-3; Êxodo 34:10; Jó 34:19; Isaías 19:25; João 9:4; e em outras passagens.
[2]Salmos 33:11; Provérbios 19:21; Isaías 46:10; Atos 2:23.
[3]Gênesis 41:32; Salmos 2:7; Isaías 10:23; 14:27.
[4]Jeremias 51:12; Romanos 8:28; 9:11; Efésios 1:11; 3:11; 2Timóteo 1:9.
[5]Atos 10:42; 13:48; 17:31; Romanos 8:29-30; Efésios 1:5,11.
[6]Isaías 49:8; 53:10; 60:10; 61:2; Mateus 11:26; Efésios 1:5,9.

contexto e circunstância. Incluídos nesse conselho de Deus estão o pecado e a punição; mas também liberdade e responsabilidade, senso de dever e consciência, lei e justiça. No conselho de Deus, tudo que acontece tem exatamente o mesmo contexto de quando acontece diante dos nossos olhos. As condições são definidas, bem como as consequências; os meios e os fins; os caminhos e os resultados; as orações e suas respostas; a fé e a justificação; a santificação e glorificação. De acordo com os termos desse conselho, Deus deu seu Filho Unigênito para que todo aquele que nele creia tenha vida eterna.

Entendida dessa maneira, no sentido das Escrituras Sagradas e segundo o Espírito, a confissão do sábio conselho de Deus é uma fonte de grande conforto. Assim, entendemos que não é sorte cega, destino sombrio, vontade irracional ou maligna, nem qualquer força natural indetectável que governa a humanidade e o mundo, mas o governo de todas as coisas repousa nas mãos de um Deus todo-poderoso e de um Pai misericordioso. Certamente a fé é necessária para compreender isso, pois frequentemente falhamos em ver, e os homens vagam pela terra confusos em enigmas. Mas é a fé que nos mantém constantes nas dificuldades da vida, e por causa dela caminhamos para o futuro com esperança e confiança, porque o conselho sempre sábio do Senhor permanece eternamente vigente.

O começo do exercício do conselho do Senhor foi a criação do mundo. Da mesma forma que apenas as Escrituras Sagradas podem nos revelar o conselho de Deus, somente elas podem nos mostrar a origem de todas as coisas, contando-nos da onipotência criativa de Deus. A questão sobre a origem das coisas – homens, animais, plantas e de todo o universo – é uma pergunta antiga, mas sempre permanece oportuna. A ciência não é capaz de dar uma resposta para tal questão, pois ela própria é uma criatura e um produto do tempo, e situa-se sobre o alicerce das coisas como elas são e supõe a existência daquilo que investiga; pela natureza do caso, portanto, a ciência não pode voltar no tempo para quando elas não existiam, ou seja, não pode penetrar no momento em que elas passaram a existir.

Consequentemente, a experiência e a investigação empírica não podem dizer nada sobre a origem das coisas, mas, ao longo dos tempos, a reflexão filosófica também tem buscado em vão uma explicação do mundo. Cansados de pensar, geralmente os filósofos repousam na ideia de o mundo não ter uma origem, ou seja, ele existe desde a eternidade e continuará a existir assim. É uma conclusão que diversos filósofos desenvolveram para diferentes direções. Comparativamente, alguns deles supunham que esse mundo fosse eterno e que permaneceria assim para sempre, porém, a interpretação deles tem tantas dificuldades, que hoje em dia geralmente é repudiada. Em vez dela, a ideia de evolução ou desenvolvimento tem ganhado terreno. De acordo com essa ideia, nada *é*, mas tudo *passa a ser*, portanto, o universo apresenta um espetáculo de algo que nunca começou e que nunca cessará de existir – um processo *contínuo*.

Sem dúvida, a evolução é uma coisa maravilhosa, mas ela sempre pressupõe que há algo em evolução que carrega dentro de si o germe do desenvolvimento. Naturalmente, a evolução não é, e nem pode ser, uma força criativa, que traz coisas à existência. Ela é, no máximo, uma expressão do processo pelo qual as coisas passam quando começam a existir. Consequentemente, a Teoria da Evolução não consegue explicar a origem das coisas; ela tacitamente assume a ideia de que as coisas que evoluem existiam eternamente em seu estado subdesenvolvido. A Teoria da Evolução começa com uma suposição que é impossível de ser demonstrada e, portanto, também depende de fé. Nisso, ela é parecida com a Teoria da Criação de todas as coisas pela mão de Deus.

Mas fazer essa suposição tácita não justifica ainda a Teoria da Evolução, a qual pode argumentar que as coisas sempre existiram em um estado subdesenvolvido. No entanto, ela ainda precisa ter um tipo de relato da condição original na qual as coisas existiam e de onde o mundo atual se formou. A respeito disso, duas respostas são dadas, as quais dependem de qual linha de pensamento se adota. No mundo, geralmente notamos dois tipos de fenômenos ou manifestações, os quais normalmente chamamos de espírito e matéria, alma e corpo, coisas invisíveis e visíveis, fenômenos psíquicos e físicos; todavia, esse dualismo não é satisfatório. Hoje em dia, as pessoas querem ser monistas e tentam tirar tudo de um único princípio; assim, os teóricos da evolução podem escolher uma das duas direções para explicar a natureza original das coisas.

Em primeiro lugar, podem dizer que a *matéria* é primária, eterna e sempre teve a energia como seu potencial – essa é a direção do materialismo. Tal posição defende que a matéria é o elemento eterno e originalmente imutável do mundo, por isso o materialismo busca explicar a energia por meio da matéria, a alma por meio do corpo e o psíquico pelo físico. Mas, em segundo lugar, é possível dizer que a *energia* é primária, que ela é e permanece sendo o fundamento de toda a existência, que a matéria é uma expressão ou manifestação dessa energia e que o corpo não cria a alma, mas sim que a alma cria o corpo – essa é a direção do panteísmo (politeísmo). Essa corrente filosófica defende que a energia é o princípio eterno e básico de todas as coisas e tenta derivar o mundo atual dessa energia elementar. O panteísmo atribui a essa energia original, que considera permear todo o universo, todos os tipos de belos nomes – espírito, mente, alma e outros; mas, ao usar esses nomes, o panteísmo não pensa nas ideias geralmente atribuídas a esses termos. Isto é, ele não pensa em um Deus pessoal que tem razão e sabedoria, entendimento e vontade, mas sim em uma força inconsciente, não racional e não volitiva; uma força que se torna consciente, racional e volitiva apenas no homem, durante o seu processo evolucionário. A energia eterna em si não é espírito, mas é chamado de espírito, porque, em seu desenvolvimento, ela pode se tornar um espírito.

Em ambos os casos, tanto no materialismo quanto no panteísmo, um princípio é pressuposto desde o início da evolução do mundo – um princípio no qual uma pessoa pensa ser predominantemente matéria, e a outra, predominantemente espírito – e nenhuma ideia clara pode ser formada sobre ele. É algo muito mais negativo do que positivo; na verdade, não é nada definido; ele simplesmente tem o potencial de se tornar qualquer coisa, ou seja, é uma potencialidade absoluta (uma possibilidade infinita), uma abstração de pensamento deificada. No fundo, está a imaginação de algo que, na ausência do único Deus verdadeiro, o cientista possa colocar sua confiança para explicar o mundo, mas que não é mais digno de confiança que os deuses das nações.

As Escrituras Sagradas assumem uma posição bem diferente. O que elas nos dizem a respeito da origem das coisas não nos é oferecido como o resultado de uma investigação científica, nem de uma explicação filosófica do mundo; na verdade, sua finalidade é que, por meio dela, possamos conhecer o único Deus verdadeiro e que, assim, possamos colocar nossa confiança somente nele. É uma explicação que não procede do mundo, mas de Deus, e que defende que não é o mundo, mas sim Deus que é eterno. "Antes que os montes nascessem, ou que tivesses formado a terra e o mundo, sim, de eternidade a eternidade, tu és Deus" (Salmos 90:2). Ele é Jeová – aquele que é, que era, que será; que está além do alcance das palavras, uma plenitude do *Ser* imutável. Diferentemente dele, o mundo se *tornou* e está sempre *mudando*. As Escrituras Sagradas advertem primariamente contra qualquer tentativa de confundir Deus com sua criação e cortam toda incredulidade pela raiz, assim como toda falsa fé e superstição. Deus e o mundo são distintos em essência: separados como Criador e criatura.

Por ser uma criatura, o mundo todo tem sua origem em Deus, e não existe matéria ou espírito eternos que existem ao lado de Deus. Céus, terra e todas as coisas foram feitos por ele. Essa é a força da palavra *criar* na Bíblia. Em um sentido mais geral, a Escritura usa essa palavra também para as obras de preservação (Salmos 104:30; Isaías 45:7), mas, em um sentido restrito, ela denota que Deus criou todas as coisas a partir do nada. É verdade que a expressão que diz que Deus fez todas as coisas *a partir do nada* não está na Bíblia – ela ocorre pela primeira vez no segundo livro de Macabeus (7:28). Além disso, esse termo – *a partir do nada* – pode levar a um mal-entendido, pois o que é nada não pode existir e, portanto, não pode ser o princípio ou a origem da qual as coisas passaram a existir. Afinal de contas, coisa nenhuma pode vir do nada. O que a Escritura diz é que o mundo foi criado pela vontade de Deus (Apocalipse 4:11) e que o visível não foi feito do que se vê (Hebreus 11:3). Mesmo assim, a expressão *a partir do nada* pode ser bem útil contra todos os tipos de heresia, porque ela nega que o mundo foi feito de alguma coisa, matéria ou energia que coexistiu eternamente com Deus. De acordo com a Escritura, Deus não é somente aquele que *formou* o mundo, mas também aquele que o *criou*. Humanamente falando, podemos dizer que Deus primeiro existiu sozinho e depois todo o mundo foi trazido à existência pelo seu conselho e por sua vontade. Um não ser absoluto precedeu a existência do mundo e, nessa medida, podemos corretamente dizer que Deus fez o mundo a partir do nada.

Isso certamente é o ensino expresso das Escrituras: que Deus existe desde a eternidade (Salmos 90:2), mas que o mundo teve um começo (Gênesis 1:1). Muitas vezes lemos que Deus fez algo – predestinou ou amou – desde antes da fundação do mundo (João 17:24; Efésios 1:4). Ele é tão poderoso, que apenas fala e tudo se fez (Salmos

33:9); e chama à existência as coisas que não existem como se já existissem (Romanos 4:17). Ele cria o mundo somente pela sua vontade (Apocalipse 4:11) e fez todas as coisas, céus e terra e tudo que neles há (Êxodo 20:11; Neemias 9:6). Dele, por ele e para ele, são todas as coisas (Romanos 11:36). Portanto, ele é também o Possuidor Todo-Poderoso dos céus e da terra (Gênesis 14:19,22), que faz tudo que o agrada, a quem não há nenhum limite, sobre quem todas as criaturas têm um senso de dependência absoluta (Salmos 115:3; Daniel 4:35). As Escrituras Sagradas não sabem de nenhuma matéria eterna sem forma que está ao lado de Deus, pois ele é a única causa absoluta de tudo isso e de tudo que acontece. As coisas visíveis não foram feitas de coisas que aparecem, mas todo o mundo foi formado pela palavra de Deus (Hebreus 11:3).

—— ▪ ——

Se Deus, que é o Ser eterno e bem-aventurado, criou o mundo por meio da sua vontade, logo surge naturalmente uma pergunta: *por que* e *para que fim* ele fez isso? A fim de encontrar uma resposta para essa questão, a ciência e a filosofia têm constantemente tentado tornar o mundo uma necessidade e, assim, deduzi-lo do ser de Deus. Novamente, há duas possibilidades aqui. Alguns abordam a questão como se Deus estivesse tão cheio e abundante, que perdeu o controle da situação, não teve poder sobre seu próprio ser e, consequentemente, o mundo fluiu dele como a água flui de um vaso transbordante. Outros tomam a posição contrária de que Deus, por si só, era pobre e vazio. Ele tinha um desejo, uma fome, e, assim, trouxe o mundo à existência para se satisfazer e suprir suas necessidades. De acordo com essas duas visões, o mundo era uma necessidade para Deus, seja para aliviá-lo da sua superabundância ou para compensá-lo por sua necessidade.

Ambas as interpretações são incompatíveis com a Bíblia, a qual defende um ponto de vista muito diferente e diametralmente oposto. De acordo com essas duas posições, o centro de gravidade foi mudado de Deus para o mundo, e Deus existe *para* o mundo. Deus é um ser inferior; e, o mundo, um ser superior, porque o mundo serve para redimir e salvar Deus, que está infeliz por causa de sua abundância ou da insuficiência. Ainda que essa ideia seja defendida por pensadores de renome em nossos dias, ela ainda é uma concepção blasfema. A Escritura, por ser palavra de Deus e por assumir, do começo ao fim, o lado de Deus, afirma de maneira clara, poderosa e inequívoca que Deus não existe para o mundo, mas que o mundo e todas as suas criaturas existem para Deus e para sua glória.

Certamente Deus é plenamente autossuficiente e bem-aventurado, e não precisa do mundo nem de qualquer criatura para sua própria perfeição. Pode o homem ser útil para Deus? Ou tem o Todo-Poderoso algum proveito em que andes em teus caminhos de modo inculpável? (Jó 22:2-3). A justiça do homem não tem nenhuma vantagem para ele, nem a transgressão humana o empobrece. Ele não é adorado por mãos humanas, como se necessitasse de alguma coisa, pois é ele mesmo quem dá a todos a vida, a respiração e tudo o mais (Atos 17:25). É por isso que a Escritura enfatiza tanto o fato de Deus ter criado todas as coisas por um ato da sua vontade. Não havia coerção ou necessidade no ser de Deus que o tenha feito criar o mundo. A criação é um ato completamente livre da parte de Deus e não pode ser explicada como a consequência inevitável da justiça de Deus, ainda que sua justiça seja manifestada nela: a quem Deus poderia dever algo? Tampouco a criação pode ser deduzida da sua bondade ou de seu amor, ainda que ambos também sejam manifestos no mundo, porque a vida de amor do Deus Trino não exigia outro objeto de amor além dele mesmo. De fato, a causa da criação é simplesmente o livre poder de Deus — seu eterno beneplácito e sua absoluta soberania (Apocalipse 4:11).

Isso não significa dizer, é claro, que a criação do mundo foi um ato irracional, uma arbitrariedade. Com relação a isso, podemos descansar na soberania e no beneplácito de Deus como o fim de toda discussão, e somos incentivados a isso por uma confiança tranquila e uma obediência dependente, como a de uma criança. De todo modo, Deus tem suas razões sábias e santas para o ato da criação.

A Escritura nos prova isso, em primeiro lugar, ao nos apresentar a criação como um ato do Deus *Trino*. Quando Deus cria o homem, ele consulta a si mesmo e diz: "Façamos o homem à nossa imagem e semelhança" (Gênesis 1:26). Assim, todas as obras de Deus repousam sobre uma deliberação divina. Antes da criação, ele consultou a sabedoria (Jó 28:20ss; Provérbios 8:22ss) e criou todas as coisas por meio da Palavra que estava com Deus no princípio e que era Deus (João 1:1-3).[7] Ele também as criou no Espírito que sonda as profundezas de Deus, dá vida a suas criaturas e clareia os céus.[8] Portanto, o salmista clama: "Ó Senhor, que variedade há nas tuas obras! Fizeste todas com sabedoria; a terra está cheia das tuas riquezas" (Salmos 104:24).

Ademais, as Escrituras Sagradas nos ensinam que Deus criou, sustenta e governa todas as coisas para sua própria honra. O propósito pelo qual a criação foi feita não pode estar na própria criação, porque o estabelecimento desse propósito precede os meios, portanto, a Escritura nos instrui que, assim como tudo vem de Deus, todas as coisas também são por meio dele e para ele (Romanos 11:36). E a Bíblia desenvolve isso quando relata que os céus proclamam a glória de Deus (Salmos 19:1); que Deus se glorificará pelo Faraó (Êxodo 14:17) e no homem cego de nascença (João 9:3); que ele concede todas as bênçãos da graça por amor ao seu nome (Isaías 43:25; Efésios 1:6); que Cristo veio para glorificar o Pai (João 17:4); e que um dia todo joelho se dobrará e toda língua confessará sua glória (Filipenses 2:10). É da vontade de Deus manifestar as excelências do seu Ser trino em suas criaturas e também preparar glória e honra para si mesmo nessas criaturas. Deus também não precisa do mundo para essa glorificação de si mesmo, porque não é a criatura que está exaltando sua honra de forma independente e autossuficiente. Na verdade, é ele mesmo que, com ou sem a criatura, está glorificando seu próprio nome e que se deleita em si mesmo. Portanto, Deus nunca busca a criatura para encontrar algo que ele carece. Não, todo o mundo, em sua profundidade e largura, é como um espelho para ele, no qual ele vê suas excelências. Ele sempre descansa em si mesmo como o bem supremo e permanece eternamente bendito e satisfeito pela sua própria bem-aventurança.

—— ▪ ——

A Escritura não nos diz simplesmente que Deus criou as coisas a partir do nada, mas nos diz algo sobre a maneira como isso aconteceu.

---

[7]Veja também Efésios 3:9; Colossenses 1:16; Hebreus 1:2.

[8]Jó 26:13; 33:4; 1Coríntios 2:10.

Ela começa com o relato de que *no princípio* Deus criou os céus e a terra (Gênesis 1:1), e esse princípio aponta para o momento no qual essas coisas criadas passaram a existir. Deus não tem início nem pode ter. Tampouco a Palavra que estava com Deus e era Deus, pois ela também existe desde a eternidade. Esse princípio marca o momento em que as coisas criadas passaram a existir. O tempo e o espaço também tiveram sua origem nesse momento. Eles não são criaturas independentes, mas foram criados por outro ato poderoso de Deus. Não lemos nada desse tipo no relato da criação, porém, mesmo assim o tempo e o espaço são formas de existência indispensáveis para as criaturas. Apenas Deus é eterno e onipresente; as criaturas, por serem criaturas, são sujeitas ao tempo e espaço, ainda que de diferentes formas. O tempo torna possível que uma coisa continue a existir em uma sucessão de momentos – que uma coisa exista *após* a outra –, já o espaço torna possível que algo se espalhe para todos os lados –, que uma coisa exista *ao lado* de outra. Portanto, tempo e espaço passaram a existir no mesmo momento em que as criaturas e seus inevitáveis modos de existência passaram a existir. Eles não existiam antes como formas vazias que foram preenchidas pelas criaturas; porque, quando não há nada, também não há tempo e espaço. Eles não foram feitos de forma independente, ao lado das criaturas, como se fossem acompanhamentos, e foram anexados por fora. Em vez disso, foram criados com e nas criaturas, como as formas nas quais elas devem necessariamente existir como criaturas limitadas e finitas. Agostinho estava certo quando disse que Deus não fez o mundo *no* tempo, como se fosse criado em uma forma ou condição anteriormente existente, mas que ele o criou junto *com* o tempo, e o tempo junto *com* o mundo.

O primeiro verso de Gênesis relata que no princípio Deus criou os céus e terra. Por céus e terra, a Escritura quer dizer o mesmo que em outras passagens (Gênesis 2:1,4; Êxodo 20:11): todo o mundo e o universo, que, de acordo com a vontade de Deus, foram divididos em duas partes desde o princípio, a saber, a terra – com tudo que está sobre e dentro dela – e os céus – que abrangem tudo que está fora e acima da terra. Aos céus, no sentido da Escritura, pertencem o firmamento, o ar e as nuvens (Gênesis 1:8,20); as estrelas, que formam os exércitos dos céus (Deuteronômio 4:19; Salmos 8:3); e também o terceiro céu (ou o céu dos céus), que é o lugar de habitação de Deus e dos anjos.[9] E quando o primeiro verso de Gênesis relata que Deus criou os céus e a terra no princípio, não devemos, por um lado, entender como sendo apenas um pequeno subtítulo ou resumo do que está prestes a acontecer; nem, por outro lado, como uma indicação de que o ato de Deus descrito em Gênesis 1:1 criou imediatamente os céus e a terra em suas condições completas.

A primeira interpretação é refutada pelo segundo verso, que começa com a conjunção *e*: "E a terra era sem forma e vazia"; assim, um segundo fato é acrescentado em uma série contínua ao que é relatado no primeiro verso. Já a segunda interpretação não pode ser aceita, porque os céus enquanto firmamento não existiam até o verso 8 e porque é dito que os céus e a terra não estão "terminados" até Gênesis 2:1.

Embora não possamos falar com absoluta certeza, podemos considerar que é provável que o céu dos céus – o lugar de habitação de Deus – foi criado pelo primeiro ato criativo de Deus, relatado em Gênesis 1:1. E, nesse momento, os anjos passaram a existir também, porque, em Jó 38:4-7, o Senhor responde a Jó do redemoinho que nenhum homem estava presente quando ele estabeleceu os fundamentos do mundo e assentou a pedra fundamental, mas que ele completou essa obra acompanhado pela canção das estrelas da manhã e pelos gritos de júbilo dos filhos de Deus. Esses filhos de Deus são os anjos, portanto, os anjos estavam presentes na finalização da terra e na criação do homem.

De resto, pouco se fala sobre a criação do céu dos céus e de seus anjos. Após mencioná-los brevemente no primeiro versículo, o relato de Gênesis precede o relato mais amplo do acabamento da terra. Esse acabamento ou rearranjo era necessário porque, embora a terra já tivesse sido feita, ainda assim ela existiu por um tempo em um estado sem forma e vazio e estava coberta de escuridão. Não lemos que a terra se tornou *sem forma*. Alguns defendem que ela se tornou e, ao tomar essa posição, pensam em um julgamento ocorrido por causa da queda dos anjos em uma terra que já era perfeita. Mas Gênesis 1:2 menciona apenas que a terra *era* sem forma, isto é, que ela existia em um estado amorfo, no qual luz, trevas, água, terra seca e mar não

[9]1Reis 8:27; Salmos 2:4; 115:16; Mateus 6:9; e em outras passagens.

podiam ser diferenciados. Foram apenas as obras de Deus, descritas em Gênesis 1:3-10, que acabaram com a falta de forma da terra. Assim, vemos que a terra original era vazia, ou seja, não tinha plantas e árvores, nem era habitada por qualquer ser vivo. As obras de Deus, resumidas em Gênesis 1:11ss, põem um fim a esse vazio, porque Deus não criou a terra para ser vazia, mas a fim de que os homens pudessem viver nela (Isaías 45:18). Portanto, as obras de Deus na organização ou no preenchimento do vazio e da falta de forma claramente são divididas em dois grupos. O primeiro grupo das obras ou atos é introduzido pela criação da luz, a qual traz diferenciação e distinção para a existência, forma e configuração, tom e cor. O segundo grupo começa com a formação dos portadores de luz – Sol, Lua e estrelas – e serve para povoar a terra com habitantes – pássaros e peixes, animais e o homem.

Toda a obra da criação, de acordo com o constante testemunho das Escrituras,[10] foi completada em seis dias; no entanto, há várias diferenças de opinião e especulações sobre esses seis dias. Ninguém menos que Agostinho julgou que Deus criou tudo perfeito e completamente de uma só vez; assim, os seis dias não são períodos sucessivos de tempo, mas apenas pontos de vista pelos quais a classificação e a ordem da criação devem ser vistas. Por outro lado, há muitos que defendem que os dias da criação devem ser considerados períodos de tempo muito maiores do que 24 horas.

A Escritura fala definitivamente de dias reconhecidos pela medida de noite e manhã e que são o fundamento da distribuição dos dias da semana em Israel e em seu calendário festivo. Ainda assim, a própria Escritura contém dados que nos obrigam a pensar que esses dias são diferentes dos nossos dias comuns, determinados como são pela rotação da terra.

Em primeiro lugar, não podemos ter certeza se o que é expresso em Gênesis 1:1-2 precede o primeiro dia ou está incluso nele. Em favor da primeira suposição, está o fato de que, segundo o versículo 5, o primeiro dia começa com a criação da luz e que, após tarde e noite, termina na manhã seguinte. Mas, ainda que consideremos os eventos de Gênesis 1:1-2 como o primeiro dia, o que obtemos é um dia muito incomum que, por um tempo, consiste em escuridão, e a

[10]Gênesis 1:2; Êxodo 20:11; 31:17.

duração dessa escuridão que precede a criação da luz não é indicada em lugar nenhum.

Em segundo lugar, os três primeiros dias (Gênesis 1:3-13) devem ter sido muito diferentes dos nossos. Os nossos dias de 24 horas são causados pela rotação da Terra em seu eixo e pela sua relação com o Sol, que acompanha as rotações, mas esses três primeiros dias não poderiam ter sido constituídos dessa forma. É verdade que a distinção entre eles foi caracterizada pelo aparecimento e desaparecimento da luz, mas o livro de Gênesis nos diz que o Sol, a Lua e as estrelas só foram formados no quarto dia.

Em terceiro lugar, é certamente possível que a segunda série de três dias tenha sido constituída de dias normais, mas temos que considerar que a queda dos anjos e dos homens e o dilúvio (que aconteceram depois) causaram toda sorte de mudanças no universo. Além disso, se notarmos que, em todas as esferas, o período de desenvolvimento difere extraordinariamente do crescimento normal, então não parecerá improvável que a segunda série de três dias também difira dos nossos dias em vários aspectos.

Por fim, destaca-se que, segundo Gênesis 1 e 2, tudo o que aconteceu no sexto dia dificilmente pode ter acontecido no decorrer de 24 horas, porque, nesse dia, de acordo com as Escrituras, aconteceu a criação dos animais (Gênesis 1:24-25); a criação de Adão (Gênesis 1:26-27); a plantação do jardim (2:8-14); a entrega do mandamento probatório (Gênesis 2:16-17); a condução dos animais até Adão e a nomeação deles (Gênesis 2:18-20); o sono de Adão e a criação de Eva (Gênesis 2:21-23).

Seja como for que tudo isso tenha acontecido, os seis dias permanecem sendo a semana da criação na qual os céus e a terra e todo o seu exército foram feitos. Esses dias indicam a ordem temporal na qual as criaturas sucessivamente passaram a existir, mas, ao mesmo tempo, eles contêm uma sugestão da relação da classificação que essas criaturas têm uma com a outra, e nenhuma investigação científica pode destruir esse relacionamento. Aquilo que é sem forma precede a forma em classificação e ordem; o inorgânico precede o orgânico; a planta precede o animal; e o animal precede o homem. O homem é e permanece sendo a coroa da criação: a criação e a preparação da terra culminam e convergem nele, portanto, a Escritura nos diz pouco da criação dos céus e dos anjos, limitando-se primariamente à terra. Em um sentido astronômico, a Terra pode ser pequena e insignificante, e, com relação à massa e ao peso, ela pode ser superada pelos milhares de planetas e estrelas; todavia, em um sentido religioso e moral, ela permanece o centro do universo. Apenas a Terra foi escolhida para ser o lugar de habitação do homem e a arena em que ocorrerá a grande batalha contra todo poder do mal, assim como também foi escolhida para servir como o lugar do estabelecimento do reino dos céus.

Toda criação está incluída na expressão *céus e terra e todo o seu exército* (Gênesis 2:1, ARA), ou no termo *mundo*. As palavras originais traduzidas simplesmente por *mundo* em nossas Bíblias algumas vezes designam o globo da Terra (1Samuel 2:8; Provérbios 8:31) e, às vezes, designam o lugar de habitação do homem, na medida em que é habitado por ele (Mateus 24:14; Lucas 2:1). Outras vezes, essas palavras denotam o mundo em sua natureza temporal, mutável e transitória;[11] assim, eles tendem novamente a enfatizar o mundo como a unificação e totalidade de todas as criaturas juntas (João 1:10; Atos 17:24). Esses dois últimos significados particularmente têm um conteúdo profundo, ou, em outras palavras, é possível olhar para o mundo a partir de dois pontos de vista: por sua extensão e por sua duração.

No primeiro caso, o mundo é uma unidade – um todo coerente –, mas que, mesmo com sua unidade, exibe uma diferenciação inconfundivelmente abundante. Desde o princípio, quando foi criado e formado, o mundo compreende os céus e a terra; coisas visíveis e invisíveis; anjos e homens; plantas e animais; os seres animados e inanimados; e os seres espirituais e não espirituais – todas essas criaturas são infinitamente diferenciadas. Entre os anjos, há tronos e poderes, domínios e principados, e, entre a humanidade, há homens e mulheres, pais e filhos, governantes e súditos, povos e nações, línguas e dialetos. De maneira similar, plantas e animais – e, em certo sentido, os minerais também – são divididos em classes e grupos, famílias e espécies, variedades e tipos. Dentro desses limites, todas as criaturas têm e retêm a natureza peculiar que receberam de Deus (Gênesis 1:11,21ss) e, assim, estão todas sujeitas às suas leis. Elas existem uma *após* a outra, não apenas na ordem em que foram criadas – mas também existem uma *ao lado* da outra, e é por isso que

[11]Salmos 49:2 (“Terra”); Lucas 1:70; Efésios 1:21.

continuam a existir até hoje. A criação não é uniforme, mas pluriforme em natureza; e tanto em sua totalidade quanto em suas partes exibe a mais rica e bela das variedades.

Ao mesmo tempo, o mundo continua existindo em duração, profundidade de tempo. O fato de que tudo que Deus fez era muito bom (Gênesis 1:31) não quer dizer que tudo já era o que poderia e deveria se tornar. Assim como o homem, embora tenha sido criado à imagem de Deus, recebeu um chamado e um objetivo para alcançar por meio de suas obras, o mundo, quando criado, não permaneceria o mesmo. Ele ainda teria uma longa história pela frente na qual poderia manifestar de forma mais abundante e clara as excelências de Deus. Criação e desenvolvimento não são mutuamente excludentes. A criação é o ponto de partida de todo desenvolvimento, e, já que Deus criou um mundo inesgotável em sua rica diferenciação e variedade, em que as diversas espécies de criaturas têm em suas próprias naturezas e cada criatura recebe, em sua natureza, seu próprio pensamento, propriedade e lei, por isso, e somente por isso, a evolução é possível. Toda evolução tem seu ponto de partida e, ao mesmo tempo, sua direção e seu propósito na criação. Ainda que o pecado tenha provocado perturbações e estragos nessa evolução ou desenvolvimento, ainda assim Deus realiza seu conselho, sustenta o mundo e o conduz ao seu objetivo.

Quando a Escritura fala sobre o mundo dessa maneira, ela tacitamente parte da suposição de que só existe *um* mundo, porém, nas teses filosóficas essa questão geralmente é apresentada de maneira bem diferente. Muitos até hoje sustentam não só que diversos mundos coexistem *paralelamente*, e que a terra não é a única a ser habitada por criaturas vivas e racionais, mas também que os vários mundos se sucedem no tempo. De acordo com esse pensamento, o mundo presente, portanto, não foi o único, mas foi precedido por inúmeros outros e será sucedido por outros mais. Alguns até dizem que tudo que existe hoje teve seu ser de modo perfeito em um mundo anterior e desfrutará tal existência novamente em um mundo posterior. Em resumo, tudo que existe está em um processo contínuo; tudo é sujeito à lei eterna do aparecimento e desaparecimento, emersão e submersão, ascensão e manutenção.

A Escritura não dá muita atenção a essas imaginações. Ela nos diz que no princípio Deus criou esse mundo, que ele vem durando séculos de história e que, após esse processo histórico, entrará naquele sábado eterno que permanece para o povo de Deus. A Escritura não diz nada sobre a possibilidade de outros planetas serem habitáveis. É verdade que ela ensina uma diversidade infinita presente no mundo; que não existem apenas homens, mas anjos também; e que, além de uma terra, também há um céu. De resto, ela defende que apenas o homem foi criado à imagem de Deus; que o Filho de Deus não assumiu a natureza dos anjos, mas a natureza da humanidade; e que o reino dos céus se difunde e se realiza sobre esta terra.

A Escritura também nos diz que o mundo é *finito*. Em primeiro lugar, essa ideia implica que o mundo teve um começo e foi criado com o tempo. Mas a questão da idade do mundo não é relevante aqui, pois, ainda que ele tivesse existido por milhares ou milhões de anos, isso não o tornaria eterno no mesmo sentido em que Deus é eterno. Mesmo assim, o mundo seria temporal, limitado e coexistente com o tempo. É importante notar que, para a Escritura, o mundo tem um começo, ainda que não tenha fim. É claro, ele terá um fim em sua forma presente, porque a forma desse mundo passa, mas não em sua substância e essência, entretanto, ainda que o mundo, os homens e os anjos continuem a existir eternamente no futuro, eles permanecem sendo criaturas e nunca compartilham a eternidade presente em Deus. O mundo existe no tempo e continua a existir nele, ainda que, na outra dispensação, outro padrão completamente diferente venha a ser usado. E, assim como é limitado no tempo, o mundo é limitado no espaço. É verdade que a ciência moderna estendeu nosso campo de visão infinitamente; o mundo tornou-se um espaço imensamente maior do que era para nossos pais; e ficamos tontos só de ouvir os números e as medidas da magnitude das estrelas; além disso, as distâncias que as separam da Terra vão além da nossa compreensão. Mas, ainda assim, o mundo não é eterno como Deus o é. A diferença entre o eterno e o que dura para sempre é de tipo, não de grau, e não podemos conceber um tempo e espaço além do nosso mundo. Não podemos imaginar sermos capazes de tocar nos limites do universo e, de lá, olhar para um vazio. Tempo e espaço são coextensivos em relação ao universo, estendendo-se até onde ele se estende e, até onde existem, se enchem de coisas criadas. Mas todos – tempo, espaço e universo – são finitos, uma vez que a soma de partes finitas, não importa quão indescritivelmente grandes sejam, nunca chega ao infinito. Apenas Deus é eterno, onipresente e infinito.

Por fim, as Escrituras nos ensinam que o mundo é *bom*, e é preciso coragem para dizer isso hoje em dia. O século XVIII era muito otimista; os homens olhavam tudo pelo lado positivo e foram ensinados que Deus criou o melhor de todos os mundos possíveis. Mas os séculos XIX e XX carregam uma visão da vida, do mundo e da sociedade bem diferentes. Poetas, filósofos e artistas nos mostraram que, no mundo, tudo está em miséria, que o próprio mundo é tão ruim quanto poderia ser e que, se fosse um pouco pior, ele não existiria. De acordo com alguns, tudo que existe merece apenas a aniquilação, e, embora muitos queiram aproveitar o máximo possível do mundo (comamos e bebamos, porque amanhã morreremos), outros se rendem ao descorajamento, ao tédio ou até a sonhos visionários de futuro: uma utopia socialista, uma beatitude além do túmulo ou um nirvana – algo que a realidade presente não pode dar.

A Escritura tem uma visão diferente. Primeiro, ela nos diz que o mundo era bom – muito bom – desde o momento em que saiu pronto das mãos de Deus (Gênesis 1:31). Em segundo lugar, ela adiciona que, por causa do pecado que entrou do mundo, a terra foi amaldiçoada, o homem foi sujeito à corrupção e à morte, e toda a criação foi submetida à vaidade. Em nenhum outro lugar a fragilidade e a brevidade da vida, a insignificância e a mesquinhez de tudo que existe, a profundidade e a dor do sofrimento nos são ensinados de forma tão afetuosa e viva quanto nas Escrituras Sagradas. Mas elas não param aí. Em terceiro lugar, a narrativa bíblica prossegue explicando que, ainda assim, nesse mundo caído, culpado e vão, o plano de Deus está sendo cumprido. As Escrituras nos ensinam que, por causa desse destino para onde o mundo está sendo conduzido, esse mundo pode ser chamado novamente de bom; e elas ensinam que, apesar do pecado, o mundo é, se tornará e permanecerá sendo um meio pelo qual Deus glorifica seus atributos – um instrumento pelo qual ele honra o seu nome. E, por fim, as Escrituras concluem sua instrução sobre o mundo nos dando a gloriosa promessa de que este mundo, com todo o seu sofrimento e sua opressão, se tornará bom para nós novamente quando sujeitarmos nossa vontade a essa honra de Deus e a direcionarmos para a sua glória. Todas as coisas cooperam para o bem daqueles que amam a Deus (Romanos 8:28).

Aprendemos a nos gloriar até na tribulação (Romanos 5:3), e a nossa fé é a vitória que vence o mundo (1João 5:4).

—— ▪ ——

Todas essas considerações nos levam, de forma natural e direta, da criação para a providência, afinal de contas, a partir do momento em que o mundo, em sua totalidade e em cada uma das suas criaturas, passou a existir pelo ato criativo de Deus, ele imediatamente passou a estar sob a vigilância da providência de Deus. Não há uma transição gradual aqui, nem qualquer brecha, porque, tal como as criaturas, por serem criaturas, não podem *surgir* por si mesmas, assim também elas não podem existir por um segundo sequer *por* si mesmas. A providência anda de mãos dadas com a criação: elas são peças que se encaixam.

Portanto, existe uma conexão íntima entre elas, e é extremamente importante manter, contra toda ameaça deísta, essa conexão inseparável da criação e providência. Por deísmo, entenda aquela tendência de pensamento que está disposta a aceitar uma criação original, mas defende que Deus se retirou do mundo e o deixou existindo por si mesmo. Nesse caso, a noção da criação serve apenas para dar ao mundo sua existência independente, e essa é uma ideia aceita até por Kant e Darwin. Mas a ideia é que, ao criar o mundo, Deus o dotou com independência total e o equipou com uma suficiência de dons e energias, de modo que o mundo pode, em e por si mesmo, existir perfeitamente bem e pode também, sob todas as circunstâncias, se salvar. O mundo foi pensado como um relógio que, uma vez que foi dado corda, passa a funcionar sozinho. Naturalmente, essa era uma ideia que levou à noção de que o mundo não precisa de nenhuma revelação, pois pode chegar à verdade necessária por suas próprias forças e por seus próprios recursos inerentes. Assim, o deísmo fortaleceu o racionalismo – isto é, o movimento que defende que a razão pode chegar a toda verdade com e por seus próprios recursos. Da mesma maneira, o deísmo dá origem ao pelagianismo, isto é, a doutrina na qual a vontade do homem pode alcançar a sua salvação, porque, de acordo com essa doutrina, a vontade do homem, bem como sua razão, foi criada para ser independente e foi equipada com dons e energias permanentes, tornando, assim, desnecessária a obra de qualquer mediador salvífico.

Então, tendo em vista essa alternativa deísta, é necessário nos agarrarmos à relação entre criação e providência, e é isso que a Escritura faz. Ela chama a obra de providência de atividade doadora de vida e preservadora (Jó 33:4; Neemias 9:6), renovação (Salmos 104:30), discurso (Salmos 33:9), vontade (Apocalipse 4:11), trabalho (João 5:17), sustentação de todas as coisas pela palavra do seu poder (Hebreus 1:3), cuidado (1Pedro 5:7), e, sim, até de criação (Salmos 104:30; Isaías 45:7). O que é sugerido em todas essas expressões é que, após a criação do mundo, Deus não deixou o mundo por si mesmo, observando tudo lá de cima. O Deus vivo não é deixado de lado depois que a criação saiu de suas mãos. A palavra providência significa que Deus supre o mundo com o que ele precisa.[12] Não é apenas um ato da mente de Deus, mas também da sua vontade — uma execução do seu conselho. É uma atividade pela qual ele mantém o mundo existindo a cada momento.

Portanto, a preservação, que geralmente é entendida como a primeira atividade de providência, não é uma supervisão passiva. O ponto não é que ele *deixa* o mundo existir, mas que ele o *faz* existir — isso é o que a palavra preservação realmente quer dizer. O Catecismo de Heidelberg descreve, de forma muito bela, essa providência como o poder onipotente e onipresente de Deus por meio do qual, com as suas mãos, ele sustenta continuamente o céu, a terra e todas as criaturas. Virtude, força, uma força onipotente e divina, procedem de Deus, vêm dele, tanto ao fazer com que o mundo continue a existir quanto ao trazê-lo à existência. Sem receber essa força, nenhuma criatura poderia existir — nem por um segundo. No momento em que Deus removesse sua mão e retirasse sua força, a criatura voltaria ao nada; ou seja, nada passa a existir nem permanece existindo se Deus não enviar sua Palavra e seu Espírito (Salmos 104:30; 107:25) — sem que Deus fale, ordene e deseje.

Essa força de Deus não vem de longe, mas de perto; é uma força onipresente. Deus está presente com todas as suas excelências e com todo seu ser em todo o mundo e em todas as suas criaturas, e nele vivemos, nos movemos e existimos (Atos 17:28). Ele não

[12]Gênesis 22:8; 1Samuel 16:1; Ezequiel 20:6; Hebreus 11:40.

está longe de cada um de nós (Atos 17:27); ele é Deus de perto, e não de longe, e ninguém pode se esconder em lugares secretos de modo que Deus não o veja. Ele preenche os céus e a terra (Jeremias 23:23-24). Quem poderia se ausentar do seu Espírito ou fugir da sua presença? Ele está nos céus e no reino dos mortos, nas partes mais profundas do mar e nas trevas mais escuras (Salmos 139:7ss). Sua preservação e seu poder sustentador se estendem a todas as criaturas: aos lírios do campo (Mateus 6:28), às aves do céu (Mateus 6:26) e até aos cabelos da cabeça (Mateus 10:30). Cada criatura existe de acordo com sua natureza – da forma que existe e enquanto existe – por meio do poder de Deus. Assim como é *dele*, também é *por* ele (Romanos 11:36). O Filho, por meio de quem Deus fez o mundo, continua a sustentar todas as coisas pela palavra do seu poder (Hebreus 1:2-3). Todas as coisas subsistem nele que era antes de todas as coisas (Colossenses 1:17) e elas são criadas e renovadas por seu Espírito (Salmos 104:30).

—— ▪ ——

Por causa desse íntimo relacionamento entre criação e providência, esta última às vezes é chamada de uma criação contínua ou progressiva. Essa designação tem um aspecto bom, mas, ainda assim, deve ser usada com cautela para evitar equívocos. Afinal, a mesma seriedade com a qual insistimos em manter a conexão e o relacionamento entre criação e providência também deve ser dada para defendermos a distinção entre elas. Se o primeiro erro nos envolvia no deísmo (crença em Deus excluindo a revelação), a segunda – isto é, ignorar a distinção entre as duas – nos envolveria no panteísmo. Por panteísmo, eu quero dizer a posição que elimina a diferença de tipo entre Deus e o mundo, assim, os dois são considerados idênticos ou, pelo menos, como dois lados do mesmo e único ser. Então, Deus é pensado como a essência do mundo; e o mundo, como a manifestação de Deus. O relacionamento é como aquele entre o oceano e suas ondas, a realidade e as formas de realidade, os lados visíveis e invisíveis do mesmo universo.

A Escritura evita essa heresia tão cuidadosamente quanto o deísmo, e isso é bem evidente pelo fato de que Deus é apresentado não apenas começando o trabalho de criação, mas também ao completá-la e descansar depois dela.[13] Na criação, algo é realizado e também completado. É verdade, como foi indicado antes, que o descanso de Deus não é uma cessação de *todo* trabalho, porque a providência também é trabalho (João 5:17), mas sim uma cessação da obra específica da criação. E se a criação e a providência podem ser pensadas como estando uma ao lado da outra na relação de trabalho e descanso, então não pode haver dúvidas de que elas também são distintas, ainda que estejam intimamente conectadas. A criação implica trazer algo à existência a partir do nada, e a preservação é fazer com que isso persista em sua existência; sendo assim, a criação não torna o mundo independente, porque uma criatura independente é uma contradição, todavia, ela atribui ao mundo uma essência que deve ser distinguida da essência de Deus. Não é simplesmente em nome e forma que Deus e o mundo devem ser distintos um do outro, mas em essência e ser, pois eles diferem como o tempo difere da eternidade, o infinito do finito e o Criador da criatura.

O mais importante é que nos agarremos a essa diferença em essência entre Deus e o mundo. Quem desmerece ou nega essa distinção falsifica a religião, rebaixa Deus ao nível da criatura e, em princípio, torna-se culpado do mesmo pecado que Paulo atribui aos pagãos quando ele diz que eles, conhecendo Deus, não o glorificaram, nem deram graças a ele (Romanos 1:21). Mas há outra consideração que torna essa distinção necessária.

Se Deus fosse idêntico ao mundo e também não se distinguisse de nenhuma maneira essencial da humanidade, então todo pensamento e ato dos homens deveria ser imputado imediata e diretamente à responsabilidade de Deus. Assim, o pecado também seria sua responsabilidade – em resumo, o pecado não existiria mais. Agora, é verdade que, por um lado, as Escrituras Sagradas declaram diversas vezes que o homem – em todos os seus pensamentos, suas ações e também em seus pecados – permanece sob o domínio de Deus. O homem nunca é independente de Deus. O Senhor olha dos céus e vê todos os filhos dos homens (Salmos 33:13); ele forma o coração de todos eles e contempla todas as suas obras (Salmos 33:15); determina os lugares das suas habitações (Deuteronômio 32:8; Atos 17:26); pondera todos os caminhos dos homens (Provérbios 5:21; Jeremias 10:23);

[13]Gênesis 2:2; Êxodo 20:11; 31:17.

age no exército do céu e entre os habitantes da terra (Daniel 4:35). Estamos em suas mãos como o vaso do oleiro e como um serrote nas mãos daquele que corta a madeira.[14] Quando o homem se torna um pecador, ele não se emancipa de Deus; na verdade, sua dependência sobre Deus simplesmente toma um caráter diferente. Ela perde sua natureza racional e moral e se torna uma sujeição meramente criaturesca. O homem que se torna um escravo do pecado se rebaixa e se torna nada mais que um instrumento nas mãos de Deus, portanto, é possível que as Escrituras digam que Deus endurece o coração do homem;[15] põe um espírito enganador na boca dos profetas (1Reis 22:23); age, por meio de Satanás, para incitar Davi a fazer a contagem do povo (2Samuel 24:1; 1Crônicas 21:1); ordena que Simei amaldiçoe Davi (2Samuel 16:10); entrega os homens às impurezas de seus pecados (Romanos 1:24); envia uma grande ilusão para que os homens acreditem em uma mentira (2Tessalonisences 2:11); e estabelece Cristo para a queda de muitos (Lucas 2:34).

Ainda assim, independentemente da providência de Deus também supervisionar o pecado, a Escritura também sustenta, firme e resolutamente, que a causa do pecado não está em Deus, mas nos homens; e que o pecado deve ser colocado na conta do homem, e não na de Deus. O Senhor é justo e santo, e está longe de toda iniquidade (Deuteronômio 32:4; Jó 34:10). Ele é luz sem treva alguma (1João 1:5); não tenta a ninguém (Tiago 1:13); é a fonte superabundante de tudo que é bom e puro (Salmos 36:10; Tiago 1:17); proíbe o pecado mediante a sua lei (Êxodo 20) e na consciência de todo homem (Romanos 2:14-15), não se agrada da iniquidade (Salmos 5:5), mas a odeia e brama em ira contra ela (Romanos 1:18), e a trata com punição temporal e eterna (Romanos 2:8).

Essas duas linhas das Escrituras Sagradas – segundo as quais o pecado, do começo ao fim, está sob o governo de Deus e, ainda assim, é atribuído à responsabilidade do homem – podem ser reconciliadas apenas se Deus e o mundo não estiverem separados e se também forem essencialmente distintos um do outro. A teologia se compromete a fazer exatamente isso quando, em seu relato da providência, ela fala de *cooperação* e de preservação. Por esse termo, a teologia

[14] Isaías 29:16; 45:9; Jeremias 18:4; Romanos 9:20-21.

[15] Êxodo 4:21ss; Deuteronômio 2:30; Josué 11:20; Romanos 9:18.

quer fazer justiça ao fato de que Deus é a *primeira* causa de tudo que acontece, mas que, sob ele e por meio dele, as criaturas são ativas como causas *secundárias*, cooperando com a primeira. Podemos falar dessas causas secundárias até em referência às criaturas inanimadas, porque, ainda que Deus faça nascer o Sol sobre maus e bons e faça chover sobre justos e injustos (Mateus 5:45), ele faz uso do Sol e das nuvens nessas ocasiões. Contudo, a distinção feita aqui é muito mais forte para as criaturas racionais, pois elas receberam da mão de Deus uma razão e uma vontade, as quais precisam usar para se orientar e governar. É verdade que, nessas criaturas racionais, toda existência e toda vida, todo talento e toda força são derivados de Deus; e que, independentemente de como o talento e a força são usados, eles permanecem sob o governo da providência de Deus. Contudo, há uma distinção que precisa ser feita entre a causa primária e a secundária, entre Deus e o homem. Ao fazer o bem, é Deus quem, de acordo com seu beneplácito, opera e realiza a vontade da criatura para isso; ainda assim, o próprio homem também deseja e age. E também é verdade, em uma extensão até maior, quando o homem faz o mal. Deus concede a vida e energia para isso também, mas, mesmo assim, é o homem – e apenas o homem – que peca e é culpado por isso. Nós simplesmente não podemos solucionar os enigmas apresentados a nós pela providência de Deus na vida. Mas a confissão de que Deus e o mundo nunca poderão ser separados, mas sempre devem ser distintos, aponta para a direção na qual a solução deve ser buscada, e ela nos impede de desviar tanto para a esquerda quanto para a direita em nossa busca.

——— ▪ ———

Entendida nesses termos, a doutrina da criação e da providência é rica em encorajamento e conforto. Há muito na vida que nos oprime e nos rouba a força para viver e agir. Há adversidades e decepções que encontramos no caminho da vida. Existem aquelas terríveis calamidades e desastres que às vezes causam centenas e milhares de mortes em uma angústia inominável, mas, em seu curso comum, a vida também pode levantar dúvidas sobre a providência de Deus. Mas o mistério não é a porção de toda a humanidade? O verme da inquietação e do medo atormenta toda a existência. Não é verdade que Deus tem uma disputa com suas criaturas, que perecemos em sua ira e estamos apavorados pelo seu furor? Não, não são apenas os incrédulos e os frívolos, mas os filhos de Deus também – e esses de modo mais profundo do que todos –são capturados pela seriedade terrível da realidade. E, às vezes, a questão força o caminho do coração para os lábios: será possível que Deus colocou o homem na terra para nada?

Mas, então, o cristão desanimado, por uma fé na criação e providência de Deus, ergue a cabeça novamente. Não o diabo, mas Deus – o Todo-Poderoso, o Pai do nosso Senhor Jesus Cristo – que criou o mundo, que é, em sua totalidade e em suas partes, a obra das suas mãos. Depois de criado, ele não o abandonou; ao contrário, pelo seu poder onipotente e onipresente, ele o sustenta; além disso, governa todas as coisas de forma que elas cooperam e convergem para o propósito que ele estabeleceu. A providência de Deus inclui, com a preservação e cooperação, o terceiro aspecto de *governo*. Ele é o Rei dos reis e o Senhor dos senhores (1Timóteo 6:15; Apocalipse 19:6), e seu reino dura por toda a eternidade (1Timóteo 1:17). Nenhum acidente ou nenhuma necessidade, nenhuma arbitrariedade ou força, nenhum mero capricho ou destino de ferro controla o mundo e sua história, a vida e o destino da humanidade. Por trás de todas as causas secundárias, ali está e opera a vontade onipotente de um Deus onipotente e um Pai fiel.

Ninguém pode realmente crer nisso com seu coração e confessar com sua boca a não ser aquele que é um filho de Deus, pois a fé na providência está no mais íntimo dos relacionamentos com a fé na redenção.

É verdade que a providência de Deus pertence àquelas verdades que, em alguma medida, podem ser verificadas pela revelação geral na natureza e na história. Alguns pagãos muitas vezes a expressaram e descreveram de uma forma muito bela. Um deles disse que os deuses veem e ouvem tudo, são onipresentes e cuidam de todas as coisas; outro disse que a ordem e o arranjo dos universos eram mantidos por Deus e por amor a ele. Mas nenhum deles conhecia a confissão cristã de que esse Deus que mantém e governa todas as coisas é o seu Deus e o seu Pai por amor do seu Filho, Cristo. Consequentemente, a fé na providência de Deus era abalada pela dúvida no mundo pagão e muitas vezes era vista como inadequada por causa das vicissitudes da vida. O século XVIII foi muito otimista e defendeu que Deus criou o melhor de todos os mundos possíveis, mas, no ano de 1755, quando a maior parte da cidade de Lisboa foi destruída por um terrível terremoto, muitos começaram a blasfemar a providência de Deus e a negar a sua existência. Entretanto, o cristão que experimenta o amor de Deus no perdão dos pecados e na redenção da sua alma certamente se gloriará com o apóstolo Paulo dizendo que nem tribulação, nem angústia, nem perseguição, nem fome, nem privação, nem perigo, nem espada poderá nos separar do amor de Deus (Romanos 8:35). Se Deus é por nós, quem será contra nós? (Romanos 8:31).

Ainda que a figueira não floresça, nem haja fruto nas videiras; ainda que o produto da oliveira falhe, e os campos não produzam mantimento; ainda que o rebanho seja exterminado do estábulo e não haja gado nos currais; mesmo assim, eu me alegrarei no Senhor, exultarei no Deus da minha salvação (Habacuque 3:17-18).

Nessa alegria, o cristão invoca até a terra para louvar o Senhor: "O Senhor reina, regozije-se a terra; alegrem-se as numerosas ilhas" (Salmos 97:1).

12. Origem, essência e propósito do homem

O relato da origem dos céus e da terra, no primeiro capítulo de Gênesis, converge na criação do homem. A criação das outras criaturas – dos céus e da terra; do Sol, Lua e estrelas; das plantas e dos animais – é registrado em breves palavras, e não há nenhuma menção da criação dos anjos. Mas, quando a Escritura chega à criação do homem, ela tem muito a dizer; e descreve não apenas o fato, mas também como ele foi criado, inclusive retornando ao assunto para mais considerações no segundo capítulo.

Essa atenção particular dedicada à origem do homem já serve como evidência de que o homem é o propósito e fim, a cabeça e a coroa de toda a obra de criação, e há diversos detalhes que também esclarecem a classe e valor superior do homem em relação às criaturas.

Em primeiro lugar, há o conselho especial de Deus que precede a criação do homem. Ao criar as outras criaturas, lemos simplesmente que Deus falou e, pela sua fala, tudo veio à existência, mas, quando Deus está prestes a criar o homem, ele primeiro consulta a si mesmo e se propõe a fazer o homem à sua imagem e semelhança. Isso indica que a criação do homem depende, de forma especial, da deliberação, sabedoria, bondade e onipotência divina. É claro, nada passou a existir por acaso, porém, o conselho e a decisão de Deus são muito mais claramente manifestos na criação do homem que na criação de qualquer outra criatura.

Além disso, nesse conselho de Deus, enfatiza-se especialmente que o homem é criado segundo a imagem e semelhança de Deus e, portanto, que ele está em um relacionamento completamente diferente com o criador. Não é dito que qualquer outra criatura – ou até anjos – foi criada à imagem de Deus e que eles exibem sua imagem; eles podem apresentar dicas e indicações de um ou vários atributos de Deus, mas apenas o homem é considerado criado segundo a imagem e semelhança de Deus.

A Escritura enfatiza que Deus criou não um homem, mas homens, de acordo com sua imagem e semelhança. Na conclusão de Gênesis 1:27, eles são designados macho e fêmea. Não é o homem sozinho, nem exclusivamente a mulher, mas os dois – e os dois em interdependência – que são os portadores da imagem de Deus. E, de acordo com a bênção que é pronunciada sobre eles no versículo 28, eles não são portadores da imagem em si e por si mesmos, mas também o são em sua posteridade. A raça humana – em cada uma das suas partes e em sua totalidade – é organicamente criada segundo a imagem e semelhança de Deus.

Por fim, a Escritura explicitamente menciona que essa imagem de Deus no homem deve ser expressa particularmente em seu domínio sobre todos os seres vivos e na sujeição de toda terra a ele. Por ser filho ou descendência de Deus, ele é rei sobre a terra, pois ser filho de Deus e herdeiro do mundo são duas coisas que estão íntima e inseparavelmente relacionadas já na criação.

— ▪ —

O relato da criação do homem no primeiro capítulo de Gênesis é elaborado e amplificado no segundo capítulo (Gênesis 2:4b-5). Esse segundo capítulo de Gênesis às vezes é equivocadamente chamado de segundo relato da criação, o que é um erro, porque a criação dos céus e da terra é presumida nesse capítulo e mencionada no verso 4b para introduzir a maneira pela qual Deus formou o homem do pó da terra. Toda a ênfase nesse segundo capítulo recai sobre a criação do homem e sobre o lugar em que isso aconteceu, e a grande diferença entre o primeiro e o segundo capítulo de Gênesis aparece nos detalhes desse segundo relato sobre a formação do homem.

O primeiro capítulo narra a criação dos céus e da terra, e, a partir disso, somos conduzidos à formação do homem. Nesse capítulo, o homem é a última criatura chamada à existência pela onipotência de Deus e fica no final de uma série de criaturas como o senhor da natureza e o rei da terra. Entretanto, o segundo capítulo, de Gênesis 2:4b em diante, começa com o homem, procede dele como o ponto de partida e o coloca no centro das coisas. Em seguida, relata o que aconteceu na criação do homem; como isso aconteceu para o homem e para a mulher; qual lugar de habitação foi dado a eles; qual vocação lhe foi confiada; e qual propósito e destino ele tinha. O primeiro capítulo fala do homem como o fim ou propósito da criação; o segundo capítulo o trata como o começo da história. O conteúdo do primeiro capítulo pode ser resumido sob a palavra *criação* e, o segundo capítulo, *paraíso*.

Há três peculiaridades apresentadas no segundo capítulo no tocante à origem do homem, as quais servem como a elaboração do que está contido no primeiro capítulo.

Em primeiro lugar, há um tratamento razoavelmente amplo da primeira morada do homem. O primeiro capítulo simplesmente declara, em termos gerais, que o homem foi criado segundo a imagem de Deus e que foi nomeado senhor sobre toda a terra, mas não dá nenhuma sugestão de onde o homem viu, pela primeira vez, a luz da vida e onde ele inicialmente viveu; no entanto, lemos isso no segundo capítulo. Quando Deus fez os céus e a terra e criou o Sol, Lua e estrelas, as plantas e os pássaros, os animais da terra e os do mar, nenhum lugar específico havia sido separado para a habitação do homem. Portanto, Deus descansa antes de criar o homem e de lhe preparar um jardim ou paraíso no Éden – no leste da Palestina, jardim este que é organizado de uma forma peculiar. Deus faz todos os tipos de árvores nascerem lá – árvores agradáveis à vista e boas para alimento. Duas dessas árvores são designadas pelo nome – a árvore da vida, plantada no centro do jardim, e a árvore do conhecimento do bem e do mal. O jardim foi disposto de tal forma que um rio tinha seu ponto de origem no território do Éden e fluía por ele, e, então, se dividia em outros quatro : Pison, Giom, Tigre e Eufrates.

Ao longo dos séculos, muito esforço foi empregado para tentar determinar onde o Éden e jardim do Éden se localizavam. Várias hipóteses foram apresentadas sobre aquele primeiro rio que surgia no Éden e fluía através dele; sobre os quatro rios subsequentes; sobre o nome do território do Éden; e sobre o jardim dentro dele. Mas todas essas hipóteses restaram como meras conjecturas, porque nenhuma delas foi estabelecida por evidência sólida. Contudo, duas interpretações parecem merecer a preferência. A primeira afirma que o Éden ficava na direção do norte na Armênia; a outra defende que ele ficava mais para o sul, na Babilônia. É difícil decidir entre essas duas, pois os detalhes dados na Escritura não são tão adequados para determinar onde esse território ficava. Todavia, quando nos lembramos de que os descendentes de Adão e Eva, banidos do Éden, permaneceram por algum tempo naquela área geral (Gênesis 4:16); que a arca de Noé, após o dilúvio, veio a repousar sobre o Monte Ararate (Gênesis 8:4); e que a nova humanidade, após o dilúvio, espalhou-se de Babel para toda a terra (Gênesis 11:8-9); dificilmente pode-se questionar que o berço da humanidade ficava naquela área limitada pela Armênia, ao norte, e pelo Sinar, ao sul. Nos tempos modernos, a academia tem reforçado esse ensino das Escrituras. É verdade que, no passado, a investigação histórica fez toda sorte de palpites sobre o lar original da humanidade, pesquisando em todas as partes da terra, mas ela está cada vez mais refazendo seus passos. A etnologia, a história da civilização e a filologia apontam todas para a Ásia como o continente onde o berço da humanidade se encontrava.

Uma segunda peculiaridade para notarmos em Gênesis 2 é o mandato probatório dado ao homem. Originalmente, esse primeiro homem foi simplesmente chamado *o homem* (*ha-adam*), porque ele estava sozinho por um tempo e não havia ninguém semelhante ao seu lado. É só a partir de Gênesis 4:25 que o nome Adão ocorre sem o artigo definido. Ali, o nome se torna individual pela primeira vez, e isso indica claramente que o primeiro homem, que por um tempo era o único ser humano, foi o início, a origem e o chefe de toda a raça humana. Como tal, ele recebeu uma tarefa dupla: *primeiro*, cultivar e preservar o jardim do Éden; e, *segundo*, comer livremente de todas as árvores no jardim, com exceção da árvore do conhecimento do bem e do mal.

A primeira tarefa define seu relacionamento com a terra; a segundo, com o céu. Adão tinha que subjugar a terra e dominá-la, e precisava fazer isso em um sentido duplo: ele precisava cultivá-la, abri-la e, assim, descobrir todos os tesouros que Deus depositou nela para seu uso; além disso, ele deveria também vigiá-la, guardá-la e protegê-la de todo mal que pudesse ameaçá-la. Em resumo, ele deveria assegurá-la contra a servidão da corrupção sob a qual toda a criação geme hoje.

Entretanto, o homem pode cumprir esse chamado sobre toda a terra apenas se ele não quebrar a conexão que o une com o céu, apenas se continuar a acreditar na palavra de Deus e obedecer a seu mandamento. Portanto, a tarefa dupla é essencialmente uma só: Adão deve dominar a terra, não pela ociosidade ou passividade, mas pelo trabalho da sua mente, de seu coração e de suas mãos.

Mas, para governar, ele deve servir, e servir a Deus, que é seu Criador e Legislador. Trabalho e descanso, governo e serviço, vocação terrena e celestial, civilização e religião, cultura e *culto*; esses pares andam juntos desde o princípio, pertencem um ao outro e juntos formam – em uma só vocação – o grande, santo e glorioso propósito do homem. Toda cultura, isto é, todo trabalho que o homem empreende a fim de subjugar a terra, seja a agricultura, pecuária, comércio, indústria, ciência ou outra coisa qualquer, são todas o cumprimento de um único chamado divino. Porém, se o homem deve realmente ser e permanecer assim, deve proceder em dependência e obediência à Palavra de Deus. A religião deve ser o princípio que anima toda a vida e que a santifica para um culto a Deus.

Uma terceira peculiaridade desse segundo capítulo de Gênesis é a dádiva da mulher ao homem e a instituição do casamento. Adão recebeu muito, e, embora tivesse sido formado pelo pó da terra, ele, ainda assim, era portador da imagem de Deus. Ele foi posto em um jardim que era um lugar agradável e abundantemente abastecido com tudo de bom para contemplar e comer, e também recebeu a agradável tarefa de cultivar o jardim e subjugar a terra. Ele precisava andar de acordo com o mandamento de Deus – comer livremente de toda árvore, exceto da árvore do conhecimento do bem e do mal. Mas não importa quão abundantemente privilegiado e quão grato esse homem estava, ele não estava satisfeito – não estava preenchido –, e a causa disso é indicada pelo próprio Deus: sua solidão. Não é bom que o homem esteja só. Ele não foi constituído assim, não foi criado dessa maneira, e sua natureza inclina para o social – ele deseja companhia. Ele deve ser capaz de se expressar, se revelar e se entregar.

Ele deve ser capaz de derramar o seu coração e dar forma aos seus sentimentos, bem como de compartilhar sua consciência com um ser que possa entendê-lo e que possa sentir e viver com ele. Solidão é pobreza, esquecimento, definhamento gradual e declínio, e como é triste estar só!

E aquele que criou o homem dessa maneira, com esse tipo de necessidade de expressão e extensão, na grandeza e na graça do seu poder, simplesmente escolhe suprir essa necessidade. Ele só pode criar para ele uma auxiliadora que o acompanhe, que esteja ligada a ele e que o complete como sua contraparte. O relato nos diz, nos versos 19 a 21, que Deus fez todas as feras do campo e todas as aves do céu, e que depois as trouxe para Adão para ver se, entre todas essas criaturas, haveria algum ser que serviria como um companheira e ajudadora de Adão. O propósito desses versos não é indicar a ordem cronológica na qual os animais e o homem foram feitos, mas para indicar a ordem material, a hierarquia e os níveis de relacionamento nos quais os dois tipos de criaturas permanecem uma com a outra. Esse relacionamento de hierarquias é primeiro indicado por Adão nomear os animais.

Portanto, Adão compreendeu todas as criaturas e perscrutou suas naturezas. Ele poderia classificá-las, subdividi-las e atribuir a cada uma delas o lugar que lhes era devido. Consequentemente, se não descobriu um ser entre todas as criaturas que poderia se relacionar com ele, não era por ignorância, arrogância ou orgulho; mas sim pelo fato de que existia uma diferença de *tipo* entre ele e todas as outras criaturas – uma diferença não de grau apenas, mas de essência. É verdade que há toda sorte de correspondências entre animais e o homem: ambos são seres físicos; ambos têm toda sorte de necessidade e desejo por comida e bebida; ambos se reproduzem; ambos têm os cinco sentidos do olfato, paladar, tato, visão e audição; e ambos compartilham as mais baixas atividades da cognição, consciência e percepção. Ainda assim, o homem é diferente do animal, pois tem razão, entendimento e vontade, e, por causa disso, tem religião, moralidade, linguagem, lei, ciência e arte. É verdade que ele foi formado a partir do pó da terra, mas recebeu o fôlego de vida do alto; ele é físico, mas também espiritual, racional e moral, e é por isso que Adão não conseguia encontrar sequer uma criatura entre todas que poderia se relacionar com ele e lhe fazer companhia. Ele nomeou a todos elas, mas nenhuma delas merecia o nome exaltado e real de *homem*.

Então, quando o homem não conseguiu encontrar aquilo que buscava, Deus lhe deu aquilo que ele próprio não conseguiria suprir – e fez isso sem qualquer esforço da parte do homem e de forma totalmente independente da vontade dele. As melhores coisas nos vêm como *presentes*; elas caem em nossos colos sem qualquer trabalho e sem qualquer preço. Não as merecemos nem as conquistamos, ou seja, nós as conseguimos sem pagar nada. O presente mais valioso e precioso que podia ser dado ao homem na terra era a mulher, e ele recebe esse presente enquanto dorme profundamente, quando está inconsciente e sem qualquer esforço da vontade ou fatiga das mãos. É verdade que a busca, a investigação e o senso de necessidade precedem esse presente, assim como a *oração*, mas, então, Deus concede o presente soberanamente, sozinho e sem nossa ajuda. É como se ele conduzisse a mulher ao homem pela mão.

Dessa forma, a primeira emoção que dominou Adão quando acordou e viu a mulher diante dele foi de maravilhamento e gratidão. Ele não se sente um estranho em relação a ela, mas reconhece imediatamente que ela compartilha da mesma natureza dele. Seu reconhecimento foi literalmente fruto do sentimento de algo que lhe faltava e de que precisava, mas que ele próprio não podia suprir, e seu maravilhamento se expressa no primeiro hino ou epitalâmio nupcial a ser feito na face da terra: "Esta é agora osso dos meus ossos e carne da minha carne; ela será chamada mulher, porquanto do homem foi tomada". Portanto, Adão permanece sendo a fonte e o chefe da raça humana. A mulher não é simplesmente criada *junto* dele, mas *dele* (1Coríntios 11:8), e, assim como a matéria-prima para criar o corpo de Adão foi tomado da terra, a costela de Adão é a base da vida de Eva. Assim como do pó da terra o primeiro homem se tornou ser vivente pelo fôlego de vida que veio de Deus, a mulher tornou-se um ser humano a partir da costela de Adão pela onipotência criativa de Deus. Ela provém de Adão, mas é outro ser: é parecida com ele e, ainda assim, diferente dele; pertence à mesma espécie, mas, ainda assim, ocupa sua própria posição única; é dependente e, ainda assim, livre; nasce *depois* e *de* Adão, mas deve sua existência apenas a Deus. E, assim, ela serve para ajudar o homem, para tornar sua vocação de subjugar a terra possível, sendo sua ajudadora, não como amante e muito menos como escrava, mas como um ser individual, independente e livre, pois recebeu sua existência graças a Deus, e não ao homem, e, portanto, responde a Deus e foi somada ao homem como um presente livre e imerecido.

— ▪ —

É assim que a Escritura relata a origem do homem, tanto do macho quanto da fêmea; é esse o seu pensamento sobre a instituição do casamento e do princípio da raça humana. Mas, nesses dias, uma interpretação muito diferente se apresenta, a qual é feito em nome da ciência e, supostamente, com autoridade desta. E essa nova interpretação penetra mais e mais até alcançar inclusive as massas; e, tendo em vista que tal interpretação é muito importante para uma cosmovisão, é necessário dedicar nossa atenção a ela por alguns momentos e avaliar seus fundamentos.

Se uma pessoa repudia o relato bíblico da origem da raça humana, torna-se necessário dar outra explicação. O homem existe, e ninguém pode escapar de responder à questão de onde viemos, e, se ele não deve sua origem à onipotência criativa de Deus, então deve a outrem. Sendo assim, não resta nenhuma solução, exceto dizer que o homem gradualmente se desenvolveu dos seres inferiores antecedentes e evoluiu até sua posição elevada atual na ordem do ser. Portanto, a *evolução* é a palavra mágica que, em nossos tempos, deve resolver de alguma forma todos os problemas da origem e essência das criaturas. Naturalmente, quando o ensino da criação é repudiado, o evolucionista deve aceitar que outra coisa existiu no princípio, pois as coisas não podem vir do nada; no entanto, o evolucionista procede para a suposição completamente arbitrária e impossível de que matéria, energia e movimento existiram eternamente, e acrescenta que, antes de o nosso sistema solar existir, o mundo consistia simplesmente de uma massa gasosa caótica. Esse foi o ponto inicial da evolução que gradualmente resultou no nosso mundo atual e em todas as suas criaturas. É pela evolução que o sistema solar e a terra passaram a existir. Pela evolução, as camadas da terra e os minerais vieram a ser. Pela evolução, o animado foi criado a partir do inanimado por meio de uma série infinda de anos. Pela evolução, as plantas, os animais e os homens passaram a existir. E, dentro do escopo humano, foi pela evolução novamente que a diferenciação sexual, o casamento, a família, a sociedade, o Estado, a linguagem, a religião, a moralidade, a lei, a ciência, a arte e todos os outros valores da civilização foram criados. Se pudermos proceder dessa única suposição de que a matéria, a energia e o movimento existiram eternamente, então, presume-se que Deus não é mais necessário e que o mundo é autoexplicativo. Assim, acredita-se que a ciência afirma que Deus é totalmente desnecessário.

A Teoria da Evolução continua a desenvolver sua ideia da origem do homem da seguinte maneira. Quando a terra esfriou e, assim, se tornou apta para o nascimento de criaturas vivas, a vida surgiu sob as circunstâncias existentes, provavelmente de tal forma que primeiro combinações albuminosas inanimadas se formaram, e estas, afetadas por várias influências, desenvolveram várias propriedades. Tais entidades albuminosas, por meio de combinações e misturas umas com as outras, deram origem ao protoplasma – o primeiro germe de vida. A partir daí, começou o desenvolvimento biogenético, o desenvolvimento de seres vivos. Esse foi um processo que durou aproximadamente uns cem milhões de anos.

Esse protoplasma formou o núcleo albuminoso da célula que agora consideramos o elemento básico de todos os seres vivos, sejam plantas, animais ou homens. Assim, *protozoários* unicelulares foram os primeiros organismos, e, dependendo se fossem móveis ou imóveis, eles se desenvolveram em animais ou plantas. Entre os animais, os *infusórios* são os menores na escala, mas destes gradualmente surgiram, por meio de vários estágios intermediários e transacionais, as espécies mais elevadas de animais, conhecidas como vertebrados, invertebrados, moluscos e radiatas. Os animais vertebrados são novamente divididos em quatro classes: peixes, anfíbios, pássaros e mamíferos. Os mamíferos são divididos em três ordens: os monotremados, os marsupiais e os animais placentários; e esta última ordem é novamente subdividida em roedores, ungulados, aves de rapina e os primatas. Os primatas, por sua vez, são classificados como semissímios, macacos e antropoides.

Quando comparamos o organismo físico do homem com o desses vários animais, descobrimos, de acordo com o evolucionista, que o homem, em uma ordem de semelhança crescente, é mais próximo em espécie dos vertebrados, dos mamíferos, dos animais placentários, dos primatas; e ele se assemelha mais aos antropoides – representados pelo orangotango e o gibão na Ásia e pelo gorila e o chimpanzé na África; portanto, eles devem ser considerados os parentes mais próximos do homem. É verdade que eles diferem do homem em tamanho, forma e semelhança, mas, no geral, são parecidos com os humanos em suas estruturas básicas. Mesmo assim, o homem não veio dessas espécies de macacos existentes hoje, mas de um antropoide há muito tempo extinto. Macacos e homens são, de acordo com essa Teoria da Evolução, parentes de sangue e pertencem à mesma raça, ainda que eles devam ser considerados sobrinhos e sobrinhas, e não irmãos e irmãs.

Essa é a ideia da Teoria da Evolução. De acordo com ela, esse foi o curso dos eventos, mas o evolucionista também sentiu a necessidade de explicar como isso aconteceu. Era muito fácil dizer que as plantas, os animais e os homens formaram uma série inquebrável e crescente de seres, contudo, o evolucionista sentiu que devia fazer alguma coisa para demonstrar que esse desenvolvimento realmente era possível, ou seja, que um primata, por exemplo, pudesse gradualmente se tornar um homem. Charles Darwin, em 1859, tentou essa demonstração. Ele notou que plantas e animais – rosas e pombos, por exemplo – poderiam, pela seleção natural artificialmente assistida, ser levados a modificações significantes. Assim, ele defendeu que essa seleção natural também pode ter ocorrido na natureza – uma seleção não controlada artificialmente pela intervenção humana, mas inconsciente, arbitrária e natural. Com esse pensamento, ele teve uma epifania, porque, ao aceitar essa teoria de seleção natural, ele presumiu que podia explicar como plantas e animais gradualmente passaram por mudanças e como eles superaram imperfeições e conquistaram vantagens. Dessa maneira, eles constantemente se equiparam melhor para uma competitividade mais bem-sucedida contra outros na luta pela sobrevivência, e, assim, de acordo com Darwin, a vida sempre e em todo lugar é apenas isto: uma luta pela sobrevivência. Observados superficialmente, pode parecer que há paz na natureza, mas isso é uma ilusão. Há aquela constante luta pela vida e pelas necessidades da vida, porque a terra é pequena demais e escassa demais para suprir todos os seres que nascem nela com os alimentos necessários. Portanto, milhões de organismos perecem por causa da necessidade; apenas os mais fortes sobrevivem, e esses mais fortes, que são superiores aos outros por causa de alguma propriedade que desenvolveram, gradualmente transferiram suas características vantajosas adquiridas para sua posteridade.

Consequentemente, existe progresso e desenvolvimento. A seleção natural, a luta pela sobrevivência e a transferência de características antigas e novas adquiridas explicam, de acordo com Darwin, a emergência de novas espécies e a transição do animal para o homem.

—— ▪ ——

Ao avaliar essa Teoria da Evolução, é necessário, acima de tudo, fazer uma clara distinção entre os *fatos* a que ela recorre e a *visão filosófica* com que ela os analisa. Os fatos se resumem a isto: o homem compartilha toda sorte de características com outros seres vivos, mais particularmente com os animais superiores e, entre esses, especialmente com os macacos. Naturalmente, a maioria desses fatos eram conhecidos mesmo antes de Darwin, porque a correspondência da estrutura física; dos diversos órgãos do corpo e suas atividades; dos cinco sentidos; das percepções e consciências são perceptíveis por todos, e isso simplesmente não é possível negar. Mas as ciências da anatomia, biologia, fisiologia e psicologia têm investigado recentemente essas características correspondentes muito mais cuidadosamente do que antes, e, consequentemente, as características de semelhanças têm crescido em número e importância. Outras ciências que contribuíram para confirmar e estender essas semelhança entre o homem e o animal. A embriologia, por exemplo, indicou que um ser humano no útero se assemelha a um peixe, a um anfíbio e aos mamíferos inferiores. A paleontologia, encarregada do estudo das condições e circunstâncias nos tempos antigos, descobriu restos de seres humanos – esqueletos, ossos, caveiras, ferramentas, ornamentos e coisas parecidas – que indicavam que, em séculos anteriores, algumas pessoas em algumas partes da terra viviam de maneira muito simples. E a etnologia ensina que existiam tribos e povos amplamente separados tanto espiritual quanto fisicamente das nações civilizadas.

Quando esses fatos, reunidos de diversos lugares, se tornaram conhecidos, a filosofia logo se ocupou de combiná-los em uma hipótese – a hipótese da evolução gradual de todas as coisas e, especialmente, a do homem. Essa hipótese não surgiu depois que os fatos foram descobertos nem por causa deles, mas já existia há muito tempo. Ela foi apoiada por diversos filósofos e agora passa a ser aplicada aos fatos, alguns dos quais foram descobertos recentemente. Supõe-se que a antiga hipótese e teoria agora passaram a se fundamentar em fatos firmemente evidenciados, o que acabou gerando certo entusiasmo, porque agora todos os enigmas do mundo, exceto o da matéria e energia eterna, foram resolvidos, e todos os segredos do mundo foram descobertos. Porém, esse edifício orgulhoso da filosofia evolucionária mal tinha sido construído quando começou a desmoronar. O darwinismo, como um filósofo importante diz, surgiu na década de 1860, teve sua procissão triunfal nos anos de 1870, começou a ser questionado por alguns nos anos de 1890 e, desde então, tem sido fortemente atacado por muitos.

O primeiro e mais forte dos ataques foi lançado contra a maneira pela qual, de acordo com Darwin, as diversas espécies vieram à existência, uma vez que a luta pela sobrevivência e a seleção natural não eram suficientes para uma explicação. É verdade que muitas vezes existe uma luta feroz no mundo animal e que essa luta tem uma influência significativa em suas naturezas e existências, mas não foi provado, de forma nenhuma, que essa luta pode provocar o surgimento de novas espécies. A luta pela sobrevivência pode contribuir para o fortalecimento de tendências e habilidades, de órgãos e potencialidades por meio do exercício e esforço, e pode desenvolver o que já está presente, mas não pode trazer à existência aquilo que não existe. Além disso, é um exagero, como todos sabem pela experiência, dizer que, sempre e em todo lugar, não existe nada além que luta.

Há mais que ódio e animosidade no mundo. Também há amor, cooperação e auxílio. A doutrina de que não há nada além de guerra de todos contra todos é tão desequilibrada quanto a visão idílica do século XVIII, segundo a qual existe descanso e paz em todo lugar na natureza. Há espaço para muitos na grande mesa da natureza, e a terra na qual Deus deu ao homem como seu lugar de habitação é inesgotavelmente abundante. Consequentemente, há muitos fatos e manifestações que não têm nada a ver com uma luta pela sobrevivência. Por exemplo, ninguém pode indicar o que as cores e as figuras da pele do caramujo, a cor preta da barriga de muitos animais vertebrados, o embranquecer dos cabelos com a idade avançada ou o avermelhamento das folhas no outono têm a ver com a luta pela sobrevivência. Tampouco é verdade que nessa luta os mais fortes sempre e exclusivamente vencem e os mais fracos sempre perdem. Uma coincidência, por assim dizer – uma circunstância feliz ou infeliz – frequentemente zomba de todos esses argumentos. Algumas vezes, uma pessoa forte é morta no melhor dos seus dias; e, às vezes, um homem ou mulher fisicamente fracos estendem sua longevidade.

Essas considerações levaram um acadêmico holandês a substituir a seleção natural de Darwin por outra teoria: a da mutação. Segundo essa teoria, a mudança das espécies não aconteceu em um ritmo regular e gradual, mas repentinamente e por saltos. Contudo, a questão é se essas mudanças realmente representam novas espécies ou simplesmente modificações nas espécies já existentes, e a resposta a essa pergunta novamente está sobre o que se quer dizer por espécie.

Não foi apenas a luta pela sobrevivência, a seleção natural e a sobrevivência do mais forte que perderam suas posições nesse século, mas também a ideia de transferência de características adquiridas. A transferência de características naturais herdadas dos pais para os filhos tende, por si só, a ser contrária ao darwinismo, na medida em que ela implica a constância das espécies. Por séculos, homens geram homens e nada mais. Em se tratando da transferência de características adquiridas em vez de herdadas, agora há tanta diferença de opinião que nada mais pode ser dito sobre isso com certeza. Contudo, é certo que as características adquiridas muitas vezes não são transferidas dos pais aos filhos. A circuncisão, por exemplo, foi praticada por alguns povos por séculos e, ainda assim, nenhum traço nos filhos foi encontrada depois disso. A transferência de uma geração para outra acontece apenas dentro de certos limites e não afeta qualquer mudança de espécie. Se a modificação é artificialmente induzida, ela também deve ser artificialmente mantida ou será perdida. Em suma, o darwinismo não pode explicar nem a hereditariedade nem a mudança. Ambos são fatos cuja existências não são negadas, mas suas conexões e relações ainda excedem o nosso conhecimento.

Portanto, o darwinismo propriamente dito, isto é, o darwinismo em sentido estrito – o esforço de explicar a mudança das espécies por intermédo da luta pela sobrevivência, da seleção natural e da transferência de características adquiridas – foi cada vez mais abandonado pelos cientistas. A predição de um dos primeiros e mais célebres oponentes da teoria de Darwin foi literalmente cumprida: que essa teoria, ao tentar explicar os mistérios da vida, não duraria até o fim do século XIX. Contudo, ainda mais importante, é o fato de que a crítica não foi direcionada apenas contra a teoria de Darwin, mas também contra a própria Teoria da Evolução, pois naturalmente os fatos permanecem sendo fatos e não podem ser ignorados. Entretanto, a teoria é outra coisa, algo construído sobre os fatos pelo pensamento, e o que se tornou mais e mais evidente é que a Teoria da Evolução não se encaixava nos fatos, mas, em vez disso, estava até em conflito com eles.

A geologia, por exemplo, revelou que as espécies inferiores e superiores de animais não foram seguidas uma após a outra em sequência, mas existem juntas há séculos. A paleontologia não conseguiu encontrar nenhuma evidência conclusiva para as espécies transicionais existentes entre as diversas espécies dos seres orgânicos. Ainda assim, de acordo com a Teoria da Evolução darwiniana extremamente gradual por meio de mudanças extremamente pequenas, essas espécies intermediárias deveriam ser muito mais frequentes. Mesmo o intermediário entre o homem e seu ancestral primata, que foi bastante procurado, não foi descoberto. É verdade que a embriologia aponta para uma certa similaridade externa entre os vários estágios no desenvolvimento do embrião do homem e do de outros animais, mas essa similaridade é aparente pela simples razão que um ser humano nunca nasceu do embrião de um animal. Em outras palavras, o homem e o animal seguem direções diferentes a partir da concepção, ainda que as diferenças internas não sejam percebidas nesse estágio. A biologia, até agora, ofereceu tão pouco apoio para a proposição de que a vida se gerou que muitos agora aceitam a impossibilidade disso e estão retornando à ideia de uma força ou energia especial de vida. A física e a química, conforme avançam em suas investigações, encontram cada vez mais segredos e maravilhas no mundo microscópico, e isso fez com que muitos retornassem à ideia de que os elementos básicos das coisas não são entidades materiais, mas forças. E todos os esforços empregados para explicar a consciência, a liberdade da vontade, a razão, a consciência, a linguagem, a religião, a moralidade e todos esses fenômenos como sendo apenas os produtos da evolução não obtiveram sucesso. As origens desses fenômenos, como a origem de tudo, permanecem encobertas e obscuras para a ciência.

Por fim, é importante notar que, quando o homem aparece na história, ele já é homem completo, com corpo e alma; além disso, ele já contava com todas as características e atividades humanas cujas origens a ciência ainda tenta descobrir. Em nenhum lugar podem ser encontrados seres humanos que não têm razão e vontade, racionalidade e consciência, pensamento e linguagem, religião e moralidade, instituições de casamento e família, e assim por diante. Agora, se todas essas características e manifestações evoluíram gradualmente, essa evolução deve ter ocorrido em tempos pré-históricos, ou seja, em tempos dos quais não sabemos *nada* diretamente e sobre os quais fazemos suposições apenas com base em alguns fatos percebidos em tempos posteriores. Portanto, qualquer ciência que deseja cavar esse tempo pré-histórico e descobrir as origens das coisas existentes nesse período *deve*, pela natureza da questão, valer-se de hipóteses, conjecturas e suposições. Não há possibilidade aqui para evidência ou prova, em sentido estrito. A doutrina da evolução, e particularmente a da ancestralidade animal do homem, no mínimo, não é apoiada pelos fatos históricos. De todos os elementos sobre os quais essas teorias são construídas, no final nada mais resta senão uma cosmovisão filosófica que quer explicar todas as coisas e todos os fenômenos por meio das próprias coisas e fenômenos, deixando Deus de lado. Um dos proponentes da visão evolucionista admitiu isso sem rodeios: "a escolha é entre ancestralidade evolucionária ou milagre; já que milagres são absolutamente impossíveis, somos compelidos a acreditar na primeira posição", e essa admissão demonstra que a teoria da ancestralidade animal do homem não está fundamentada na investigação científica cuidadosa, mas no postulado de uma filosofia materialista ou panteísta.

—— ▪ ——

A ideia da origem do homem está intimamente relacionada com a sua *essência*. Hoje, muitos falam de outra forma, dizendo que o homem e o mundo, independentemente de qual tenha sido a origem e o desenvolvimento deles no passado, são o que são hoje e permanecerão assim.

Naturalmente, essa posição é totalmente correta: a realidade permanece a mesma, independentemente de formarmos uma ideia verdadeira ou falsa sobre ela, mas isso também é verdade com relação à origem das coisas. Embora imaginemos que o mundo e a humanidade passaram a existir de forma particular – por exemplo, gradualmente, durante o curso dos séculos e por toda sorte de mudanças pequenas –, essa suposição naturalmente não muda a origem verdadeira. O mundo veio a existir da forma que veio, e não da maneira que desejamos ou supomos; contudo, a *ideia* que temos da origem das coisas é inseparavelmente conectada com a *ideia* que temos da essência das coisas.

Se a primeira está errada, a segunda não poderá estar certa. Se acreditarmos que a terra e todos os reinos da natureza, todas as criaturas, e particularmente todos os seres humanos, passaram a existir sem Deus, apenas pela evolução de energias que são residuais no mundo; essa ideia necessariamente terá uma influência importante em nossa concepção da *essência* do mundo e do homem.

É verdade que o mundo e o homem permanecerão como estão independentemente da nossa interpretação, mas, *para nós*, eles mudam, aumentam ou diminuem em valor e importância de acordo com o que pensamos das suas origens.

Isso é tão evidente, que não exige um esclarecimento maior, mas, como a noção de que podemos pensar no que quisermos sobre a origem das coisas, já que o que pensamos da essência delas não é influenciada por isso, pode ser útil agora, considerando a essência do homem, indicar a falsidade dessa noção mais uma vez – por exemplo, na doutrina da Escritura, na religião de Israel, na pessoa de Cristo, na religião, na moralidade, entre outras coisas. Isso não é difícil porque, se o homem evoluiu gradualmente sem Deus e somente por meio de forças naturais cegas, naturalmente se conclui que o homem não pode diferir essencialmente dos animais e que, em seu mais elevado desenvolvimento, ele permanece sendo um animal. Não há espaço para uma alma distinta do corpo, para uma liberdade moral e imortalidade pessoal. E a religião, a verdade, a moralidade e a beleza perdem sua natureza própria e absoluta.

Essas consequências não são algo que impomos aos proponentes da Teoria da Evolução, mas sim algo que eles próprios deduzem dela. O próprio Darwin, por exemplo, diz que, se as nossas jovens fossem educadas sob as mesmas condições que as abelhas, elas pensariam, assim como as abelhas, que matar seus irmãos é um dever sagrado; e as mães tentariam matar suas filhas férteis sem que ninguém se importasse em intervir. Portanto, de acordo com Darwin, toda a lei moral é um produto das circunstâncias e, consequentemente, ela muda conforme as circunstâncias. Bem e mal, bem como verdade e falsidade, são, portanto, termos relativos, e seus significados são, como a moda, sujeitos à mudança de tempo e lugar. Da mesma forma, de acordo com outros, a religião nada mais era que uma ajuda temporária, uma ferramenta para auxiliar o homem em sua fraqueza na luta contra a natureza. Agora, serve apenas como o ópio do povo, mas, no futuro, ela naturalmente morrerá e desaparecerá quando o homem alcançar sua liberdade completa. Pecado e transgressão, crime e assassinato não constituem o homem culpado, mas são consequências de uma condição bárbara na qual o homem vivia antigamente e diminuem à medida que o homem se desenvolve e a sociedade melhora. Sendo assim, os criminosos devem ser considerados crianças, animais ou espécies insanas, devendo ser tratados dessa forma, e as prisões devem dar espaço aos reformatórios. Em resumo, se o homem não é de origem divina, mas de origem animal e "evoluiu" gradualmente por conta própria, ele deve tudo apenas a si mesmo. Portanto, ele é o seu próprio legislador, mestre e senhor. Todas essas inferências da teoria (materialista ou panteísta) da evolução são claramente traçadas na ciência contemporânea, assim como na literatura, na arte e na política contemporâneas.

No entanto, a realidade ensina algo bem diferente. O homem pode acreditar, se quiser, que fez tudo por si mesmo e que não está preso a nada, mas, em todos os aspectos, ele permanece uma criatura dependente. Ele não pode fazer o que quiser. Em sua existência física, permanece preso às leis estabelecidas para a respiração, circulação de sangue, digestão e procriação, e, se ele for contra essas leis e não prestar atenção a elas, ele prejudica a sua saúde e enfraquece sua própria vida. Podemos dizer a mesma coisa sobre a vida da sua alma e espírito. O homem não pode pensar da forma que quiser, mas está preso às leis que ele não cogitou nem estabeleceu, mas que são implicadas no próprio ato de pensar e manifestas nele, e, se não mantiver essas leis do pensamento, cai na rede do erro e falsidade. O homem não pode agir nem pensar como quer, pois sua vontade está sob a disciplina da razão e da consciência; se ele desrespeita essa disciplina e rebaixa sua vontade e agir ao nível da arbitrariedade e capricho, então é certo que haverá autocensura e autoacusação, arrependimento e remorso, ranger e contrição da consciência.

Portanto, a vida da alma, da mesma forma que a vida do corpo, fundamenta-se em algo diferente do capricho e acidente. Não é uma condição de ilegalidade e anarquia, mas é determinada por leis por todos os lados e em todas as suas atividades. Ela se sujeita às leis da verdade, bondade e beleza, e, assim, demonstra que não se gerou. Em suma, o homem tem, desde o princípio, sua própria natureza e essência, e não pode violá-las impunemente. E a natureza é tão mais forte nessas questões que a teoria, que os próprios aderentes da Teoria da Evolução continuam falando de uma natureza humana; de atributos humanos imutáveis; de leis do pensamento e ética prescritas para o homem; e de um senso religioso inato. Assim, a ideia da essência do homem entra em conflito com a ideia da sua origem.

Contudo, na Escritura há uma concordância perfeita entre as duas ideias. A essência do homem corresponde à sua origem. Porque o homem, embora tenha sido formado do pó da terra, recebeu o sopro de vida do alto. Assim, ele foi criado pelo próprio Deus e, portanto, é um ser único com sua própria natureza. A essência do seu ser é esta: ele exibe a *imagem* e *semelhança* de Deus.

— ▪ —

Essa imagem de Deus distingue o homem tanto dos animais quanto dos anjos. Ele tem traços em comum com ambos, mas difere de ambos por sua natureza única.

Naturalmente, os animais também foram criados por Deus, isto é, não passaram a existir por si mesmos, mas foram chamados à existência por uma palavra específica do poder de Deus; além disso, eles foram imediatamente criados em várias espécies, assim como as plantas. Todos os homens são descendentes de um casal e, assim, constituem uma única descendência ou raça. Isso não é verdade no caso dos animais; eles têm, por assim dizer, vários ancestrais. Portanto, é notável que a zoologia não tenha conseguido traçar todos os animais a um único espécime. Ela começa designando de uma vez uns sete ou quatro agrupamentos maiores ou tipos básicos.

Portanto, provavelmente é verdade que a maioria dos tipos de animais não foram distribuídos sobre toda a terra, mas vivem em áreas particulares. Os peixes vivem na água; as aves, no ar; e, a maioria dos animais terrestres, em territórios definidos: o urso polar, por exemplo, é encontrado apenas no extremo norte, e o ornitorrinco, apenas na Austrália. E, assim, em Gênesis é especificamente dito que Deus criou as plantas (1:11) e os animais segundo suas espécies – isto é, seus tipos. Naturalmente, isso não quer dizer que os tipos que foram originalmente criados por Deus eram exatamente os mesmos nos quais a ciência – na taxonomia de Lineu – agora os classifica. Em primeiro lugar, as nossas classificações são sempre suscetíveis ao erro, porque nossa zoologia ainda é defeituosa e inclinada a considerar variações como tipos e vice-versa. O conceito artificial e científico de um tipo animal é muito difícil de estabelecer e sempre é muito diferente do conceito natural de tipo que estamos sempre buscando; além disso, no curso dos séculos, muitas espécies de animais foram extintas. Pelos restos a que temos acesso, é evidente que as várias espécies de animais, como o mamute, por exemplo, que não existe mais, foram abundantes na terra. E, em terceiro lugar, deve ser lembrado que, como um resultado de várias influências, grandes modificações e mudanças aconteceram no mundo animal, e isso muitas vezes torna difícil ou até impossível traçá-los de volta a um tipo original.

Ademais, é notável que foi pelo ato especial do poder divino que os animais e até as plantas foram criados, e, nesse ato, a natureza também realizou um serviço mediador. "Produza a terra os vegetais", lemos em Gênesis 1:11, "plantas que deem semente, e árvores frutíferas que deem fruto. E assim foi" (v. 12). O relato é o mesmo em Gênesis 1:20: "Produzam as águas cardumes de seres vivos; e as aves voem sobre a terra. E assim foi" (v. 21). Novamente, no verso 24: "Produza a terra seres vivos segundo suas espécies: gado, animais que rastejam e animais selvagens, segundo suas espécies. E assim foi". Assim, em cada caso, a natureza é usada por Deus como um instrumento. É a *terra* que, embora naturalmente condicionada e equipada por Deus para tanto, traz todas essas criaturas em suas abundantes diferenciações de espécie à existência.

Essa origem peculiar dos animais esclarece também a natureza deles e demonstra que os animais são muito mais relacionados com a terra e com a natureza do que o homem. É verdade que os animais são seres viventes e, assim, se distinguem das criaturas inorgânicas e inanimadas. Portanto, eles também são muitas vezes chamados de almas viventes (Gênesis 1:20,21,24). No sentido geral de um princípio de vida, os animais também têm alma,[1] mas esse princípio *vital* da alma no animal ainda é tão intimamente ligado à natureza e ao metabolismo da matéria, que ele não pode chegar a qualquer independência ou liberdade, tampouco pode existir separado do metabolismo ou da circulação da matéria. Dessa forma, na morte, a alma do animal morre, e, a partir disso, podemos dizer que os animais, pelo menos os animais superiores, têm os mesmos órgãos de sentido que o homem e podem sentir coisas (ouvir, ver, cheirar, saborear e sentir). Eles podem formar imagens ou figuras e relacioná-las umas com as outras. Mas animais não possuem razão – não podem separar a imagem da coisa particular, individual e concreta, e também não conseguem transformar as imagens nem conceitualizá-las; tampouco podem relacionar os conceitos e, assim, tomar decisões; e não podem tomar decisões por um ato da vontade. Animais possuem sensações, imagens e combinações de imagens, bem como instintos, desejos e paixões. Contudo carecem das formas superiores de desejo e conhecimento que são peculiares ao homem; eles não possuem razão nem vontade. Tudo isso se manifesta no fato de que os animais não possuem linguagem, religião, moralidade e o senso de beleza; eles não têm ideias de Deus, das coisas invisíveis, da verdade, do bom e do belo.

Assim, o homem é elevado acima do plano animal, e, entre os dois, não existe uma transição gradual, mas um grande abismo que reside no fator constituinte da própria natureza humana, sua essência peculiar, a saber: sua razão e vontade, pensamento e linguagem, religião e moralidade – tudo isso é estranho aos animais. Portanto, o animal não pode entender o homem, ainda que o homem possa entender o animal. Hoje em dia, a ciência da psicologia tenta explicar a alma do homem em termos da alma do animal, mas isso é reverter a ordem correta, visto que a alma do homem é a chave para chegar à alma do animal. O animal carece do que o homem tem, mas o homem tem tudo que é peculiar ao animal.

[1]Gênesis 2:19; 9:4,10,12,16; Levítico 11:10; 17:11; e em outras passagens.

Isso não quer dizer que o homem conhece a natureza dos animais por inteiro, pois, assim como o mundo por inteiro é um problema cuja solução o homem busca e pode investigar, do mesmo modo cada animal é um mistério vivo. A importância do animal de forma alguma consiste no fato de ele ser útil para o homem, provendo-lhe comida e abrigo, vestimentas e adornos. Subjugar e dominar a terra são muito mais do que, por egoísmo e ganância, transformar tudo em vantagens para seres humanos. O mundo animal tem importância também para nossa ciência e arte, religião e moralidade. Deus tem muito a nos dizer no animal. Seus pensamentos e suas palavras falam conosco por toda a terra – até pelas plantas e pelos animais. Quando a botânica e a zoologia rastreiam esses pensamentos, elas se tornam ciências gloriosas, que nenhum homem – e certamente nenhum cristão – pode desprezar. Além disso, quão rico em significância moral o mundo animal é para o homem! Os animais apontam para o limite inferior, acima do qual o homem deve se erguer e ao qual ele nunca deve se rebaixar. O homem pode se tornar um animal e até menos que um animal se apagar a luz da razão, romper o vínculo com o céu e buscar satisfazer todos os seus desejos na terra. Os animais são símbolos de nossas virtudes e nossos vícios: o cão nos mostra a imagem da lealdade; a aranha, da diligência; o leão, da coragem; a ovelha, da inocência; a pomba, da integridade; e a corça; da alma sedenta por Deus. Do mesmo modo, a raposa é a imagem da astúcia; o verme, da miséria; o tigre, da crueldade; o porco, da indignidade; a cobra, da malícia diabólica; e o macaco, o mais parecido com o homem, declara o que implica uma organização física impressionante sem o espírito, o espírito que vem de Deus. No macaco, o homem vê sua própria caricatura.

—— ▪ ——

Assim como o homem se difere dos animais por causa da imagem de Deus, ele também se distingue dos anjos por causa dela. A existência de seres como os anjos não pode, sem as Escrituras, ser provada por argumentação científica. A ciência nada conhece sobre eles, não pode demonstrar que eles existem nem que eles não existem, mas é notável que uma crença na existência de seres superiores ao homem ocorra entre todos os povos e em todas as religiões.

Os homens, quando rejeitaram o testemunho da Escritura sobre a existência dos anjos, ainda assim, em toda sorte de formas supersticiosas, se voltam a uma crença na existência de seres sobrenaturais, e esta geração prova perfeitamente isso. Não se acredita mais em anjos e demônios; em vez disso, muitas pessoas acreditam em forças latentes, poderes naturais misteriosos, fantasmas, aparições, visitações dos mortos, estrelas animadas, planetas habitados, homens de marte, átomos vivos, e assim por diante. As Escrituras Sagradas são contra todas essas manifestações antigas e novas, e, independentemente de estarem fundamentadas na verdade ou na falsidade, a Escritura proíbe toda adivinhação,[2] feitiçaria,[3] astrologia,[4] necromancia,[5] encantamento ou consulta a oráculos,[6] toda conjuração, magia[7] e coisas semelhantes, e, assim, dá um ultimato em toda superstição e incredulidade. O cristianismo e a superstição são inimigos declarados, e não há ciência, iluminação ou civilização que podem nos proteger contra a superstição; apenas a palavra de Deus. A Escritura apresenta o homem como tendo sua maior dependência em Deus, e, ao fazer isso, ela o emancipa de toda criatura, colocando-o em um relacionamento correto com a natureza, e, assim, tornando possível uma verdadeira ciência natural.

Mas as Escrituras realmente ensinam que os anjos existem. Eles não são criações míticas da imaginação humana, personificações das forças misteriosas ou mortos que chegaram a níveis superiores, mas sim seres espirituais, criados por Deus, sujeitos à sua vontade e chamados para seu serviço. Portanto, eles são seres de quem, sob a luz das Escrituras, podemos formar uma ideia definida; além disso, eles não têm nada em comum com as figuras mitológicas das religiões pagãs, sem contar que têm bem mais conhecimento[8] e poder[9] do que o homem. Ainda assim, eles foram criados pelo mesmo Deus e pela mesma Palavra (João 1:3; Colossenses 1:16) e têm a mesma razão e a mesma natureza moral, de forma que, por exemplo, nos é dito sobre

[2]Levítico 19:31; 20:27; Deuteronômio 18:10-14.
[3]Deuteronômio 18:10; Jeremias 27:10; Apocalipse 21:8.
[4]Levítico 19:26; Isaías 47:13; Miqueias 5:11.
[5]Deuteronômio 18:11.
[6]Levítico 19:26; Deuteronômio 18:10.
[7]Deuteronômio 18:11; Isaías 47:9.
[8]Mateus 18:10; 24:36.
[9]Salmos 103:20; Colossenses 1:16.

anjos bons, que obedecem à voz de Deus e fazem a sua vontade (Salmos 103:20-21); e de anjos maus, que não se firmam na verdade (João 8:44), que enganam (Efésios 6:11) e que pecam (2Pedro 2:4).

Mas existe uma grande diferença entre anjos e homens, apesar de certa correspondência entre eles. Em primeiro lugar, os anjos não têm corpo e alma, mas são puramente espíritos (Hebreus 1:14). É verdade que, nos momentos de suas revelações, eles muitas vezes apareceram em formas físicas, mas as diversas formas nas quais eles apareceram[10] apontam para o fato de que essas formas de manifestações eram temporárias e mudavam de acordo com a natureza da missão. Os anjos nunca são chamados de almas viventes como os animais e o homem, pois alma e espírito são diferentes. A primeira é por natureza espiritual, imaterial, invisível e, mesmo no homem, é uma entidade espiritualmente independente. Ela é sempre um poder ou entidade espiritual orientada para um corpo, se encaixa com ele e sem ele é incompleto e imperfeito. A alma é um espírito destinado para uma vida física e é própria aos animais e, particularmente, ao homem. Quando o homem perde seu corpo na morte, ele continua a existir, mas em uma condição empobrecida e desolada, de modo que a ressurreição no último dia é uma restauração dessa lacuna. Mas os anjos não são almas e não foram projetados para uma vida corporal; além disso, a terra não é o lugar de habitação deles, e sim o céu. Eles são espíritos puros, o que lhes dá grandes vantagens sobre o homem, porque eles têm mais conhecimento e poder, têm um relacionamento muito mais livre com o tempo e espaço que nós, podem se movimentar mais livremente e, portanto, são excepcionalmente bem adaptados para executar as ordens de Deus sobre a terra.

Mas ainda há o outro lado dessas vantagens – e esta é a segunda distinção entre homens e anjos. Em virtude de os anjos serem espíritos puros, todos estão em um relacionamento livre um com o outro. Eles foram originalmente criados juntos e continuam a viver juntos, porém, não formam uma unidade orgânica, uma raça ou descendência. É verdade que existe uma ordem natural entre eles. De acordo com a Escritura, existem milhares de milhares de anjos,[11] e eles são divididos em classes: querubins (Gênesis 3:24), serafins (Isaías 6),

[10]Gênesis 18:2; Juízes 18:3; Apocalipse 19:14.
[11]Deuteronômio 33:2; Daniel 7:10; Apocalipse 5:11.

tronos, domínios, principados e potestades (Efésios 1:21; Colossenses 1:16; 2:10). E há outra distinção de classificação entre os grupos: Miguel e Gabriel têm um lugar especial entre eles.[12] Ainda assim, eles não constituem uma raça, não são parentes de sangue, não geraram uns aos outros. É possível falar de uma humanidade, mas não de uma "angelicalidade". Quando Cristo assumiu a natureza humana, ele imediatamente passou a estar relacionado a todos os homens – ligado por sangue –, passando a ser irmão deles segundo a carne. Mas os anjos vivem um ao lado do outro, cada um responsável por si mesmo e não pelos outros, de modo que uma porção deles pode cair e a outra pode permanecer fiel a Deus.

A terceira distinção entre homens e anjos está relacionada com a segunda. Por serem espíritos, e não serem ligados à terra, por não serem ligados por sangue e não conhecerem distinções como pai e mãe, pais e filhos, irmãos e irmãs, existe todo um mundo de relacionamentos e conexões, ideais e emoções, desejos e deveres dos quais os anjos nada sabem. Eles podem ser mais poderosos que os homens, mas não são mais versáteis; têm menos relacionamentos, mas os homens têm uma vida emocional mais rica, profunda e, portanto, muito superior aos anjos. É verdade que Jesus diz, em Mateus 22:30, que o casamento cessará com essa dispensação, mas, ainda assim, os relacionamentos sexuais na terra aumentaram significativamente os tesouros espirituais da humanidade e, na ressureição, esses tesouros não serão perdidos, mas preservados para a eternidade.

Podemos somar a tudo isso que a maior revelação dada por Deus é manifesta a nós no nome do Pai, do Filho – que se tornou como nós e é nosso profeta, sacerdote e rei – e do Espírito Santo, que é derramado sobre a igreja e, assim, fez com que o próprio Deus habitasse em nós. E, dessa forma, percebemos que não são os anjos, mas sim o homem que foi criado segundo a imagem de Deus. Anjos experimentam seu poder, sua sabedoria e sua bondade, mas os seres humanos compartilham suas misericórdias eternas. Deus é o Senhor deles, mas não o Pai deles; Cristo é o Cabeça deles, mas não seu Reconciliador e Salvador; o Espírito Santo é seu Remetente e Guia, mas ele nunca testifica para o espírito dos anjos que eles são filhos e herdeiros de Deus e coerdeiros com Cristo. Portanto, os olhos dos anjos são

[12]Daniel 8:16; 9:21; 10:13,21; Lucas 1:19,26.

lançados sobre a terra porque é aqui que a graça mais abundante de Deus apareceu, que a luta entre céus e terra é travada, que a igreja é formada no corpo do Filho, que o golpe decisivo algum dia será lançado e o triunfo final de Deus será alcançado. Portanto, os anjos anelam olhar para os mistérios da salvação sendo revelados sobre a terra e aprender a conhecer – a partir da igreja – a multiforme sabedoria de Deus (Efésios 3:10; 1Pedro 1:12).

Consequentemente, os anjos estão em numerosos relacionamentos conosco, e nós estamos em um relacionamento multifacetado com eles. A crença na existência e atividade dos anjos não tem o mesmo valor quanto a crença na qual confiamos, amamos, tememos e honramos a Deus com todo nosso coração. Não podemos colocar nossa confiança em qualquer criatura ou anjo; não podemos adorar os anjos ou lhes dar honra e glória.[13] Na verdade, não existe uma única palavra nas Escrituras sobre qualquer anjo guardião – designado para servir cada ser humano em particular – ou sobre qualquer intercessão dos anjos para nós. Mas isso não significa que acreditar em anjos é algo indiferente ou inútil; pelo contrário, quando a revelação veio, eles assumiram um papel importante. Na vida de Cristo, eles apareceram em todos os momentos decisivos da sua carreira, e um dia eles se manifestarão com ele sobre as nuvens do céu. Eles sempre são espíritos serventes enviados para ministrar aos herdeiros da salvação (Hebreus 1:14), regozijam-se com o arrependimento do pecador (Lucas 15:10); zelam pelos fiéis (Salmos 34:7; 91:11), protegem os pequeninos (Mateus 18:10), seguem a igreja em sua carreira ao longo da história (Efésios 3:10) e levam os filhos de Deus até o seio de Abraão (Lucas 16:22).

Portanto, devemos pensar neles com respeito e falar deles com honra. Devemos dar alegria a eles pelo nosso arrependimento, bem como seguir o exemplo deles no serviço de Deus e em obediência à sua palavra. Devemos, ainda, mostrar-lhes a multiforme sabedoria de Deus em nossos corações, em nossa vida e em toda a igreja, e também lembrar a comunhão deles e, com eles, declarar as poderosas obras de Deus. Assim, existe diferença entre homens e anjos, mas não existe conflito; há diferenciação, mas também unidade; distinção, mas também comunhão. Quando chegarmos ao Monte Sião,

[13]Deuteronômio 6:13; Mateus 4:10; Apocalipse 22:9.

a cidade do Deus vivo, a Jerusalém celestial, então poderemos também nos achegar aos milhares e milhares de anjos e religar o vínculo de unidade e amor que foi quebrado pelo pecado (Hebreus 12:22). Tanto eles quanto nós temos nossos próprios lugares na rica criação de Deus e alcançamos nossa função peculiar nela. Anjos são os filhos, os poderosos heróis e o poderoso exército de Deus, ao passo que os homens foram criados à imagem de Deus e são a *descendência* de Deus. Eles são a *raça* dele.

—— ▪ ——

Se a imagem de Deus é a marca distintiva do homem, devemos ter uma ideia clara sobre o conteúdo dela.

Lemos em Gênesis 1:26 que Deus criou o homem à sua imagem e segundo sua semelhança a fim de que o homem tivesse domínio sobre todas as criaturas, particularmente aquelas vivas. Três coisas merecem uma consideração aqui. Em primeiro lugar, a correspondência entre Deus e o homem é expressa em duas palavras: *imagem* e *semelhança*. Essas duas palavras não são, como muitos supõem, coisas diferentes, mas servem para amplificar e complementar uma a outra. Juntas, elas servem para declarar que o homem não é um retrato malsucedido ou algo similar, mas sim uma imagem perfeita e totalmente correspondente de Deus. O que o homem é em miniatura, Deus é em tamanho real, o modelo infinitamente grande, porque o homem é como Deus. O homem está infinitamente abaixo de Deus e, ainda assim, se relaciona com ele. Como criatura, o homem é absolutamente dependente de Deus e, mesmo assim, é um ser livre e independente. Limitação e liberdade, dependência e independência, distância incomensurável e relação íntima para com Deus; tudo isso foi combinado de uma maneira incompreensível no ser humano. Como uma criatura medíocre pode ser também a imagem de Deus vai além do nosso entendimento.

Em segundo lugar, vemos em Gênesis 1:26 que Deus criou os homens (no plural) à sua imagem e segundo sua semelhança. Desde o princípio, a intenção era que Deus criasse não apenas um, mas vários homens, segundo sua imagem. Assim, ele imediatamente criou o homem como *homem e mulher*, não em separação, mas em um relacionamento e comunhão um com o outro (v. 27). Não somente no homem, nem somente na mulher, mas é nos dois em conjunto e em cada um de maneira especial que a imagem de Deus se expressa.

O contrário, às vezes, é afirmado com base na declaração de Paulo em 1Coríntios 11:7 de que o homem é a imagem e glória de Deus e que a mulher é a glória do homem. Esse texto é frequentemente empregado (erroneamente, diga-se de passagem) a fim de negar a imagem de Deus para a mulher e rebaixá-la a um nível inferior ao homem, mas Paulo não está falando do homem e da mulher separadamente, e sim sobre o relacionamento deles no casamento. Dessa forma, ele diz que o homem é o cabeça, não a mulher, e deduz isso do fato de o homem não vir da mulher, mas a mulher do homem. O homem foi criado primeiro à imagem de Deus; e, para ele, foi revelada primeiro a glória de Deus. E se a mulher compartilha de tudo isso, é de forma mediada – a partir e por meio do homem. Ela recebeu a imagem de Deus, mas depois do homem, em dependência dele e por meio da sua mediação, portanto, o homem é a imagem e glória de Deus de forma direta e original; a mulher é a imagem e glória de Deus de uma forma derivada, de forma que ela é a glória do homem. O que lemos sobre esse assunto em Gênesis 2 deve ser acrescentado ao que lemos em Gênesis 1. A maneira como a mulher é criada em Gênesis 2 é a maneira pela qual ela recebe a imagem de Deus da mesma forma que o homem (Gênesis 1:27). Nisso podemos perceber que a imagem de Deus repousa em muitas pessoas de diferentes raças, talentos e poderes – resumindo, em toda a humanidade –, e essa imagem receberá seu desdobramento completo na nova humanidade, a igreja de Cristo.

Em terceiro lugar, Gênesis 1:26 nos ensina que Deus tinha um propósito ao criar o homem à sua imagem: ter o domínio sobre todas as criaturas vivas, multiplicar e se espalhar por toda a face da terra, subjugando-a. Se agora compreendemos a força dessa dominação sob o termo "cultura", podemos dizer que cultura, no sentido geral, é o propósito para o qual Deus criou o homem segundo sua imagem. Culto e cultura, religião e civilização, cristianismo e humanidade têm tão pouco conflito um com o outro, que seria mais correto dizer que a imagem de Deus foi concedida ao homem para que ele possa, pelo seu domínio sobre toda a terra, manifestá-la. E esse domínio da terra inclui não apenas os chamados mais antigos do homem – como a caça e pesca, agricultura e pecuária –, mas também os negócios e o comércio, finanças e crédito, exploração de minas e montanhas, ciência e arte. Essa cultura não tem o seu fim no homem, mas no homem – que é a imagem de Deus e que estampa a impressão do seu espírito sobre tudo que faz – ela retorna a Deus, que é o Primeiro e o Último.

—— ▪ ——

O conteúdo ou significado da imagem de Deus melhor se desdobra na revelação posterior. Por exemplo, é notável que, após a Queda, o homem continue a ser chamado de "imagem de Deus".

Em Gênesis 5:1-3, somos lembrados mais uma vez de que Deus criou o homem e a mulher à sua imagem, que ele os abençoou e que Adão gerou um filho à sua semelhança, conforme à sua imagem. Em Gênesis 9:6, o derramamento de sangue de homens é proibido, porque o homem foi feito à imagem de Deus. O poeta do belo Salmos 8 canta a glória e a majestade do Senhor reveladas no céu, na terra e – da forma mais magnífica – no insignificante homem e em seu domínio sobre todas as obras das mãos de Deus. Quando Paulo falou aos atenienses no Areópago, ele citou um dos seus poetas com aprovação: "pois dele também somos geração" (Atos 17:28). Em Tiago 3:9, o apóstolo, ao demonstrar o mal da língua, faz uso desse contraste: "Com ela abençoamos o Senhor e Pai, e com ela amaldiçoamos os homens, feitos à semelhança de Deus". E a Escritura não apenas chama os homens caídos de "imagem de Deus", como também continua a considerá-los e tratá-los como tal. Ela constantemente olha para o homem como um ser racional e moral que é responsável perante Deus por todos os seus pensamentos, suas ações, suas palavras, e também que é obrigado a servi-lo.

No entanto, ao lado dessa representação encontramos a ideia de que o homem perdeu a imagem de Deus. É verdade que isso não é dito em nenhum lugar diretamente, porém, é algo que pode ser claramente deduzido a partir de todo o ensino da Escritura com relação ao homem pecaminoso. Afinal de contas, o pecado – como consideraremos melhor depois – roubou a inocência, a justiça e a santidade do homem; corrompeu seu coração, obscureceu o seu entendimento, inclinou sua vontade ao mal, inverteu suas inclinações e colocou seu corpo e todos os seus membros a serviço da injustiça.

Consequentemente, o homem deve ser transformado, regenerado, justificado, purificado e santificado, e pode compartilhar de todos esses benefícios apenas na comunhão com Cristo, que é a Imagem de Deus (2Coríntios 4:4; Colossenses 1:15), à qual devemos nos conformar (Romanos 8:29). Consequentemente, o novo homem, que é colocado em comunhão com Cristo por meio da fé, é criado de acordo com a vontade de Deus em verdadeira justiça e santidade (Efésios 4:24), e é constantemente renovado em conhecimento segundo a imagem daquele que o criou (Colossenses 3:10). O conhecimento, a justiça e a santidade que o cristão obtém por intermédio da comunhão com Cristo têm sua origem, seu exemplo e seu propósito final em Deus e fazem com que o homem novamente participe da natureza divina (2Pedro 1:4).

É com base nesse ensino das Escrituras Sagradas que a distinção geralmente feita na teologia reformada entre a imagem de Deus no sentido amplo e no sentido estrito é feita. Por um lado, após sua queda e desobediência, o homem continua a ser chamado de imagem e descendência de Deus; por outro, essas virtudes pelas quais ele especialmente se assemelha a Deus foram perdidas pelo pecado, podendo ser restauradas novamente apenas na comunhão com Cristo. Assim, essas duas proposições são compatíveis uma com a outra apenas se a imagem de Deus abrange algo mais que as virtudes do conhecimento, da justiça e da santidade. Os teólogos reformados reconheceram e defenderam isso contra os teólogos luteranos e romanistas.

Os luteranos não fazem a distinção entre a imagem de Deus em seus sentidos amplo e estrito. Ou, se fazem, eles não lhe dão muita importância. Para eles, a imagem de Deus não é nada menos do que a justiça original, isto é, as virtudes do conhecimento, da justiça e da santidade. Eles reconhecem a imagem de Deus apenas no sentido estrito e não levam em conta a necessidade de relacionar essa imagem de Deus à toda a natureza humana. Assim, a vida religiosa-moral do homem é entendida como uma área especial e isolada, ou seja, não é relacionada nem exerce influência sobre o trabalho para o qual o homem é chamado no Estado e na sociedade, na arte e na ciência. Uma vez que o cristão luterano participa do perdão de pecados e da comunhão com Deus por meio da fé, ele está satisfeito, e, assim, descansa e aproveita isso, não se preocupando em relacionar essa vida espiritual ao passado – para o conselho e a eleição de Deus – e ao futuro – para todo o chamado terreno do homem.

A partir disso, no caso inverso, segue-se que o homem, quando perdeu a justiça original por meio do pecado, foi desprovido de toda a imagem de Deus. Nada dela resta nele, nem uma pequena parte; assim, sua natureza racional e moral, que ainda pertence a ele, é subestimada e difamada.

Os católicos romanos, pelo contrário, fazem uma distinção entre a imagem de Deus em seus sentidos amplo e estrito, embora não empreguem essas palavras para isso. Eles também estão interessados em encontrar uma relação entre as duas, mas, para eles, esse relacionamento é externo, não interno; artificial, não real; mecânico, não orgânico. Os romanistas apresentam a questão como se o homem fosse concebível sem as virtudes do conhecimento, justiça e santidade (o sentido estrito), podendo existir assim na realidade. Nesse caso, o homem ainda tem alguma vida religiosa e moral, mas apenas no tipo e no grau que vêm da religião e da moralidade naturais. É uma religião e moralidade que permanecem limitadas a essa terra e nunca poderão preparar o caminho para a bênção celestial e a visão imediata de Deus. Além disso, ainda que no abstrato seja possível que essa pessoa natural possa, sem possuir a imagem de Deus em sentido estrito, cumprir os deveres da religião e da lei moral naturais, mesmo assim é algo extremamente difícil, já que o homem é uma pessoa material, física e sensitiva. Afinal de contas, o desejo sempre é característico da natureza sensitiva do homem, e esse desejo pode não ser em si mesmo pecado, mas certamente é uma tentação ao pecado, porque, por natureza, esse caráter sensitivo, por ser físico, é oposto ao espírito e sempre constitui uma ameaça para ele – a ameaça é que a razão e a vontade sejam superadas pelo poder da carne.

Por essas duas razões, de acordo com o pensamento católico romano, Deus, em seu favor soberano, acrescentou a sua imagem em sentido estrito ao homem natural. Ele poderia ter criado o homem sem essa imagem, mas previu que o homem seria uma presa muito fácil do desejo carnal. Além disso, ele também queria criar o homem para um estado mais elevado de bem-aventurança do que seria possível aqui na terra – a glória celestial e a presença imediata do próprio Deus. Assim, Ele acrescentou a justiça original ao homem natural e, então, o elevou do seu estado natural para uma posição mais elevada e sobrenatural. Assim, um propósito duplo foi alcançado. Em primeiro lugar, o homem poderia agora – com a ajuda dessa adição sobrenatural – facilmente controlar o desejo que a carne naturalmente herda; e, em segundo lugar, ao cumprir esses deveres sobrenaturais atribuídos a ele com justiça original (a imagem de Deus em sentido estrito), o homem poderia agora alcançar uma salvação sobrenatural correspondente ao seu dom posterior. Assim, o *dom adicional* sobrenatural da justiça original serve a dois propósitos para o católico romano: restringir a carne e facilitar o caminho até os méritos para o céu.

Os teólogos reformados se situam entre os católicos romanos e os luteranos. De acordo com a Escritura, a imagem de Deus é maior e mais abrangente que a justiça original, pois, embora essa justiça original tenha sido perdida pelo pecado, o homem continua a carregar o nome da imagem e descendência de Deus. Ainda restam nele alguns pequenos pedaços da imagem de Deus com a qual ele foi originalmente criado, portanto, essa justiça original não poderia ter sido um dom separado, independente e sem relação com a natureza humana de forma geral. Não é verdade que o homem existiu primeiro, seja em pensamento ou em realidade, como um ser puramente natural e, então, Deus lhe tenha superadicionado uma justiça original do alto. Pelo contrário, tanto em pensamento quanto na criação, o homem era um com essa justiça original. A ideia do homem inclui a ideia dessa justiça, e, sem ela, a existência do homem não era concebível. A imagem de Deus em sentido estrito é integralmente relacionada com a imagem de Deus em sentido amplo. Não é muito preciso dizer que o homem simplesmente *tem* a imagem de Deus: ele *é* essa imagem de Deus. A imagem de Deus é idêntica ao homem, é tão inclusiva quanto a humanidade do homem. Até certo ponto, mesmo no estado de pecado, o homem permanece sendo homem e conserva resquícios da imagem de Deus; mas, na medida em que ele perdeu a imagem de Deus, deixou de ser homem – um homem verdadeiro e perfeito.

Afinal de contas, a imagem de Deus em seu sentido estrito não é nada mais que a integridade ou saúde espiritual do homem. Quando um ser humano fica doente, em corpo e alma, até quando ele perde sua sanidade, continua sendo um ser humano. Mas, então, ele perdeu algo que pertence à harmonia do homem e foi contaminado por algo que entra em conflito com essa harmonia. Da mesma forma, quando o homem perdeu a justiça original pelo pecado, ele continua a ser homem, mas perdeu algo que é inseparável da ideia de homem e recebeu em seu lugar algo que é estranho a essa ideia. Portanto, o homem, que perdeu a imagem de Deus, não se tornou algo não humano: ele preservou sua natureza racional e moral. Aquilo que ele perdeu era algo que pertencia à sua natureza, e o que ele recebeu foi algo que invadiu e corrompeu toda sua natureza. Assim como a justiça original era a integridade e saúde espiritual do homem, do mesmo modo o pecado é sua doença espiritual – o pecado é corrupção e morte espiritual –, morto em pecados e transgressões, como a Escritura descreve.

Essa concepção da imagem de Deus permite que o ensino completo das Escrituras Sagradas se forme plenamente. É uma concepção que, ao mesmo tempo, mantém tanto a relação quanto a distinção entre natureza e graça, criação e redenção. De forma grata e eloquente, essa concepção reconhece a graça de Deus que, após a Queda, permitiu ao homem continuar sendo homem e continuou a considerá-lo e tratá-lo como um ser racional, moral e responsável, mas, mesmo tempo, defende que o homem, despojado da imagem de Deus, é totalmente corrupto e inclinado para todo mal. A vida e a história podem confirmar isso. Até em sua queda mais rasteira e profunda, a natureza humana ainda permanece sendo natureza humana. E não importa quão grande realização o homem possa alcançar, ele ainda permanece pequeno e fraco, culpado e impuro. Apenas a imagem de Deus torna o homem verdadeiro e perfeito.

—— ▪ ——

Se, agora, tentarmos examinar rapidamente o conteúdo da imagem de Deus, a primeira coisa que chama a nossa atenção é a natureza espiritual do homem. Ele é material, mas também é um ser espiritual, tem uma alma que, em essência, é um espírito. Isso é evidente pelo que as Escrituras ensinam sobre a origem, a essência e a duração da alma humana. Quanto a essa origem, lemos que Adão, diferentemente dos animais, recebeu um sopro de vida de Deus (Gênesis 2:7) e, em certo sentido, isso é verdadeiro para todos os homens. Porque é Deus que dá a cada homem o seu espírito

(Eclesiastes 12:7), que forma o espírito do homem (Zacarias 12:1) e que, portanto, em distinção dos pais da carne, pode ser chamado de Pai dos espíritos (Hebreus 12:9). Essa origem especial da alma humana determina sua essência também. É verdade que a Escritura atribui diversas vezes uma alma aos animais (Gênesis 2:19; 9:4; e em outras passagens), mas, nesses casos a referência, como algumas traduções comentam, é a um princípio vital em sentido geral. O homem tem uma alma diferente e mais elevada, uma alma que, por essência, é intrinsecamente espiritual. Isso é evidente pelo fato de que a Escritura atribui um espírito peculiar ao homem, mas nunca ao animal. Animais têm um espírito no sentido de que, como criaturas, eles são criados e sustentados pelo Espírito de Deus (Salmos 104:30); mas eles não têm seus espíritos próprios e independentes. O homem tem.[14] Por causa da sua natureza espiritual, a alma do homem é imortal; ela não morre quando o corpo morre, como no caso dos animais, mas retorna a Deus que a deu (Eclesiastes 12:7). Ela não pode, como o corpo, ser morto pelos homens (Mateus 10:28). Como espírito, ela continua a existir (Hebreus 12:9; 1Pedro 3:19).

Essa espiritualidade da alma ergue o homem acima do plano animal e lhe dá um ponto de semelhança com os anjos. É verdade que ele pertence ao mundo sensível, mas, por causa do seu espírito, ele transcende a terra e anda com liberdade real no reino dos espíritos. Pela sua natureza espiritual, o homem é relacionado a Deus – que é Espírito (João 4:24) e que habita na eternidade (Isaías 57:15).

Em segundo lugar, a imagem de Deus é revelada nas capacidades e nos poderes com os quais o espírito do homem foi dotado. É verdade que os animais superiores podem, pela sensação, formar imagens e relacioná-las umas com outras, mas eles não podem fazer mais que isso. O homem, pelo contrário, se ergue acima do nível de imagens e entra no reino de conceitos e ideias. Por meio do pensamento, que não pode ser entendido como um movimento do cérebro, mas deve ser considerado uma atividade espiritual, o homem infere o universal dos particulares, levanta-se do nível do visível para as coisas invisíveis, forma noções de verdade, bondade e beleza, e aprende a conhecer o poder eterno e a divindade mediante as criaturas de

[14]Deuteronômio 2:30; Juízes 15:19; Ezequiel 3:15; Lucas 23:46; Atos 7:59; 1Coríntios 2:11; 5:3-4.

Deus. Por meio da sua vontade, que deve também ser distinguida do seu desejo pecaminoso, ele se emancipa do mundo material e alcança as realidades invisíveis e suprassensíveis. Suas emoções não são movidas apenas pelas coisas úteis e prazerosas dentro do mundo material, mas também são despertas e estimuladas pelos bens ideais e espirituais que não são suscetíveis ao cálculo aritmético. Todas essas capacidades e atividades têm o seu ponto de partida e seu centro na autoconsciência, por meio da qual o homem conhece a si mesmo e carrega dentro de si um senso inerradicável da sua própria existência e da peculiaridade da sua natureza racional e moral. Além disso, todas essas capacidades particulares expressam-se exteriormente na linguagem e na religião, na moralidade e na lei, na ciência e na arte – todas elas, naturalmente, são peculiares ao homem e não podem ser encontradas no mundo animal.

Todas essas capacidades e atividades são características da imagem de Deus, porque Deus, de acordo com a revelação da natureza e da Escritura, não é uma força inconsciente e cega, mas um ser pessoal, autoconsciente, conhecedor e volitivo. Até emoções, disposições e paixões, como ira, ciúme, compaixão, misericórdia e amor são atribuídas sem hesitação a Deus nas Escrituras, e não são emoções que ele experimenta passivamente, mas como atividades do seu ser todo-poderoso, santo e amoroso. A Escritura não poderia falar dessa forma humana sobre Deus se, em todas as suas habilidades e atividades, o homem não fosse criado à imagem de Deus.

Em terceiro lugar, podemos dizer a mesma coisa sobre o corpo humano. Nem mesmo o corpo se exclui da imagem de Deus. É verdade que a Escritura expressamente diz que Deus é Espírito (João 4:24) e ela em nenhum lugar atribui um corpo a ele. Ainda assim, Deus também é o criador do corpo e de todo o mundo sensitivo, e todas as coisas – as materiais também – têm a sua origem e existência na Palavra que estava com Deus (João 1:3; Colossenses 1:15), e, portanto, dependem do pensamento, do espiritual. Além disso, o corpo, embora não seja a causa de todas essas atividades do espírito, é o instrumento delas. Não é o ouvido que escuta, mas o espírito do homem que escuta através do ouvido.

Logo, todas essas atividades realizadas por meio do corpo, e até os órgãos físicos, podem ser atribuídas a Deus. A Escritura fala das suas mãos e pés, seus olhos e ouvidos a fim de indicar que tudo que o homem pode alcançar por meio do seu corpo é, de uma forma original e perfeita, devido a Deus. Por acaso aquele que fez o ouvido não ouvirá? Aquele que formou o olho não verá? (Salmos 94:9). Portanto, na medida em que o corpo serve como ferramenta e instrumento do espírito, ele exibe certa semelhança e nos dá uma noção da maneira como Deus age no mundo.

—— ▪ ——

Tudo isso pertence à imagem de Deus em sentido amplo, mas a semelhança entre Deus e o homem é manifesta de maneira muito mais forte na justiça original com a qual Adão foi dotado e que é chamada de "imagem de Deus" em sentido restrito. Quando a Escritura coloca a ênfase sobre essa justiça original, ela declara que o que mais importa na imagem de Deus não é que ela existe, mas o que ela é. O principal não é *que* pensamos, odiamos, amamos e desejamos. A semelhança entre Deus e o homem é relevante em *o quê* pensamos e desejamos, *o quê* odiamos e amamos. Os poderes da razão e vontade, de inclinação e aversão foram dados ao homem precisamente para que ele os usasse da forma correta – isto é, de acordo com a vontade de Deus e para a glória dele. Os demônios também conservaram os poderes do pensamento e da vontade, mas os empregam a serviço do ódio e da inimizade contra Deus. Até a crença na existência de Deus – que é boa em si – não aproveita nada aos demônios senão tremor e temor do juízo (Tiago 2:19). Com relação aos judeus, que se chamavam filhos de Abraão e chamavam Deus de Pai, Jesus uma vez disse que, se realmente fossem, eles fariam as obras de Abraão e amariam aquele a quem o Pai enviou. Mas, como eles estavam fazendo precisamente o oposto e buscavam matar Jesus, revelaram que o pai deles era o diabo e que faziam a vontade dele (João 8:39-44). Os desejos que os judeus adotaram e as obras que faziam os tornavam parecidos com o diabo, apesar de toda sua zelosa separação e determinação. Assim, a semelhança humana com Deus se manifesta não tanto no fato de que o homem tem razão e entendimento, coração e vontade, mas sim, e principalmente, no puro conhecimento, na justiça perfeita e na santidade – os quais, juntos, constituem a imagem de Deus no sentido estrito e com a qual o homem foi privilegiado e adornado na criação.

O conhecimento dado ao primeiro homem não consistiu em que ele sabia tudo e não tinha mais nada para aprender sobre Deus, sobre si mesmo e sobre o mundo, pois até o conhecimento dos anjos e dos santos pode ser aumentado, e assim foi o conhecimento de Cristo na terra até o fim da sua vida. O conhecimento original do primeiro homem indica que Adão recebeu um conhecimento adequado para suas circunstâncias e sua vocação; além disso, esse conhecimento era um conhecimento puro. Ele amou a verdade com toda a sua alma. A mentira – com todas as suas consequências calamitosas de erro, sua dúvida, sua descrença e sua incerteza – ainda não tinha encontrado lugar em seu coração. Ele permaneceu na verdade e viu e apreciou tudo como realmente era.

O fruto desse conhecimento da verdade era a justiça e a santidade. Santidade significa que o primeiro homem foi criado livre de toda mancha do pecado, isto é, sua natureza era imaculada e nenhum pensamento, deliberação ou desejo maligno provinha do seu coração. Ele não era ingênuo ou néscio, mas conhecia a Deus, e também conhecia a lei de Deus que foi escrita em seu coração e amou essa lei com toda a sua alma. Ele permaneceu na verdade e, por isso, também permaneceu no amor. Justiça significa que o homem – que até então conhecia a verdade em sua mente e que era santo em sua vontade e em todos os seus desejos – também correspondia completamente à lei de Deus, satisfazia totalmente às demandas da sua justiça e permanecia perante sua face sem qualquer culpa. A verdade e o amor traziam paz em seu caminho, paz com Deus, conosco e com o mundo. O homem que permanece no lugar certo – o lugar a que ele pertence – também permanece no relacionamento certo com Deus e com todas as criaturas.

Não podemos mais entender claramente essa condição e circunstância na qual o primeiro homem foi criado. Uma cabeça e um coração, uma mente e uma vontade, todos harmoniosos, puros e sem pecado – isso é algo que vai muito além de todas as nossas experiências. Quando paramos para refletir sobre como o pecado entrou em todo o nosso pensar, falar e em todas as nossas escolhas e ações, então começamos a duvidar até de essa condição de verdade, amor e paz ser possível para o homem. Contudo, a Escritura Sagrada vence e supera toda dúvida. Em primeiro lugar, ela nos mostra – não apenas no começo, mas também no meio da história – a figura de um homem que podia justamente questionar os seus oponentes: "Quem dentre vós me acusa de pecado?" (João 8:46). Cristo era verdadeiro homem e, portanto, homem perfeito. "Ele não cometeu pecado, nem engano algum foi achado na sua boca" (1Pedro 2:22). Em segundo lugar, a Escritura nos ensina que o primeiro casal humano foi criado segundo a imagem de Deus em justiça e santidade como o fruto da verdade conhecida.

Assim, as Escrituras afirmam que o pecado não pertence à essência da natureza humana e que, portanto, pode ser removido e separado dela.

Se o pecado fizesse parte do homem desde a sua origem no Éden, então, pela natureza da questão, a redenção do pecado não seria possível, visto que a redenção do pecado seria equivalente à aniquilação da natureza humana. Contudo, não apenas um ser humano pode existir sem pecado teoricamente, mas esse ser humano santo realmente existiu, e, quando ele caiu e se tornou culpado e corrompido, outro homem – o segundo Adão – surgiu sem pecado para libertar o homem caído da sua culpa e purificá-lo de toda corrupção. A criação do homem segundo a imagem de Deus e a possibilidade da sua queda incluem a possibilidade da sua redenção e recriação, contudo, aquele que nega o primeiro não pode afirmar o segundo; a negação da queda tem como consequência a triste pregação da impossibilidade da redenção humana. Para ser capaz de cair, o homem precisou estar de pé; e para perder a imagem de Deus, ele precisava primeiro possuí-la.

—— ▪ ——

A criação do homem segundo a imagem de Deus – de acordo com Gênesis 1:26,28 – teve como propósito imediato que o homem enchesse, subjugasse e dominasse a terra. Esse domínio não é um elemento constituinte da imagem de Deus, tampouco constitui todo o conteúdo dessa imagem, como alguns defendem. Além disso, com certeza não se trata de um adendo arbitrário e incidental; pelo contrário, a ênfase colocada sobre esse domínio e sua relação íntima com a nossa criação à imagem de Deus indicam, de uma vez por todas, que a imagem se manifesta no domínio e, por meio dele, deve cada vez mais explicá-la e desdobrá-la. Outrossim, na descrição desse domínio, afirma-se claramente que, em certa medida, ele foi dado imediatamente ao homem como uma doação, mas que, em seu sentido mais pleno, ele só seria alcançado no futuro. Afinal de contas, Deus não diz simplesmente que ele fará "homens" à sua imagem e semelhança (Gênesis 1:26), mas, quando fez o primeiro casal humano – homem e mulher –, ele os abençoou e disse: "Frutificai e multiplicai-vos; enchei a terra e sujeita-a" (Gênesis 1:28). E Deus também deu a Adão a tarefa de cultivar e guardar o jardim (Gênesis 2:15).

Tudo isso nos ensina claramente que o homem não foi criado para a ociosidade, mas para trabalhar. Ele não devia aproveitar sua posição e relaxar, mas sim para ir ao mundo e subjugá-lo pelo poder da sua palavra e vontade. Foi dado ao homem uma tarefa grande, ampla e rica na terra, a qual demandaria séculos de esforço para terminá-la. O seu destino final era incalculavelmente longe e ele precisava seguir nessa direção até o fim. Em suma, existe uma grande diferença e uma ampla separação entre a *condição* na qual o primeiro homem foi criado e o *destino* para o qual ele foi chamado. É verdade que esse destino é intimamente relacionado com a sua natureza, assim como essa natureza é intimamente relacionada à sua origem, mas, ainda assim, há diferença. A natureza do homem, a essência do seu ser – a imagem de Deus segundo a qual ele foi criado – deveria se desdobrar constantemente em formas mais ricas e completas do seu conteúdo enquanto ele se esforçava para alcançar seu destino. A imagem de Deus, por assim dizer, precisava ser espalhada pelos confins da terra e tinha de estar impressa em todas as obras das mãos dos homens. Eles precisavam cultivar a terra para que ela se tornasse cada vez mais uma revelação dos atributos de Deus.

Portanto, o domínio da terra era o propósito imediato para o qual o homem foi chamado, mas não o único. A natureza da questão aponta para esse fato. O trabalho verdadeiro não pode ter o seu propósito final em si mesmo, mas sempre tem como seu objetivo trazer algo à existência. Ele cessa quando esse objetivo for alcançado. Trabalhar por trabalhar – sem deliberação, planos ou propósito – é trabalhar sem esperanças e não é digno de um homem racional. Um desenvolvimento que continua indefinitivamente não é um desenvolvimento. Se, então, o homem foi chamado para trabalhar, isso implica que ele e seus descendentes deveriam entrar em um descanso após o trabalho.

A instituição da semana de sete dias vem para confirmar e reforçar essa convicção. Em sua obra de criação, Deus descansou no sétimo dia de todo o seu trabalho. O homem, criado à imagem de Deus, no momento da criação, ganha o direito e o privilégio de seguir o exemplo divino. A obra que é posta sobre ele, a saber, cultivar e subjugar a terra, é uma fraca imitação da atividade criativa de Deus. O trabalho do homem também é um trabalho que depende de deliberação, contendo um curso definido de ação e destinado a um objetivo específico. O homem não é uma máquina que prossegue inconscientemente; e ele não trabalha com uma monotonia imutável. Em seu trabalho, o homem continua sendo homem – a imagem de Deus, um ser pensante, volitivo e ativo – que busca criar algo e que, no final, olha para sua obra com aprovação. Como o próprio Deus, o trabalho do homem termina em descanso, deleite e prazer. Os seis dias da semana coroados pelo sábado dignificam o trabalho do homem, elevam-no acima do movimento monótono da natureza inanimada e selam a marca do chamado divino sobre esse trabalho. Portanto, aquele que entra no descanso de Deus no dia de sábado de acordo com o propósito dele também descansa das suas obras da mesma forma que Deus descansa das dele (Hebreus 4:10), e isso é verdade tanto para o indivíduo quanto para a igreja e para a humanidade. O mundo também tem o seu trabalho para realizar; um trabalho que é seguido e concluído por um sábado. Resta um descanso para o povo de Deus. Cada dia de sábado é um exemplo e uma antecipação dele, e, ao mesmo tempo, uma profecia e uma garantia desse descanso (Hebreus 4:9).

É por isso que o Catecismo de Heidelberg corretamente diz que Deus criou o homem bom e segundo sua própria imagem *a fim de que* ele pudesse conhecer corretamente a Deus – seu Criador –, amá-lo de coração e viver com ele em eterna bem-aventurança para adorá-lo e glorificá-lo. O propósito final do homem estava na beatitude eterna e na glorificação de Deus no céu e na terra, mas, para chegar a esse fim, o homem primeiro precisava cumprir sua tarefa na terra. Para entrar no descanso de Deus, ele primeiro precisava terminar a obra de Deus, pois o caminho para o céu passa pela terra. A entrada no sábado se abre com os seis dias de trabalho, e a maneira de chegar à vida eterna é pelo trabalho.

—— ▪ ——

Esse ensino do propósito do homem repousa inteiramente sobre os pensamentos expressos em Gênesis 1:26–3:3, mas o descanso do segundo capítulo tem mais um elemento constituinte. Quando Deus coloca o homem no paraíso, ele lhe dá o direito de comer livremente de todas as árvores do jardim, exceto uma. Ele destaca apenas uma exceção: a árvore do conhecimento do bem e do mal. É dito ao homem que ele não podia comer dessa árvore e que, no dia em que dela comesse, ele morreria (Gênesis 2:16-17). A tudo aquilo que é *ordenado* se acrescenta algo *proibido*. Adão conhecia os mandamentos, em parte, por uma leitura de seu próprio coração e, em parte, pela palavra falada de Deus. Adão não inventou os mandamentos. Deus criou nele e os comunicou a ele. O homem não é moral e religiosamente autônomo, assim como também não é o seu próprio legislador nem pode fazer o que bem quiser. Pelo contrário, Deus é o seu único Legislador e Juiz (Isaías 33:22), e todos aqueles mandamentos que Adão recebeu agora se transformaram nessa única exigência: que aquele que foi criado à imagem de Deus deveria – em todo o seu pensar e agir, e por toda a sua vida e trabalho – permanecer sendo a imagem de Deus. O homem deveria permanecer assim em toda a sua vida, mas também em seu casamento; em sua semana de trabalho; em seu descanso no sábado; em sua subsistência e multiplicação; em sua subjugação e dominação; e em seu cultivo e sua guarda do jardim. Adão não deveria seguir seu próprio caminho, mas deveria andar no caminho que Deus escolheu para ele.

Mas todos esses mandamentos, que deram a Adão ampla liberdade de movimento e toda a terra como seu campo de operação, são limitados por uma proibição, e sssa proibição – não comer da árvore do conhecimento do bem e do mal – não pertence à imagem de Deus, mas estabelece seus limites. Se Adão transgredir essa ordem proibitiva, ele perde a imagem de Deus, coloca-se fora da comunhão de Deus e perece com a morte. Portanto, por essa ordem, a obediência do homem é provada, isto é, esse mandamento provará se o homem seguirá o caminho de Deus ou o seu próprio caminho; se ele guardará o caminho certo ou se desviará; se ele permanecerá sendo um filho de Deus na casa do Pai ou se ele tomará a porção da sua herança e irá a um país distante. Assim, esse mandamento proibitivo também é chamado de mandamento probatório, e, em certo sentido, ele tem um conteúdo arbitrário. Adão e Eva poderiam não entender por que comer do fruto dessa árvore específica era proibido; em outras palavras, eles precisavam guardar o mandamento não porque investigaram e entenderam o seu motivo, mas simplesmente porque Deus disse – com base na autoridade dele, impelidos por uma obediência perfeita e por uma consideração pura do dever deles. É por isso que a árvore cujo fruto eles não poderiam comer foi chamada de árvore do conhecimento do bem e do mal. Era a árvore que demonstraria se o homem desejaria arbitrária e autossuficientemente determinar o que era bom e o que era mal ou se ele se permitiria ser completamente conduzido pelo mandamento que Deus lhe deu, obedecendo-lhe.

Assim, o primeiro homem recebeu muita coisa para *fazer* e pouca coisa para *não fazer*; em termos gerais, a última exigência era a mais difícil. Há diversas pessoas dispostas a fazer muito pela sua saúde, por exemplo; mas não estão dispostas a *desistir* de nada por ela, e, assim, consideram a menor abnegação como um fardo insuportável. Aquilo que é proibido exala um tipo de sedução misteriosa, pois a proibição levanta questões sobre por que, o que e como. Ela impele dúvida e excita a imaginação. Adão precisava resistir a essa tentação que emana do mandamento probatório, e esse foi o combate de fé no qual ele teve de lutar; mas, criado à imagem de Deus, ele também recebeu a força pela qual poderia ter resistido e vencido.

Ainda assim, torna-se mais aparente pelo mandamento probatório do que pela instituição da semana de sete dias que o fim ou o destino do homem se distingue da sua criação. Adão não estava nem perto do que seria e se tornaria no final. Ele vivia no paraíso, mas não estava no céu, ou seja, ainda tinha um longo caminho a percorrer antes de chegar ao seu destino e precisava alcançar a vida eterna pela sua "comissão" e "omissão". Em suma, há uma grande diferença entre o estado de inocência no qual o primeiro homem foi criado e o estado de glória para o qual ele havia sido destinado, e a natureza dessa diferença fica mais clara para nós com o resto da revelação.

Adão dependia dos ciclos de noite e dia, do despertar e do dormir, mas lemos que, na Jerusalém celestial, não haverá mais noite (Apocalipse 21:25; 22:5) e que os redimidos pelo sangue do Cordeiro permanecerão diante do trono de Deus e o servirão noite e dia em seu templo (Apocalipse 7:15). O primeiro homem era limitado à divisão da semana em seis dias de trabalho e um de descanso, mas, para o povo de Deus, haverá um descanso eterno e contínuo (Hebreus 4:9; Apocalipse 14:13). No estado de inocência, o homem diariamente exigia comida e bebida, mas, no futuro, Deus destruirá tanto o estômago quanto a comida (1Co 6:13). O primeiro casal humano consistia em um homem e uma mulher, que foram acompanhados pela bênção de serem frutíferos e se multiplicarem; todavia, na ressurreição, os homens não casarão, nem se darão em casamento, mas serão como os anjos de Deus nos céus (Mateus 22:30). O primeiro homem – Adão – foi feito do pó da terra, tinha um corpo natural e, assim, se tornou uma alma vivente; mas os cristãos, na ressurreição, receberão um corpo espiritual e carregarão a imagem do homem celestial – a imagem de Cristo, o Senhor do céu (1Coríntios 15:45-49). Adão foi criado de forma que podia se desviar, pecar, cair e morrer; mas os cristãos – até aqui na terra – já não não tem mais essa possibilidade. Eles não podem mais viver na prática do pecado, porque aquele que é nascido de Deus não comete pecado, pois sua semente permanece nele; e eles não podem pecar, porque são nascidos de Deus (1João 3:9). Eles não podem cair definitivamente, porque são protegidos, mediante a fé, para a salvação preparada para se revelar no último tempo (1João 3:9), e também não podem morrer, porque aqueles que creem em Cristo têm – já aqui na terra – a vida eterna incorruptível e, portanto, viverão por toda eternidade, apesar de terem morrido nessa vida (João 11:25-26).

Portanto, ao olhar para Adão, devemos estar atentos a dois extremos. Por um lado, devemos, com base nas Escrituras Sagradas, defender que ele foi imediatamente criado à imagem de Deus em verdadeiro conhecimento, justiça e santidade. Isso quer dizer que ele não era uma criança pequena e inocente que precisava desenvolver maturidade; também não era alguém com um corpo maduro, mas sem qualquer conteúdo espiritual, sendo neutro com relação à verdade e à falsidade, ao bem e ao mal; e menos ainda ele era originalmente um animal que gradualmente evoluiu por meio de luta e esforço, e, assim, tornou-se homem. Essa interpretação está em conflito irreconciliável com a Escritura.

Ainda assim, por outro lado, o estado do primeiro homem não deve ser exageradamente glorificado como muitas vezes se faz na doutrina e pregação cristã. Não importa quão acima do nível animal Deus tenha colocado o homem, ele não tinha alcançado o seu maior potencial possível. Ele era capaz de não pecar, mas ainda não era incapaz de pecar. Ele não possuía a vida eterna completamente incorruptível e imortal, mas recebeu uma imortalidade preliminar cuja existência e duração dependia do cumprimento de uma condição. Ele foi imediatamente criado como imagem de Deus, mas ainda poderia perder essa imagem e toda sua glória. É verdade que ele vivia no paraíso, mas esse paraíso não era o céu e poderia ser perdido, com toda a sua beleza, pelo homem. Uma coisa estava faltando em todas as riquezas, tanto espirituais quanto físicas, que Adão tinha: *segurança absoluta*. Enquanto não tivermos isso, nosso descanso e prazer não serão perfeitos. Na verdade, o mundo contemporâneo, com seus muitos esforços para assegurar tudo que o homem tem, é evidência suficiente para isso. Os cristãos têm uma garantia para esta vida e para a próxima, porque Cristo é o Fiador deles e não permitirá que nenhum deles seja arrancado das suas mãos e se perca (João 10:28). O amor perfeito lança fora o medo (1João 4:18) e os convence de que nada os separará do amor de Deus que está em Cristo Jesus, seu Senhor (Romanos 8:38-39). Mas o homem carecia dessa segurança absoluta no paraíso, uma vez que não estava, com sua imagem de Deus, permanentemente fundamentado no bem. Independentemente de quanto ele tinha, poderia perder tudo, tanto para si quanto para sua posteridade. Sua origem era divina; sua natureza era relacionada com a natureza divina; seu destino era a beatitude eterna na presença imediata de Deus; todavia, alcançar esse destino dependia de sua própria escolha e de sua própria vontade.

13. Pecado e morte

O terceiro capítulo de Gênesis relata a queda e a desobediência do homem. Podemos presumir que não houve um longo período entre a criação e a transgressão do mandamento divino. Criação e queda não são coexistentes nem devem ser identificadas uma com a outra. Elas diferem em natureza e essência, mas cronologicamente estão bem próximas.

Tais circunstâncias se aplicam tanto para o homem quanto para o mundo dos anjos. A Escritura não nos dá detalhes da criação e da queda dos anjos; ela simplesmente nos diz o necessário para termos um entendimento correto do homem e de sua queda. Ela refreia toda elaboração a mais e não faz nenhum esforço para satisfazer a nossa curiosidade, mas o que sabemos é que os anjos existem, que um grande número deles caiu e que essa queda aconteceu no princípio do mundo. Alguns dizem que a criação e a queda dos anjos aconteceram muito antes, em tempos que precederam Gênesis 1:1, mas não há base bíblica para isso.

O começo de toda a obra da criação está em Gênesis 1:1. Podemos dizer que, em Gênesis 1:31, Deus viu tudo o que fez – não somente a criação da terra –, e tudo era muito bom. Se for assim, a rebelião dos anjos deve ter acontecido após o sexto dia da criação.

Por outro lado, sabemos também que a queda dos anjos precedeu à do homem. O pecado não entrou no mundo em primeiro lugar, mas no céu – na presença imediata de Deus e aos pés do seu trono. O pensamento, o desejo e a vontade para resistir a Deus surgiram primeiro no coração dos anjos. Pode ser que o orgulho seja o primeiro pecado; e esse foi o começo e o princípio da queda deles. Em 1Timóteo 3:6, Paulo aconselha a igreja a não escolher como bispo alguém que seja novo na fé, para que ele não se torne orgulhoso e caia na condenação do Diabo. Se, por esse julgamento ou condenação do Diabo, ele quer dizer o julgamento no qual o próprio Diabo caiu quando se exaltou contra Deus, então temos aqui um indicador de que, no Diabo, o pecado começou como autoexaltação e orgulho.

Seja como for, a queda dos anjos precedeu à do homem. Afinal de contas, o homem não transgrediu a lei de Deus exclusivamente por si próprio, mas foi movido por algo exterior. A mulher, enganada e tentada pela serpente, agiu em transgressão (2Coríntios 11:3; 1Timóteo 2:14). Certamente devemos pensar nessa serpente não como uma manifestação simbólica, mas como uma serpente real, porque claramente é dito que ela era o mais astuto de todos os animais do campo (Gênesis 3:1; Mateus 10:16). Contudo, também é certo – pela revelação posterior – que um poder demoníaco fez uso da serpente para seduzir o homem e conduzi-lo pelo mau caminho. Em diversos lugares do Antigo Testamento, lemos que Satanás é um acusador e tentador dos homens (Jó 1:1; 1Crônicas 21:1; Zacarias 3). Mas o terrível poder da escuridão é primeiro revelado quando a luz divina celestial raiou pela primeira vez sobre o mundo em Cristo. Então, tornou-se manifesto que há ainda outro mundo pecaminoso além do existente aqui na terra. Existe um reino espiritual do mal onde inúmeros demônios, pecadores e espíritos impuros – um pior que o outro (Mateus 12:45) – são servos do chefe e cabeça que é Satanás. Ele é chamado por vários nomes, e não apenas de Satanás – que significa adversário –, como Diabo, que é o blasfemador, inimigo (Mateus 13:39; Lucas 10:19), maligno (Mateus 6:13; 13:19), acusador (Apocalipse 12:10), tentador (Mateus 4:3); Belial, que significa inútil ou sem valor (2Coríntios 6:15); Belzebu, o nome pelo qual originalmente o deus voador de Ecrom era chamado (2Reis 1:2; Mateus 10:25), príncipe dos demônios (Mateus 9:34); príncipe do poder do ar (Efésios 2:2); príncipe deste mundo (João 12:31); o deus desta era ou deste mundo (2Coríntios 4:4); o grande dragão e a antiga serpente (Apocalipse 12:9).

Esse reino de escuridão não existia no começo da criação, mas passou a existir com a queda de Satanás e de seus anjos. Pedro diz que os anjos pecaram e, assim, foram punidos por Deus (2Pedro 2:4). Judas, no versículo 6 da sua carta, indica mais especificamente a natureza do pecado deles e declara que eles não mantiveram seus próprios princípios, isto é, o estado que Deus lhes deu e, assim, deixaram suas habitações no céu. Esses anjos não estavam satisfeitos com a condição na qual Deus os havia colocado e desejavam algo mais. Essa rebelião aconteceu no princípio, porque o Diabo peca desde o princípio (1João 3:8); e, desde o começo, ele almeja a corrupção do homem. Jesus declara expressamente que Satanás foi um homicida desde o princípio e não se firma na verdade, mas é um mentiroso (João 8:44).

Desse Satanás, veio a tentação do homem. Veio como um anexo ao mandamento que Deus tinha dado para não comer da árvore do conhecimento do bem e do mal. O apóstolo Tiago testifica que Deus está bem acima da tentação e que ele não tenta ninguém. Naturalmente, isso não significa que Deus não testa ou prova os homens. A Escritura frequentemente relata casos em que ele faz exatamente isso: com Abraão, Moisés, Jó, o próprio Cristo e já no primeiro homem – Adão. Mas, quando alguém falha no teste, ele imediatamente é inclinado a acusar Deus de fazê-lo cair e de tentá-lo, isto é, de tê-lo posto à prova com a intenção de que ele caia ou em um teste em que necessariamente falhará.

Vemos que, após a queda, Adão imediatamente faz essa acusação. É a inclinação secreta de todo homem fazer isso. Tiago deseja neutralizar essa tendência. Ele declara, de forma definitiva e firme, que o próprio Deus está bem acima do nível da tentação e não tenta ninguém. Ele nunca tenta ninguém com a intenção de que essa pessoa caia e nunca põe alguém em um teste que não seja capaz de resistir (1Coríntios 10:13). O mandamento probatório dado a Adão pretendia fazer com que sua obediência fosse vindicada e demonstrar que não estava além da capacidade dele. Humanamente falando, o homem poderia facilmente ter guardado esse mandamento, porque era leve – não podia ser comparado ao peso de tudo o que tinha sido dado e garantido a ele.

Contudo, assim como Deus sempre intenta para o bem, Satanás sempre planeja para o mal. Ele faz mau uso do mandamento probatório e o transforma em uma tentação – um ataque secreto contra a obediência do primeiro homem, por meio do qual ele pacientemente intenta causar a queda deste. Primeiro, o mandamento dado por Deus é representado como um adendo arbitrariamente pesado e como uma limitação da liberdade do homem sem motivo nenhum. Assim, implanta-se na alma de Eva a semente da dúvida sobre a origem divina e a justiça do mandamento. Em seguida, essa dúvida se transforma em incredulidade por meio da noção de que Deus teria entregue o mandamento para que o homem não se tornasse como ele – conhecedor do bem e do mal. Essa incredulidade, por sua vez, contagia a imaginação e faz com que a transgressão pareça não como o caminho para a morte, mas o caminho para a vida eterna e igualdade com Deus. A imaginação, então, opera sobre a inclinação e o esforço do homem, de modo que a árvore proibida começa a tomar uma nova aparência. Ela se torna uma cobiça ao olho e um desejo do coração. O desejo, tendo sido concebido dessa forma, expulsa a vontade e gera o ato pecaminoso. Eva toma o fruto e come. Depois, ela também dá ao seu marido e ele come (Gênesis 3:1-6).

—— ▪ ——

Dessa forma psicológica simples, porém profunda, a Escritura nos conta a história da queda e da origem do pecado. Desse modo, o pecado continua a existir. Ele começa com o obscurecimento do entendimento, continua com a incitação da imaginação, estimula o desejo no coração e culmina no ato da vontade. É verdade que existe uma grande diferença entre a gênese do primeiro pecado e de todos os outros posteriores, sendo que estes pressupõem uma natureza pecaminosa no homem, na qual está o seu ponto de contato. Essa natureza não existia em Adão e Eva, porque ambos foram criados à imagem de Deus, contudo, faremos bem em lembrar que, em todas as suas perfeições, ainda assim eles foram criados de tal forma que poderiam cair. Além disso, o pecado, por causa da sua natureza, sempre tem uma qualidade de irracionalidade e arbitrariedade. Quando alguém peca, ele sempre tenta procurar desculpas ou se justificar, mas nunca consegue, pois não há uma base racional para o pecado e a existência deste é e permanece sendo ilegal. É verdade que alguns em nossos dias tentam defender que o malfeitor comete um ato pecaminoso pelas circunstâncias ou pela sua disposição, mas essa inevitabilidade interna ou externa em sua própria consciência sempre é sujeita a uma contradição esmagadora. Além do mais, o pecado não deve ser explicado de forma racional ou psicológica a partir de uma disposição ou ação que possuía alguma razão ou direito de existir.

Isso é particularmente verdade sobre o primeiro pecado que foi cometido, o primeiro pecado do homem no paraíso, porém, hoje em dia muitos modificam as circunstâncias, ou seja, não justificam o pecado, mas limitam a medida da culpa. Mas, no pecado do primeiro casal humano, não existe uma única circunstância para modificar a culpa deles. Na verdade, tudo no contexto do evento – como a revelação especial, que os informou do mandamento probatório; o conteúdo desse mandamento, que demandava tão pouco de abnegação; a abominação das consequências; e a santidade da natureza deles – agrava a extensão da sua culpa.

Podemos lançar um pouco de luz sobre a *possibilidade* da queda, mas a transição para a *realidade* dela permanece obscura. A Escritura não faz nenhum esforço para esclarecer essa transição; portanto, ela também deixa o pecado inalterado em sua natureza propriamente pecaminosa. O pecado existe, mas é *ilegítimo*. Ele estava, está e eternamente estará em conflito com a lei de Deus e com o testemunho da nossa própria consciência.

Por um lado, ao fornecer um relato psicológico da origem do pecado – algo que sentimos a cada momento das nossas vidas – e, por outro lado, ao deixar o pecado permanecer totalmente em sua natureza irracional e injustificável, o relato da queda em Gênesis 3 se ergue incomensuravelmente acima de tudo que a sabedoria humana ao longo dos séculos foi capaz de entender acerca da origem do pecado. Afinal de contas, não precisamos somente da Escritura para saber que existe pecado e miséria; isso é algo pregado para nós diariamente e a cada momento por toda criação que geme. Todo o mundo aponta para a queda, e se o mundo ao nosso redor não proclamasse isso para nós, então seríamos lembrados pela nossa consciência, que continuamente nos acusa; e pela pobreza do coração, que testemunha uma inominável aflição.

É por isso que – em todos os lugares e em todas as eras – a pergunta continua a mesma entre a humanidade: Por que existe o mal? Por que existe o mal do pecado e o mal da miséria? Essa é a questão que tem preocupado, mais do que a da origem do homem, o pensamento dos homens e pressionado seus corações e suas mentes a todo instante. Mas agora compare as soluções que a sabedoria humana proferiu sobre essa questão com a simples resposta que a Escritura nos dá.

Naturalmente as soluções da sabedoria humana de maneira nenhuma são iguais a essa resposta, contudo, ainda assim elas exibem uma certa relação e, a partir dessa relação, podem ser classificadas. A solução mais comum é aquela segundo a qual o pecado não vive *no* homem, nem *sai* dele, mas o captura de fora. Segundo essa solução, o homem é bom por natureza; seu coração é incorruptível. O mal está nas circunstâncias e no ambiente, na sociedade em que o homem nasce e cresce. Tire essas circunstâncias, reforme a sociedade – introduza, por exemplo, a distribuição igualitária de bens a todos – e o homem naturalmente será bom. Não haverá mais razão para ele ser mal.

Esse pensamento sobre a origem e a essência do pecado sempre teve muitos apoiadores, porque o homem sempre esteve inclinado a transferir sua culpa às circunstâncias. Mas é uma visão que foi particularmente honrada quando os olhos das pessoas foram abertos para a corrupção política e social no século XVIII – uma reviravolta radical do Estado e da sociedade era louvada como a única panaceia para todo o mal. Mas, com relação a essa bondade natural do homem, o século XIX trouxe novamente uma boa quantidade de desilusão, e hoje o número daqueles que consideram a natureza do homem radicalmente maligna e que não têm esperanças de sua redenção não é pequeno.

Assim, outra explicação que busca a origem do pecado na natureza sensual do homem entrou novamente em voga. O homem tem uma alma, mas também tem um corpo; ele é espírito, mas um corpo também. A carne em si sempre teve certas tendências e inclinações pecaminosas, desejos razoavelmente impuros, paixões vis e, assim, é naturalmente oposta ao espírito com suas imagens, noções e ideais. O homem, quando nasce, continua a viver por anos um tipo de vida botânica e animal; e depois permanece sendo uma criança vivendo por meio de imagens concretas. Assim, a carne deve ser o elemento dominante e deve manter o espírito em sujeição por anos. De acordo com esse ponto de vista, apenas gradualmente o espírito se emancipa do poder da carne, mas, ainda que muito devagar, o desenvolvimento da carnalidade para a espiritualidade continua na humanidade e nos indivíduos.

Dessa maneira, pensadores e filósofos têm falado repetidamente sobre a origem do pecado, mas recentemente receberam um forte apoio da Teoria da Evolução, a qual afirma ser o homem ainda um animal em seu coração.

Alguns prosseguem inferindo que o homem permanecerá um animal para sempre, porém outros nutrem a esperança de que ele continuará evoluindo ainda mais no futuro e, talvez, até se torne um anjo. Seja o que for, a descendência animal do homem parece ter provido uma solução notável para o problema do pecado. Se o homem traçar sua descendência a partir da vida animal, então é perfeitamente natural que o antigo animal continue a operar nele e, às vezes, até desafie as restrições da decência.

Portanto, de acordo com muitos, o pecado não é nada mais do que uma influência remanescente da antiga condição animal. Sensualidade, roubo e assassinato são práticas comuns entre os povos antigos, assim como entre os animais. Logo, elas aparecem novamente hoje em dia em indivíduos atrasados – os chamados criminosos. Mas essas pessoas, que caem em suas práticas antigas e originais, não devem ser chamadas de criminosos, mas de atrasados, fracos, doentes e pessoas mais ou menos insanas. Elas não devem ser punidas em prisões, mas tratadas em hospitais. O criminoso é para a sociedade o que a ferida é para o corpo. O pecado é uma doença que o homem carrega consigo por sua preexistência animal e que ele só pode vencer de forma gradual.

A partir dessa linha de argumentação, ao buscar a explicação do pecado na sensualidade, na carne e na origem animal, chegamos naturalmente à doutrina de que o pecado começa na matéria (ou na existência finita de todas as criaturas). Na Antiguidade, essa era uma visão comum. De acordo com ela, o espírito e a matéria eram opostos entre si, assim como a luz e a escuridão. Essa oposição é eterna, e os dois nunca poderiam chegar a uma comunhão completa e verdadeira. Assim, a matéria não é algo que foi criado. O Deus da luz não poderia ter criado essa coisa sombria. Ela deve ter existido eternamente ao lado de Deus, sem forma, escura e desprovida de toda vida e luz. Até quando foi moldada por Deus e usada para a construção deste mundo, ela ainda era incapaz de assumir a ideia espiritual em si e de devolvê-la. A escuridão em si não admitirá a luz do pensamento.

Para alguns pensadores, essa matéria escura remonta a uma origem divina própria. Nesse caso, haveria dois deuses, que coexistem por toda eternidade – um Deus da luz e um Deus da escuridão, um

Deus bom e um Deus mal. Outros ainda colocarão esses dois princípios eternos de bem e mal em uma única divindade e, desse modo, tornarão Deus um ser duplo. Assim, nele existiria uma base inconsciente, sombria e secreta da qual uma natureza consciente, clara e luminosa se manifesta. A primeira é a origem básica da escuridão e do mal no mundo, ao passo que a segunda é a fonte de toda luz e vida.

Agora, se avançarmos ainda mais, chegaremos na doutrina ensinada por alguns filósofos de que Deus em si mesmo nada mais é do que uma natureza escura, uma força cega, uma fome eterna e uma vontade arbitrária que se torna consciente e resplandece em luz apenas na humanidade. Certamente essa é a visão diametralmente oposta àquela ensinada pela revelação das Escrituras, a qual nos diz que Deus é luz e que nele não há treva alguma. E, também, que no princípio todas as coisas foram criadas pela Palavra. Mas a filosofia dos nossos dias diz que Deus é escuridão, natureza, abismo e que a luz nasce para ele apenas no mundo e na humanidade. Não é o homem que precisa ser salvo por Deus, mas é Deus que está condenado e precisa buscar a sua redenção no homem.

Obviamente essa conclusão não é defendida tão rigidamente nem apresentada tão francamente por todos que flertam com essa teoria, mas, ainda assim, é o fim do percurso seguido por aqueles que aderem às visões da origem do pecado mencionadas anteriormente. Ainda que possam diferir entre si, elas todas buscam a origem e a base do pecado não na vontade da criatura, mas na estrutura e natureza das coisas, pois, desse modo, o Criador será a causa dessa estrutura e natureza. Se o pecado se espreita nas circunstâncias, na sociedade, na sensualidade, na carne e na matéria, então, a responsabilidade por isso deve ser imputada àquele que é o Criador e o Sustentador de todas as coisas, porque, assim, o homem se livraria da punição. Nesse caso, o pecado não começou no momento da queda, mas no momento da criação. A criação e a queda seriam idênticas, a existência e o próprio ser seriam pecado, a imperfeição moral seria o mesmo que a finitude e a redenção seria absolutamente impossível ou culminaria na aniquilação do real – o nirvana.

A sabedoria de Deus é exaltada acima dessa especulação humana, a qual acusa Deus de ser responsável pelo pecado e vindica o homem; enquanto a sabedoria de Deus o justifica e acusa o homem de culpa. A Escritura é o livro que, desde o princípio, vindica Deus e rebaixa o homem. Ela é uma grande e poderosa teodiceia – uma justificação de Deus – de todos os seus atributos e de todas as suas obras; e é acompanhada pelo testemunho da consciência de todas as pessoas. O pecado não é algo que se passa fora do âmbito da sua providência; a queda não aconteceu fora do escopo da sua presciência, conselho e vontade. Todo desenvolvimento e toda a história do pecado são guiados por Deus e, até o fim, estarão sujeitos à sua direção. O pecado não frustra os planos de Deus ou o torna impotente, uma vez que, contra o pecado, Deus continua sendo Deus – perfeito em sabedoria, bondade e poder.

Na verdade, Deus é tão bom e poderoso, que pode fazer o bem emergir do mal e o compele a cooperar, contra sua natureza, com a glorificação do seu nome e o estabelecimento do seu reino. Mas o pecado, ainda assim, continua a manter sua natureza pecaminosa. Se, em certo sentido, podemos dizer que Deus quis o pecado – visto que sem sua vontade e fora do seu escopo nada pode vir a existir –, deve ser sempre lembrado que ele o quis como *pecado* – algo que é anormal e ilegítimo, portanto, algo que está em conflito com seu mandamento.

Assim, ao vindicar Deus, a Escritura, ao mesmo tempo, mantém a natureza do pecado. Se o pecado não tem sua origem na vontade do Criador, mas na essência ou no ser que precede a vontade, ele imediatamente perde seu caráter moral, torna-se físico e natural – um mal inseparável da existência e natureza das coisas. O pecado, então, será uma realidade independente, um princípio original, um tipo de mal material como uma doença. Porém as Escrituras nos ensinam que o pecado não é, nem pode ser assim, porque Deus é o Criador de todas as coisas – inclusive da matéria; e, quando a obra da criação foi completada, ele considerou todas as coisas como muito boas.

Portanto, o pecado não pertence à natureza das coisas; na verdade, é uma manifestação moral que opera na esfera ética e consiste em uma separação da norma ética estabelecida por Deus, de acordo com sua vontade, para o homem racional. O primeiro pecado consistiu na transgressão do mandamento probatório e, assim, toda a lei moral que, com esse mandamento, tem seu lugar na mesma autoridade divina. Os muitos nomes que as Escrituras Sagradas usam para designar o pecado – transgressão, desobediência, injustiça, impiedade, inimizade com Deus, e assim por diante – apontam para a mesma direção. Paulo diz claramente que pela lei vem o conhecimento do pecado (Romanos 3:20), e João declara que todo pecado – tanto o menor quanto o maior dos pecados – é injustiça e transgressão (1João 3:4).

Se a transgressão é o próprio caráter do pecado, então esse caráter não pode estar na natureza ou na essência das coisas – sejam elas matéria ou espírito –, porque elas devem sua existência e essência somente a Deus, aquele que é a fonte de todo bem. Portanto, o mal pode vir apenas *depois* do bem; só pode existir por meio e sobre o bem e não consiste em nada além da corrupção do bem. Até os anjos caídos, embora o pecado tenha corrompido completamente sua natureza, são e permanecem sendo bons na condição de criaturas. Além disso, o bem – sendo a essência e o ser das coisas – não é aniquilado pelo pecado, mas inclinado para outra direção e, assim, abusado. O homem não perdeu o seu ser – sua natureza humana – pelo pecado, pois ainda tem uma alma e um corpo, razão e vontade, e todos os tipos de emoções e interesses.

Mas todos esses dons, bons em si mesmos e concedidos pelo Pai das luzes, são agora usados para servir como armas contra Deus e colocados a serviço da injustiça. Consequentemente, o pecado não é apenas uma falta ou um desejo. A situação não é como a de uma pessoa que era rica e se tornou pobre, que sofreu uma grade perda e deve agora lidar com ela. O pecado é mais do que isso: é uma privação daquilo que o homem deveria ter para ser verdadeiramente humano e, ao mesmo tempo, a introdução de um defeito ou de uma imperfeição que não é adequada ao homem.

De acordo com a ciência contemporânea, a doença não é uma substância ou matéria específica, mas um viver em circunstâncias diferentes. As leis da vida permanecem as mesmas, mas os órgãos e as funções dessa vida são desviados de sua atividade normal. Até em um corpo morto, o funcionamento não cessa, mas a nova atividade se torna destrutiva e desintegradora. Da mesma forma, o pecado não é uma substância em si, mas um tipo de distorção de todos os dons e energias dados ao homem que impulsiona tudo isso a agir em outra direção – não para Deus, mas para longe dele. Razão, vontade, interesse, emoções, paixões, habilidades psicológicas e físicas – todos eram instrumentos de justiça, mas agora foram convertidos em instrumentos de injustiça pela operação misteriosa do pecado. A imagem de Deus, recebida pelo homem em sua criação, não era uma substância, mas, ainda assim, era tão próprio da sua natureza, que ele, ao perdê-la, se tornou completamente deformado.

Se pudéssemos ver o homem como ele é – interna e externamente –, descobriríamos traços que se assemelham mais a Satanás do que a Deus (João 8:44). A doença e a morte espirituais tomaram o lugar da saúde espiritual, e ambas são elementos constituintes do seu ser. Quando a Escritura insiste no caráter moral do pecado, ela também defende a possibilidade de redenção do homem.

O pecado não pertence à essência do mundo, mas é algo que foi introduzido ao mundo pelo homem, e é por isso que ele pode ser removido do mundo pelo poder da graça divina, que é mais forte do que qualquer criatura.

—— ▪ ——

O primeiro pecado cometido pelo homem não permaneceu sozinho por muito tempo, pois não era o tipo de ato que, tendo sido cometido, poderia ser deixado de lado. Após esse pecado, o homem não poderia continuar como se nada tivesse acontecido, pois, no mesmo momento que se entreteve com o pecado em seu pensamento, em sua imaginação, em seu desejo e em sua vontade, uma terrível mudança aconteceu nele, e isso é evidente pelo fato de que, imediatamente após a queda de Adão e Eva, eles tentaram se esconder de Deus e um do outro; seus olhos se abriram e eles perceberam que estavam nus (Gênesis 3:7). De repente, estavam em um relacionamento diferente um com o outro, e passaram a se ver como nunca antes. Eles, não se atreveram, e nem poderiam, a olhar livre e abertamente nos olhos um do outro, pois ambos se sentiram culpados e impuros, e costuraram folhas de figueira para se cobrirem. Ainda assim, compartilhavam a mesma situação e sentiram que estavam unidos no medo e na necessidade de se esconder da face de Deus no meio das árvores do jardim.

As folhas de figueira serviram para esconder a vergonha e a desgraça um do outro, mas não eram apropriadas para confrontar a face de Deus. Assim, eles fugiram para as profundidades mais densas da floresta do jardim. Vergonha e medo os dominaram, porque eles perderam a imagem de Deus e se sentiram culpados e impuros perante sua face.

A consequência do pecado é sempre essa. Diante de Deus, nós perdemos essa espontaneidade e liberdade interior e espiritual, porque apenas a consciência da inocência pode estimular essas realidades em nossos corações. Mas a abominação do primeiro pecado é exibida ainda mais vividamente no fato de que sua influência se espalhou do primeiro casal para toda a humanidade. O primeiro passo na direção errada foi dado, e todos os descendentes de Adão e Eva seguiram pelo mesmo caminho. A universalidade do pecado é um fato imposto sobre a consciência de todos, e esse é um fato indiscutivelmente estabelecido tanto pela evidência da experiência quanto pelo ensino das Escrituras Sagradas.

Não seria difícil reunir testemunhos a respeito dessa universalidade do pecado em qualquer lugar e em qualquer época, visto que tanto as pessoas mais simples quanto as mais inteligentes concordam sobre isso. Ninguém, diriam, nasce sem pecado, e todo mundo tem sua fraqueza e seus defeitos. Entre as doenças do homem, o obscurecimento do entendimento também tem o seu lugar, e isso significa não apenas a inevitabilidade do erro, mas também o amor ao erro. Ninguém é livre da sua consciência, ou seja, ela trai a todos nós, porém o fardo mais pesado que a humanidade precisa carregar é a culpa. Esse é o som que ressoa em nossos ouvidos por todos os lados na história da humanidade. Até aqueles que defendem a bondade natural dos homens são compelidos a reconhecer as sementes de todos os pecados e crimes que estão escondidos no coração de cada homem, e os filósofos têm registrado que todos homens são maus por natureza.

—— ▪ ——

As Escrituras Sagradas confirmam esse julgamento que a humanidade declarou contra si mesma. Após o relato da queda em Gênesis 3, os próximos capítulos contam como o pecado se espalhou e aumentou na raça humana a tal ponto, que o julgamento do dilúvio se tornou necessário. Com relação à geração dos homens antes do dilúvio, afirma-se que a impiedade dos homens era enorme sobre a terra e que toda imaginação do coração do homem era continuamente má, que toda carne estava corrompida perante Deus (Gênesis 6:5,11,12). Mas o grande dilúvio não mudou o coração do homem. Após o dilúvio, Deus também diz, com relação à nova humanidade, descendente da família de Noé, que a imaginação do coração do homem é má desde a infância (Gênesis 8:21).

Todos os santos do Antigo Testamento concordam com esse testemunho divino. Ninguém – essa é a queixa de Jó – pode tirar pureza do que é impuro (Jó 14:4). Como Salomão confessou em sua oração na dedicação do templo, não há homem que não peque (1Reis 8:46). Nos Salmos 14 e 53, lemos que, quando o Senhor olha do céu para os filhos dos homens a fim de ver se há alguém que tenha entendimento e que busque a Deus, ele não vê nada além de imundícia e iniquidade. Todos se desviaram e juntos se corromperam; não há quem faça o bem, não há um sequer, e nã há quem possa permanecer perante a face do Senhor, porque ninguém é justificado aos seus olhos (Salmos 143:2). "Quem pode dizer: Purifiquei meu coração, estou limpo do meu pecado?" (Provérbios 20:9). Em suma, não há um só homem justo sobre a terra, que só faça o bem e nunca peque (Eclesiastes 7:20).

Todas essas declarações são tão gerais e universais, que não permitem nenhuma exceção. Elas não vêm dos lábios de pecadores e ímpios, que muitas vezes não se preocupam com seus próprios pecados ou com os dos outros, mas sim do coração dos piedosos que aprenderam a se reconhecer como pecadores diante da face de Deus. E eles não julgam apenas aqueles que vivem em nações pagãs e não se interessam pelo conhecimento de Deus. Na verdade, eles começam consigo mesmos e com o seu próprio povo.

A Escritura não apresenta os santos como pessoas que viveram em perfeita santidade; antes, ela os descreve como pecadores, por vezes culpados de transgressões bem sérias. São precisamente os santos que, embora estejam conscientes da justiça das suas causas, sentem-se mais culpados e que se apresentam perante a face do Senhor com uma confissão humilde.[1] Até quando se levantam para testificar contra o povo e para convencê-los da apostasia e infidelidade deles, acabam se incluindo dentre o povo e dão voz à confissão comum: estamos deitados em nossa vergonha, e a nossa desgraça

[1]Salmos 6; 25; 32; 38; 51; 130; 143.

nos cobre. Temos pecado como nossos pais, cometemos iniquidade, desde a nossa juventude até o dia de hoje.[2]

O Novo Testamento também não deixa a menor dúvida sobre essa condição pecaminosa de toda a raça humana, e toda a pregação do evangelho é construída sobre esse pressuposto. Quando João prega sobre a proximidade do reino dos céus, ele exige que os homens se arrependam e sejam batizados, porque a circuncisão, os sacrifícios e a observação da lei não foram capazes de conceder a justiça necessária ao povo de Israel para entrar no reino de Deus. Assim, habitantes de Jerusalém, de toda a Judeia e de toda a região do Jordão iam até ele confessar seus pecados (Mateus 3:5-6). Cristo apareceu com essa mesma pregação do reino de Deus e também declara que apenas a regeneração, a fé e o arrependimento podem dar acesso ao reino.[3]

É verdade que, em Mateus 9:12-13, Jesus diz que os sãos não precisam de médico e que ele não veio para chamar os justos, mas sim os pecadores ao arrependimento. Entretanto o contexto indica que Jesus está pensando nos fariseus que falavam da sua suposta justiça, que franziam a testa quando ele se sentava com publicanos e pecadores, que se exaltavam acima deles e que, em sua justiça orgulhosa, não sentiam necessidade de buscar o amor de Jesus.

No verso 13, Jesus expressamente declara que, se os fariseus entendessem que Deus, em sua lei, não desejava sacrifícios externos, mas misericórdia interna espiritual, eles entenderiam que eram tão culpados e impuros quanto os publicanos e pecadores. O próprio Jesus limita sua obra, durante seu ministério terreno, às ovelhas perdidas da casa de Israel (Mateus 15:24), mas, após sua ressurreição, ele dá a seus discípulos o mandamento de ir para todo o mundo e pregar o evangelho a toda criatura, porque a salvação é para todos os homens ordenados a crer em seu nome (Marcos 16:15-16).

Em consonância com as palavras de Jesus, o apóstolo Paulo começa sua carta aos romanos com um argumento abrangente sobre como todo o mundo é culpado perante Deus e que, portanto, ninguém será justificado pelas obras da lei (Romanos 3:19-20). Não apenas os pagãos não conheceram e glorificaram a Deus (Romanos 1:18-32), mas os judeus também não; e estes se orgulham das suas

[2]Jeremias 3:25; Isaías 6:5; 53:4-6; 64:6; Daniel 9:5ss; Salmos 106:6.
[3]Marcos 1:15; 6:12; Jó 3:3.

vantagens, todavia, são culpados pelos mesmos pecados (Romanos 2:1-3:20) – todos estão debaixo do pecado (Romanos 3:9; 11:32; Gálatas 3:22). E isso é dito para que toda boca se cale e apenas a misericórdia de Deus seja glorificada na salvação.

De fato, essa pecaminosidade universal é tão fundamentalmente a base da pregação do Evangelho no Novo Testamento, que a palavra *mundo* assume um sentido bastante desfavorável por causa disso. Por si só, o mundo é naturalmente criado por Deus,[4] mas pelo pecado ele se tornou tão corrompido, que agora permanece contra Deus como uma força antagonista e não conhece a Palavra à qual ele deve sua existência (João 1:10). Todo o mundo repousa na impiedade (1João 5:19), tem Satanás como seu príncipe (João 14:30; 16:11) e toda cobiça e desejo que estão no mundo passam (1João 2:17). Aquele que ama o mundo prova que o amor do Pai não está nele (1João 2:15), e aquele que quer ser amigo do mundo se constitui inimigo de Deus (Tiago 4:4).

—— ▪ ——

Essa condição terrível na qual a humanidade e o mundo estão naturalmente levanta a questão acerca de sua origem e a causa. Não apenas a origem do primeiro pecado, mas a da pecaminosidade universal, da culpa e da corrupção de toda a raça humana à qual todos são sujeitos desde o nascimento – exceto Cristo. Existe uma conexão entre o primeiro pecado cometido no paraíso e a enchente de iniquidades que inundou o mundo desde então? E, se sim, qual a natureza dessa conexão?

Existem aqueles que, com Pelágio, negam totalmente essa conexão. De acordo com eles, todo ato pecaminoso é um ato isolado, que não introduz mudança na natureza humana e que, portanto, pode ser sucedido por um ato excepcionalmente bom. Após Adão ter transgredido o mandamento de Deus, ele permaneceu – em sua natureza interior, em sua disposição e em sua vontade – totalmente o mesmo. Assim também todos os descendentes do primeiro casal nascem com a mesma natureza sem culpa e indiferente que Adão originalmente tinha.

[4]João 1:3; Colossenses 1:16; Hebreus 1:2.

De acordo com essa visão, não existe uma natureza, uma disposição ou hábito pecaminosos, porque toda natureza é criada por Deus e permanece boa. Há apenas atos pecaminosos, e eles não formam uma série contínua, mas constantemente podem ser alternados com boas ações e se relacionam com a própria pessoa pela escolha perfeitamente livre da vontade. A única influência que se transmite dos atos pecaminosos para a própria pessoa ou para o próximo é o mau exemplo; isto é, depois que pecamos, é provável que o façamos novamente e outros provavelmente seguirão nosso exemplo. A pecaminosidade universal da raça humana deve ser explicada dessa maneira; isto é, pela imitação. Não existe pecado herdado, ou seja, todos nascem inocentes, mas o mau exemplo que as pessoas geralmente dão exerce uma má influência sobre os outros, os quais, impelidos pelo costume e pelo hábito, seguem o mesmo curso pecaminoso, ainda que não seja impossível nem improvável que aqui e ali existam indivíduos que vão contra a força do costume e vivem uma vida santa na terra.

Contudo, esse esforço para explicar a pecaminosidade universal da humanidade não apenas entra em conflito com as Escrituras Sagradas em todas suas partes, mas também é tão superficial e inadequado, que dificilmente é apoiado em sua totalidade por alguém. É facilmente refutado pelos fatos das nossas próprias experiências e vidas. Todos sabemos que uma ação pecaminosa não é externa a nós, como um traje sujo que pode ser tirado e jogado fora; ela está intimamente conectada com nossa natureza interior e deixa traços inextirpáveis nela. Após cada ato pecaminoso, não somos mais o que éramos antes, pois o pecado nos torna culpados e impuros, bem como nos rouba a paz de espírito e de coração, fazendo com que pesar e remorso venham em seguida. Ele nos confirma a inclinação para o mal e coloca-nos em uma condição na qual não poderemos oferecer resistência ao poder do pecado e, assim, sucumbiremos à menor tentação.

Além disso, defender que o pecado domina uma pessoa apenas externamente contradiz diretamente a experiência. É verdade que o mau exemplo pode exercer uma grande influência, pois vemos isso nas crianças que nascem com pais ruins e crescem em um ambiente moral ímpio e sem normas. Por outro lado, nascer de pais piedosos e ser criado em uma comunidade religiosa e moralmente completa são bênçãos incomparáveis. Mas tudo isso é apenas um lado da questão. Esse ambiente ruim não poderia ter uma influência ruim sobre a criança se ela própria não tivesse uma disposição para o mal em seu coração; e, consequentemente, um ambiente bom não falharia tão frequentemente em influenciar uma criança se ela tivesse recebido um coração puro suscetível a todo bem.

O ambiente é simplesmente a ocasião na qual o pecado se desenvolve em nós. A raiz do pecado está mais funda e penetra nossos corações. Jesus disse que de dentro do coração dos homens procedem os maus pensamentos, a imoralidade sexual, os furtos, os homicídios, os adultérios e todo tipo de injustiças (Marcos 7:21). É uma declaração confirmada pela experiência de todos, pois quase sem qualquer vontade e conhecimento, desejos e imagens impuros aparecem em nossa consciência. Em alguns casos, quando nos deparamos com a adversidade ou a oposição, a impiedade que habita escondida lá no fundo explode e escapa, tanto que ficamos até assustados conosco e gostaríamos de escapar de nós mesmos. O coração é enganoso e incurável mais que todas as coisas; quem pode conhecê-lo? (Jeremias 17:9).

Por fim, se a imitação do mau exemplo fosse a única origem do pecado na humanidade, sua universalidade absoluta não seria explicável. Consequentemente, Pelágio ensinou que aqui e ali existem pessoas que supostamente viveram sem pecado; contudo, isso apenas nos mostra a insustentabilidade da posição de Pelágio, porque, com exceção do próprio Cristo, não houve nenhuma pessoa que viveu livre do pecado.

Não é necessário conhecer todas as pessoas do mundo para confirmar esse juízo. A Escritura fala claramente isso e toda a história da humanidade prova isso; nesse sentido, nosso próprio coração é a chave para entender o coração das outras pessoas, uma vez que todos temos paixões parecidas e juntos constituímos não apenas uma unidade natural, mas moral. Há uma natureza humana comum a todos os homens, e ela é culpada e impura. A árvore ruim não veio dos frutos ruins, mas os frutos ruins provêm da árvore ruim e devem ser explicados por ela.

Outros reconheceram a validade dessas considerações e logo introduziram algumas modificações ao ensino de Pelágio. Eles admitem que a universalidade absoluta do pecado não pode ser simplesmente o resultado de seguir um mau exemplo e também defendem que o mal moral não vem ao homem apenas de fora, mas que o pecado habita dentro dele desde a concepção, sendo herdado dos seus pais. Mas eles defendem que essa corrupção moral, presente no homem por natureza, não seria tecnicamente pecado; ela não tem a qualidade de culpa e, portanto, não merece punição. A corrupção moral inata torna-se pecado e culpa apenas quando o homem, em sua maturidade, livremente concorda com ela, aceita a responsabilidade por ela e, por seu livre-arbítrio, converte-a em atos pecaminosos.

—— ▪ ——

Essa visão semipelagiana pode fazer uma concessão significativa, porém, demonstra, ainda assim, ser bastante insuficiente, porque o pecado consiste sempre em infidelidade e ilegitimidade na transgressão e no desvio da lei que Deus estabeleceu para suas criaturas racionais e morais. Essa transgressão da lei pode acontecer nos atos dos homens, mas pode também se manifestar em suas disposições e inclinações. O semipelagianismo reconhece tal fato e fala de uma corrupção moral que antecede as escolhas e ações de um homem, mas, se levarmos isso a sério, não podemos escapar da conclusão de que a corrupção moral que agora é inata à natureza humana também é pecado e culpa, sendo, portanto, punível.

Pouco se pode dizer contra essa argumentação, mas, mesmo assim, há muitos que tentam escapar dessa inevitabilidade ao descrever tal corrupção moral pelo termo ambíguo *concupiscência*. Naturalmente, o uso dessa palavra não é errado por si só, pois a Escritura a usa muitas vezes. Mas, sob influência da tendência ascética, a teologia sempre usou essa palavra em um sentido muito limitado e tende a pensar apenas na paixão procriativa – que é própria do homem –, chegando à conclusão de que essa paixão, embora dada ao homem na criação e não sendo pecaminosa em si, ainda assim constitui uma circunstância muito propensa ao pecado.

Foi Calvino que percebeu o problema com essa noção de concupiscência. Ele não contestava que se chamasse a corrupção moral inata do homem pelo nome de concupiscência, mas queria que a palavra fosse entendida corretamente. Segundo Calvino, uma distinção necessária existia entre desejo e concupiscência. Desejos não são pecaminosos, e cada um deles foi dado ao homem na criação. Por ser limitado, finito e dependente, o homem tem inúmeras necessidades e, consequentemente, inúmeros desejos. Quando está com fome, ele deseja comida; quando está com sede, ele deseja água; e quando está cansado, ele deseja descanso. O mesmo vale para o seu aspecto espiritual. A mente do homem foi criada de tal forma que ele deseja a verdade; e a vontade do homem – graças à sua natureza criada por Deus – deseja o bem. Os justos desejam somente o bem (Provérbios 11:23), e, quando Salomão desejou não as riquezas, mas a sabedoria, isso foi bom aos olhos do Senhor (1Reis 3:5-14). E quando o poeta do Salmos 42 ansiou por Deus como a corça pelas águas, isso também era um desejo bom e precioso.

Portanto, desejos não são pecaminosos em si, mas eles – como a mente e a vontade – foram corrompidos pelo pecado e, assim, entraram em conflito com a lei do Senhor. Não são estritamente os desejos naturais que são pecaminosos, mas os desejos distorcidos e, portanto, desregulados e exagerados pelo pecado.

Ademais, em segundo lugar, deve-se acrescentar o fato de que os pecados não se limitam à natureza sensual e física do homem. Eles caracterizam também a sua natureza espiritual pecaminosa. A paixão sexual não é o único desejo natural; é apenas um dentre muitos. Essa paixão também não é pecaminosa, tendo em vista que foi dada ao homem na criação, e também não é a única paixão que foi corrompida pelo pecado, pois todos os desejos, naturais e espirituais, tornaram-se selvagens e indisciplinados por causa do pecado. Os desejos bons do homem se transformaram em desejos ruins.

Nesse sentido, se a corrupção moral do homem é chamada de desejo ou concupiscência, seu caráter pecaminoso e sua culpa certamente se confirmam– é o que o Senhor expressamente proíbe em Êxodo 20:17. E Paulo diz que ele não conheceria o pecado se a lei não dissesse: "Não cobiçarás" (Romanos 7:7). Quando Paulo passou a se conhecer e refletiu não apenas sobre suas ações, mas também sobre suas inclinações e seus desejos contra o critério da lei de Deus, tornou-se óbvio para ele que estes também eram corrompidos e impuros. Para Paulo, a lei de Deus é a única fonte de conhecimento do pecado e seu único padrão. Não podemos entender o que o pecado é pela vontade ou pela imaginação, mas apenas pela lei de Deus, que determina como e o que o homem deve ser diante da face de Deus – em sua vida externa e interna, em corpo e espírito, em palavra e ação, em pensamento e inclinação. Medido pelo critério da lei, não há dúvida de que a natureza do homem é corrupta e que sua concupiscência é pecaminosa. Não é apenas que o homem pensa e age pecaminosamente: ele *é* pecador desde a sua concepção.

Por fim, seria psicologicamente insustentável defender que o desejo em si não é pecaminoso, a não ser se confirmado pela vontade. Tomar essa posição seria abraçar o pensamento irracional de que a vontade do homem é neutra e externa ao desejo, que não é corrompida pelo pecado e que, portanto, pode livremente decidir se será associada a esse desejo. É verdade que, de acordo com a experiência, é certamente possível que, em muitos casos, uma pessoa, com base em toda sorte de considerações – como costume, respeito da comunidade e de outros – pode se opor ao seu desejo pecaminoso por meio da razão e vontade ou evitar que ele se torne em ato. No homem natural, ainda existe também uma luta entre impulso e dever, desejo e consciência, cobiça e razão.

Mas essa luta, em princípio, é diferente da luta travada dentro do homem regenerado entre corpo e espírito, entre o velho e o novo homem. Trata-se de uma luta conduzida externamente contra a explosão da cobiça; entretanto, ela não invade a fortaleza interior do coração nem ataca as raízes do mal. Consequentemente, é um conflito que serve para restringir e limitar a cobiça, mas não pode limpá-la internamente, tampouco pode renovar o coração. O caráter pecaminoso da cobiça não se altera. Ainda que a razão e a vontade possam às vezes suprimir o desejo e a cobiça, por sua vez, eles são muitas vezes subjugados e colocados à serviço desta. Não se opõem a ela, mas se deleitam nela por natureza: eles alimentam, nutrem, justificam e vindicam a cobiça. Não raramente a razão e a vontade se deixam levar pela cobiça de tal forma, que o homem é roubado de toda independência e se torna escravo de suas paixões. Os pensamentos e os desejos malignos provêm do coração e, então, procedem para obscurecer o entendimento e corromper a vontade. O coração é tão sutil, que pode até enganar a inteligente cabeça.

—— ▪ ——

Ambos os esforços para explicar a pecaminosidade universal do homem se resumem a isto: eles buscam a sua causa individualmente, na queda de cada homem. De acordo com o semipelagianismo, cada homem cai de forma independente de todos os outros, e isso acontece ao escolher livremente seguir o mau exemplo dos outros. De acordo com o semipelagianismo, cada homem cai por si mesmo apenas, porque, pela sua própria vontade, leva o desejo herdado – mas não pecaminoso – até a sua vontade e o converte em ato pecaminoso. As duas visões não fazem jus às realidades morais claras à consciência de todos. Além disso, elas não conseguem explicar como a pecaminosidade universal absoluta da raça humana pode resultar de milhões e milhões de decisões da vontade humana.

Ainda assim, recentemente esses esforços – em formas novas ou antigas – têm encontrado vários apoiadores. Antigamente, também existiam aqueles que acreditavam em uma preexistência do homem, porém, nos últimos anos as influências budistas têm dado uma força considerável a essa crença. A suposição é que os homens viveram eternamente (ou pelo menos séculos antes de aparecerem na terra); ou, numa forma mais filosófica, distingue-se a vida sensitiva do homem sobre a terra daquela forma de existência que é concebível, mesmo que não possa ser visualizada.

Aliado a isso, acrescenta-se que as pessoas caíram dessa preexistência real ou imaginada individualmente e, por causa disso, devem ser punidas vivendo sobre a terra em corpos materiais e repugnantes. Assim, devem se preparar para outra vida após esta, na qual eles novamente receberão recompensas de acordo com suas obras. Dessa forma, existe apenas uma lei que governa toda a vida humana antes, durante e depois da vida nesta terra: todos receberam, recebem e receberão o que merecem por suas obras, ou seja, todos colhem o que semearam.

Essa ideia filosófica indiana é notável por tacitamente proceder da suposição de que, nesta vida terrena, a queda de cada indivíduo isoladamente é inconcebível, entretanto, não explica a universalidade do pecado da mesma forma que a teoria pelagiana. Ela apenas empurra a dificuldade para um nível anteiror – da vida terrena para uma vida preexistente, uma vida de que ninguém se recorda, sem fundamentação e que é pura fantasia. Além disso, o ensinamento de que todos serão recompensados de acordo com a sua performance é uma doutrina difícil para os pobres e doentes, os miseráveis e destituídos. Não há compaixão nela. É completamente o oposto dos raios da graça divina dos quais a Escritura fala.

Mas essa filosofia indiana concorda plenamente com a doutrina pelagiana, pois busca a origem da pecaminosidade universal na queda isolada de cada indivíduo. Ambas as visões afirmam que a humanidade consiste em um agregado arbitrário de almas que viveram eternamente – ou, pelo menos, por séculos – em linhas paralelas. Elas não têm um relacionamento entre si em seus pontos de origem ou essência, e cada uma deve buscar seus próprios destinos. Cada uma caiu isoladamente, recebe seus salários segundo seus méritos e tenta se salvar da melhor forma possível. Aquilo que realmente une as pessoas é a miséria que compartilham; assim, a simpatia ou a compaixão são a mais elevada das virtudes. Além disso, essa teoria tem outra implicação óbvia: aqueles que vivem uma vida afortunada sobre a terra podem apelar para a lei da retribuição e, assim, se gloriar em suas virtudes e desdenhar os menos afortunados, pois, afinal de contas, eles receberam o que semearam.

—— ▪ ——

Devemos ter uma visão clara sobre esse assunto se quisermos apreciar a Escritura e a luz que ela derrama sobre o problema da pecaminosidade universal da humanidade. A Escritura não se contenta com a fantasia ou imaginação, mas reconhece e reverencia os fatos estabelecidos pela consciência. Ela não projeta uma fantasia de almas preexistentes às suas vidas sobre a terra; além disso, desconhece uma queda que aconteceu – antes ou durante a vida na terra – isoladamente a cada indivíduo, e, em vez das representações individualistas e atomistas do budismo e do pelagianismo, a Escritura postula uma visão orgânica da raça humana.

A humanidade não consiste em um agregado de almas individuais que acidentalmente se uniram em dado lugar e que agora devem, de alguma forma, aprender a conviver uma com a outra da melhor forma possível. A humanidade é uma unidade – um corpo com muitos membros, uma árvore com muitos ramos, um reino com muitos cidadãos. A humanidade não se tornará essa unidade apenas no futuro por meio de alguma combinação externa, pois já era uma só desde o princípio e continua sendo desde então, apesar das separações, porque tem uma origem e uma natureza comuns. Fisicamente, a humanidade é uma só porque veio de um único sangue; e jurídica e eticamente, é uma só porque foi colocada debaixo da mesma lei divina – a lei do pacto de obras.

A partir disso, as Escrituras Sagradas deduzem que a humanidade permanece uma só na queda – é assim que a Escritura enxerga a humanidade da primeira página até a última. Se existe qualquer distinção entre homens – seja por classe, condição, ofício, honra ou talento –, ou se Israel, em contraste a outras nações, é escolhida como a herança do Senhor, deve-se isso apenas à graça de Deus, pois é apenas essa graça que faz a distinção (Romanos 4:17). Porém, em si, todos os homens são iguais diante de Deus, visto que todos são pecadores, participantes da mesma culpa, contaminados pela mesma impureza, sujeitos à mesma morte e necessitados da mesma redenção. Deus colocou todos debaixo da desobediência, a fim de usar de misericórdia para com todos (Romanos 11:32); sendo assim, ninguém tem o direito de ser arrogante, nem de se entregar ao desespero.

Essa visão orgância da Escritura com relação à raça humana não precisa de mais argumentos; ela é evidente pelo que foi dito anteriormente sobre a pecaminosidade universal do homem. Mas essa unidade orgânica da raça humana em relação à lei e à moralidade recebe uma atenção especial e profunda do apóstolo Paulo.

Em sua carta aos romanos, o apóstolo estabelece, primeiro, o fato de que todo o mundo é condenável aos olhos de Deus (Romanos 1:18–3:20). Em segundo lugar, ele explica como toda justiça e o perdão de pecados, toda reconciliação e a vida foram conquistados por Cristo e estão disponíveis nele para o cristão (Romanos 3:21–5:11). Logo depois, no capítulo 5:12-21 (antes de detalhar os frutos morais da justiça da fé no capítulo 6), ele conclui que, em suma, devemos toda a salvação a Cristo, bem como, em contraste, devemos a Adão toda a culpa e miséria.

Por um homem, Paulo diz, o pecado veio ao mundo e a morte passou a todos os homens. O pecado cometido por Adão foi diferente, em essência, de todos os outros. Ele é chamado de transgressão, diferente em tipo dos pecados que os homens cometeram entre Adão e Moisés (Romanos 5:14), ofensa (Romanos 5:15ss, ARA) e desobediência (Romanos 5:19), e, desse modo, ela forma o mais nítido dos contrastes com a obediência absoluta de Cristo (Romanos 5:19).

Portanto, o pecado de Adão não permaneceu limitado apenas à sua pessoa. Ele continuou a operar em e por meio de toda a raça humana. Não está escrito que, por um homem, o pecado veio a uma pessoa, mas ao mundo (Romanos 5:12); além disso, a morte também foi transmitida a todos os homens, porque todos pecaram nesse homem.

Tal pensamento de Paulo pode ser provado pelo fato de que o apóstolo infere dessa transgressão de Adão a morte dos que viveram de Adão a Moisés e que não poderiam ter pecado com uma transgressão como a de Adão (visto que naquele tempo não havia uma lei positiva, isto é, nenhuma lei pactual com uma condição e advertência específica). Mas, se Romanos 5:12 a seguir ainda deixa dúvidas sobre isso, elas serão apagadas pelo que Paulo diz em 1Coríntios 15:22.

Aqui, lemos que todos os homens morrem não isoladamente, nem em seus pais ou avós, mas em Adão, e isso quer dizer que os homens estão sujeitos à morte não porque eles ou seus ancestrais se tornaram culpados, mas, antes de tudo, porque eles já morreram em Adão; ou seja, já foi determinado no pecado e na morte de Adão que eles deveriam morrer. O ponto não é que nele todos se tornaram mortais, mas que eles, em um sentido objetivo, já morreram nele. Em *Adão*, a sentença de morte já foi pronunciada, ainda que sua execução tenha sido adiada, por assim dizer. Agora, Paulo não reconhece nenhuma outra morte além daquela que é o resultado do pecado (Romanos 6:23). Se todos os homens morreram em Adão, então todos pecaram nele. Pela transgressão de Adão, o pecado e a morte vieram ao mundo a todos os homens, pois aquela transgressão tinha um caráter peculiar. Foi a transgressão de uma lei específica, e ela foi transgredida não somente por Adão, mas por Adão como o cabeça da raça humana.

Apenas se o pensamento de Paulo em Romanos 5:12-14 for entendido dessa forma, é possível entender o que é dito nos versículos seguintes sobre as consequências da transgressão de Adão. É tudo o desenvolvimento de uma única ideia básica. Pela transgressão de um homem (Adão), muitos (descendentes) morreram (v. 15). A culpa (isto é, o julgamento ou a sentença que Deus, como Juiz, declara) desse homem que pecou se torna um julgamento para toda a raça humana (v. 16). Pela ofensa desse homem, a morte reinou no mundo sobre todos os homens (v. 17), e pela ofensa de um só a condenação veio sobre todos (v. 18). Por fim, pela desobediência de um só, os muitos (todos os descendentes de Adão) foram constituídos pecadores, e, por essa desobediência, todos eles imediatamente passaram a ser pecadores diante da de Deus (v. 19).

Essa interpretação do pensamento de Paulo é confirmada pela comparação introduzida entre Adão e Cristo. Na relação estabelecida em Romanos 5, Paulo não trata da origem do pecado de Adão, mas da plenitude da salvação alcançada por Cristo. A fim de exibir essa salvação em toda a sua glória, ele a compara e a contrasta com o pecado e a morte que se espalharam por toda a raça humana com Adão. Em outras palavras, Adão está servindo, nesse contexto, como exemplo e tipo daquele que viria (v. 14).

Em Adão e pela sua transgressão, a raça humana foi condenada; em Jesus Cristo, essa raça, por um veredito judicial de Deus, foi declarada livre e justificada. Por um homem o pecado veio ao mundo como uma força ou um poder que governou sobre todos os homens; do mesmo modo, um homem administrou a graça divina sobre a humanidade. Por um homem, a morte veio ao mundo como evidência do governo do pecado; mas por um homem também – Jesus Cristo, nosso Senhor – a graça começou a reinar por meio de uma justiça que leva à vida eterna. A comparação entre Adão e Cristo é válida em todas as aplicações, porém, existe apenas uma diferença: o pecado é poderoso, mas a graça é muito superior em riquezas e abundância.

A teologia cristã subsumiu esses pensamentos das Escrituras Sagradas à doutrina do pecado original. Algumas pessoas podem argumentar contra essa doutrina, negá-la ou zombá-la, mas não se pode apagar o testemunho das Escrituras nem anular os *fatos* sobre os quais esse ensinamento se alicerça. Toda a história do mundo prova que a humanidade – tanto em sua totalidade quanto em seus indivíduos – é *culpada* perante a face de Deus, tem uma natureza *moralmente corrompida* e sempre está sujeita à *decadência* e *morte*. Consequentemente, o pecado original inclui, primeiro, a ideia de *culpa original*. No primeiro homem, os muitos que descendem dele se tornaram – por meio da sua desobediência e por um justo juízo de Deus – pecadores (Romanos 5:18).

Em segundo lugar, o pecado original inclui a *corrupção original*. Todos os homens são concebidos em pecado, nascidos em injustiça (Salmos 51:7) e maus desde a juventude (Gênesis 6:5; Salmos 25:7), e ninguém pode extrair pureza da impureza (Jó 14:4; João 3:6). Essa contaminação ou corrupção não apenas se espalha para todos os homens, mas também satura todo o ser do indivíduo. Ela ataca o coração, que é enganoso e incurável, mais que todas as coisas, e não pode ser sondado (Jeremias 17:9); do coração também procedem as fontes da vida (Provérbios 4:23) e, assim, é a fonte de toda injustiça (Marcos 7:21-22). Procedendo do coração, essa corrupção obscurece o entendimento (Romanos 1:21), inclina a vontade para o mal e a torna impotente para fazer o verdadeiro bem (João 8:34; Romanos 8:7). Contamina a consciência (Tito 1:15) e faz do corpo, com todos os seus membros – seus olhos e ouvidos, mãos e pés, boca e língua –, um instrumento de injustiça (Romanos 3:13-17; 6:13). Esse pecado é tão forte, que todos, não pelos seus próprios pecados, mas desde o momento de sua concepção, estão sujeitos à morte e à corrupção (Romanos 5:14). Todos os homens já morreram em Adão (1Coríntios 15:22).

Embora o pecado original possa parecer severo, ele repousa sobre uma lei que governa toda a vida humana, cuja existência ninguém pode negar com sucesso e que ninguém questiona, desde que essa lei o esteja favorecendo.

Quando os pais deixam de herança algum tipo de propriedade para os filhos, eles jamais contestam o direito de se apropriarem dessa propriedade deixada pelos seus pais – Em outras palavras, não contestam a aquisição da herança ainda que não a mereçam. Na verdade, nem mesmo que, por suas condutas escandalosas, eles se mostrem indignos e procedam injustamente em uma vida devassa, a herança será contestada. Se não há filhos, os parentes mais distantes – sobrinhos-netos e primos de segundo grau – aparecem, sem qualquer peso na consciência, para aproveitar a herança que um parente desconhecido e negligenciado deixou para trás. É assim com relação aos bens materiais. Mas também existem bens espirituais – posição e condição social, honra e um bom nome, ciência e arte – que as crianças herdam de seus pais, os quais elas não conquistaram por si mesmas, mas se apropriam deles sem qualquer protesto. Portanto, podemos dizer que essa lei de herança é geralmente eficaz nas famílias, nas gerações e nos povos; no Estado e na sociedade; na ciência e na arte; e em toda humanidade. A próxima geração vive pelos bens que a geração anterior coletou; a posteridade continua, em todas as esferas da vida, o trabalho que seus ancestrais estavam fazendo. E ninguém reclama dessa organização graciosa de Deus, desde que seja beneficiado por ela.

Entretanto, tudo muda quando essa mesma lei de herança nos prejudica. Quando se requer dos filhos cuidar dos seus pobres pais, eles imediatamente cortam todo o relacionamento com eles e os conduzem para a caridade da igreja ou para asilos. Quando parentes se sentem prejudicados porque um membro da família se casou com alguém de menor condição social ou porque fez algo desonroso, eles imediatamente o abandonam. Em algum nível, todos temos a tendência de aproveitar as vantagens da comunidade, mas rejeitar as obrigações que ela nos impõe, no entanto, essa tendência é uma poderosa prova do fato de que, entre as pessoas, existe essa comunidade de privilégios e deveres; em outras palavras, existe uma unidade, solidariedade e uma comunidade cuja existência e operação ninguém pode negar.

Não sabemos como essa solidariedade opera e exerce sua influência. As leis de herança, por exemplo, de acordo com as quais os bens materiais e espirituais são deixados para os filhos, são desconhecidas para nós. Não entendemos o mistério: como uma pessoa, nascida e criada pela comunidade, cresce até uma condição de independência e liberdade, e, em seguida, assume nessa comunidade sua própria posição, às vezes poderosa e influente. Não podemos discernir o limite em que a comunidade e a solidariedade terminam e a independência pessoal e a responsabilidade individual começam, mas isso não significa que essa solidariedade não exista e que as pessoas – sejam em comunidades pequenas, seja nas grandes – estão unidas em uma solidariedade real. Os indivíduos existem, mas também existe uma ligação invisível que une famílias, gerações e povos inteiros em uma unidade poderosa. Há uma alma individual, mas há também uma "alma" popular ou nacional, ainda que em sentido metafórico. Há características pessoais, mas também há características sociais peculiares a um círculo de pessoas. E existem pecados individuais, mas existem pecados sociais e gerais. E, assim, existe a culpa individual, mas também existe a culpa social comum.

Essa solidariedade, expressa em milhares de formas nos relacionamentos interpessoais, carrega consigo a ideia da representação de muitos por poucos. Não podemos estar presentes em todos os eventos nem fazer tudo por conta própria. Há seres humanos espalhados por toda a terra, de forma a viverem longe um dos outros, e eles não vivem na mesma época, mas se sucedem em gerações consecutivas. Além disso, elas não são igualmente capazes e sábias, mas diferem infinitamente em talentos e habilidades. Portanto, alguns poucos sempre são chamados para pensar e falar, decidir e agir em nome e no lugar de muitos. Na verdade, nenhuma comunidade real é possível sem desigualdade de dons e chamados, sem representação e substituição. Nenhum corpo é possível a menos que haja diversos membros diferenciados, uma cabeça que os governe e tome decisões em nome de todos. O pai tem esse mesmo papel na família; assim como o gerente para o seu negócio; os sócios para a sua empresa; o general para seu exército; o congresso ou parlamento para o seu eleitorado; e o rei para o seu reino. E os subordinados compartilham das consequências das ações de seus representantes.

Entretanto, tudo isso diz respeito a apenas uma pequena e limitada porção da humanidade. Nesse círculo, um homem pode – até certo nível – ser bênção ou maldição para muitos, mas a influência, ainda assim, é limitada a uma esfera bem restrita. Até homens de poder, como Napoleão, embora sua jurisdição e influência sejam grandes como nunca, ocupam um pequeno e transitório lugar na história do mundo. Mas a Escritura conta apenas duas pessoas que ocuparam uma posição inteiramente peculiar – ambas sendo a cabeça de nada menos que toda a humanidade. O poder e a influência deles se estendem não apenas a uma nação ou família, país ou continente, a um século ou vários séculos, mas a toda humanidade, até os confins da terra e por toda eternidade. Essas duas pessoas são Adão e Cristo. Um está no princípio e, o outro, no centro da história. O primeiro é a cabeça da antiga humanidade e o segundo, a cabeça da nova. Um é a origem do pecado e da morte no mundo e outro, a fonte e o manancial da justiça e da vida.

Por causa das posições absolutamente únicas que esses dois ocupam como cabeça da humanidade, eles são comparáveis entre si. Existem analogias de posição, alcance e influência entre eles em todas as formas de solidariedade manifestadas entre homens na família, na tribo, na nação, e assim por diante. Todas essas analogias podem servir para esclarecer a influência de Adão e Cristo sobre toda a raça humana. Eles podem, em certa medida, nos reconciliar com a lei de herança que opera na esfera mais elevada da nossa vida – nossa vida religiosa e moral –, visto que essa lei não permanece sozinha, mas é amplamente relevante e faz parte da existência orgânica da humanidade. Ainda assim, Adão e Cristo ocupam um lugar totalmente único. Eles têm uma importância para a raça humana como ninguém poderia ter, e o legado pelo qual Adão nos envolveu em sua transgressão torna possível para nós sermos completamente reconciliados com Deus em Cristo.

Afinal de contas, a mesma lei que nos condena no primeiro homem nos absolve no segundo. Se não fôssemos capazes de compartilhar da condenação de Adão, também não seria possível sermos salvos pela graça em Cristo. Se não temos nenhuma objeção para usufruir das vantagens que não merecemos e que recebemos como um presente ou herança, não temos direito de reclamar quando o legado nos prejudica. Receberemos de Deus apenas o bem, mas não a desgraça? (Jó 2:10). Portanto, não acusemos Adão de culpa, mas agradeçamos a Cristo que nos amou de tal maneira. Que não olhemos para o paraíso, mas para a cruz, pois, atrás dela está a coroa imperecível.

—— ▪ ——

O pecado original, em que o homem não é uma qualidade dormente e passiva, mas uma raiz da qual todos os tipos de pecado surgem, uma fonte profana de onde o pecado continuamente jorra, uma força que sempre impulsiona o coração do homem para a direção errada – longe da comunhão com Deus em direção à corrupção e à decadência. Portanto, distingue-se o pecado original dos pecados que costumavam ser chamados de *pecados reais* e que incluem todas as transgressões da lei divina cometidas pelo indivíduo, intencionalmente ou não. Todos esses pecados têm uma origem comum: eles fluem do coração do homem (Marcos 7:23). O coração humano é o mesmo para todas as pessoas, em todos os lugares e tempos – a menos que seja transformado pela regeneração. Todos os descendentes de Adão têm uma natureza em comum, a qual é culpada e corrompida; consequentemente, não existe razão para alguém se segregar de outras pessoas e dizer: afastem-se de mim, pois sou mais santo que vocês. Quando entendemos a natureza humana comum, o orgulho e a autoexaltação do moralista, do nobre e do sábio não têm qualquer justificativa. Dos milhares de pecados que existem, não há um só do qual possamos nos isentar. As sementes de todas as iniquidades, até as mais hediondas, residem no mesmo coração que carregamos em nosso seio. Os transgressores e criminosos não são uma raça peculiar, mas surgem da sociedade da qual todos nós somos membros; eles simplesmente exibem o que está acontecendo em agitação e turbulência contínua no secreto de cada homem.

Como todos provêm de uma única raiz, todos os pecados de cada pessoa e de toda humanidade estão organicamente relacionados entre si. Os pecados são inumeráveis em quantidade, de modo que alguns tentaram agrupá-los ou classificá-los, mas se fala em sete pecados capitais ou primários (orgulho, avareza, gula, luxúria, preguiça, inveja e ira). Os pecados também são classificados de acordo com o instrumento pelo qual foram cometidos, como pecados de pensamento, palavra e ação ou como pecados veniais ou espirituais. Às vezes, eles são agrupados de acordo com o mandamento que eles violam, como pecados contra a primeira ou segunda tábua – contra Deus ou contra o próximo e nós mesmos. Ou, ainda, são classificados de acordo com a forma que se manifestam, como pecados de omissão e de ação. Há também distinções de grau, como os pecados públicos e secretos, demoníacos e humanos, e assim por diante.

Todavia, independente de como eles difiram uns dos outros, nunca permanecem como entidades puramente arbitrárias, isoladas entre si; no fundo, eles sempre estão interrelacionados, um influenciando e deixando sua marca no outro. Assim como na doença, a lei da vida continua a operar, porém, de uma forma distorcida, a natureza orgânica da vida do homem e da humanidade se manifesta no pecado. A manifestação acontece de tal maneira, que a vida agora se desenvolve em uma direção completamente diferente da qual foi feita para estar.

O pecado é um terreno escorregadio, e não podemos andar por ele da forma que queremos. Um poeta descreveu de forma profunda e bela a maldição do ato pecaminoso, dizendo que ele continuamente dá à luz o mal. A Escritura esclarece perfeitamente essa questão para nós. Em Tiago 1:14-15, temos a explicação de como o ato pecaminoso surge de forma orgânica. Quando alguém é tentado para o mal, a causa disso não está em Deus, mas em seu próprio desejo, e esse desejo é a mãe do pecado. Contudo, ele não é, por si só, suficiente para trazer o pecado (isto é, o ato pecaminoso, seja por pensamento, seja palavra ou ação); ele deve primeiro conceber e engravidar. Isso acontece quando a razão e a vontade se unem ao desejo, pois é nesse momento, quando o desejo está impregnado pela vontade, que ele produz o ato pecaminoso; e, quando esse pecado cresce, desenvolve-se e alcança a maturidade, ele gera a morte.

Isso acontece para cada pecado particular, mas de forma que os vários pecados também estão mutuamente relacionados. Tiago também aponta para esse fato quando, em 2:10, diz que, quem guardar toda a lei e tropeçar em um só ponto, torna-se culpado de todos, porque o mesmo Legislador que prescreveu esse mandamento específico também prescreveu todos os outros, e, nesse mandamento violado, o transgressor ataca aquele que nos deu todos eles e, assim, viola toda sua autoridade e poder. Por causa da sua origem e da sua natureza ou essência, a lei é uma só. É um corpo orgânico que, ao ser infectado em um de seus membros, torna-se completamente deformado. É uma corrente que, quando um dos seus elos se quebra, toda ela se desmancha. A pessoa que transgride um dos mandamentos abandona todos eles e, assim, vai de mal a pior, tornando-se – como Jesus disse – serva ou escrava do pecado (João 8:34). Paulo diz que o pecador foi vendido ao domínio do pecado; assim, ele não é mais independente do pecado, da mesma forma que um escravo não é independente do seu mestre (Romanos 7:14).

Essa visão orgânica é aplicável também aos pecados que se manifestam em esferas particulares da vida humana. Existem pecados pessoais, mas também existem pecados comuns – os pecados de famílias e nações, por exemplo. Cada classe na sociedade, cada vocação, cada profissão traz consigo seus próprios perigos e pecados específicos. Podemos ver diferenças entre os pecados dos que vivem na cidade e dos que vivem no campo; dos fazendeiros e dos comerciantes; dos instruídos e dos analfabetos; dos ricos e dos pobres; das crianças e dos adultos. Todavia, isso nos mostra justamente que esses pecados são interdependentes entre si. As estatísticas confirmam tal fato quando indicam que certos delitos ocorrem regularmente em idades, temporadas, gerações, classes e círculos. Nós percebemos apenas uma pequena porção dos pecados de nosso grupo limitado e somente de modo superficial, mas, se pudéssemos penetrar na essência das aparências e traçar a raiz dos pecados nos corações das pessoas, veríamos que no pecado há unidade, ideia, plano e padrão – isto é, há um *sistema*.

A Escritura explica esse sistema quando relaciona o pecado – tanto em sua origem quanto em seu desenvolvimento e execução – ao reino de Satanás. Já que Satanás tentou o homem e o levou à queda (João 8:44), ele se tornou, no sentido moral, o príncipe deste mundo e o deus desta era (João 16:11; 2Coríntios 4:4). Ainda que tenha sido condenado e expulso por Cristo (João 12:31; 16:11), e, assim, continue eficaz principalmente no mundo pagão (Atos 26:18; Efésios 2:2), ele, mesmo assim, continua a atacar a igreja por fora. Portanto, essa igreja deve, com toda sua armadura, batalhar contra ele (Efésios 6:11). E Satanás mobiliza todos os seus recursos no fim dos tempos para lançar um ataque final e decisivo contra Cristo e seu reino (Apocalipse 12ss). Não é ao fixar nossa atenção em um único pecado, mas quando olhamos sobre todo o reino do pecado na humanidade – sob a luz da Escritura – que entenderemos qual é a real natureza e intenção do pecado. Em princípio e essência, não é nada menos do que inimizade contra Deus, e, no mundo, seu objetivo não é nada além do domínio soberano, e todo pecado, até o menor deles, sendo uma transgressão da lei divina, serve para esse objetivo final. A história do mundo não é um processo evolucionário cego, mas um drama terrível, uma batalha espiritual, uma guerra entre o Espírito do alto e o espírito de baixo, entre Cristo e o anticristo, entre Deus e Satanás.

—— ▪ ——

No entanto, embora essa visão do pecado seja a consideração dominante, não podemos permitir que ela nos torne parciais, nem que destrua a distinção que separa os vários pecados. É verdade que os pecados – assim como as virtudes – são unificados e indivisíveis, e aquele que comete um deles, transgride todos os demais em princípio (Tiago 2:10). Mas isso não significa dizer que todos os pecados são iguais em tipo e grau, pois existe uma diferença entre pecados de ignorância e pecados conscientes (Números 15:27,30), entre os pecados cometidos contra a primeira tábua e contra a segunda tábua (Mateus 22:37-38), entre os pecados espirituais e carnais, entre pecados humanos e demoníacos, e assim por diante. Os mandamentos dessa lei única diferem entre si, e a transgressão desses mandamentos pode acontecer em circunstâncias bem diversas com diferentes níveis de aprovação da vontade. Assim, nem todos os pecados são igualmente sérios, nem merecem a mesma punição. Os pecados cometidos contra a lei moral são mais graves do que aqueles cometidos contra as leis cerimoniais, porque a obediência é melhor do que os sacrifícios (1Samuel 15:22). A pessoa que rouba por causa da fome é menos culpada do que a que rouba por ganância (Provérbios 6:30). Há gradações de ira (Mateus 5:22), e, ainda que desejar uma mulher casada no coração já seja adultério, a pessoa que não luta contra esse desejo, mas sucumbe a ele, comete adultério em ato também.

Se ignorarmos essa distinção entre os pecados, entraríamos em conflito com a Escritura e a realidade. É verdade que as pessoas nascem iguais, em um sentido moral, isto é, no começo, todas nascem com a mesma culpa e são contaminadas pela mesma mancha, mas, conforme crescem, elas diferem umas das outras em grande medida. Cristãos às vezes caem em pecados sérios, devem lutar constantemente contra o velho homem e só podem alcançar um pequeno começo da obediência perfeita nessa terra. E entre aqueles que não conheceram ou não creram em Cristo, existem os que se entregam a toda impiedade e que bebem do pecado como água. Todavia, há aqueles que se diferenciam por uma vida ética admirável e que servem como modelo de virtudes até para cristãos. É verdade que as sementes do pecado estão firmadas em todo coração humano, e quanto mais nos autoexaminamos, mais reconhecemos a nossa natureza de inimizade contra Deus, a nossa incapacidade de fazer qualquer bem e a nossa inclinação para todo mal. Mas essa tendência maligna não age na mesma extensão em todos, ou seja, nem todos caminham na mesma rapidez ou fazem o mesmo progresso.

A causa disso não está no homem, mas na graça de Deus que restringe o nosso pecado. O coração é o mesmo em todas as pessoas, e, sempre e em todas elas as mesmas imaginações e os mesmos desejos pecaminosos aparecem. As imaginações do coração são malignas desde a nossa juventude, então, se Deus abandonasse a humanidade e lhe entregasse a todos os desejos do coração, a terra se tornaria um inferno, e nenhuma sociedade ou história seriam possíveis. Todavia, assim como o fogo dentro da Terra é controlado por uma crosta dura, expelindo-o apenas em certos lugares e momentos por erupções vulcânicas, da mesma formaos pensamentos e desejos pecaminosos do coração são suprimidos e restringidos de todos os lados pela vida da sociedade. Deus não deixou o homem completamente solto, mas segura as rédeas do animal selvagem que está nele, de forma que Deus mantém seu conselho para a raça humana e o executa. Ele mantém funcionando um amor natural no homem, um desejo por companhia, um senso de religião e moralidade, uma consciência e uma noção da lei, sua razão e vontade. Além disso, coloca o homem nas esferas da família, da comunidade e do Estado, e todas elas – com sua opinião pública, noções de decência e contribuição para o trabalho, a disciplina e a punição – restringem, obrigam e educam o homem para uma vida civicamente respeitável.

Por meio dessas muitas e poderosas influências, o homem pecador é capacitado a alcançar bens diversos. Quando o Catecismo de Heidelberg diz que o homem é totalmente incapaz de fazer qualquer bem e é inclinado para todo mal, por esse *bem* – como os *Artigos contra os Remonstrantes* claramente dizem – devemos entender como aquele bem *salvífico*.

O homem é totalmente incapaz de realizar esse bem que salva. Ele não pode fazer o bem que é interno e espiritual; que é perfeitamente puro aos olhos de Deus; e que está em total acordo – tanto em sentido espiritual quanto literal – com as demandas da lei. De acordo com a promessa dessa lei, ao fazer esse bem, ele seria capaz de receber a vida eterna e a bênção celestial, mas isso não quer dizer que o homem seja incapaz de realizar o bem, porque Deus envia sua graça comum. Em sua vida pessoal, ele pode – pela sua razão e vontade – restringir suas imaginações e seus desejos malignos, e se aplicar à virtude. Em sua comunidade e em sua vida social, ele pode cumprir de forma honesta e fiel suas obrigações e auxiliar no desenvolvimento do conforto e da cultura, da ciência e da arte. Em suma, por meio de todas as forças com as quais Deus cerca o homem pecaminoso, ele o capacita a viver uma vida humana aqui na terra.

Mas todos esses poderes não são suficientes para renovar o homem por dentro e frequentemente demonstram ser insuficientes até para restringir a injustiça. Não precisamos pensar apenas no mundo do crime, exemplificado em toda sociedade. A injustiça do coração humano aparece também nas conquistas, colonizações, guerras religiosas e raciais, revoluções populares, revoltas nacionais, e assim por diante. O refinamento da cultura não acaba com essa injustiça, mas promove uma vergonha em praticá-la, tanto que a mais nobre ação muitas vezes demonstra ser motivada por toda sorte de considerações pecaminosas de egoísmo e ambição. Aquele que entende algo da pecaminosidade e sutileza do coração humano não fica surpreso com tanto mal no mundo; na verdade, ele fica extasiado que tanto bem seja encontrado no mundo e admira a sabedoria de Deus demonstrada em como a raça humana ainda consegue realizar coisas tão maravilhosas. A bondade do Senhor é a razão de não sermos consumidos, as suas misericórdias não têm fim (Lamentações 3:22). Existe uma luta contínua entre o pecado das pessoas, que tentam escapar, e a graça de Deus, que o limita e torna o pensamento e a ação humano úteis para seu conselho e plano.

—— ▪ ——

Essa graça de Deus pode humilhar um homem, ainda que apenas como humilhou Acabe (1Reis 21:29) ou os habitantes de Nínive (Jonas 3:5ss). Mas um homem pode se colocar contra essa graça, e, nesse caso, acontece a manifestação terrível que é chamada nas Escrituras de *endurecimento* do coração. Faraó é um exemplo típico disso. Também é relatado no caso de outras pessoas na Escritura, mas a natureza e o progresso do endurecimento são exibidos mais claramente em Faraó. Ele era um príncipe poderoso e chefe de um grande reino, mas tinha um coração orgulhoso e não estava disposto a se prostrar perante os sinais do poder de Deus. Esses sinais foram feitos em uma ordem regular e cresciam em poder e força destrutiva, mas, paralelamente a esse crescimento, Faraó também cresceu em maldade e obstinação. Seus estímulos para se prostrar perante esse poder milagroso perdiam cada vez mais a integridade. Por fim, com seus olhos abertos para a realidade, ele caminhou direto para sua condenação.

É uma luta tremenda da alma que vemos diante de nós nesse drama do Faraó. Podemos ver tanto o lado de Deus quanto o lado humano desse drama. Afirma-se que o Senhor endurece o coração de Faraó,[5] depois lemos que o próprio Faraó endurece seu coração,[6] ou que seu coração foi endurecido.[7] Nesse endurecimento, há uma operação divina e outra humana. A operação da graça divina constantemente se transforma mais e mais um juízo, ao passo que a operação da resistência humana se torna mais e mais uma inimizade consciente e determinada contra Deus. A Escritura descreve um endurecimento semelhante em outras passagens. Em Deuteronômio 2:30, Josué 11:20 e Isaías 63:17, o Senhor endurece; e, em outras passagens,[8] são as pessoas que se endurecem. Existe uma interação aqui – uma luta entre os dois – que não deve ser separada da revelação da graça divina. Essa interação diz respeito à revelação geral, mas é especialmente a graça especial que tem a característica de trazer um julgamento – um cisma e separação – entre as pessoas (João 1:5; 3:19; 9:39). Cristo foi posto para queda e elevação de muitos (Lucas 2:34). Ele é uma rocha de salvação e uma pedra de tropeço e ofensa (Mateus 21:44; Romanos 9:32). O evangelho tem cheiro de morte para morte ou aroma de vida para vida (2Coríntios 2:16), e é ocultado para os sábios e revelado para os pequeninos (Mateus 11:25). E, em tudo isso, o conselho e o beneplácito de Deus se tornam evidentes ao mesmo tempo que a lei da vida religiosa e moral.

O pecado do endurecimento alcança seu ápice na blasfêmia contra o Espírito Santo, e Jesus fala disso quando surge uma séria divergência do povo com os fariseus. Quando ele curou um homem que estava cego, mudo e possuído por um demônio, a multidão se maravilhou tanto, que dizia: "Será este o Filho de Davi, o Messias, prometido de Deus aos nossos pais?"

Mas essa reverência dada a Cristo provocou apenas ódio e inimizade entre os fariseus. Logo após, eles declararam que Jesus expulsava demônios somente por meio de Belzebu, o chefe dos demônios, e, assim, tomaram a posição diametricamente oposta. Em vez de reconhecer Cristo como o Filho de Deus – o Messias – que expulsa demônios por meio do Espírito de Deus e estabelece o reino de Deus sobre a terra, eles dizem que Jesus é cúmplice de Satanás e que sua obra é demoníaca. Contra essa terrível blasfêmia, Jesus preserva

[5]Êxodo 4:21; 7:3; 9:12; 10:20,27.
[6]Êxodo 7:14; 9:7; 9:35.
[7]Êxodo 8:15,19,32; 9:34.
[8]1Samuel 6:6; 2Crônicas 36:13; Salmos 95:8; Mateus 13:15; Atos 19:9; Romanos 11:7,25.

sua dignidade, refuta a acusação e demonstra quão irracional ela é, mas, no final, ele acrescenta uma advertência séria: todo tipo de pecado e blasfêmia será perdoado aos homens; mas a blasfêmia contra o Espírito não será perdoada nem neste mundo, nem no vindouro (Mateus 12:31-32).

As próprias palavras e o contexto na qual elas aparecem indicam claramente que a blasfêmia contra o Espírito Santo não acontece no início ou no meio do pecado, mas no final. Ela não consiste em dúvida ou incredulidade diante da verdade que Deus revelou, nem de uma resistência ou ofensas ao Espírito Santo, porque esses pecados podem ser – e de fato são – cometidos pelos cristãos; mas essa blasfêmia contra o Espírito Santo só pode acontecer quando houver na consciência uma rica revelação de Deus e uma iluminação poderosa do Espírito Santo, de modo que o homem esteja plenamente convencido em seu coração e em sua consciência da verdade da revelação divina.[9]

Por outro lado, o pecado consiste em o indivíduo, em plena consciência e com intenção deliberada, chamar a verdade de mentira e considerar Cristo ferramenta de Satanás, ainda que ela tenha conhecido e provado a verdade enquanto verdade. Nesse pecado, a pessoa se torna demoníaca. Não, ele não consiste em dúvida e descrença, mas sim em uma eliminação da própria possibilidade de dúvida e descrença, assim como do remorso e da oração (1João 5:16). Ele vai muito além do momento de dúvida e da descrença, do remorso e da oração. Independentemente do fato de que o Espírito Santo é reconhecido como sendo o Espírito do Pai e do Filho, ele é, ainda assim, blasfemado. Em seu ápice, o pecado se torna tão impiedosamente descarado, que sacode cada vestígio de vergonha, joga fora toda roupa e fica nu. Ele despreza todas as razões aparentes e, por puro prazer no mal, volta-se contra a verdade e a graça de Deus. Portanto, Jesus nos adverte seriamente nesse ensinamento acerca da blasfêmia contra o Espírito Santo, porém, não devemos nos esquecer do conforto que está contido nesse ensinamento, porque, se esse pecado é o único imperdoável, então todos os outros – até os maiores e mais graves – podem ser perdoados, e les podem ser perdoados não por meio de penitências humanas, mas pelas riquezas da graça divina.

[9]Hebreus 6:4-8; 10:25-29; 12:15-17.

Se o pecado pode ser perdoado e lavado apenas pela graça, a implicação é que ele merece punição. A Escritura adota essa suposição quando ameaça o pecado com a punição da morte até antes de ele ter entrado no mundo (Gênesis 2:17). Além disso, ela constantemente proclama o julgamento de Deus contra o pecado, independente do julgamento ser realizado já nesta vida (Êxodo 20:5) ou no grande dia do julgamento (Romanos 2:5-10). A razão é que Deus é o Justo e o Santo, que abomina toda perversidade,[10] que de forma nenhuma inocenta o culpado[11] e que derrama sobre toda injustiça a sua ira (Romanos 1:18), sua maldição (Deuteronômio 27:26; Gálatas 3:10) e sua raiva (Naum 1:2; 1Tessalonicenses 4:6). Ele recompensará todo homem de acordo com suas obras.[12] A consciência testifica isso em todos quando ela julga os nossos pensamentos, palavras e ações malignas; quando ela nos persegue com um sentimento de culpa, de remorso e de medo do juízo. Entre todos os povos, a administração da justiça se alicerça sobre essa ideia da culpabilidade do pecado.

Mas o coração humano entra em conflito com esse julgamento severo, porque se sente condenado. A ciência e a filosofia muitas vezes serviram ao coração e tentaram elaborar as razões mais atrativas para separar o trabalho da recompensa e o mal da punição. Assim como a arte deve ser praticada como um fim, o bem, de acordo com essa interpretação, deve ser feito como um fim, e não com a esperança de receber uma recompensa. Da mesma forma, o mal deve ser evitado pelo que é, e não por causa da punição. Na verdade, não há uma recompensa para a virtude ou punição para o pecado. A única pena ligada ao pecado é o resultado que sua própria natureza — por causa da lei natural — inevitavelmente traz consigo. Assim como o homem virtuoso tem paz de coração, o pecador — por sua consciência de culpa, ansiedade e medo — é atormentado ou, se os seus pecados forem os da embriaguez ou sensualidade, visitado pela doença.

Nos tempos modernos, essa filosofia do coração pecaminoso recorreu ao apoio da doutrina da evolução, de acordo com a qual

[10] Jó 34:10; Salmos 5:5; Salmos 45:7.
[11] Êxodo 34:7; Números 14:18.
[12] Salmos 62:12; Jó 34:11; Provérbios 24:12; Jeremias 32:19; Ezequiel 33:20; Mateus 16:27; Romanos 2:6; 2Coríntios 5:10; 1Pedro 1:17; Apocalipse 22:12.

o homem é descendente do animal e sempre permanece animal no cerne do seu ser, de modo que inevitavelmente precisa fazer e ser o que ele faz e é. O homem não é livre – não é um ser moral e racional; ele não é responsável por suas ações, e seus atos não podem torná-lo culpado; ele simplesmente é o que tem de ser. Assim como existem flores que exalam uma fragrância agradável e flores que exalam um odor desagradável, do mesmo modo que existem feras mansas e mortíferas; da mesma forma existem pessoas que são úteis para a sociedade e pessoas que são prejudiciais. É verdade que a sociedade – para sua autopreservação – tem o direito de segregar e prender indivíduos perigosos, mas isso não é punição, uma vez que nenhum homem tem o direito de julgar outro homem e condená-lo. Criminosos são tão perversos quanto insanos, e sofrem de uma fraqueza herdada ou de um defeito nutrido pela própria sociedade. Consequentemente, essas pessoas não pertencem à prisão, mas ao hospital ou ao hospício, e, assim, podem reivindicar um tratamento humanitário – de natureza médica ou educacional.

É verdade que essa nova teoria criminal é, em parte, uma reação a outro extremo que as pessoas adotaram no passado. Se hoje em dia os criminosos são considerados doentes mentais, antigamente os doentes mentais e toda sorte de outros infelizes eram por vezes considerados criminosos. As pessoas buscavam meios para causar as dores mais terríveis nas pessoas que eram consideradas culpadas e merecedoras de punição, mas, ainda assim, isso não torna a nova teoria correta, uma vez que ela é tão unilateral quanto a antiga. Ela não faz jus à gravidade do pecado; antes, rouba o homem de sua liberdade moral; rebaixa-o ao nível de uma máquina; desafia a natureza moral do homem com sua consciência e seu senso de culpa; e, em princípio, enfraquece toda a base da autoridade, governo e administração da lei.

Independentemente dos esforços que a ciência pode empreender para provar a inevitabilidade do pecado, qualquer pessoa em quem a consciência não tenha sido cauterizada para a insensibilidade sente-se obrigada a fazer o bem e assumir a responsabilidade quando faz o mal. Certamente, a esperança da recompensa não é o único e mais importante motivo para fazer o bem, e é claro que o medo da punição não é a única coisa que induz o homem a refrear o mal. Todavia, aquele que – impelido por esses motivos – faz o bem e refreia o mal, ainda que apenas externamente, está em uma situação melhor do que aquele que vive para esse impulso. Além disso, a virtude e a felicidade, o pecado e a punição estão inseparavelmente conectados não apenas pela consequência de uma ação externa, mas essa conexão está presente também na consciência moral desde o princípio. O verdadeiro e real amor do bem, isto é, a plena comunhão com Deus, significa que o homem é tomado em sua totalidade – tanto interna quanto externamente – para essa comunhão. E o pecado, com uma abrangência igual, culmina na corrupção do homem em corpo e alma.

——— ▪ ———

A punição que Deus designou para o pecado é a morte (Gênesis 2:7), mas essa morte temporal e corpórea não está sozinha, ou seja, é precedida e seguida por vários outros castigos.

No momento em que o homem pecou, seus olhos se abriram: ele estava envergonhado da sua nudez e se escondeu com medo da face de Deus (Gênesis 3:7-8). No homem, a vergonha e o medo são inseparáveis do pecado, porque ele imediatamente se sente culpado e contaminado pelo seu pecado.

A culpa, relacionada à punição, e a corrupção, que é a contaminação moral, são as consequências vistas imediatamente após a queda; contudo, a essas penas naturais, Deus acrescenta punições definidas. A mulher é punida como mulher e como mãe: ela dará à luz em dor e o desejo dela será sempre para o homem (Gênesis 3:16), ao passo que o homem é punido no chamado que foi especificamente confiado a ele – no cultivo da terra e no trabalho de suas mãos (Gênesis 3:17-19). É verdade que a morte não acontece imediatamente após a transgressão; ela até pode se postergar por centenas de anos, porque Deus não abandona seus propósitos para a raça humana, mas a vida agora concedida ao homem se torna uma vida de sofrimento, cheia de dificuldades e aflições, uma preparação para a morte, uma morte contínua. O homem não se tornou apenas mortal: ele começou a morrer, e morre constantemente desde o berço até o túmulo; em outras palavras, sua vida não é nada além do que uma curta e vã batalha contra a morte.

Observa-se isso nas muitas lamentações proferidas na Escritura sobre a fragilidade, transitoriedade e vaidade da vida humana. O homem era pó até antes da queda. Com relação ao corpo, ele foi feito do pó da terra e, assim, tornou-se alma vivente (1Coríntios 15:45,47). Mas essa vida do primeiro homem tinha o propósito de ser espiritualizada e glorificada – governada pelo espírito para guardar a lei divina –, contudo, por causa da transgressão, agora a lei passa a operar: és pó, e ao pó tornarás (Gênesis 3:19).

Em vez de se tornar espírito, o homem se tornou carne por intermédio do pecado, e, agora, sua vida é uma sombra; um sonho; uma vigília da noite; um palmo; um passo; uma onda do oceano que aparece, quebra e desaparece; um raio de luz que brilha e acaba; uma flor que floresce e logo murcha. Isso realmente não é digno do pleno e glorioso nome da vida, mas sim uma constante morte no pecado (João 8:21,24), uma morte em pecados e transgressões (Efésios 2:1).

Assim é a vida vista por dentro – internamente corrompida, dilacerada e dissolvida pelo pecado. E, por fora, ela é constantemente ameaçada por todos os lados. Imediatamente após a transgressão, o homem foi expulso do paraíso, e já não pode retornar para lá, porque perdeu o direito à vida. Aquele lugar de descanso e paz não é mais adequado para o homem caído, o qual deve ir ao mundo para conseguir seu pão no suor do seu rosto e para cumprir o seu chamado. O homem antes da queda está em casa no paraíso e os glorificados vivem no céu, mas o homem pecaminoso – porém redimido – tem a terra como seu lugar de peregrinação – uma terra que compartilha da sua queda, que por sua causa foi amaldiçoada e que, com ele, se sujeitou à vaidade (Romanos 8:20).

Assim, o interno e o externo concordam novamente: existe harmonia entre o homem e seu ambiente. A terra sobre a qual vivemos não é o céu, mas também não é o inferno; na verdade, ela está entre os dois e tem propriedades de ambos. Não podemos precisar as relações entre os pecados dos homens e as calamidades da vida, e o próprio Jesus avisa para não tentarmos. Ele diz que os galileus, cujo sangue Pilatos misturou com o sacrifício, não eram mais pecadores que os outros (Lucas 13:1-3), e o filho que nasceu cego não foi punido por causa dos seus próprios pecados ou dos pecados dos seus pais, mas foi afligido para que nele se manifestasse as obras de Deus (João 9:3). Portanto, não devemos inferir que aflições e calamidades advêm a alguém por causa da sua culpa pessoal; nesse sentido, vale lembrar que os amigos de Jó argumentaram dessa maneira, mas estavam enganados.

No entanto, não há dúvida de que, segundo o ensino de toda a Escritura, há uma conexão entre a raça humana caída e a terra caída, pois ambas foram criadas em harmonia um com o outro e se sujeitaram à vaidade. Ambas foram redimidas por Cristo e serão elevadas e glorificadas conjuntamente no futuro. O mundo atual não é o melhor nem o pior, mas é um mundo bom para o homem caído, e, por causa dele, o mundo produz apenas espinhos e cardos; ele compele o homem a trabalhar, o preserva do declínio e, no fundo do seu coração, nutre a esperança inextinguível de que haverá um bem duradouro e extasiado felicidade eterna. Essa esperança o mantém vivo, ainda que apenas para uma vida curta e cheia de inquietação.

Por natureza, toda vida que ainda é humana por natureza está sujeita ao declínio da morte. Havendo vigor, consegue-se chegar aos setenta ou oitenta anos, mas geralmente a vida acaba muito antes — nos melhores anos, na flor da juventude, logo depois ou até antes do nascimento. A Escritura diz que essa morte é um julgamento de Deus, o salário do pecado; o coração de todos sente essa verdade. Até os chamados povos primitivos assumem a ideia de que, em essência, o homem é mortal e que não é a imortalidade que deve ser provada, mas a morte que precisa ser explicada. Ainda assim, existem muitos que defendem ser a morte natural um fenômeno completamente normal e inevitável. De acordo com essa visão, a morte em si não é terrível; apenas parece ser porque o instinto de vida do homem luta contra ela. Quando a ciência realizar mais conquistas por meio do seu progresso, ela cada vez mais reduzirá a morte prematura e elevará a morte natural a um nível superior. E, então, os homens morrerão de forma tão pacífica e tranquila quanto as plantas que murcham ou os animais que se exaurem.

Embora alguns ainda pensem assim, há outros que alegam exatamente o contrário. Os cientistas não concordam entre si sobre as causas e a natureza da morte. Contra aqueles que veem a morte como um fim natural e necessário da vida, existem muitos que consideram a morte um enigma maior do que a vida, e estes declaram que não há qualquer razão intrínseca para que os seres vivos tenham de morrer. Eles até dizem que originalmente o universo era um ser vivo incomensurável, que a morte apareceu depois e que ainda existem animais imortais. E essa linguagem é avidamente absorvida por aqueles que creem em uma preexistência das almas e que consideram a morte apenas uma travessia pela qual o homem passa a fim de se erguer para uma vida mais elevada – como a lagarta, que se transforma em um a borboleta.

Essa diferença de visões é, por si só, uma evidência do fato de que a ciência não pode penetrar até as causas mais profundas e supremas, e, assim como não pode explicar a morte, também não pode explicar a vida, e ambas permanecem um mistério para a ciência. No momento que ela tenta apresentar uma explicação, corre o risco de minimizar a realidade da morte ou da vida. A ciência alega que a vida era originalmente eterna, mas então deve responder à questão de onde a morte veio; acaba por considerar a morte como apenas uma aparência – uma mudança de forma. Em contrapartida, ela pode entender a morte como completamente natural, mas, nesse caso, ela não sabe o que fazer com a vida e se vê forçada a negar a imortalidade. Em ambos os casos, ela apaga o limite entre a vida e a morte, entre a santidade e o pecado.

A confissão de que a morte é o salário do pecado, apesar de não ser provada pela ciência, também não é refutada por ela. Ela simplesmente está fora do âmbito da investigação científica e, assim, fora de seu alcance. Outrossim, essa confissão não precisa da evidência da ciência, uma vez que se baseia no testemunho divino e é confirmada a todo momento com o medo da morte a que os homens estão sujeitos a passar nesta vida (Hebreus 2:15). Portanto, o que quer que possa ser dito como evidência da sua necessidade ou em defesa da sua legitimidade, a morte permanece sendo antinatural. Ela não é natural por conta da essência e do destino do homem, o qual, tendo sido criado segundo a imagem de Deus, foi feito para a comunhão com o criador, que é incompatível com a morte; além do mais, Deus não é Deus de mortos, mas de vivos (Mateus 22:32). Pelo contrário, a morte é completamente natural para o homem caído, porque o pecado, após se consumar, gera a morte (Tiago 1:15). Afinal de contas, nas Escrituras Sagradas a morte não deve ser equiparada à aniquilação, assim como a vida não é mera existência. A vida é prazer, bem-aventurança e superabundância, ao passo que a morte é miséria, pobreza, fome e desejo por paz e bênção. A morte é dissolução e separação do que deveria estar junto. O homem, criado segundo a imagem de Deus, está em casa na comunhão com Deus, e lá vive de forma plena, eterna e bem-aventurada. Porém, quando essa comunhão se rompe, o homem instantaneamente morre e continua a morrer. A sua vida perde alegria, paz e bem-aventurança, e se torna uma morte no pecado, e essa morte espiritual – essa separação entre Deus e o homem – continua no corpo e culmina na morte eterna. Porque, na separação do corpo e da alma, o destino do homem é determinado, mas sua existência ainda não termina. Porque está ordenado aos homens morrerem uma só vez, vindo depois o juízo (Hebreus 9:27).

E quem poderá ser aprovado nesse juízo?

14. O pacto da graça

Então, quem poderá ser aprovado nesse juízo? Toda a humanidade – em todos os tempos e lugares – responde que os homens, em seu estado atual, não podem estar perante a face de Deus, nem habitar na presença dele. Não há ninguém que diga ou se atreva a dizer: eu purifiquei meu coração, estou limpo do meu pecado (Provérbios 20:9), pois todos se sentem culpados e contaminados, todos reconhecem, senão publicamente, mas pelo menos internamente, que não são o que deveriam ser. O pecador endurecido tem momentos em que a inquietação e a agitação o dominam; e o hipócrita sempre continua a esperar que Deus faça pouco caso das suas faltas e aceite a intenção das suas ações.

É verdade que existem muitos que tentam banir esses pensamentos sérios das suas mentes e vivem como se nem Deus e nem seus mandamentos existissem. Eles se enganam com a esperança de que não haja Deus (Salmos 14:1); de que ele não se importe com os pecados dos homens, de modo que aquele que faça o mal seja bom aos olhos do Senhor (Malaquias 2:17); de que ele não se lembre do mal nem se importe com ele (Salmos 10:11; 94:7); ou de que, pelo perfeito amor, ele não puna os nossos erros (Salmos 10:14). Aquele que se apega à demanda da lei moral e permite que o ideal ético permaneça em sua altivez real precisa concordar que Deus deve punir cada erro. De fato, Deus é amor, mas essa confissão gloriosa só se torna realmente correta quando o amor no ser divino é entendido como um amor santo em perfeita harmonia com a justiça. Há apenas espaço para a graça de Deus se a sua justiça for completamente estabelecida.

Afinal, toda a história do mundo nos dá um testemunho irrefutável dessa justiça de Deus, e não podemos deduzir a partir do mundo a revelação em Cristo que nos fala do amor de Deus; se fizéssemos isso, a revelação geral com seus benefícios e suas bênçãos estaria perdida para nós. Mas se, apenas por um momento, deixássemos a revelação em Cristo de lado, restaria uma base muito pequena para a crença em um Deus de amor. Porque a história do mundo nos ensina claramente que Deus tem uma desavença com suas criaturas, ou seja, há desacordo, separação e conflito entre Deus e seu mundo. Deus não concorda com o homem, e o homem não concorda com Deus. Cada um segue o seu próprio caminho, e cada lado pensa e quer de um modo diferente. Os pensamentos de Deus não são os nossos pensamentos, e seus caminhos não são os nossos caminhos (Isaías 55:8).

Portanto, a história do mundo também é um juízo do mundo. Não, não é como o poeta disse, *o* juízo do mundo, porque ainda virá outro juízo no fim dos tempos, e a terra não é apenas juízo, pois está cheia das riquezas de Deus (Salmos 104:24). Ainda assim, a história do mundo é um juízo, uma história repleta de sentenças, de lutas e guerras, de sangue e lágrimas, de calamidades e aflições. Ela tem por título as palavras de Moisés quando viu os israelitas morrerem perante seus olhos: somos consumidos pela tua ira e afligidos pelo teu furor (Salmos 90:7).

Esse testemunho da história da justiça de Deus se confirma pela busca incessante da humanidade por um paraíso perdido, por uma bênção eterna e por uma redenção de todo o mal que a oprime. Em todo homem, há necessidade e busca por redenção, e é exatamente isso que se manifesta na religião. É verdade que a palavra *redenção* pode ser tomada num sentido tão amplo que inclua todo o trabalho que os homens fazem na terra. O homem trabalha para suprir as necessidades da sua vida, para se defender contra toda sorte de forças adversas da natureza e entre os homens, e para subjugar a terra por meio da ciência e da arte. Tudo isso também tem o propósito de libertar o homem do mal e firmá-lo no bem.

No entanto, o conceito de "redenção" nunca se aplica a esse tipo de trabalho humano, pois não importa o quanto esse esforço torne a vida do homem mais agradável e rica, existe nele um senso de que todo esse progresso não satisfaz as necessidades mais profundas da humanidade nem o resgata das suas piores angústias. A redenção é um conceito religioso e só pode ser entendido na esfera da religião. A religião precedeu toda cultura e civilização e até hoje continua a ocupar sua posição ao lado da ciência, da arte e da tecnologia. Ela não pode ser suplantada ou substituída nem mesmo pelos maiores resultados do esforço humano, pois supre uma necessidade única no homem, e seu objetivo após a queda é sempre o de resgatá-lo de uma angústia particular.

Portanto, a ideia de redenção aparece em todas as religiões. É verdade que, às vezes, as religiões são classificadas como naturais, éticas e redentivas; quando isso é feito, o tipo redentivo é distinguido dos outros dois como um tipo especial, mas essa classificação é corretamente contestada. De modo geral, a noção de redenção é própria de todas as religiões, e todas as religiões dos povos querem ser redentivas. Existem diferenças sobre a natureza do mal a ser redimido, sobre a forma como a redenção é obtida e sobre o bem supremo que os homens devem buscar, mas todas as religiões visam à redenção do mal e à obtenção do bem supremo. Na religião, o grande questionamento é sempre: "O que eu devo fazer para ser salvo?" Aquilo que não pode ser obtido pela cultura, subjugando e dominando toda a terra, é precisamente o que se busca na religião: felicidade duradoura, paz eterna e bem-aventurança perfeita. Na religião, o homem sempre trata de Deus. É verdade que, em sua condição pecaminosa, o homem tem uma visão errada de Deus e o busca com a motivação errada, da forma errada e no lugar errado; porém, ele busca a Deus, e, mesmo tateando, ainda pode encontrá-lo (Atos 17:27).

Comum a toda humanidade e sempre em busca de satisfazer os seguidores obstinados das muitas religiões, essa carência por redenção é, por si só e também para o cristianismo, de grande importância, porque essa necessidade é continuamente estimulada nos corações das pessoas e mantida viva pelo próprio Deus. Ela ilustra que Deus não deixou completamente a raça humana seguir a sua própria sorte, além de ser uma esperança inerradicável e capacitar os homens a continuar vivendo e trabalhando em sua longa e assustadora jornada aqui na terra. Serve também como uma garantia e profecia do fato de que tal redenção existe e que, enquanto os homens a buscam em vão, ela é dada gratuitamente por Deus.

— ▪ —

Para entender corretamente e apreciar da melhor forma possível essa grande redenção preparada pela graça de Deus em Cristo, será útil considerar brevemente os esforços desenvolvidos pelos homens fora do âmbito da revelação especial para se libertarem do mal e alcançarem o bem supremo. Quando fazemos isso, percebemos a grande diferença e, ao mesmo tempo, a grande uniformidade que caracterizam todos seus esforços.

A grande diferença reside no enorme número de religiões que existiram ao longo dos séculos e que ainda existem entre os homens. De fato, o número é maior que a quantidade de nações e línguas, e, assim como espinhos e cardos surgem da terra, as falsas religiões emergem da natureza humana. Elas crescem rápido e são tão numerosas e diferentes, que dificilmente podem ser inspecionadas e classificadas satisfatoriamente. Visto que a religião ocupa uma posição central, ela toma um caráter diferente dependendo de sua visão da relação entre Deus e o mundo, a natureza e o espírito, a liberdade e a necessidade, o destino e a culpa, a história e a cultura. Na proporção em que o mal é considerado positivo ou negativo, como uma identidade permanente ou um momento passageiro no desenvolvimento da civilização, como natural ou moral, carnal ou espiritual, a ideia de redenção muda, assim como muda a maneira pela qual os homens buscam obter redenção.

Ainda assim, quando tentamos analisar a essência de todas essas religiões, elas evidenciam toda sorte de similaridade e relacionamento. Em primeiro lugar, a religião tenta compreender uma série de ideias sobre Deus e o mundo; espíritos e homens; almas e corpos; e sobre a origem, a essência e o propósito das coisas. Toda religião traz consigo uma doutrina, uma cosmovisão, um dogma. Em segundo lugar, nenhuma religião está satisfeita com a mera compreensão racional dessas ideias, mas estimula os homens, por meio delas, a penetrar no mundo sobrenatural de Deus e dos espíritos, e, assim, unir-se a eles. A religião nunca trata apenas de dogma e doutrina: ela envolve também a afeição dos sentimentos, a atitude do coração e o deleite do favor divino; entretanto, os homens, em todos os tempos e lugares, sabem que esse favor da divindade não lhes pertence naturalmente. Por um lado, os homens entendem o fato de que devem ter esse favor para obter a felicidade eterna e a salvação de suas almas; por outro, de igual modo sentem que necessitam desse favor e que, por causa dos seus pecados, não têm comunhão com Deus. Portanto, em toda religião um terceiro elemento é introduzido – o esforço para obter de alguma forma esse favor e essa comunhão, e garantir a continuidade deles no futuro. Toda religião tem um grupo de ideias; tenta nutrir afeições e sentimentos específicos; e prescreve uma série de práticas.

Essas práticas religiosas se dividem em dois tipos. No primeiro grupo, estão todas aquelas práticas que podem ser subsumidas sob o termo *adoração* e que consistem principalmente em assembleias religiosas, sacrifícios, orações e canções. Mas a religião nunca permanece limitada estritamente a essas práticas religiosas, pois ocupa um lugar central na existência e, por isso, preenche toda a vida e tenta torná-la coerente consigo mesma. Toda religião levanta alguns ideais éticos e proclama uma lei moral que a pessoa deve seguir em todas as áreas da sua vida. Além disso, nas religiões, há ideias, sentimentos e ações que são relevantes para o culto e para a vida moral; elas podem, portanto, ser chamadas de litúrgicas e éticas.

Não existe uma única religião que não tenha esses elementos, porém, há uma grande diferença no conteúdo de cada um deles, no relacionamento entre eles e no valor que têm. Paulo diz que a essência do paganismo dos gentios consiste nisto: os homens trocaram a glória do Deus incorruptível por imagens semelhantes ao homem corruptível, às aves, aos quadrúpedes e aos répteis. A depender da medida em que a divindade é identificada com o universo, com a natureza, com os homens ou com os animais, os conceitos religiosos mudam; e, assim, emoções e ações religiosas também.

Três classes principais podem ser distinguidas. Quando o divino é identificado com as forças misteriosas da natureza, a religião se transforma em superstição e magia; assim, adivinhos e feiticeiros servem para prover aos homens poder sobre a arbitrariedade dos seres divinos invisíveis. Se o divino se assemelha ao humano, a religião adquire um caráter mais humano, mas, ainda assim, facilmente cai na adoração ritualista formal ou no moralismo. E quando o divino é concebido como uma ideia, uma alma ou uma substância do mundo, a religião recua da aparência das coisas para o misticismo do coração e busca comunhão com Deus por meio do ascetismo (isolamento e abstinência) e êxtase (elevação espiritual). Nas várias religiões, uma dessas formas principais predomina, mas nunca ao ponto de excluir a outra, uma vez que a redenção é sempre buscada por meio do entendimento e do conhecimento, da vontade e da ação, do coração e das emoções.

A filosofia não é diferente nesse aspecto, visto que também se ocupa da ideia de redenção e busca uma cosmovisão que satisfaça tanto a mente quanto os sentimentos. A filosofia emerge da religião, geralmente extrai certos elementos desta e, para muitos, serve como um tipo de religião. No entanto, apesar de toda a sua especulação e reflexão, ela não consegue ir além das ideias básicas da religião. No momento em que a filosofia deduz um princípio para a vida com base na sua cosmovisão, ela tenta desenvolver um caminho para a redenção no conhecimento da mente, nos atos morais da vontade e nas experiências do coração. Sem a revelação especial, a religião dos homens e a filosofia dos pensadores não têm um entendimento correto de Deus e, assim, nenhum entendimento correto do homem e do mundo, do pecado e da redenção. A religião e a filosofia, de fato, buscam a Deus, mas não o encontram.

—— ▪ ——

Portanto, a revelação especial é acrescentada à revelação geral, e nela Deus sai da obscuridade, manifesta-se, faz-se conhecido ao homem e prepara uma habitação para si no próprio homem.

Há, portanto, uma diferença de princípios entre as religiões inventadas, meramente humanas, e a religião baseada na revelação especial a Israel e em Cristo. Na primeira, sempre é o homem que tenta encontrar Deus, mas que constantemente formula uma falsa ideia de Deus e, portanto, nunca consegue uma verdadeira compreensão da natureza do pecado e do caminho para a redenção. Na segunda, na religião das Escrituras Sagradas, é sempre Deus quem busca o homem e quem revela ao homem sua culpa e impureza, mas quem também se faz conhecido em sua graça e compaixão. Das profundezas do coração humano, levanta-se a lamentação: quão bom seria se Deus rasgasse os céus e descesse! No cristianismo, os céus se abrem e Deus desce à terra, mas, nas outras religiões, é o homem que sempre vemos em ação – tentando, por meio do conhecimento, da observação de todo tipo de regra ou da abstenção do mundo no sigilo da sua própria vida privada – para obter a redenção do mal e a comunhão com Deus. Na religião cristã, a obra humana de nada adianta, e é o próprio Deus quem age, intervém na história, abre o caminho da redenção em Cristo e, pelo poder da sua graça, conduz o homem para essa redenção. A revelação especial é a resposta que o próprio Deus dá às questões que surgem no coração humano.

Imediatamente após a queda, Deus vai ao encontro do homem. O homem pecou e se prendeu na vergonha e no medo, fungindo do seu Criador e se escondendo na densa floresta do jardim. Mas Deus não o esquece. Ele não o abandona à própria sorte, mas condescende. Deus busca o homem, fala com ele e o conduz de volta à comunhão (Gênesis 3:7-15).

E isso continua na história, geração após geração, e vemos o mesmo acontecendo vez após outra. Em toda a obra de redenção, é Deus – e somente Deus – quem se manifesta como aquele que busca e que chama, aquele que fala e que age. Toda a redenção começa e termina nele. É ele que coloca Sete no lugar de Abel (Gênesis 4:25); que concede seu favor a Noé (Gênesis 6:8) e o preserva do julgamento do dilúvio (Gênesis 6:12ss); que chama Abrão e o aceita em sua aliança (Gênesis 12:1; 17:1); que, por pura graça, escolhe o povo de Israel como seus herdeiros (Deuteronômio 4:20; 7:6-8); que, na plenitude dos tempos, envia seu Filho Unigênito ao mundo (Gálatas 4:4); que, nesta dispensação, reúne uma igreja, eleita para a vida eterna, e os preserva para a herança celestial (Efésios 1:10; 1Pedro 1:5). Assim como na obra de criação e providência, na obra de redenção – a recriação – Deus também é Alfa e Ômega, o primeiro e o último, o princípio e o fim (Isaías 44:6; Apocalipse 22:13). Ele não pode ser diferente disso nem menos que isso, porque ele é Deus: dele, por ele e para ele são todas as coisas (Romanos 11:36).

O fato de Deus ser o primeiro na obra de salvação é evidente não apenas por causa da revelação especial proceder totalmente dele, mas também se expressa claramente em face de toda a obra redentiva depender de um conselho eterno. Indicamos previamente que toda a criação e providência de Deus vêm desse conselho, mas, na Escritura, lemos, de forma ainda mais clara (se é que é possível), sobre um conselho eterno e imutável, o qual também fundamenta toda a obra da redenção.

Menciona-se em vários pontos das Escrituras um conselho que precede todas as coisas (Isaías 46:10), que faz todas as coisas (Efésios 1:11) e que trata especialmente da obra de redenção (Lucas 7:30; Atos 20:27). Esse conselho não vem apenas da mente divina, mas também da sua vontade onipotente (Efésios 1:5,11). Ele é inquebrável (Isaías 14:27; Provérbios 19:21), imutável (Hebreus 6:17) e eterno (Salmos 33:11; Provérbios 19:21). Outros nomes utilizados nos ajudam a entender melhor a questão. Além de *conselho*, lemos sobre um *beneplácito* que Deus manifestou aos homens em Cristo (Lucas 2:14) e que se deleita em trazê-los para Deus e aceitá-los como seus filhos (Efésios 1:5,9). Lemos sobre um *propósito* que perpassa a obra da eleição (Romanos 9:11; Efésios 1:9), a qual é planejada em Cristo Jesus (Efésios 3:11) e se realiza no chamado daqueles que amam a Deus (Romanos 8:28). Lemos sobre uma *eleição*, uma *presciência* que têm sua fonte na graça (Romanos 11:5), seu centro em Cristo (Efésios 1:4), seu destino em pessoas específicas (Romanos 8:29) e seu propósito na salvação delas (Efésios 1:4). E, por fim, lemos sobre uma *ordenação* ou *preordenação* que, por meio da proclamação da sabedoria de Deus (1Coríntios 2:7), culmina na adoção de filhos para si por meio Jesus Cristo e para a vida eterna.[1]

Quando reunimos todos esses dados das Escrituras Sagradas, torna-se evidente que o conselho de Deus tem particularmente três pontos por conteúdo.

O primeiro é a eleição. Por eleição, entende-se aquele gracioso propósito de Deus de ordenar aqueles a quem tinha previamente conhecido em amor para serem conformes à imagem de Cristo (Romanos 8:29). É possível também falar de uma eleição de povos ou nações, porque, nos dias do Antigo Testamento, apenas Israel, dentre todas as nações, foi escolhida para ser a herança do Senhor. No Novo Testamento, um povo se familiariza com o evangelho muito antes que outros, todavia, essa aceitação de todas as nações não é o escopo da eleição bíblica. Assim como, dentro da humanidade, ela se estende às nações; assim também, dentro das nações, ela se estende a indivíduos. Esaú é rejeitado; Jacó, aceito (Romanos 9:13). E aqueles a quem Deus conheceu de antemão, estes também ele chamou, justificou e glorificou (Romanos 8:30).

[1]Atos 13:48; Romanos 8:29; Efésios 1:5.

Porém, ainda que a eleição tenha pessoas específicas por objeto, elas não são a base ou o fundamento dessa eleição. A base é somente a graça de Deus. O Senhor tem misericórdia de quem ele quiser ter misericórdia e compaixão de quem ele quiser ter compaixão. Assim, não depende da vontade nem do esforço, mas de Deus mostrar misericórdia (Romanos 9:15-16). Logo, a fé também não tem proveito aqui, porque ela não pode ser a condição ou o fundamento da eleição, visto que é resultado ou fruto dela. Afinal de contas, essa fé é um dom de Deus (Efésios 2:8). Os cristãos são eleitos em Cristo antes da fundação do mundo precisamente para que cheguem à fé e por ela sejam santos e irrepreensíveis perante a face de Deus (Efésios 1:4). Consequentemente, existem tantos cristãos quanto foram ordenados para a vida eterna por Deus (Atos 13:48), e a vontade de Deus é para nós o fundamento final de tudo que existe e acontece. Da mesma forma, o seu beneplácito é a causa mais profunda para a distinção do destino eterno dos homens.

Em segundo lugar, no conselho de redenção reside a realização de toda a salvação que Deus quer conceder aos seus eleitos. No plano da redenção, não apenas os herdeiros da salvação eterna são indicados, mas o Mediador que preparará essa salvação também é designado. Nessa medida, o próprio Cristo pode ser considerado objeto da eleição de Deus, e, naturalmente, não pode sê-lo no sentido de que ele, tal como os membros da sua igreja, teria sido eleito para sair de uma condição de pecado e miséria para um estado de redenção e salvação. Contudo, ele pode ser assim considerado porque aquele que foi o Mediador da criação também é o Mediador da recriação, e ele a operou completamente por sua paixão e morte. É por isso que ele é chamado de servo do Senhor, o eleito de Deus (Isaías 42ss; Mateus 12:18). Como Mediador, ele é subordinado e obediente ao Pai,[2] e tem um mandato e uma obra atribuídos pelo Pai para cumprir.[3] E, como recompensa pelo seu trabalho feito, ele recebe sua própria glória, a salvação do seu povo e o poder mais elevado no céu e na terra.[4]

Portanto, o conselho de redenção não pode continuar sem o Filho, assim como o da criação e providência. Nós lemos claramente que o eterno propósito foi feito em Cristo Jesus (Efésios 3:11) e que aqueles

[2]Mateus 26:42; João 4:34; Filipenses 2:8; Hebreus 5:8.
[3]Isaías 53:10; João 6:38-40; 10:18; 12:49; 17:4.
[4]Salmos 2:8; Isaías 53:10; João 17:4,24; Filipenses 2:9.

que chegam à fé neste século são eleitos em Cristo antes da fundação do mundo (Efésios 1:4). Isso não torna Cristo a causa ou o fundamento da eleição, porque ele próprio é objeto da eleição do Pai no sentido delimitado anteriormente. Ele não pode servir como fundamento e causa da salvação, não mais que fundamento para a criação e a providência. Porém, da mesma forma que a criação e a providência – tanto no decreto quanto na realidade – procedem do Pai, por meio do Filho e, depois, são criados, assim também o plano da salvação é feito por meio do Pai e no Filho. Com o Pai, ele se designa Mediador da redenção e Cabeça da sua igreja, por isso podemos inferir que a eleição, embora tenha pessoas específicas como objeto, exclui toda possibilidade de escolha aleatória ou arbitrária. Assim, o propósito dessa eleição não é selecionar um punhado de pessoas aleatoriamente, salvá-las e deixá-las soltas uma ao lado do outra como indivíduos avulsos. Em sua eleição, Deus visa apenas colocar Cristo como o Mediador, como a Cabeça da sua igreja, e conformar essa igreja ao corpo de Cristo.[5] Em um sentido orgânico, é a humanidade que é salva na igreja; e, nos novos céus e nova terra, o mundo é restaurado.

Portanto, em terceiro lugar, a execução e a aplicação da salvação forjada por Cristo também estão incluídas no conselho de Deus. O plano de redenção é estabelecido por meio do Pai no Filho, mas se firma também na comunhão do Espírito. Certamente, assim como a criação e a providência passam a existir do Pai por meio do Filho no Espírito, a redenção acontece apenas por intermédio da atividade do Espírito Santo. É o Espírito que é adquirido, prometido e enviado por Cristo (João 16:7; Atos 2:4,17); que testifica de Cristo e recebe tudo de Cristo (João 15:26; 16:13,14); que agora opera a regeneração na igreja (João 3:3), a fé (1Coríntios 12:3), a adoção (Romanos 8:15), a renovação (Tito 3:5) e o selamento para o dia da redenção (Efésios 1:13; 4:30). Em tudo isso, o Espírito Santo pode operar e trazer à existência, porque, com o Pai e o Filho, ele é o único Deus verdadeiro, que vive e reina eternamente. O amor do Pai, a graça do Filho e a comunhão do Espírito Santo para o povo do Senhor se fundamentam no conselho eterno e imutável de Deus.

—— ▪ ——

[5]1Coríntios 12:12,27; Efésios 1:22-23; 4:16.

Consequentemente, esse conselho de Deus também é inexprimivelmente rico em conforto. Ele muitas vezes é apresentado de maneira bem diferente, isto é, como uma causa de desencorajamento e desespero. É dito que, se tudo é determinado desde a eternidade, o homem é apenas um brinquedo nas mãos do capricho divino. Então, por que uma pessoa levaria uma vida virtuosa? Se ele é um réprobo, estará perdido de qualquer forma. E qual o problema de uma pessoa viver uma vida de pecados e se entregar à impiedade e à imoralidade? Se é eleita, ela será salva de qualquer maneira! Esse conselho de Deus não deixa espaço para qualquer liberdade e responsabilidade humana. Talvez ele viva de acordo com o seu coração e peque mais para que a graça possa abundar ainda mais!

É certamente verdade que a confissão do conselho de Deus tem sido frequentemente abusada dessa maneira. Não foi apenas na época de Agostinho e Calvino que esse abuso foi praticado; na verdade, já acontecia nos dias de Jesus e dos apóstolos, porque é dito que os fariseus e escribas rejeitaram o conselho de Deus proposto no batismo de João. Assim, aquilo que deveria servir como um meio de conversão, tornou-se um instrumento para a condenação deles (Lucas 7:30). O apóstolo Paulo considera blasfêmia a acusação de enaltecer o fazer do mal para que o bem possa vir disso (Romanos 3:8) e cala os insignificantes que ousam argumentar contra Deus (Romanos 9:19-20). Paulo tem todo o direito para tanto, porque o conselho de Deus não apenas determina os resultados, mas também governa os meios, e ele inclui não apenas as consequências, mas também as causas, além de estabelecer todos os relacionamentos da própria vida. Portanto, o conselho de Deus não aniquila a natureza racional e moral do homem; antes, a estabelece e garante; e sempre na mesma medida que a história nos faz conhecê-la.

O abuso dessa confissão é bastante sério, porque o conselho de Deus foi revelado e proclamado nas Escrituras não para que o negássemos ou endurecêssemos nossos corações a ele; mas para que, tendo consciência de nossa culpa e de nosso desamparo, dependêssemos desse conselho de Deus com uma fé simples e colocássemos, em qualquer angústia e necessidade, toda a confiança de todo o nosso coração sobre ele. Porque, se a salvação dependesse do homem – da sua fé e das suas boas obras –, então ela estaria eternamente perdida para ele. Entretanto, o conselho de Deus nos ensina que a obra de redenção, assim como a criação e a providência, é obra de Deus do princípio ao fim. Nenhum homem foi o seu conselheiro ou deu a ele, para que lhe seja restituído (Romanos 11:34-35). O Pai, o Filho e o Espírito Santo pensaram, determinaram, executaram e completarão toda a obra de redenção. O homem não faz nada. Todas as coisas são de Deus, por meio dele e para ele. Portanto, nossa alma pode descansar nesse conselho com uma certeza imperturbável. É a vontade de Deus – sua eterna, independente e imutável vontade – que, na igreja, a humanidade fosse restaurada e salva.

Somos convencidos desse conforto da eleição ainda mais quando nos lembramos de que o conselho de Deus é uma obra não só da sua mente, mas também da sua vontade. Não é só um pensamento que existe apenas no reino da eternidade, mas também é um poder onipotente que se realiza no tempo. É assim com todas as excelências e perfeições de Deus: elas não são atributos passivos e silenciosos, mas sim poderes onipotentes, cheios de vida e ação. Todo atributo é o seu ser. Quando Deus é chamado de Justo e Santo, isso implica que ele se revela como tal, executando sua justiça sobre esse mundo e sobre as consciências dos homens, mantendo-as lá. Quando ele é chamado de Amor, a implicação não é apenas que, em Cristo, ele nos olha com aprovação, mas também que ele manifesta esse amor e o derrama em nossos corações com o Espírito Santo. Quando ele se chama de nosso Pai, isso implica que ele nos regenera, nos adota como filhos e, pelo seu Espírito, testifica que somos seus filhos. Quando se faz conhecido como Gracioso e Misericordioso, ele não apenas alega isso, mas o demonstra ao perdoar os nossos pecados e nos confortar em nossas aflições. Assim também, quando a Escritura nos fala do conselho de Deus, ela proclama que o próprio Deus executa esse conselho e o realiza completamente. O próprio conselho da redenção é uma obra de Deus na eternidade, mas também é o princípio, o poder motivador e a garantia da obra da redenção no tempo. Portanto, independentemente do que possa acontecer com o mundo, com a humanidade ou conosco, o conselho sempre sábio de Deus permanecerá para sempre. Nada pode evitar a sua decisão: ela persistirá de geração em geração. Não há espaço para desânimo nem para desespero. Tudo certamente será da forma que Deus – em sua sabedoria e amor – determinou. Sua vontade onipotente e graciosa é a garantia da redenção da humanidade e o resgate do mundo; portanto, nas grandes aflições, os nossos corações permanecem em paz no Senhor.

— ▪ —

Assim que o homem caiu, o conselho da redenção começou a operar, e, pela sua própria iniciativa, Deus desce, busca e chama de volta o homem para ele. É verdade que uma investigação e uma audiência acontecem, bem como também uma declaração de culpa e o anúncio da penalidade, mas a punição pronunciada sobre a serpente, a mulher e o homem é, ao mesmo tempo, uma bênção e um meio de preservação. Afinal de contas, na promessa-mãe (Gênesis 3:14-15) a serpente não é apenas rebaixada, nem o poder maligno simplesmente condenado, mas também se declara que haveria inimizade, criada e estabelecida pelo próprio Deus, entre a descendência da serpente e a descendência da mulher. O ápice dessa inimizade e desse conflito será a descendência da serpente ferir o calcanhar da semente da mulher, mas esta lhe ferir a cabeça.

Nessa promessa-mãe, está contido nada menos que o anúncio e a instituição do pacto da graça. É verdade que a palavra "pacto" não é mencionada no contexto. Essa palavra só pode ser usada mais tarde, com Noé, Abraão e outros, quando os homens – em suas diversas lutas contra a natureza e os animais, e pelas suas experiências práticas de vida – começaram a entender a necessidade e a utilidade dos contratos e dos pactos. Ainda assim, tudo que constitui o significado do pacto da graça está presente – em princípio e essência – na promessa-mãe. Pela sua transgressão, o homem se afastou da obediência a Deus, deixou sua comunhão, procurou a amizade de Satanás e pactuou com ele. E agora Deus vem, em sua graça, quebrar esse relacionamento pactual entre os homens e Satanás instituindo inimizade no lugar da amizade acordada entre eles. Por um ato onipotente da sua vontade graciosa, Deus traz a descendência da mulher – a qual ela tinha rendido a Satanás – de volta para o seu próprio lado. Ele acrescenta que essa descendência da mulher, apesar dos muitos tipos de adversidade e opressão enfrentados, um dia vencerá totalmente a descendência da serpente, e não há nada condicional e incerto sobre isso. O próprio Deus vem ao homem, planta a inimizade, inicia a guerra e promete a vitória. O homem não tem nenhuma participação exceto a de ouvir e aceitar com fé. A promessa e a fé são o conteúdo do pacto da graça que agora é estabelecido para o homem, que revela o caminho para a casa de Deus a essa criatura caída e perdida, e dá acesso à salvação eterna.

Portanto, há uma grande diferença entre a maneira pela qual o homem deveria alcançar a vida eterna antes da queda e a única maneira que ele pode obtê-la após a queda. Antes a regra dizia: faça isto e viverás. Por meio da obediência perfeita à lei de Deus, ele deveria herdar a vida eterna, essa regra era, por si só, era boa, pois, caso o homem a seguissem até o fim, com absoluta certeza alcançaria a salvação celestial. E Deus não quebrou essa regra; pelo contrário, ele ainda a mantém. Se houvesse um homem que guardasse perfeitamente a lei de Deus, ele ainda receberia a vida eterna como recompensa.[6]

O homem, contudo, tornou essa forma de salvação impossível para si. Ele não pode mais guardar a lei porque quebrou a comunhão com Deus e não mais ama; antes, odeia a lei (Romanos 8:7). Agora, o pacto da graça abre para ele um caminho diferente e mais seguro. De acordo com esse pacto, o homem não precisa de obras para receber a vida. O homem já recebe a vida eterna de antemão e a aceita com uma fé simples, e, por essa fé, passa a realizar boas obras. A ordem é revertida. Antes da queda, a regra era: a vida eterna se conquista por meio das obras, mas, agora, após a queda, no pacto da graça, a vida eterna vem primeiro e, por meio dessa vida, as boas obras seguem como frutos da fé. Antes, o homem devia escalar até Deus para a plena comunhão com ele; agora, Deus desce até o homem e busca um lugar de habitação em seu coração. Antes, os dias de trabalho precediam o Sábado; agora, o Sábado começa a semana e santifica todos os dias.

Agora, esse caminho em direção ao santuário celestial para o homem caído – um caminho novo e recém-estabelecido, absolutamente certo e recompensador (Hebreus 10:20) – deve-se completamente à graça de Deus e ao conselho da redenção. O conselho da redenção, fixado na eternidade, e o pacto da graça, o qual o homem recebe imediatamente após a queda, já sendo estabelecido nesse período, estão intimamente relacionados. Ambos têm uma relação

[6]Levítico 18:5; Ezequiel 20:11,13; Mateus 19:16ss; Romanos 10:5; Gálatas 3:12.

tão íntima, que um não se mantém sem o outro. Muitos pensam diferente. Eles tomam por ponto de partida o pacto da graça e, então, negam e atacam o conselho da redenção. Em nome da pureza do evangelho, eles rejeitam a confissão da eleição. Na verdade, acabam destruindo o pacto da graça e transformam o evangelho em uma nova lei.

Afinal, quando o pacto da graça é separado da eleição, ele deixa de ser um pacto de graça e se torna novamente um pacto de obras. A eleição implica que Deus concede ao homem, de forma livre e graciosa, a salvação que o homem perdeu e que ele nunca poderia mais alcançar por sua própria força. Mas, se essa salvação não é o puro dom da graça, e depende de alguma forma da conduta dos homens, então o pacto da graça se transmuta em pacto de obras. Assim, o homem deve satisfazer alguma condição a fim de herdar a vida eterna. Nisso, a graça e as obras estão em polos opostos e são mutuamente excludentes. Se a salvação é pela graça, não é mais pelas obras, senão a graça não é mais graça. E, se é pelas obras, não é pela graça, senão as obras não são obras (Romanos 11:6). A religião cristã tem um caráter singular: ela é *a religião da redenção*, da graça pura, da religião pura. Mas ela pode ser reconhecida e mantida apenas se for um dom gratuito vindo somente do conselho de Deus. Longe de serem opostos um ao outro, a eleição é a base, a garantia, o coração e o núcleo do pacto da graça. E é importante nos apegarmos a esse relacionamento íntimo, porque o menor enfraquecimento dele não apenas nos rouba do verdadeiro entendimento da conquista e da aplicação da salvação, mas também rouba os cristãos do seu único e seguro conforto na prática da sua vida espiritual.

Ilumina-se melhor esse relacionamento quando vemos o pacto da graça não apenas no contexto da eleição, mas também sob a perspectiva de todo o conselho da redenção. A eleição não é todo o conselho da redenção, mas é uma parte dele – a primeira e a principal. Incluída e estabelecida nesse conselho está também a forma na qual a eleição deve ser realizada – todo o cumprimento e aplicação da redenção. Sabemos que a eleição é planejada em Cristo e que o conselho de Deus não é somente uma obra do Pai, mas também do Filho e do Espírito Santo. É uma obra divina da Santíssima Trindade. Em outras palavras, o próprio conselho da redenção é um pacto – um pacto no qual cada uma das três Pessoas, por assim dizer, recebe sua obra particular e realiza sua própria tarefa. O pacto da graça que surge no tempo e continua pelas gerações nada mais é que a aplicação e a transmissão do pacto que está fixado no Ser Eterno. Assim como no conselho de Deus, as Pessoas da Trindade aparecem na história. O Pai é a fonte, o Filho é o realizador e, o Espírito Santo, o que aplica a nossa salvação. Portanto, todo aquele que remove a fundação da eternidade ao afrouxar a história da sua fixação na graciosa e onipotente vontade divina não faz jus à obra do Pai, do Filho e do Espírito.

—— ▪ ——

Contudo, embora o tempo não possa existir sem a eternidade e a história esteja em íntima relação com o decreto de Deus, os dois não são idênticos. Existe uma grande diferença entre eles: na história do tempo, a ideia eterna de Deus vem a ser revelada e realizada. O conselho da redenção e o pacto da graça não podem, nem devem, ser separados, mas diferem um do outro, pois o segundo é a realização do primeiro. O plano da redenção não é suficiente por si só, ou seja, ele precisa ser executado. Como uma decisão, ele carrega sua implementação e realização dentro de si. Ele até perderia seu caráter como conselho e decisão se não alcançasse a realização e a manifestação no tempo. E, então, ele acontece. Imediatamente após a queda, o pacto da graça é apresentado ao homem, firmado com ele e, então, continua na história de geração em geração. O conteúdo da decisão se desdobra na amplitude do mundo e se desenvolve no decorrer dos séculos.

Quando damos atenção ao desenvolvimento histórico do pacto da graça, identificamos um trio de características notáveis nele.

Em primeiro lugar, o pacto da graça é essencialmente o mesmo em todo lugar e em todos os tempos, mas sempre se manifesta de novas formas e passa por diferentes dispensações. Ele permanece sendo essencial e materialmente um só, seja antes, debaixo ou depois da lei. Sempre é o pacto da graça, e ele é chamado assim porque tem sua origem na graça de Deus, a graça por conteúdo e, por propósito final, a glorificação da graça de Deus.

Assim como era no primeiro anúncio, no qual Deus fixou a inimizade, começou a luta e prometeu a vitória, Deus se mantém o primeiro e o último em todas as dispensações do pacto da graça, seja em Noé, Abraão, Israel ou na igreja do Novo Testamento. Promessa, dom e graça são e permanecem sendo o conteúdo desse pacto. No decorrer do tempo, o seu conteúdo é mais claramente revelado e se torna mais evidente o quão rico é esse pacto. Entretanto, em princípio, tudo já está contido na promessa-mãe. A expressão maior e mais inclusiva da promessa do pacto da graça é: "Eu serei teu Deus e o Deus do teu povo". Isso é abrangente e inclui tudo, toda a realização e aplicação da salvação, Cristo e seus benefícios, o Espírito Santo e todos os seus dons. Uma única linha reta percorre da promessa-mãe de Gênesis 3:15 até a bênção apostólica de 2Coríntios 13:13. No amor do Pai, na graça do Filho e na comunhão do Espírito Santo está contida toda a salvação do pecador.

Portanto, devemos notar particularmente que essa promessa não é condicional, mas é tão positiva e certa quanto possível. Deus não diz que será nosso Deus se fizermos isso ou aquilo. Mas ele diz que *porá* inimizade, que *será* o nosso Deus e que, em Cristo, ele nos *entregará* todas as coisas. O pacto da graça pode permanecer o mesmo ao longo dos séculos, porque ele depende inteiramente de Deus, e Deus é imutável e fiel. O pacto de obras, firmado com o homem antes da queda, era violável e foi violado, porque ele dependia do homem mutável. Mas o pacto da graça é fixado e estabelecido somente na compaixão de Deus. As pessoas podem se tornar infiéis, mas Deus nunca esquece a sua promessa. Ele não pode quebrar seu pacto, pois se comprometeu a mantê-lo com um juramento precioso e livremente concedido: seu nome, sua honra e sua reputação dependem disso. É por si mesmo que ele apaga as transgressões do seu povo e não mais se lembra dos seus pecados.[7] Portanto, as montanhas podem se retirar e os montes serem removidos, mas o seu amor não se afastará de nós, nem a sua aliança de paz será removida, diz o Senhor, que se compadece de nós (Isaías 54:10).

Embora o pacto da graça seja imutável em sua essência, ele muda em suas formas e assume diversas configurações nas diferentes dispensações. No período anterior ao grande dilúvio, uma separação aconteceu entre os filhos de Sete e os filhos de Caim, mas a promessa não foi confinada a uma pessoa e raça; na verdade, ela se espalhou para todos os homens. Uma separação formal ainda não tinha

[7]Isaías 43:25; 48:9; Jeremias 14:7,21.

acontecido; as revelações geral e especial ainda fluíam no mesmo rio. Entretanto, quando a promessa foi ameaçada, o dilúvio se tornou necessário. Assim, Noé carregou a promessa com ele na arca. Até aqui a promessa continuou a ser geral por um longo tempo, mas quando, após o dilúvio, um novo perigo surgiu para o progresso do pacto da graça, Deus não exterminou os homens, mas deixou os povos seguirem seus próprios caminhos e segregou Abraão para ser o portador da promessa. O pacto da graça encontra sua realização nas famílias dos patriarcas, as quais foram separadas das outras nações pela circuncisão como um selo da justiça e pela fé como um sinal da circuncisão do coração.

No Sinai, firma-se o pacto da graça com Israel enquanto descendência de Abraão. Porém, visto que Israel é uma nação e deve viver perante a face de Deus como um povo santo, o pacto da graça agora assume um caráter e uma forma nacionais. Ele faz uso não apenas da lei moral, mas também de toda sorte de leis civis e cerimoniais para que, como um tutor ou um mestre, conduza o povo a Cristo. A promessa era mais antiga que a lei, e esta não veio para substituir aquela, mas foi acrescentada à promessa justamente para desenvolvê-la e prepará-la para seu cumprimento na plenitude dos tempos. Em Cristo, a promessa alcança seu cumprimento; a sombra, o seu corpo; a letra, o espírito; e a servidão, sua liberdade. Assim, a promessa se liberta de todas as fronteiras nacionais e externas, e, como no princípio, volta a se espalhar por toda a humanidade.

No entanto, independentemente das formas nas quais o pacto da graça se manifesta, ele sempre tem o mesmo conteúdo essencial. Ele é sempre o mesmo evangelho (Romanos 1:2; Gálatas 3:8), o mesmo Cristo (João 14:6; Atos 4:12), a mesma fé (Atos 15:11; Romanos 4:11) e sempre confere os mesmos benefícios de perdão e vida eterna (Atos 10:43; Romanos 4:3). A luz pela qual os cristãos andam difere, mas a rota é sempre a mesma.

A segunda característica do pacto da graça é que, em todas as suas dispensações, ele tem um caráter orgânico.

A eleição foca o nosso olhar sobre pessoas específicas, que eram conhecidas por Deus previamente e, portanto, são chamadas, justificadas e glorificadas. Porém, em si mesma ela ainda não indica o relacionamento entre essas pessoas. Assim, a Escritura nos diz que a eleição aconteceu em Cristo (Efésios 1:4; 3:11) e, portanto, entrou em operação de tal forma, que Cristo poderia aparecer como Cabeça da sua igreja e a igreja poderia formar o corpo de Cristo. Consequentemente, os eleitos não permanecem isolados e em cursos paralelos, mas são um em Cristo. Assim como, nos dias do Antigo Testamento, o povo de Israel era um povo santo de Deus, a igreja do Novo Testamento é uma geração eleita, um sacerdócio real, uma nação santa, um povo de propriedade exclusiva de Deus (1Pedro 2:9). Cristo é o Noivo e a igreja, a sua noiva; ele é a Videira e nós, os ramos; ele é a Pedra Angular e nós, as pedras vivas do templo de Deus; ele é o Rei e nós, seus súditos. A unidade entre Cristo e sua igreja é tão íntima, que Paulo compreende os dois no nome de Cristo: "Porque, assim como o corpo é uma só unidade e tem muitos membros, e todos os membros do corpo, ainda que muitos, formam um só corpo, assim também acontece com relação a Cristo" (1Coríntios 12:12). É uma comunhão procurando manter a unidade do Espírito no vínculo da paz. "Há um só corpo e um só Espírito, como também fostes chamados em uma só esperança do vosso chamado; há um só Senhor, uma só fé, um só batismo; um só Deus e Pai de todos, que é sobre todos, por todos e está em todos" (Efésios 4:3-6).

Assim, a eleição não pode ser um ato arbitrário ou aleatório. Sendo governada pelo propósito de constituir Cristo como o Cabeça e a igreja como seu corpo, então ela tem um caráter orgânico e já inclui a ideia de pacto.

Mas, no testemunho de que a eleição foi planejada ou realizada em Cristo, algo mais é indicado. Afinal, a unidade orgânica da raça humana sob um cabeça se evidencia primeiro não em Cristo, mas em Adão. Paulo expressamente chama Adão de um exemplo daquele que deveria vir (Romanos 5:14) e chama Cristo de o último Adão (1Coríntios 15:45). Nesse aspecto, o pacto da graça parece compartilhar as ideias e linhas básicas do pacto das obras; aquele não descarta este, mas o cumpre, assim como a fé não anula a lei, mas a confirma (Romanos 3:21). Por um lado, o pacto de obras e o de graça devem ser nitidamente distinguidos um do outro; por outro, eles estão intimamente relacionados. A grande diferença consiste nisto: Adão perdeu o seu lugar como cabeça da raça humana e foi suplantado por Cristo. Cristo, contudo, toma sobre si o cumprimento não apenas daquilo que o primeiro homem fez de errado, mas também daquilo que ele deveria ter feito e não fez; ele satisfaz as demandas da lei moral por nós e agora reúne em uma unidade toda a sua igreja na forma de uma humanidade renovada sob si como Cabeça. Na dispensação da plenitude dos tempos, Deus reúne tudo novamente em Cristo – todas as coisas do céu como as da terra (Efésios 1:10).

Tal convergência só pode acontecer de uma forma orgânica. Se o próprio pacto da graça é pensado de forma orgânica em Cristo, então ele também deve ser estabelecido e continuado organicamente. Portanto, observamos que, na história, o pacto nunca se restringe a um indivíduo discreto, mas sempre com um homem e sua família ou geração – Adão, Noé, Abraão, Israel e com a igreja e sua descendência. A promessa nunca concerne a apenas um único cristão, mas a ele e a toda a sua casa, pois Deus não realiza seu pacto de graça escolhendo um punhado de pessoas da humanidade aleatoriamente e os reunindo num tipo de assembleia isolada do mundo. Pelo contrário, ele insere seu pacto na humanidade, integra-o ao mundo e cuida para que, no mundo, ele seja preservado do mal. Como Redentor ou Recriador, Deus segue a linha que ele estabeleceu como Criador, Sustentador e Governante de todas as coisas. A graça é diferente e superior à natureza, mas ela, ainda assim, junta-se à natureza; não a destrói, mas a restaura. A graça não é um legado transferido pelo nascimento natural, mas ela flui sobre o rio que foi escavado nos relacionamentos naturais da raça humana. O pacto da graça não vagueia aleatoriamente, mas se perpetua, histórica e organicamente, nas famílias, gerações e nações.

Uma terceira e última característica do pacto da graça anda com a segunda, a saber, ele se realiza de uma forma que honra totalmente a natureza racional e moral do homem. Por trás do pacto da graça, repousa a soberana e onipotente vontade de Deus que, penetrada pela energia divina, garante o triunfo do reino de Deus sobre todo o poder do pecado.

Mas essa vontade não é uma necessidade ou um destino imposto ao homem de fora, e sim é a vontade do Criador dos céus e da terra, aquele que não pode repudiar sua própria obra na criação ou providência, nem tratar o ser humano que ele mesmo criou como se fosse uma pedra. Além disso, essa é a vontade de um Pai misericordioso e gentil, que nunca se impõe com violência bruta, mas enfrenta com sucesso toda nossa resistência pelo poder espiritual do amor. A vontade de Deus não é uma força cega e irracional: é uma *vontade* sábia, graciosa, amorosa e, ao mesmo tempo, livre e onipotente. Portanto, Deus opera em conflito com nosso entendimento obscurecido e nossa vontade pecaminosa, de modo que Paulo pode dizer que o evangelho não *se baseia nos homens*, não de acordo com as percepções tolas e desejos errantes do homem caído (Gálatas 1:11). Mas a vontade de Deus deve agir, precisamente porque ele quer nos libertar de todo erro do pecado e restaurar nossa natureza racional e moral em toda sua abrangência e intensidade.

Isso explica o fato de que o pacto da graça, sem exigir ou impor condições, ainda assim vem até nós na forma de um mandamento, admoestando-nos à fé e ao arrependimento (Marcos 1:15). O pacto da graça em si é pura graça e nada mais, e exclui toda obra. Ele dá o que demanda e cumpre o que prescreve. O evangelho é boas novas; não demanda, mas promessa; não dever, mas dom. Porém, a fim de que seja realizado em nós como promessa e dom, ele assume o caráter de uma advertência moral de acordo com nossa natureza. Ele não quer nos forçar, não quer nada além de nossa aceitação livre e voluntária de fé daquilo que Deus nos deu. A vontade de Deus se executa em nós apenas por meio da nossa razão e vontade, e é por isso que se diz corretamente que, pela graça recebida, a própria pessoa crê e se volta do pecado para Deus.

Em virtude do pacto da graça entrar na raça humana dessa maneira histórica e orgânica, ele não pode aqui se manifestar na terra de forma que corresponda plenamente à sua essência. Nos verdadeiros cristãos, ainda existe muito que se opõe completamente a uma vida em harmonia com as exigências do pacto: anda na minha presença e sê íntegro; sede santos, porque eu sou santo. Também existem pessoas que são levadas ao pacto da graça bem diante dos nossos olhos e que, mesmo assim, por causa do seu coração descrente e impenitente, perdem todo benefício espiritual do pacto. Isso acontece não apenas agora, mas desde o início. Nos dias do Antigo Testamento, nem todos os que descendiam de Israel eram, de fato, israelitas (Romanos 9:6), porque não são os filhos da carne, mas os filhos da promessa que são contados para a semente (Romanos 9:8; 2:29). E, na igreja do Novo Testamento, existe joio no trigo, ramos infrutíferos sobre a vinha e vasos de barro e de ouro.[8] Há

[8]Mateus 3:12; 13:29; João 15:2; 2Timóteo 2:20.

pessoas que demonstram a forma de piedade, mas lhe negam o poder (2Timóteo 3:5).

Com base nesse conflito entre essência e aparência, alguns tentaram fazer uma distinção e uma separação entre um pacto interno, que foi feito exclusivamente com os verdadeiros cristãos, e um pacto externo, compreendendo os de profissão meramente externa. Mas essa separação e diferença são contrárias ao ensino bíblico. O que Deus uniu, nenhum homem pode separar. Ninguém pode acabar com o relacionamento entre o ser e a aparência, com o confessar com a boca e o crer com o coração (Romanos 10:9). Mas, ainda que não haja dois pactos separados, podemos dizer que há dois lados do mesmo pacto da graça. Um deles é visível para nós; o outro, perfeitamente visível apenas para Deus. Lembre-se de que não podemos julgar o coração, mas apenas a conduta externa, e, ainda assim, de maneira imperfeita. Aqueles que, segundo o olhar humano, estão trilhando no caminho do pacto devem, de acordo com o julgamento do amor, ser considerados e tratados como companheiros na graça. Mas, em última instância, não é o nosso julgamento, mas o de Deus que determina, pois ele é o que sonda corações. Com ele não há acepção de pessoas. O homem olha para a aparência exterior, mas Deus sonda o coração (1Samuel 16:7).

Portanto, cada um examine a si mesmo, para ver se está na fé, para ver se Jesus Cristo está nele (2Coríntios 13:5).

15. O mediador da aliança

O conselho de redenção não é um empreendimento humano cuja realização depende de toda sorte de circunstâncias inesperadas, de forma que seja altamente incerto. É um conselho executado com uma certeza absoluta, porque parte da decisão graciosa e onipotente da vontade de Deus. Assim como foi determinado na eternidade, ele será realizado no tempo. Isso posto, precisamos tratar agora da forma como o conselho imutável do Senhor com relação à salvação da sua humanidade é implementado e aplicado. Esse conselho trata principalmente de três grandes questões: o Mediador, por meio de quem a salvação foi conquistada; o Espírito Santo, por quem ela é aplicada; e o povo, a quem ela é dada. Assim, precisamos tratar sobre esses três pontos.

Lidaremos primeiro com a pessoa de Cristo, que alcançou a salvação por sua paixão e morte. Depois, precisamos apontar para a maneira pela qual o Espírito Santo faz com que os eleitos compartilhem de todos os benefícios de Cristo. E, em terceiro lugar, daremos atenção ao povo que participa da salvação conquistada por Cristo e trataremos da igreja como corpo de Cristo.

Por fim, terminaremos no cumprimento da salvação que já aguarda os cristãos. Todo o nosso estudo mostrará que o conselho da redenção está bem ordenado e seguro em todas as suas partes. A graça indescritível, a sabedoria multiforme e o poder onipotente de Deus são manifestos nele.

Na pessoa de Cristo, todas essas excelências ou atributos se tornam imediatamente evidentes. É verdade que a crença em um mediador não é peculiar à cristandade. Todos os homens e nações vivem não apenas com uma ideia de que eles não são salvos, mas também com a convicção de que essa salvação precisa ser indicada e dada de alguma forma por pessoas específicas. Geralmente, o homem entende que não pode se aproximar de Deus nem habitar em sua presença; ele precisa de um intermediário para revelar o caminho até a divindade. Assim, em todas as religiões encontramos mediadores que, por um lado, tornam as revelações divinas conhecidas aos homens e, por outro, transmitem as orações e ofertas dos homens para a divindade.

Às vezes, deuses ou espíritos inferiores servem como mediadores, mas geralmente são homens dotados de conhecimento e poder sobrenatural e com uma aura especial de santidade. Na vida religiosa das nações, eles ocupam um lugar importante, e em todas as ocasiões importantes da vida pública e privada, como em calamidades, guerras, doenças, empreendimentos, e assim por diante, eles são consultados. Seja como adivinhos ou mágicos, santos ou sacerdotes, eles apontam o caminho que supostamente os homens devem seguir para obter o favor da divindade, mas eles próprios não são o caminho. As religiões das nações são independentes da pessoa dos mediadores, e isso é verdade até para as religiões fundadas por pessoas específicas. Buda, Confúcio, Zaratustra e Maomé são, de fato, os primeiros confessores das suas respectivas religiões, mas não são o conteúdo dessas religiões. A conexão deles é, em certo sentido, acidental e externa, e a religião deles poderia permanecer a mesma ainda que seus nomes fossem esquecidos ou suplantados por outros.

Contudo, no cristianismo, tudo isso é muito diferente. É verdade que algumas vezes se ventilou a ideia de que Cristo nunca quis ser o único mediador e que ele concordaria em negligenciar o seu nome se o seu código moral e seu Espírito continuassem na igreja. Mas outros, que se desligaram de qualquer conexão com o cristianismo, atacaram, de um modo imparcial, essa ideia e a refutaram. O cristianismo se relaciona com a pessoa de Cristo de uma forma bem diferente do modo como as outras religiões se relacionam com os seus fundadores. Jesus não foi o primeiro adepto da religião que carrega o seu nome, tampouco foi o primeiro e o mais importante cristão. Ele ocupa um lugar completamente único no cristianismo e não é, no sentido comum, o fundador do cristianismo, mas é o Cristo — aquele que foi enviado pelo Pai, que fundou seu reino sobre a terra e que agora o estende e preserva até o fim dos tempos. Cristo é o próprio cristianismo, e não está fora, mas dentro dele, uma vez que, sm o seu nome, sua pessoa e sua obra não haveria cristianismo. Em suma, Cristo não é aquele que aponta o caminho para o cristianismo, mas ele é o próprio caminho, ou seja, é o único, verdadeiro e perfeito mediador entre Deus e os homens. Aquilo que foi pensado e esperado na crença em um mediador nas outras religiões foi cumprido real e perfeitamente em Cristo.

—— ▪ ——

Para apreciar completamente essa importância única de Cristo, devemos nos apoiar na ideia bíblica de que Cristo não passou a existir em sua concepção e nascimento, mas já existia muito antes – desde a eternidade, ele era o Filho Unigênito e amado do Pai. No Antigo Testamento, o Messias já era designado como o Pai da eternidade, o qual é um Pai eterno para o seu povo (Isaías 9:6) e como aquele cujas origens remontam aos tempos antigos, desde os dias da eternidade (Miqueias 5:2). O Novo Testamento prossegue com essa ideia, mas manifesta ainda mais claramente a eternidade de Cristo. Isso está implícito em todas as passagens nas quais toda a obra terrena de Cristo é apresentada como o cumprimento de uma obra imposta por Deus sobre ele. De fato, também é dito que João Batista deveria vir e que viria como um segundo Elias (Marcos 9:11-13; João 1:7), mas a ênfase no fato de que Cristo viria ao mundo com a missão de cumprir sua obra e as inúmeras menções sobre isso apontam para a verdade de que essa expressão é usada em um sentido especial.

Em um sentido geral, não lemos apenas que ele veio do Pai para pregar (Marcos 1:38), para chamar pecadores ao arrependimento e para dar sua alma como resgate para muitos (Marcos 2:17; 10:45). Existe algo a mais. É expressamente dito que ele foi enviado para a pregação do evangelho (Lucas 4:43), que foi o Pai que o enviou (Mateus 10:40; João 5:24ss), que ele procede do Pai e veio em seu nome (João 5:43; 8:42) e que ele desceu dos céus e veio ao mundo.[1] Assim, Jesus sabe que é o Filho Unigênito, amado pelo Pai e enviado para a vinha após todos os outros servos (Marcos 12:6). O

[1] João 3:13; 6:38; 12:46; 18:37.

Filho de Davi já era o Senhor de Davi (Marcos 12:37), era antes de Abraão (João 8:58) e era glorificado com o Pai antes de o mundo existir (João 17:5,24).

Essa autoconsciência de Jesus a respeito da sua existência eterna se revela mais especificamente no testemunho apostólico. Em Cristo, o Verbo eterno, que, no princípio, estava com Deus e era Deus, e que se fez carne (João 1:1,14). Ele é o resplendor da sua glória e a representação exata do seu Ser; ele não é apenas superior a todos os anjos, mas reivindica sua adoração; ele é um Deus e um Rei eterno; ele sempre permanece o mesmo e seus anos nunca terão fim (Hebreus 1:3-13). Ele era rico (2Coríntios 8:9) e estava na forma de Deus, de modo que era como o Pai não apenas em essência, mas também em forma, posição e glória. Ele não considerou que o fato de ser igual a Deus era algo a que devesse se apegar (Filipenses 2:6), mas, pelo contrário, esvaziou a si mesmo, assumindo a forma de um homem e de um servo (Filipenses 2:7-8). E, dessa forma, ele foi exaltado ao Senhor que era do céu e, assim, diferiu de Adão, o homem da terra (1Coríntios 15:47). Resumindo, Cristo – assim como o Pai – é o Alfa e o Ômega, o primeiro e o último, o princípio e o fim (Apocalipse 1:11,17; 22:13).

Portanto, a atividade do Filho de Deus encarnado não começou quando ele veio à terra, mas remonta à criação. Todas as coisas foram feitas pela Palavra (João 1:3; Hebreus 1:2,10). Ele é o primogênito, a cabeça e o princípio de toda criatura (Colossenses 1:15; Apocalipse 3:14). Ele *é* antes de todas as coisas (Colossenses 1:17). As criaturas não são apenas feitas por meio dele, mas também subsistem nele (Colossenses 1:17). Elas são sustentados a todo momento pela palavra do seu poder (Hebreus 1:3). As criaturas também foram criadas *para* ele (Colossenses 1:16), pois Deus designou o Filho como herdeiro de todas as coisas (Hebreus 1:2; Romanos 8:17). Portanto, desde o princípio, há um relacionamento íntimo entre o Filho e o mundo; e ainda mais íntimo entre o Filho e os homens. Porque nele estava a vida – a vida completa, rica e inesgotável – a fonte de toda vida no mundo, mas essa luz era para os homens, criados à imagem de Deus e que possuíam uma natureza racional e moral. Ele era uma fonte de vida divina que os homens deveriam conhecer e considerar (João 1:14). É verdade que o homem foi obscurecido pelo pecado, mas, ainda assim, a luz da Palavra resplandeceu nas trevas (João 1:5); iluminou todo homem (João 1:9), pois a Palavra estava e permaneceu no mundo; e continuou a operar no mundo, ainda que o mundo não o tenha reconhecido (João 1:10).

Portanto, o Cristo que aparece sobre a terra na plenitude dos tempos não é, de acordo com o relato das Escrituras Sagradas, um homem como qualquer outro; não é o fundador de uma religião, nem o pregador de uma nova lei moral. Sua posição é única. Desde a eternidade, ele é o Unigênito do Pai. Ele é o Criador, Sustentador e Governante de todas as coisas, e nele estão a vida e a luz dos homens. Quando se manifestou ao mundo, ele não veio como um estranho, mas como seu Senhor. A redenção está relacionada à criação; a graça, à natureza; e a obra do Filho, à obra do Pai. A redenção é construída sobre os fundamentos estabelecidos na criação.

—— ▪ ——

A importância de Cristo se torna ainda mais clara se estudarmos seu relacionamento com Israel. Havia uma certa habitação e obra interior do Verbo (o *Logos*) em todo o mundo e em todos os homens, mas, ainda que a Luz tenha resplandecido nas trevas, as trevas não a compreenderam; embora o Verbo estivesse no mundo, o mundo não o reconheceu (João 1:5,10). Mas o Verbo teve um relacionamento muito mais íntimo com Israel, porque, de todas as nações, Israel era a nação aceita como sua herança. Portanto, Israel pode ser chamado, em João 1:11, de propriedade do Verbo, que estava com Deus no princípio e que era Deus. Israel era "dele," e ele estava com Israel. Ele *veio* para Israel deliberadamente e após séculos de preparação. Segundo a carne, Cristo é descendente dos patriarcas (Romanos 9:5), e é verdade que ele foi rejeitado "pelos seus" – acerca do mundo, lemos que eles não o conheceram, mas sobre os judeus a declaração é muito mais forte, isto é, estes não o receberam, o desprezaram e o rejeitaram – mas sua vinda não foi em vão, porque aqueles que o receberam obtiveram a prerrogativa de se tornarem filhos de Deus (João 1:12).

Quando lemos, em João 1:11, do Verbo que veio para os seus, a referência é sem dúvida quanto à encarnação – a vinda de Cristo em carne. Mas a declaração implica que o relacionamento de senhorio existente entre o Verbo e Israel já existia há muito tempo. Israel era dele e, portanto, ele veio para os seus na plenitude do tempo. No mesmo momento em que Jeová aceitou Israel como seu povo, eles também entraram em um relacionamento particular com o Verbo (o *Logos*). Afinal de contas, ele é o Senhor a quem Israel buscou, o Anjo da aliança que deveria vir repentinamente ao seu templo (Malaquias 3:1) e que viveu e trabalhou em Israel desde a antiguidade. Em várias passagens do Antigo Testamento, nós lemos sobre o Anjo da aliança ou o Anjo do Senhor. Assim como foi evidenciado em consonância com a doutrina da Trindade, é por esse Anjo que o Senhor se revela ao seu povo de uma maneira especial. Embora ele seja distinguido do Senhor, esse Anjo, ainda assim, é um só com ele; e os mesmos nomes, características, obras e honra que são dados a Deus também podem ser dados a ele. Esse Anjo é o Deus de Betel (Gênesis 31:13) e o Deus dos patriarcas (Êxodo 3:2,6); aquele que prometeu a Agar a multiplicação da sua semente (Gênesis 16:10; 21:18); que conduziu os patriarcas (Gênesis 48:15,16); que resgatou o povo de Israel do Egito e o conduziu em segurança até Canaã.[2] O Anjo da aliança dá a Israel a segurança de que o próprio Senhor está no meio deles como o Deus de redenção e salvação (Isaías 63:9). Sua manifestação era uma preparação e uma proclamação daquela autorrevelação perfeita de Deus que deveria acontecer na plenitude dos tempos na encarnação. Toda a dispensação do Antigo Testamento foi uma contínua aproximação de Deus ao seu povo. Ela termina com Cristo vivendo eternamente no meio deles (Êxodo 29:43-46).

Esse ensino da natureza e da atividade do Verbo antes da sua encarnação é de grande importância para uma intepretação correta da história da humanidade e para uma visão verdadeira do povo e da religião de Israel. Porque, dessa forma, é possível reconhecer tudo de bom, belo e verdadeiro que ainda pode se encontrar no mundo pagão; e, ao mesmo tempo, manter a revelação especial que foi dada ao povo de Israel. Enquanto o Verbo e a Sabedoria de Deus operavam em todo o mundo, ele se manifestou em Israel como o Anjo da aliança, como a manifestação do nome do Senhor. Tanto no Antigo quanto no Novo Testamento, o pacto da graça é um só. Os cristãos do Antigo Testamento são salvos da mesma forma que nós somos. É a mesma crença da promessa, a mesma confiança na graça de Deus que concede o acesso à salvação. E os mesmos benefícios de perdão e regeneração, de renovo e vida eterna são dados aos cristãos de antes

[2]Êxodo 3:8; 14:21; 23:20; 33:14.

e de agora. Todos eles andam no mesmo caminho, a única diferença reside no fato de que a luz derramada sobre nós é mais forte.

Outro detalhe importante anda de mãos dadas com esse. Paulo descreve os efésios na sua vida pregressa, quando ainda eram pagãos, como estando sem Cristo, estranhos às alianças da promessa, sem esperança e sem Deus no mundo (Efésios 2:11-12). Em outras palavras, eles viviam em uma condição muito diferente daquela dos judeus antes da vinda de Cristo, pois não tinham uma promessa de Deus à qual pudessem se apegar. Eles viviam sem esperança no mundo e não tinham Deus em seus corações, de forma que pudessem conhecê-lo e servi-lo. Naturalmente, o apóstolo não quer negar que os pagãos acreditavam em algum deus, porque ele diz em outra passagem que os atenienses eram muito religiosos em todas as coisas e menciona uma revelação que Deus permitiu vir em parte a eles (Atos 17:24ss; Romanos 1:19ss). Mas, apesar de conhecerem a Deus, eles não o glorificaram como Deus, nem lhe renderam graças; eles se tornaram nulos em suas imaginações e serviram deuses que, por natureza, não o são (Romanos 1:21ss; Gálatas 4:8). Assim, Paulo não nega que os pagãos cogitavam toda sorte de expectativas para o futuro – tanto para este mundo quanto para a vida após a morte –, mas ele diz que todas essas expectativas, assim como os deuses a quem serviam, eram vãs, porque não tinham nenhuma promessa firme e incontestável de Deus em Cristo para lhes alicerçar.

Isso era diferente em Israel. A esse povo, Deus confiou suas palavras (Romanos 3:2). Ele os adotou como filhos, habitou no meio deles com sua glória, deu-lhes dispensações sucessivas do pacto na forma da lei, do culto e particularmente naquelas promessas que tratavam da vinda do Messias como descendente de Israel (Romanos 9:4-5). Contudo, embora Cristo, com relação à carne, seja descendente dos patriarcas, ele é mais que um homem. Ele é Deus, adorado para sempre acima de todas as coisas (Romanos 9:5), que também existiu e trabalhou nos dias do Antigo Testamento. Os cristãos em Éfeso, antes da conversão, viviam sem Cristo; mas os israelitas da antiguidade, por outro lado, estavam próximos de Cristo, isto é, do Cristo prometido, que, como Mediador, já existia e agia. Ele agia na dispensação dos seus benefícios, mas também ao preparar – por meio da palavra, da profecia e da história – o povo de Israel para sua própria vinda e projetar sobre eles a sua sombra. Era a sombra do corpo desses bens espirituais que ele deveria alcançar e apresentar na plenitude dos tempos.

O apóstolo Pedro fala claramente dessa forma no primeiro capítulo da sua primeira carta. Quando ele trata do assunto da grande salvação que, em princípio, os cristãos já têm e podem esperá-la completamente no futuro, o apóstolo demonstra a glória dessa salvação ao observar que os profetas do Antigo Testamento a tornaram o objeto do seu estudo e de sua reflexão, afinal, todos os profetas anunciaram a graça que agora é concedida aos cristãos. Eles receberam tal conhecimento por revelação, porém, ela não os tornou passivos; pelo contrário, ela os colocou para trabalhar. A revelação os estimulou a estudar e investigar diligentemente, não como os filósofos, que pela sua própria razão tentavam entender os mistérios da criação; mas como homens santos de Deus, que fizeram da revelação especial e da salvação futura em Cristo o objeto do seu estudo. Nesse estudo, eles foram guiados não apenas pelos seus próprios pensamentos, mas se permitiram ser conduzidos pelo Espírito de Deus. Eles investigaram sobre em que tempo o Espírito de Cristo, que estava neles, os informaria, pelo seu testemunho preliminar, sobre os sofrimentos de Cristo e as glórias que o aguardariam depois (1Pedro 1:10-11). Foi o próprio Cristo que, no Antigo Testamento, deu seu Espírito aos profetas e, assim, anunciou e prefigurou, por meio desse Espírito, sua própria vinda e obra. O testemunho de Jesus nos corações dos seus é evidência do fato de que eles tinham o Espírito de profecia (Apocalipse 19:10).

Pelo testemunho desse Espírito, Israel chegou àquelas ricas e gloriosas esperanças que são resumidas sob o nome de "expectativas messiânicas".

— ▪ —

Essas expectativas ou esperanças messiânicas geralmente são classificadas em dois grupos. Ao primeiro grupo pertencem aquelas expectativas que influenciam o futuro do reino de Deus, as quais também têm uma grande importância e mantêm o relacionamento mais íntimo possível com o pacto da graça. Certamente essa promessa implica que Deus será o Deus do seu povo e da sua descendência, portanto isso é relevante não apenas para o passado e o presente, mas também para o futuro. É verdade que esse povo repetidamente se torna culpado de infidelidade, tropeços e violações pactuais contra o Senhor, porém, precisamente por ser um pacto de *graça*, a infidelidade do povo não pode fazer nada para invalidar a fidelidade de Deus. O pacto da graça é um pacto eterno que se reproduz de geração em geração; assim, quando o povo não anda no caminho do pacto, Deus pode abandoná-lo por um tempo, sujeitá-lo a castigos, julgamento ou exílio. Contudo, Deus não pode violar o seu pacto, porque é um pacto de graça que não depende da conduta dos homens, mas repousa somente na compaixão de Deus. Ele não pode destruir o pacto, uma vez que o seu próprio nome, sua glória e sua honra estão envolvidos; consequentemente, após a demonstração da ira, sua bondade invariavelmente brilha; após o julgamento, vem a misericórdia; e após o sofrimento, a glória.

No decorrer dos séculos, a nação de Israel foi instruída a respeito de tudo isso pela profecia. Pela profecia, esse povo obteve um entendimento da essência e do propósito da história de uma forma que não encontramos entre os outros povos. O Antigo Testamento deixa claro que a realização da vontade de Deus – o reino de Deus – é o conteúdo, o rumo e o fim da história. É o seu conselho de favor e redenção que existe na eternidade e que vencerá toda resistência. Depois do sofrimento, está a glória; depois da cruz, a coroa. Deus triunfará sobre todos os seus inimigos e fará o seu povo desfrutar o cumprimento de todas as suas promessas. Um reino de justiça, paz e de prosperidade espiritual e material está por vir, e Israel se deleitará com a glória desse reino, assim como outras nações, pois a unidade de Deus carrega consigo a unidade da humanidade e da história. A terra se encherá do conhecimento do Senhor e, então, a promessa do pacto alcançará o seu perfeito cumprimento: eu serei vosso Deus e vós serão meus filhos e filhas.

As profecias e os salmos estão cheios dessas esperanças. Mas não é só isso. Eles também dizem a *maneira* pela qual esse reino de Deus será estabelecido e cumprido no futuro; então essas esperanças se tornam expectativas messiânicas no sentido estreito e nos dizem como o governo de Deus sobre a terra será determinado por uma pessoa específica – o Messias. É verdade que hoje em dia alguns tentaram separar essas expectativas messiânicas da religião original de Israel e transferi-las para o tempo do exílio babilônico, porém essa é uma posição vigorosamente atacada e satisfatoriamente refutada por outros. Todas as esperanças messiânicas giram em torno de duas ideias: o dia do Senhor, que será um dia de julgamento para os povos e para Israel; e o Messias, que trará a redenção. Essas duas ideias não foram cogitadas primeiro pelos profetas do século VIII a.C., mas existiam muito antes dessa época e simplesmente se desenvolveram pelos profetas, cujos livros se encontram preservados.

A própria Escritura nos diz isso ao traçar as expectativas do futuro até os tempos mais remotos. Naturalmente, elas ainda têm um caráter mais genérico, mas esse fato serve precisamente como prova de sua antiguidade, e o desenvolvimento gradual posterior sobre essas expectativas serve como uma poderosa evidência. Na promessa-mãe de Gênesis 3:15, a inimizade é colocada entre a descendência da mulher e a descendência da serpente, e ali a promessa é feita de que aquela feriria a cabeça desta. Por descendência da mulher, devemos pensar, em consonância com Calvino, antes de tudo na raça humana, que, ao retornar para o lado de Deus no pacto da graça, deve atacar todo poder antagônico a Deus, tendo por Cristo sua Cabeça e Senhor. A história revela que essa raça humana que está conduzindo uma guerra contra a descendência da serpente de modo algum compreende todas as pessoas, mas está cada vez mais delimitada e confinada. A promessa se mantém apenas na linhagem de Sete.

Quando a primeira humanidade foi destruída pelo dilúvio, uma separação logo se formou: de um lado, os descendentes de Cam e de Jafé; do outro, os descendentes de Sem. E a promessa é particularizada de tal forma, que Jeová se torna o Deus de Sem; Jafé aumenta seus domínios e depois passa a viver nas tendas de Sem; e Cam se torna servo deles (Gênesis 9:26-27). Mais tarde, quando o conhecimento e o culto puro a Deus novamente são ameaçados, Abraão, descendente de Sem, é escolhido e recebe a promessa de que será uma bênção para muitos. Na verdade, todas as gerações desejariam e buscariam a bênção que Deus concedeu a Abraão e à sua descendência, e, assim, eles seriam abençoados na semente de Abraão (Gênesis 12:2-3). Entre os filhos de Jacó e as tribos de Israel, Judá é designado como aquele que aproveitará uma condição melhor do que todos os seus irmãos. De acordo com seu nome, ele se tornou o louvado (Gênesis 29:35) e o poderoso entre os seus irmãos (1Crônicas 5:2). Eles o enalteceram e o louvaram; seus inimigos se sujeitaram a ele; e esse governo de Judá perdurará até que venha aquele a quem os povos obedecerão (Gênesis 49:8-10). O nome Siló, citado em Gênesis 49:10, é difícil de entender e é interpretado de várias formas, mas a ideia de um ser abençoado vindo de Judá é bastante clara. Judá tem a primazia entre todas as tribos de Israel; tem o senhorio sobre seus irmãos; e dela sairá o futuro governante das nações.

Essa promessa se cumpriu de forma incipiente em Davi e, a partir dele, se desenvolve em uma nova fase, porque, quando Davi recebeu descanso de todos os seus inimigos, o plano de construir uma casa para o Senhor surgiu em sua mente. Entretanto, em vez disso, o Senhor lhe disse, pelo profeta Natã, que ele próprio faria uma casa para Davi ao estabelecer uma linhagem real hereditária para a descendência dele. O Senhor tornaria o nome de Davi grande sobre a terra. Após a morte de Davi, o Senhor colocaria o seu filho Salomão sobre o trono e seria um Pai para ele. E Salomão finalmente estabelece a sua casa e reino para sempre. Ele fará que o trono de Davi dure eternamente (2Samuel 7:9-16; Salmos 39:19-38). Daqui em diante, a esperança dos santos de Israel é fixada sobre a casa de Davi e, às vezes, a profecia simplesmente para nesse ponto.[3]

— ■ —

Todavia, a história nos ensina que nenhum rei da casa de Davi satisfez essa expectativa. Aliada à história, a profecia sinalizava cada vez mais claramente para o futuro em que o verdadeiro filho de Davi apareceria e se sentaria sobre o trono do seu Pai para sempre. Esse futuro filho de Davi, aos poucos, passou a ser designado pelo nome de Messias. A princípio, e por muito tempo, essa designação era um nome geral que designava todos que fossem escolhidos e ungidos para algum ofício em Israel. A unção com óleo entre os orientais era uma prática generalizada e tinha a finalidade de suavizar a pele queimada pelo Sol e restaurar frescor e flexibilidade para o corpo (Salmos 104:15; Mateus 6:17). Era um sinal de alegria (Provérbios 27:9) e não devia ser usada no luto (2Samuel 14:2; Daniel 10:3); servia como

[3]Amós 9:11; Oseias 3:5; Jeremias 17:25; 22:4.

símbolo de hospitalidade e amizade,[4] era aplicada como remédio para doenças,[5] e também um símbolo de respeito pelos mortos.[6] Essa unção também estava presente no culto e, assim, recebeu um sentido religioso. Jacó ergueu a pedra sobre a qual repousou sua cabeça ao dormir em Berseba para servir como um monumento e derramou óleo sobre ela como um sinal da dedicação ao Senhor, que tinha se revelado a ele.[7] Mais tarde, de acordo com a lei dada a Moisés, o tabernáculo, seus equipamentos e seu altar foram ungidos a fim de consagrá-los e separá-los para o serviço do Senhor. E a mesma unção acontecia para pessoas que eram chamadas para um serviço especial.

Algumas vezes lemos sobre a unção de profetas. Elias ungiu Eliseu (1Reis 19:16) e, no Salmos 105:15, a palavra *ungido* é usado como sinônimo da palavra *profeta*. Além disso, os sacerdotes, inclusive o sumo sacerdote, eram ungidos (Levítico 8:12,30; Salmos 133:2). Assim, o sumo sacerdote pode ser chamado de "sacerdote ungido" (Levítico 4:3 e 5; 6:22). E lemos também acerca da unção de reis: Saul (1Samuel 10:1); Davi (1Samuel 16:13; 2Samuel 2:4); Salomão (1Reis 1:34); e outros. Portanto, os reis eram chamados de "ungidos do Senhor" (1Samuel 26:11; Salmos 2:2). A partir desse ponto, o uso da unção se estende para outros propósitos. Por diversas vezes na Escritura, o termo *ungido* qualifica as pessoas a quem Deus escolheu e equipou para seu serviço, ainda que nenhuma unção com óleo tenha acontecido. No Salmos 105:15, os patriarcas são designados como *ungidos* e *profetas*. Em outras passagens, o povo de Israel – ou talvez seus reis – é chamado de "ungido".[8] Em Isaías 45:1, o termo é aplicado a Ciro. Por fim, a unção com óleo não é nada mais que um sinal, por um lado, da dedicação para o serviço a Deus, e, por outro, da eleição, do chamado e da preparação para esse serviço pelo próprio Deus. Quando Davi foi ungido por Samuel, o Espírito do Senhor se apoderou dele daquele dia em diante (1Samuel 16:13).

Nesse sentido, o nome Messias, o ungido, tornou-se particularmente apropriado para o futuro rei da casa de Davi. Afinal, ele é o

[4]Salmos 23:5; 2Crônicas 28:15; Lucas 7:46.
[5]Marcos 6:13; Lucas 10:34; Tiago 5:14.
[6]Marcos 16:1; Lucas 23:56; João 19:40.
[7]Êxodo 29:36; 30:23; 40:10.
[8]Salmos 84:10; 89:39; Habacuque 3:13.

Ungido de forma singular, porque foi ungido pelo próprio Deus; e não apenas com o óleo simbólico, mas sem medida pelo próprio Espírito Santo (Salmos 2:2,6; Isaías 61:1). Não temos certeza de quando exatamente o nome de Messias (Ungido) passou a ser usado como nome próprio, mas, em Daniel 9:25, o nome já parece ser utilizado dessa forma; e, na época do ministério terreno de Jesus, o nome já estava sendo comumente usado dessa maneira. Em João 4:25, a samaritana diz para Jesus: "Eu sei que o Messias vem". Ainda que o termo *ungido* tenha um sentido geral e possa ser utilizado para designar várias pessoas, ele gradativamente se tornou um nome próprio e foi aplicado apenas para o rei futuro que viria da casa de Davi. Ele é o Messias de forma singular – o Ungido. Somente ele é o Messias.

—— ▪ ——

A imagem do Messias se desenvolve agora na profecia do Antigo Testamento de várias maneiras. No primeiro plano, há sempre a ideia do seu senhorio. Ele é chamado de Ungido, porque foi ungido como rei (Salmos 2:2,6). Com base na promessa dada a ele, o próprio rei Davi espera que, da sua casa, venha um governante sobre homens que reine com justiça. Deus estabeleceu uma aliança eterna com ele, em tudo bem-ordenada e segura (2Samuel 23:3-5), e essa é a expectativa de todos os profetas e salmistas. A salvação de Israel no futuro está inseparavelmente ligada com a casa real de Davi, e o futuro rei dessa casa é, ao mesmo tempo, o Rei do reino de Deus. O reino de Deus não é uma figura poética ou um conceito filosófico, mas uma realidade – um elemento constituinte da história. Ele vem do alto; é espiritual, ideal e, ainda assim, passa a existir no tempo sob um rei da casa de Davi. É um reino de Deus e, ao mesmo tempo, um reino completamente humano, terreno e histórico. Portanto, a profecia pinta para nós o reino futuro de Deus em tons e cores extraídas de circunstâncias existentes naquela época, que não devem ser entendidas literalmente, mas que ainda dão uma impressão profunda da realidade desse reino. Não é a imagem de um sonho. Ela é realizada aqui na terra sob um rei da casa de Davi.

Porém, conquanto esse reino do Messias não seja superado por qualquer outro reino trangível sobre a terra, ele ainda difere bastante de todos eles. Apesar de ele sempre surgir batalhando e conquistando todos os inimigos,[9] é um reino de justiça perfeita e paz,[10] cuja justiça consiste especialmente em que os necessitados serão resgatados e os pobres serão socorridos (Salmos 72:12-14). Ele se espalha, varrendo todos os seus inimigos até os confins da terra, e permanece por toda eternidade.

À frente desse reino, existe um príncipe que, de fato, é um homem, mas que transcende todos os homens em valor e honra. Ele é um homem, nascido da linhagem de Davi, filho de Davi e chamado filho do homem.[11] Entretanto, ele é mais que um homem e se assenta no lugar de honra à destra de Deus (Salmos 110:1), além de ser o Senhor de Davi (Salmos 110:1) e o Filho de Deus em um sentido peculiar (Salmos 2:7). Ele é Emanuel – Deus conosco (Isaías 7:14) – o Senhor, nossa justiça (Jeremias 23:6; 33:16), em quem o próprio Senhor da graça vem até o seu povo e habita entre eles. Para a profecia, pode-se dizer que tanto o Senhor quanto o Messias governarão o seu povo. Às vezes, fala-se do Senhor e, outras vezes, do seu rei ungido que aparecerá para julgar as nações e redimir Israel. Assim, por exemplo, em Isaías 40:10-11, lemos: “O Senhor Deus virá com poder; dominará com o seu braço. [...] Ele cuidará do seu rebanho como um pastor”. E, em Ezequiel 34:23, lemos que o Senhor levantará “um só pastor, o meu servo Davi, que cuidará delas e lhes servirá de pastor”. O profeta Ezequiel nomeia a nova Jerusalém como: O Senhor está aqui (Ezequiel 48:35); e Isaías apresenta o mesmo fato dizendo que, no Messias, Deus está conosco (Isaías 7:14). Ezequiel combina os dois pensamentos quando diz: “Eu, o Senhor, serei o seu Deus, e o meu servo Davi será príncipe no meio delas” (Ezequiel 34:24). Miqueias também diz que o Messias alimentará o povo de Israel na força do Senhor, na majestade do nome do Senhor, seu Deus (Miqueias 5:4). É por essa razão que, no Novo Testamento, esses textos podem ser interpretados de forma messiânica. No Messias, o próprio Deus vem ao seu povo; ele é mais que um homem, é a revelação perfeita e a habitação de Deus e, portanto, recebe nomes divinos. Ele é chamado Maravilhoso Conselheiro, Deus Forte, Pai Eterno, Príncipe da Paz (Isaías 9:6).

—— ▪ ——

[9]Salmos 2:1ss; 72:9ss; 110:2.
[10]Salmos 2:8; 45:7; 72:5,8,17; 110:2,4.
[11]2Samuel 7:12ss; Isaías 7:14; 9:5; Miqueias 5:2; Daniel 7:13.

Independentemente dos méritos e do poder desse Messias, a profecia acrescenta uma característica muito notável: ele nascerá em um tempo muito perigoso e em circunstâncias muito humildes. É provável que essa ideia já estivesse implícita na declaração de Isaías de que uma virgem – uma jovem mulher – conceberia e daria à luz um filho, e esse filho compartilharia do sofrimento do seu povo, pois comeria apenas manteiga e mel – esses são os principais produtos de um país devastado e que não está sendo reconstruído (Isaías 7:14-15). Isso é claramente dito em Isaías 11:1 (compare com Isaías 53:2). Nessa passagem, o profeta diz que um ramo brotará do tronco de Jessé, e um renovo frutificará das suas raízes. Em outras palavras, no tempo em que o Messias nascer, a casa real de Davi ainda existirá, mas não estará no trono, sendo, portanto, como um tronco que foi quebrado, mas que, ainda assim, dá fruto. Miqueias exprime essa mesma ideia em outras palavras, dizendo que a casa de Efrata – a casa real de Davi (chamada assim porque era a área na qual Belém, a cidade natal de Davi, ficava) – dará origem a um governante que será grande até os confins da terra (Miqueias 5:2). Portanto, em Jeremias 23:5 e 33:15 e em Zacarias 3:8 e 6:12, o Messias também é designado pelo termo *Renovo*. Quando Israel for destruído e Judá estiver mergulhado em calamidade, quando praticamente toda esperança se esvair e toda expectativa for apagada, então, o Senhor levantará um Renovo na casa real de Davi, que construirá o templo do Senhor e estabelecerá seu reino sobre a terra. Por mais que o Messias possa se manifestar em poder e glória, ele se manifestará também em humildade. Ele não montará um cavalo de guerra, mas se sentará, como um sinal de paz, em um jumentinho (Zacarias 9:9). Ele será Rei, mas também Sacerdote. Os dois ofícios serão combinados nele – como em Melquisedeque –, e ele os desempenhará por toda a eternidade (Salmos 110:4; Zacarias 6:13).

Essa noção da humildade do Messias serve como transição para a figura do servo sofredor do Senhor apresentada por Isaías. O povo de Israel tinha que ser um reino sacerdotal (Êxodo 19:6). Eles precisavam servir a Deus como um sacerdote e, então, governar a terra como um rei, tal como o homem foi criado à imagem de Deus e, assim, recebeu o domínio sobre toda a terra. Na imagem do futuro, portanto, um destino e depois outro são colocados em primeiro plano, e lemos repetidamente nas profecias e nos salmos que Deus fará o bem para o seu povo e lhes concederá a vitória sobre todos os seus inimigos. Às vezes, essa vitória é descrita em termos bem fortes: Deus se levantará, seus inimigos serão destruídos e aqueles que o odeiam fugirão da sua face; ele os afastará como fumaça; como a cera derrete no fogo, os ímpios desaparecerão perante a face de Deus; ele esmagará a cabeça do seus inimigos, o crânio cabeludo daqueles que insistem no pecado; ele trará o seu povo de volta das profundezas do mar, para que mergulhem seus pés em sangue e para que a língua dos seus cães receba a porção deles.[12] Todas essas maldições não são mera expressão de vingança pessoal, mas sim descrições – na linguagem do Antigo Testamento – da ira de Deus sobre os inimigos do seu povo. Porém, esse mesmo Deus que punirá os ímpios dessa forma trará justiça, paz e alegria para todo o seu povo, e todos eles o servirão. Por meio da opressão e do sofrimento, seu povo chegará a um estado de glória e salvação, no qual o Senhor fará uma nova aliança com ele, inscrevendo a sua lei nele. Ele os concederá um novo coração e um novo espírito, para que eles andem em seus estatutos e guardem seus mandamentos (Ezequiel 36:26).

Essas duas características do retrato do futuro Israel também são encontradas no Messias. Ele será um Rei que quebrará seus inimigos com uma vara de ferro e os despedaçará como se fossem um vaso de barro (Salmos 2:9; 110:5,6). Não há descrição mais realista dessa vitória contra os inimigos de Deus do que aquela presente em Isaías 63:1-6, na qual vemos que o Senhor vem com roupas tingidas, glorioso no seu traje, marchando na plenitude da sua força, falando em justiça e sendo poderoso para salvar. Em resposta à pergunta do profeta, "Por que está vermelha a tua roupa, e as tuas vestes, como as daquele que pisa no lagar?", o Senhor responde: "Eu pisei no lagar sozinho; e ninguém entre os povos esteve comigo; eu os pisei na minha ira, e os esmaguei no meu furor, e o seu sangue respingou nas minhas vestes, e manchei toda a minha roupa. Porque o dia da vingança estava no meu coração! Chegou o ano da minha redenção". Em Apocalipse 9:13-15, algumas características dessa descrição são aplicadas a Cristo, quando ele voltar e derrubar todos os seus inimigos nos últimos dias. E isso é exatamente como

[12]Salmos 68:2-3; 21-24; comparar com Salmos 28:4; 31:18; 55:9; 69:23-29; 109:6-20; 137:8-9; dentre outros.

deveria ser, porque ele é um Salvador e um Juiz, um Cordeiro e um Leão, simultaneamente.

De fato, ele é Redentor e Salvador. Do mesmo modo que o Senhor é justo e misericordioso, que seu dia é um dia de ira e um dia de redenção, que Israel governará com autoridade real sobre seus inimigos e servirá a Deus como um sacerdote, assim também o Messias é simultaneamente o Rei ungido de Deus e o Servo Sofredor do Senhor. Ele manifesta esta última forma especialmente em Isaías. Nesse contexto, o profeta pensa primeiro no povo de Israel, que está vivendo em uma condição de exílio e que, precisamente por essa forma de sofrimento, tem um chamado a cumprir diante dos pagãos. Todavia, enquanto a profecia se desenvolve em Isaías, essa figura sofredora toma cada vez mais as características de uma pessoa específica. Como sacerdote, ele faz propiciação pelos pecados do seu povo por meio do seu sofrimento. Como profeta, proclama sua salvação até os confins da terra. E, como Rei, toma a sua parte com os grandes e reparte o despojo com os poderosos (Isaías 52:13—53:12).

No Rei ungido, o Senhor revela sua glória, força, majestade e a excelência do seu nome (Miqueias 5:3); no servo sofredor do Senhor, sua graça e as riquezas da sua misericórdia (Isaías 53:11). A profecia em Israel culmina nessas duas figuras, e essa profecia está enraizada na história. Como povo, Israel é o filho de Deus (Oseias 11:1), um reino de sacerdotes (Êxodo 19:6) e se veste com a glória do Senhor (Ezequiel 16:14), porém é, ao mesmo tempo, servo de Deus (Isaías 41:8-9), compartilha da reprovação com a qual os inimigos reprovam o Senhor (Salmos 89:51-52) e, por amor a Deus, é entregue à morte todos os dias e considerado como ovelha para o matadouro (Salmos 44:22). Tanto a glória quanto o sofrimento de Israel, como povo, e dos seus servos específicos, como Davi, Jó e outros, têm um caráter profético. Ambos apontam para Cristo. Todo o Antigo Testamento, com suas leis e instituições, seus ofícios e ministrações, seus fatos e suas promessas são um prenúncio do sofrimento que haveria de vir sobre Cristo e da glória que se seguiria (1Pedro 1:11). A igreja nos dias do Novo Testamento tornou-se morta para o pecado com Cristo, mas viva para Deus (Romanos 6:11); como seu corpo, ela completa o que resta do sofrimento de Cristo (Colossenses 1:24); e se transforma, de glória em glória, à imagem de Cristo (2Coríntios 3:18). Da mesma forma, a igreja do Antigo Testamento, em todo o seu sofrimento e glória, era uma preparação, uma sombra, da humilhação e exaltação do seu Rei-Sacerdote, que estabeleceria o reino de Deus sobre a terra.

Não pode haver dúvida de que o Novo Testamento se enxerga assim e concebe o seu relacionamento com o Antigo Testamento dessa maneira. Jesus diz que a Escritura testifica dele (João 5:39; Lucas 24:27), e isso é uma ideia que alicerça todo o Novo Testamento e que é frequentemente declarada de forma explícita. Os primeiros discípulos de Jesus o reconheceram como o Cristo por encontrarem nele aquele de quem Moisés e os profetas falaram (João 1:45). Paulo testifica que Cristo morreu, foi sepultado e ressuscitou de acordo com as Escrituras (1Coríntios 15:3-4). Pedro escreve que o Espírito de Cristo, presente nos profetas, predisse os sofrimentos de Cristo e a glória que viria depois desses sofrimentos (1Pedro 1:11). E todos os livros do Novo Testamento indicam, direta ou indiretamente, que todo o Antigo Testamento foi cumprido em Cristo. A lei, com suas prescrições éticas, cerimoniais e civis; com seu templo e altar; com seu sacerdócio e sacrifícios; assim como a profecia com a sua promessa do Rei ungido da casa de Davi e do servo sofredor do Senhor – tudo isso aponta para Cristo como seu cumprimento. Todo o reino de Deus, prefigurado no povo e na história de Israel, delineado antecipadamente em formas nacionais na lei e proclamado na linguagem do Antigo Testamento nos profetas, chegou em Cristo e, nele e em sua igreja, veio do céu para a terra.

Esse elo íntimo entre o Antigo e o Novo Testamentos é de grande importância para a validade e a autenticidade da fé cristã, pois a confissão de que Jesus é o Cristo – o Messias prometido a Israel – forma o cerne da religião cristã e a distingue de todas as outras religiões. Assim, essa relação entre ambos é seriamente atacada por judeus, muçulmanos e todos os outros povos pagãos. Em nossos dias, é atacada até por muitos que se dizem cristãos, os quais tentam argumentar que Jesus nunca se considerou o Messias nem se apresentou como tal; ou que ele apenas exprimiu sua consciência religiosa interior e seu elevado chamado moral dessa forma temporária, mas que ela não tem importância para nós atualmente. Entretanto, os testemunhos do Novo Testamento são tão numerosos e fortes, que não possibilitam a defesa dessa ideia. Por isso, outros ainda vão muito mais longe. Eles não podem negar que Jesus se considerava o Messias e que se atribuía toda sorte de características e capacidades sobrenaturais, mas, em vez de se curvar a esse fato e de aceitar Jesus como ele disse que era, eles inferem que Jesus era um ser humano sujeito a ilusões, entusiasmos e toda sorte de desvios mentais. Na verdade, o ataque vai tão longe, que alguns atribuem todo tipo de doença da alma e do corpo a ele e, assim, explicam a concepção exaltada que ele tinha de si mesmo. Essa dificuldade com relação à pessoa de Jesus atesta que a questão "Que pensais do Cristo?" ocupa e divide as mentes dos homens de todas as eras. Os judeus tinham várias noções a respeito de Jesus; alguns defendiam que ele era João Batista; outros, Elias; e outros, ainda, Jeremias ou um dos profetas (Mateus 16:13-14). Alguns pensavam que ele era louco e possuído por demônios (Marcos 3:21-22). E isso continuou durante os séculos e perdura até hoje. Mesmo se deixarmos de lado aqueles que afirmam ser Cristo um ilusionista ou um entusiasta, existem milhares que, embora reconheçam que ele é profeta, não o confessam como o Cristo de Deus.

De todo modo, Cristo reivindica completamente essa designação e não está satisfeito com nenhuma outra confissão. Ele é homem e é descrito assim em todas as páginas do Novo Testamento. Ainda que seja o Verbo eterno, ele nasceu no tempo (João 1:14; Filipenses 2:7). Ele compartilha de nossa carne e sangue, e é semelhante a seus irmãos em todas as coisas (Hebreus 2:14,17). Ele é descendente dos patriarcas de acordo com a carne (Romanos 9:5). Ele é da descendência de Abraão (Gálatas 3:16), procedente de Judá (Hebreus 7:14; Apocalipse 5:5), descendente de Davi (Romanos 1:3) e nascido de uma mulher (Gálatas 4:4). Ele é um ser humano no sentido verdadeiro e completo, e tem um corpo (Mateus 26:26), uma alma (Mateus 26:38) e um espírito (Lucas 23:46); uma mente humana (Lucas 2:52) e uma vontade humana (Lucas 22:42); os sentimentos humanos de alegria e tristeza, ira e misericórdia (Lucas 10:21; Marcos 3:5); e as necessidades humanas de descanso e relaxamento, comida e bebida (João 4:6-7). Em qualquer lugar e a qualquer momento, Jesus se manifesta no Novo Testamento como ser humano, a quem nenhuma característica humana é estranha. Assim como nós, ele foi tentado em todas as coisas, mas não cometeu pecado (Hebreus 4:15), e, nos dias da sua carne, ele ofereceu orações e súplicas com forte clamor e lágrimas, e aprendeu a obediência por meio das coisas que sofreu (Hebreus 5:7-8).

Consequentemente, seus contemporâneos não duvidaram nem por um momento da sua natureza humana. Geralmente, ele é designado pelo simples nome de *Jesus* nos evangelhos. É verdade que esse nome lhe foi dado pela ordem direta do anjo e significa que ele é o Salvador do seu povo (Mateus 1:21). mas, por si só, esse nome já era conhecido em Israel desde os tempos antigos e era o nome de muitas pessoas. O nome Jesus é a forma grega do nome hebraico Yeshua ou Josué e é derivado de um verbo que significa resgatar ou salvar. O sucessor de Moisés teve primeiro o nome de Oseias, mas depois foi chamado de Josué por Moisés (Números 13:16). Em Atos 7:45 e em Hebreus 4:8, ele é chamado pelo nome de Jesus. Assim, no Novo Testamento, lemos de outras pessoas que tinham esse nome (Lucas 3:29; Colossenses 4:11). Portanto, o nome, por si só, não poderia levar os judeus a pensarem que o filho de Maria era o Cristo.

Geralmente os judeus falavam dele como o homem chamado Jesus (João 9:11); o filho de José, o carpinteiro, cujas irmãs e irmãos conhecemos (Mateus 13:55; João 6:42); o filho de José de Nazaré (João 1:45); Jesus de Nazaré;[13] Jesus, o galileu (Mateus 26:69); e o profeta de Nazaré da Galileia (Mateus 21:11). O título comum pelo qual Jesus é chamado é de Rabi ou Raboni, que significa professor, mestre ou meu mestre (João 1:38; 20:16), mas geralmente os escribas e fariseus eram chamados por esse nome (Mateus 23:8). Jesus não apenas se apropria desse título, mas o reivindica de forma única (Mateus 23:8-10). Essas designações e títulos não implicam, naturalmente, que as pessoas o reconheciam como o Cristo. Isso não é necessariamente o caso de quando eles o chamam pelo termo geral "Senhor" (Marcos 7:28), pela frase "Filho de Davi" (Marcos 10:47) ou quando eles o chamam de "profeta" (Marcos 6:15; 8:28).

— ▪ —

Contudo, embora sendo verdadeiramente homem, Jesus tinha desde o princípio consciência de ser mais que um homem. Com o decorrer do tempo, ele também era cada vez mais reconhecido e confessado como tal por todos os seus discípulos, e isso não é apenas o caso, como alguns dizem, no evangelho de João e nas cartas

[13]Mateus 2:23; Marcos 10:47; João 18:5,7; 19:19; Atos 22:8.

dos apóstolos, mas pode ser claramente lido também nos evangelhos de Mateus, Marcos e Lucas. Afinal, o contraste que os homens em nossos tempos tentam fazer entre o Jesus histórico e o Cristo da igreja é totalmente insustentável. Eles dizem que Jesus não queria ser mais que um israelita piedoso, um gênio religioso, um mestre exaltado da juventude ou um profeta comum como os anteriores. Além disso, toda confissão da igreja feita posteriormente a respeito do Jesus histórico – sua concepção sobrenatural, seu ofício messiânico, sua morte expiatória, sua ressurreição, sua ascensão aos céus, e assim por diante – seria o produto da imaginação e foi acrescentado à figura original do Mestre pelos seus discípulos.

Contra toda essa concepção, existem tantas objeções sérias que não podem ser respondidas por ninguém. Afinal, se todos esses fatos descritos acima são irreais e foram imaginados e impostos sobre a lenda de Jesus, é necessário prover algum tipo de explicação de como os discípulos chegaram a essas invenções e de onde provém o material para essas fábulas artisticamente projetadas. A impressão causada pela personalidade incomum de Jesus não se encaixa nesse tipo de fantasia. Essa impressão, seja a de uma pessoa bem exaltada, não teria um único elemento do Cristo a quem a igreja confessa, portanto esses elementos devem ser buscados – e o são – entre as seitas judaicas da época, entre as religiões gregas, persas, indianas, egípcias ou babilônicas. E, no fim, o cristianismo é destituído de sua independência e singularidade, sendo criado a partir das heresias pagãs e judaicas.

Todavia, além disso, esses três evangelhos foram escritos por homens que tinham a firme convicção de que Jesus era o Cristo, e foram escritos em uma época na qual a igreja já existia por algum tempo, quando a pregação dos apóstolos já se estendia por todos os cantos do mundo conhecido e quando Paulo já havia escrito diversas cartas. Ainda assim, esses Evangelhos foram comumente aceitos e reconhecidos. Não se nota qualquer conflito entre os apóstolos e seus companheiros acerca da pessoa de Cristo, pois todos acreditavam que Jesus era o Cristo; que Deus havia gerado esse Jesus a quem os judeus crucificaram; um Senhor e Cristo; e seu nome concede arrependimento e perdão de pecados (Atos 2:22-38).

Essa fé era o fundamento da igreja cristã desde o princípio. Paulo afirma, em 1Coríntios 15, que o Cristo das Escrituras – o Cristo que morreu – foi sepultado e ressuscitou; e ele era o conteúdo da pregação apostólica e o objeto da fé cristã. Sem esses dois fatos, a nossa pregação e a nossa fé seriam vãs, e a salvação daqueles que dormem em Cristo seria uma ilusão. Há apenas duas opções: ou os apóstolos eram falsas testemunhas de Deus ou eles realmente testificaram e proclamaram aquele que era desde o princípio, aquele que eles viram com seus próprios olhos, que investigaram e apalparam com suas mãos. Da mesma forma, ou Jesus era um falso profeta ou era a testemunha fiel, o primogênito dos mortos e o príncipe dos reis da terra, aquele que nos ama e nos libertou dos nossos pecados pelo seu sangue e nos constituiu reino e sacerdotes para Deus, seu Pai (Apocalipse 1:5,6). Não há conflito entre o Jesus histórico e o Cristo da igreja. O testemunho dos profetas é a revelação e a intepretação – dadas sob a orientação do Espírito Santo – do testemunho do próprio Cristo. A estrutura da igreja repousa sobre o fundamento dos apóstolos e dos profetas, de quem Cristo é a principal pedra, a pedra angular (Efésios 2:20). E ninguém pode lançar outro alicerce além do que já está posto (1Coríntios 3:11).

— ▪ —

Por mais atrativa que a tarefa seja, não há espaço aqui para um relato completo do conteúdo desse testemunho que Cristo deu de si mesmo e que os apóstolos deram do seu Mestre e Senhor. Ainda assim, devemos prestar atenção a alguns exemplos.

Assim como João Batista, Jesus também pregou que o reino dos céus estava próximo e que a cidadania desse reino só seria obtida por meio da fé e do arrependimento (Marcos 1:15).; todavia, a relação posta entre ele e esse reino é muito diferente da que João ou os apóstolos tinham, visto que todos eles profetizaram desse reino (Mateus 11:11-13), mas o reino era de Jesus. É verdade que ele o recebeu do Pai, que o conferiu a ele no conselho eterno (Lucas 22:29). Contudo, é precisamente por isso que o reino *é dele*, sobre o qual – com domínio soberano – ele governa em favor dos seus discípulos. É o Pai que prepara uma festa de casamento para seu Filho (Mateus 22:2), sendo que este é o noivo (Marcos 2:19; João 3:29) e que celebrará seu próprio casamento no futuro com o seu povo (Mateus 25:1). O Pai é o dono da vinha, mas o Filho é o herdeiro (Mateus 21:33,38). Assim,

Jesus chama o reino de Deus de *seu* reino também e fala da *sua* igreja como fundamentada sobre a rocha da sua confissão (Mateus 16:18). Ele é maior que Jonas ou Salomão (Mateus 12:41,42), e, por amor a ele, tudo – pai, mãe, irmãs, irmãos, casas, campos e a própria vida – deve ser abandonado e negado. Aquele que ama o seu pai ou mãe mais do que Jesus não é digno dele, e aquele que o confessa será confessado por ele diante do Pai que está nos céus, do mesmo modo que aquele que o nega será negado.

Todas as suas palavras e obras se alinham com esse lugar elevado que Jesus atribui a si mesmo no reino dos céus, e elas correspondem perfeitamente à vontade do Pai. Jesus é absolutamente sem pecado e nunca confessou um único erro ou transgressão da vontade do Pai. É verdade que ele se permite ser batizado por João, mas não para receber o perdão de pecados (Mateus 3:6). Porque, visto que o seu batismo era um batismo de arrependimento e perdão de pecados, o próprio João protestou para não batizar Jesus, porém este, admitindo a justiça da objeção, ainda a nega dizendo que ele não está se batizando para receber esse perdão de pecados, mas para cumprir toda justiça (Mateus 3:14-15). Além disso, ele questiona o título que o jovem rico lhe atribui: bom mestre (Marcos 10:18), mas não faz isso para negar sua perfeição moral. O jovem rico veio a Jesus da mesma forma que alguém ia aos escribas e fariseus, com toda sorte de saudações e sinais de admiração (Mateus 23:7), pois queria bajular e lisonjear Jesus. Contudo, Jesus não aceita essa bajulação, pois não quer ser saudado e honrado da mesma maneira que os escribas eram. Bom – no sentido absoluto de ser a fonte de todas as bênçãos e de todos os benefícios – apenas Deus é. Consequentemente, Jesus não nega sua perfeição moral aqui, mas protesta contra a bajulação imprudente do jovem rico. No caso do Getsêmani, sua natureza humana vê o sofrimento que o aguarda crescendo diante dele, e ele atesta a sua realidade ao orar que esse cálice seja passado, mas, no mesmo momento, demonstra sua perfeita sujeição e obediência acrescentando: “Não seja como eu quero, mas como tu queres, ó Pai!” (Mateus 26:39).

Mas até nesse momento – seja no Getsêmani ou no Calvário – nenhuma confissão de pecado sai dos seus lábios. Pelo contrário, tudo que ele é, diz e faz está em perfeita consonância com a vontade santa do Pai, e tudo que ele revela em suas palavras e ações sobre Deus e seu reino lhe é dado pelo Pai (Mateus 11:27).

Jesus não ensina como os escribas, com suas minúcias escolásticas, mas como quem tinha total autoridade profética dada pelo próprio Deus (Mateus 7:29), e essa mesma autoridade se manifestou em seus atos. Ele expulsou demônios pelo Espírito de Deus (Mateus 12:28) e pelo dedo de Deus (Lucas 11:20); tem poder para perdoar pecados (Mateus 9:6); tem poder para tirar a própria vida e retomá-la (João 10:18). Jesus recebeu todo esse poder do Pai e justifica todas as suas palavras e obras com a ordem do seu Pai.[14] O seu alimento é fazer a vontade do seu Pai (João 4:34), de forma que ele pode dizer no fim da sua vida que ele glorificou o Pai, manifestou seu nome e completou a sua obra (João 17:4,6). Essa relação entre Jesus e sua pessoa, entre suas palavras e obras, por um lado, e o reino, por outro, é expressa em seu caráter messiânico. Sempre houve muita investigação para saber se Jesus se considerava o Messias prometido e, se sim, como ele chegou a esse entendimento.

Com relação à primeira questão, não pode haver dúvidas naqueles que leem imparcialmente os evangelhos. Podemos mencionar algumas coisas. Na sinagoga em Nazaré, Cristo declarou que a profecia de Isaías estava sendo cumprida naquele dia (Lucas 4:17ss). Quando João Batista perguntou se ele era o Messias, ele respondeu positivamente ao apontar para todas as suas obras (Mateus 11:4ss). A confissão de Pedro é confirmada: “Tu és o Cristo, o Filho do Deus vivo”. E Cristo diz que ela foi uma revelação do seu Pai (Mateus 16:16-17). O pedido da mãe dos filhos de Zebedeu surge a partir da crença de que Jesus é o Messias, e é dessa forma que Jesus a aceita e interpreta (Mateus 20:20). Sua explicação do Salmos 110 (Mateus 22:42), sua entrada em Jerusalém (Mateus 21:2ss), sua visita ao templo (Mateus 21:12ss), a instituição da santa ceia (Mateus 26:26ss) – tudo isso repousa sobre a suposição de que ele é o Messias, o Filho e o Senhor de Davi e que ele pode substituir a antiga aliança com a nova. E, além de tudo isso, podemos apresentar o fato de que apenas a sua confissão de ser o Cristo – o Filho de Deus –poderia ser a razão de os judeus o condenarem à morte (Mateus 14:62). A inscrição da cruz, Jesus, o Nazareno, o Rei dos judeus, valida tudo isso.

Como e de que maneira Jesus passou a ter consciência disso é outra questão. Há uma ideia geral – comumente aceita hoje – de

[14]João 5:19,20,30; 8:26,28,38; 12:50; 17:8.

que Jesus não sabia de nada disso primeiro e que a ideia veio a ele muito depois – após o batismo ou até depois da confissão de Pedro. A suposição é que ele aceitou isso sob pressão ou como uma maneira menos apropriada, porém inevitável, de seu chamado religioso-moral; porém, essa suposição é completamente fora da realidade, oposta ao testemunho da Escritura e à essência da personalidade de Jesus. Com certeza, houve um desenvolvimento da consciência humana de Cristo, porque lemos que ele crescia em sabedoria, estatura e graça diante de Deus e dos homens (Lucas 2:52). Sua percepção humana sobre sua própria pessoa, sobre a obra que o Pai lhe deu e sobre a natureza do reino que ele fundaria foi gradualmente se esclarecendo e se aprofundando na pacata família de Nazaré sob a orientação de sua mãe, com a ajuda das Escrituras do Antigo Testamento.

No entanto, como menino, ele já sabia que devia estar na casa do seu Pai (Lucas 2:49), e, antes que fosse batizado, sabia que não precisava do batismo para o perdão de pecados, mas para ser completamente obediente à vontade do Pai em todas as coisas. Consequentemente, esse batismo não serviu para Jesus romper com um passado pecaminoso, pois ele simplesmente não o tinha. Da sua parte, foi uma entrega e consagração total à obra conferida a ele pelo Pai; da parte de Deus, foi uma capacitação total para essa obra. João o reconhece imediatamente como o Messias e, no dia seguinte, os discípulos escolhidos também o reconhecem (João 1:29-52).

—— ▪ ——

Contudo, essa confissão era, por assim dizer, preliminar, pois não era o que deveria ser, nem o que viria a ser, visto que estava associada a toda sorte de erro sobre a natureza do Messias. Assim, os discípulos tinham em mente que Jesus seria um Messias como os judeus da época geralmente pensavam: um rei que venceria as nações pagãs pela guerra e colocaria Israel como governante de todas elas. Após seu ministério público, quando Jesus não correspondeu a essa expectativa, até João Batista chegou a duvidar (Mateus 11:2ss). E os discípulos precisavam ser constantemente corrigidos e instruídos por Jesus sobre esse ponto. A expectativa judaica do Messias estava tão profundamente arraigada na alma, que, até após a ressurreição, eles perguntaram a Jesus se ele restauraria o reino para Israel (Atos 1:6).

Essas concepções equivocadas, presentes até no círculo dos apóstolos, fizeram necessário que Jesus seguisse uma linha pedagógica específica de interpretação. Sabemos que ele, no primeiro período do seu ministério, nunca disse explicitamente que era o Cristo. O conteúdo da sua pregação consistia no reino dos céus; e ele explica a natureza, a origem, o processo e o cumprimento desse reino especialmente por meio de parábolas. E suas obras são obras de misericórdia: curando toda sorte de doenças entre o povo. Essas obras testificam dele. E, por meio delas, os seus discípulos e João Batista devem se decidir sobre quem ele é e qual seria o caráter do messias. Podemos afirmar mais claramente: é como se ele ser o Messias fosse um segredo que não poderia vir a público. Mais de uma vez, suas obras fizeram com que outros pensassem ser ele o Cristo, porém ele ordenou que não o contassem a ninguém.[15] Na verdade, até quando, no final da sua vida, seus discípulos passaram a conhecê-lo melhor e Pedro o confessa como o Cristo, o Filho do Deus vivo, ele ordena diretamente que eles não contem isso para ninguém (Mateus 16:20; Marcos 8:30). Jesus era o Cristo, mas era muito diferente do que os judeus da época pensavam que ele deveria ser. Ele não queria, nem poderia, ser o Messias aguardado pelos judeus. Quando percebeu que estavam prestes a levá-lo à força para proclamá-lo rei, se retirou rapidamente (João 6:14-15). Ele era e queria ser o Messias, mas em harmonia com a vontade e o conselho do Pai, segundo a profecia do Antigo Testamento.

É por isso que ele escolhe como seu título favorito o nome peculiar de "Filho do Homem", título este que sai dos seus lábios repetidamente nos evangelhos. O nome é derivado de Daniel 7:13, quando os reinos do mundo são apresentados na forma de animais, mas o domínio de Deus vem na forma do Filho do Homem. A passagem, em alguns círculos judaicos, também foi interpretada em um sentido messiânico. Assim, o nome era conhecido, pelo menos por alguns, como uma designação para o Messias (João 12:34). Ainda assim, o termo parece não ter sido comum e não tinha um significado fixo. Nenhuma expectativa terrena poderia ser conectada com esse nome da mesma forma que os nomes de Filho de Davi e Rei de Israel. Portanto, esse nome era o mais adequado para Jesus, porque

[15]Mateus 8:4; 9:30; 12:16; Marcos 1:34-44; 3:12; 5:43; 7:36; 8:26; Lucas 5:13.

ele manifestava, por um lado, a ideia de que era o Messias prometido; e, por outro lado, a noção de que não concordava com a ideia predominante do povo judeu.

Isso pode ser provado pelo uso que Jesus faz do nome. Ele usa esse título em referência a si mesmo em duas ocasiões: em textos sobre sua pobreza, seu sofrimento e sua humilhação; e em textos sobre seu poder, sua majestade e sua exaltação. Assim, por exemplo, ele diz em relação ao primeiro tipo: "O Filho do Homem não veio para ser servido, mas para servir e para dar a vida em resgate de muitos" (Mateus 20:8). E, com relação ao segundo tipo, ele declara perante o sinédrio que ele é, de fato, o messias, e acrescenta: "vereis o Filho do Homem assentado à direita do Poderoso, vindo sobre as nuvens do céu" (Mateus 26:64). Assim, podemos comparar passagens como Mateus 8:20; 11:19; 12:40; 17:12; 18:11 e 20:18 com outras passagens como Mateus 9:6; 10:23; 12:8; 13:41; 16:27; 17:9; 19:28; 24:27 e 25:13. Jesus se caracteriza por esse nome em seu caráter messiânico completo – em sua humilhação e exaltação, graça e poder, como Salvador e como Juiz.

E, nesse nome, ele abrange toda a profecia do Antigo Testamento no tocante ao Messias, e, como indicamos anteriormente, essa expectativa se desenvolveu em duas direções: naquela do Rei ungido da casa de Davi e naquela do Servo Sofredor do Senhor. Em geral, essas duas linhas correm paralelas ao longo do Antigo Testamento, mas em Daniel elas se encontram. O reino de Deus será, no sentido verdadeiro e completo, um domínio, mas ele será um domínio humano – o domínio do Filho do Homem. Assim, Jesus agora também diz que ele certamente é um Rei – o Rei de Israel, o Rei prometido e ungido de Deus. Ainda assim, ele é diferente do rei esperado pelos judeus. Ele é um Rei que vem montado em um jumentinho, um Rei de justiça e paz, um Rei que também é sacerdote, um Rei que também é salvador. Poder e amor, justiça e graça, exaltação e humildade, Deus e homem se unem nele.

Ele é o cumprimento perfeito de toda a lei e profecia do Antigo Testamento, de todo sofrimento e de toda glória que foi preparada e prefigurada em Israel; a contraparte de reis e sacerdotes em Israel; a contraparte de todo o povo de Israel, que deveria ser um reino sacerdotal e um sacerdócio santo. Ele é o Rei-Sacerdote e o Sacerdote-Rei, Emanuel, Deus conosco. Portanto, o reino que ele veio pregar e estabelecer é, simultaneamente, interno e externo, invisível e visível, espiritual e físico, presente e futuro, particular e universal, celestial e terreno, vindo do céu e já existindo sobre a terra. E Jesus retornará. Ele veio para preservar o mundo para salvá-lo; e ele retornará para julgá-lo.

Outra característica deve ser acrescentada a essa imagem de Jesus de acordo com os evangelhos: ele tem consciência de ser o Filho de Deus em um sentido muito especial.

No Antigo Testamento, esse nome – Filho de Deus – também foi usado por anjos (Jó 38:7), para o povo de Israel,[16] para juízes (Salmos 82:6) e para reis.[17] No Novo Testamento, Adão é chamado de filho de Deus (Lucas 3:38); os filhos de Deus também são chamados assim (2Coríntios 6:18); e o nome é especialmente dado a Cristo. De várias formas e por várias pessoas, ele é nomeado assim: por João Batista e por Natanael (João 1:34,49), por Satanás e os endemoniados,[18] pelo sumo sacerdote, pela multidão de judeus e o centurião (Mateus 26:63; 27:40,54), pelos discípulos (Mateus 14:33; 16:16) e pelos evangelistas (Marcos 1:1; João 20:31). É verdade que Jesus geralmente não se chama por esse nome, mas, ainda assim, ele aceitava essa confissão da sua filiação divina sem protestar e, em outras ocasiões, ele claramente declara que é o Filho de Deus.[19]

Naturalmente, sabemos que tais pessoas, ao chamarem Jesus de Filho de Deus, não usaram essa expressão em um sentido profundo. Essa designação não teve o mesmo significado nos lábios do centurião (Mateus 27:54), do sumo sacerdote (Mateus 26:63) e de Pedro (Mateus 16:16). O centurião era um pagão e não chamou Jesus de o Filho de Deus, mas de um filho de Deus. O sumo sacerdote estava pensando especificamente na identidade messiânica, porque ele estava questionando se Jesus era o Cristo, o Filho de Deus. No entanto, quando Pedro, que conviveu bastante tempo com Jesus, enfaticamente o confessa como o Cristo, o Filho do Deus vivo, que

[16]Êxodo 4:22; Deuteronômio 14:1; Isaías 63:8; Oseias 11:1.
[17]2Samuel 11:14; Salmos 2:7; Salmos 89:27-28.
[18]Mateus 4:3; 8:29; Marcos 3:11.
[19]Mateus 16:16-17; 26:63-64; 27:40,43.

tem as palavras de vida eterna, sem dúvida existe um significado mais profundo em sua declaração do que nas dos outros – um significado que os discípulos, após a ressurreição, passaram a entender gradualmente de forma mais profunda e rica.

É verdade que, em um sentido veterotestamentário e teocrático, Jesus também pode ser designado por esse nome, ou seja, Filho de Deus. Como o Rei ungido de Deus, ele pode e deve ser chamado de Filho de Deus. Ele é o Filho do Altíssimo, a quem o Senhor Deus dará o trono do seu pai Davi (Lucas 1:32). Ele é a santa semente, que nasceu de Maria (Lucas 1:35); o Santo de Deus, como o homem possesso o chamou (Marcos 1:24). Ele é o Filho do Deus bendito, como o sumo sacerdote o chamou (Marcos 14:61). Porém, essa filiação teocrática tem um significado mais profundo em Jesus do que essas pessoas entendiam; e nele essa filiação surge de uma relação diferente com o Pai. Ele se tornou o Filho de Deus não apenas por ser concebido sobrenaturalmente em Maria (Lucas 1:35); nem porque recebeu o Espírito Santo sem medida no batismo (Mateus 3:16); e nem mesmo em virtude da sua ressurreição (Atos 2:36). É verdade que, nessas ocasiões, ele foi reconhecido e saudado pelo Pai como Filho, mas sua dignidade messiânica não começou lá. Foi muito antes. E a Escritura nos ensina que Jesus não é chamado de Filho de Deus por ser o Rei ungido de Israel, o Messias. É exatamente o contrário. Ele foi feito Rei por Deus, porque já era o Filho de Deus em um sentido inteiramente único.

Não há nenhuma dúvida de que em outras passagens da Escritura ele é apresentado dessa maneira. Já em Miqueias 5:2, lemos que as origens do governante de Israel são desde os tempos antigos, desde os dias da eternidade. Em Hebreus 1:5 e 5:5, o Salmos 2:7, "Hoje te gerei", é explicado por meio da referência à eternidade na qual Cristo, como o Filho, como o resplendor da sua glória e a representação exata do seu Ser, foi gerado do Pai. E, em Romanos 1:4, o apóstolo afirma que Cristo é poderosamente *declarado* como o Filho de Deus pela ressurreição dos mortos. Ele era, em um sentido especial, o Filho de Deus desde a eternidade,[20] mas, em sua concepção sobrenatural, seu batismo e sua ressurreição, isso se tornou mais e mais aparente.

Encontramos esse mesmo ensinamento nos evangelhos de Mateus, Marcos e Lucas. Jesus tem plena consciência de estar em

[20]Romanos 8:32; Gálatas 4:4; Filipenses 2:6.

um relacionamento, com o Pai, que é essencialmente diferente de qualquer outro. Desde criança, ele sabia que devia estar na casa do seu Pai (Lucas 2:49). Em seu batismo e após a transfiguração, Deus declara abertamente, por meio de uma voz dos céus, que ele é o seu Filho Unigênito amado, em quem ele se agrada (Mateus 3:17; 17:5).

Ele fala de si mesmo como o Filho exaltado acima dos anjos (Mateus 24:36; Marcos 13:32). Outros homens enviados por Deus são apenas servos, mas ele é o único Filho, o Filho amado do Pai e seu herdeiro (Marcos 12:6-7). O seu reino foi dado a ele pelo Pai (Lucas 22:29). Ele envia a seus discípulos a promessa do seu Pai (Lucas 24:49). E um dia ele virá na glória do seu Pai (Marcos 8:38). Ele nunca fala do nosso Pai, mas sempre do seu Pai e, consequentemente, põe a oração do Pai nosso nos lábios dos seus discípulos (Mateus 6:9). Em suma, ele é o Filho (Marcos 13:32), enquanto todos os seus discípulos são filhos do Pai (Mateus 5:45). Todas as coisas são entregues a ele pelo Pai, porque ninguém conhece o Filho, senão o Pai; e ninguém conhece o Pai, senão o Filho e aquele a quem o Filho o quiser revelar (Mateus 11:27). E, após a ressurreição, ele dá aos discípulos o mandato de ensinar todas as nações, batizando-os em nome do Pai, do Filho e do Espírito Santo, ensinando-lhes a obedecer a todas as coisas que ele os ordenou (Mateus 28:19).

O evangelho de João não acrescenta nada de essencialmente novo a isso, mas desenvolve de forma mais profunda e ampla. Nesse evangelho, o nome Filho de Deus às vezes também tem um sentido teocrático,[21] mas geralmente tem um significado mais profundo. Não apenas Jesus é frequentemente chamado de Filho de Deus por outras pessoas (João 1:34,50; 6:69), mas ele também se chama assim.[22] E ele se chama mais ainda de Filho, sem acrescentar qualquer outra qualificação. Assim, ele atribui a si o poder para fazer maravilhas (9:35; 11:4), para ressuscitar os mortos (5:20ss) – tanto espiritual quanto fisicamente – e, como os judeus entenderam, ele se igualou a Deus (5:18; 10:33ss). Consequentemente, ele falou do Pai e de si mesmo como o Filho de uma maneira tão íntima, que esses discursos são apropriados apenas se Deus for seu Pai em um sentido muito especial (5:18). Tudo que ele atribui ao Pai, atribui a si. O Pai lhe deu

[21]João 1:34,50; 11:27; 20:31.
[22]João 5:25; 9:35; 10:36; 11:4.

poder sobre toda carne (17:2), de modo que o destino de todos os homens depende do relacionamento no qual se colocam perante ele (3:17; 6:40). Como o Pai, ele ressuscita e concede vida a quem ele quer (5:21); julga a todos (5:27); faz tudo o que o Pai faz (5:19); e recebeu do Pai o poder para ter vida em si mesmo (5:26). Ele e o Pai são um (10:30). Ele está no Pai e o Pai está nele (10:38). Ver o Filho é ver o Pai (14:9). É verdade que o Pai é maior que ele (14:28), pois o Pai o enviou, como Jesus várias vezes declara (5:24,30,37). Contudo, isso não nega o fato de que ele partilhava da glória de Deus desde antes da encarnação e que ele retornará depois nela (17:5). Sua filiação não é baseada em sua missão, mas sua missão é baseada em sua filiação.[23] Portanto, ele é o Filho, o Filho Unigênito,[24] o Filho Unigênito do Pai (1:14); a Palavra que no princípio estava com Deus e era Deus (1:1), o Salvador do mundo (4:42), a quem Tomé confessou como seu Senhor e Deus (20:28).

[23]João 3:16,17,35; 5:20; 17:24.
[24]João 1:18; 3:16; 1João 4:9.

16. As duas naturezas de Cristo

A pregação dos apóstolos desenvolve e confirma o testemunho bíblico que Cristo deu de si mesmo. A confissão de que um homem – chamado Jesus – é o Cristo e o Filho Unigênito do Pai vai de encontro à nossa experiência, a todo o nosso entendimento e especialmente a todas as inclinações do nosso coração. Ninguém pode crer com toda sua alma sem a ação persuasiva do Espírito Santo. Por natureza, todos são inimigos dessa confissão, porque ela não é natural ao homem, e ninguém pode confessar que Jesus é o Senhor, a não ser pelo Espírito Santo. E ninguém, falando pelo Espírito de Deus, pode dizer: "Maldito seja Jesus!". Ele deve reconhecê-lo como seu Salvador e Rei (1Coríntios 12:3).

Por isso, quando Cristo vem à terra e confessa ser o Filho de Deus, ele não para por aí. Antes, teve e continua tendo o cuidado para que essa confissão seja aceita no mundo e para que a igreja creia nela. Ele chamou seus apóstolos, os instruiu e lhes constituiu testemunhas de suas palavras e ações, de sua morte e ressurreição. Ele lhes deu o Espírito Santo, o qual levou cada um a crer que Jesus era o Cristo, o Filho do Deus vivo (Mateus 16:16). A partir do dia de Pentecostes, ele lhes fez pregadores daquilo que viram, ouviram e apalparam, a respeito do Verbo da vida (1João 1:1). Na verdade, os apóstolos não eram testemunhas reais. O Espírito da verdade, procedente do Pai, é a testemunha original, infalível e onipotente de Cristo. Os apóstolos são testemunhas somente nele e por meio dele (João 15:26; Atos 5:32), e é esse mesmo Espírito da verdade que, por meio do testemunho dos apóstolos, leva e preserva a igreja de todas as eras na seguinte confissão: "Senhor, para quem iremos? Tu tens as palavras de vida eterna. E nós cremos e sabemos que tu és o Santo de Deus" (João 6:68-69).

Quando os quatro evangelhos relatam, em ordem regular, os eventos da vida de Jesus, eles geralmente se referem a ele simplesmente pelo nome de Jesus, sem qualquer outra qualificação ou acréscimo. Eles nos dizem que Jesus nasceu em Belém, que foi levado para o deserto, que viu a multidão e foi para o monte, e assim por diante. Jesus, a pessoa histórica que viveu e morreu na Palestina, é o objeto dessa crônica. Da mesma forma, igualmente encontramos nas epístolas dos apóstolos Jesus designado algumas vezes simplesmente pelo seu nome histórico. Por exemplo, Paulo afirma que ninguém diz que *Jesus* é o Senhor, a não ser pelo Espírito Santo (1Coríntios 12:3). João testifica que aquele que crê que *Jesus* é o Cristo é nascido de Deus (1João 1:5; compare com 2:22; 4:20). E, no livro de Apocalipse, lemos acerca da fé de Jesus e das testemunhas de *Jesus*.

Ainda assim, nas epístolas dos apóstolos, o uso desse nome sem outra qualificação é raro. Geralmente o nome ocorre ao lado de: Senhor, Cristo, Filho de Deus e outras designações, e o nome completo geralmente é: Nosso Senhor Jesus Cristo. Porém, independentemente de o nome de Jesus ser usado sozinho ou em conexão com outros nomes, refere-se à pessoa histórica que nasceu em Belém e morreu na cruz.

Todo o Novo Testamento repousa sobre o fundamento de eventos históricos. A figura de Cristo não é uma ideia nem um ideal da mente humana, como muitos no passado defendiam e alguns em nosso tempo declaram, mas é uma figura real que se manifestou em um período particular e em uma pessoa particular – no homem Jesus.

É verdade que vários eventos na vida de Jesus não são enfatizados nas epístolas, visto que estas têm um propósito diferente dos evangelhos. Elas não relatam a história da vida de Jesus, mas apontam para o significado que essa vida tem para a redenção da humanidade. No entanto, todos os apóstolos tinham familiaridade com a pessoa e a vida de Jesus; conheciam suas palavras e seus feitos; e nos mostram que esse Jesus é o Cristo, exaltado por Deus à sua destra, a fim de conceder arrependimento e perdão de pecados (Atos 2:36; 5:31).

Em suas epístolas, os apóstolos frequentemente mencionam a vida de Jesus, e o expõem diante dos olhos dos seus leitores (Gálatas 3:1); enfatizam o fato de que João Batista era o seu arauto e precursor

(Atos 13:25; 19:4), que ele veio da casa de Judá e da descendência de Davi (Romanos 1:3; Apocalipse 5:5; 22:16), que ele nasceu de uma mulher (Gálatas 4:4), que foi circuncidado no oitavo dia (Romanos 15:8) que veio de Nazaré (Atos 2:22; 3:6) e que ele tinha irmãos (1Coríntios 9:5; Gálatas 1:19). Eles nos dizem que ele era perfeitamente santo e sem pecado,[1] que se apresentou como um exemplo para nós (1Coríntios 11:1; 1Pedro 2:21) e que falou palavras que têm autoridade para nós (Atos 20:35; 1Coríntios 7:10-12). Contudo, a sua morte é de especial importância, e a cruz está no centro da pregação apostólica. Traído por um dos seus doze apóstolos (1Coríntios 11:23; 1Coríntios 15:5); não reconhecido pelos príncipes deste mundo como o Senhor da glória (1Coríntios 2:8); ele foi morto pelos judeus (Atos 4:10; 5:30; 1Tessalonicenses 2:15) no madeiro maldito da cruz.[2] Todavia, embora tenha sofrido profundamente no Getsêmani e no Calvário,[3] ele alcançou, pelo derramamento do seu sangue, a reconciliação e uma justiça eterna.[4] E, portanto, Deus o exaltou à sua destra e o designou Senhor e Cristo, Príncipe e Salvador para todas as nações.[5]

— ▪ —

Desses poucos dados, é evidente que os apóstolos não negaram, ignoraram ou negligenciaram os fatos do cristianismo, mas sim os honraram completamente e penetraram no seu significado espiritual. Nenhum vestígio de separação ou conflito se encontra neles entre o evento redentivo e a palavra redentiva, ainda que alguns o tentem postular. O evento redentivo é a realização da palavra redentiva; na palavra, o evento assume sua forma real e concreta, e é, ao mesmo tempo, sua iluminação e intepretação.

Se resta qualquer dúvida quanto a isso, ela é sanada completamente em virtude da luta travada pelos apóstolos em seus dias. Não foi somente no século II que apareceram homens que consideravam os fatos do cristianismo de importância temporária e subordinada, ou que simplesmente os ignoravam completamente. Tais homens já

[1]2Coríntios 5:21; Hebreus 7:26; 1Pedro 1:11; 2:22; 1João 3:5.
[2]Gálatas 3:13; Colossenses 2:14.
[3]Filipenses 2:6; Hebreus 5:7-8; 12:2; 13:12.
[4]Romanos 3:25; 5:9; Colossenses 1:20.
[5]Atos 2:32,33,36; 5:30-31; Romanos 8:34; 1Coríntios 15:20; Filipenses 2:9.

existiam no período apostólico. Que diferença faz, argumentavam, se o Cristo ressuscitou dentre os mortos fisicamente? Se ele apenas vive em espírito, nossa salvação está suficientemente garantida! Mas o apóstolo Paulo pensava bem diferente. Em 1Coríntios 15, ele apresentou a realidade e a importância da ressurreição da maneira mais clara possível. Ele prega Cristo *de acordo com as Escrituras*, o Cristo que, de acordo com o conselho do Pai, morreu, foi sepultado e ressuscitou; após a sua ressurreição, ele foi visto por muitos discípulos, e essa ressurreição é o fundamento e a certeza da nossa salvação. E João enfatiza ainda mais que ele declara o que viu com seus olhos e apalpou com suas mãos, a respeito do Verbo da vida (1João 1:1-3). O princípio do anticristo é que ele nega a encarnação do Verbo; e a confissão cristã, em contrapartida, consiste em crer que o Verbo se fez carne, que o Filho de Deus veio por meio da água e do sangue (João 1:14; 1João 3:2-3; 5:6). Toda a pregação apostólica das epístolas e dos evangelhos – portanto, de todo o Novo Testamento – resume-se nisto: *Jesus*, nascido de Maria e crucificado, é o *Cristo*, o Filho de Deus.[6]

Agora, com relação ao conteúdo e propósito da pregação apostólica, percebemos que o uso do nome *Jesus*, sem qualquer qualificação, é raro nas epístolas. Geralmente, os apóstolos falam de Jesus Cristo, de Cristo Jesus ou até de *nosso* Senhor Jesus Cristo. Até os evangelhos, que falam bastante de Jesus, usam, no começo ou em um ponto divisor de águas do seu evangelho, o nome completo de Jesus Cristo.[7] Isso indica quem é a pessoa sobre quem estão escrevendo seus evangelhos. Em Atos e nas epístolas, esse uso se torna predominante. Os apóstolos falam de um homem cujo nome era Jesus, mas, ao acrescentar os termos Cristo e Senhor, eles manifestam quem esse homem é. Eles são pregadores do evangelho em que, no homem Jesus, o Cristo de Deus se manifestou sobre a terra.

Assim, durante o seu convívio com ele, eles gradativamente aprenderam a conhecê-lo. E, especialmente após aquela hora importante em Cesareia de Filipe, uma luz raiou sobre eles com relação à pessoa de Jesus; e todos confessaram com Pedro que ele era o Cristo, o Filho do Deus vivo (Mateus 16:16). Assim, Jesus se revelou a eles,

[6]João 20:31; 1João 2:22; 4:15; 5:5.
[7]Mateus 1:1,18; 16:20; Marcos 1:1; João 1:17; 17:3.

primeiro mais ou menos oculto sob o título de *Filho do Homem*, mas gradativamente de forma mais clara, conforme o fim da sua vida se aproximava. Na oração sacerdotal, ele se designa pelo nome de Jesus Cristo a quem o Pai enviou (João 17:3). Precisamente por ter se entregado para ser o Cristo, o Filho de Deus, a corte judaica o acusou de blasfêmia e o condenou à morte (Mateus 26:63). E a inscrição acima da sua cruz dizia: Jesus de Nazaré, o Rei dos judeus (Mateus 27:37; João 19:19).

É verdade que os discípulos não podiam reconciliar essas reivindicações messiânicas de Jesus com a sua paixão e morte iminentes (Mateus 16:22), mas, na ressurreição (e depois dela), eles aprenderam a necessidade e o significado da cruz. Agora, eles reconhecem que Deus, pela ressurreição, tornou Jesus Senhor e Cristo e o exaltou para ser Príncipe e Salvador (Atos 2:36; 5:31). Isso não significa dizer que, antes da sua ressurreição, Jesus não era Cristo e Senhor e que ele se tornou isso somente depois da ressurreição. Jesus já tinha se proclamado Cristo antes, e seus discípulos o reconheceram como tal e o confessaram (Mateus 16:16). Mas, antes da ressurreição, ele era o Messias na forma de servo, em uma forma que escondia dos olhos dos homens a sua dignidade como Filho de Deus. A partir da ressurreição, ele deixou de lado essa forma de servo e reassumiu a glória que tinha com o Pai antes da fundação do mundo (João 17:5). E, portanto, ele foi declarado Filho de Deus em poder, de acordo com o espírito de santidade que habitava nele (Romanos 1:3).

Por essa razão, Paulo pode dizer que ele não mais conhece Cristo de acordo com os padrões humanos (2Coríntios 5:16). Antes do seu arrependimento, ele apenas conhecia Cristo de acordo com os padrões humanos; julgava-o apenas pela sua aparência externa, de acordo com a forma de servo na qual caminhou sobre a terra. Desse modo, Paulo não podia acreditar que esse Jesus, sem qualquer glória e que até foi crucificado e morto, era o Cristo. Porém, com a sua conversão, tudo isso mudou, e agora ele conhece e julga Cristo não pela sua aparência, não pelas suas formas externas, temporárias e servis; mas de acordo com o Espírito presente em Cristo, segundo o que ele realmente era internamente e, em sua ressurreição, comprovou-se externamente.

E o mesmo pode ser dito de todos os apóstolos. É verdade que, antes da paixão e morte de Cristo, eles tinham sido levados a crer na sua realidade messiânica, mas, em sua mente, a sua paixão e morte não se encaixavam nessa realidade. Contudo, a ressurreição resolveu esse conflito. Na visão deles, ele ainda era o mesmo Cristo que desceu ao Hades e subiu ao mais alto céu para preencher todas as coisas (Efésios 4:9). Ao falar de Cristo, os apóstolos pensavam no Cristo morto e ressuscitado, o Cristo crucificado e glorificado. Eles conectaram o evangelho não apenas com o Jesus histórico, que viveu alguns anos antes na Palestina e morreu, mas também com o mesmo Jesus que foi exaltado e está assentado à destra de Deus. Eles estão, por assim dizer, no ponto de intersecção da linha horizontal, que se liga ao passado e à história, e da linha vertical, que os conecta com o Senhor vivo no céu. Portanto, o cristianismo é uma religião histórica, mas, ao mesmo tempo, uma religião que ainda vive no presente e por toda a eternidade. Os discípulos de Jesus não são, de acordo com o nome histórico dele, "Jesuítas"; mas são, de acordo com o seu ofício, cristãos.

——▪——

Essa posição peculiar que os apóstolos assumiram em suas pregações após a ressurreição é a razão pela qual eles não se referiam a ele apenas pelo nome histórico de Jesus, mas quase sempre o chamavam de Jesus Cristo, Cristo Jesus, nosso Senhor Jesus Cristo, e assim por diante. Na verdade, o nome Cristo logo perdeu o seu significado original no círculo dos apóstolos e passou a ser um nome próprio. A convicção de que Jesus era o Cristo era tão forte, que ele poderia simplesmente ser chamado de Cristo, e isso ocorre algumas vezes até nos evangelhos.[8] Mas com os apóstolos – e particularmente com Paulo – isso passa a ser a regra. Além disso, os dois nomes – Jesus e Cristo – tiveram por várias vezes sua ordem invertida, especialmente por Paulo, no intuito de enfatizar ainda mais a realidade messiânica de Cristo e, assim, o nome se tornou Cristo Jesus. Essa designação, Jesus Cristo ou Cristo Jesus, era o nome preeminente para as igrejas primitivas. O uso e significado do nome no Antigo Testamento é transferido para Cristo no Novo. O Nome do Senhor era, no Antigo Testamento, a denominação da glória revelada de Deus; todavia, nos

[8]Mateus 8:2,6,21; 15:22; 17:15; e em outras passagens.

dias do Novo Testamento, essa glória se manifestou na pessoa de Jesus Cristo; e, assim, a força da igreja agora está nesse nome. Nesse nome, os apóstolos batizaram (Atos 2:38), falaram e ensinaram (Atos 4:18), curaram os aleijados (Atos 3:6) e perdoaram pecados (Atos 10:43). Esse nome sofreu violência e oposição (Atos 26:9). A confissão desse nome traz sofrimento (Atos 5:41). Esse nome é invocado (Atos 22:8) e exaltado (Atos 19:17). Nesse sentido, o nome de Jesus Cristo era um tipo de compêndio da confissão da igreja, a força de sua fé e a âncora de sua esperança. Assim como Israel dos tempos antigos se gloriava no nome de Jeová, da mesma forma a igreja do Novo Testamento encontra sua força no nome de Jesus Cristo. Nesse nome, o nome de Jeová alcançou a sua revelação completa.

O nome *Senhor*, que no Novo Testamento é constantemente conectado com o de Jesus Cristo, aponta para a mesma direção. Nos evangelhos, Jesus é chamado pelo nome de Senhor diversas vezes por pessoas que não eram seus discípulos, mas, ainda assim, procuravam sua ajuda; nesses casos, o nome geralmente não carrega maior significado que o de Rabi ou Mestre. Entretanto, também encontramos esse nome na boca dos discípulos.[9] Além disso, nos relatos dos evangelhos de Lucas e João, o nome de Jesus às vezes é intercalado com o de Senhor.[10] E, por fim, o próprio Jesus também faz uso desse nome ao se apresentar como o Senhor.[11]

Na boca do próprio Jesus e dos discípulos, esse nome Senhor assume um significado muito mais profundo do que o contido no título de *Rabi* ou *Mestre*. Não podemos afirmar com certeza o que todos aqueles que vieram a Jesus buscando ajuda e o chamaram pelo nome de Senhor queriam dizer, mas Jesus era, em sua própria consciência, o professor, o mestre, o Senhor, e ele atribuiu uma autoridade para si que ia muito além da dos escribas. Isso é evidente em diversas passagens, como Mateus 23:1-11; Marcos 1:22,27, nas quais Jesus se exalta como o único Mestre acima de todos os outros. Contudo, isso se expressa de forma muito mais resoluta quando ele se intitula Senhor do Sábado (Mateus 12:8) e quando afirma ser o Filho e Senhor de Davi (Mateus 22:43-45). Nessas reivindicações, podemos ter a certeza de que ele é o Messias, o qual

[9]Mateus 14:28,30; 26:22; 11:3; 21:15,16,17,21.
[10]Lucas 1:43; 2:11,38; 7:13,31; 10:1; 11:39; 17:6; João 4:1; 6:23; 11:2; 20:2,13,18,25,28.
[11]Mateus 7:21; 12:8; 21:3; 22:43-45; Marcos 5:19; João 13:14.

está assentado à destra de Deus, é participante de seu poder e que julgará os vivos e os mortos.[12]

Esse significado profundo atrelado ao nome do Senhor deve-se, em parte, ao fato de que os nomes Jeová e Adonai, do Antigo Testamento, foram traduzidos pelo grego *kurios* – Senhor – no Novo Testamento, isto é, pela mesma palavra aplicada a Cristo. Conforme Cristo explicava cada vez mais claramente quem era; e conforme os discípulos entendiam cada vez melhor a revelação de Deus em Cristo, o nome Senhor assumiu gradualmente um significado mais rico. Textos do Antigo Testamento em que Deus era mencionado foram aplicados sem hesitação a Cristo no Novo. Assim, em Marcos 1:3, o texto de Isaías, "Preparai o caminho do Senhor, endireitai suas veredas", é mencionado e aplicado à preparação feita por João Batista. Em Cristo, o próprio Deus, o Senhor, veio ao seu povo. E os discípulos, ao confessarem Jesus como Senhor, expressaram de forma cada vez mais clara que o próprio Deus se revelou e se doou a eles na pessoa de Cristo. É Tomé quem eleva o clímax dessa confissão durante a estadia de Jesus na terra, quando se prostra aos pés do Cristo ressurreto e o chama de: "Meu Senhor e meu Deus" (João 20:28).

Após a ressurreição, o nome Senhor tornou-se comum para Jesus no círculo apostólico, e tal fato ocorre diversas vezes em Atos e nas epístolas, especialmente naquelas de Paulo. Às vezes, o nome Senhor é usado sozinho, mas geralmente é combinado com outras designações: o Senhor Jesus, Senhor Jesus Cristo, nosso Senhor Jesus Cristo ou nosso Senhor e Salvador Jesus Cristo, e assim por diante. Ao usar Senhor, os cristãos expressam que Jesus Cristo, que foi humilhado até a morte de cruz por causa da sua perfeita obediência, foi exaltado para ser Senhor e Príncipe (Atos 2:35; 5:31) e está sentado à destra de Deus (Atos 2:34). Ele é Senhor sobre todos (Atos 10:36): primeiro da igreja comprada por seu sangue (Atos 20:28) e, depois, de toda a criação, que ele julgará no futuro como Juiz dos vivos e dos mortos (Atos 10:42; 17:31).

Portanto, todo aquele que invocar o nome de Jesus como Cristo e Senhor será salvo (Atos 2:21; 1Coríntios 1:2). Ser cristão é confessar com a boca e crer com o coração que Deus o ressuscitou dentre os

[12]Mateus 21:4,5; 13:35; 24:42ss; 25:34ss.

mortos.[13] O conteúdo da pregação é: Cristo Jesus, o Senhor (2Coríntios 4:5). A essência do cristianismo se resume tão completamente nessa confissão, que, nas epístolas de Paulo, o nome Senhor quase passa a ser usado como nome próprio de Cristo em sua distinção do Pai e do Espírito. Como cristãos, temos um Deus, o Pai, de quem são todas as coisas e para quem vivemos; e um só Senhor, Jesus Cristo, pelo qual todas as coisas existem e por meio de quem também existimos; e um só Espírito, que realiza todas essas coisas, distribuindo-as individualmente conforme deseja (1Coríntios 8:6; 12:11). Assim como o nome "Deus", nas epístolas de Paulo, se torna o nome interno do Pai, o nome "Senhor" se torna o nome interno de Cristo.

Consequentemente, a bênção apostólica pede para que a igreja tenha a graça do Senhor Jesus Cristo, o amor de Deus e a comunhão do Espírito Santo (2Coríntios 13:13). O único nome de Deus se interpreta nas três pessoas do Pai, do Filho e do Espírito (Mateus 29:19).

—— ▪ ——

Se Cristo, de acordo com o testemunho dos apóstolos, ocupa um lugar tão elevado, não é de se admirar que toda sorte de atributos e obras divinas lhe seja atribuída; além disso, vemos que até a natureza divina é reconhecida nele.

A figura da pessoa de Cristo na Escritura é singular. Por um lado, ele é verdadeiramente homem, pois se fez carne e veio em carne (João 1:14; João 4:2-3); ele tinha a semelhança da carne pecaminosa (Romanos 8:3). Ele é descendente dos patriarcas (Romanos 9:5), da descendência de Abraão (Gálatas 3:16), da linhagem de Judá (Hebreus 7:14) e da geração de Davi (Romanos 1:3). Ele nasceu de uma mulher (Gálatas 4:4), compartilhou da nossa carne e sangue (Hebreus 2:14), tinha um espírito (Mateus 27:50), uma alma (Mateus 26:38), um corpo (1Pedro 2:24) e era completa e verdadeiramente humano. Como criança, ele cresceu em espírito, sabedoria, estatura e em graça diante de Deus e dos homens (Lucas 2:40,52). Ele teve fome e sede, tristeza e felicidade; era comovido pela emoção e afetado pela raiva.[14] Ele se colocou sob a lei, sendo obediente até a morte.[15]

[13]Romanos 10:9; 1Coríntios 12:3; Filipenses 2:11.
[14]Mateus 4:2; João 11:35; 19:28; e em outras passagens.
[15]Gálatas 4:4; Filipenses 2:8; Hebreus 5:8; 10:7,9.

Ele sofreu, morreu na cruz e foi sepultado em um jardim. "Ele não tinha formosura nem beleza. Quando olhávamos para ele, não víamos beleza alguma para que o desejássemos. Foi desprezado e rejeitado pelos homens; homem de dores e experimentado nos sofrimentos" (Isaías 53:2-3).

Ainda assim, esse mesmo homem se distinguiu de todos os outros e elevado acima deles. Ele não apenas foi concebido de acordo com sua natureza humana pelo Espírito Santo: não apenas deixou de cometer qualquer pecado, apesar das tentações; e não apenas foi elevado aos céus após a sua morte; como também esse mesmo indivíduo, essa mesma pessoa, que se humilhou tão profundamente a ponto de assumir a forma de servo e se tornar obediente até a morte de cruz, já existia em uma forma de existência diferente muito antes da sua encarnação e humilhação. Ele existia na forma de Deus e era igual a Deus (Filipenses 2:6). Em sua ressurreição e ascensão, ele simplesmente recebeu novamente a glória que ele tinha com o Pai antes da fundação do mundo (João 17:5). Ele é eterno como o próprio Deus, tendo estado com ele desde o princípio (João 1:1; 1João 1:1). Ele é o Alfa e o Ômega, o primeiro e o último, o princípio e o fim (Apocalipse 22:13); ele é onipresente, de forma que, ainda que andasse sobre a face da terra, estava simultaneamente no seio do Pai no céu (João 1:18; 3:13); e, após sua glorificação, ele permanece com sua igreja e preenche tudo em todos;[16] é imutável e fiel; é o mesmo ontem, hoje e sempre (Hebreus 13:8); é onisciente, de forma que pode ouvir nossas orações;[17] conhece o coração de todos os homens (Atos 1:24; a menos que a referência aqui seja ao Pai); é onipotente, de forma que todas as coisas estão sujeitas a ele e todo poder lhe é dado no céu e na terra; ele é o governante de todos os reis.[18]

Não só ele tem todos esses atributos divinos, mas também partilha das obras divinas. Com o Pai e o Espírito, ele é o Criador de todas as coisas (João 1:3; Colossenses 1:15). Ele é o primogênito, o princípio e o Cabeça de todas as criaturas (Colossenses 1:15; Apocalipse 3:14). Ele sustenta todas as coisas pela palavra do seu poder, de forma que elas não são apenas dele, mas também estão continuamente nele e por meio dele (Hebreus 1:3; Colossenses 1:17). E, acima

[16]Mateus 28:20; Efésios 1:23; 4:10.
[17]Atos 1:24; 7:59; 16:13; Romanos 10:13; e em outras passagens.
[18]Mateus 28:18; 1Coríntios 15:27; Efésios 1:22; Apocalipse 1:4; 19:16.

de tudo, ele preserva, reconcilia e restaura todas as coisas e as reúne sob ele mesmo como Cabeça. Assim, ele carrega de forma especial o nome de Salvador do mundo. No Antigo Testamento, o nome de Salvador ou Redentor era dado a Deus,[19] mas, no Novo Testamento, o Filho, tanto quanto o Pai, carrega esse nome. Em alguns textos, esse nome é dado a Deus;[20] em outros, a Cristo.[21] Às vezes não é claro se o nome se refere a Deus ou a Cristo (Tito 2:13; 2Pedro 1:1). Contudo, a obra salvífica de Deus é completamente executada em e por meio de Cristo.

Tudo isso aponta para uma unidade entre o Pai e o Filho, entre Deus e Cristo, inexistente entre o Criador e a criatura. Apesar de Cristo ter assumido uma natureza humana, finita, limitada e que começou a existir no tempo, Cristo, como pessoa, não está do lado da criatura, mas do lado de Deus. Ele compartilha das virtudes e das obras de Deus e tem a mesma natureza divina. Este último ponto se manifesta claramente nos três nomes atribuídos a Cristo: Imagem, Verbo e Filho de Deus.

Cristo é a imagem de Deus, o resplendor da sua glória e a representação exata da sua pessoa.[22] Em Cristo, o Deus invisível se torna visível. Aquele que vê a ele, vê ao Pai (João 14:9). Aquele que quer conhecer quem Deus é deve contemplar Cristo, e, como Cristo é, assim o Pai também o é. Além disso, Cristo é o Verbo de Deus (João 1:1; Apocalipse 19:13), e nele o Pai expressou perfeitamente sua sabedoria, sua vontade, suas excelências e todo o seu ser. O Pai concedeu ao Filho ter vida em si mesmo (João 5:26). Quem quer aprender os pensamentos do Pai, seu conselho e sua vontade para a humanidade e o mundo deve ouvir a Cristo (Mateus 17:5). Por fim, Cristo é o Filho de Deus – o *Filho* – como João o descreve (1João 2:22ss; Hebreus 1:1,8); o unigênito, o amado, em quem o Pai se compraz.[23] Quem quer ser filho de Deus, que aceite a Cristo, porque aqueles que o aceitam recebem o direito e o poder de serem chamados filhos de Deus (João 1:12).

Por fim, a Escritura culmina em seu testemunho ao chamar Cristo pelo nome do próprio Deus. Tomé o confessou já antes da sua

[19]Isaías 43:3,11; 45:15; Jeremias 14:8; Oseias 13:4.
[20]1Timóteo 1:11; 2:3; Tito 1:3; 2:10.
[21]2Timóteo 1:10; Tito 1:4; 2:13; 3:6; 2Pedro 1:11; 2:20; 3:18.
[22]2Coríntios 4:4; Colossenses 1:15; Hebreus 1:3.
[23]Mateus 3:17; 17:5; João 1:14; Romanos 8:32; Efésios 1:6; Colossenses 1:13.

ascensão como seu Senhor e Deus (João 20:28). João testifica que Jesus, sendo o Verbo, estava no princípio com Deus e era Deus. Paulo declara que ele é descendente dos patriarcas de acordo com a carne, mas, de acordo com sua essência, Cristo é Deus sobre todas as coisas, Deus bendito eternamente (Romanos 9:5). A epístola aos Hebreus afirma que ele é exaltado acima dos anjos e é chamado pelo nome de Deus pelo próprio Deus (Hebreus 1:8-9). Pedro fala dele como nosso Deus e Salvador Jesus Cristo (2Pedro 1:1). Na ordem batismal de Jesus, em Mateus 28:19 e nas bênçãos dos apóstolos,[24] Cristo está na mesma linha que o Pai e o Espírito. O nome e a essência, os atributos e as obras da Divindade são reconhecidos no Filho (e no Espírito), assim como no Pai.

Jesus Cristo, o Filho do Deus vivo – a rocha sobre a qual a igreja é edificada. Desde o princípio, todo o significado singular de Cristo estava claro para todos os cristãos. Todos o confessavam como o Senhor que, pelo seu ensinamento e por sua vida, conquistou a salvação, o perdão dos pecados e a imortalidade. Ele foi elevado pelo Pai à sua destra e logo voltará como Juiz para julgar vivos e mortos. Os mesmos nomes atribuídos a Cristo nas epístolas dos apóstolos também foram dados a ele nos escritos da Igreja Primitiva. Ele é chamado por esses nomes nas orações e hinos da igreja, e todos estavam convencidos de que há um só Deus, sendo eles seus filhos; um só Senhor, que lhes garantiu o amor de Deus; e um só Espírito, que os fez andar em novidade de vida. O mandato batismal de Mateus 28:19, que veio a ser comumente usado no final do período apostólico, é evidência dessa unanimidade.

Mas, no momento em que os cristãos começaram a refletir sobre o conteúdo dessa confissão, houve toda sorte de diferenças de opinião. Os membros da igreja eram educados no judaísmo ou no paganismo; e a maioria estava entre os incultos da sociedade. Assim, eles não tinham condições de entender o ensinamento apostólico. Eles viviam em uma sociedade na qual toda sorte de ideias e correntes de pensamento existia e, assim, eram continuamente sujeitos à tentação e ao erro. Até durante a vida dos apóstolos, notamos que vários mestres heréticos se infiltraram na igreja e tentaram deturpar a firmeza da nossa fé. Em Colossos, por exemplo, havia membros que

[24] 2Coríntios 13:13; 1Pedro 1:2; Apocalipse 1:4-6.

não fizeram jus à pessoa e obra de Cristo e trocaram o evangelho por uma nova lei (Colossenses 2:3ss, 16ss). Em Corinto, certos libertinos apareceram, os quais abusavam da liberdade cristã e não queriam estar presos à regra nenhuma (1Coríntios 6:12; 8:1). O apóstolo João, em sua primeira epístola, argumenta contra os falsos profetas, que negavam a vinda de Cristo em carne e, assim, distorciam a realidade da sua natureza humana (1João 2:18ss; 4:1ss; 5:5ss).

Isso também continuou no período pós-apostólico. Na verdade, os erros e as heresias aumentaram sua variedade, sua força e sua distribuição a partir do século II. Havia aqueles que acreditavam na natureza humana real de Cristo, no seu nascimento sobrenatural, na sua ressurreição e ascensão, mas que entendiam o divino nele como nada mais do que uma medida incomum de dons e poderes do Espírito. Eles pensavam que esses dons haviam sido dados a ele em seu batismo a fim de equipá-lo para sua tarefa religiosa e moral. Os seguidores desse movimento viveram sob a influência da ideia judaica e deísta do relacionamento entre Deus e o mundo. Eles simplesmente não podiam aceitar um relacionamento mais íntimo entre Deus e o homem do que um compartilhamento de dons e habilidades. Consequentemente, Jesus era de fato uma pessoa extremamente abençoada e um gênio religioso, mas nada mais que um homem.

Outros, por sua vez, provenientes do paganismo, tendiam à ideia politeísta. Eles pensavam ser Cristo, de acordo com sua natureza interior, um dos muitos seres divinos (ou talvez até o maior deles). Contudo, eles não podiam crer que esse ser puro e divino poderia assumir uma natureza carnal e material. Dessa forma, sacrificaram a humanidade real de Cristo e disseram que ela era apenas temporária e aparente. Assim, Cristo veio ao mundo de forma parecida com a que os anjos do Antigo Testamento vieram. Essas duas correntes de pensamento existem até hoje. Um movimento sacrifica a divindade; o outro, a humanidade de Cristo, e há sempre extremos que sacrificam a ideia em detrimento do fato, e o fato em detrimento da ideia. Eles não compreendem a unidade e a harmonia de ambas.

—— ▪ ——

No entanto, a igreja cristã se alicerçou sobre uma base diferente desde o princípio. Na pessoa de Cristo, eles confessaram a mais íntima, profunda e, portanto, totalmente única comunhão entre Deus e o homem. Seus representantes, nos períodos mais antigos, às vezes se expressavam em termos exóticos. Primeiro, eles tinham que lutar para formar uma noção clara da realidade e, depois, expressá-la em uma linguagem clara. Todavia, ainda assim, a igreja não foi demovida de seus fundamentos. Pelo contrário, a igreja evitou os dois extremos e se agarrou ao ensinamento apostólico sobre a pessoa de Cristo.

Contudo, quando a mesma pessoa compartilha da natureza divina e continua sendo verdadeiramente humana, é preciso se esforçar para alcançar uma definição e uma explicação de como essa pessoa se relaciona com a divindade e o mundo. E, quando esse esforço foi feito, um caminho de erro e de heresia surgiu novamente tanto à direita quanto à esquerda.

Em outras palavras, quando a unidade de Deus – uma verdade fundamental do cristianismo – era entendida de tal forma que o ser de Deus era completamente coincidente com a pessoa do Pai, não restou espaço na divindade para Cristo. Então, Cristo foi empurrado para fora da deidade e colocado ao lado do homem, porque entre o Criador e a criatura não existe uma transição gradual. Assim, Ário poderia dizer que ele transcendia toda a criação em status e tempo, que era o primeiro das criaturas criadas e superior a todas em posição e em honra. Porém, Cristo ainda permanece uma criatura, mas houve um tempo em que ele não era. Foi no tempo que ele, como qualquer outra criatura, foi chamado à existência por Deus.

No entanto, na tentativa de manter a unidade de Deus e, ao mesmo tempo, conceder à pessoa de Cristo o lugar devido de honra, é fácil cair em outro erro – o erro chamado segundo seu principal proponente, Sabélio. Enquanto Ário, por assim dizer, identificava o ser da divindade com a pessoa do Pai, Sabélio sacrificou todas as três pessoas pelo ser da divindade. De acordo com o seu ensinamento, as três pessoas – Pai, Filho e Espírito – não são realidades eternas, contidas no ser da divindade, mas sim formas e manifestações nas quais o Ser divino se manifesta sucessivamente no curso dos séculos: respectivamente, no Antigo Testamento, na manifestação terrena de Cristo e após o Pentecostes. As duas heresias foram recorrentes ao longo dos séculos. A denominada Teologia de Groningen, por exemplo, basicamente renovou a doutrina de Ário; e a Teologia Moderna andou, a princípio, no caminho de Sabélio.

Muita oração e luta eram necessárias para a igreja tomar o caminho certo no meio de tantas heresias, ainda mais porque cada uma delas foi modificada e misturada com toda sorte de variações. Mas, sob a liderança de grandes homens, ilustres por sua piedade e genialidade, a igreja permaneceu fiel ao ensinamento dos apóstolos. Estes foram chamados com justiça de "pais da igreja". No Sínodo de Niceia, em 325, a igreja confessou a sua fé em um Deus, Pai Todo-poderoso, Criador do céu e da terra, e de todas as coisas visíveis e invisíveis; e em um Senhor Jesus Cristo, o unigênito Filho de Deus, gerado pelo Pai antes de todos os séculos, Deus de Deus, Luz da Luz, verdadeiro Deus de verdadeiro Deus, gerado e não feito, de uma só substância com o Pai; pelo qual todas as coisas foram feitas; e no Espírito Santo.

É interessante notar que esse resultado em Niceia não encerrou as discussões doutrinárias. Pelo contrário, a confissão de Niceia deu oportunidade para novas questões e diferentes respostas. O relacionamento de Cristo com o ser de Deus e com o mundo dos homens estava agora determinado. Em sua pessoa, ele compartilhava de ambos e era tanto Deus quanto homem. Contudo, a natureza do relacionamento entre essas duas naturezas de Cristo não tinha sido explicada, e, em resposta a essa questão, vários caminhos também surgiram.

Nestório concluiu que, se havia duas naturezas em Cristo, deveria haver também duas pessoas, dois sujeitos, que poderiam se tornar uma pessoa apenas em um vínculo moral, como o casamento entre um homem e uma mulher. E Eutiques, partindo de uma definição parecida de pessoa e natureza, concluiu que, se em Cristo havia apenas uma pessoa, um só sujeito, então as duas naturezas deviam estar tão misturadas e fundidas, que apenas uma natureza – uma natureza divino-humana – emergiria dessa mistura. Em Nestório, a distinção das naturezas foi mantida a custo da unidade da pessoa; em Eutiques, a unidade da pessoa foi mantida a custo da dualidade das naturezas.

Entretanto, após uma longa e dura batalha, a igreja superou essas disputas. No Concílio de Calcedônia, em 451, foi declarado que a pessoa de Cristo consistia em duas naturezas, sem mudança nem mistura (contra Eutiques), sem divisão nem separação (contra Nestório), e essas naturezas existem uma ao lado da outra, unidas em uma só pessoa. Com essa decisão – posteriormente ampliada e completada no Sínodo de Constantinopla, em 680 –, a batalha que atravessou os séculos sobre a pessoa de Cristo chegou ao fim. Nessas disputas, a igreja preservou a essência do cristianismo, o caráter absoluto da religião cristã e, assim, a sua independência.

—— ▪ ——

Naturalmente, é autoevidente que essas confissões de Niceia e Calcedônia não podem reivindicar infalibilidade. Os termos usados pela igreja e pela teologia – como pessoa, natureza, unidade de substância e outros – não são encontrados nas Escrituras, mas são produto da reflexão que o cristianismo gradativamente precisou dedicar a esse mistério da salvação. A igreja foi compelida tanto em virtude do surgimento de heresias por todos os lados quanto dentro e fora dela. Todas essas expressões e declarações empregadas na confissão da igreja e na linguagem da teologia não servem para explicar o mistério que se propõem enfrentar, mas para mantê-lo puro e inviolado contra aqueles que o enfraqueceriam ou negariam. A encarnação da palavra não é um problema que deve – ou possa – ser resolvido, mas um fato maravilhoso, que com gratidão confessamos do modo como o próprio Deus apresenta para nós em sua Palavra.

Entendida dessa forma, contudo, a confissão que a igreja fixou em Niceia e Calcedônia é de grande valor. Já existiram muitos – e haverá muitos outros – que desprezam a doutrina das duas naturezas e tentaram substituí-la por outras palavras e outros termos. Começam dizendo: que diferença realmente faz se concordamos ou não com essa doutrina? O que importa é que temos a pessoa de Cristo, aquele que está acima dessa inexplicável confissão. Mas, logo depois, esses mesmos começam a introduzir palavras e termos para descrever a pessoa de Cristo da forma que desejam. Ninguém pode escapar dessa situação porque não podemos crer naquilo que não conhecemos. Se acreditamos que temos o Cristo, que temos comunhão com ele e que pertencemos a ele, então essa crença deve ser confessada com a boca e falada em palavras, termos, expressões e descrições de algum tipo. E, assim, a história nos ensina que os termos dos opositores da Doutrina das Duas Naturezas são bem mais pobres em valor e força; além disso, eles muitas vezes não fazem jus à encarnação, conforme a Escritura nos explica.

Nos tempos modernos, por exemplo, há muitos que pensam que essa doutrina é o auge da irracionalidade e, em suas mentes, eles formam uma imagem totalmente diferente da pessoa de Cristo. Eles não podem negar que existe algo em Cristo que o diferencia de todos os homens e o exalta acima de todos eles, mas não consideram esse elemento divino reconhecido em Cristo como vindo da própria natureza divina, e sim como uma capacitação ou dom divino concedido a ele em um grau particularmente alto. Consequentemente, eles costumam dizer que existem dois lados em Cristo, um divino e outro humano; ou que ele pode ser visto por dois pontos de vista; ou que ele viveu em dois estados sucessivos, o de humilhação e o de exaltação; ou, ainda, que ele, não obstante a sua humanidade, pela pregação da Palavra de Deus e pela fundação do seu reino foi o veículo extraordinário e perfeito da revelação de Deus e, assim, obteve para nós o valor de Deus. Contudo, qualquer leitor imparcial perceberá que essas representações não são meras modificações da linguagem da igreja, visto que distorcem a pessoa de Cristo, a qual a igreja, com base no testemunho dos apóstolos, sempre confessou.

Afinal de contas, dons e poderes divinos são, em certo sentido, dados a todos, porque toda boa dádiva e todo dom perfeito vêm do alto e descem do Pai das luzes. Até os dons incomuns, como os dos profetas, não elevam esses profetas acima do nível humano. Profetas e apóstolos eram homens sujeitos aos mesmos sentimentos que nós, portanto, se Cristo recebeu nada mais que dons e poderes extraordinários, ele não era mais do que um ser humano; e, assim, seria impossível uma encarnação do Verbo nele. Ele não poderia ser exaltado ao ser de Deus por virtude da sua ressurreição e ascensão ou ter obtido o valor ou dignidade de Deus para nós. A separação entre Deus e o homem não é uma diferença gradual, mas um abismo profundo, e o relacionamento é entre Criador e criatura. Uma criatura, pela natureza do seu ser, nunca poderá se tornar Criador, tampouco poderá ter a importância e o valor do Criador, de quem somos absolutamente dependentes.

Portanto, é notável que alguns, nos tempos modernos, após terem comparado todas essas novas representações sobre a pessoa de Cristo com o ensino da igreja e da Escritura, concluíram honestamente que a doutrina da igreja é mais fiel à doutrina da Escritura. O ensinamento de que Cristo era Deus e homem em uma só pessoa não é produto da filosofia pagã, mas se firma sobre o testemunho apostólico.

Isso certamente é o mistério da salvação. Aquele que estava com Deus no princípio e era Deus (João 1:1), que existia na forma de Deus e não se apegou ao fato de ser igual a Deus (Filipenses 2:6), que era o resplendor da glória de Deus e a representação exata da sua pessoa (Hebreus 1:3) se fez carne na plenitude dos tempos (João 1:14), nasceu de mulher (Gálatas 4:4), humilhou-se, assumindo a forma de servo, e se fez semelhante aos homens (Filipenses 2:7).

—— ▪ ——

Cristo era Deus, é Deus e sempre será Deus. Ele não é o Pai, nem o Espírito, mas o Filho, o próprio, unigênito e amado Filho do Pai. E não foi o ser Divino, nem o Pai ou o Espírito, mas a pessoa do Filho que se tornou carne na plenitude dos tempos. E, quando ele se tornou homem e andou sobre a terra, até quando agonizava no Getsêmani e na cruz, ele permanecia sendo o Filho de Deus, em quem o Pai se compraz (e tem todo o seu prazer). É verdade, como o apóstolo diz, que Cristo, existindo na forma de Deus, não se apegou ao fato de ser igual a Deus, mas esvaziou a si mesmo (Filipenses 2:6-7). Contudo, é um erro a interpretação de que Cristo, na sua encarnação, durante o estado de humilhação, despojou-se completa ou parcialmente da sua divindade, deixou de lado seus atributos divinos e, depois, no estado de exaltação, gradualmente os adquiriu novamente. Como isso pode acontecer, visto que Deus não pode negar a si mesmo (2Timóteo 2:13), e, sendo Imutável, transcende toda mudança? Não, até quando ele se tornou o que não era, permaneceu sendo o que era – o unigênito do Pai. Contudo, nesse sentido, é verdade que Cristo esvaziou a si mesmo: existindo na forma de Deus, ele assumiu a forma de homem e de servo. Podemos expressar isso de forma humana e simples: antes da sua encarnação, Cristo era igual ao Pai, não apenas em essência e atributos, mas também tinha a forma de Deus. Ele se manifestava como Deus, era o esplendor da sua glória e a representação exata da sua pessoa. Se alguém fosse capaz de olhá-lo, ele seria imediatamente reconhecido como Deus. Todavia, isso mudou na encarnação. Ele assumiu a forma de ser humano, a forma de servo. Aquele que olhasse para ele não poderia reconhecer o Filho Unigênito do Pai, a não ser pelos olhos da fé. Ele colocou de lado sua forma e esplendor divinos e escondeu sua natureza divina por trás da forma de servo. Na terra, ele era e se manifestava como um de nós.

Portanto, a encarnação também implica, em segundo lugar, que aquele que permaneceu o que era também se tornou o que não era. Isso aconteceu em um ponto no tempo, em um momento particular na história, quando o Espírito Santo veio sobre Maria e o poder do Altíssimo a cobriu (Lucas 1:35). Porém, ainda assim essa encarnação foi preparada durante séculos.

Para entendermos a encarnação corretamente, podemos dizer que a geração do Filho e a criação do mundo foram uma preparação para a encarnação do Verbo. Isso não quer dizer que a geração e a criação do mundo já continham a encarnação, pois a Escritura sempre relaciona a encarnação do Filho à redenção do pecado e à conquista da salvação.[25] Mas a geração e a criação – especialmente a criação do homem segundo a imagem de Deus – ensinam que Deus é compartilhável, em sentido absoluto, dentro do ser divino e, em sentido relativo, fora do ser divino. Se fosse assim, não haveria qualquer possibilidade de Deus encarnar. Aquele que considera a encarnação de Deus é impossível também nega, segundo o mesmo princípio, a criação do mundo e a geração do Filho; e aquele que aceita a criação e a geração não pode ter objeções, segundo o mesmo princípio, para a encarnação de Deus na natureza humana.

A encarnação do Verbo estava preparada na revelação que começou imediatamente após a Queda, continuou na história de Israel e alcançou o seu clímax na bênção de Maria. O Antigo Testamento trata de uma aproximação cada vez mais íntima de Deus ao homem com o objetivo de, na plenitude dos tempos, Deus habitar perpetuamente com ele.

Visto que o Filho de Deus, tendo assumido a natureza humana por intermédio de Maria, existiu antes do tempo e desde a eternidade como a pessoa do Filho, sua concepção no ventre de Maria não aconteceu pela vontade da carne nem da vontade do homem, mas pelo agir do Espírito Santo. É verdade que a encarnação está ligada à revelação precedente e é o seu ápice, mas ela não é um produto da natureza ou da humanidade. Ela é uma obra de Deus, uma revelação – a

[25]Mateus 1:21; João 3:16; Romanos 8:3; Gálatas 4:4-5.

maior revelação. Assim como foi o Pai que enviou seu Filho ao mundo e o Espírito Santo que cobriu Maria, foi o próprio Filho que assumiu nossa carne e sangue (Hebreus 2:14). A encarnação era obra dele; ele não foi passivo quanto a essa obra. Ele se fez carne pela sua própria vontade e por seu próprio ato, portanto, põe de lado a vontade da carne e a vontade do homem e prepara uma natureza humana para si mesmo no ventre de Maria por meio da ação do Espírito Santo.

A sua natureza humana não existia antes, e ela não foi trazida com Cristo dos céus e, então, inserida no ventre de Maria. Os anabatistas ensinam isso para defender a impecabilidade da natureza humana de Cristo, mas, ao defender isso, eles estão seguindo o exemplo do gnosticismo antigo que defendia a ideia de que a carne e a matéria são inerentemente más. Contudo, na encarnação, a Escritura defende a bondade da criação e a origem divina da matéria.

Cristo assumiu sua natureza humana *de* Maria.[26] Assim, com relação à carne, ele é descendente de Davi e dos patriarcas.[27] Portanto, essa natureza é uma natureza verdadeira e perfeitamente humana, como a nossa em todas as coisas, com exceção do pecado.[28] Nada que é humano é alheio a Cristo. A negação da vinda de Cristo em carne é o princípio do anticristo (1João 2:22).

Assim como a natureza humana de Cristo não existia antes da concepção em Maria, ela não existia antes nem depois de um estado de separação de Cristo. O ser humano concebido por Maria – a criança que nasceu dela – não cresceu de forma independente até se tornar homem para ser aceito e unido a Cristo depois. Essa heresia também teve seus defensores ao longo da história da igreja, mas a Escritura não a apoia. A santa descendência concebida no ventre de Maria era, desde o princípio, Filho de Deus (Lucas 1:35). O Verbo não assumiu um ser humano para si, mas *se tornou* carne (João 1:14), e, portanto, a igreja cristã diz que o Filho não assumiu uma pessoa humana, mas uma natureza humana. Somente assim a dualidade das naturezas e a unidade da pessoa podem ser mantidas.

Em terceiro lugar, mesmo que a Escritura afirme o mais claramente possível que Cristo seja o Verbo e que ele tenha se feito carne, e, segundo a carne, descende dos patriarcas, mas segundo a sua

[26]Mateus 1:20; Lucas 2:7; Gálatas 4:4.
[27]Atos 2:30; Romanos 1:3; 9:5.
[28]Hebreus 2:14,17; 4:15.

essência ele é Deus sobre todos, Cristo sempre é apresentado como *uma* pessoa para nós. Sempre é o mesmo Eu que fala e age em Cristo. A criança que nasceu carrega o nome de Deus Forte e Pai Eterno (Isaías 9:6). O Filho de Davi é, ao mesmo tempo, o Senhor de Davi. A pessoa que desceu à terra é a mesma que subiu aos céus (Efésios 4:10). Aquele que, de acordo com a carne, descende dos patriarcas também é, segundo a sua essência, Deus sobre todos, bendito eternamente (Romanos 9:5). Ainda que estivesse sobre a terra, ele estava e permaneceu no céu, no seio do Pai (João 1:18; 3:13). Ainda que tenha nascido no tempo, ele ainda é antes de Abraão (João 8:58). A plenitude da Divindade habita corporalmente nele (Colossenses 2:9).

Em suma, na mesma pessoa há atributos e obras divinas e humanas, eternidade e tempo, onipresença e limitação, onipotência criadora e fraqueza criada. Sendo assim, a união das duas naturezas em Cristo não pode ter sido a de duas pessoas. Duas pessoas podem, por meio do amor, unir-se intimamente, mas jamais podem se tornar uma pessoa, um só eu. Na verdade, o amor implica duas pessoas e efetua apenas uma unidade mística e ética. Se a união do Filho de Deus com a natureza humana fosse dessa natureza, ela seria distinguida apenas em grau, mas não em tipo daquela que une Deus com suas criaturas, especificamente com seus filhos. Contudo, Cristo ocupa uma posição única. Ele não se uniu de uma forma moral com o homem e entrou em comunhão com um ser humano preexistente, mas preparou uma natureza humana para si mesmo no ventre de Maria e *tornou-se* ser humano e servo. Assim como um ser humano pode ir de um estado de vida para outro e viver, ao mesmo tempo ou em sucessão, em duas esferas de vida, assim, por analogia, Cristo, que existia na forma de Deus, veio à terra na forma de um servo. A união que em sua encarnação veio a ser efetuada não era uma união moral entre duas pessoas, mas uma união de duas naturezas na mesma pessoa. Homem e mulher, não importa quão intimamente unidos em amor sejam, permanecem como duas pessoas. Deus e homem, ainda que unidos no mais íntimo amor, permanecem diferentes em essência, mas, em Cristo, o homem é a mesma pessoa que o Verbo. Essa é a união singular, incomparável e insondável de Deus e homem, e este é o princípio e o fim de toda sabedoria: "E o Verbo se fez carne e habitou entre nós, cheio de graça e de verdade; e vimos a sua glória, glória como a do unigênito do Pai" (João 1:14).

Nessa união, Cristo, na unidade da sua pessoa, tem todos os atributos e poderes apropriados a cada natureza. Alguns tentaram realizar uma união ainda mais forte e íntima entre as duas naturezas ensinando que as duas naturezas, imediatamente após a encarnação, fundiram-se em uma única natureza divina-humana; ou que a natureza divina se despojou das suas características e condescendeu à limitação da natureza humana; ou, ainda, que a natureza humana perdeu suas propriedades e recebeu aquelas da natureza divina, em parte ou no todo, como onipresença, onipotência, onisciência e rápido poder). Contudo, a confissão reformada sempre repudiou e atacou essa fusão das duas naturezas em uma só e tal comunicação das propriedades de uma natureza para a outra. São visões das duas naturezas que resultam em mistura e confusão entre elas, e, assim, em uma negação panteísta da diferença, em essência, entre Deus e o homem, Criador e criatura.

É verdade que existe um relacionamento íntimo entre as duas naturezas e suas propriedades e seus poderes, contudo, é um relacionamento que existe na unidade da pessoa. Uma união mais forte, profunda e íntima é inconcebível. Assim como – para fazer uma comparação sem igualar as duas – a alma e o corpo estão unidos em uma pessoa e, ainda assim, permanecem distintos em essência e propriedades, da mesma forma, em Cristo, uma só pessoa é a pessoa das duas naturezas. A diferença entre alma e corpo é a assunção e a condição da união interior do dois no mesmo ser humano. Do mesmo modo, a diferença entre as naturezas divina e humana é a condição e a base da sua união com Cristo. A fusão das duas naturezas em uma só e a comunicação das propriedades não tornam o relacionamento mais íntimo, mas resultam em mistura ou fusão, e, na verdade, empobrecem a plenitude que está em Cristo. A fusão minimiza tanto a natureza divina quanto a humana e enfraquece a palavra da Escritura de que nele, isto é, em Cristo, a *plenitude* da divindade habita corporalmente (Colossenses 2:9; 1:19). Essa plenitude é mantida apenas se ambas as naturezas se distinguem uma da outra e a comunicação de suas propriedades e atributos não se dá no nível das naturezas, mas no nível da pessoa. Dessa maneira, é sempre o mesmo rico Cristo que, em sua humilhação e exaltação, tem as propriedades e os poderes de ambas as naturezas e que, precisamente por essa razão, pode realizar as suas obras, que, como obras do Mediador, distinguem-se, por um lado, das obras de Deus e, por outro, das obras do homem, e que assumem um lugar singular na história da humanidade.

Com essa Doutrina das Duas Naturezas, podemos entender que tudo que a Escritura fala acerca da pessoa de Cristo e tudo que ela lhe atribui recebe o devido lugar. Por um lado, ele é e permanece sendo o único e eterno Filho de Deus, que, com o Pai e o Espírito, fez todas as coisas, as sustenta e as governa,[29] e, portanto, pode continuar sendo adorado por nós. Ele já era adorado nos dias dos apóstolos;[30] desde aquela época até hoje, todos os seus discípulos depositam sua fé e confiança nele.[31] Mas ele não pode ser essas coisas a menos que seja o verdadeiro Deus, porque está escrito: "Ao Senhor teu Deus adorarás e só a ele prestarás culto" (Mateus 4:10). O único fundamento possível para a adoração religiosa de Cristo é a sua natureza divina, de modo que todo aquele que a nega e continua lhe adorando se torna culpado de idolatria ao tomar uma criatura por Deus. A divindade de Cristo não é uma doutrina abstrata, mas de suma importância para a vida da igreja.

Por um lado, o Cristo se tornou verdadeiramente homem, como nós em todas as coisas – com exceção do pecado. Ele foi um bebê, uma criança, um jovem e um homem. Ele cresceu em sabedoria e graça diante de Deus e dos homens (Lucas 2:40,52). Tudo isso não foi apenas aparência, como aqueles que defendem que as propriedades divinas pertencem à natureza humana, mas é a verdade completa. Havia um desenvolvimento gradual em Cristo, um crescimento progressivo no corpo, nos poderes da alma e na graça diante de Deus e dos homens. Os dons do Espírito não foram concedidos a ele de uma vez só, mas sucessivamente e em uma medida cada vez maior. Havia coisas que ele tinha de aprender (Marcos 13:32; Atos 1:7). Ainda que ele tivesse uma condição de não-ser-capaz-de-pecar, havia nele, por causa da sua fraca natureza humana, a possibilidade de ser tentado, de sofrer e morrer. Enquanto estava na terra, ele não estava, segundo sua natureza humana, no céu. Portanto, ele também precisou viver pela fé, e não por vista. Ele lutou e sofreu; e, em tudo isso, ele se agarrou firmemente à palavra e promessa de Deus. Assim, ele

[29]João 1:3; Colossenses 1:15,16; Hebreus 1:2.

[30]João 14:13; Atos 7:59; 9:13; 22:16; Romanos 10:12-13; Filipenses 2:9; Hebreus 1:6.

[31]João 14:1; 17:3; Romanos 14:9; 2Coríntios 5:15; Efésios 3:12; 5:23; Colossenses 1:27; e outras passagens.

aprendeu a obediência pelas coisas que sofreu, continuamente se firmou nessa obediência e, assim, se santificou.[32] E, desse modo, ele nos deixou um exemplo e se tornou o autor da salvação eterna para todos os que lhe obedecem (Hebreus 5:9).

[32]João 17:19; Hebreus 5:8-9.

17. A obra de Cristo na sua humilhação

A encarnação é o princípio e a introdução da obra de Cristo na terra, mas não é o significado total nem o mais importante dessa obra. É bom tentar obter um verdadeiro entendimento e uma ideia correta sobre isso, porque existem aqueles que consideram o ato de assumir a natureza humana como a completa e integral reconciliação e união de Deus com o homem. Partindo da ideia de que a religião é o tipo de comunhão entre Deus e o homem na qual ambos precisam e completam um ao outro, eles argumentam que essa comunhão, distorcida pelo pecado ou indisponível ao homem no nível carnal, foi primeiro expressa e realizada na história por Cristo. Assim, a singularidade do cristianismo consiste no fato de que a ideia da religião, que é plantada como um instinto e o núcleo na natureza humana, alcança seu cumprimento na pessoa de Cristo.

Sem dúvida é uma grande honra para a humanidade que o Filho Unigênito, que existia na forma de Deus e no seio do Pai, tenha assumido a forma de um homem, porque, por esse ato, Cristo é ligado a todos os homens. Ele partilhou da carne e do sangue com eles, e eles têm alma e corpo, cabeça e coração, mente e vontade, ideias e sentimentos em comum um com o outro. Nesse sentido natural, Cristo é o irmão de todos nós, carne da nossa carne e osso dos nossos ossos. Contudo, essa semelhança natural e física, não obstante quão importante seja, não pode ser confundida ou identificada com a comunhão espiritual e moral. Devemos nos lembrar de que, mesmo entre as pessoas, é possível que membros da mesma família, parentes de sangue, estejam completamente separados uns dos outros em um sentido espiritual, ou mesmo em sentidos diametralmente opostos uns aos outros. O próprio Jesus disse que veio "causar hostilidade entre o homem e seu pai, entre a filha e a mãe, entre a nora e a sogra; assim, os inimigos do homem serão os de sua própria família" (Mateus 10:35-36). Portanto, a descendência sanguínea não diz nada sobre relacionamento espiritual, pois a comunhão de sangue e de espírito muitas vezes estão em polos separados.

Consequentemente, se Jesus não tivesse feito nada além de assumir a natureza humana e, assim, expressar a unidade de Deus e o homem, não conseguiríamos compreender como entraríamos em comunhão com ele e seríamos reconciliados com Deus. Pelo contrário, ao assumir uma natureza humana sem pecado e viver uma comunhão tranquila com Deus, ele introduziria maior divisão entre nós e Deus e nos afundaria ainda mais em um senso de desamparo. Nós, como criaturas fracas e pecadoras, nunca poderíamos seguir seu exemplo elevado. A encarnação do Filho de Deus, portanto, não pode ser o ato reconciliador e redentor. Ela é o princípio, a preparação e a introdução, mas não é o próprio ato.

Se a encarnação por si só tivesse reconciliado e unido Deus e o homem, não haveria lugar para uma vida e, especialmente, uma morte do Senhor Jesus. Teria sido suficiente para ele ter assumido uma natureza humana, ter existido na terra por um tempo e, então, voltado para o céu. Não haveria necessidade de toda a profunda humilhação de Cristo.

Contudo, a Escritura nos ensina algo muito diferente. Ela nos diz que o Filho de Deus não apenas se tornou homem – se tornou como nós em todas as coisas, com exceção do pecado –, mas que ele assumiu a forma de servo, humilhou-se e foi obediente até a morte, e morte de cruz (Filipenses 2:7-8). Ele veio para cumprir toda a justiça (Mateus 3:15) e para ser santificado pelo sofrimento (Hebreus 2:10). Deveria acontecer dessa forma. Estava escrito que o Cristo deveria sofrer e, no terceiro dia, ressuscitar dos mortos (Lucas 24:46; 1Coríntios 15:3-5). O Pai o enviou para cumprir sua obra na terra (João 4:34) e deu a ele a ordem para dar a sua vida e retomá-la (João 10:18). Portanto, tudo o que Cristo sofreu foi o cumprimento daquilo que a mão e o conselho de Deus tinham previamente determinado para acontecer (Atos 2:23; 4:28). Na cruz, pela primeira vez Cristo poderia dizer que tudo estava consumado e que ele tinha feito tudo que o Pai lhe ordenara fazer (João 17:4; 19:30). Ainda que nos evangelhos a vida de Jesus seja um relato relativamente breve, sua paixão e morte são extensivamente descritas. Do mesmo modo, a pregação apostólica raramente volta para a concepção e o nascimento de Jesus, mas coloca toda a ênfase sobre a cruz, a morte e o sangue de Cristo, pois não é pelo nascimento, mas sim pela morte do Filho que somos reconciliados com Deus (Romanos 5:10).

Por meio dessa perspectiva da Escritura, toda a vida de Cristo assume uma importância única e um valor incomparável para nós. O Pai deu a ele uma obra perfeita para fazer. Ela pode ser analisada a partir de vários pontos de vista e abordada a partir de vários ângulos, e é assim que a veremos e abordaremos para examinar seu conteúdo e escopo. Contudo, nunca devemos nos esquecer de que tratamos de *uma única* obra que compreende e preenche toda a vida de Cristo – da concepção até a morte na cruz. Da mesma forma que a pessoa de Cristo é uma só na diferenciação das suas naturezas, a sua obra também é uma só. Ela é, acima de tudo, *a* obra de Deus na terra, uma obra que, em retrospectiva, se relaciona ao conselho e presciência de Deus; e que, em prospectiva, continua em uma forma modificada na obra que Cristo faz até hoje em seu estado de exaltação. É uma obra que tem seu ponto central no seu estágio terreno, mas que surge na eternidade, é enraizada na eternidade e se estende para a eternidade.

—— ▪ ——

Desde os tempos antigos, essa obra de Cristo tem sido compreendida na doutrina dos três ofícios, e foi especialmente por causa de Calvino que essa forma de tratar a obra de Cristo foi incluída na doutrina da salvação. Ainda assim, muitas objeções foram levantadas e muitos dizem que os três ofícios na vida de Jesus não devem ser distinguidos e suas atividades operam em conjunto. No entanto, é uma consideração que pode ser levantada contra um mal-entendido dos três ofícios, mas não contra a própria classificação.

Se pensássemos que Jesus executou os três ofícios de profeta, sacerdote e rei como se um fosse separado do outro ou como se eles sucedessem um ao outro no tempo, então essa classificação e divisão da obra de Cristo certamente estariam erradas. É verdade que um ofício de Cristo se sobressai dentre os demais dependendo do momento, por exemplo, seu ministério público nos lembra do seu ofício profético; sua paixão e morte nos lembram do seu ofício sacerdotal; e sua exaltação à destra do Pai nos lembra do seu ofício real. Ainda assim, Jesus estava exercendo essencialmente, em todos os lugares e a todo tempo, todos os três ofícios simultaneamente. Quando falava, ele proclamava a Palavra de Deus como um profeta, mas, ao mesmo tempo, exibia sua misericórdia sacerdotal e seu poder real. Pela sua palavra, ele curou os enfermos, perdoou pecados e subjugou a tempestade. Ele era o rei da verdade. Seus milagres eram sinais da sua missão divina e da verdade da sua palavra, mas, ao mesmo tempo, eram uma revelação da sua compaixão sobre toda sorte de aflitos e do seu domínio sobre a doença, a morte e o poder de Satanás. Sua morte foi a conclusão da sua vida, mas também um sacrifício de perfeita obediência e um ato voluntário de poder na entrega da vida. Resumindo, toda manifestação, palavra e obra sua têm simultaneamente um caráter profético, sacerdotal e real.

Entendendo essa verdade, devemos olhar a pessoa e obra de Cristo por essa perspectiva dos três ofícios. Há vantagens nesse método que seriam perdidas se utilizássemos outro.

Em primeiro lugar, essa abordagem enfatiza a verdade de que a vinda, e toda a vida de Cristo sobre a terra consistiram no exercício e na execução de um ofício dado a ele pelo Pai. Com relação a Jesus, não podemos falar de um negócio, uma troca ou até um chamado moral que ele próprio tenha escolhido. De acordo com as Escrituras Sagradas, foi-lhe atribuído um ofício, e essa é a diferença entre um ofício e uma profissão: o ofício não pode ser escolhido, mas apenas recebido por designação de um poder que está acima de nós. É verdade que Cristo é diferente de Moisés, pois ele, não como servo, mas como Filho da sua própria casa, foi fiel ao Pai em todas as coisas (Hebreus 3:5-6). Contudo, ainda assim, ele foi fiel àquele que o constituiu como Apóstolo e Sumo Sacerdote da nossa confissão (Hebreus 3:2). Ele não tomou por si mesmo a honra de ser Sumo Sacerdote, mas foi glorificado assim pelo próprio Deus que lhe disse: "Tu és o meu Filho amado: eu hoje te gerei" (Hebreus 5:5). Consequentemente, Jesus constantemente enfatizava que o Pai o enviou; que fazer a vontade do seu Pai era o seu alimento; que ele havia recebido do Pai um mandamento para se cumprir; que havia completado a obra do Pai na terra; e assim por diante.[1]

Obviamente, essa designação para o ofício aconteceu antes de Cristo se tornar humano. Porque a Escritura nos ensina que ele estava com Deus no princípio e que ele era Deus, além de claramente declarar, em Hebreus 10:5-7, que ele, vindo ao mundo, disse: "Tu não quiseste sacrifício e oferta, mas me preparaste um corpo (a fim cumprir a vontade de Deus nesse corpo pela sua morte); não te agradaste de holocaustos e ofertas pelo pecado. Então, eu disse: Estou aqui, no rolo do livro está escrito a meu respeito, para fazer, ó Deus, a tua vontade." Portanto, a sua vinda ao mundo – a encarnação – já pertencia à execução da obra ordenada pelo Pai. A comissão precedeu a encarnação. Ela não aconteceu no tempo, mas na eternidade.

Portanto, em outro lugar, é dito que Cristo foi preordenado desde antes da fundação do mundo (1Pedro 1:20); que a eleição foi feita e a graça foi nos dada em Cristo antes que o mundo começasse (Efésios 1:4; 2Timóteo 1:9); e que o livro da vida que está aberto perante a face de Deus desde antes da fundação do mundo é propriedade do Cordeiro que foi morto (Apocalipse 13:8; 17:8). Compreender a obra de Cristo como o exercício de um ofício é relacionar essa obra ao conselho eterno. Ele carrega o nome de Messias, Cristo, o Ungido, porque foi ordenado pelo Pai desde a eternidade e foi ungido no tempo pelo Pai com o Espírito Santo.

Em segundo lugar, os três ofícios com os quais Cristo foi comissionado são uma referência ao chamado e propósito original do homem. Não é de modo algum acidental ou arbitrário que Cristo tenha sido nomeado especialmente para os três ofícios de profeta, sacerdote e rei, e não para outros ofícios ou até mais. Pelo contrário, baseia-se no propósito de Deus para a raça humana e, assim, para a natureza humana. Adão foi criado segundo a imagem de Deus – em conhecimento, justiça e santidade. Assim, como profeta, ele deveria proclamar as palavras de Deus; como rei, deveria governar com justiça sobre as coisas criadas; e, como sacerdote, deveria se dedicar totalmente a Deus como um sacrifício agradável. Ele recebeu uma mente a fim de conhecer, uma mão para governar e um coração para compreender tudo em amor. No desdobrar da imagem de Deus, no

[1] João 4:34; 5:20,30; 6:38; 7:16; 8:28; 10:18; 12:49-50; 14:10,24; 17:4.

desenvolvimento harmonioso de todos os seus dons e poderes, e no seu exercício dos três ofícios de profeta, sacerdote e rei estão o propósito e destino do homem. Mas o homem violou esse grande chamado, e é por isso que Cristo veio à terra: para novamente exibir a verdadeira imagem de Deus e cumprir perfeitamente seu destino. A doutrina dos três ofícios estabelece uma conexão firme entre natureza e graça, criação e redenção, Adão e Cristo. O primeiro Adão é um tipo, arauto e profecia do último Adão. O último Adão é a contraparte e o cumprimento do primeiro.

Em terceiro lugar, a doutrina dos três ofícios se conecta diretamente com a revelação do Antigo Testamento. Quando a humanidade – caída em Adão – tornou-se mais e mais corrupta, Deus escolheu um povo particular para ser seu. Nesse chamado, Israel também recebeu, como povo, uma tarefa profética, sacerdotal e real: deveria ser um reino de sacerdotes e uma nação santa para o Senhor (Êxodo 19:6). Mas, em um sentido especial, essa tarefa foi atribuída aos homens chamados por Deus para servir em Israel como profetas, sacerdotes e reis. Mesmo que, como nação, Israel fosse chamado de Ungido do Senhor, esse nome, ainda assim, era especialmente apropriado para os profetas, sacerdotes e reis. Contudo, todos aqueles homens eram pecadores e, portanto, não poderiam cumprir seus ofícios verdadeiramente. Como nação, eles apontavam para outro que deveria ser simultaneamente profeta, sacerdote e rei; e que devesse ser chamado de Ungido do Senhor em um sentido único (Isaías 61:1). Cristo é o cumprimento de toda a revelação do Antigo Testamento, é a contraparte de todo o Israel e de todos os seus profetas, sacerdotes e reis. Na verdade, é Cristo que, neles e por meio deles, testifica de si mesmo e os prepara para sua vinda (1Pedro 1:11).

Por fim, apenas quando tratarmos a obra de Cristo nos termos dos três ofícios que ela se torna útil. Sempre houve tendências de vê-la apenas por um ângulo na igreja cristã. Considerava-se nele apenas o profeta, como os racionalistas; ou se via apenas sua paixão sacerdotal, como os místicos; ou ele era ouvido apenas como um rei, como os quiliastas. Contudo, precisamos de um Cristo que seja todos os três de uma vez só. Precisamos de um profeta que proclame Deus para nós; de um sacerdote que nos reconcilie com Deus; e de um rei que, em nome de Deus, nos governe e proteja. Toda a imagem de Deus deve ser restaurada no homem – conhecimento, santidade e justiça, e o homem deve ser salvo por completo – a alma e o corpo, a cabeça, o coração e a mão. Precisamos de um Salvador que nos redima perfeita e totalmente, e que realize completamente em nós o nosso propósito original. E Cristo faz isso justamente por ser profeta, sacerdote e rei; ele nos torna profetas, sacerdotes e reis para seu Deus e Pai (Apocalipse 1:6).

— ▪ —

Ainda que ungido desde a eternidade e já ativo, de forma preparatória, nos dias do Antigo Testamento, como mediador do pacto da graça, Cristo assumiu, de forma completa e efetiva, para si mesmo os ofícios de profeta, sacerdote e rei quando veio ao mundo e disse: Estou aqui para fazer, ó Deus, a tua vontade. Foi aí que ele assumiu pela primeira vez a natureza humana que o equipava para fazer a obra de mediador. Ele precisava ser homem para revelar o nome de Deus aos homens; para ser capaz de sofrer e morrer na cruz; e para, como rei da verdade, testemunhar da verdade.

Portanto, sua concepção pelo Espírito Santo era, ao mesmo tempo, uma preparação preliminar da natureza humana de Cristo para a obra a que seria chamado. Nos tempos modernos, levanta-se toda sorte de objeções contra a confissão de que Cristo foi concebido pelo Espírito Santo e nascido da virgem Maria, e muitos esforços têm sido feitos para explicar esse relato de Mateus e Lucas como uma interpolação judaica ou pagã no evangelho original. Contudo, o resultado dessas investidas é que a veracidade dessa história se confirma e estabelece cada vez mais. Ela não pode ser derivada dos judeus ou dos pagãos. É uma narrativa e uma história que repousa, como é evidente também pela linguagem do relato, sobre o próprio testemunho de José e Maria. Naturalmente, houve um período considerável no qual essa concepção milagrosa foi conhecida apenas por José, Maria e, talvez, alguns poucos confidentes. Pela natureza do caso, não se tornou assunto público.

Apenas depois, quando as obras, palavras e, particularmente, a ressurreição de Cristo tornaram claro quem e o que ele era, que Maria revelou para o pequeno círculo dos discípulos esse segredo da concepção de Jesus. Contudo, essa concepção pelo Espírito nunca ocupou um lugar de destaque na pregação dos apóstolos. Ela é provavelmente pressuposta em diversos lugares,[2] mas é apenas declarada explicitamente em Mateus e Lucas. Ainda assim, é um elemento essencial do evangelho e se harmoniza completamente com toda a doutrina da pessoa de Cristo. Ele era o Filho Unigênito que, sendo o Verbo, estava com Deus e era Deus desde o princípio; que foi ativo na própria concepção; e que, por meio da atividade do Espírito Santo, preparou para si uma natureza humana no ventre de Maria (Filipenses 2:6-7). Nele foi cumprida a profecia de Isaías 7:14 (e 9:6; compare com Mateus 1:25) de que uma virgem (uma mulher jovem e solteira) conceberia e daria à luz a um filho; que seu nome seria Emanuel e carregaria os títulos de Maravilhoso Conselheiro, Deus Forte, Pai da Eternidade e Príncipe da Paz.

Por essa concepção pelo Espírito Santo, a natureza humana de Cristo era, desde o princípio, livre de todo pecado. Visto que o Filho de Deus já existia antes como uma pessoa e visto que essa pessoa não se uniu com um ser humano preexistente, mas, pelo agir do Espírito Santo, preparou para si uma natureza humana no ventre de Maria, ele não estava incluído no pacto das obras, não carregava uma culpa original e não poderia se contaminar pela corrupção do pecado. O ensino de Roma de que Maria era imaculada, pura em sua concepção e sem pecado na sua vida é desnecessário, infundado e até conflitante com o que a Escritura informa sobre Maria.[3] Maria desfrutou de uma grande honra, uma honra maior até do que a dos profetas e dos apóstolos. Ela era a bem-aventurada, a favorecida entre as mulheres e a mãe do Senhor (Lucas 1:42-43). Contudo, ela era pecadora como toda carne, como todos os homens; e aquele bebê santo nasceu dela (Lucas 1:35) não em decorrência da pureza da sua natureza, mas da atividade criativa e santificadora do Espírito Santo em seu ventre.

Ainda que a natureza humana assumida de Maria por Cristo fosse santa, ela, ainda assim, era uma natureza humana fraca. Vemos isso na Escritura ao se dizer que ele não apenas se tornou apenas homem, mas carne (João 1:4); ele foi enviado em semelhança da carne do pecado (Romanos 8:3); ele assumiu a forma de servo (Filipenses 2:7); e se tornou como nós em todas as coisas, com exceção do pecado (Hebreus 2:17; 4:15). Cristo tinha que assumir essa natureza humana

[2] Marcos 6:3; João 1:13; 7:41-42; Romanos 1:3-4; 9:5; Filipenses 2:7; Gálatas 4:4.
[3] João 2:4; Marcos 3:31; Lucas 11:28.

fraca para ser tentado; para aprender em obediência pelo sofrimento; para ser capaz de lutar e, nessa luta, se santificar; para simpatizar conosco em nossa fraqueza; e para ser um Sumo Sacerdote fiel e compassivo. Em suma, para ser capaz de sofrer e morrer. Ainda que ele fosse semelhante a Adão antes da queda, pois não tinha pecado, era muito diferente de Adão de outras formas. Porque Adão foi criado adulto, mas Cristo foi concebido no ventre de Maria e nasceu como um bebê que precisava de cuidados. Quando Adão veio, tudo estava pronto para ele, mas, quando Cristo veio, ninguém contava com a sua vinda e não havia nem lugar para ele na hospedaria. Adão veio para governar e sujeitar toda a terra ao seu domínio. Cristo não veio para ser servido, mas para servir e dar sua vida em resgate por muitos.

Portanto, a encarnação do Filho de Deus não foi apenas um ato de bondade condescendente, como ainda continua sendo no seu estado de exaltação, mas também foi um ato de profunda humilhação. A humilhação começou com a própria concepção e continuou por toda sua vida até a sua morte e seu sepultamento. Cristo não foi um herói humano cujo lema era "para o alto e avante" – que supera todos os obstáculos e finalmente alcança o auge da sua fama. Pelo contrário, ele desceu cada vez mais baixo e mais fundo, sempre de forma mais íntima para a nossa comunhão. A descida para essas profundezas foi marcada por certas etapas: concepção, nascimento, vida humilde em Nazaré, batismo e tentação, oposição, desprezo, perseguição, agonia no Getsêmani, condenação perante Caifás e Pilatos, crucificação, morte e sepultamento. Esse caminho o levou para longe de seu lar com o Pai e para perto de nós em comunhão com nosso pecado e nossa morte. Por fim, no mais profundo do seu sofrimento ele expressa a sua angústia de ter sido esquecido por Deus. Assim, ele poderia também declarar seu clamor de vitória: "Está consumado!"

Além da concepção e nascimento, pertence à sua humilhação as circunstâncias humildes em que Jesus nasceu no estábulo em Belém, a perseguição à qual foi exposto por Herodes, a fuga para o Egito e a vida humilde que Jesus teve durante sua infância em Nazaré. Muito pouco se relata dessa época nos evangelhos, porque eles não foram escritos para ser, no sentido atual, uma "biografia de Jesus", mas para que conheçamos que Cristo é o Filho de Deus, o Salvador do mundo e o Unigênito do Pai. Com relação a esse propósito, o pouco que nos é dito sobre a infância e juventude de Jesus é suficiente.

Mateus nos conta que Jesus, após o seu retorno do Egito, foi viver com seus pais em Nazaré da Galileia (Mateus 2:23). Sua mãe havia morado lá antes (Lucas 1:26) e foi nessa cidade que Jesus viveu até o seu ministério público em Israel começar (Lucas 2:39,51; Marcos 1:9). Foi somente depois de se levantar na sinagoga e ser rejeitado pelos habitantes da cidade que ele foi viver em Cafarnaum (Lucas 4:28ss; Mateus 4:13). Contudo, ele sempre manteve o nome de Nazareno. Nesse aspecto, Mateus viu um cumprimento da profecia do Antigo Testamento (Mateus 2:23), não de uma afirmação em particular, porque Nazaré e Nazareno não são mencionados em nenhum lugar no Antigo Testamento. No entanto, houve cumprimento da profecia como um todo, como encontrada em todos os profetas, a saber, que Cristo deveria ter uma origem humilde e modesta (Isaías 11:1) e que a luz nasceria sobre a escuridão na Galileia dos gentios (Isaías 8:22–9:1).

Sabemos que Jesus, na vida calma dos seus anos em Nazaré, era uma criança obediente aos seus pais (Lucas 2:51). Como criança, cresceu em estatura, espírito e graça diante de Deus e dos homens (Lucas 2:40,52). Quando tinha doze anos, ele foi com seus pais para Jerusalém a fim de celebrar a Páscoa (Lucas 2:41ss), e lá, com suas perguntas e respostas, exibiu não apenas sua sabedoria para os escribas judeus, mas também a consciência do seu chamado para seus pais: como Filho, ele deve estar na casa do seu Pai (Lucas 2:49). No sábado, ele ia, como de costume, à sinagoga (Lucas 4:16) e durante os dias da semana ele provavelmente ajudava seu pai em seu trabalho. Mais tarde, pelo menos ele próprio é chamado de carpinteiro (Marcos 6:3). Sua vida tardia pode nos ajudar com esses primeiros anos: ele sabia ler e escrever; estava completamente familiarizado com o Antigo Testamento; percebia o conflito entre o partido dos fariseus e dos saduceus; conhecia a necessidade moral do povo; estava a par da vida cívica e política da época; ele amava a natureza; e frequentemente se retirava em solitude para a comunhão com Deus. Ainda que esses dados sejam escassos, todos apontam para o fato de que Jesus, naqueles primeiros anos da sua vida, estava se preparando para a tarefa que o aguardava na vida pública posterior. Tornava-se cada vez mais claro para ele, como homem que era, o que deveria fazer. Sua filiação e seu chamado messiânico, e tudo que estava relacionado a eles, cresciam progressivamente em sua mente. Por fim, quando estava na casa dos trinta anos, chegou o tempo em que ele se manifestaria para Israel (João 1:31).

A ocasião para essa manifestação pública era a pregação que João Batista começou no Sul, no deserto da Judeia. Enviado por Deus para dizer a Israel que, apesar de serem descendentes de Abraão, da sua circuncisão e da sua alegada justiça, eles eram culpados e corrompidos, e, portanto, precisavam do batismo de arrependimento para o perdão de pecados. Esse mensageiro de Deus causou um grande movimento entre o povo judeu pelo seu apelo por penitência e preparou o caminho para a vinda do Messias.

Muitos foram até ele – de Jerusalém, Judeia e de toda a região do Jordão – para serem batizados por ele, confessando os seus pecados. Embora tenha protestado contra batizar Jesus, porque via neste o Messias – aquele que poderia verdadeiramente batizar com o Espírito Santo e com fogo, e que pessoalmente não tinha necessidade do batismo – ainda assim Jesus insistiu e disse que precisava passar pelo batismo para cumprir toda a justiça (Mateus 3:15).

Consequentemente, Jesus não disse que ele deveria ser batizado por precisar de arrependimento e perdão, tanto que ele não confessou os seus pecados, diferentemente dos demais no Jordão. Contudo, ele viu em João um profeta e, na verdade, muito mais do que um profeta – o seu próprio arauto (Mateus 11:7-14). Ele não viu em seu batismo uma cerimônia arbitrária, concebida pelo próprio João, mas um fardo e uma tarefa recebida dos céus (Marcos 11:30). Portanto, o batismo de João repousava sobre a vontade de Deus e era parte da justiça que Jesus precisava cumprir. Quando Jesus passa pelo batismo, ele se sujeita, por um lado, à vontade do Pai; e, por outro, se coloca no mais íntimo dos relacionamentos com as pessoas que receberam arrependimento e perdão de pecados naquele batismo. O batismo de João é a entrega majestosa de Jesus à vontade de Deus, a entrada pública para a comunhão com todo o seu povo e a entrada do rei na esfera messiânica.

Portanto, o batismo tinha, para ele, um significado que diferia do significado para os demais. Ele não recebeu pessoalmente o sinal e selo do seu arrependimento e perdão, mas foi batizado com o Espírito Santo e com fogo, assim como apenas ele pode dar esse batismo. Posteriormente, algumas seitas ensinariam que, no momento do seu batismo, a natureza divina ou o poder de Cristo se uniram ao homem Jesus. Essa ideia é heresia, porque descarta a encarnação do Verbo na concepção. Contudo, uma coisa é certa: o batismo de Jesus foi a preparação completa para seu ofício, porque, quando saiu da água, os céus foram abertos, o Espírito de Deus desceu sobre ele e uma voz foi ouvida dos céus, dizendo: "Este é o meu Filho amado, de que me agrado" (Mateus 3:16-17). Ainda que tenha sido entendido por poucos, o dia do batismo de Jesus foi o dia da sua revelação para Israel e o início do seu ministério público como Messias.

Ainda assim, antes de começar esse ministério, retirou-se por alguns dias para a solidão do deserto. Ele não se deparou com um ser humano sequer, estando cercado pelo silêncio da natureza e pelos animais selvagens. Ele se submeteu ao jejum, à meditação e à oração. A natureza dessa meditação se torna uma evidência parcialmente para nós no relato da tentação. A tentação por Satanás, que aconteceu no final dos quarenta dias, cujos detalhes são dados por Mateus e Marcos, criou um clímax na luta pela qual Jesus passou, mas com certeza não foi o único. Lucas declara que, ao longo desses quarenta dias, ele foi tentado pelo Diabo (4:2) e que o Diabo, após terminar toda a tentação, afastou-se dele até a ocasião oportuna (4:13). Afinal, Jesus foi em todas as coisas tentado como nós, mas sem pecado (Hebreus 4:15).

Entretanto, a tentação no deserto se relacionava ao seu ministério público. Após o batismo, ele estava cheio do Espírito Santo (Lucas 4:1), e foi o Espírito que lhe conduziu ao deserto para ser tentado por Satanás (Mateus 4:1). Agora, Jesus estava completa e claramente consciente do fato de que ele era o Filho de Deus, o Messias, e que ele tinha poderes divinos. Contudo, como ele iria utilizá-los agora? Ele os aplicaria para suprir sua própria necessidade de forma egoísta? Dobraria os joelhos para um poder terreno a fim de obter um reino terreno? Ou, por meio de sinais e maravilhas, conquistaria a admiração do povo? O tentador o tenta em todos esses três pontos, porém, Jesus permanece firme todas as vezes. Ele se agarra fixamente à Palavra de Deus e, por meio dessa Palavra, afasta todas as tentações, sujeitando-se à vontade e ao caminho ordenado pelo Pai, estabelecendo-se em sua obediência e santificando-se como sacrifício para Deus. Portanto, ele não apenas sabe, pela sua própria experiência, o que é ser tentado e, assim, tem compaixão de nós em nossa fraqueza;

mas, justamente por não ter sucumbido a tentação, como Adão, ele também pode ajudar aqueles que são tentados (Hebreus 2:18; 4:15).

—— ■ ——

Dessa forma, esea era a preparação para o ministério público de Jesus em seus ofícios e o início de seu exercício. Dos três ofícios, o profético é o mais enfatizado nesse primeiro período. Na verdade, logo após começar seu ministério público, ele foi reconhecido pelo povo não apenas como mestre, mas também como profeta. Após ressuscitar um jovem em Naim, a multidão exclamou: "Um grande profeta se levantou entre nós; e Deus visitou o seu povo" (Lucas 7:16). E foi assim até o final da sua vida. Por causa das suas palavras e obras, muitos o consideravam um profeta, ainda que não tivessem nenhuma noção dos seus ofícios sacerdotal e real ou até fossem avessos a eles. De fato, como profeta, isto é, como uma pessoa que poderia nos ensinar sobre as coisas de Deus melhor do que os outros, ele é honrado até o dia de hoje por aqueles que valorizam de certo modo a religião. Contudo, essas mesmas pessoas atacam a ideia de que Cristo seja um sacerdote e um rei, como se fosse uma noção judaica arcaica. É como um profeta que ele é exaltado: até Maomé, no Alcorão, concede essa dignidade a ele.

No entanto, o próprio Jesus queria ser profeta em um sentido diferente do reconhecido pelos judeus. Quando retornou para a Galileia após a sua tentação no deserto, ele logo apareceu na sinagoga de Nazaré, onde aplicou a profecia de Isaias 11:1 a si mesmo. O Espírito do Senhor estava sobre ele para pregar as boas novas aos pobres e para curar os contritos (Lucas 4:16ss). Ele não se descreveu como um profeta igual os outros, mas como maior que todos eles. Os profetas anteriores eram servos, mas ele é o Filho (Mateus 21:37), o único Mestre (Mateus 23:8-10; João 13:13-14). É verdade que ele compartilha com os profetas os dons de chamado e unção, de revelação e pregação da Palavra de Deus, de predição e poder miraculoso. Mas, ainda assim, transcende a todos eles e está bem acima deles. Seu chamado e sua unção são desde a eternidade; sua separação e preparação começaram desde a concepção pelo Espírito Santo; em seu batismo, ele recebe o Espírito sem medida e uma voz do céu o saúda como o Filho amado de quem o Pai se agrada. O fato é que ele não recebe revelações ocasionais de tempos em tempos, mas é a própria revelação, a revelação completa de Deus, o Verbo que estava com Deus, era Deus e se fez carne. Ele estava e continuamente permaneceu no seio do Pai, e em toda a sua vida ele não fez nada, a não ser aquilo que o Pai lhe ordenou que fizesse. Consequentemente, o que ele deu não era uma parte da revelação que teria de ser amplificada por outros, mas ele é a perfeita revelação de Deus e o único que cumpre e conclui toda profecia anterior. Portanto, "no passado, por meio dos profetas, Deus falou aos pais muitas vezes e de muitas maneiras; nestes últimos dias, porém, ele nos falou pelo Filho" (Hebreus 1:1). De fato, a profecia que, na antiga dispensação, veio pelos patriarcas é devida a ele; foi o Espírito de Cristo que testificou nos profetas (1Pedro 1:11) e Cristo era o conteúdo desse testemunho (Apocalipse 19:10).

Portanto, no sentido mais profundo, a pregação de Cristo era autorrevelação, uma proclamação da sua própria pessoa e obra, e, quando ele se manifestou publicamente, fez de João Batista e os profetas do Antigo Testamento o seu ponto de partida: o reino de Deus chegou; se arrependam e creiam no evangelho (Mateus 3:2; 4:17). Os profetas anteriores e João Batista eram arautos e viram o reino de Deus no futuro (Mateus 11:10-11). No entanto, agora o tempo é cumprido e, na pessoa de Cristo, o reino de Deus desceu para a terra. É verdade que Deus é Rei e o Pai desse reino (Mateus 5:16,35,45), contudo, o Pai o destinou para ele a fim de que, de acordo com seu beneplácito, o Filho o concedesse aos seus discípulos.[4]

Em sua pregação, Cristo desenvolve a origem e natureza do reino, o caminho que leva a ele, os benefícios que compreende, seu desenvolvimento gradual e seu cumprimento final. Seu ensino não vem com argumentos filosóficos ou discursos teológicos, mas em provérbios e parábolas. Ele ilustra seu discurso com fenômenos naturais ou com eventos da vida diária e prática, e sempre fala às multidões de uma forma tão vívida, que eles podem ouvir e entender (Marcos 4:33). Contudo, quando muitos, ainda assim, não entendiam suas palavras, isso era evidência da dureza dos seus corações e do beneplácito do Pai que escondeu as coisas do reino dos sábios e entendidos, e as revelou aos pequeninos (Mateus 11:25; 13:13-15). Todavia, suas palavras eram por si só sempre simples e compreensíveis, ainda que lidassem

[4]Mateus 11:27; Lucas 12:32; 22:29.

com os mistérios mais profundos do reino de Deus. Porque, como Filho e herdeiro, ele é o dono e distribuidor, o revelador e o intérprete desses mistérios. Em sua vinda, em sua palavra e obra, Jesus proclamou o Pai para nós (João 1:18), de modo que todo aquele que viu o Filho viu o Pai (João 14:9).

Portanto, a palavra que Cristo pregou era essencialmente aquela que havia sido declarada nos dias do Antigo Testamento e incluía tanto a lei quanto o evangelho, mas Jesus não era um novo legislador; antes, amplificou e aperfeiçoou a lei de Deus no Antigo Testamento. E o evangelho pregado por Cristo não era diferente daquele que Deus revelou desde o princípio, pois Jesus não veio à terra para destruir a lei ou os profetas, mas para cumpri-los (Mateus 5:17). Ele os cumpriu ao purificá-los das falsas interpretações e adições humanas; e ao trazê-los para sua plena realização em sua própria pessoa e obra. Portanto, Cristo tem um relacionamento com a lei diferente daquele que Moisés tinha, e em um relacionamento com o evangelho diferente daquele que os profetas tinham. Porque é verdade que a lei foi dada por Moisés e o evangelho foi proclamado pelos profetas, mas a graça e a verdade vieram por Jesus Cristo (João 1:17). Moisés carregou a lei em suas mãos nas duas tábuas de pedra e poderia facilmente ser suplantado por algum outro. Da mesma forma, os profetas eram, de fato, pregadores do evangelho, mas não eram o evangelho. Contudo, Cristo carregou a lei dentro do seu mais íntimo ser e cumpriu perfeitamente a vontade de Deus sem qualquer defeito; e ele não foi apenas um proclamador do evangelho, mas o seu conteúdo – o maior presente que Deus deu ao mundo, de modo que graça e verdade vieram por ele e são inseparáveis da sua pessoa.

—— ▪ ——

As palavras de Jesus são acompanhadas e confirmadas pelas suas obras, e também pertencem ao seu ofício e ao cumprimento da vontade do Pai (João 4:34). Ele não as fez por si mesmo, mas o Pai entregou todas as coisas em suas mãos (Mateus 11:27; João 3:35). O Filho não fez nada além do que viu o Pai fazendo (João 5:19), e foi o próprio Pai, permanecendo no Filho, que realizou essas obras (João 14:10). Assim como essas obras eram divinas em origem, elas também carregaram a natureza divina; não apenas por serem milagres e porque diferiam do curso comum da natureza, mas também porque eram incomuns e não foram feitas por outros. Enquanto outros sempre seguiam as suas próprias vontades, Jesus nunca buscou seu próprio interesse ou prazer (Romanos 15:3). Pelo contrário, ele negou a si mesmo e cumpriu a vontade do Pai. Ainda assim, dentre todas essas obras, os milagres ocupam um lugar importante, pois, por um lado, eles são sinais e evidências da sua missão e do poder de Deus,[5] e, por outro, são atos que se destinam às necessidades físicas e espirituais humanas. Os milagres de Jesus são milagres de redenção e cura, portanto, pertencem ao seu ofício sacerdotal.

Isso é evidente pelos limites impostos pelo próprio Jesus para seus milagres. No deserto, ele resistiu à tentação de Satanás para aplicar seu poder divino em benefício de sua pessoa, e, ao longo da sua vida, ele continuou resistindo a essa tentação. O que ele disse no jardim de Getsêmani – que ele poderia orar ao Pai pedindo mais de uma dúzia de legiões de anjos (Mateus 26:53) – é aplicável a todo o seu ministério público, mas ele recusa vez após outra realizar sinais para satisfazer a curiosidade do povo;[6] além disso, não são raras as vezes em que a revelação é limitada por causa da incredulidade (Mateus 13:58). Ele ordena diversas vezes que as pessoas a quem ele curou milagrosamente não digam nada (Marcos 1:34,44; 3:12), pois não queria alimentar ideais erradas sobre o Messias que poderiam ser encorajadas pelas suas obras.

Ademais, as obras que Jesus realizou pertenciam ao seu ofício sacerdotal, de modo que são manifestações da sua compaixão interior. Lemos sobre isso em diversos textos,[7] e Mateus vê nessas curas um cumprimento da profecia de Isaías: "Ele levou sobre si as nossas enfermidades" (Mateus 8:17). Essa profecia também é aplicada para a morte de Cristo, por meio da qual ele expiou os nossos pecados (João 1:29; 1Pedro 2:24), contudo, o pecado e a doença andam juntos. Como o Sumo Sacerdote compassivo, Cristo não apenas removeu o nosso pecado, mas, ao fazê-lo, removeu a causa de toda a nossa miséria. Nos vários milagres que realizou – na expulsão de demônios, na cura de cegos, surdos e aleijados, na ressurreição dos mortos e no controle das forças da natureza –, ele nos dá evidências

[5]João 2:11; 3:2; 4:54; 7:31; 9:16; 10:37; 11:4; e em outras passagens.
[6]Mateus 12:38; 16:1; João 4:48.
[7]Mateus 9:36; 14:14; 15:32; e em outras passagens.

convincentes do fato de que pode nos redimir perfeitamente de toda a nossa miséria. Não há culpa tão grande nem pecado e miséria tão profundos que ele não possa remover pela sua compaixão sacerdotal e por seu poder real.

Naturalmente, sua atividade sacerdotal se manifesta especialmente em sua paixão e morte, mas a entrega da sua alma como resgate de muitos é um cumprimento do serviço que ele veio fazer na terra e que desempenhou ao longo da sua vida (Mateus 20:28). Como cordeiro de Deus, ele carregou o pecado do mundo constantemente. Sua humilhação começou em sua encarnação, foi uma vida de contínua obediência em meio ao sofrimento e terminou em morte de cruz (Filipenses 2:8; Hebreus 5:8). Foi o Pai que ordenou que Cristo fosse sacerdote e profeta, e, assim como ele executou seu ofício profético, também executou seu ofício sacerdotal ao longo da sua vida.

Ainda assim, é notável que, no Novo Testamento, Cristo só seja chamado de sacerdote na carta aos Hebreus. É verdade que sua vida e morte são repetidamente apresentadas como um sacrifício, mas esse título é usado apenas em Hebreus, e há uma boa razão para isso. Certamente Cristo é sacerdote, mas o é em um sentido muito diferente dos sacerdotes do Antigo Testamento sob a lei de Moisés. Eles são da linhagem de Arão e da tribo de Levi; além disso, eram apenas sacerdotes e não podiam ser profetas e reis. Eles viviam e serviam por pouco tempo e depois precisavam ser substituídos. Eles traziam sacrifícios de bois e bodes, que não podiam retirar os pecados. Todavia,, não é assim com Cristo, pois ele veio da tribo de Judá e, portanto, não poderia reivindicar o sacerdócio (Hebreus 7:14).

Consequentemente, de acordo com a carta aos Hebreus, Cristo não era um sacerdote da ordem de Arão, mas da ordem de Melquisedeque, e isso já tinha sido predito no Salmos 110: o Messias deveria ser um sacerdote que combinaria a dignidade real com o ofício eterno de sacerdote. A carta aos Hebreus desenvolve esse pensamento ainda mais e argumenta que Cristo é um sacerdote da ordem de Melquisedeque por ser, ao mesmo tempo, um rei; por ser perfeitamente justo e sem pecado, um rei de justiça; porque permanece sacerdote para sempre e nunca será substituído; por trazer uma oferta do seu próprio corpo e sangue, e não de bois e bodes; porque por esse sacrifício ele alcança a salvação perfeita para o seu povo; e, por fim, porque, assim, ele traz uma paz eterna à existência e é um rei de paz (Hebreus 7:10).

A advertência prática deduzida pelos cristãos judeus – que estavam sob risco de apostasia – é que eles não tinham nenhuma razão para retrocederem, mas eram chamados a progredirem (6:1). Os sacerdotes, sacrifícios e orações intercessórias do Antigo Testamento serviam como tipos e símbolos para representar, isto é, dar ao povo acesso à presença de Deus, mas isso é agora perfeita e eternamente cumprido em Cristo, o qual abriu um novo e vivo caminho para a vida eterna. Por meio dele, os cristãos podem corajosamente e em total segurança de fé se achegar ao trono da graça (41:6; 10:19ss).

—— ▪ ——

Assim como o ofício sacerdotal está relacionado com o profético, ele também se conecta com o ofício real de Cristo. Uma das peculiaridades do ofício sacerdotal de Cristo é a sua conexão com a realeza (Salmos 110:4; Hebreus 7:17). Afinal de contas, era o chamado de Israel ser um reino sacerdotal para o Senhor (Êxodo 19:6). E, ainda que os ofícios fossem distintos entre si em Israel, a profecia dizia que o Messias – o ramo que viria e edificaria o templo do Senhor – deveria carregar a glória (majestade real) e governar sobre o trono. O Messias, unindo as funções reais e sacerdotais dentro de si, traria, por essa união, a paz perfeita de que seu povo precisava (Zacarias 6:12-13).

Essa conexão com o ofício de sacerdote dá à realeza de Cristo um caráter peculiar. Sim, ele deve vir da casa de Davi (2Samuel 7:16), mas em um tempo em que a casa de Davi terá caído (Marcos 5:1). Ele será um rei justo e equipado com a salvação de Deus, mas também será humilde e, como símbolo da sua humildade, montará sobre um jumentinho (Zacarias 9:9). E, assim como o Messias não exibirá uma glória e poder terrenos em sua vinda, o seu reino não será estabelecido pela violência ou por armas. Na verdade, nesse dia ele porá fim aos carros de Efraim, aos cavalos de Jerusalém, e o arco de guerra será destruído. Ele anunciará paz às nações e o seu domínio se estenderá de mar a mar, e desde o rio até as extremidades da terra (Zacarias 9:10; compare com o Salmos 72).

Essa profecia sobre a vinda do Messias foi perfeitamente cumprida em Cristo. O Novo Testamento declara constante e enfaticamente que ele vem da casa de Davi e, por causa das leis do reino de Israel, ele reivindica o seu trono. As duas genealogias (Mateus 1;

Lucas 3) o designam como o Filho de Davi. O anjo anuncia a Maria que o Senhor dará ao seu filho – que deverá ser chamado Filho do Altíssimo – o trono de Davi, seu pai; e o nomeia rei sobre a casa de Jacó para toda a eternidade (Lucas 1:32-33). Ele é comumente reconhecido como Filho de Davi,[8] e essa descendência de Davi é conectada com a ideia de que ele é um rei e tem direito a um reino (Lucas 23:42).

No entanto, ele é rei de uma forma diferente da que os judeus da época esperavam que o Messias fosse. Ele nunca apresenta suas reivindicações legais ao trono do seu pai Davi, perante os governantes do povo judaico, nem perante o Rei Herodes, nem perante o César romano. Ele resiste à tentação de alcançar o domínio sobre o mundo pelos poderes mundanos (Mateus 4:8-10). Quando a multidão, após o milagre da multiplicação de pães, queria levá-lo a força para proclamá-lo rei, ele se esquiva deles e busca a solidão da oração sobre o monte (João 6:15; Mateus 14:23). É verdade que ele constantemente exibia o seu poder real, contudo, não o fazia para mostrar domínio como os governantes das nações, mas para servir e entregar sua alma como resgate de muitos (Mateus 20:25-28). Sua realeza foi manifestada na força com a qual proclamava suas leis para o reino dos céus; ao sujeitar as forças da natureza; ao ordenar que a doença e a morte cedessem; ao entregar sua vida para que depois a tomasse de volta; e, como Rei e Juiz, no julgamento que executará sobre vivos e mortos.

Contudo, esse significado espiritual que Cristo, em harmonia com a profecia do Antigo Testamento, dá a sua realeza não deve nos deixar tentados a pensar que ele não é um rei de verdade e que só deve ser chamado assim no sentido figurado. Por ser sacerdote da ordem de Melquisedeque, e não da ordem de Arão, ele é um sacerdote melhor do que os sacerdotes do Antigo Testamento. Da mesma forma, por ser um rei diferente dos governantes das nações, ele é um rei melhor e maior. Ele é o verdadeiro rei. Os reis da terra são reis apenas em imagem e semelhança, mas ele é o rei dos reis, o príncipe dos reis da terra; o rei que governa, interna e externamente, espiritual e fisicamente, no céu e sobre a terra, até os confins da terra e por toda a eternidade.

Ele nunca – nem para Deus, nem para os homens – abre mão de qualquer parte de qualquer uma das suas reivindicações legítimas

[8]Mateus 9:27; 12:23; 15:22; 20:30; 21:9; Romanos 1:3.

dessa realeza perfeita e eterna. Durante a sua estadia sobre a terra, ele renunciou a qualquer um dos seus direitos divinos ou humanos. Ele não tentou obter seus direitos pela violência, mas queria alcançá-los apenas por meio de uma obediência perfeita a Deus. Contudo, ao fazer isso, ele fortaleceu suas reivindicações. Ele provou, em sua humilhação, ser o Filho de Deus e, por isso, também o herdeiro de todas as coisas.

Para demonstrar que é realmente um rei, ele realiza sua entrada triunfal em Jerusalém no domingo que abre a semana da paixão. Agora, não havia mais perigo de que a natureza da sua realeza fosse mal compreendida, pois uma vida de obediência, na qual ele renunciou todo poder terreno por palavra e ação, agora faz parte de sua reputação. A inimizade entre ele e o povo alcançou seu auge; e, no curso dessa mesma semana, eles o acusariam e o entregariam à morte. Ainda que antes ele tivesse evitado as tentativas de torná-lo rei, ele agora toma a iniciativa da sua entrada real em Jerusalém (Mateus 22:1). Antes de morrer, ele deve, portanto, se manifestar perante todas as pessoas como o Messias, o enviado de Deus e descendente de Davi, e essa revelação foi feita em harmonia com a profecia de um futuro rei que seria humilde e montaria em um jumentinho. Foi por ser o Messias, o Filho divino e o Rei da casa de Davi, que ele foi condenado pelo Sinédrio e por Pilatos. Ele era Rei (Mateus 27:11), e a inscrição acima da cruz, ainda que contra os desejos dos judeus, testifica esse fato mais uma vez (João 19:19-22).

——— ▪ ———

Toda essa vida de Cristo – em suas atividades proféticas, sacerdotais e reais – culminou, por fim, em morte. A morte é o cumprimento da vida, e Jesus veio para morrer. Ele estava bem consciente disso, tanto que, já em sua primeira aparição pública na sinagoga de Nazaré ele aplicou a profecia sobre o servo sofredor do Senhor a si mesmo (Lucas 4:16ss) e, portanto, estava perfeitamente consciente do fato de que seria levado como cordeiro ao matadouro. Ele é o Cordeiro que tira o pecado do mundo (João 1:29). O templo do seu corpo seria destruído, mas, após três dias, seria levantado (João 2:19). Como Moisés levantou a serpente no deserto, assim, de acordo com o conselho de Deus, o Filho do Homem deve ser levantado na cruz (João

3:14; compare com 12:32-33). Ele era o grão de trigo que deveria cair na terra e morrer a fim de dar fruto (João 12:24).

Assim, Jesus, desde o princípio do seu ministério público, designa, por meio de imagens e parábolas, que a morte deve ser o fim da sua vida. Conforme esse fim se aproximava, ele insinuava esse fato de forma cada vez mais clara e direta. Especialmente após Pedro, em nome de todos os apóstolos, ter confessado Jesus como o Cristo, o Filho do Deus vivo, ele "começou a mostrar aos discípulos que era necessário que fosse para Jerusalém, que sofresse muitas coisas da parte dos líderes religiosos, dos principais sacerdotes e dos escribas, e que fosse morto e ressuscitasse ao terceiro dia" (Mateus 16:21). Os discípulos não entenderam isso e não quiseram acreditar. Pedro chegou a chamá-lo em particular e a repreendê-lo dizendo: "Deus tenha compaixão de ti, Senhor! Isso jamais te acontecerá". Mas Jesus viu uma tentação nessas palavras e responde com severidade: "Para trás de mim, Satanás! Tu és para mim motivo de tropeço, pois não pensas nas coisas de Deus, mas, sim, nas que são dos homens" (Mateus 16:22-23). Essa firmeza de Cristo em se entregar à morte recebe a aprovação divina, alguns dias depois, no monte da transfiguração. Sua ida a Jerusalém está em harmonia com o significado da lei e dos profetas (Moisés e Elias) e com a vontade do Pai. Ele permanece sendo o Filho amado em quem o Pai se agrada, e os discípulos não devem, como Pedro, censurá-lo, mas obedientemente se submeter a ele e ouvi-lo (Mateus 17:1-8).

Ainda assim, Jesus não buscou essa morte, isto é, ele não desafiou os fariseus e escribas para prendê-lo. Ainda que soubesse que sua hora havia chegado (João 12:23; 17:1), foi Judas que voluntariamente lhe vendeu e lhe traiu; os servos dos sacerdotes e fariseus que lhe prenderam; os membros do Sinédrio e o governador Pôncio Pilatos que lhe condenaram à morte. O conselho de Deus não exclui as circunstâncias históricas nem elimina a culpa do homem. Pelo contrário, mediante o conselho determinado e a presciência de Deus, ele se entregou, mas de tal forma que os judeus o capturaram e pelas mãos dos ímpios o mataram, crucificando-o (Atos 2:23; 4:28).

Essa morte de Cristo permanece no centro da pregação de todos os apóstolos desde o princípio,[9] não somente no testemunho de

[9]Atos 2:23ss; 3:14ss; 4:10ss.

Paulo, mas no de todos os outros também. Foi apenas após a ressurreição de Cristo que, sob a instrução do Espírito Santo, a necessidade e importância do sofrimento e morte de Jesus foram entendidas. Então, também se percebeu que a paixão e morte eram um cumprimento da sua atividade profética, uma prova da verdade do seu ensinamento e um selo de toda a sua vida. Sob Pôncio Pilatos, ele fez a boa confissão (1Timóteo 6:13), e, em sua inocência e em seu sofrimento paciente, ele nos deixou um exemplo para que sigamos os seus passos (1Pedro 2:21). Ele é a Testemunha fiel (Apocalipse 1:5; 3:14) que, como Apóstolo e Sumo Sacerdote, é o realizador e o conteúdo da nossa profissão (Hebreus 3:1) e também o Autor e Consumador da nossa fé (Hebreus 12:2). Desse modo, a morte de Cristo é uma revelação do seu poder real, porque sua morte não era um destino que ele precisou sofrer, mas um ato que ele próprio realizou voluntariamente (João 10:17-18). Sua morte na cruz foi a sua exaltação sobre a terra e uma vitória sobre seus inimigos,[10] porque foi a mais perfeita obediência ao mandamento do Pai (João 14:31).

Ainda assim, de acordo com o ensino apostólico, não devemos descansar nessa morte de Cristo. Em sua morte, Jesus não foi apenas uma testemunha e um guia, um mártir e um herói, um profeta e um rei. Ele era, acima de tudo, um sacerdote, e é sua função sacerdotal mais elevada que se sobressai em sua morte. De acordo com o ensino de toda a Escritura, sua morte foi um *sacrifício* dado livremente ao Pai por ele.

Quando o Novo Testamento apresenta a morte de Cristo sob esse aspecto, há uma referência direta ao Antigo Testamento. Sacrifícios existiam desde a antiguidade. Lemos sobre eles na história de Caim e Abel, Noé e os patriarcas, e entre todas as nações e religiões. Geralmente, podemos dizer que o propósito deles é oferecer um presente material, que consistem em bens vivos ou inanimados que são destruídos de uma forma respeitável de acordo com uma cerimônia especial, para buscar o favor e a comunhão da Deidade. O Senhor também incluiu esses sacrifícios em sua lei para o povo de Israel, contudo, em Israel eles tinham papel e significado diferentes.

Em primeiro lugar, em Israel os sacrifícios eram limitados a ofertas de animais (gado, ovelhas, cordeiros, bois, pombas) e produtos da

[10] João 3:14; 8:28; 12:32,34.

terra (farinha, olho, vinho, incenso), e esses sacrifícios só poderiam ser trazidos para Jeová, o Deus de Israel. As ofertas de seres humanos, beber sangue e a mutilação do corpo eram proibidos.[11] Ademais, toda oferta a ídolos, aos mortos e aos animais "santos" eram violações da vontade de Deus.[12] Em segundo lugar, os sacrifícios de Israel eram bem menos importantes do que as leis morais. A obediência é melhor do que o sacrificar, e o atender, melhor do que a gordura de carneiros. O Senhor deseja misericórdia, e não sacrifício; e o conhecimento de Deus, mais do que holocaustos.[13] Em terceiro lugar, os sacrifícios em Israel, o sacerdócio, o templo, o altar e toda a dispensação cerimonial estavam a serviço da promessa. Eles não executaram o pacto da graça, porque este repousa somente sobre a eleição graciosa de Deus; eles serviam apenas para estabelecer e manter o pacto em voga em Israel.

Todo o povo de Israel, por causa do chamado e eleição de Deus, era um reino de sacerdotes (Êxodo 19:6) e o sacerdócio era apenas uma instituição subordinada e temporária. Da mesma forma, os sacrifícios (especialmente os holocaustos, as ofertas pelo pecado e as ofertas pela culpa) eram apenas uma indicação cerimonial da maneira como os pecados que os israelitas cometiam dentro do pacto (os inconscientes também) deveriam ser reconciliados.[14] Para os pecados deliberados e graves, aqueles que quebravam o pacto e suscitavam a ira de Deus, ainda que fossem muitas vezes punidos civicamente, havia apenas um apelo para a misericórdia de Deus, que os perdoava, às vezes após a intervenção de pessoas como Abraão (Gênesis 18:23-33), Moisés,[15] Fineias (Números 25:11) ou Amós (Amós 7:4-6; compare com Jeremias 15:1).[16]

Por meio desse ministério cerimonial, Deus instruiu o seu povo, primeiro, de que o pacto da graça, como todos os seus benefícios, era somente pela misericórdia. Ele tem a sua origem e base na compaixão imerecida: "Terei misericórdia de quem eu quiser ter misericórdia, e

[11]Gênesis 22:11; Deuteronômio 12:23; 14:1; 18:10, entre outras passagens.
[12]Êxodo 32:4ss; Números 25:2ss; Oseias 11:2; Jeremias 11:12; Ezequiel 8:10; Salmos 106:28.
[13]1Samuel 15:22; Oseias 6:6; 14:2; Miqueias 6:6; Salmos 40:7; 50:7-14; 51:18-19; Provérbios 21:3.
[14]Levítico 4:22,27; 5:15,18; Números 15:25ss; 35:11; Josué 20:3,9.
[15]Êxodo 32:11-14; Números 14:15-20.
[16]Êxodo 33:19; 34:6; Salmos 78:38; 79:8-9; Isaías 43:25; Miqueias 7:18; entre outras passagens.

me compadecerei de quem eu quiser me compadecer" (Êxodo 33:19). Além disso, por meio dessas instituições cerimoniais, o Senhor fez com que Israel entendesse que ele concederia o benefício do perdão dos pecados apenas por meio da expiação. Em outras palavras, o pecado sempre é capaz de despertar a ira de Deus e de tornar o homem culpado e corrompido, portanto, no geral, um sacrifício é necessário para aplacar a ira de Deus, libertar o homem da sua culpa e impureza, e fazer com que ele compartilhe novamente do favor e da comunhão de Deus. Havia, é claro, pecados que a lei não especificava algum sacrifício particular como meio de expiação. A expiação, por assim dizer, foi deixada a cargo do próprio Deus. É ele mesmo quem, nesses casos, expiaria os pecados e, assim, os perdoaria. O perdão pressupõe a expiação e a inclui também,[17] contudo, até para os pecados cometidos inconscientemente e para os quais um sacrifício específico foi designado na lei, em última análise era Deus que – por meio da oferta, do sacerdote e do altar – cobria os pecados e os removia (Levítico 17:11; Números 8:19). Toda e estrutura de expiação procede dele e foi ordenada por ele.

O verdadeiro meio de expiação ou reconciliação foi o sangue do animal sacrificado. O sangue é o lugar da alma e o princípio de vida do animal, e foi por isso que o Senhor o derramou sobre o altar como o elemento que expia a alma (Levítico 17:11). Mas, a fim de servir como agente expiatório, o sangue do animal – o qual a pessoa que pecou trouxe para o templo e pôs suas mãos sobre – precisava ser derramado na morte e depois aspergido sobre o altar pelo sacerdote (Êxodo 29:15ss). A imposição de mãos, a morte e a aspersão do altar apontavam o modo pelo qual o sangue, como o lugar da alma, se tornou o elemento da expiação. E quando o sangue expiava, cobria e removia os pecados, a culpa era perdoada, a corrupção era purificada e a comunhão da aliança com Deus era restaurada. O sacerdócio e o povo, o templo e o altar, e todos os utensílios do serviço eram, pelo sangue, entregues ao Senhor; todos haviam sido santificados para que o Senhor pudesse habitar no meio dos filhos de Israel e ser o Deus deles (Êxodo 29:43-46).

Entretanto, todo esse serviço sacrificial era preliminar e apenas uma sombra dos bens futuros (Hebreus 10:1). O tabernáculo no

[17]Salmos 65:4; 78:38; 79:9; Provérbios 16:6; Isaías 27:9; Jeremias 18:23; Ezequiel 16:63.

deserto era apenas uma imagem do verdadeiro santuário (Hebreus 8:5). Os sacerdotes eram também pecadores e precisavam oferecer sacrifícios não apenas pelo povo, mas também por si mesmos (Hebreus 7:27; 9:7), e eles eram impedidos de continuar para sempre por causa da morte (Hebreus 7:23). O sangue de touros e bodes não podia apagar os pecados e purificar a consciência (Hebreus 9:9,13; 10:4). Portanto, esses animais precisavam ser trazidos continuamente (Hebreus 10:1). Resumindo, tudo era externo, fraco, inútil e defeituoso (Hebreus 7:18; 8:7) e apontava para um futuro melhor. O Israel piedoso aprenderia a conhecer isso melhor ao longo dos séculos; eles ansiavam pelos dias em que o Senhor estabeleceria uma nova aliança, traria a verdadeira expiação e compartilharia os benefícios do perdão e renovação com o seu povo.[18] Essa expectativa recebe sua mais bela expressão em Isaías. Seu livro de conforto começa com o anúncio a Jerusalém de que o tempo da sua luta havia sido cumprido, que o seu pecado havia sido perdoado e ela já havia recebido em dobro da mão do Senhor, por todos os seus pecados (Isaías 40:2). Em seguida, ele desdobra a profecia do servo do Senhor que toma sobre si as nossas enfermidades e aflições, nossas transgressões e punições, e, assim, nos traz cura e paz (Isaías 53:2ss).

—— ▪ ——

Assim como o Antigo, o Novo Testamento vê a morte de Cristo como um sacrifício necessário por causa dos nossos pecados. Jesus não disse apenas que ele veio cumprir a lei, os profetas e toda justiça (Mateus 3:15; 5:17), mas ele também aplicou a si a profecia de Isaias sobre o servo do Senhor – que foi ungido pelo Espírito do Senhor e que veio para pregar o evangelho aos pobres (Lucas 4:17ss). Ele veio para que, em harmonia com a ordem do Pai, entregasse a sua vida e a tomasse de volta. Ele devia dar sua vida pelas suas ovelhas e, pela sua morte, preparar sua carne e seu sangue como comida e bebida que permanecem para a vida eterna.[19] Sua morte é o verdadeiro sacrifício e o cumprimento perfeito de todos os sacrifícios que nos dias

[18]Jeremias 31:33ss; 33:8; Ezequiel 11:20; 36:25ss.
[19]João 2:19; 3:14; 6:51; 10:11,15,18; 12:24; 15:13.

do Antigo Testamento eram oferecidos de acordo com as prescrições da lei.

Afinal de contas, a morte de Cristo é a mais perfeita das rendições à vontade do Pai, uma evidência de que ele não veio para ser servido, mas para servir. Assim, a sua morte é um resgate pago para a libertação de muitos do poder do pecado (Mateus 20:28), é o cumprimento da oferta pactual feita no preâmbulo da antiga aliança (Êxodo 24:7). Ela estabelece a base para a nova aliança (Mateus 26:28; Hebreus 9:15-22), é chamada de um sacrifício e uma oferta (Efésios 5:2; Hebreus 9:14,26) e realiza a ideia do sacrifício pascal,[20] das ofertas de pecado e de culpa[21] e do sacrifício feito no grande dia da expiação.[22]

Não apenas os sacrifícios do Antigo Testamento são cumpridos em Cristo, mas também todas as exigências necessárias e ações que os acompanhavam. O sacerdote que fazia a oferta tinha que ser um homem sem qualquer defeito (Levítico 21:17ss); e Cristo é esse Sumo Sacerdote santo, inocente, imaculado e separado dos pecadores (Hebreus 7:26). O animal que era sacrificado precisava ser saudável e sem defeito (Levítico 22:20ss); e Cristo não tinha defeito e nem mancha (1Pedro 1:19). Assim como o animal do sacrifício precisava ser morto pela mão do sacerdote (Êxodo 29:11), Cristo foi morto como um cordeiro e nos comprou para Deus pelo seu sangue (Apocalipse 5:6-9). Nenhum osso do cordeiro pascal deveria ser quebrado (Êxodo 12:46); e, portanto, Cristo também morreu sem que nenhum dos seus ossos fossem quebrados (João 19:36). Após a morte, o sacerdote pegava o sangue do animal e o aspergia; se fosse uma oferta pelo pecado, no lugar santíssimo (Levítico 16:15; Números 19:4); se fosse uma oferta pactual, sobre o povo (Êxodo 24:8); e, da mesma forma, Cristo por seu próprio sangue, entrou de uma vez por todas no lugar santíssimo (Hebreus 9:12) e aspergiu esse sangue sobre seu povo (1Pedro 1:2; Hebreus 12:24). Quando a oferta pelo pecado era feita, o sangue do animal era trazido para o lugar santíssimo, mas o corpo era queimado com fogo fora do acampamento (Levítico 16:27). Da mesma forma, Cristo, a fim de que pudesse santificar o povo com o seu próprio sangue, sofreu fora da porta da cidade (Hebreus 13:12).

[20]João 1:29; 1Coríntios 5:7; 1Pedro 1:19; Apocalipse 5:6; entre outras passagens.
[21]Romanos 8:3; 2Coríntios 5:21; Hebreus 13:11; 1Pedro 3:18.
[22]Hebreus 2:17; 9:12ss.

Assim como no culto do Antigo Testamento o sangue – pelo seu derramamento na morte e pela sua aspersão sobre o altar – se tornava o elemento apropriado da expiação; na nova aliança, o sangue de Cristo é a causa eficaz da expiação, perdão e purificação dos nossos pecados.[23]

Portanto, quando o Novo Testamento fala acerca do sofrimento e da morte de Cristo como sacrifício, ele faz uso de uma figura de linguagem e pega emprestado seus termos do culto sacrificial da antiga aliança. Contudo, não devemos inferir desses fatos que essa representação é acidental e ilusória, que pode certa e impunemente ser negligenciada. Pelo contrário, a Escritura procede precisamente da ideia de que os sacrifícios do Antigo Testamento eram a imagem e sombra, e que eles receberam seu cumprimento no sacrifício de Cristo. Assim como Cristo era verdadeiramente profeta, sacerdote e rei – e não apenas de uma maneira figurada; assim também sua entrega na morte não foi um sacrifício em um sentido figurado, mas teve o significado mais essencial e verdadeiro dessa palavra. Portanto, não podemos prosseguir sem chamar a morte de Cristo de um sacrifício, pois perder a palavra é perder imediatamente a realidade também, realidade essa que é a mais importante de todas para nós: é a fonte da salvação.

Afinal, quando a morte de Cristo é chamada de sacrifício, a implicação é que ele se entregou para ser uma oferta e um sacrifício a Deus com aroma suave (Efésios 5:2). É verdade, Cristo foi um presente e uma evidência do amor de Deus (João 3:16). Deus prova o seu amor para conosco ao ter Cristo morrido por nós quando ainda éramos pecadores (Romanos 5:8). Ele não poupou nem o próprio Filho, mas o entregou por todos nós (Romanos 8:32). O nascimento, a vida, o sofrimento e a morte de Cristo demonstram e nos asseguram do amor de Deus, contudo, esse amor de Deus não põe sua justiça de lado; pelo contrário, quando corretamente vista, ele inclui essa justiça em si. É um amor que não negligencia o caráter pecaminoso do pecado, mas que, na expiação, encontra um caminho de perdão. Era de acordo com o mandamento do Pai que Cristo tinha que morrer[24]

---

[23] Mateus 26:28; Atos 20:28; Romanos 3:25; 5:9; 1Coríntios 11:25; Efésios 1:7; Colossenses 1:20; Hebreus 9:12,14; 12:24; 1Pedro 1:2,19; 1João 1:7; 5:6; Apocalipse 1:5; 5:9.
[24] Mateus 26:54; Lucas 24:25; Atos 2:23; 4:28.

e, pela sua morte, satisfazer a justiça de Deus.[25] Na morte de Cristo, Deus, ao perdoar os pecados que foram cometidos anteriormente sob sua longanimidade, perfeitamente manteve a sua justiça e, ao mesmo tempo, abriu o caminho pelo qual ele justificou todos aqueles que pela fé pertencem a Jesus.

Em segundo lugar, o sacrifício de Cristo é uma demonstração da sua obediência "passiva" e "ativa". Nos tempos antigos, a obediência passiva foi tão enfatizada, que a obediência ativa praticamente desapareceu atrás dela. Contudo, ultimamente tanta ênfase tem sido posta sobre a obediência ativa que a passiva não recebe devido o seu valor. No entanto, de acordo com a Escritura, ambas andam juntas e devem ser vistas como dois lados de uma mesma moeda. Cristo foi, em todos os momentos, desde sua concepção, obediente ao Pai, e toda a sua vida deve ser vista como um cumprimento da justiça, da lei e do mandamento de Deus. Entrando no mundo, ele disse: "Senhor, eu venho para fazer a tua vontade" (Hebreus 10:5-9). Contudo, essa obediência se demonstrou perfeitamente em sua morte, e morte de cruz (Filipenses 2:8). O Novo Testamento está cheio disso: pelo sofrimento e pela morte de Cristo pela primeira vez o pecado é expiado, perdoado e removido, e não apenas o cumprimento da lei, mas também a limpeza da culpa pertence à vontade do Pai, que Cristo precisava realizar.

Portanto, em terceiro lugar, o sacrifício de Cristo está relacionado aos nossos pecados. Já no Antigo Testamento, lemos que Abraão ofereceu um holocausto no lugar do seu filho (Gênesis 22:13); que, pela imposição de mãos, os Israelitas faziam com que um animal tomasse o seu lugar (Levítico 16:1); e que o servo do Senhor foi ferido por nossas transgressões e esmagado pelas nossas iniquidades (Isaías 53:5). Da mesma forma, o Novo Testamento estabelece uma conexão bastante íntima entre o sacrifício de Cristo e os nossos pecados. O Filho do Homem veio ao mundo para dar sua vida como um resgate por muitos (Mateus 20:27; 1Timóteo 2:6). Ele foi entregue por causa dos nossos pecados (Romanos 4:25), morreu em relação aos nossos pecados,[26] ou, como geralmente é dito, pelos nossos pecados.[27]

[25]Mateus 3:15; 5:17; João 10:17-18; Romanos 3:25-26.

[26]Romanos 8:3; Hebreus 10:6,18; 1Pedro 3:18; 1João 2:2; 4:10.

[27]Lucas 22:19-20; João 10:15; Romanos 5:8; 8:32; 1Coríntios 15:3; 2Coríntios 5:14,15,21; Gálatas 3:13; 1Tessalonicenses 5:10; Hebreus 2:9; 1Pedro 2:21; entre outras passagens.

A comunhão em que Cristo, de acordo com as Escrituras, entrou conosco é tão íntima e profunda, que não podemos formar uma ideia ou imagem dela. O termo *sofrimento substitutivo* apenas expressa de uma forma fraca e defeituosa o que isso significa, pois toda a realidade transcende em muito a nossa imaginação e o nosso pensamento. Podemos traçar algumas analogias dessa comunhão que podem nos convencer da sua possiblidade. Sabemos de pais que sofrem por e com os seus filhos; de heróis que dão suas vidas pelo seu país; de homens e mulheres nobres que semeiam o que outros irão colher. Vemos em todo o lugar essa lei em operação – que poucos trabalham, lutam e guerreiam para que outros possam conseguir o fruto do seu trabalho e aproveitar seus benefícios. A morte de um homem é o sustento de outro homem. O grão precisa morrer se quiser gerar frutos. Em dor, a mãe dá à luz seu filho. Porém, tudo isso são apenas algumas comparações, pois elas não podem ser igualadas com a comunhão que Cristo tem conosco. Porque dificilmente alguém morreria por um justo; talvez alguém até ouse morrer por quem faz o bem, mas Deus nos prova o seu amor para conosco ao ter Cristo morrido por nós quando ainda éramos pecadores (Romanos 5:7-8).

Realmente não havia nenhuma comunhão entre nós e Cristo, mas apenas separação e oposição. Ele era o Filho Unigênito e amado do Pai; nós éramos todos como o filho perdido. Ele era justo, santo e sem pecado; nós éramos pecadores, culpados e totalmente impuros. Ainda assim, Cristo se colocou em comunhão conosco não apenas em um sentido físico (natural), ao assumir nossa natureza, nossa carne e nosso sangue; mas também em um sentido jurídico (legal) e em um sentido ético (moral) ao entrar em comunhão com o nosso pecado e com nossa morte. Ele se coloca em nosso lugar e naquele relacionamento com a lei de Deus na qual estávamos; ele toma a nossa culpa, doença, aflição e punição; aquele que não conhecia o pecado se tornou pecado por nós para que nele fôssemos feitos justiça de Deus (2Coríntios 5:21). Ele se torna uma maldição para nós para que possa nos redimir da maldição da lei (Gálatas 3:13). Ele morreu por todos para aqueles que vivem não vivam mais para si mesmos, mas para aquele que por eles morreu e ressuscitou (2Coríntios 5:15).

Esse é o mistério da salvação – o mistério do amor divino. Não entendemos o sofrimento substitutivo de Cristo porque, como pessoas que odeiam a Deus e uns aos outros, não podemos nem começar a calcular que amor é capaz de fazer e o que o amor divino, eterno e infinito pode realizar. Mas também não precisamos entender esse mistério. Nós precisamos apenas crer dando graças, descansar nele, nos gloriarmos e regozijarmos nele. Ele foi ferido por nossas transgressões e esmagado por nossas iniquidades. O castigo que nos traz paz estava sobre ele; e pelas suas pisaduras nós formos sarados. Todos nós andávamos desgarrados como ovelhas, cada um se desviava pelo seu caminho; mas o Senhor fez cair sobre a maldade de nós todos (Isaías 53:5-6).

"Portanto, que poderemos dizer diante dessas coisas? Se Deus é por nós, quem será contra nós? Aquele que não poupou nem o próprio Filho, mas, pelo contrário, o entregou por todos nós, como não nos dará também com ele todas as coisas? Quem trará alguma acusação contra os escolhidos de Deus? É Deus quem os justifica; quem os condenará? Cristo Jesus é quem morreu, ou, pelo contrário, quem ressuscitou dentre os mortos, o qual está à direita de Deus e também intercede por nós" (Romanos 8:31-34).

18. A obra de Cristo na sua exaltação

Os benefícios que Cristo conquistou para nós pelo seu grande amor são tão ricos, que eles simplesmente não podem ser precisamente calculados ou estimados, pois compreendem nada menos que uma salvação completa e perfeita. Eles consistem na redenção dos maiores dos males, isto é, o pecado com todas as suas consequências de miséria e morte; e a concessão do bem supremo, isto é, a comunhão com Deus e todos os seus benefícios. Discutiremos esses benefícios em detalhes mais tarde, contudo, eles devem ser mencionados brevemente se quisermos entender a obra de Cristo em seu significado mais profundo.

Entre todos os benefícios que nós devemos à profunda humilhação de Cristo, a expiação é o principal. Ela é expressa no Novo Testamento por duas palavras do original que são traduzidas de diversas formas no português, como propiciação, reconciliação ou expiação. A primeira palavra – mais precisamente falando, são várias palavras que têm a mesma raiz – é encontrada em Romanos 3:25, Hebreus 2:17, 1João 2:2 e 4:10; é uma palavra que originalmente significa *cobrir* e, assim, designa a expiação realizada pelo sacrifício. A ideia é que o sacrifício ou, melhor, o sangue do sacrifício – porque o sangue é o lugar da vida e, quando ele é derramado e aspergido, torna-se o elemento apropriado de expiação – cobre o pecado (culpa e corrupção) da pessoa que faz a oferta diante da face de Deus, e, assim, em consequência do seu efeito, ele remove a provocação da ira de Deus. Por causa do derramamento e da aspersão do sangue, na qual a vida – a alma – de um animal inocente e sem culpa é consumida, Deus põe de lado a sua ira, muda sua disposição com relação ao pecado, perdoa sua transgressão e o admite novamente à sua presença e comunhão. E o perdão que acontece após a expiação é, então, tão perfeito, que pode ser chamado de um apagar de pecados (Isaías 43:25; 44:22), um lançar para trás de todos os pecados (Isaías 38:17) ou um arremessar os pecados nas profundezas do mar (Miqueias 7:19). A expiação apaga os pecados de forma tão completa, que é como se eles nunca tivessem sido cometidos. Ele bane a ira e faz com que a face de Deus resplandeça sobre o seu povo com favor paternal e boa vontade.

No Antigo Testamento, tudo isso apontava para o sacrifício de Cristo no futuro. Ele é o Sumo Sacerdote que, pelo sangue de seu sacrifício, cobre nossos pecados da face de Deus, desvia sua ira e nos faz compartilhar da sua graça e do seu favor. Ele é o meio da propiciação (Romanos 3:25) e *a* propiciação (1João 2:2; 4:10). Como Sumo Sacerdote, ele é ativo em nosso favor para com Deus, expiando os pecados do povo (Hebreus 2:17). É verdade que há muitos que rejeitam essa reconciliação objetiva entre Deus e os homens por meio de Cristo, dizendo que Deus é amor, que ele não exigiria nenhuma reconciliação e que essa expiação é adequada apenas para uma ideia primitiva, legalista e veterotestamentária de Deus – e essa é precisamente a ideia deixada de lado e condenada no Novo Testamento. Contudo, eles esquecem que o pecado, por causa da culpa e da profanidade que traz consigo, desperta a ira de Deus e merece punição não apenas sob a lei mosaica, mas também, principalmente, no Novo Testamento.[1] Eles esquecem que Cristo e seu sacrifício não são apenas o presente e revelação do amor de Deus, mas também da sua justiça (Atos 4:28; Romanos 3:25). O amor perdoador de Deus não exclui a expiação, mas a pressupõe e confirma. O perdão sempre é um ato perfeitamente voluntário e gracioso de Deus. Ele pressupõe que Deus tem o direito de punir e, então, consiste no tipo de absolvição compatível com a manutenção da justiça. Agora, se começamos negando que Deus tem o direito de punir, não apenas menosprezamos a culpa e a profanidade do pecado, como também impedimos que o amor gracioso e perdoador de Deus venha à tona. Dessa maneira, a expiação deixa de ser um ato pessoal, voluntário e gracioso, e se

[1]Gênesis 2:17; 3:14ss; Romanos 1:18; 5:12; 6:23; Gálatas 3:10; Efésios 2:3.

transforma num processo natural. Entretanto, a Escritura nos ensina que Sião é redimida pela justiça e que Cristo, por seu sacrifício, satisfez essa justiça e desviou a ira causada pelo nosso pecado.[2]

Cristo conquistou para nós outro tipo de expiação em relação a essa anterior, ocasionando o uso de uma palavra diferente no Novo Testamento. Essa palavra é usada em Romanos 5:10-11 e em 2Coríntios 5:18-20, e tem o sentido de trocar, recalcular e compensar (como em uma conta bancária). Ela aponta para a nova disposição graciosa que Deus assumiu em relação ao mundo com base no sacrifício oferecido por Cristo. E pelo fato de Cristo, em sua morte, ter coberto os nossos pecados e desviado a ira de Deus, Deus muda a sua atitude para com o mundo, tendo uma postura de reconciliação. Ele nos diz isso em seu evangelho, que, portanto, é chamado de palavra de reconciliação.

Essa reconciliação também é objetiva. Não é algo que passa a existir pela primeira vez em virtude da nossa fé e de nosso arrependimento, mas que repousa sobre a expiação (satisfação) que Cristo fez e consiste no relacionamento reconciliador e gracioso de Deus conosco. Nós a recebemos e aceitamos em fé (Romanos 5:11). Porque Deus deixou de lado sua disposição hostil para conosco baseando-se na morte de Cristo, também somos admoestados a deixar de lado nossa hostilidade, a nos reconciliarmos com Deus e a entrar no novo e pacífico relacionamento em que Deus se colocou em relação a nós. Tudo está consumado, ou seja, não há mais nada para fazermos. Nós podemos, com toda a nossa alma e para sempre, descansar na obra de redenção perfeita que Cristo realizou, bem como aceitar em fé o fato de que Deus pôs de lado sua ira e que, em Cristo, ele é um Deus e Pai reconciliado com pecadores culpados e profanos.

Aquele que sinceramente crê no princípio desse evangelho da reconciliação recebe imediatamente todos os outros benefícios que foram conquistados por Cristo, porque, na atitude de paz que Deus toma para com o mundo em Cristo, todos os outros benefícios do pacto da graça estão incluídos. Cristo é um e não pode ser dividido ou aceito parcialmente. A sequência da salvação não pode ser quebrada. Aqueles que Deus previamente predestinou, a eles também chamou; e os que chamou, a eles também justificou; e os que

[2]Isaías 1:27; Romanos 5:9,10; 2Coríntios 5:18; Gálatas 3:13.

justificou, a eles também glorificou (Romanos 8:30). Portanto, todos aqueles que estão reconciliados com Deus pela morte do seu Filho recebem o perdão de pecados, a adoção de filhos, a paz com Deus, o direito à vida eterna e a herança celestial.[3] Eles estão em um estado de comunhão com Cristo; são crucificados, sepultados e ressuscitados com ele; estão assentados no céu; e se conformam mais e mais à sua imagem.[4] Eles recebem o Espírito Santo, que os renova, os conduz à verdade, testifica da sua adoção como filhos e os acompanha até o dia da redenção.[5] Nessa comunhão do Pai, do Filho e do Espírito Santo, os cristãos estão libertos da lei[6] e são erguidos acima do poder do mundo e da morte, do inferno e de Satanás.[7] Deus é por eles; quem será contra eles (Romanos 8:31)?

—— ▪ ——

O sacrifício perfeito que Cristo conquistou na cruz tem poder e valor infinitos, e é perfeitamente suficiente para reconciliar os pecados de todo o mundo. As Escrituras Sagradas sempre relacionam o mundo todo à redenção e recriação, pois o mundo foi o objeto do amor de Deus (João 3:16). Cristo veio ao mundo não para condená-lo, mas para salvá-lo,[8] e nele Deus reconciliou o mundo, todas as coisas no céu e na terra e consigo mesmo. Consequentemente, Cristo foi uma propiciação não apenas para os pecados daqueles que, em determinado momento, creem nele, mas também de todo o mundo (1João 2:2). Assim como o mundo foi criado pelo Filho, também é destinado a pertencer a ele, como Filho e herdeiro (João 1:29; 2Coríntios 5:9; Colossenses 1:20). É o beneplácito do Pai que, na dispensação da plenitude dos tempos, todos sejam reunidos em Cristo como cabeça, isto é, todos no céu e na terra (Efésios 1:10). O tempo para a restauração de todas as coisas está chegando; de acordo com a promessa de Deus, esperamos um novo céu e uma nova terra nos quais habita a justiça (Atos 3:21; Apocalipse 21:1).

[3]Romanos 5:1; 8:17; Gálatas 4:5.
[4]Romanos 6:3ss; 8:29; Gálatas 2:20; Efésios 4:22-24.
[5]João 3:6; 16:3; Romanos 8:15; Efésios 4:30.
[6]Romanos 7:1ss; Gálatas 2:19; 3:13; 4:5; 5:1.
[7]João 16:33; Romanos 8:38; 1Coríntios 15:55; 1João 3:8; Apocalipse 12:10.
[8]João 3:17; 4:42; 6:33,51; 12:47.

Por causa da perfeita suficiência do sacrifício de Cristo para todo o mundo, o evangelho da reconciliação deve ser pregado a todas as criaturas, pois a promessa do evangelho é que todo aquele que crer no Cristo crucificado não perecerá, mas terá a vida eterna. Esse evangelho deve ser proclamado e apresentado indistintamente a todas as nações e a todos os povos, a quem Deus, de acordo com sua boa vontade, envia o evangelho, o qual deve ser acompanhado pelo imperativo do arrependimento e fé. A Escritura não deixa a menor dúvida quanto a isso. Já nos é dito no Antigo Testamento que o Senhor não tem prazer na morte dos perversos, mas no arrependimento e na vida (Ezequiel 18:23; 33:11). Além disso, vemos também que todas as nações, em algum momento, compartilharão das bênçãos de Israel.[9] O pensamento missionário já está contido na promessa do pacto da graça do Antigo Testamento, contudo, ele é expresso com mais clareza quando o próprio Cristo vem à terra e realiza sua obra. Ele é a luz do mundo, o Salvador que dá vida ao mundo,[10] aquele que tem outras ovelhas além de Israel e que precisa buscá-las (João 10:16), e que, portanto, prediz que o evangelho será pregado em todo o mundo e assim o ordena.[11]

Após o dia de Pentecostes, quando os apóstolos levaram esse evangelho para os judeus e os gentios, e estabeleceram igrejas em todo lugar, podemos dizer que suas vozes ressoaram por todo o mundo, que suas palavras chegaram até os confins da terra (Romanos 10:18) e que a graça salvadora de Deus se manifestou a todos os homens (Tito 2:11). Na verdade, a intercessão por todos os homens – e especialmente pelos reis e todas as autoridades – é boa e agradável ao Senhor, visto que ele deseja que todos os homens sejam salvos e cheguem ao pleno conhecimento da verdade (1Timóteo 2:4). E a demora do retorno de Cristo é a evidência da longanimidade de Deus, visto que ele deseja que ninguém se perca, mas que todos se arrependam (2Pedro 3:9).

Essa universalidade da pregação do evangelho tem suas vantagens para o mundo e até para aqueles que nunca crerão em Cristo como seu Salvador. Em sua encarnação, Cristo honrou toda a raça humana e tornou-se irmão de todos os homens segundo a carne. A luz brilhou

[9]Gênesis 9:27; 12:3; Deuteronômio 32:21; Isaías 42:1,6; entre outras passagens.
[10]João 3:19; 4:42; 6:33; 8:12.
[11]Mateus 24:14; 26:13; 28:19; Marcos 16:15.

na escuridão e, por sua vinda ao mundo, ele ilumina todo homem. O mundo foi feito por ele e isso permanece sendo verdade, ainda que ele não o tenha conhecido (João 1:3-5). Pelo chamado à fé e ao arrependimento, que Cristo oferece a todos que vivem sob o evangelho, ele dá muitas bênçãos externas – no lar e na sociedade, na igreja e no Estado; todavia, aqueles que não creram nesse evangelho também aproveitam dessas bênçãos. Eles estão dentro do domínio da Palavra; são protegidos de pecados terríveis; e, ao contrário das nações pagãs, compartilham de muitos privilégios externos. Além disso, não podemos nos esquecer de que Cristo, pela sua paixão e morte, alcançou a emancipação das criaturas da escravidão da corrupção; a renovação do céu e terra; a restituição e reconciliação mútua de todas as coisas, inclusive dos anjos e dos homens. Em Cristo, o organismo da raça humana e o mundo, como criação de Deus, são preservados e restaurados (Efésios 1:10; Colossenses 1:20).

Por mais que devamos nos agarrar a essa universalidade absoluta da pregação do evangelho na oferta da graça, não devemos inferir que os benefícios de Cristo compreendem e se destinam a todos os indivíduos. Isso é negado de forma definitiva pelo fato de que, nos dias do Antigo Testamento, Deus deixou os pagãos viverem em seus próprios caminhos e escolheu apenas o povo de Israel como sua propriedade. Isso também é negado pelo fato de que, na plenitude dos tempos, a despeito da universalidade da pregação do evangelho, ele limitou as promessas da sua graça, ao longo dos séculos, a uma pequena porção da humanidade.

As declarações gerais o encontradas aqui e ali pela Escritura não podem ser entendidas em um sentido absoluto, mas em um sentido relativo, visto que foram escritas sob a profunda convicção da distinção entre a dispensação do Antigo e a do Novo Testamento. É difícil imaginarmos assim, mas os apóstolos, que cresceram no particularismo do judaísmo, sentiram profundamente a tremenda mudança que Cristo introduziu na relação entre as nações. Eles falam disso constantemente como se fosse um grande mistério escondido ao longo dos séculos, mas agora revelado aos seus santos apóstolos e profetas pelo Espírito. Eles consideravam um mistério que os pagãos fossem seus coerdeiros do mesmo corpo e que eles pudessem compartilhar da promessa de Cristo. A parede de divisão foi quebrada. O sangue da cruz trouxe a paz. Em Cristo, não há judeu nem grego, bárbaro nem cita. Toda limitação de nação e língua, descendência e cor, idade e família, tempo e lugar caiu. Tudo o que importa em Cristo é ser nova criatura. A igreja é reunida a partir de toda raça, língua, nação e povo.[12]

Entretanto, toda vez que a Escritura aborda a questão de para quem Cristo conquistou seus benefícios, para quem ele os concede e os aplica, e quem participa deles, ela sempre relaciona sua obra com a igreja. Assim como no Antigo Testamento havia um povo especial a quem Deus escolhe para ser seu herdeiro, esse pensamento de um povo especial de Deus também continua no Novo Testamento. É verdade que, no Novo Testamento, o povo não é mais limitado à descendência de Abraão, visto que agora é constituído de judeus e de gentios, e de todas as nações e grupos de pessoas. Contudo, essa igreja do Novo Testamento é agora a assembleia do povo de Deus (Mateus 16:18; 18:20); o Israel do Novo Testamento (2Coríntios 6:16; Gálatas 6:16); e a verdadeira semente de Abraão (Romanos 9:8; Gálatas 4:29). Cristo derramou o seu sangue e conquistou a salvação para esse povo. Ele veio para salvar seu povo (Mateus 1:21); para dar sua vida pelo rebanho (João 10:11); para reunir os filhos de Deus (João 11:52); para conceder vida a todos dados a ele pelo Pai (João 17:2); para ressuscitá-los no último dia (João 6:39; 17:2); e para comprar a igreja de Deus pelo seu sangue, santificá-la e purificá-la pela palavra (Atos 20:28; Efésios 5:25-26). Como Sumo Sacerdote, Cristo não ora pelo mundo, mas por aqueles que o Pai lhe deu e que, pela palavra dos apóstolos, crerão nele (João 17:9,20).

Consequentemente, há um perfeito acordo entre a obra do Pai, do Filho e do Espírito Santo. Tantos quanto foram escolhidos pelo Pai são comprados pelo Filho e, por meio do Espírito, são regenerados e renovados. As Escrituras Sagradas nos dizem claramente que eles são muitos.[13] As Escrituras nos ensinam isso não para que limitemos e encurtemos esse número pelo nosso entendimento defeituoso e normas arbitrárias, mas para que, no meio da luta e apostasia, possamos estar firmemente confiantes de que, do princípio ao fim, a salvação é a obra de Deus e que, portanto, essa obra continuará apesar

[12]Romanos 16:25,26; Efésios 1:10; 3:3-9; Colossenses 1:26,27; 2Timóteo 1:10,11; Apocalipse 5:9; entre outras passagens..

[13]Isaías 53:11,12; Mateus 20:28; 26:28; Romanos 5:15,19; Hebreus 2:10; 9:28.

de toda oposição. "A vontade do Senhor prosperará nas mãos do seu servo" (Isaías 53:10).

Visto que a salvação é obra de Deus e somente dele, os benefícios de Cristo nunca nos alcançariam se ele não tivesse ressuscitado dos mortos e se assentado em exaltação à destra de Deus. Um Jesus que morresse seria suficiente para nós apenas se o cristianismo não fosse nada além de uma doutrina para compreendermos com a mente ou uma prescrição moral e exemplo para seguirmos. Contudo, a religião cristã é muito diferente e maior do que tudo isso. É a redenção perfeita de todo o ser do homem, da humanidade inteira e de todo o mundo, e Cristo veio à terra para, nesse sentido completo, salvar o mundo. Ele não veio para conquistar a possibilidade da salvação para todos nós e, então, deixar ao nosso livre-arbítrio a decisão de aceitar ou não essa salvação. Pelo contrário, ele se humilhou e foi obediente até a morte de cruz para que nos salvasse de forma real, perfeita e eterna.

Portanto, sua obra não termina na sua morte e sepultamento. É verdade que em sua oração sacerdotal ele disse que terminou a obra que o Pai lhe outorgara (João 17:4) e que clamou sobre a cruz: "Está consumado!" (João 19:30). Entretanto, essas declarações se referem à obra que Cristo precisava fazer sobre a terra, isto é, referiam-se à sua obra de humilhação – a realização da nossa salvação. E essa obra se findou; ela é completa e perfeita. Por sua vida e morte, a salvação está tão perfeitamente cumprida, que nenhuma criatura precisa – ou é capaz de – acrescentar algo a ela. Contudo, a realização da salvação é distinta da sua aplicação e distribuição. Estas são tão necessárias quanto a primeira. Que bem um tesouro valioso faria para nós se estivesse sempre fora do nosso alcance e nunca fosse entregue a nossa posse? Que bem Cristo – que morreu pelos nossos pecados – faria a nós se nunca tivesse ressuscitado para a nossa justificação? Qual seria a vantagem de um Senhor que morreu, mas que nunca foi exaltado à destra do Pai?

No entanto, como cristãos, nós confessamos e nos alegramos em um Senhor crucificado que é, ao mesmo tempo, um Senhor ressurrecto; em um Salvador humilhado, mas também glorificado; em um Rei que é o primeiro, mas também o último; que foi morto, mas que agora vive por toda a eternidade e que tem as chaves do inferno e da morte (Apocalipse 1:18). Após sua morte, Cristo ressuscitou para que governasse sobre os vivos e os mortos (Romanos 14:9). Em sua exaltação, ele completa a construção para a qual, em sua morte, ele lançou a fundação e é exaltado muito acima de todo principado, autoridade e poder; ele é o cabeça da igreja, para preencher tudo em todas as coisas (Efésios 1:20-23). Por causa da ressurreição, ele foi feito Senhor e Cristo, Príncipe e Salvador, para dar a Israel o arrependimento e o perdão de pecados, e colocar todos os seus inimigos debaixo de seus pés.[14] "Deus o exaltou com soberania e lhe deu o nome que está acima de qualquer outro nome; para que ao nome de Jesus se dobre todo joelho dos que estão nos céus, na terra e debaixo da terra, e toda língua confesse que Jesus Cristo é o Senhor, para a glória de Deus Pai" (Filipenses 2:9-11).

Portanto, a exaltação de Cristo não é um apêndice acidental ou um adendo arbitrário à humilhação. Ela é um elemento indispensável da obra de redenção que Cristo deve completar. Na exaltação, a humilhação obtém o seu selo e sua coroa, e o mesmo Cristo que desceu às partes mais baixas da terra também subiu muito acima de todos os céus para preencher todas as coisas (Efésios 4:9-10). Assim como a obra de humilhação lhe foi atribuída, a exaltação também o foi, e é ele que deve fazê-la; é obra *dele*; ninguém mais pode fazer. O Pai o exaltou soberanamente porque Cristo se humilhou profundamente (Filipenses 1:9). O Pai confiou todo julgamento ao Filho porque ele estava disposto a se tornar o Filho do Homem (João 5:22). E o Filho foi exaltado e, nesse estado, continuou sua obra a fim de provar que ele é o Salvador perfeito, verdadeiro e todo-poderoso. Ele não descansará até que ele tenha entregue o reino perfeito e completo ao Pai; e até que possa apresentar sua noiva – a igreja – ao Pai sem mancha ou ruga (1Coríntios 15:24; Efésios 5:27). A honra do próprio Cristo depende da conclusão da sua obra de salvação, seu nome está envolvido, e sua reputação depende disso. Ele exalta os seus e os traz para onde ele mesmo está para que possam contemplar sua glória (João 17:24); e, no fim dos tempos, ele retornará para ser glorificado em seus santos e ser admirado por todos aqueles que creem (2Tessalonicenses 1:10).

---

[14]Atos 2:36; 5:31; 1Coríntios 15:25.

De acordo com a confissão reformada, a exaltação começou com sua ressurreição, mas, de acordo com muitas outras confissões, ela começou mais cedo – com a descida ao inferno. Essa descida é interpretada de formas muito diferentes. A igreja grega ensina que Cristo – com sua natureza divina e sua alma humana – foi ao submundo a fim de libertar as almas dos santos pais e levá-las, com a alma do ladrão na cruz, ao paraíso.

De acordo com a igreja católica romana, Cristo foi ao submundo com a sua alma, enquanto seu corpo permanecia no túmulo, para emancipar as almas dos santos – que estavam lá sem sofrimento até que a salvação tivesse sido conquistada – do estado de morte, para levá-los ao céu, e fazer com que eles compartilhassem da bendita contemplação de Deus. A igreja luterana faz uma distinção entre a verdadeira vivificação de Cristo e a sua ressurreição ou manifestação física após o túmulo vazio. Ela ensina que, no breve intervalo entre esses dois pontos, Cristo – em corpo e alma – desceu ao inferno para anunciar sua vitória aos demônios e condenados. E muitos teólogos, especialmente nos tempos modernos, defendem que Cristo, antes da sua ressurreição – seja apenas em alma ou em corpo também – foi ao submundo para pregar o evangelho àqueles que morreram em seus pecados e para lhes dar a oportunidade de se arrependerem e crerem.

A grande diferença de opinião nessa matéria prova que o significado original das palavras *desceu ao inferno* foi perdido. Não sabemos a fonte dessa cláusula no credo, nem o que ele pretendia dizer. A Escritura não diz nada sobre qualquer descida literal, real e espacial ao inferno. Em Atos 2:27, Pedro aplica as palavras do Salmos 16 a Cristo: "Pois não deixarás a minha alma no inferno, nem permitirás que o teu Santo veja corrupção" (ARC). Mas é evidente que nesse caso a palavra *inferno* deve ser entendida como *túmulo*. Ainda que, em sua alma, Cristo estivesse no paraíso, em seu corpo, ele esteve no túmulo. Assim, nesse ínterim entre sua morte e sua ressurreição, ele estava no estado de morte. Em Efésios 4:9, Paulo diz que o mesmo que ascendeu também desceu às partes mais baixas da terra, mas isso não é uma referência a descida ao inferno; é uma referência ou à encarnação na qual Cristo veio à terra ou à sua morte na qual ele desceu ao túmulo. E, em 1Pedro 3:19-21, Pedro não está falando do que Cristo fez entre sua morte e ressurreição, mas sim do que Cristo fez pelo seu Espírito antes da encarnação nos dias de Noé ou do que ele fez após sua ressurreição quando já tinha ressuscitado no Espírito. Na Escritura, não há nenhuma base para o ensinamento de uma descida *espacial* ao inferno.

Consequentemente, a igreja reformada abandonou essa interpretação de tal artigo no credo e o interpretou como se referindo às dores e agonias infernais que Cristo sofreu antes da sua morte, tanto no Getsêmani quanto no Calvário, ou também o relacionou ao estado de morte pelo qual Cristo passou enquanto seu corpo permaneceu no túmulo. Ambas as interpretações são harmonizadas pela ideia bíblica de que a hora da entrega de Cristo em sua morte foi a hora dos seus inimigos e do poder das trevas (Lucas 22:53). Cristo sabia que essa hora estava chegando e voluntariamente se entregou a ela.[15] Nessa hora, na qual ele exibiu maior força espiritual do seu amor e obediência (João 10:17-18), parecia estar totalmente desamparado. Os inimigos estavam fazendo o que queriam com ele. As trevas triunfaram sobre ele. Na verdade, ele desceu ao inferno, não em um sentido espacial, mas em um sentido espiritual.

Contudo, o poder que as trevas tinham não lhes pertencia, ou seja, elas o receberam do Pai (João 19:11). Os inimigos de Jesus não entendiam que eles eram meros agentes e instrumentos, e, mesmo sem saber ou querer, eles estavam executando o que a mão e o conselho de Deus previamente determinaram que deveria ser feito (Atos 2:23; 4:28). Mesmo em sua humilhação, Cristo era o poderoso que livremente entregou sua vida e deu sua alma como resgate por muitos. A hora do poder das trevas não era delas (João 7:30; 8:20). Em sua morte, ele venceu a morte pelo poder do seu amor, pela sua abnegação perfeita e pela sua obediência absoluta à vontade do Pai. Portanto, era impossível que ele – o Santo – fosse contido ou governado pela morte, que fosse esquecido por Deus e entregue à corrupção (Atos 2:25-27). Pelo contrário, o Pai lhe ressuscitou,[16] e o próprio Cristo ressurgiu por seu próprio direito e força.[17] Os grilhões da morte eram, por assim dizer, as dores de parto de uma nova vida (Atos 2:24). Cristo é o *primogênito* dentre os mortos (Colossenses 1:18).

---

[15]João 8:20; 12:23,27; 13:1; 17:1.

[16]Atos 2:24; 3:26; 5:30; 13:37; Romanos 4:25; 1Coríntios 15:14; entre outras passagens.

[17]João 11:25; Atos 2:31; Romanos 1:4; 14:9; 1Coríntios 15:21; 1Tessalonicenses 4:14.

Essa ressurreição consistiu na vivificação do seu corpo morto e no ressuscitar dentre os mortos. que se opunham à ressurreição se metiam em sérios problemas por causa desse fato. Primeiro, eles tentaram explicar esse relato dizendo que Jesus morreu apenas em aparência; ou que seu corpo foi roubado pelos discípulos, ou que os discípulos sofreram alucinações e apenas imaginaram que o tinham visto. Contudo, todas essas explicações foram abandonadas – uma após a outra. Mais recentemente, muitos recorrem ao espiritismo e encontram uma explicação agradável da ressurreição de Jesus. Consequentemente, eles dizem que algo objetivo de fato aconteceu. Os discípulos viram algo. Havia se manifestado para eles o Cristo que morrera no corpo, mas que continuava vivo no espírito. O espírito de Cristo apareceu e se revelou a eles. Alguns até acrescentam um toque piedoso a tudo isso, dizendo que foi o próprio Deus que fez com que o espírito de Cristo aparecesse a eles a fim de aliviar suas dores e assegurá-los da vitória sobre a morte e da indestrutibilidade da vida. As aparições de Cristo, em outras palavras, eram apenas "telegramas do céu" que carregavam uma mensagem divina do poder espiritual de Cristo.

Mas todo esse relato espírita, ou espiritualista, desonra a Bíblia e é diametralmente oposto ao seu testemunho. De acordo com todos os evangelistas, o túmulo foi encontrado vazio no terceiro dia e a primeira manifestação aconteceu naquele dia.[18] Sem seguir uma ordem regular e sem dar resumos completos, os evangelistas e Paulo nos dizem que Jesus apareceu às mulheres – particularmente à Maria Madalena –, a Pedro, aos discípulos, com exceção de Tomé, e aos discípulos, com a presença de Tomé, e, por fim, a muitos outros – cerca de 500 irmãos de uma vez. Primeiro, essas manifestações aconteceram perto e em Jerusalém; depois, aconteceram na Galileia, onde ele, como Marcos nos diz, foi até eles (Marcos 16:7). Todos os evangelistas concordam que Cristo apareceu no mesmo corpo que foi posto no túmulo. Era um corpo de carne e ossos – o que um espírito não tem (Lucas 24:39), tanto que ele poderia ser apalpado (João 20:27) e alimentado (Lucas 24:41; João 21:10).

Ainda assim, Cristo deixou uma impressão muito diferente nas pessoas após sua ressurreição, pois aqueles que o viram ficaram

[18]Mateus 28:6; Marcos 16:6; Lucas 24:3; João 20:2; 1Coríntios 15:4-5.

assustados e com medo, se jogaram diante dele e o adoraram (Mateus 28:9-10; Lucas 24:37). Ele apareceu em uma forma diferente daquela que tinha manifestado antes (Marcos 16:12) e, às vezes, ele não foi imediatamente reconhecido (Lucas 24:16,31). Há uma grande diferença entre a ressurreição de Lázaro e a de Jesus. O primeiro retornou da morte para a sua antiga esfera de vida terrena, mas Jesus não. Ele prossegue para o caminho que leva à ascensão. Quando Maria pensa que recebeu seu Mestre e Senhor de volta dos mortos e que vai desfrutar da antiga companhia com ele, Jesus diz: não me segures, pois ainda não voltei para o meu Pai e vosso Pai, meu Deus e vosso Deus (João 20:17). Após a ressurreição, Cristo não pertence mais à terra, mas ao céu, e é por isso que sua forma mudou, ainda que tenha assumido o mesmo corpo que foi posto no túmulo. Paulo coloca isso dessa maneira: que na morte, um corpo natural é semeado, mas, na ressurreição (de Cristo e também na dos cristãos) colhe-se um corpo espiritual (1Coríntios 15:44). Em ambos os casos, é um só corpo, porque aqui o espiritual não é oposto ao físico, mas ao natural, mas, no corpo físico, que o primeiro homem recebeu, há uma grande parte da vida que está além do âmbito do espírito e existe mais ou menos de forma independente. E, no corpo espiritual, "alimentos e estômagos" serão destruídos (1Coríntios 6:13) e aquilo que é material será subordinado e adequado ao espírito.

—— ▪ ——

A ressurreição física de Cristo não é um fato histórico isolado, mas é inesgotavelmente rica em significado para o próprio Cristo, para a igreja e para todo o mundo. Em geral, ela significa a vitória, em princípio, sobre a morte. Por um *homem* a morte veio ao mundo, e a transgressão da lei de Deus abriu o caminho da morte para a humanidade, porque o salário do pecado é a morte.[19] Portanto, a morte deveria ser vencida apenas por um *homem*. Um *homem* deveria ressuscitar dentre os mortos. Ainda que um anjo e até o próprio Filho de Deus descesse à morte e, então, retornasse ao céu, não teria nenhum proveito para nós. Contudo, Cristo não era apenas o Filho Unigênito do Pai, mas também era verdadeira e perfeitamente homem. Ele era

[19]Romanos 5:12; 6:23; 1Coríntios 15:21.

Deus e o Filho do Homem. Como homem, ele padeceu, morreu e foi sepultado. E, como homem, ressurgiu e ressuscitou dentre os mortos. Na ressurreição de Cristo, foi provado que havia um homem que não poderia ser contido pela morte; que não poderia ser governado por Satanás; que era mais forte do que o túmulo, a morte e o inferno. Em princípio, portanto, Satanás não tem mais o domínio sobre a morte. Cristo, por sua morte, derrotou a morte (Hebreus 2:14). Ainda que somente Cristo tivesse ressuscitado e que ninguém mais pudesse ressurgir da sepultura, jamais haveria um homem mais forte do que Cristo. As portas da morte, que foram fechadas após sua entrada, precisaram abrir novamente pela sua ordem. O príncipe desse mundo nada tem com ele (João 14:30).

Sendo assim, é autoevidente que o que importa na ressurreição de Cristo é precisamente a ressurreição *física*. Uma ressurreição espiritual não seria suficiente e seria uma vitória pela metade – na verdade, nem mesmo uma vitória, mas uma derrota. Nessa hipótese, o homem em sua completude, o homem como homem, com corpo e alma, não teria sido resgatado do domínio da morte. E Satanás permaneceria sendo o conquistador em uma grande área. De forma nenhuma uma ressurreição espiritual – uma regeneração e renovação – poderia acontecer em Cristo, porque ele é santo; livre de culpa, mancha e pecado. Se tivesse de provar sua força contra o pecado, ele poderia fazer isso apenas ao retornar corporalmente da morte e, assim, exibir seu poder espiritual no mundo material. Pela sua ressurreição física, foi primeiro provado que ele, pela sua obediência até a morte de cruz, venceu completamente o pecado e todas as suas consequências, incluindo a morte; que ele a expulsou, por assim dizer, do mundo dos homens; e que ele inaugurou uma nova vida de incorruptibilidade. Portanto, a morte pode ter vindo ao mundo por *um homem*; mas a ressurreição dos mortos veio também por um *homem* (1Coríntios 15:21). Cristo é a ressurreição e a vida (João 11:25).

Isso é suficiente para demonstrar a importância da ressurreição de Cristo, mas ela também pode ser estabelecida em maiores detalhes – a sua importância para o próprio Cristo. Se a morte na cruz fosse o fim da vida de Jesus e não fosse seguida de uma ressurreição, a condenação feita pelos judeus estaria justificada. Em Deuteronômio 21:23, lemos que uma pessoa que foi pendurada num madeiro é amaldiçoada por Deus. O argumento é que o corpo de um criminoso, após a morte, não deve permanecer a noite no madeiro em que foi pendurado, mas deve ser removido no mesmo dia e enterrado. Se ele permanecesse na cruz, corromperia a terra que o Senhor concedeu ao seu povo. A lei mosaica não menciona o fenômeno da crucificação, mas, quando Jesus foi entregue aos gentios (Mateus 20:19) e foi crucificado por mãos perversas (Atos 2:23), ele foi – não apenas após a sua morte, mas antes e durante – um exemplo da severidade da lei e foi amaldiçoado perante Deus. Para os judeus que conheciam a lei, a morte na cruz não era apenas uma punição dolorosa e desprezível, mas também uma evidência de que o crucificado estava fadado à ira e maldição de Deus. Jesus, pendurado no madeiro, era, aos olhos dos judeus, uma ofensa e uma maldição (1Coríntios 1:23; 12:3).

Agora, porém, vem a ressurreição e reverte todo o julgamento. Aquele a quem Deus fez pecado por nós é o mesmo que pessoalmente não conheceu o pecado. Aquele que se tornou amaldiçoado por nossa causa é o bendito do Pai. Aquele que, na cruz, foi esquecido por Deus é o Filho em quem o Pai se agrada. O rejeitado na terra é o coroado no céu. A ressurreição é, portanto, a evidência da filiação de Cristo. Aquele que era descendente de Davi segundo a carne é declarado, pela ressurreição, Filho de Deus com poder, de acordo com o espírito de santidade que estava nele (Romanos 1:3-4). Cristo falou a verdade e fez a boa confissão perante Caifás e Pôncio Pilatos, quando ele testificou ser o Filho de Deus. Provou-se que não eram os judeus e os romanos que estavam certos em seu julgamento e em sua sentença, mas Cristo. Ele é o justo que foi pregado na cruz por mãos perversas e posto para morrer. A ressurreição é a reversão divina da sentença que o mundo determinou para Jesus.

No entanto, essa evidência da filiação e do caráter messiânico de Cristo na ressurreição não esgota sua importância para Cristo. Também foi para ele a entrada em um estado de vida completamente novo – o começo de uma exaltação eternamente progressiva. Não apenas na eternidade (Hebreus 1:5), nem apenas na sua designação como Sumo Sacerdote (Hebreus 5:5), mas também em sua ressurreição (Atos 13:33) Deus disse a ele: "Tu és meu Filho, eu hoje te gerei". A ressurreição é o dia da coroação de Cristo, que era o Filho e o Messias já antes da encarnação. Ele também o era na sua humilhação, mas o seu ser interior estava oculto sob a forma de um servo. Agora, no entanto, Deus abertamente exclama e o declara como Senhor e Cristo, Príncipe e Salvador.[20] Agora, Cristo assume novamente aquela glória que ele tinha antes com o Pai (João 17:5), e, depois disso, assume "outra forma", outra figura, uma forma diferente de existência. Aquele que estava morto, revive; e vive para toda eternidade. Ele tem as chaves do céu e do inferno (Apocalipse 1:18). Ele é o príncipe da vida, a fonte da salvação e o ungido por Deus para ser o Juiz dos vivos e dos mortos.[21]

Além disso, a ressurreição de Cristo é uma fonte de benefícios para sua igreja e para o mundo todo. É o amém do Pai sobre o "Está consumado" do Filho. Cristo foi entregue pelos nossos pecados e ressuscitado para nossa justificação (Romanos 4:25), e assim como nossos pecados e a morte de Cristo estão intimamente relacionados, a ressurreição de Cristo e a nossa justificação também estão. Ele não obteve a nossa justificação pela sua ressurreição, mas pela sua morte (Romanos 5:9 e 19), porque essa morte foi um sacrifício que expiou completamente os pecados e que trouxe justiça eterna. Mas, por ter obtido a reconciliação perfeita e o perdão de todos os nossos pecados pela sua paixão e morte, ele ressuscitou – e precisava ser assim –, pois, na ressurreição, ele – e nós com ele – fomos justificados. Sua ressurreição foi a declaração pública da nossa absolvição, mas isso não é tudo. Cristo também ressuscitou para que pudesse atribuir pessoalmente para nós a absolvição contida em sua ressurreição. Não fosse sua ressurreição, a reconciliação forjada na sua morte não poderia ser desenvolvida e aplicada. Seria como um pedaço de capital morto. Agora, porém, Cristo é exaltado pela sua ressurreição à posição de Senhor, Príncipe e Salvador, e ele pode, por meio da fé, compartilhar conosco a reconciliação. Sua ressurreição é, simultaneamente, a evidência e a fonte da nossa justificação.

Contudo, quando Cristo pessoalmente imputa a nós a reconciliação e perdão, sua obra inclui mais um benefício. Assim como não há perdão sem uma reconciliação anterior, não há perdão sem uma santificação e glorificação posterior. O fundamento objetivo para essa conexão inseparável entre a justificação e a santificação está no próprio Cristo, pois ele não apenas morreu, mas também ressuscitou.

[20]Atos 2:36; 5:31; Filipenses 2:9.
[21]Atos 3:15; 4:12; 10:42.

Com a sua morte, ele morreu para o pecado (isto é, para uma propiciação e extirpação do pecado) e, com a sua vida, vive para Deus (Romanos 6:10). Agora que, após a sua morte, ele perfeitamente quebrou os grilhões do pecado, sua vida pertence somente a Deus. Portanto, quando Cristo, por meio da fé, atribui a alguém os frutos da sua morte – o arrependimento e perdão de pecados –, ele simultaneamente confere a essa pessoa uma nova vida. Ele não pode se dividir, nem separar sua morte da sua ressurreição. Na verdade, ele pode distribuir e aplicar os frutos da sua morte por estar vivo. Como Príncipe da vida, ele pode ordenar por conta própria os benefícios da sua morte, e, assim como ele morreu para o pecado a fim de viver somente para Deus, também morreu por todos em sua morte para que aqueles que vivem (em virtude de terem morrido e ressuscitado com Cristo) não vivam mais para si, mas para aquele que por eles morreu e ressuscitou (2Coríntios 5:15; Gálatas 2:20).

Da mesma forma, considerando o lado subjetivo, há uma conexão inseparável entre o perdão de pecados e a renovação da vida, pois aquele que aceita o perdão de pecados com um coração sincero quebrou – como Cristo em sua morte – todo relacionamento com o pecado. Ele disse "adeus" ao pecado, porque o pecado perdoado pela fé, perdão este recebido com grande alegria, só pode ser odiado. Essa pessoa, como Paulo diz, morreu para o pecado (Romanos 6:2) e, portanto, não pode mais viver nele. Pela fé e pelo batismo – como sinal e selo – nós entramos na comunhão de Cristo; fomos crucificados, mortos e sepultados com ele, a fim de que, daqui em diante, andemos em novidade de vida (Romanos 6:3ss).

A glorificação também está conectada a essa santificação, visto que, pela ressurreição, os cristãos nascem novamente para uma esperança viva (1Pedro 1:3). Por ela, eles obtém a convicção inabalável de que a obra de salvação não apenas começou e continua, mas também que será executada até o fim. No céu, uma herança incorruptível, indestrutível e infindável é preservada para nós; e, sobre a terra, somos preservados em fé pelo poder de Deus para a salvação que será revelada a nós. De fato, como poderia ser de outra maneira? Deus manifestou seu amor para conosco quando Cristo morreu por nós sendo nós ainda pecadores. Assim, agora justificados pelo seu sangue, muito mais ainda seremos por ele salvos da ira, especialmente da ira a ser manifesta no julgamento final.

Para aqueles que estão em Cristo não há ira nem condenação, mas apenas paz com Deus e a esperança da sua glória. Anteriormente, quando ainda éramos inimigos e sujeitos a sua ira, Deus se reconciliou conosco por meio da morte do seu Filho. Agora que Deus pôs de lado sua ira e nos deu paz e amor, ele nos preservará por meio da vida que Cristo hoje tem em virtude da sua ressurreição e na qual permanece como nosso intercessor perante o Pai (Romanos 6:8-10). Assim, a ressurreição de Cristo continua para toda eternidade, e, em seu tempo, ela trará consigo a ressurreição dos cristãos, sua regeneração e vitória sobre o céu e a terra.[22]

Apenas quando entendemos esse significado rico e eterno da ressurreição de Cristo que podemos apreciar o motivo pelo qual os apóstolos – e Paulo em particular – colocavam tanta ênfase sobre seu caráter histórico. Todos os apóstolos foram testemunhas da ressurreição (Atos 1:21; 2:32), e Paulo defende que, sem a ressurreição, a pregação dos apóstolos é vã e falsa. O perdão de pecados – que repousa sobre a reconciliação e é aceita pela fé – não teria acontecido, e a esperança de uma bendita ressurreição não teria fundamento nenhum. A filiação divina e a identidade messiânica de Cristo desapareceriam e ele seria nada mais que um virtuoso mestre. Todavia, se a ressurreição aconteceu, então o Pai declarou e coroou Cristo como o Reconciliador de pecados, o Príncipe da vida e o Salvador do mundo.

——— ▪ ———

A ressurreição é o princípio da exaltação de Jesus e, após quarenta dias, ascensão lhe segue. O evento é relatado muito brevemente,[23] mas foi predito por Cristo[24] e é um elemento da pregação apostólica.[25] Os apóstolos sempre partem da ideia de que Cristo está no céu, segundo sua natureza humana, de corpo e alma. Afinal, os quarenta dias que Cristo passou na terra após sua ressurreição foram uma preparação e transição para a ascensão. Sua forma era diferente daquela

---

[22]Atos 4:2; Romanos 6:5; 1Coríntios 15:12ss.

[23]Marcos 16:19; Lucas 24:51; Atos 1:1-12.

[24]Mateus 26:64; João 6:62; 13:3,33; 14:28; 16:5,10,17,28.

[25]Atos 2:23; 3:21; 5:31; 7:55; Efésios 4:10; Filipenses 2:9; 3:20; 1Tessalonicenses 1:10; 4:14-16; 1Timóteo 3:16; 1Pedro 3:22; Hebreus 4:14; 6:20; 9:24; Apocalipse 1:13; entre outras passagens.

que tinha antes da morte, e ele aparecia e desaparecia de modo misterioso. Os discípulos sentiram que o seu relacionamento com ele naquele momento era diferente da sua presença anterior entre eles, pois sua vida não pertencia mais à terra, mas sim ao céu.

Na ascensão, ele se torna invisível não por um processo de espiritualização ou translação para a deidade. O que acontece é uma mudança de local. Ele estava na terra e foi para o céu, a partir um local específico – o Monte das Oliveiras – cerca de 1 quilômetro de Jerusalém na direção de Betânia (Lucas 24:50; Atos 1:12). Antes de se separar dos seus discípulos, ele os abençoa, e, com uma postura de bênção, ele deixa a terra e sobe aos céus. Assim como veio e viveu, agora ele retorna. Ele próprio é o conteúdo de todas as bênçãos de Deus – o executor, o possuidor e o distribuidor de todas elas (Efésios 1:3).

A ascensão também foi sua própria ação. Ele tinha direito a ela e o poder para fazê-la, e ascendeu pela sua própria força e por seu próprio poder.[26] Sua ascensão é triunfo em um sentido ainda mais forte do que a ressurreição, uma vez que nela ele triunfa sobre toda a terra, sobre todas as leis da natureza e sobre os limites da matéria. Além disso, sua ascensão é um triunfo sobre todas as forças diabólicas e humanas hostis que foram despojadas de suas armaduras por Deus na cruz de Cristo, expostas em público ao ridículo e amarradas à carruagem da vitória de Cristo (Colossenses 2:15). Elas foram levadas cativas pelo próprio Cristo (Efésios 4:8). O mesmo pensamento é apresentado por Pedro de uma forma diferente. Ele diz que Cristo, após ser vivificado pelo Espírito, subiu aos céus (as palavras "foi" e "tendo subido", de 1Pedro 3:19 e 22, são a mesma palavra no grego, de modo que a acréscimo no verso 22 "ao céu" apenas designa para onde ele foi). E que, em sua ascensão, ele pregou aos espíritos em prisão sobre sua vitória e tomou seu lugar à direita de Deus; a ele sujeitaram-se os anjos, as autoridades e os poderes.

Ainda que a ascensão seja um ato do próprio Cristo, ela também é um recebimento no céu da parte de Deus.[27] Por ter completado perfeitamente a obra do Pai, Cristo não foi apenas ressuscitado pelo Pai, mas também admitido em sua presença imediata. Os céus

[26]João 3:13; 20:17; Efésios 4:8-10; 1Pedro 3:22.
[27]Marcos 16:19; Lucas 24:51; Atos 1:2,9,11,22; 1Timóteo 3:16.

estão abertos para ele, os anjos vão ao seu encontro e o conduzem ao Pai (Atos 1:10). Ele até mesmo excedeu o céu, ascendendo acima de todos os céus (Hebreus 4:14; Efésios 4:10) a fim de assumir seu lugar à direita de Deus sobre o trono da sua majestade. O principal lugar ao lado de Deus é o de Cristo, e assim como a ressurreição é uma preparação para ascensão, a ascensão é a preparação para assentar-se à direita de Deus. No Antigo Testamento, esse lugar foi prometido ao Messias (Salmos 110:1). Jesus disse mais de uma vez que ele se sentaria sobre o trono da majestade[28] e, após sua ascensão, ele assumiu esse lugar (Marcos 16:19). Na pregação apostólica, esse assento que ele ocupa à direita de Deus é frequentemente mencionado e sua importância, estabelecida.[29]

Nas expressões que a Escritura usa para relatar essa etapa da exaltação, podemos detectar certa variação. Algumas vezes é dito que Cristo *assentou-se* (Hebreus 1:3; 8:1). Então, lemos novamente que o Pai disse a ele: "Assenta-te à minha direita" (Atos 2:34; Hebreus 1:13); ou que o Pai o *fez sentar* à sua direita (Efésios 1:20). Algumas vezes a ênfase recai sobre o ato de se assentar (Marcos 16:19), outras vezes está na condição ou estado de estar assentado (Mateus 26:64; Colossenses 3:1). O lugar em que Cristo está sentado é designado pelas palavras: à direita do Poderoso (Mateus 26:64); à direita do poder de Deus (Lucas 22:69); à direita da Majestade nas alturas (Hebreus 1:3); à direita do trono da Majestade no céu (Hebreus 8:1); ou à direita do trono de Deus (Hebreus 12:2). Geralmente, é dito que Cristo está assentado, mas, às vezes, a expressão usada diz que ele *está* lá (Romanos 8:34); que está *em pé* (Atos 7:55-56); ou anda no meio de sete candelabros de ouro (Apocalipse 2:1). No entanto, a ideia sempre é a mesma: após sua ressurreição e ascensão, Cristo está, com Deus, no lugar mais elevado em todo o universo.

Transmite-se tal noção por meio de uma figura derivada dos relacionamentos terrenos. Podemos falar de coisas celestiais apenas de uma forma humana – por meio de comparações. Assim como Salomão honrou sua mãe, Bate-Seba, ao colocá-la em uma cadeira à sua destra,[30] assim também o Pai glorifica o Filho ao compartilhar

[28]Mateus 19:28; 25:31; 26:64.
[29]Atos 2:34; Romanos 8:34; 2Coríntios 5:10; Efésios 1:20; Colossenses 3:1; Hebreus 1:3; 8:1; 10:12; 1Pedro 3:22; Apocalipse 3:21.
[30]1Reis 219; compare com Salmos 45:9; Mateus 20:21.

seu trono com ele (Apocalipse 3:21). Isso quer dizer que Cristo, por causa da sua obediência perfeita, foi exaltado à mais elevada soberania, majestade, dignidade, honra e glória. Ele não recebeu apenas sua glória anterior, que tinha, segundo sua natureza divina, com o Pai antes que o mundo tivesse começado (João 17:5), mas agora também foi coroado com honra e glória segundo sua natureza humana (Hebreus 2:9; Filipenses 2:9-11). Todas as coisas foram sujeitas a ele, exceto aquele que todas as coisas lhe sujeitou (1Coríntios 15:27). Ainda que não vejamos que todas as coisas são sujeitas a ele, sabemos que ele reinará como Rei até que todos os seus inimigos estejam debaixo de seus pés (Hebreus 2:8; 1Coríntios 15:25). Isso acontecerá em seu retorno, quando vier para julgar os vivos e os mortos. O seu assentar à direita de Deus e toda a sua exaltação termina e alcança seu auge no seu retorno para o julgamento (Mateus 25:31-32).

—— ▪ ——

Nesse estado de exaltação, Cristo continua a obra que ele começou na terra, contudo, é verdade que existe uma grande diferença entre a obra que Cristo conquistou em sua humilhação e a que ele realiza em sua exaltação. Assim como sua pessoa aparece em outra forma, a sua obra assume uma forma diferente também. Após sua ressurreição, ele não é mais um servo, mas um Senhor e Príncipe. Assim, a sua obra não é mais um sacrifício de obediência, como perfeitamente realizou em sua morte na cruz. Todavia, a obra de mediação, ainda assim, contínua de outra maneira. Em sua ascensão, ele não ingressou em um descanso improdutivo – o Filho sempre trabalha, assim como o Pai (João 5:17). Contudo, agora é aplicada a plenitude da sua salvação conquistada para sua igreja. Assim como Cristo, pela sua paixão e morte, foi, em sua ressurreição e ascensão, designado como Cabeça da igreja, assim também a igreja deve se conformar ao corpo de Cristo e se encher da plenitude de Deus. A obra do Mediador é grandiosa, poderosa e divina. Começou na eternidade e continua na eternidade. Porém, no momento da ressurreição, ela foi dividida em duas partes. Até então, a humilhação de Cristo tinha acontecido; após esse momento, a exaltação começou. E ambas são igualmente indispensáveis para a obra de salvação.

Consequentemente, Cristo permanece ativo no estado de exaltação como profeta, sacerdote e rei. Ele foi ungido como tal desde a eternidade e exerceu esses ofícios no estado de humilhação; e, ainda que de uma forma diferente, ele agora continua essas atividades no céu.

Que ele permaneceu ativo como um profeta após a ressurreição se torna evidente pela sua pregação, tendo em vista que ele continuou a pregar aos seus discípulos até o momento da sua ascensão. Os quarenta dias que Jesus passou sobre a terra após sua ressurreição constituem uma parte importante da sua vida e de seu ensinamento, mas geralmente não prestamos muita atenção nisso. Entretanto, no momento em que investigamos o que Jesus disse e fez durante esses dias, entendemos como isso esclarece melhor sua pessoa e obra. Naturalmente, não temos uma ideia tão profunda disso quanto os apóstolos tinham, porque vivemos muito depois dessas coisas e fomos instruídos por eles. Mas os discípulos, que andaram com Jesus e tinham perdido toda a esperança após sua morte, mudaram muito nesses quarenta dias, pois aprenderam a conhecer a pessoa e a obra de Jesus de uma forma que não eram capazes antes.

A própria ressurreição lançou uma luz surpreendente sobre a morte de Cristo e toda sua vida anterior, porém, esse evento redentivo também não permaneceu como um caso isolado; assim como foi precedido, agora é sucedido por uma palavra redentiva. Os anjos que estavam perto do túmulo imediatamente anunciaram às mulheres que Jesus não estava lá, *como ele tinha dito* (Mateus 28:5-6). E o próprio Jesus explicou aos viajantes de Emaús que o Cristo precisava sofrer e, assim, entrar na sua glória. Ele mostrou isso a eles por meio de tudo que foi escrito a seu respeito nas Escrituras (Lucas 24:26-27,44-47).

Os discípulos aprendem a conhecê-lo de uma forma diferente da que conheciam antes. Ele não é mais o humilde Filho do Homem, que veio para servir e não para ser servido, e dar sua alma em resgate para muitos. Ele pôs de lado a forma de servo e se manifesta na forma de glória. Ele agora pertence a outro mundo e está indo para o seu Pai, enquanto os discípulos ficam para trás, pois ainda têm um chamado para cumprir nesta terra. A antiga comunhão de confidentes não retornará. É verdade que mais tarde haverá um relacionamento diferente e mais íntimo entre Jesus e seus discípulos, de modo que eles entenderão que é bom que ele tenha ido, mas tal comunhão será no espírito – muito diferente da anterior. Agora, após a ressurreição, Jesus se revela em tamanha glória e sabedoria a seus discípulos que Tomé faz a confissão que nenhum deles jamais fez: Jesus era seu Senhor e Deus (João 20:28).

Durante esses quarenta dias, Jesus lançou ainda mais luz sobre sua pessoa e obra; entretanto, ele também explica melhor qual será o chamado e a tarefa dos discípulos. Quando Jesus foi sepultado e tudo parecia estar perdido, o plano poderia muito bem ter sido voltar para a Galileia e retornar ao trabalho antigo, mas, no terceiro dia, eles ouviram falar das manifestações que aconteceram – a Maria Madalena e à outra Maria (Mateus 28:1,9; João 20:14ss), a Pedro (Lucas 24:34; 1Coríntios 15:5) e aos viajantes no caminho de Emaús (Lucas 24:14ss) – e, assim, eles permanecem por um tempo em Jerusalém. Na noite do mesmo dia, os discípulos – exceto Tomé – foram honrados com uma aparição; e oito dias depois Jesus apareceu mais uma vez, dessa vez com a presença de Tomé. Então, eles seguiram Jesus, que lhes enviou para a Galileia (Mateus 28:10); e várias outras aparições aconteceram (Lucas 24:44ss; João 21). No final, ele disse para retornarem a Jerusalém, a fim de testemunharem a sua ascensão.

Em cada uma dessas aparições, ele explicou aos discípulos quais seriam as suas futuras vocações. Eles não deveriam retornar ao seu trabalho antigo, mas deveriam pregar o arrependimento e o perdão de pecados como testemunhas de Jesus para todas as nações, começando em Jerusalém.[31] Os apóstolos foram orientados sobre tudo (Atos 1:2) e foram ensinados a respeito das coisas do reino de Deus (Atos 1:3). O poder deles é firmado (João 20:21-23; 21:15-17), e a pregação do evangelho a toda criatura permeia seus corações. Agora, eles sabem o que devem fazer, mas, por enquanto, precisam permanecer em Jerusalém até que do alto sejam revestidos de poder (Lucas 24:49; Atos 1:4,5,8). Depois disso, serão testemunhas em Jerusalém, na Judeia e Samaria, e até os confins da terra (Atos 1:8).

O conteúdo completo do ensinamento de Jesus durante os quarenta dias pode ser resumido nas palavras finais ditas aos discípulos (Mateus 28:18-20). Ele diz, primeiro, que todo poder foi dado a ele nos céus e na terra. É verdade que ele já havia recebido esse poder (Mateus 11:27), mas agora ele toma posse dele com base em seus

[31]Mateus 28:19; Marcos 16:15; Lucas 24:47; Atos 1:8.

méritos e passa a utilizá-lo para conceder os benefícios conquistados à igreja comprada pelo seu sangue. Em nome desse perfeito poder, ele outorga a seus discípulos o mandato de fazer discípulos de todas as nações, batizando-os em nome do Pai, do Filho e do Espírito Santo; e de ensiná-los a obedecer a todas as coisas que lhes ensinou. Tendo todo o poder nos céus e na terra, Jesus reivindica o discipulado de todas as naçõe e reconhece que seus discípulos serão levados pelo batismo à comunhão com Deus – que se tornou conhecido em sua revelação perfeita como Pai, Filho e Espírito Santo – e continuariam a andar em seus mandamentos. Por fim, como encorajamento, acrescenta que sempre estará com eles, até o final dos tempos,e os deixa corporalmente e permanece com eles espiritualmente; de modo que não são eles, mas Cristo que reúne, governa e protege a sua igreja.

Após sua ascensão, Cristo também permaneceu ativo como profeta. A pregação dos apóstolos, seja oralmente, seja em cartas, é vinculada à instrução de Jesus – tanto a instrução recebida antes da sua morte quanto a recebida entre sua ressurreição e ascensão.

Não devemos ignorar isso, pois essa é a única razão de os apóstolos terem permanecido convictos, do início ao fim, de que Cristo não apenas morreu, mas ressuscitou e está assentado à direita de Deus como Senhor e Cristo, Príncipe e Salvador. Toda a salvação do pecador está contida no amor do Pai, na graça do Filho e na comunhão do Espírito Santo.

A pregação dos apóstolos não está vinculada apenas à instrução de Jesus: ela também é a explicação e o desenvolvimento dela. Jesus, pelo seu Espírito, continuou sua obra profética nos corações dos seus discípulos. Pelo Espírito da verdade, ele os conduziu a toda verdade, porque esse Espírito não testifica de si mesmo, mas de Cristo. O Espírito lhes fazia lembrar e refletir sobre o que Jesus tinha dito e proclamava coisas futuras a eles (João 14:26; 15:26; 16:13). Assim, os apóstolos foram equipados para formar o Novo Testamento que, com os livros do Antigo Testamento, é uma lâmpada para os pés da igreja e luz para o seu caminho. É o próprio Cristo que deu sua Palavra à sua igreja e que, por meio dela, executa progressivamente o seu ofício. Ele a preserva e distribui, a explica e interpreta. É o instrumento pelo qual ele faz discípulos; pelo qual ele os incorpora na comunhão do Deus Trino; e os faz andar em seus mandamentos.

Pela sua Palavra e seu Espírito, Cristo sempre está conosco, até a consumação do século.

— ▪ —

O que é verdadeiro para o ofício profético de Cristo também é aplicável ao seu ofício sacerdotal. Não é um ofício que ele recebeu apenas por um instante; na verdade, ele o exerce por toda a eternidade. No Antigo Testamento, esse caráter eterno do sacerdócio foi prefigurado na separação da casa de Arão e a tribo de Levi para o serviço do templo. É verdade que todos os indivíduos que ministraram naquele serviço morriam, mas eles eram imediatamente substituídos por outros. O sacerdócio permanecia, no entanto, o Messias vindouro não seria um simples sacerdote comum – servindo por um tempo e depois substituído por outros –, mas sim um sacerdote para toda eternidade, segundo a ordem de Melquisedeque (Salmos 110:4). Diferente dos descendentes de Arão e Levi, que eram impedidos pela morte (Hebreus 7:24), Melquisedeque, em sua figura misteriosa, nos dá uma imagem da duração eterna do sumo sacerdócio de Cristo. Ele é simultaneamente um rei de justiça e paz, e é único em toda a história da revelação, porquanto nenhuma menção é feita da sua geração, nascimento ou morte. Em um sentido tipológico, ele era como o Filho de Deus e permaneceu sacerdote para sempre (Hebreus 7:3).

Contudo, naquilo que Melquisedeque era apenas como exemplo, Cristo é a realidade. Cristo poderia, em um sentido pleno, ser Sumo Sacerdote eterno, porque era o Filho de Deus que existe desde a eternidade (Hebreus 1:2-3). Ele se sacrificou na terra e no tempo, mas veio do alto; ele pertencia, em sua essência, à eternidade, portanto, poderia também se oferecer pelo Espírito Santo no tempo devido (Hebreus 9:14). Visto que Cristo, como o Filho de Deus, estava preparado desde a eternidade para vir ao mundo e cumprir a vontade de Deus (Hebreus 10:5-9), ele já era sacerdote desde a eternidade. Tendo em vista o cumprimento da vontade de Deus nos dias do seu ministério terreno, alguém poderia dizer que o sacerdócio de Jesus começou aqui na terra.[32] E que esse sacerdócio na terra era um meio para Cristo, pela sua ressurreição e ascensão, tornar-se Sumo Sacerdote

[32]Hebreus 2:17; 5:10; 6:20; 7:26-28.

no reino celestial e permanecer assim para toda eternidade. É interessante que, na carta aos Hebreus, a vida e obra de Cristo sobre a terra não são consideradas finais, mas sim preparação para seu serviço sacerdotal eterno no céu.

A partir disso, alguns inferiram que, de acordo com a carta aos Hebreus, Cristo não foi um sacerdote enquanto estava na terra e que ele assumiu pela primeira vez tal ofício quando ascendeu aos céus e foi para o santo dos santos. Eles baseiam essa ideia especialmente no fato de que os sacerdotes na terra vinham da tribo de Levi, e isso era necessário para que se fizesse sacrifícios de acordo com a lei. E Jesus não descendia de Levi, mas de Judá. Ele nunca, como sacerdote, ofereceu sacrifícios no templo de Jerusalém (Hebreus 7:14; 8:4). Então, se Cristo for um sacerdote, poderia ser apenas no céu, e isso exigiria algum sacrifício lá (Hebreus 8:3). E, assim, eles defendem que ele ofereceu o seu próprio sangue no céu, com o qual ele entrou no santo dos santos celestial (Hebreus 9:11-12).

Todavia, essa conclusão é certamente imprecisa. Assim como todos os outros escritos apostólicos fazem, a carta aos Hebreus enfatiza fortemente o fato de que Cristo se ofereceu *uma única vez* – na cruz – e, assim, trouxe a salvação eterna.[33] O perdão de pecados – aquele grande benefício do Novo Testamento – foi completamente conquistado por esse único sacrifício. E o Novo Testamento, que foi estabelecido em seu sangue, pôs um fim ao Antigo.[34] O pecado, a morte e o Diabo foram destruídos pelo seu sacrifício;[35] e, pelo seu sangue, ele santificou e aperfeiçoou todos aqueles que foram obedientes a ele (Hebreus 10:10,14; 13:12). É precisamente porque Cristo trouxe esse sacrifício perfeito na cruz que ele pode – como Sumo Sacerdote – tomar o seu lugar à direita de Deus (Hebreus 8:1). Ele não mais sofre e morre, mas – como Conquistador – assenta-se sobre o trono.[36] E o ponto importante no argumento do apóstolo é precisamente que temos um Sumo Sacerdote que está assentado à direita do trono da majestade dos céus (Hebreus 8:1). É impossível haver no céu qualquer sacrifício como o que Cristo fez aqui na terra.

[33]Hebreus 7:27; 9:12,26,28; 10:10-14.
[34]Hebreus 4:16; 8:6-13; 9:14-22.
[35]Hebreus 2:14; 7:27; 9:26,28.
[36]Hebreus 1:3,13; 2:8,9; 10:12.

Ainda assim, Cristo é e permanece sendo Sumo Sacerdote no céu, e, como tal, ele foi posto à direita de Deus. Sim, em certo sentido pode ser dito, com a carta aos Hebreus, que lá ele se tornou pela primeira vez Sumo Sacerdote segundo a ordem de Melquisedeque; e lá assumiu pela primeira vez seu sacerdócio eterno.[37] Toda a sua vida na terra foi uma preparação, de modo que agora, no céu, como Sumo Sacerdote, ele age em nosso favor. Ele era o Filho, como era necessário para ser capaz de se tornar nosso Sumo Sacerdote,[38] mas isso não era suficiente. Ainda que fosse o Filho, ele precisava aprender a obediência pelo sofrimento (Hebreus 5:8). A obediência que apresenta como Filho (Hebreus 10:5-7) precisava ser exibida enquanto ser humano em seu sofrimento, para que, assim, se tornasse nosso Sumo Sacerdote.[39] Todo sofrimento que sobreveio a Cristo, todas as tentações às quais foi exposto, e a morte à qual foi sujeito – tudo isso serviu como instrumento na mão de Deus para santificar e aperfeiçoar Cristo para o serviço sacerdotal, o qual agora deve cumprir no céu perante a face de Deus. Naturalmente, essa santificação e aperfeiçoamento de Cristo não devem ser entendidas em um sentido moral, como se ele se tornasse obediente gradualmente apenas pelo sofrimento. Em vez disso, o apóstolo está considerando a santificação num sentido positivo e oficial. Cristo precisava manter sua obediência como Filho contra toda tentação e, assim, equipar-se completamente para ser Sumo Sacerdote na eternidade.

Por meio da obediência, Cristo obteve perfeitamente esse ofício de Sumo Sacerdote à direita de Deus, no trono da majestade. Com base no seu sofrimento e morte e em seu sacrifício perfeito e único, ele agora está assentado à direita da majestade no mais elevado céu. É *pelo* seu próprio sangue – não *com* o sangue – que ele entrou no santo dos santos (Hebreus 9:12). E agora ele está no verdadeiro tabernáculo, construído pelo próprio Deus, agindo como ministro (Hebreus 8:2). Agora, pela primeira vez, ele é plena e eternamente sacerdote segundo a ordem de Melquisedeque (Hebreus 5:10; 6:20). No Antigo Testamento, o Sumo Sacerdote entrava uma vez por ano – no grande dia da expiação – no santo dos santos com o sangue do bode morto por ele e com o do bode morto pelo povo, a fim

[37]Hebreus 2:17; 5:10; 6:20.
[38]Hebreus 1:3; 3:6; 5:5.
[39]Hebreus 2:10ss; 4:15; 5:7-10; 7:28.

de aspergi-los no propiciatório. Assim, Cristo, pelo sangue do seu sacrifício na cruz, abriu o caminho para o verdadeiro santuário no céu (Hebreus 9:12). Ele não leva o sangue que derramou no Calvário com ele para o céu em um sentido literal, nem o oferece ou asperge literalmente, mas, por seu próprio sangue, ele entra no verdadeiro tabernáculo, retornando ao céu agora como um Cristo que *morreu* e ressuscitou, que foi morto, mas que agora vive por toda eternidade (Apocalipse 1:18). Ele está no meio do trono, como o Cordeiro que foi *morto* (Apocalipse 5:6). Em sua pessoa, ele é o meio da propiciação: ele *é* a propiciação pelos nossos pecados e pelos pecados do mundo todo (1João 2:2).

Consequentemente, seu serviço sacerdotal no céu consiste em comparecer perante a face de Deus em nosso favor (Hebreus 9:12). Lá, ao fazer tudo que deve ser feito com Deus para a propiciação dos pecados do seu povo, ele demonstra ser Sumo Sacerdote misericordioso e fiel (Hebreus 2:17). Ele vem em auxílio daqueles que são tentados (Hebreus 2:18; 4:15) e traz muitos filhos à glória (Hebreus 2:10). No caminho da obediência, ele se tornou Príncipe para todos aqueles que se achegam a Deus por meio dele. Ele é Príncipe e Guia da fé deles, porque exercitou a fé, portanto, pode trazer outros para a fé e preservá-los até o fim (Hebreus 12:2). Ele é o Príncipe das suas vidas (Atos 3:15) – no grego, a palavra usada em Atos nesse versículo é a mesma que em algumas traduções aparece como Príncipe em Hebreus – porque conquistou essa vida pela sua morte e, portanto, pode dá-la a outros. Ele é o Príncipe da salvação deles (Hebreus 2:10), porque ele mesmo abriu o caminho para a salvação e andou sobre ele, e, portanto, pode guiar os outros e levá-los para o santuário (Hebreus 10:20).

Contra todas as coisas, no entanto, Cristo é nosso intercessor diante do Pai. Enquanto estava na terra, ele intercedeu por seus discípulos e também por seus inimigos (Lucas 23:34), e na oração do Sumo Sacerdote ele elogiou toda a igreja para o pai (João 17) e, agora no céu, continua a intercessão pelos seus. É verdade que não devemos entender isso como se Cristo estivesse prostrado mentindo diante do Pai, suplicando e implorando a ele que tenha misericórdia, até porque o próprio Pai nos ama e nos deu seu Filho como evidência de seu amor. Contudo, a intercessão de Cristo implica que esse amor do Pai jamais nos seria concedido senão quando o Filho tornou-se obediente até a morte, e morte de cruz. Sendo assim, a intercessão de Cristo não é um pedido de graça, mas sim a expressão de um desejo poderoso (João 17:24), o pedido do Filho para que os pagãos o aceitam como herança e os confins da terra como sua propriedade (Salmos 2:8). É o Cristo crucificado e glorificado, é o próprio Filho do Pai, o qual foi obediente, mas também foi exaltado no trono da majestade. É o misericordioso e fiel sumo sacerdote que santificou e aperfeiçoou esse serviço no céu, e por meio de quem a intercessão ao Pai é apresentada.

Contra todas as acusações que a lei, Satanás e nossos próprios corações lançam contra nós, ele assume a nossa defesa (Hebreus 7:25; 1João 2:2). Ele vem em nosso auxílio em todas as nossas tentações e se compadece de todas as nossas fraquezas, bem como purifica nossa consciência, santifica e salva perfeitamente todos aqueles que por ele vão até Deus, prepara um lugar para eles na casa do Pai, onde há muitas moradas e há lugar para muitos (João 14:2,3), e também preserva a herança celestial para eles (1Pedro 1:4). Portanto, os cristãos não têm nada a temer, pois podem se aproximar do trono da graça corajosamente (Hebreus 4:16; 10:22) e receberam de Cristo o Espírito de adoção, pelo qual clamamos: Aba, Pai! (Romanos 5:5; 8:15). Assim como Cristo é o intercessor deles para com o Pai no céu, o Espírito Santo é o intercessor do Pai em seus corações.[40] Um importante princípio da nossa confissão cristã é que temos um Sumo Sacerdote que se assentou à direita do trono da Majestade no céu (Hebreus 8:1). Portanto, não precisamos mais de sacerdote, sacrifício, altar ou templo aqui na terra.

— ▪ —

Cristo também continua a exercer o seu ofício real no céu após a sua ressurreição. Há menos diferenças de opinião sobre isso porque, pela sua ressurreição e ascensão, Cristo foi exaltado pelo Pai para ser Senhor e Cristo, Príncipe (Comandante) e Salvador; foi posto à direita do trono; e recebeu um nome acima de todo nome.[41] O reinado de Cristo é mais claro na sua exaltação do que na sua humilhação.

[40]João 14:16,26; 15:26; 16:7.
[41]Atos 2:36; 5:31; Filipenses 2:9-11; Hebreus 1:3-4.

Dentro do âmbito desse único reinado, a Escritura Sagrada faz uma distinção. Há um reinado de Cristo sobre Sião, sobre seu povo e sobre a igreja;[42] e há também um reinado que ele exerce sobre seus inimigos.[43] O primeiro é um reinado de graça e o outro, um reinado de poder.

Com relação à igreja, o nome de Rei é frequentemente usado, no Novo Testamento, de maneira intercambiável com o nome de Cabeça. Cristo está em um relacionamento tão íntimo com a igreja comprada pelo seu sangue, que um único nome não basta para explicar a ideia. Assim, a Escritura apresenta toda sorte de figuras de linguagem para tornar claro o que Cristo significa para sua igreja, e ele é o que o noivo é para a noiva (João 3:29; Apocalipse 21:2); o homem para a mulher (Efésios 5:25; Apocalipse 21:9); o primogênito entre seus irmãos (Romanos 8:29; Hebreus 2:11); a pedra angular para o edifício (Mateus 21:42; Atos 4:11; 1Pedro 2:4-8); a videira para os ramos (João 15:1-2); e a cabeça para o corpo. Cristo é tudo isso e mais para a sua igreja.

Especialmente essa última figura ocorre vez após outra. O próprio Jesus diz em Mateus 21:42 que a declaração do Salmos 118:22 foi cumprida nele: "A pedra que os construtores rejeitaram tornou-se a pedra angular". Assim como a pedra angular serve para ligar as paredes de um prédio e para fundamentá-las, Cristo, embora rejeitado pelos judeus, foi escolhido por Deus como pedra angular para que a teocracia – o reino de Deus sobre seu povo – alcançasse sua realização nele. O apóstolo Pedro relembra essa ideia em Atos 4:11 e a desenvolve mais especificamente em sua primeira carta. Nela, ele se refere não apenas ao Salmos 118:22, mas a Isaías 28:16. Ele apresenta Cristo como a pedra viva posta por Deus em Sião à qual os crentes, como pedras vivas, são acrescentados (1Pedro 2:4-6). E Paulo desenvolve essa imagem dizendo que a igreja é construída sobre a fundação posta pelos apóstolos e profetas e que Cristo agora é a pedra angular da igreja (Efésios 2:20). Cristo também é chamado de fundação da igreja em outro lugar (1Coríntios 3:10), mas aqui, em Efésios 2:20, ele é chamado de pedra angular. Assim como uma construção tem o seu princípio de firmeza na pedra angular, a igreja tem sua existência firmada somente no Cristo vivo.

---

[42]Salmos 2:6; 72:2-7; Isaías 9:6; 11:1-5; Lucas 1:33; João 18:33.
[43]Salmos 2:8,9; 72:8; 110:1,2; Mateus 28:18; 1Coríntios 15:25-27; Apocalipse 1:5; 17:14.

Contudo, a figura de uma construção, embora apresente Cristo como a pedra angular, ainda não era adequada para designar a intimidade do relacionamento entre Cristo e sua igreja. Afinal de contas, a conexão entre uma pedra angular e um prédio é uma relação artificial, mas a unidade de Cristo e sua igreja é uma ligação viva de unidade. Consequentemente, Jesus falou de si mesmo não apenas como uma pedra estabelecida por Deus para ser a pedra angular, mas também como a videira que produz os ramos e os alimenta com sua seiva (João 15:1-2). Pedro utilizou essa figura deliberadamente e falou de pedras vivas; e Paulo não fala apenas de uma construção que cresce e de um corpo que é construído (Efésios 2:21; 4:12), mas repetidamente representa Cristo como a cabeça do corpo da igreja.

Toda igreja local é um corpo de Cristo, e os membros da igreja estão relacionados um com o outro como membros do mesmo corpo, necessitando e servindo um ao outro (Romanos 12:4-5; 1Coríntios 12:12-27). Mas a igreja de Cristo, em sua totalidade, também é o seu corpo, e, por causa da sua ressurreição e ascensão, ele foi elevado para ser a cabeça dela.[44] Assim, ele é o princípio vital da igreja e concede vida a ela, bem como a alimenta, cuida dela, a preserva e a protege. Ele faz com que a igreja triunfe e prospere, que cada um dos seus membros alcance sua maturidade completa, os unifica e faz com que cada um coopere para o benefício do outro. Em suma, ele a preenche com a plenitude de Deus.

Nos dias do apóstolo Paulo, havia alguns mestres heréticos que diziam que toda sorte de seres espirituais emanava, em grau descendente, das profundezas do ser Divino. Esses seres constituíam juntos a sua plenitude ou pleroma. Em contrapartida, Paulo apresenta o fato de que a plenitude de Deus habita exclusivamente em Cristo e que ela habita nele corporalmente.[45] Cristo, por sua vez, faz com que essa plenitude habite em sua igreja, que é o seu corpo e a plenitude (isto é, o corpo preenchido por Cristo) daquele que preenche tudo em todas as coisas (Efésios 1:23). Na igreja, não há nenhum dom, poder, ofício, ministério, fé, esperança, amor e salvação que não venha de Cristo. E Cristo continua com esse preenchimento (plenitude: Colossenses 2:10) até que a igreja – como um todo e em suas partes – esteja cheia

[44]Efésios 1:22-23; 4:15,16; 5:23; Colossenses 1:18; 2:19.
[45]Colossenses 1:9; 2:9; compare com João 1:14,16.

da plenitude de Deus.[46] Então, a igreja terá sido formada e Deus será tudo em todos (1Coríntios 15:28).

Porém, Cristo também é chamado pelo nome de Cabeça em outro sentido. Em 1Coríntios 11:3, Paulo diz que Cristo é o cabeça de todo homem. Em Colossenses 2:10, Paulo o chama de cabeça de todo principado e potestade, isto é, de todos os anjos; porque ele é o primogênito de toda criatura (Colossenses 1:15). E em Efésios 1:10, ele fala do propósito de Deus na plenitude dos tempos de fazer convergir todas as coisas em Cristo (a palavra grega significa resumir ou recapitular todas as coisas sob uma cabeça), tanto as que estão no céu como as que estão na terra. No entanto, é claro que o nome de cabeça tem um significado diferente nesses contextos do que quando Cristo é chamado de cabeça da sua igreja. No segundo caso, Paulo está pensando especialmente no relacionamento orgânico – o princípio unificador de vida – de Cristo e sua igreja. Contudo, quando Cristo é chamado de cabeça do homem, dos anjos ou do mundo, a figura de um soberano e rei está sendo enfatizada, uma vez que todas as criaturas sem exceção estão subordinadas a Cristo – na verdade, até ele, como Mediador, está subordinado ao Pai (1Coríntios 11:3). Conquanto exerça uma soberania de graça sobre a igreja e, portanto, seja frequentemente chamado de cabeça da igreja, ele está revestido de um poder soberano sobre todas as criaturas. Nesse relacionamento, ele raramente é chamado de cabeça, mas de Rei e Senhor. Ele é o Rei dos reis e o Senhor dos senhores, o Príncipe ou Chefe dos reis da terra e, como Rei, ele reinará até que seus inimigos sejam postos debaixo dos seus pés.[47]

Esse reinado de poder não deve ser identificado com a soberania absoluta que Cristo, de acordo com sua natureza divina, tem em comum com o Pai e o Espírito. Devemos diferenciar a onipotência que o Filho tem desde a eternidade do poder do qual Cristo fala em Mateus 28:18 e que foi concedido a ele especificamente como Mediador em suas duas naturezas. Como Mediador, Cristo tem a sua igreja para reunir, governar e proteger, e, para fazer isso, ele deve ser mais poderoso do que todos os seus inimigos e todos os inimigos da igreja. Mas certamente não é essa a única razão para o reinado de poder

[46]João 1:16; Efésios 3:19; 4:13.
[47]1Coríntios 15:25; 1Timóteo 6:15; Apocalipse 1:5; 17:14; 19:16.

ter sido concedido a Cristo. Como Mediador, ele também deve *triunfar* sobre todos os seus inimigos. Ele não os encontra no campo e os derrota em batalha por meio da sua onipotência divina, mas exerce o poder que conquistou pelo seu sofrimento e por sua morte. O conflito entre Deus e suas criaturas é um conflito de justiça e retidão, e assim como a igreja é redimida pela justiça de Cristo, os inimigos de Cristo um dia serão condenados por essa mesma justiça. Deus não irá, embora seja capaz, usar sua onipotência contra eles, mas triunfará por meio da cruz (Colossenses 2:15). Se fosse para perseguir seus inimigos com sua onipotência, eles não seriam capazes de continuar existindo por um momento sequer, contudo, ele permite que nasçam e vivam, geração após geração, século após século, derramando suas bênçãos sobre eles e concedendo todos aqueles dons que eles têm em alma e corpo, mas que acabam abusando ao empregá-los contra ele. Deus pode fazê-lo e o faz, porque Cristo é o Mediador. Ainda que agora nem todas as coisas lhe estejam sujeitas, ele é coroado com honra e glória e governará como Rei até que seus inimigos se sujeitem a ele. Por fim, no último dia, quando toda a história do mundo e de cada indivíduo tiver terminado, todos terão de concordar, em suas próprias consciências, com Cristo sobre tudo aquilo que Deus, por causa do Mediador, tiver distribuído por meio dos dons espirituais e materiais. Querendo ou não, todo joelho se dobrará e toda língua confessará que Cristo é o Senhor, para a glória de Deus, nosso Pai (Filipenses 2:10-11). E um dia, como o Filho do Homem, Cristo pronunciará o juízo final sobre toda criatura, e ele condenará todos aqueles que, pelas suas próprias consciências, convencidos pelo Espírito Santo, já estão condenados (João 3:18; 16:8-11).

19. O dom do Espírito Santo

A primeira obra que Cristo fez após sua exaltação à destra do Pai foi o envio do Espírito Santo. Em sua exaltação, ele mesmo recebeu do Pai o Espírito Santo prometido no Antigo Testamento, portanto, ele pode agora, como prometeu aos discípulos, compartilhá-lo com eles (Atos 2:33). O Espírito procede do Pai e é dado pelo Pai, e, então, é concedido à igreja (Lucas 24:49; João 14:26).

Esse envio do Espírito Santo que aconteceu no dia de Pentecostes é um evento único na história da igreja de Cristo. Assim como a criação e a encarnação, ele aconteceu apenas uma vez, isto é, antes dele, não houve nenhuma concessão do Espírito de semelhante importância nem haverá outra depois. Assim como Cristo, em sua concepção, assumiu a natureza humana e nunca mais a deixou, o Espírito Santo, no dia de Pentecostes, escolheu a igreja como seu lugar de habitação e seu templo para nunca mais se separar dela. A Escritura indica claramente a importância singular desse evento ao falar dele como o *derramamento* ou a *descida* do Espírito Santo.

Naturalmente, isso não quer dizer que não haja menção nenhuma dos vários tipos de atividade e concessão do Espírito Santo antes do dia de Pentecostes. Já observamos que o Espírito, com o Pai e o Filho, é o Criador de todas as coisas, e, na esfera da redenção, é ele quem aplica toda vida e salvação, todo dom e toda habilidade. Contudo, há uma diferença entre a atividade e a concessão do Espírito Santo nos dias do Antigo Testamento e nos dias do Novo, uma diferença notável e essencial, diga-se de passagem. Em primeiro lugar, isso se evidencia pelo fato de que a Antiga Dispensação sempre olhou para o futuro, para a manifestação do Servo do Senhor, sobre quem o

Espírito do Senhor repousaria em toda a sua plenitude como o Espírito de sabedoria e de entendimento, de conselho e de fortaleza, de conhecimento e de temor do Senhor (Isaías 11:2). Em segundo lugar, o Antigo Testamento prediz que, embora houvesse uma concessão e atividade do Espírito Santo, esse Espírito seria derramado sobre toda carne, sobre filhos e filhas, velhos e jovens, servos e servas somente nos últimos dias.[1]

As duas promessas foram cumpridas no Novo Testamento. Jesus é o Cristo, o Ungido de Deus, que está acima de todos. Ele não foi apenas concebido pelo Espírito Santo no ventre de Maria e não foi apenas ungido sem medida pelo Espírito no seu batismo, mas também viveu e agiu por meio desse Espírito. Pelo Espírito, ele foi conduzido para o deserto (Lucas 4:1) e retornou para a Galileia (Lucas 4:14). Pelo Espírito, ele pregou o evangelho, curou os enfermos, expulsou demônios,[2] entregou-se à morte (Hebreus 9:14), ressuscitou e, como Filho de Deus, foi revelado em poder (Romanos 1:4). Nos quarenta dias entre a ressurreição e a ascensão, ele deu ordens aos seus discípulos pelo Espírito Santo.[3] Em sua ascensão – pela qual sujeitou todos seus inimigos e submeteu todos os anjos, principados e potestades a si (Efésios 4:8; 1Pedro 3:22) –, ele recebeu a plenitude do Espírito Santo e todos os seus poderes. Subindo para o alto, levou cativo o cativeiro e deu dons aos homens. Ele subiu muito acima de todos os céus para preencher todas as coisas (Efésios 4:8-10).

Cristo tomou posse do Espírito Santo de uma forma tão absoluta, que o apóstolo Paulo pode dizer, em 2Coríntios 3:17, que o Senhor (isto é, Cristo como o Senhor exaltado) é o Espírito. Naturalmente, Paulo não elimina a distinção entre os dois, porque na frase seguinte imediatamente fala novamente acerca do Espírito do Senhor (ou Senhor do Espírito). Contudo, o Espírito Santo se tornou inteiramente propriedade de Cristo e foi, por assim dizer, absorvido por Cristo ou assimilado a ele. Pela sua ressurreição e ascensão, Cristo se tornou o Espírito que dá vida (1Coríntios 15:45) e agora tem os sete Espíritos (isto é, o Espírito em sua plenitude), assim como tem as sete estrelas (Apocalipse 3:1). O Espírito de Deus, o Pai, se tornou o Espírito do Filho. O Espírito – em harmonia com o ser divino e no

[1]Isaías 44:3; Ezequiel 39:29; Joel 2:28ss.
[2]Mateus 12:28; Lucas 4:18,19.
[3]Atos 1:2; compare com João 20:21-22.

decorrer da dispensação da salvação – procede do Pai e do Filho e é enviado pelo Filho assim como pelo Pai (João 14:26; 15:26; 16:7).

Com base na sua obediência perfeita, Cristo obteve a regência completa e livre sobre o Espírito Santo e sobre todos os dons e poderes do Espírito, de modo que agora pode compartilhá-lo com quem quiser e na medida que desejar, não em conflito, mas de acordo com a vontade do Pai e do Espírito, porque o Filho envia o Espírito do Pai (João 15:26), e o Pai envia o Espírito no nome do Filho (João 14:26); além disso, o Espírito não fala de si mesmo, mas daquilo que ouve. Assim como Cristo sempre glorificou o Pai, o Espírito, por sua vez, glorificará a Cristo, recebendo e manifestando tudo de Cristo para os discípulos de Cristo (João 16:13-14). Consequentemente, o Espírito Santo sempre se coloca a serviço de Cristo. E, no Espírito e por meio do Espírito, Cristo dá de si e dos seus benefícios à igreja.

Portanto, não é pela força ou violência que Cristo governa o reino que lhe foi concedido pelo Pai. Não foi assim na sua humilhação, não será assim na sua exaltação. Ele continua a executar toda a sua atividade profética, sacerdotal e real de uma forma espiritual a partir do céu. Ele luta apenas com armas espirituais e é um rei de graça e um rei de poder, mas em ambos ele conduz o seu regimento pelo Espírito Santo, que, por sua vez, faz uso da Palavra como meio de graça. Por esse Espírito, ele instrui, conforta, lidera e habita em sua igreja, e, por esse mesmo Espírito, ele convence o mundo do pecado, da justiça e do juízo (João 16:8-11). A vitória eventual que Cristo terá sobre todos os seus inimigos será um triunfo do Espírito Santo.

—— ■ ——

Após Cristo ser exaltado à direita de Deus, a segunda promessa do Antigo Testamento pode ser cumprida, promessa esta que trata de um derramamento do Espírito Santo sobre toda a carne. Cristo precisava primeiro conquistar e se apropriar do Espírito completamente antes de dá-lo a sua igreja. Antes disso, isto é, antes da ascensão, o Espírito Santo ainda não havia sido dado, porque Cristo não tinha sido glorificado (João 7:39). Naturalmente, isso não quer dizer que antes da glorificação de Cristo o Espírito Santo não existia, porque, além das referências feitas ao Espírito Santo diversas vezes no Antigo Testamento, os evangelhos também relatam que João Batista era cheio do Espírito Santo (Lucas 1:15); que Simeão foi conduzido ao templo pelo Espírito Santo (Lucas 2:26-27); que Jesus foi concebido e ungido por ele; e assim por diante. Além disso, não quer dizer que os discípulos não sabiam que o Espírito Santo existia antes do dia de Pentecostes, uma vez que eles foram ensinados da sua existência pelo Antigo Testamento e pelo próprio Jesus. E mesmo os discípulos de João, que disseram a Paulo em Éfeso que não tinham recebido nem ouvido falar do Espírito Santo (Atos 19:2), não deveriam estar se referindo ao fato do Espírito Santo existir ou não. O que eles queriam dizer é que eles não notaram nenhuma operação incomum do Espírito Santo, isto é, o evento de Pentecostes, pois sabiam que João era um profeta enviado por Deus e qualificado pelo Espírito. Entretanto, caso eles permaneceram discípulos de João, por não se juntarem a Jesus e seu grupo, viveriam fora do âmbito da igreja, que, no dia de Pentecostes, recebeu o Espírito Santo. Naquele dia, haveria um derramamento do Espírito Santo como nunca houve antes.

O Antigo Testamento já tinha manifestado essa promessa e Jesus também a considerou vez após outra em seu ensino. João Batista já havia dito que o Messias não batizaria com água, mas com o Espírito Santo e com fogo (isto é, com o fogo purificador e consumidor do Espírito Santo).[4] E, em harmonia com essa declaração, Jesus prometeu a seus discípulos que, após a sua exaltação, ele lhes enviaria o Espírito Santo do Pai, que os conduziria a toda verdade. Ao dizer isso, ele claramente estava fazendo uma distinção entre dois tipos de atividade do Espírito Santo. Por um lado, o Espírito Santo, tendo sido derramado nos corações dos discípulos, os conforta, conduz a toda a verdade e permanece com eles eternamente.[5] Contudo, esse Espírito de conforto e direção é dado somente aos discípulos de Jesus. O mundo não pode receber esse Espírito, porque não lhe conhece (João 14:17); pelo contrário, no mundo, o Espírito Santo executa uma atividade bem diferente: vivendo na igreja e, assim, exercendo sua influência sobre o mundo, o Espírito o convence do pecado, da justiça e do juízo; e o condena em todos esses três pontos (João 16:8-11).

Jesus cumpre sua promessa àqueles que são discípulos no sentido mais estreito, isto é, aos apóstolos, antes mesmo da ascensão.

[4]Mateus 3:11; João 3:11.
[5]João 14:16; 15:26; 16:7.

Quando, na noite do dia da sua ressurreição, ele apareceu aos seus discípulos pela primeira vez, os introduziu de forma digna à sua missão apostólica, soprou sobre eles e disse: "Recebei o Espírito Santo. Se perdoardes os pecados de alguém, serão perdoados; se os retiverdes, serão retidos" (João 20:22-23). Eles precisam do dom e da força especial do Espírito para o ofício apostólico que devem exercer, e o próprio Cristo lhes concede isso antes da ascensão; porém, isso é diferente daquilo que será dado aos discípulos em comunhão com os outros cristãos no dia de Pentecostes.

O derramamento propriamente dito aconteceu 40 dias depois. Na ocasião, os judeus estavam celebrando a festa de Pentecostes, em celebração da colheita e da entrega da lei no Sinai. Os discípulos permaneceram em Jerusalém esperando o cumprimento da promessa de Jesus e estavam constantemente no templo, adorando e bendizendo a Deus (Lucas 24:49,53). Mas agora eles não estavam sozinhos e continuaram unidos em oração e súplicas, com as mulheres, com Maria, mãe de Jesus, e com os irmãos dele. Havia cerca de 120 pessoas reunidas com eles (Atos 1:14-15; 2:1), e, enquanto eles estavam reunidos, de repente veio do céu um som, como de um vento impetuoso, e encheu toda a casa onde estavam reunidos; ao mesmo tempo, apareceram línguas que pareciam labaredas de fogo sobre as cabeças deles. Acompanhados por esses sinais, que simbolizavam a atividade purificadora e iluminadora do Espírito Santo, o derramamento aconteceu, e eles foram todos cheios do Espírito Santo (Atos 2:4).

A mesma expressão ocorre antes também (Êxodo 31:3; Miqueias 3:8; Lucas 1:41), porém, a diferença é superficial. Até agora, o Espírito Santo tinha vindo a poucos e apenas para propósitos específicos e temporários, mas, agora, ele desce sobre toda a igreja e sobre todos os seus membros e continua habitando e operando em nós permanentemente. Assim como o Filho de Deus apareceu mais de uma vez nos dias do Antigo Testamento, mas assumiu a natureza humana como uma habitação permanente apenas na concepção no ventre de Maria; da mesma forma houve toda sorte de atividade e dom do Espírito Santo antes, mas apenas no dia de Pentecostes ele tornou a igreja o seu templo – que ele continuamente santifica, edifica e que nunca esquecerá. A habitação do Espírito Santo dá à igreja de Cristo uma existência independente. Essa igreja não está mais contida pela nação de Israel, nem pelas fronteiras da Palestina, mas vive independentemente pelo Espírito que habita nela. Ela se espalha por toda a terra, e, a partir do templo em Sião, Deus procede para habitar no corpo da igreja de Cristo e, assim, nesse dia, essa igreja nasce como igreja missional e mundial. A consequência necessária da ascensão de Cristo e a prova da sua realidade está na descida do Espírito Santo. Assim como esse Espírito santificou Cristo pelo sofrimento, o aperfeiçoou e o conduziu ao mais alto pináculo, ele agora se comprometeu a formar o corpo de Cristo até que alcance sua maturidade completa e constitua o cumprimento, o pleroma, daquele que preenche tudo em todos.

Na primeira geração de discípulos de Cristo, esse derramamento do Espírito Santo foi acompanhado por toda sorte de poderes e operações extraordinárias. Já no dia de Pentecostes, quando ficaram cheios do Espírito Santo, eles começaram a falar em outras línguas, conforme o Espírito lhes concedia que falassem (Atos 2:4). De acordo com a descrição de Lucas, devemos considerar essa maravilha como um milagre da fala ou da linguagem, e não como um milagre de audição. Lucas era amigo e companheiro de Paulo e conhecia o fenômeno de falar em línguas por experiência própria, por exemplo, em Corinto, tanto que ele mesmo fala disso em Atos 10:46-47 e 19:6. Sem dúvida, o fenômeno de Pentecostes estava relacionado ao falar em línguas, pois, de outra forma, Pedro não poderia ter dito que Cornélio e àqueles que estavam com ele receberam o Espírito Santo assim como Pedro e os outros apóstolos receberam (Atos 10:47; compare com 11:17; 15:8). Ainda assim, havia uma diferença, porque, em 1Coríntios 14, Atos 10:46 e 19:6, o falar em línguas não é modificado pelo adjetivo *estranhas*, contudo, Atos 2:4 claramente menciona a palavra *outras* línguas. Quando os membros da igreja em Corinto falavam em línguas, eles não eram entendidos a menos que houvesse uma interpretação posterior (1Coríntios 14:2ss), no entanto, em Jerusalém os discípulos já estavam falando em outras línguas antes que a multidão viesse e os ouvisse; portanto, um milagre de audição está fora de questão (Atos 2:4). E, quando a multidão os ouviu, eles entenderam o que estava sendo dito, porque cada um ouviu os discípulos nas suas próprias línguas (Atos 2:6,8). As outras línguas, que o verso

4 menciona, evidentemente são as línguas que o verso 6 chama de línguas dos ouvintes e que o verso 8 designa mais especificamente como suas línguas maternas. Portanto, não foram sons incompreensíveis que os discípulos falaram, mas outras línguas ou *novas* línguas, como Marcos diz no capítulo 16:17 do seu evangelho. Todavia, a multidão não esperava isso de galileus sem instrução (Atos 2:7), mas a questão é que em todas essas línguas eles proclamaram as maravilhas de Deus, particularmente aquelas feitas pela ressurreição e exaltação de Cristo (Atos 2:4,14ss).

Não devemos pensar que os discípulos de Jesus naquele momento saberiam e poderiam falar todos os idiomas existentes na terra, tampouco quer dizer que todos os discípulos falaram todas as outras línguas. O propósito desse milagre de línguas não era que os discípulos pregassem o evangelho para os estrangeiros, a fim de que pudessem entendê-la em suas próprias línguas. As quinze nacionalidades listadas nos versos 9-11 não representam a mesma quantidade de línguas, isto é, são apenas os países dos quais os estrangeiros vieram a Jerusalém para o Pentecostes. Todos esses estrangeiros entendiam aramaico ou grego, de modo que não era necessário que os apóstolos falassem novas línguas. Mais tarde, no Novo Testamento, não encontramos qualquer menção feita desse dom de línguas estranhas. Paulo, o apóstolo dos gentios, que certamente receberia esse dom, nunca fala dele, até porque ele podia se virar muito bem com o aramaico e o grego no mundo dos seus dias.

Portanto, o falar em línguas estranhas no dia de Pentecostes foi um evento único e era relacionado, realmente, com o falar em línguas a que se refere em outros lugares, mas foi um falar de um tipo especial e mais elevado. Paulo classificou o tipo geral e comum de falar em línguas como inferior em importância à profecia, contudo, o que aconteceu em Jerusalém era uma combinação do dom de línguas e da profecia. A operação do Espírito Santo, derramado pela primeira vez em sua plenitude, foi tão poderosa, que dominou toda a consciência e se expressou no falar de sons articulados que foram reconhecidos pelos ouvintes como sendo suas próprias línguas. Portanto, o propósito desse milagre não era equipar os discípulos com o conhecimento de línguas estranhas, mas, de uma forma incomum, deixar uma forte impressão do grande evento que tinha acontecido; e o que poderia ter sido melhor do que a pequena e recém estabelecida igreja proclamando em muitas línguas as maravilhas de Deus? Na criação, as estrelas da manhã cantaram juntas e todos os filhos de Deus se regozijaram; no nascimento de Cristo, a multidão dos exércitos celestiais louvou o jubileu do beneplácito de Deus; e, por fim, no nascimento da igreja, essa mesma igreja cantou as maravilhas de Deus em miríades de tons.

——— ▪ ———

Ainda que o falar em línguas tenha um lugar importante entre os sinais de Pentecostes, devemos lembrar que o derramamento do Espírito naquele primeiro período se manifestou em vários poderes e operações incomuns. O dom do Espírito normalmente era concedido após alguém passar a crer, às vezes no batismo (Atos 2:28); na imposição de mãos antes do batismo (Atos 9:17); ou na imposição de mãos após o batismo (Atos 8:17; 19:6); e geralmente consistia na concessão de um poder particular. Assim, lemos que, pelo Espírito, os discípulos receberam coragem para falar a palavra (Atos 4:8,31); uma força particular de fé (Atos 6:5; 11:24); conforto e alegria (Atos 9:31; 13:52); sabedoria (Atos 6:3,10); o falar em línguas (Atos 10:46; 15:8; 19:6); profecia (Atos 11:28; 20:23; 21:11); manifestações e revelações;[6] curas milagrosas,[7] entre outros. Assim como as obras que Jesus realizou, esses poderes incomuns manifestados na igreja causaram grande temor e perturbação.[8] Por um lado, eles provocaram oposição, levando o coração dos inimigos ao ódio e perseguição; mas, por outro lado, eles também prepararam o solo para receber a semente do evangelho, tendo em vista que tais dons eram necessários naquele primeiro momento para facilitar a entrada da confissão cristã no mundo.

Ao longo de todo o período apostólico, essas operações incomuns do Espírito continuaram, e sabemos disso especialmente pelo testemunho do apóstolo Paulo, visto que ele próprio recebeu esses dons especiais do Espírito. De uma forma incomum – por uma revelação do próprio Jesus –, ele foi levado ao arrependimento no caminho a Damasco e foi chamado para ser apóstolo (Atos 9:3ss). Mais tarde,

[6]Atos 7:55; 8:39; 10:19; 13:2; 15:28; 16:6; 20:22.
[7]Atos 3:6; 5:5,12,15,16; 8:7,13.
[8]Atos 2:7,37,43; 3:10; 4:13; 5:5,11,13,24.

as revelações começaram a vir periodicamente.[9] Ele sabe que tem o dom do conhecimento, da profecia, do ensino e do falar em línguas (1Coríntios 14:6,18), e realizou sinais, maravilhas e obras que são evidências do seu apostolado (2Coríntios 12:12); além disso, também pregou em demonstração do poder do Espírito (1Coríntios 2:4). O próprio Cristo operou por ele para tornar os gentios obedientes, por palavra e ação, por meio de sinais e maravilhas e pelo poder do Espírito de Deus (Romanos 15:18-19).

Contudo, embora Paulo esteja plenamente consciente do seu ofício e de sua dignidade apostólicos, ele sabia que os dons do Espírito não foram dados somente a ele, mas a todos os cristãos. Em 1Coríntios 12:8-10 (compare com Romanos 6:8), Paulo cita vários desses dons e diz que eles são distribuídos pelo Espírito em diferentes proporções para a igreja de acordo com a vontade dele. O apóstolo valoriza bastante todos esses dons, porém, os cristãos terem esses dons não é algo próprio deles, porque não possuem nada que não tenham recebido; sendo assim, não faz sentido se encherem de orgulho e desprezar os outros (1Coríntios 4:6-7). Todos esses dons e poderes vêm do único e mesmo Espírito, são um cumprimento da profecia feita no Antigo Testamento (Gálatas 3:14) e devem ser considerados como as primícias que proclamam uma grande colheita e como um penhor da nossa futura e celestial herança.[10]

Ainda assim, Paulo faz uma avaliação de todos esses dons incomuns que diferem significativamente dos dons de muitos membros da igreja. Havia pessoas em Corinto que se exaltavam com base nos dons que tinham recebido pela revelação do Espírito e que menosprezavam aqueles que recebiam dons menores ou até nenhum dom. Essas pessoas não aplicavam seus dons ao benefício de outros, mas os ostentavam, e eles atribuíam uma importância particular ao misterioso e incompreensível falar em línguas. Mas Paulo aponta o erro deles (1Coríntios 12–14). Em primeiro lugar, ele aponta para a norma pela qual todos esses dons devem ser medidos, que é a confissão de Jesus como Senhor. Aquele que fala pelo Espírito de Deus não pode amaldiçoar Jesus, e apenas aqueles que confessam Jesus como Senhor demonstram falar pelo Espírito Santo. Em suma, a marca do

[9]Atos 16:6,7,9; 2Coríntios 12:1-7; Gálatas 2:2.
[10]Romanos 8:23; 2Coríntios 1:22; 5:5; Efésios 1:14; 4:30.

Espírito e de todos os seus dons e operações é se sujeitar à confissão de Jesus como Senhor (1Coríntios 12:3).

Em segundo lugar, Paulo aponta que os dons do Espírito, embora todos respondam à mesma norma, são bem diferentes e são concedidos não de acordo com seu mérito ou dignidade, mas de acordo com a vontade soberana do Espírito (1Coríntios 12:4-11). Portanto, eles não podem servir de base para exaltar a si mesmo e desprezar ou desdenhar os outros. Pelo contrário, eles todos devem ser cordial e voluntariamente aplicados para o benefício do próximo, porque todos os cristãos são membros do mesmo corpo e precisam uns dos outros (1Coríntios 12:12-30). Entretanto, se os dons são usados para esse fim, se eles são dedicados àquilo que é útil (1Coríntios 12:7), isto é, para o bem dos outros – a edificação da igreja (1Coríntios 14:12) – então, gradações se tornam evidentes entre os próprios dons, porque um é mais benéfico para edificar a igreja do que o outro. Então, podemos falar de bons dons, dons excelentes e os melhores dons. Portanto, o apóstolo aconselha, em 1Coríntios 12:31, que os cristãos busquem os *melhores dons*.

Nessa aspiração vivaz pelos melhores dons, o amor é o caminho preeminente, pois, sem ele, os melhores dons não têm qualquer valor (1Coríntios 13:1-3). O amor transcende todos os outros em virtude (1Coríntios 13:4-7) e em duração, porque todos os dons cessarão, mas o amor é eterno. Entre as três virtudes – fé, esperança e amor –, o amor é a maior (1Coríntios 13:8-13), portanto ele deve ser buscado acima de todas as coisas, ainda que os demais dons sejam louváveis (1Coríntios 14:1). Entretanto, nessa busca, nossa atenção deve ser direcionada para a edificação da igreja e, assim, para o exercício de mais amor. A partir desse ponto de vista, a profecia é muito melhor do que o falar em línguas, porque aqueles que falam em línguas não são entendidos; falam de mistérios incompreensíveis aos seus ouvintes; falam para o ar; não levam o descrente a fé, mas deixam a impressão de serem doentes mentais. Se houver membros da igreja que têm esse poder, eles devem fazer uso dele com restrições, pois é preferível que sejam acompanhados de interpretação; se nenhuma interpretação pode ser dada, que fiquem em silêncio na igreja! Pelo contrário, aqueles que profetizam, aqueles que, pela revelação do Espírito, proclamam a Palavra de Deus, anunciam palavras de edificação, admoestação e conforto aos homens, estes, sim, edificam a igreja e conquistam o descrente. Portanto, independentemente de qual dom uma pessoa possa receber, é necessário seguir a norma da confissão de Jesus como Senhor e o seu propósito de edificação da igreja, pois Deus não é um Deus de confusão, mas de paz.

Essa bela explicação dos dons espirituais deu fruto não apenas para a igreja em Corinto, mas mantém sua importância para a igreja de todas as eras, porque sempre há pessoas e partidos que dão mais importância a manifestações incomuns – revelações e milagres – do que à operação do Espírito na regeneração, conversão e renovação de vida. O anormal e incomum sempre atraem atenção, e o normal e comum sempre passam despercebidos. As pessoas se agarram a revelações, aparições, arrebatamentos da alma, extravagâncias teatrais, e fecham os olhos para o amadurecimento gradual e estável do reino de Deus. Paulo tinha uma opinião diferente. Por mais que estime dons incomuns do Espírito, ele admoesta os irmãos em Corinto: "Irmãos, não sejais como crianças no entendimento. Quanto ao mal, contudo, sede como criancinhas, mas adultos quanto ao entendimento" (1Coríntios 14:20).

Assim, o apóstolo muda o centro da atenção das revelações temporais e transitórias do Espírito para a obra regular, religiosa e moral que ele continuamente realiza na igreja. Essa ideia da obra do Espírito já foi preparada nos dias do Antigo Testamento. Naquela época, toda sorte de dons e poderes extraordinários também eram atribuídos ao Espírito Santo, contudo, conforme os profetas e os salmistas viam mais profundamente a apostasia do povo de Israel e a sutileza e pecaminosidade do coração humano, eles declararam de forma cada vez mais clara e intensa que apenas uma renovação do Espírito Santo poderia tornar o povo de Israel em povo de Deus. O etíope não pode mudar a sua pele, nem o leopardo as suas pintas, assim como não podem fazer o bem aqueles que estão treinados para fazer o mal (Jeremias 13:23). Deus, pelo seu Espírito, precisa transformar os corações das pessoas para elas andarem em seus caminhos e guardarem suas ordenanças e estatutos, pois apenas o Espírito do Senhor opera a vida verdadeira, espiritual e moral.[11]

A pregação de Jesus no evangelho de João confirma tudo isso. Em sua conversa com Nicodemos, Jesus explica que ninguém pode

[11]Salmos 51:12,13; Isaías 32:15; Ezequiel 36:27.

ver o reino de Deus nem partilhar dele se não for regenerado, e esse novo nascimento só pode acontecer por meio do Espírito Santo (João 3:3-5). E, em seus últimos discursos (João 14–16), ele desenvolve detalhadamente a ideia de que o Espírito, que ele enviará do Pai após sua glorificação, deve tomar o seu lugar entre os discípulos, portanto, é bom para eles que Jesus vá, pois, de outra forma, o Consolador não poderia vir. Mas, quando Cristo for até o Pai, ele pode e enviará o Espírito, pois a ida de Cristo ao Pai será a evidência de que ele terminou perfeitamente a obra que precisava realizar aqui na terra. No céu, ele pode tomar seu assento à direita do Pai; pode operar como sumo sacerdote e intercessor da igreja; e pode desejar tudo o que a igreja precisa do Pai; em outras palavras, ele pode rogar ao Pai pela plenitude do Espírito Santo e enviar o Espírito para os seus discípulos. Assim, esse Espírito tomará o seu lugar entre eles e, no futuro, o será o Consolador, Guia, Intercessor e Advogado da sua igreja.

Nisso, os discípulos não sofrerão perda. Quando Jesus andava pela terra, ele ia e vinha com seus discípulos, mas havia toda sorte de desinteresse e equívocos entre eles, contudo, o Espírito que virá não ficará ao lado deles, mas habitará *dentro* deles. A estadia de Cristo na terra era temporária, mas o Espírito enviado nunca lhes deixará, mas permanecerá com eles por toda eternidade. De fato, o próprio Cristo virá até eles novamente nesse Espírito; ele não os deixa órfãos, mas retorna a eles e se une a eles no Espírito de uma forma que antes seria impossível, e, então, eles o verão novamente. Eles viverão como ele vive e reconhecerão que Cristo está no Pai, e eles em Cristo, e Cristo neles. E, nele, o Pai vem até eles; por meio do Espírito, os dois vêm, ou seja, o Pai e o Filho vêm aos discípulos e habitam neles no Espírito. Assim, é isto que o Espírito Santo primeiro realizará: uma comunhão entre o Pai e o Filho, por um lado, e entre os discípulos, por outro, comunhão como nunca houve antes.

E quando os discípulos compartilharem dessa comunhão e viverem por ela; quando eles forem unidos com Cristo como o ramo está unido à videira; quando não forem mais servos, mas amigos; então, o mesmo Espírito que os fez partilharem dessa comunhão também irá, como o Espírito da verdade, conduzi-los a toda verdade. Ele não apenas os fará refletir sobre o que Cristo disse e ensinou pessoalmente a eles, mas constantemente testemunhará de Cristo para eles, dizendo o que ouviu e recebeu de Cristo e também declarando coisas futuras a eles. Os discípulos não apenas terão a comunhão com Cristo e o Pai, mas também estarão conscientes dela, pois o Espírito Santo os iluminará com respeito a Cristo, sua unidade com o Pai e seu relacionamento com o Pai e o Filho. O propósito final, nas palavras de Cristo, é "para que todos sejam um; assim como tu, ó Pai, és em mim, e eu em ti, que também eles estejam em nós, para que o mundo creia que tu me enviaste" (João 17:21ss).

No dia de Pentecostes, quando o derramamento do Espírito Santo aconteceu, as manifestações extraordinárias, pelas quais esse rico derramamento foi revelado, atraíram muita atenção. Contudo, não podemos nos esquecer do fato, muito mais importante, de que os discípulos, pelo dom do Espírito, foram unidos da maneira mais íntima possível em uma igreja com unidade, independência e santidade. Cristo era o Senhor e Salvador dessa igreja, e todos os cristãos mutuamente perseveraram na doutrina dos apóstolos e na comunhão, no partir do pão e nas orações (Atos 2:42). Por um momento, foi possível ver a unidade da qual Cristo tinha falado na igreja em Jerusalém. Quando o entusiasmo do primeiro amor posteriormente deu lugar a uma atitude mais relaxada do coração e da mente; quando igrejas foram acrescentadas em outros lugares e entre outros povos; quando, mais tarde, toda sorte de cismas e separações apareceu na igreja cristã; então a unidade que une todos os cristãos assumiu uma forma diferente. Ela se tornou menos vital e profunda, às vezes até tão fraca, que não podia ser sentida, porém, não devemos nos esquecer de que, no meio de toda diferença e conflitos, em essência a unidade da igreja permanece até hoje. No futuro, ela se tornará ainda mais gloriosa do que era naquele breve período em Jerusalém.

—— ▪ ——

De todos os apóstolos, é Paulo quem mais se agarra a esse ideal da unidade da igreja, apesar de toda a divisão testemunhada por ele em seus dias. A igreja é um corpo e todos os seus membros precisam e devem servir um ao outro (Romanos 12:4; 1Coríntios 12:12ss); todavia, ela tem essa unidade porque é o corpo de Cristo.[12] A unidade da igreja se fundamenta na comunhão com Cristo e surge dela, sendo Cristo o

[12]Romanos 12:5; Efésios 1:23; Colossenses 1:24.

cabeça de todo cristão, de toda congregação local e da igreja como um todo. Todos os cristãos são novas criaturas a quem Deus criou em Cristo para boas obras a fim de que andassem nelas (2Coríntios 5:17; Efésios 2:10). Cristo vive e habita neles, e eles vivem, se movem e existem em Cristo: Cristo é a vida deles.[13] O acréscimo "*em Cristo*" (no Senhor, nele) ocorre mais de 150 vezes no Novo Testamento e indica que Cristo não somente é a fonte constante da vida espiritual, mas que ele também habita imediata e diretamente no cristão. A unidade é tão íntima quanto a da pedra angular com o templo, do homem com sua mulher, da cabeça com o corpo, da videira com os ramos. Os cristãos estão em Cristo do mesmo modo que todas as coisas, por causa da criação e providência, estão em Deus. Eles vivem nele como os peixes vivem na água; os pássaros, no ar; o homem, na sua vocação; e o acadêmico, em seus estudos. Com ele, estão crucificados, mortos, sepultados, ressuscitados, sentados à direita de Deus e glorificados.[14] Eles se revestem dele; assumem sua forma; exibem, em seus corpos, tanto o sofrimento quanto a vida de Cristo; e são aperfeiçoados (preenchidos) por ele. Resumindo, Cristo é tudo em todos.[15]

Esse relacionamento íntimo se torna possível ao Cristo compartilhar de si mesmo com o cristão por meio do Espírito. Por sua paixão e morte, Cristo conquistou tão perfeitamente o Espírito e todos os seus dons e poderes, que ele mesmo pode ser chamado de Espírito (2Coríntios 3:17). Ele conquistou também o direito de conceder esse Espírito a quem quiser. O Espírito de Deus se tornou o Espírito de Cristo, o Espírito do Filho e o Espírito do Senhor.[16] Receber o Espírito é receber a Cristo, porque aquele que não tem o Espírito de Cristo não pertence a Cristo (Romanos 8:9-10). Assim como Deus o entrega ao mundo, Cristo se entrega à igreja por meio do seu Espírito. Os cristãos são um Espírito com ele (1Coríntios 6:17), são templos do Espírito Santo, por meio de quem o próprio Deus habita neles (1Coríntios 3:16,17; 6:19). Eles existem, confessam, andam, oram e se regozijam no Espírito;[17] além disso, são seres espirituais, entendendo e julgando as coisas do Espírito (Romanos 8:2; 1Coríntios 2:14). Eles

[13]Romanos 6:11; 8:1,10; 2Coríntios 13:5; Gálatas 2:20; Filipenses 1:21; Colossenses 3:4.
[14]Romanos 6:4ss; Gálatas 2:20; 6:14; Efésios 2:6; Colossenses 2:12,20; 3:3.
[15]Romanos 13:14; 2Coríntios 4:11; Gálatas 4:19; Colossenses 1:24; 2:10; 3:11.
[16]Romanos 8:9; 1Coríntios 2:16; 2Coríntios 3:18; Gálatas 4:6; Filipenses 1:19.
[17]Romanos 8:4,9,15; 14:17; 1Coríntios 12:3.

são continuamente guiados pelo Espírito e são acompanhados por ele até o dia da redenção.[18] Por esse Espírito, eles têm acesso completo ao Pai e são edificados juntos sobre o fundamento dos apóstolos e dos profetas para a morada de Deus (Efésios 2:18,22).

É dessa forma que as Escrituras Sagradas explicam aquela maravilhosa unidade que existe entre Cristo e sua igreja, união esta que mais tarde foi denominada *união mística*. De fato, não podemos entender essa unidade em sua profundidade e intimidade, pois ela transcende em muito o nosso pensamento e certamente deve ser distinguida em natureza e tipo da unidade que existe entre as três pessoas da Divindade, porque todas elas compartilham de um único e idêntico Ser divino. É precisamente em essência que Cristo e os cristãos permanecem distintos um do outro. É verdade que a unidade entre Cristo e a igreja é comparada mais de uma vez com a de Cristo e o Pai,[19] porém, nesses casos, Cristo não está falando de si mesmo como Filho – o Unigênito –, mas de si mesmo como o Mediador que será exaltado à direita de Deus e por meio de quem o Pai executará o seu beneplácito. Assim como o Pai escolheu as suas ovelhas em Cristo antes da fundação do mundo (Efésios 1:4) para a glória da sua graça, na qual ele os tornou aceitos no Amado (Efésios 1:6-7; Atos 20:28), ele também os reúne em Cristo (Efésios 1:10). O Pai habita em Cristo como o Mediador e, assim, entrega a si mesmo e suas bênçãos à igreja.

O relacionamento entre o Pai e o Mediador é tão íntimo e inseparável quanto o entre Cristo e os cristãos, e ele ultrapassa toda união que pode ser encontrada entre as criaturas e até a união entre Deus e seu mundo. Por um lado, esse relacionamento é distinto de toda contaminação panteísta, mas, por outro, ele é muito superior a toda justaposição deísta e todo relacionamento contratual. A Escritura nos ensina algo sobre sua natureza o comparando com o relacionamento entre uma videira e seus ramos; entre a cabeça de um corpo e seus membros; entre um homem e uma mulher. É um relacionamento que une completa e eternamente Cristo com sua igreja; ele vai até a profundidade do ser dos seus membros e até à essência das suas personalidades. É um relacionamento que começou na eternidade quando o Filho de Deus declarou estar pronto para ser o Mediador.

[18]Romanos 8:15-16; 2Coríntios 1:22; Efésios 1:13; 4:30.
[19]João 10:38; 14:11,20; 17:21-23.

Essa relação obteve sua existência objetiva na plenitude dos tempos, quando Cristo assumiu a natureza humana, entrou na comunhão do seu povo e se entregou voluntariamente à morte, e ela é realizada pessoalmente em cada indivíduo, quando o Espírito Santo vem até eles, os incorpora a Cristo, e quando ele reconhece e exerce essa união com Cristo.

Essa comunhão com a pessoa de Cristo traz consigo todas as suas bênçãos e benefícios. Não podemos usufruir os benefícios de Cristo a menos que partilhemos de sua pessoa, porque esses benefícios não podem ser separados da sua pessoa. Isso até poderia ser concebível se os benefícios que Cristo tivesse nos conferido fossem bens materiais. Um homem pode nos dar dinheiro e propriedades sem doar a si mesmo, contudo, os benefícios que Cristo nos dá são espirituais e, acima de tudo, eles consistem em seu favor, em sua misericórdia e em seu amor. Esses dons são completamente pessoais e não podem ser separados da pessoa de Cristo. O tesouro dos benefícios não foi colocado em algum lugar na terra, como nas mãos do papa ou do padre, na igreja ou no sacramento; em vez disso, ele é encontrado exclusivamente no próprio Cristo, ou seja, ele é esse tesouro e nele o Pai mostra a sua amigável e graciosa face para nós. E isso é toda a nossa salvação.

Consequentemente, não há comunhão com a pessoa de Cristo sem um compartilhamento das suas riquezas e benefícios. Novamente, o relacionamento entre o Pai e Cristo é a base e o exemplo do relacionamento entre Cristo e sua igreja. O Pai se deu para o Filho, especificamente ao Filho como o Mediador entre Deus e os homens. O Pai não reteve nada para si mesmo, mas deu tudo a Cristo. Todas as coisas foram entregues a Cristo pelo Pai (Mateus 11:27; João 3:35), e tudo o que o Pai tem é de Cristo (João 16:15; 17:10). O Pai e Cristo são um; o Pai está nele e ele está no Pai (João 10:38; 17:21-23). Assim, por sua vez, Cristo entrega a si mesmo e todos os seus benefícios para a igreja por meio do Espírito Santo (João 16:13-15), pois ele não guarda nada para si. Assim como a plenitude da Divindade habita corporalmente nele (Colossenses 1:19; 2:9), ele também aperfeiçoa a igreja à medida da estatura da sua plenitude até que ela esteja cheia da plenitude de Deus.[20] Ele é tudo em todos (Colossenses 3:11).

[20]Efésios 1:23; 3:19; 4:13,16.

Nós recebemos essa plenitude em Cristo, uma plenitude divina, de graça e verdade, que nunca se esgota e que cumula graça sobre graça (João 1:14,16). Essa plenitude habita no próprio Cristo, em sua pessoa, em sua natureza divina e na humana, durante o estado de humilhação e exaltação. Há uma plenitude de graça em sua encarnação: "Pois conheceis a graça de nosso Senhor Jesus Cristo, que, sendo rico, tornou-se pobre por vossa causa, para que fôsseis enriquecidos por sua pobreza" (2Coríntios 8:9). Há uma plenitude de graça em sua vida e morte, porque, nos dias da sua carne, ele aprendeu a obedecer pelas coisas que sofreu e, sendo aperfeiçoado, tornou-se o autor da salvação eterna para todos aqueles que o obedecerem (Hebreus 5:7-9). Há uma plenitude em sua ressurreição porque, por meio dela, ele foi declarado Filho de Deus em poder e nos regenerou para uma viva esperança (Romanos 1:4; 1Pedro 1:3). Há uma plenitude de graça em sua ascensão porque, por meio dela, ele levou cativo o cativeiro e deu dons aos homens (Efésios 4:8). Há uma plenitude de graça em sua intercessão porque, por meio dela, ele pode salvar perfeitamente todos que vêm a Deus por ele (Hebreus 7:25). Há uma plenitude de graça nele para perdão, regeneração, renovação, conforto, preservação, orientação, santificação e glorificação. É um longo, amplo e profundo rio de graça, que conduz os crentes do princípio ao fim, até a eternidade. É uma plenitude que concede graça sobre graça, graça com graça, graça imediatamente suprindo a última graça, trocando uma pela outra – uma graça que constantemente se renova. Não há desistência, nem pausa alguma. É tudo de graça e nada senão graça que a igreja recebe em Cristo.

—— ▪ ——

Os benefícios que Cristo concede em sua comunhão conosco podem muito bem ser compreendidos sob o termo *graça*, mas esse nome compreende uma plenitude, uma riqueza de bênçãos que não pode ser sondada. No início do último capítulo, foi mencionada a reconciliação que Cristo conquistou com o Pai pelo seu sacrifício expiatório. Em Cristo, Deus pôs de lado sua ira e se colocou em uma atitude de graça para com o mundo (2Coríntios 5:19). E, para a pessoa que aceita essa reconciliação com um coração temente a Deus, uma série de benefícios flui – a própria salvação. A Escritura menciona vários deles – vocação, regeneração, fé, justificação, perdão de pecados, adoção, liberdade da lei, liberdade espiritual, esperança, amor, paz, alegria, regozijo, conforto, santificação, preservação, perseverança, glorificação, além de outros. Uma listagem completa é realmente impossível, mas ela teria que incluir tudo que a igreja como um todo e cada indivíduo crente, ao longo de todas as eras e em todas as circunstâncias, na prosperidade e na adversidade, na vida e na morte, receberam e receberão da plenitude de Cristo.

Por causa dessa abundância de benefícios, é impossível desenvolver todos completamente, mas há certo risco também em tratá-los em uma ordem regular e atribuir a cada benefício o seu lugar no contexto total. Consequentemente, a classificação difere bastante entre os teólogos, entretanto, no geral há três grupos principais de benefícios que podem ser definidos. Em primeiro lugar, há o grupo de benefícios que prepara a pessoa para o pacto da graça, a introduz nele e lhe concede a capacidade de, com um coração voluntário, receber as bênçãos desse pacto e aceitá-lo. Esses são os benefícios da vocação, da regeneração (no sentido estrito), da fé e do arrependimento. Um segundo grupo compreende aquelas bênçãos que transformam a posição da pessoa aos olhos de Deus, a libertam da culpa e, assim, renovam sua mente. Esses são particularmente os benefícios da justificação, do perdão de pecados, da adoção, do testemunho do Espírito Santo com o nosso espírito, da liberdade da lei, da liberdade espiritual, da paz e da alegria. Por fim, em terceiro lugar há o grupo que transforma a condição da pessoa, a redime da corrupção do pecado e a renova conforme a imagem de Deus. A esse grupo pertencem especialmente a regeneração (no sentido amplo), o morrer e ressuscitar com Cristo, a conversão contínua, o andar no Espírito e a perseverança até o fim. Todos esses benefícios são aperfeiçoados e completados na glória e na salvação celestiais que Deus prepara para os seus, mas haverá ao final desta instrução na religião cristã um capítulo separado dedicado a esse assunto.

Antes de dar uma atenção mais específica a cada um desses grupos de benefícios, devemos observar que todos eles – até a pessoa de Cristo – só podem ser concedidos por meio do Espírito Santo. Notamos anteriormente que o Pai está em Cristo, que apenas em Cristo ele volta sua face graciosa para nós e que apenas nele o Pai vem habitar conosco. Mas, da mesma forma, Cristo está no Espírito Santo, e ele vem e quer vir a nós apenas por meio do Espírito. Pelo Espírito, Cristo se entrega a nós e nos concede os seus benefícios, e esse Espírito é chamado de Espírito Santo precisamente porque ele está em um relacionamento particular com o Pai e Cristo. Por conseguinte, ele nos coloca em um relacionamento particular com ambos, portanto, não devemos supor que podemos entrar em comunhão com o Pai e com Cristo sem o Espírito Santo. "Aparte-se da injustiça todo aquele que profere o nome do Senhor" (2Timóteo 2:19).

De acordo com as Escrituras, o Espírito Santo é o Autor da regeneração e da fé (João 3:5; 1Coríntios 12:4). Ele nos justifica em nossa consciência e testifica nossa adoção como filhos,[21] bem como derrama o amor de Deus em nossos corações; nos dá paz e alegria; nos liberta da lei, da carne, do pecado e da morte.[22] Além disso, ele é o Consolador e o Advogado que defende a nossa causa, nos protege e nos apoia, e jamais se ausenta de nós, da mesma forma que Cristo nunca deixa sua natureza humana, mas permanece conosco para sempre, consolando-nos e orando por nós.[23] A vida espiritual não só é vivificada por ele, mas continuamente mantida e guiada por ele, que é a lei e o governante dela (Romanos 8:2,14; Gálatas 5:18). Ele renova e santifica essa vida, faz com que gere frutos e a torna agradável a Deus.[24] Toda a vida do cristão é uma caminhada no Espírito (Romanos 8:4ss; Gálatas 5:16,25). Ele une todos os cristãos em um corpo e os edifica em um templo, uma morada para Deus (Efésios 2:18-22; 4:3-4), garante a herança celestial[25] e um dia efetuará a ressurreição e a glorificação deles (Romanos 8:11; 1Coríntios 15:44).

Em suma, Cristo e todos os seus benefícios, o amor do Pai e a graça do Filho, tornam-se nossa porção apenas na comunhão do Espírito Santo.

---

[21]Romanos 8:15; 1Coríntios 6:11; Gálatas 4:6.
[22]Romanos 5:5; 8:2.; 14:17.
[23]João 14:16; Atos 9:31; Romanos 8:26.
[24]Romanos 15:13,16; Gálatas 5:23; 2Tessalonicenses 2:13; Tito 3:5; 1Pedro 1:2.
[25]2Coríntios 1:22; 5:5; Efésios 1:13; 4:30.

20. O chamado cristão

A fim de nos incluir na comunhão da sua pessoa e seus benefícios, Cristo faz uso não apenas do Espírito que derramou sobre a igreja, mas também da Palavra concedida para nossa instrução e direção. E Cristo estabeleceu um tipo de conexão entre os dois para que ambos sirvam ao exercício do seu ofício profético, sacerdotal e real, contudo não é uma tarefa simples entender adequadamente essa relação ou defini-la claramente, pois sempre houve visões muito diferentes do relacionamento da Palavra com o Espírito, e essas diversas interpretações continuam se digladiando até hoje.

Por um lado, existem aqueles que consideram a pregação da Palavra suficiente, mas menosprezam a operação do Espírito, e essa heresia é mantida pelos seguidores de Pelágio tanto em tempos mais remotos quanto mais recentemente, os quais olham para o cristianismo como se ele fosse apenas uma doutrina, veem em Jesus nada mais do que um exemplo elevado e transformam o evangelho em apenas uma nova lei. Eles defendem que o pecado realmente enfraquece o homem, mas não o mata espiritualmente, dizendo que ainda temos uma vontade livre e que a pregação do evangelho é, por si só, suficiente para conformar o homem, se este quiser, com o exemplo das obras e caminhos de Jesus; sendo assim, não há nenhuma necessidade da influência regeneradora do Espírito Santo, cuja personalidade e cuja divindade são negadas e atacadas. No máximo, o Espírito Santo é imaginado como uma força que procede de Deus ou da pessoa de Jesus e que promove um tipo de disposição moral e propósito ideal na igreja.

Há outros que seguem uma linha de pensamento bem diferente – os chamados zelotes, antinomianos, entusiastas ou místicos –, os quais falam muito do Espírito e subestimam o papel da Palavra na conversão dos homens. Para eles, a Palavra, as Escrituras Sagradas e a pregação do evangelho não são a realidade espiritual propriamente dita, mas apenas um símbolo para ela, e a Palavra, por si só, é nada mais que letra morta que não pode penetrar no coração do homem nem implantar o princípio da nova vida. Na melhor das hipóteses, a Palavra tem apenas uma influência de iluminação da mente, contudo, ela não exerce nenhum poder ou força que possa mudar e converter o coração. Isso só pode acontecer por meio do Espírito Santo, que conecta imediata e diretamente Deus com o mais íntimo do homem e o faz partilhar da realidade da qual a Palavra é apenas um sinal. Portanto, o homem espiritual nasce diretamente de Deus e é ensinado por Deus, e entende sozinho a essência das Escrituras. Esse homem espiritual faz uso da Escritura como norma e princípio orientador por um tempo, mas não é a fonte do seu conhecimento religioso, porque ele é subjetivamente ensinado pelo Espírito de Deus e gradativamente supera as Escrituras.

Conforme a influência do Espírito gradualmente emancipa o coração do homem das Escrituras, o coração deste também se torna mais independente da pessoa de Cristo e de todo o cristianismo histórico. Em seu desenvolvimento, então, o misticismo se transforma em racionalismo, e, quando a operação interna do Espírito se separa da palavra da Escritura, ela perde seu caráter especial e não pode mais ser distinguida da operação comum do Espírito de Deus na razão e na consciência humanas. De acordo com essa visão, Deus, por natureza, habita com seu Espírito em todo homem, logo, desde o nascimento o homem tem a palavra escrita internamente em seu coração, e Cristo só exerce certa influência sobre isso. Algo é verdade não apenas porque está escrito na Bíblia, mas porque é verdade. O cristianismo é a religião natural original, é tão antigo quanto o mundo e sua essência está na base de todas as religiões históricas. O misticismo sempre se torna racionalismo e o racionalismo periodicamente regride ao misticismo, e, nesse sentido, os extremos se tocam e acabam concordando.

A igreja cristã sempre tentou evitar essas heresias e manter a Palavra e o Espírito em relacionamento um com o outro, todavia, ela tem seguido alternativas diversas em suas várias confissões. Por exemplo, a igreja romana não vê as Escrituras Sagradas e a sua tradição eclesiástica como meios de graça, mas apenas como fontes de verdade, e a apreensão racional dessa verdade é chamada fé. Mas, como essa fé é apenas um consentimento, ela é inadequada para a salvação e, consequentemente, tem apenas um uso preparatório para esse fim. A verdadeira graça salvadora é estendida pela primeira vez no sacramento. Assim, Roma reconhece a obra do Espírito Santo primariamente na fundamentação e manutenção da igreja em seus ofícios de ensino, pastoreio e serviço ao altar; e, em seguida, na graça sobrenatural, nas virtudes e nos dons concedidos aos fiéis por meio dos sacramentos.

A Reforma atacou essa tentativa de separar a operação salvífica do Espírito da Palavra e ligá-lo estritamente ao sacramento, restaurando a Escritura não apenas como a única, clara e suficiente fonte de verdade, incluindo a tradição, mas honrando também como meio de graça e restaurando a primazia da Palavra em relação aos sacramentos. Consequentemente, a Reforma se sentiu compelida a refletir mais profundamente sobre o relacionamento entre a Palavra e o Espírito, e isso porque heresias antigas estavam retornando e encontravam defensores poderosos por todos os lados. Enquanto os socinianos retornaram aos ensinamentos de Ário e Pelágio, consideravam o evangelho uma nova lei e não sentiam necessidade de uma operação particular do Espírito Santo, os anabatistas tomavam novamente o caminho do misticismo, glorificaram a palavra interna e tratavam a Escritura Sagrada como letra morta e símbolo vazio.

Foi necessário muito esforço para reencontrar o caminho correto. As igrejas luterana e reformada tomaram rumos diversos. Os luteranos uniram a Palavra e o Espírito tão radicalmente, que corriam o risco de perder a distinção entre ambos, chegando ao ponto de confinar a graça salvífica do Espírito à Palavra, de modo que a graça só poderia penetrar no homem pela Palavra. Visto que as Escrituras Sagradas foram criadas pelo Espírito Santo, esse Espírito deixou um resíduo do seu poder de conversão na Palavra, depositando-o ali como em um vaso. Assim como o pão tem um poder natural, interno e nutritivo, a Escritura recebeu do Espírito um poder espiritual interior para salvar o homem, e, portanto, não deve ser vista apenas como tendo poder para iluminar a mente e influenciar moralmente a vontade, mas, pela influência interior do Espírito Santo, ela também tem um poder interior e salvífico que renova o coração. Além disso, o Espírito Santo nunca opera sem a Palavra.

As igrejas reformadas simplesmente não podiam aceitar essa visão porque, nessa questão também, o finito nunca pode absorver e compreender o infinito; consequentemente, a Palavra e o Espírito podem ser intimamente relacionados, mas também permanecerem distintos. O Espírito pode operar, e às vezes opera, sem a Palavra, todavia, quando o Espírito se une à Palavra, ele faz isso por causa da sua livre escolha. De acordo com seu beneplácito, ele geralmente opera em conjunto com a Palavra e nos lugares que a Palavra está presente e é pregada, isto é, na esfera do pacto da graça, na comunhão da igreja. Contudo, até aí ele não vive, como os luteranos interpretam, nas Escrituras Sagradas ou na Palavra pregada, mas na igreja como o corpo vivo de Cristo. O Espírito também não opera por meio da Palavra como se ela fosse um mero veículo do seu poder, e, embora ele combine sua operação com a da Palavra, ele pessoalmente penetra no coração do homem e o renova para a vida eterna.

—— ▪ ——

Se quisermos ter um entendimento correto do relacionamento entre a Palavra e o Espírito, devemos partir do fato de que, não apenas na oferta de Cristo e todos os seus benefícios, mas também em todas as suas obras no mundo, Deus faz uso da Palavra como um meio. Nas Escrituras Sagradas, a palavra nunca é um som vazio ou um sinal sem importância, mas sempre tem poder e vida. Ela tem em si mesma algo da personalidade e alma do locutor, portanto, nunca retorna vazia e sempre se cumpre de alguma maneira.

Quando Deus fala, está feito (Salmos 33:9), pois sua Palavra não retorna para ele vazia, mas fará aquilo que lhe agrada e cumprirá com êxito o propósito da sua missão (Isaías 55:11). Pela sua Palavra, ele trouxe tudo à existência a partir do nada (Gênesis 1:3ss; Salmos 33:6) e pela Palavra do seu poder ele sustenta todas as coisas (Hebreus 1:3). Essa Palavra tem um poder criativo e sustentador porque Deus fala no Filho (João 1:3; Colossenses 1:15) e por meio do Espírito (Salmos 33:6; Salmos 104:30), e em ambos ele se dá às criaturas. Há uma voz de Deus em todas as criaturas; todas elas dependem de pensamentos falados da parte dele. Todos devem à Palavra de Deus a sua existência e a sua forma de ser.

Mas esses pensamentos, corporificados por Deus no mundo, não são entendidos por todas as criaturas, mas apenas pelas criaturas racionais – como o homem. Por ser criado à imagem de Deus, o homem também pode pensar e falar; ter consciência dos pensamentos de Deus estabelecidos em sua criação; torná-los sua propriedade espiritual; e responder a eles com seu próprio discurso. Tendo sido criado de forma perfeita pela mão do Criador, ele podia entender o discurso de Deus, que vinha até ele internamente na lei moral escrita em seu coração e externamente no mandamento probatório que foi acrescentado à lei moral. Naquele tempo, Deus andou com o homem de uma forma totalmente diferente de como se relacionava com as outras criaturas. Deus entrou em aliança com ele, teve comunhão com ele e exigiu que andasse de forma consciente e voluntária em seus caminhos. A lei moral era o conteúdo e a proclamação, a regra e a norma do relacionamento pactual que Deus estabeleceu com o homem.

Porém, pela sua desobediência deliberada, o homem quebrou essa aliança e se privou do poder espiritual de obedecer à lei de Deus e, assim, alcançar a vida eterna. Todavia, Deus, por sua vez, não se retirou da criação nem abandonou completamente a humanidade. Embora possa ser dito que Deus deixou os pagãos e os gentios seguirem seus próprios caminhos, em contraste com Israel, ele continuou a se revelar em seu poder e em sua divindade, não os deixando sem testemunhas e tendo determinado os seus tempos e os limites das suas habitações para que busquem ao Senhor e, mesmo que tateando, possam encontrá-lo.

Portanto, há um discurso de Deus que continua a ser dirigido a todos. Os confessores da fé reformada sempre reconheceram isso ao falar de um "chamado material" que pode ser encontrado fora do âmbito do mundo cristão, sendo um privilégio de todos os homens e todas as nações. Os gentios não compartilham do chamado por meio da palavra do evangelho, mas isso não significa que eles não recebam chamado nenhum, pois Deus fala a eles também na natureza (Romanos 1:20), na história (Atos 17:26), na razão (João 1:9) e na consciência (Romanos 2:14-15). É verdade que esse chamado é insuficiente para a salvação, porque não inclui Cristo, que é o único caminho para o

Pai e o único nome dado debaixo do céu para a salvação (João 14:6; Atos 4:12). Ainda assim, esse chamado é de grande valor e não deve ser subestimado em sua importância.

A razão é que esse chamado emitido por Deus a todos os homens em sua graça comum pode não ser uma proclamação do evangelho, mas certamente é uma pregação da lei, e embora o homem, por causa da escuridão do seu entendimento, muitas vezes o interprete e aplique erroneamente, ainda assim esse chamado tem a mesma lei moral como seu conteúdo – tanto material quanto essencialmente – que Deus originalmente deu ao homem e escreveu em seu coração. Portanto, esse chamado, não importa quão corrompido e desnaturado seja, ainda estabelece a exigência de que o homem deve amar a Deus acima de todas as coisas e ao próximo como a si mesmo. É verdade que os gentios não têm a lei na forma perfeita na qual Deus deu para Israel, mas eles, ainda assim, se envolvem com a lei. Em todos os seus pensamentos e em suas ações, eles se deixam ser guiados pelas regras morais e, assim, provam que as normas da lei estão escritas em seus corações e suas consciências se sujeitam a elas (Romanos 2:14-15).

Portanto, apesar do pecado, o elo entre Deus e o homem não foi totalmente cortado, ou seja, Deus não deixou o homem abandonado à própria sorte e o homem não pode se livrar de Deus. Ele permanece dentro do âmbito da revelação de Deus e sob os limites da sua lei, e Deus continua a falar ao homem na natureza e na história, na razão e na consciência, nas bênçãos e nos julgamentos, nos caminhos da vida e nas experiências da alma. Por meio desse rico e poderoso discurso, Deus mantém a consciência da sua responsabilidade no homem. Deus faz com que o homem lute por uma vida religiosa e moral, e o acusa e condena pela sua própria consciência segundo sua transgressão. Não é uma coação externa, mas uma obrigação moral interna que une o homem a Deus e a sua revelação. É um testemunho do Espírito de Deus que também se ouve no homem caído como admoestação para o bem. Na medida em que existe uma voz geral de Deus e uma iluminação geral pelo Verbo, existe também uma operação do Espírito de Deus por meio da qual Deus habita em toda criatura e por meio da qual vivemos, movemo-nos e existimos (Atos 17:28). O chamado "material" e geral não é apenas externo e objetivo, uma proclamação da revelação de Deus e especificamente da sua lei para o homem por meio da natureza e da história, da razão e da consciência, mas também tem um lado interno e subjetivo que obriga e vincula moralmente cada pessoa a essa revelação e, por sua convicção dela própria, lhe sujeita a guardar a lei de Deus.

Naturalmente, é verdade que Deus não renova e salva o homem por essa proclamação da lei, porque a lei enferma pela carne é fraca demais para tanto (Romanos 8:3). Contudo, Deus, por esse meio, refreia o pecado, acalma as paixões e restringe a corrente de iniquidade, e isso torna possível uma sociedade humana e uma justiça cívica, abrindo caminho para uma civilização mais avançada, uma cultura mais rica e um florescimento das artes e ciências. Na verdade, a terra ainda está cheia das riquezas de Deus. O Senhor é bom para todos e suas misericórdias estão em todas as suas obras. Ele faz nascer o Sol sobre maus e bons, e faz chover sobre justos e injustos; além disso, ele não se deixa ficar sem testemunhas, mas faz o bem e nos dá chuva do céu e estações frutíferas, fartando-nos de mantimento e enchendo os nossos corações de alegria.[1]

—— ▪ ——

A partir desse testemunho geral ou discurso de Deus que vem até nós, na natureza e consciência, devemos distinguir aquele chamado especial, o qual está contido no evangelho e é direcionado a todos que vivem dentro dos limites da cristandade. No entanto, o chamado geral não é abandonado nem enfraquecido por esse chamado especial; antes, é absorvido e fortalecido por ele. Isso é provado pelo fato de que as Escrituras Sagradas reconhecem a revelação geral na natureza e na história, confirmam-na e a purificam de todas as misturas falsas. Elas ensinam que os céus declaram a glória de Deus, e o firmamento anuncia as obras das suas mãos (Salmos 19:1); que as coisas invisíveis de Deus na criação do mundo são claramente vistas, sendo entendidas pelas coisas criadas (Romanos 1:20); e que a lei está escrita nos corações dos homens (Romanos 2:15) – um cristão instruído pela Escritura entenderá tudo isso muito melhor do que a pessoa que vive apenas pela luz da razão.

[1]Salmos 104:24; 145:7; Mateus 5:45; Atos 14:17.

Uma evidência ainda mais forte da relevância constante da revelação geral é o fato de que a lei moral, que foi conhecida pelos gentios apenas de forma imperfeita e impura, foi pura e perfeitamente proclamada por Deus no Sinai e preservada pelo seu povo como uma regra de vida. Quando Cristo veio à terra, ele não descartou essa lei, mas a cumpriu (Mateus 5:17), primeiro em sua pessoa e em sua vida, e, depois, na vida de todos aqueles que seguem seus passos e andam no Espírito.[2] De acordo com esse exemplo, a igreja cristã dá lugar em sua confissão, em sua pregação e no ensino tanto à lei como ao evangelho.

Lei e evangelho são dois elementos da Palavra de Deus. É possível distingui-los, mas impossível separá-los, pois eles se complementam ao longo da Escritura, do princípio ao fim. A diferenciação de lei e evangelho é, portanto, uma distinção muito diferente daquela entre o Antigo e o Novo Testamento, e muitos acabam vendo na lei um evangelho imperfeito, e, no evangelho, uma lei aperfeiçoada; todavia, essas duas distinções diferem bastante e, desse modo, não devem ser confundidas. Antigo e Novo Testamento são nomes de duas dispensações sucessivas do mesmo pacto de graça e, portanto, de dois grupos de livros da Bíblia que correspondem a essas duas dispensações; entretanto, a distinção entre lei e evangelho nos coloca em um plano muito diferente. Esses termos designam não duas dispensações do mesmo pacto, mas dois pactos completamente diferentes, visto que a lei pertence ao pacto de obras que foi firmado com o primeiro homem e que lhe prometeu vida eterna por meio da obediência perfeita. Por outro lado, o evangelho é a proclamação do pacto da graça que foi firmado após a queda do homem e lhe concede a vida eterna pela graça, mediante a fé em Cristo.

O pacto da graça, contudo, não é rejeição ou aniquilação do pacto de obras, mas o cumprimento deste. A diferença entre os dois se deve principalmente a Cristo cumprir em nosso lugar as exigências que Deus, por causa do pacto de obras, poderia requerer de nós; consequentemente, é assim que o pacto de graça, embora seja pura graça, pode colocar a lei do pacto de obras a seu serviço, unir-se a essa lei e, pelo Espírito de Cristo, cumpri-la nos cristãos. A lei ainda tem seu lugar no pacto de graça não para que a guardemos a fim de tentar

[2]Romanos 3:31; 8:3; 11:8-10; Gálatas 5:14.

merecer a vida eterna por causa da ineficácia da lei em decorrência da fraqueza da carne. Em primeiro lugar, o seu propósito é que conheçamos o nosso pecado, a nossa culpa, nossa miséria e nosso desamparo; e que, humilhados e despidos pela consciência de culpa, refugiemo-nos na graça de Deus em Cristo (Romanos 7:7; Gálatas 3:24). E, em segundo lugar, para que, tendo morrido e ressuscitado com Cristo, andemos em novidade de vida e, assim, cumpramos a justiça da lei (Romanos 6:4; 3:4).

Assim, não há espaço no cristianismo para o antinomianismo – para desprezar ou violar a lei –, pois lei e evangelho devem andar juntos, como nas Escrituras e igualmente na pregação e no ensino, na doutrina e na vida, pois ambos são indispensáveis e elementos reais da palavra completa de Deus; contudo, misturar os dois é tão ruim quanto separá-los, visto que nomismo, que torna o evangelho uma nova lei, é um erro tão grande quanto o antinomianismo. Lei e evangelho não diferem em grau, mas em tipo, e diferem como demanda e oferta, mandamento e promessa, pergunta e resposta. É verdade que a lei, tanto quanto o evangelho, corresponde à vontade de Deus e é santa, sábia, boa e espiritual,[3] contudo, ela se tornou impotente por causa do pecado, uma vez que não o justifica, mas o agrava, provoca ira, juízo e morte.[4] Em paralelo, está o evangelho, que tem Cristo por conteúdo (Romanos 1:3; Efésios 3:6) e não traz nada além de graça, reconciliação, perdão, justiça, paz e vida eterna.[5] Em suma, o que a lei demanda de nós, recebemos no evangelho pela graça.

— ▪ —

Se a lei e o evangelho se distinguem dessa forma, concluímos que o chamado geral, destinado a todos os homens pela natureza e consciência, e o chamado especial, que alcança a todos que vivem na cristandade, não diferem em grau, mas em essência e tipo. A diferença não consiste em o cristianismo oferecer uma lei melhor e mais perfeita da que é conhecida pelos gentios, mas em sua proclamação de algo novo – ele nos leva ao evangelho e, nesse evangelho, nos familiariza com a pessoa de Cristo. Não apenas na lei, mas

[3]Romanos 2:18,20; 7:12,14; 12:10.
[4]Romanos 3:20; 4:15; 5:20; 7:5; 8:9,13; 2Coríntios 3:6ss; Gálatas 3:10,13,19.
[5]Atos 2:38; 20:34; Romanos 3:21-26; 4:3-8; 5:1-2; entre outras passagens.

especialmente no evangelho da graça de Deus é que reside a diferença entre o paganismo e o cristianismo, a revelação geral e especial, o chamado que todos os homens têm em comum e aquele de que apenas os cristãos compartilham. O chamado geral direcionado a todos os homens não está em uma palavra literal, clara e evidente de Deus, mas sim em uma forma complexa, contida na revelação que Deus dá também aos gentios, nas obras das suas mãos e na razão e nas consciências deles, como se fosse para ser inferido pela investigação e reflexão. Contudo, no momento em que os gentios tentaram investigar e refletir, eles caíram em erro tanto com relação à religião quanto à moralidade. Fora do âmbito da revelação especial, os homens, embora conheçam a Deus, não o glorificaram nem foram gratos a ele, mas se tornaram vãos em suas imaginações, seus corações tolos foram obscurecidos e caíram em toda sorte de idolatria e imoralidade (Romanos 1:21ss).

Consequentemente, a revelação na natureza e o chamado na razão e consciência demonstraram ser insuficientes. Na revelação especial, portanto, Deus não fala mais por meio da natureza das criaturas, mas faz uso da palavra que o próprio homem usa como a mais elevada e melhor expressão dos seus pensamentos. O uso da palavra na revelação especial também era necessário por mais uma razão. A natureza, tanto fora quanto dentro do homem, permanece sempre a mesma, e os céus agora proclamam a glória de Deus da mesma forma que proclamavam há milhares de anos. E, apesar de todo desenvolvimento da civilização humana, o homem é, em sua essência e natureza, coração e consciência, exatamente o que os seus mais antigos predecessores eram.

Entretanto, a revelação especial não está incluída na ordem da natureza, pois passou a existir ao longo dos séculos e o seu centro é a pessoa histórica de Cristo. A natureza não pode nos salvar; apenas uma pessoa pode. Mas, de acordo com o plano de Deus, nunca poderíamos conhecer pessoas e eventos históricos, que num momento existem e depois deixam de existir, se não fosse pela palavra, seja ela a falada, seja escrita, relatada em cartas ou em outros escritos. Pela natureza da revelação particular e histórica, segue-se naturalmente que ela deve fazer uso da palavra a fim de se fazer conhecida por todos os lugares com o passar das gerações. O chamado geral vem por meio da natureza e o chamado especial vem por meio da

Palavra, sendo que o primeiro tem especialmente a lei por conteúdo e o segundo, especialmente o evangelho.

O evangelho começou seus percursos já no Paraíso. Deus primeiro o revelou ali; depois, proclamou-o pelos patriarcas e profetas, representou-o pelos sacrifícios e outras cerimônias da lei; e, por fim, cumpriu-o pelo Filho Unigênito. Mas isso não é tudo. A palavra do evangelho foi igualmente registrada nos livros do Antigo e Novo Testamentos; além disso, Deus confiou a sua preservação, proclamação, interpretação, defesa e disseminação à igreja, para que o evangelho se tornasse conhecido a todas as criaturas.

No mesmo dia em que a igreja de Cristo recebeu essa tarefa e começou a executá-la, o derramamento do Espírito Santo aconteceu. Por outro lado, ao mesmo tempo que o Espírito Santo passou a habitar a igreja, ela, como comunidade independente de cristãos, como portadora da palavra e do evangelho e como pilar da verdade, passou a existir. Ainda que, de forma preparatória, eles estivessem unidos antes, a Palavra e o Espírito no dia de Pentecostes passaram à união plena e definitiva, e trabalham juntos a serviço de Cristo, que é o Rei da igreja e o Senhor do Espírito. A Palavra o descreve para nós e o Espírito lhe concede a nós como nossa. Em outras palavras, verdade e graça andam juntas porque Cristo é cheio dos dois (João 1:14).

—— ▪ ——

O chamado feito por meio da Palavra transcende o chamado feito por meio da natureza, pois enquanto este permite que o homem ouça a voz da lei e lhe desvela a exigência – Faça isto e viverás –, aquele procede de Cristo, tem a graça de Deus por conteúdo e oferece gratuitamente ao homem o mais desejável dos benefícios: o perdão de pecados e a vida eterna por meio de fé e arrependimento. Se prestássemos atenção apenas ao conteúdo desse chamado, poderíamos, por um momento, alimentar a esperança de que, ao ouvi-la, todos os homens a receberiam imediatamente com alegria e prazer no coração. Qual seria a objeção de um pecador que está destinado à morte para o evangelho que lhe garante a graça de Deus, deseja lhe conceder a salvação eterna, sem qualquer esforço de sua parte, desde que ele a receba com fé?

Ainda assim, a realidade nos diz algo bem diferente, isto é, que ao longo dos séculos, houve separação entre aqueles que servem ao Senhor e aqueles que não servem. Na família de Adão, Caim e Abel seguiram caminhos diferentes, e, após o dilúvio, essa divisão continuou na geração de Sem e dos seus irmãos. As famílias dos patriarcas viram a divisão se manifestar em Isaque e Ismael; Jacó e Esaú; e, mais tarde, em Israel e as outras nações. Até mesmo dentro do povo do pacto nem todos descendentes físicos de Abraão foram contados como Israel, mas os filhos da promessa (Romanos 9:6-8). E nos dias do Novo Testamento, somos confrontados pelo mesmo fato, pois muitos são chamados, mas poucos escolhidos (Mateus 22:14). Não só há um nítido contraste entre a igreja e o mundo, mas na própria igreja existem milhares que são ouvintes da palavra, mas não praticantes (Tiago 1:22). Ainda que alguém repudiasse completamente o cristianismo, não se livraria desse contraste, pois o bem e o mal, o justo e o injusto estão em todos os lugares. Há uma diferença em classificação e status, em dons e força, em riquezas e honra, mas existe entre eles uma diferença ainda maior, uma diferença religiosa e moral por natureza.

Essa desigualdade é tão evidente e tem um caráter tão sério, que todos devem reconhecê-la. Mas sempre houve aqueles que tentaram explicar essa desigualdade moral, da mesma forma que fazem com outras diferenças entre os homens, com base no livre-arbítrio, defendendo que a vontade do homem, apesar do pecado, permaneceu livre e ainda tem a capacidade de fazer o bem. Existem também os que defendem que a liberdade humana, ainda que enfraquecida pelo pecado, é fortalecida pela iluminação geral do Verbo (João 1:9); ou pela graça do Espírito Santo, concedida antes ou durante, de forma a haver força suficiente para receber o chamado do evangelho.

Essa explicação é absolutamente inaceitável e incompatível com o ensino das Escrituras Sagradas, pois, de acordo com essa tese, não é Deus que faz distinção entre pessoas, mas as próprias pessoas. Contudo, se Deus é Deus, seu conselho governa todas as coisas, ele é o Criador do céu e da terra e por sua providência ele sustenta e governa todas as criaturas. Sendo assim, é irracional supor que, mesmo governado toda a natureza e cada detalhe de tudo, ele ainda tenha deixado de fora do seu conselho e a cargo da decisão humana o maior de todos os eventos. Todo aquele que aceita esse pensamento está, em princípio, destruindo a ideia do conselho e governo providencial de Deus, bem como afastando toda a história do mundo do alcance da mão de Deus e tornando o seu futuro imprevisível ao destituí-lo de sua finalidade e propósito, bem como atribuindo a Deus uma atitude passiva e de expectativa que conflita com o ser e obras divinos.

Essa distinção espiritual entre os homens, embora seja a mais importante, não é a única, pois existe toda sorte de diferenças e variedades entre as criaturas, especialmente dentre aquelas dotadas com razão. Os homens diferem em classe e prestígio, sexo e idade, em dons da mente e poderes do corpo; diferem também por nascer dentro ou fora da cristandade, podendo, assim, ouvir ou não a voz do evangelho. Todas essas diferenças não podem ser explicadas pelas decisões ou atitudes humanas, porque elas precedem essas decisões e disposições e as influenciam e afetam fortemente; no entanto, se a solução não repousa no beneplácito determinante de Deus, mas sim nas diferentes atitudes humanas, será preciso refugiar-se em suposições insustentáveis. Os luteranos, por exemplo, não quiseram reconhecer a disposição soberana de Deus no fato de que uma pessoa nasce sob a luz do evangelho e outra não; eles defenderam que o chamado da palavra veio a todos os homens no tempo de Adão, Noé e dos apóstolos (o argumento deles vinha especialmente de Romanos 10:18; Colossenses 1:23), mas se perdeu por culpa deles. Outro pensamento parecido é o de Orígenes, mesmo agora compartilhado por muitos, o qual dizia que originalmente as almas humanas foram criadas semelhantes entre si, mas, segundo suas condutas variadas em suas preexistências, acabaram recebendo corpos diferentes como porção na terra.

Todas essas suposições aumentam as dificuldades do problema e nada contribuem para sua solução. Também nesse aspecto, não há descanso para o homem até que ele descanse no coração paterno de Deus e reconheça que o fundamento profundo da desigualdade das criaturas é o conselho soberano e insondável de Deus. As diferentes dispensações dos chamados geral e particular não se baseiam na superioridade de um povo sobre outro ou em um melhor uso da luz da natureza, mas no beneplácito soberano e amor imerecido de Deus (Cânones de Dort, III, IV, 7), e o o mesmo vale para a desigualdade espiritual entre aqueles que ouvem a voz do evangelho com um coração contrito e aqueles que o desprezam e escolhem seguir seus próprios caminhos. Não é o homem, mas Deus que faz a distinção aqui, tendo em vista que o próprio chamado que ele faz a cada um é diferente, e, nesse chamado pela palavra, a Escritura faz outra distinção entre um chamado externo e interno.

—— ▪ ——

Contudo, antes de demonstrar os fundamentos adequados para fazer essa distinção, devemos enfatizar o fato de que ela de forma nenhuma pretende destituir o chamado externo do seu poder e valor.

Em primeiro lugar, devemos afirmar que esse chamado da parte de Deus permanece sério e bem-intencionado, ou seja, todos os que são chamados pelo evangelho são sinceramente chamados, porque Deus diz sinceramente em sua palavra o que lhe dá prazer, a saber, que os que são chamados venham até ele. E ele, sincera e seriamente, promete um descanso para suas almas e vida eterna para todos os que vêm até ele (Cânones de Dort, III, iv, 8). Aqueles que aceitam a distinção entre o chamado externo e interno continuam atribuindo ao primeiro o mesmo poder e importância que, segundo os oponentes dessa distinção, pertence a todo e qualquer chamado. Por sua distinção, eles não colocam a humanidade em uma condição menos favorável do que a condição em que já está pelo fato de que a palavra do evangelho, pela qual o chamado externo vem até eles, não é letra morta, mas um poder de Deus para a salvação de todo aquele que crê (Romanos 1:16); viva e poderosa, mais cortante que uma espada de dois gumes (Hebreus 4:12); sendo o meio de regeneração (1Pedro 1:23). É a mesma palavra que Deus usa no chamado interno, a qual não é destituída de toda influência do Espírito Santo, pois este não testifica apenas nos corações dos cristãos que eles são filhos de Deus (Romanos 8:16), mas também penetra nas consciências daqueles que convence do pecado, da justiça e do juízo. E Calvino, portanto, não estava enganado quando falou que uma operação inferior do Espírito acompanha o chamado externo.

Consequentemente, a rejeição do chamado externo nunca acontece com impunidade, ou seja, aqueles que desprezam o evangelho não podem apelar para o seu desamparo, porque não o rejeitaram por estarem desamparados. Se esse fosse o caso, eles apelariam para a graça de Deus que lhes oferece a salvação, mas eles rejeitam o evangelho porque acreditam fortemente que podem se salvar por conta própria e por quererem se salvar sem a graça de Deus. Não é culpa do evangelho que muitos chamados por ele não venham e se arrependam, nem do Cristo oferecido a eles, nem do Deus que os chama e lhes concede muitos dons àqueles a quem ele chama. A culpa está naqueles que são chamados, que, sendo indiferentes, não aceitam a palavra da vida. Outros a aceitam, mas não no mais íntimo dos seus corações, e, assim, após a breve alegria de uma fé temporária, afastam-se novamente. Outros sufocam a palavra pelos cardos dos cuidados e prazeres do mundo e não geram frutos – esse é o ensino do Salvador na parábola do semeador (Cânones de Dort, III, IV, 9).

Em terceiro lugar, esse chamado externo não é infrutífero, pois, em geral, podemos dizer que Deus alcança o seu propósito por meio desse chamado. Também podemos dizer que a palavra desse chamado externo não volta vazia, mas faz aquilo que o agrada e cumpre com êxito o propósito da sua missão (Isaías 55:11). Por meio dele, Deus mantém sua reivindicação sobre a criatura e conquista a honra do seu nome, mas não podemos dizer com certeza como os homens reagirão a esse chamado externo. Entre os pagãos havia uma grande diferença nas formas de resposta ao chamado da natureza; por exemplo, Sócrates e Platão não reagiram da mesma forma que Calígula e Nero. Logo, não é a mesma coisa se o evangelho é zombado e blasfemado, por um lado, ou aceito como uma fé histórica ou temporária, por outro. É verdade que entre esses dois tipos de fé e uma fé salvífica há uma diferença essencial, mas isso não significa igualá-las com a incredulidade total. Pelo contrário, elas são frutos da graça comum de Deus e carregam consigo muitas bênçãos temporais; além disso, sujeitam os homens à obrigação para com a verdade; os restringe dos muitos pecados terríveis; os faz viver uma vida modesta e respeitável; e contribui ricamente para formação da sociedade cristã, que é bastante importante para a vida da humanidade e a influência da igreja.

Além disso, vale a pena observar que esse chamado externo de Deus serve como um meio de preparar a obra da graça nos corações do seu povo. De fato, não há graça preveniente no sentido de transformar o chamado externo gradualmente em um chamado interno sem uma mudança essencial entre eles ou que faça o homem natural se desenvolver gradualmente em um filho de Deus. Assim também não existe, na natureza, uma transição gradual da morte para a vida ou da escuridão para a luz, contudo, existe uma graça preveniente e preparatória, desde que por ela entendamos que Deus, como o Autor de toda graça, também é o Criador da natureza e que ele fixa um ponto de contato entre ambos que permanece até hoje. Ao executar o conselho de redenção, ele segue o plano que ele mesmo, na obra de criação e providência, planejou, e, assim como ele colocou o desejo de ver Jesus em Zaqueu (Lucas 19:3) e sensibilizou o coração da multidão que ouvia Pedro (Atos 2:37), também se preocupa e governa os seus de tal forma que eles estão sendo preparados para a hora em que ele glorificará sua graça neles, uma vez que ele mesmo os conduz a esse momento pela sua mão onipotente.

—— ▪ ——

No entanto, independentemente do poder e da dignidade real desse chamado externo, ele não é suficiente por si só para mudar o coração do homem e movê-lo efetivamente a uma crença no evangelho. Essa insuficiência do chamado externo deve, contudo, ser entendida corretamente, visto que o evangelho que esse chamado proclama não é um evangelho insuficiente, porque compreende todo o conselho de redenção, exibe Cristo perante nossos olhos em todos os seus benefícios e não necessita de nenhum acréscimo a seu conteúdo. Esse evangelho também não é letra morta que deve ser vivificada pelo Espírito, nem um som vazio ou símbolo vão que não apresenta verdadeiramente a realidade significada, pois, ainda que Paulo diga que o servo não é nada (1Coríntios 3:7), já que pode ser substituído por outro ou ser completamente ignorado, ele não atribui isso ao evangelho. Pelo contrário, o evangelho é o poder de Deus para a salvação (Romanos 1:16; 1Coríntios 15:2). O evangelho não é a palavra de homens, mas a palavra de Deus, viva e poderosa,[6] a qual estará sempre, em certo sentido, cumprindo a sua função porque, se não for um aroma de vida para vida, será um aroma de morte para morte (2Coríntios 2:16). Cristo, o conteúdo do evangelho, não deixa ninguém em uma condição neutra: ele traz uma crise, um julgamento e uma divisão para o mundo (João 3:19; 9:39); e, pela sua palavra, que

[6]João 6:63; Hebreus 5:12; 1Pedro 1:25.

penetra no mais íntimo do ser do homem, ele revela as inclinações e os pensamentos do coração (Lucas 2:35; Hebreus 4:12), tornando-se rocha de escândalo para os que lhe desprezam como rocha de refúgio, loucura para os que o rejeitam como sabedoria e pedra de tropeço para os que não creem em sua ressurreição.[7]

No entanto, essa operação dupla da palavra do evangelho prova precisamente que a diferença entre aceitá-la e rejeitá-la não pode ser explicada apenas por essa palavra e, assim, pelo chamado externo. É verdade que a palavra do evangelho, independentemente de por quem e para quem é levada, sempre é palavra de Deus, viva e poderosa. Contudo, a expressão *palavra de Deus* nem sempre tem o mesmo significado nas Escrituras. Às vezes, ela significa o poder de Deus pelo qual ele cria e sustenta o mundo;[8] outras vezes, ela é o nome da revelação especial por meio da qual Deus torna algo conhecido aos profetas (Jeremias 1:2,4; 2:1); além disso, também é usada diversas vezes para designar o conteúdo ou significado da revelação, seja lei ou evangelho (Êxodo 20:1; Lucas 5:1). É verdade que, no último caso, a palavra permanece sendo palavra de Deus, mas ela não é falada direta e imediatamente por Deus, como a palavra usada na criação e providência. Ela é revestida na forma da palavra humana, pode ser falada e escrita pelos seres humanos e, portanto, obter uma existência independente. Naturalmente, nessa forma também o seu conteúdo permanece sendo uma palavra viva e poderosa, mas também compartilha das características das palavras humanas e, desse modo, pode exercer apenas uma influência moral, a qual não deve ser subestimada, pois é muito mais forte do que uma instrução meramente racional, uma vez que a palavra do evangelho não é apenas uma fonte do nosso conhecimento de Deus e de assuntos divinos, mas também um meio de graça.

Contudo, essa operação racional e religiosa-moral do evangelho não é suficiente. Ela seria se o homem não tivesse caído ou se, na queda, não tivesse perdido sua liberdade espiritual, mas a Escritura testifica e a vida confirma todos os dias que a mente do homem está obscurecida (Efésios 4:18; 5:8); que, em sua vontade, ele está preso como escravo do pecado (João 8:34; Romanos 6:20); e que está morto

[7]Lucas 2:34; 1Coríntios 1:18; 1Pedro 2:7.
[8]Gênesis 1:3; Salmos 33:6; Mateus 4:4; Hebreus 1:3.

em pecados e transgressões (Efésios 2:1-2). Portanto, ele não pode ver o reino de Deus (João 3:3); não pode compreender ou receber as coisas do Espírito de Deus (1Coríntios 2:14); não pode se sujeitar à lei de Deus (Romanos 8:7); e não pode pensar ou fazer por conta própria nada que seja bom. O evangelho certamente é planejado para o homem, mas não é projetado *de acordo* com ele, isto é, segundo seus desejos e pensamentos (Gálatas 1:11). Por isso, o homem, quando deixado em seus próprios caminhos, o rejeita e se opõe a ele.

No entanto, as riquezas da graça de Deus consistem em acrescentar a operação do Espírito ao chamado da palavra em todos aqueles que ele escolheu para a vida eterna. O Espírito Santo era o autor e guia da vida espiritual já no Antigo Testamento (Salmos 51:12; 143:10), mas é especialmente prometido como aquele que, nos dias do Novo Testamento, ensinará todos os homens, concederá a eles um novo coração e inscreverá a lei do Senhor nele.[9] Ele também foi derramado no dia de Pentecostes para esse fim. Com e por meio dos apóstolos, ele devia testificar de Cristo e depois habitar na igreja para regenerá-la (João 3:5); levá-la à confissão de Jesus como seu Senhor (1Coríntios 12:3); confortá-la e liderá-la; e permanecer eternamente com ela.[10] E, operando por meio da igreja, o Espírito devia penetrar o mundo e convencê-lo do pecado, da justiça e do juízo (João 6:8-11).

Não apenas de forma objetiva, mas também subjetiva, a obra de redenção é obra de Deus, e dele somente, ou seja, não depende de quem quer ou de quem corre, mas de Deus mostrar misericórdia (Romanos 9:16). Há um chamado externo para muitos (Mateus 22:14), mas também existe um chamado interno efetivo como consequência da eleição (Romanos 8:28-30). Deus não só concede o evangelho, mas também promove sua pregação em poder e no Espírito Santo (1Coríntios 2:4; 1Tessalonicenses 1:5,6) e dá o crescimento (1Coríntios 3:6-9). Ele abre o coração (Atos 16:14), ilumina a mente (Efésios 1:18; Colossenses 1:9-11), dobra a vontade (Atos 9:6) e opera tanto o querer como o realizar, segundo a sua boa vontade (Filipenses 2:13).

Não é pelo mérito humano que alguns dos que são chamados venham a Cristo e se convertam, como se eles fossem capazes de se

[9]Isaías 32:15; Jeremias 31:33; 32:39; Ezequiel 11:19; 36:26; Joel 2:8.
[10]João 14:16; Romanos 8:14; Efésios 4:30.

distinguir dos outros pelo seu livre-arbítrio. Isso deve ser atribuído a Deus, que, ainda que tenha elegido o seu povo em Cristo desde a eternidade, também os chama poderosa e eficazmente e lhes concede fé e arrependimento. Tendo os resgatado do poder das trevas, os transporta para o reino do seu Filho a fim de que eles possam declarar as virtudes daquele que os chamou das trevas para a sua maravilhosa luz. Eles não devem se vangloriar em si mesmos, mas no Senhor, como os escritos apostólicos constantemente testificam (Cânones de Dort, III, IV, 10).

—— ▪ ——

A natureza desse chamado interno é indicada a nós de várias formas nas Escrituras Sagradas. É verdade que esse termo não se encontra nela, mas a sua realidade é mencionada diversas vezes. Até a natureza nos dá uma pista do que está acontecendo na esfera da graça, e a criação esclarece a redenção, assim como a redenção, por sua vez, esclarece a criação. Jesus explicou a natureza, as características e as leis do reino dos céus com parábolas baseadas na natureza e na vida cotidiana, e, especialmente na parábola do semeador, ele demonstrou os efeitos diferentes da palavra do evangelho nos corações dos homens.

Na esfera natural, para se ter conhecimento ou consciência de algum objeto, uma relação definida é necessária entre o homem e o objeto a ser visto ou conhecido. Para uma pessoa ver qualquer coisa, deve haver um objeto, um olho aberto e uma luz que serve aos dois. Para uma pessoa ouvir, deve haver mais do que ondas de ar e sons: deve haver um ouvido receptivo para receber o som. E, para uma pessoa entender os objetos percebidos pelos seus sentidos, um coração também é necessário para conhecer. Devemos nos relacionar com aquilo que vemos a fim de absorvê-lo e nos apropriarmos dele como nossa posse espiritual. O cego não pode ver e o surdo não pode ouvir, e o indiferente não pode entender, assim como uma pessoa musicalmente indiferente não compreende o mundo dos tons e a pessoa esteticamente insensível não pode se deleitar em um poema ou pintura. Em outras palavras, precisa haver uma relação, um elo de harmonia entre o homem e o mundo para haver qualquer consciência ou conhecimento.

Na esfera natural, de um modo geral, essa relação permaneceu em voga. É verdade que o pecado também deixou sua marca nessa área, de modo que o cego, o surdo, o louco e muitos outros infelizes não têm essa relação com os objetos, e todas as pessoas a sentem mais ou menos enfraquecida ou perturbada. Mas, em geral, podemos dizer que, na esfera natural, Deus permitiu que essa relação continuasse, pois o homem ainda pode ver e ouvir, perceber e pensar, aprender e conhecer.

No entanto, na esfera espiritual, essa relação foi completamente rompida pelo pecado. As imaginações do coração humano são perversas desde a sua juventude (Gênesis 8:21). "O boi conhece o seu proprietário, e o jumento, o cocho posto pelo dono; mas Israel não tem conhecimento, o meu povo não entende" (Isaías 1:3). A geração dos homens é semelhante aos jovens que, sentados nas praças, gritam para os companheiros: Nós vos tocamos flauta, e não dançastes; cantamos lamentações, e não chorastes (Mateus 11:16-17). Esse povo não tem olhos para ver, ouvidos para ouvir e nem coração para entender (Isaías 6:9; Mateus 13:14-15). Até quando Deus se revelou a eles na natureza, eles não o conheceram, nem lhe deram graças (Romanos 1:21). E, quando ele se revela a eles no evangelho, eles não entendem as coisas do Espírito de Deus, são ofendidos pela loucura da cruz e resistem aos grilhões.[11] Por natureza, o homem está morto para Deus, para sua revelação e para todas as coisas espirituais e celestiais. Ele é indiferente a elas, não está interessado nelas, pensa apenas naquilo que está na terra e não se deleita em conhecer os caminhos do Senhor. Em outras palavras, o relacionamento entre Deus e o homem foi rompido, e já não há nenhuma comunhão ou união espiritual entre eles.

Portanto, no geral, o chamado interno restaura o elo do relacionamento e religa o homem a Deus espiritualmente, de modo que ele ouça e entenda a Palavra de Deus, e a Escritura designa essa influência do Espírito Santo no chamado interno pelo nome de revelação. Quando Simão Pedro confessou Jesus como Cristo, o Filho do Deus vivo, o Salvador lhe disse: "Simão Barjonas, tu és bem-aventurado, pois não foi carne e sangue que te revelaram isso, mas meu Pai, que está no céu" (Mateus 16:17). Da mesma forma, o apóstolo Paulo

[11]Atos 9:5; 1Coríntios 1:23; 2:14.

testifica que, em sua conversão, agradou a Deus revelar seu Filho nele (Gálatas 1:16). Essa revelação não se refere à manifestação de Cristo, porque, quando Pedro o confessou como Cristo, o Salvador já vivia e agia na terra há anos. Além disso, ele declarou ser o Messias mais de uma vez (por exemplo, em Mateus 11:5ss) e foi reconhecido como tal por outros (Mateus 8:29; 14:33). Porém, Jesus nunca foi confessado tão clara e resolutamente como Messias e Filho de Deus. Portanto, ele diz que uma revelação subjetiva no coração e na mente de Pedro era a única coisa que poderia levá-lo a uma confissão tão corajosa e clara, isto é, foi o próprio Deus que iluminou o apóstolo internamente de tal forma que ele agora via em Cristo o que nunca vira antes tão claramente nele.

Em outras palavras, a revelação mencionada nesses contextos consiste em uma iluminação interna. Na esfera natural, nosso olho recebe luz pelo Sol, e, por sua vez, ilumina todo o corpo; como uma candeia ilumina a casa (Mateus 6:23). Mente e razão são iluminadas no homem pela Palavra que estava com Deus, que fez todas as coisas, que era a luz dos homens e que ainda ilumina todos os que vêm ao mundo (João 1:1-9), e, por causa dessa iluminação da mente, o homem pode ser consciente do mundo, investigá-lo e conhecê-lo. A sabedoria do homem faz brilhar o seu rosto (Eclesiastes 8:1), e, do mesmo modo, existe iluminação na esfera espiritual. O poeta já orava assim nos dias do Antigo Testamento quando dizia: "Desvenda-me os olhos, para que eu veja as maravilhas da tua lei." (Salmos 119:18). E, no Novo Testamento, Paulo fala de uma revelação (Gálatas 1:16) e de uma iluminação da qual desfrutou. Deus, Criador da luz, também brilhou em seu coração para que, como apóstolo na pregação do evangelho, este fizesse brilhar a glória de Deus para os outros e lhes levasse ao conhecimento de Deus (2Coríntios 4:6; compare com Efésios 3:9).

Essa atividade do Espírito Santo no chamado interno também é descrita como uma abertura do coração (Atos 16:14) ou de entendimento (Lucas 24:45) pelo Senhor, de modo que a Palavra de Deus possa ser entendida e recebida apropriadamente. Novamente, essa atividade é representada como um aumento ou crescimento que Deus concede à Palavra pregada pelos apóstolos (1Coríntios 3:5-9). Porque os apóstolos são apenas servos, cooperadores de Deus, instrumentos nas suas mãos, de modo que, na verdade, não são eles que trabalham, mas a graça de Deus que está com eles (1Coríntios 15:10).

De fato, eles realmente não são nada, mas Deus é tudo, porque é ele quem dá o crescimento à semente da palavra e, consequentemente, planta e edifica a igreja. Certamente, esse poder de reviver um pecador morto está além da capacidade de qualquer criatura, anjo ou apóstolo; nesse sentido, nada menos que o poder onipotente divino é necessário para tanto – o mesmo poder que ressuscitou Cristo dentre os mortos.

Sabemos que o apóstolo Paulo ora que Deus possa conceder aos cristãos de Éfeso o Espírito de sabedoria e de revelação, a fim de que eles possam conhecê-lo e que ele possa iluminá-los no que diz respeito aos olhos do seu entendimento (o coração deles). Assim, eles podem passar a conhecer, em primeiro lugar, a esperança maravilhosa que Deus concede àqueles a quem chamou; segundo, as riquezas da glória da herança que lhes aguarda no futuro; e, terceiro, a medida da incomparável grandeza do seu poder, que se manifesta aos cristãos desde o princípio do seu chamado, por toda as suas vidas até à glória final. Eles podem formar alguma noção da grandeza desse poder ao compará-lo com o que Deus conquistou em Cristo quando o ressuscitou dos mortos e o colocou bem acima de todo principado e potestade – à direita de Deus nas alturas. No chamado, na regeneração, na preservação e na glorificação dos cristãos, o mesmo poder de Deus exibido na ressurreição, na ascensão e na exaltação de Cristo se manifesta.

Portanto, em concordância com as Escrituras Sagradas, a igreja reformada confessa que Deus executa a sua boa vontade no eleito e opera o verdadeiro arrependimento nele. Contudo, a fim de que possam entender corretamente e discernir as coisas que são do Espírito, Deus não apenas envia o evangelho para ser pregado externamente e ilumina poderosamente a mente por meio do Espírito Santo, como também penetra no homem interior com a poderosa operação do mesmo Espírito regenerador. E isso, nas palavras da mesma confissão, é uma obra totalmente sobrenatural, poderosíssima, e, ao mesmo tempo, agradabilíssima, maravilhosa, misteriosa e indizível. De acordo com o testemunho das Escrituras (inspirada pelo próprio Autor dessa obra), essa operação não é inferior em poder à criação ou à ressurreição dos mortos (Cânones de Dort, III, iv, 12).

—— ▪ ——

A mudança que acontece no homem por essa operação do Espírito Santo é chamada de "regeneração". Essa palavra não se encontra apenas na Escritura, nem ocorre pela primeira vez lá, mas era empregada desde os tempos antigos na religião dos indianos para indicar a mudança que a alma sofre na morte. De acordo com a religião indiana, após a morte a alma não vive em uma condição de separação, mas se transfere imediatamente para outro corpo, seja de uma pessoa, de um animal ou de uma planta, dependendo da conduta da pessoa em vida. Todo nascimento leva à morte, mas toda morte também leva a outro nascimento; todo ser humano é sujeito a séculos de "regenerações" contínuas, isto é, a novas encarnações da mesma alma. E há redenção dessa terrível lei e de todo sofrimento do mundo; de acordo com o budismo, apenas quando o homem entende como aquietar o anseio pelo ser e quando, por toda sorte de obras de abstinência e isolamento, ele labuta pela sua própria aniquilação ou, pelo menos, pela neutralização da sua consciência, é que ele consegue se livrar desse ciclo. Essa doutrina de "reencarnações" veio para a Europa na antiguidade e novamente no último século, e até hoje existem aqueles que veem nesse ensinamento toda a sabedoria do mundo.

No entanto, a Escritura fala da regeneração dos homens em um sentido totalmente diferente e usa esse substantivo em dois lugares: em Mateus 19:28, quando Jesus está pensando na renovação do mundo que precederá o reino da glória; e novamente em Tito 3:5, quando Paulo diz que Deus não nos salvou pelos atos de justiça que praticamos, mas segundo a sua misericórdia, mediante o lavar da regeneração e da renovação realizadas pelo Espírito Santo. É difícil saber se Paulo está pensando aqui no batismo como um sinal e selo da regeneração ou se ele está comparando os benefícios da regeneração e renovação do Espírito Santo a uma lavagem dos cristãos. Seja como for, o adendo, *renovação do Espírito Santo*, prova que, ao pensar na regeneração, devemos pensar em uma mudança espiritual e moral nos cristãos ocorrida na sua conversão. O contexto confirma essa concepção porque nos diz que os cristãos eram insensatos, desobedientes, desencaminhados, serviam a várias paixões e prazeres, viviam na maldade e na inveja, eram rancorosos e odiavam uns aos outros (Tito 3:3), mas agora eles foram salvos, renascidos, renovados e feitos herdeiros segundo a esperança da vida eterna (v. 4-7).

Consequentemente, eles são admoestados a manter as boas obras (v. 8), porque, precisamente pela regeneração e renovação, eles obtiveram a capacidade e o desejo para executá-las novamente.

Contudo, ainda que a palavra regeneração ocorra apenas duas vezes na Escritura, a realidade dela é frequentemente descrita com outras palavras e em outras imagens. Até o Antigo Testamento exorta o povo de Israel a não se gloriar no sinal externo da circuncisão, mas sim circuncidar seus corações e não serem obstinados (Deuteronômio 10:16). E o Antigo Testamento também promete que o Senhor, seu Deus, circundará os seus corações, e o coração da descendência deles, a fim de que eles amem ao Senhor, o seu Deus, de todo o coração e com toda a sua alma (Deuteronômio 30:6). Essa promessa foi cumprida para os santos na história de Israel (Salmos 51:12), mas ela recebeu um cumprimento mais rico depois, quando Deus fez uma nova aliança com seu povo, derramou seu Espírito sobre todos, deu um coração de carne ao invés de um coração de pedra, e escreveu sua lei nos corações deles.[12]

Quando esse futuro chega e o reino dos céus se aproxima, João Batista aparece pregando o arrependimento como condição de entrada no reino. Afinal, o povo de Israel, apesar dos seus privilégios externos, era completamente corrupto. Apesar da sua circuncisão, eles precisavam do batismo, o batismo de arrependimento para o perdão de pecados, um batismo no qual o homem é totalmente submerso a fim de que um novo homem ressurja para uma nova vida (Mateus 3:2ss). E Jesus proclamou a mesma pregação, o mesmo arrependimento e a mesma fé, tanto que ele mesmo se submeteu ao batismo e o ministra a todos que querem ser seus discípulos (Marcos 1:14-15; João 4:1). Todo aquele que quiser entrar no reino deve romper com toda a sua vida anterior; perder a sua alma (Mateus 10:39), renunciar a tudo (Lucas 14:33); tomar sua cruz e segui-lo (Mateus 10:38); tornar-se uma criança (Mateus 18:3); retornar ao Pai confessando seus pecados (Lucas 15:18); e ingressar na vida eterna através da porta estreita e do caminho apertado (Mateus 7:14). Aquele que faz isso é capacitado pelo próprio Deus, porque os homens são maus (Mateus 7:11); dos seus corações sai apenas injustiça (Mateus 15:19); e eles não podem produzir bons frutos a partir de uma árvore má

[12]Jeremias 24:7; 31:31-34; 32:39; Ezequiel 11:19; 36:26-28; Joel 2:28.

(Mateus 7:17). Portanto, se houver algum fruto bom, a árvore deve primeiro se transformar em boa, e apenas Deus pode fazer isso (Mateus 19:26). Aqueles que, como uma planta, são plantados pelo Pai celestial, estes são filhos de Deus e cidadãos do reino dos céus (Mateus 15:13). São eles a quem o Filho revelou ao Pai, e o Pai, ao Filho (Mateus 11:27; 16:17). Embora estivessem espiritualmente mortos, eles desfrutam da verdadeira vida e aguardam a vida eterna (Mateus 8:22; Lucas 15:24; 18:30).

Em todo esse ensinamento de Cristo, relatado nos primeiros três evangelhos, a palavra regeneração não aparece, mas a realidade dela é claramente representada. Assim, quando Jesus, em sua conversa com Nicodemos, diz que ninguém pode ver e entrar no reino de Deus se não nascer de novo (do alto) da água e do Espírito (João 3:3-8), seu testemunho não entra em conflito com o dos outros evangelhos. Pelo contrário, ele resume breve e nitidamente o que se apresenta em outros lugares de forma mais elaborada. Sabemos que Nicodemos era uma pessoa proeminente, um mestre de Israel e membro do Sinédrio. Ele ouviu dos milagres de Jesus e, portanto, o considerava um mestre enviado por Deus, mas não havia se decidido; ele permanecia em dúvida. E, então, ele vai à noite – para que não incitasse suspeita e inimizade dos judeus – até Jesus para descobrir se ele era realmente o Messias. Então, Nicodemos começa a conversa dizendo que ele reconhece Jesus como um mestre que veio da parte de Deus e que foi qualificado por Deus para fazer as suas obras. Ao que parece, ele queria perguntar o que um homem deve fazer para entrar no reino dos céus, porém, Jesus não dá tempo para ele fazer essa pergunta e imediatamente responde: Em verdade, em verdade te digo que ninguém pode ver o reino de Deus se não nascer de novo. E, de uma só vez, ele elimina toda a consideração de Nicodemos pelo mérito humano e da observância farisaica da lei como uma forma de entrar no reino.

Portanto, Jesus não fala literalmente de um *renascimento*, mas de nascer do alto. A ênfase não recai sobre o fato de ser necessário um segundo nascimento para entrar no reino, embora a regeneração possa ser chamada assim. O que Jesus quer enfatizar para Nicodemos é que apenas o nascimento *do alto* (v. 3), da água e do Espírito (v. 5) e do Espírito (v. 8) abre as portas do reino para o homem. Esse nascimento contrasta com o da carne, porque o que é nascido da carne é carne (v. 6). Não é um nascimento do sangue, nem do desejo da carne, nem da vontade do homem, mas de Deus (João 1:13). Portanto, ele é tão incompreensível em sua origem e em seu proceder quanto o vento, mas ainda é possível porque é um nascimento do Espírito (v. 8). Depois que Jesus disse, pela primeira vez e de forma geral, que é um nascimento da água e do Espírito (no original, ambos os termos não têm artigo) (v. 5), ele especificamente fala nos versos 7 e 8 *do Espírito* (dessa vez com o artigo) a fim de indicar que esse Espírito – sendo o Espírito de Deus – pode realizar essa grande obra do novo nascimento. Ao falar da água (v. 5), Jesus não está pensando primeiro no batismo, mas está descrevendo a natureza de nascer do alto. É um nascimento que tem a qualidade de renovação e purificação, e a água é a imagem disso (Ezequiel 36:25; compare a imagem do Espírito e fogo em Mateus 3:11). E é um nascimento que dá uma nova vida espiritual. Esse renascimento do alto pode realizar isso por ser um nascimento *do* Espírito, do próprio Deus (v. 6-8).

Outras passagens do Novo Testamento se baseiam nesse ensinamento básico de Cristo. A regeneração é uma obra de Deus, e os cristãos são nascidos dele (João 1:13; 1João 3:9; 5:18). Ele os chama de forma eficaz (Romanos 8:30), os vivifica (Efésios 2:1), gera (Tiago 1:18) e regenera (1Pedro 1:2). Mas só concede esse benefício pela comunhão com Cristo, a quem Deus deu o seu povo (João 6:37,39), a quem os atrai (João 6:44) e em quem os incorpora (Romanos 6:4; Efésios 2:1; Gálatas 2:20); e faz isso por meio do dom do Espírito Santo, que penetra no coração do homem e é o princípio da nova vida.[13] Em virtude do seu novo nascimento, os cristãos são feitura sua, criados em Cristo Jesus (Efésios 2:10), sua lavoura e seu edifício (1Coríntios 3:9) e uma nova criatura (2Coríntios 5:17). A regeneração não é uma obra da força humana nem um produto de um desenvolvimento longo e gradual da vida humana, mas sim uma ruptura com a antiga forma de existência e o começo criativo de nova vida espiritual; resumindo, é a morte do velho homem e o nascimento do novo (Romanos 6:3ss).

Por outro lado, a regeneração não é uma segunda criação – a partir do nada, como no princípio –, mas uma recriação do homem que, pelo seu nascimento natural, recebeu sua primeira vida. Na regeneração, ele permanece essencialmente a mesma pessoa, o mesmo *eu*,

[13]João 3:3,5,8; 6:63; Romanos 8:9; 1Coríntios 12:3; 1Pedro 1:2.

a mesma personalidade. Paulo fala que ele mesmo foi crucificado com Cristo e, assim, não é mais ele quem vive, mas Cristo quem vive nele. Todavia, ele continua dizendo: "Essa vida que vivo agora no corpo, vivo pela fé no Filho de Deus" (Gálatas 2:20). O seu *eu* morreu e foi sepultado com Cristo, mas ele também imediatamente ressuscitou com Cristo, ou seja, ele não foi aniquilado ou substituído por outra pessoa, mas renasceu e foi renovado. Assim, ele diz que certos cristãos em Corinto eram fornicadores, idólatras, adúlteros, entre outras coisas, mas agora foram lavados, santificados e justificados no nome do Senhor Jesus e pelo Espírito do nosso Deus (1Coríntios 6:9-11). A continuidade, unidade e solidariedade do ser humano não são quebradas pela regeneração; em vez disso, uma mudança tremendamente importante é produzida neles.

Essa mudança é espiritual por natureza, de modo que todo aquele que é nascido do Espírito é espírito (João 3:6), vive a partir do Espírito e anda segundo o Espírito. A regeneração injeta um princípio da nova vida no homem – um princípio que o Espírito Santo criativamente traz à existência em conexão com a ressurreição de Cristo, de quem ele recebe tudo (1Pedro 1:3). Ele planta uma semente no coração (1Pedro 1:23), de onde surge uma pessoa totalmente nova. De uma forma bem misteriosa e secreta, a regeneração tem o seu começo e centro no núcleo da personalidade humana, em sua individualidade, por assim dizer (Gálatas 2:20), mas, a partir dali, ela se espalha para todas as capacidades do indivíduo: para sua mente (Romanos 12:2; 1Coríntios 2:12; Efésios 4:23); para seu coração (Hebreus 8:10; 10:16; 1Pedro 3:4); para sua vontade (Romanos 7:15-21); para seus desejos e suas inclinações (Romanos 7:22); e para seu espírito, sua alma e seu corpo (1Tessalonicenses 5:23; Romanos 6:19). Nasce um homem completo que, embora ainda não seja perfeito e precise lutar contra toda sorte de pecados da carne (Gálatas 5:17), deseja viver em novidade do Espírito (Romanos 6:4; 7:8).

Nesse novo homem, os cristãos são recriados à imagem de Cristo em verdadeira justiça e santidade,[14] e já não carregam mais a imagem do primeiro homem – do primeiro Adão –, mas exibem a imagem do segundo Adão – o Senhor dos céus (1Coríntios 15:48-49). Eles foram crucificados para o mundo e não vivem mais para si, mas

[14]Romanos 8:29; Efésios 4:24; Colossenses 3:10.

vivem naquele que morreu e ressuscitou por eles (2Coríntios 5:15; Gálatas 2:20; 6:14). Eles receberam um núcleo diferente para todo o seu pensar e fazer, porque vivem, se movem e existem em Cristo. Em seu batismo, eles se revestem dele, exibem a sua forma e estão sendo sempre transformados mais e mais conforme a imagem de Cristo, de glória em glória, que vem do Espírito do Senhor.[15] E, nessa comunhão com Cristo, eles são filhos do Pai celestial, amam a Deus e seus irmãos e um dia serão como Deus, porque o verão como ele é (1João 3:2; 5:2). É dessa forma tão rica e gloriosa que as Escrituras Sagradas falam da regeneração, cujo propósito primário não é para que possamos discernir corretamente essa doutrina, mas para que possamos pessoalmente desfrutar desse grande benefício da graça de Deus e aprendamos a viver como filhos de Deus nesse mundo mal. Que poder emanaria da igreja se não apenas descrevêssemos a imagem de Cristo em nossa confissão, mas também a exibíssemos na vida prática de todos os nossos membros!

— ▪ —

Isto é certo: pelo fruto conhecereis a árvore. Uma árvore boa produz bons frutos, e o homem bom produz coisas boas do bom tesouro do seu coração (Mateus 7:17; 12:33,35). Se a regeneração derrama um novo princípio de vida no coração, isso deve (e se tornará) evidente nas obras que procedem dessa vida espiritual, e estas são principalmente a fé, a partir da mente, e o arrependimento, a partir da vontade.

De maneira geral, a fé é a aceitação de um testemunho, ou seja, não cremos em algo porque nós mesmos vimos ou tomamos conhecimento, mas porque somos assegurados disso por alguma pessoa digna de confiança nos contou de forma oral ou escrita, seja no passado ou no presente. Esse significado básico também é verdade quando se trata da esfera religiosa, visto que não conhecemos nenhum conteúdo do evangelho – da pessoa e obra de Cristo – sem o ter recebido pelo testemunho dos apóstolos. Somente por meio da palavra deles que podemos crer em Cristo (João 17:20), e, por meio da comunhão com os apóstolos, temos comunhão com o Pai e com o seu Filho Jesus Cristo (1João 1:3).

[15] 2Coríntios 3:18; Gálatas 3:27; 4:19.

Ainda assim, a palavra "fé", quando usada na esfera religiosa e nas Escrituras Sagradas como o caminho para o reino dos céus, tem o seu significado consideravelmente modificado por esse uso especial, e é possível aceitar o evangelho como se aceita um testemunho sobre alguma pessoa ou evento histórico, mas isso não é receber o evangelho como evangelho, pois, nesse caso, a fé pela qual a pessoa o aceita não é verdadeira fé. A experiência de todos os profetas, pregadores, apóstolos e servos da Palavra na igreja e no mundo pagão – e a experiência do próprio Jesus – sempre foi de que a Palavra não encontrava aceitação e não tinha efeito sobre muitos. Quem creu na nossa pregação? A quem se manifestou o braço do Senhor? As pessoas que ouvem o evangelho contam com respostas mentais muito diferentes e tomam posições bem divergentes com relação a ele.

Jesus descreveu essas diversas atitudes e posições em sua parábola do semeador. Para alguns, a semente da fé caiu na beira do caminho, e as aves vieram e comeram. Esses são os indiferentes, os insensíveis e os imperturbáveis, que ouvem a palavra, mas não a escutam. Eles não têm o menor interesse nela e supõem que ela não é para eles. A palavra não cai no campo dos seus corações, mas fora dele, no caminho duro e lotado. De fato, muitas vezes eles não se lembram dela, ou seja, ela entra por um ouvido e sai pelo outro. Após alguns momentos, é como se nunca a tivessem ouvido. Os pássaros – toda sorte de ideias de contradição, depreciação, incredulidade e blasfêmia –, usados como meios pelo Maligno, expulsam a palavra de suas mentes, de modo que eles a ouvem, mas não sabem o que significa (Mateus 13:4,19).

Para outros, a semente da Palavra caiu em solo pedregoso, onde não havia muita terra. Ela cresceu rápido, precisamente porque não havia profundidade de terra, mas, quando o Sol apareceu, ela queimou, porque não tinha raízes. Essas são as pessoas superficiais, rasas e inconstantes, aquelas que não apenas ouvem o evangelho, mas imediatamente o aceitam com alegria. O evangelho os atrai por sua beleza, superioridade, simplicidade ou graciosidade e deixa uma marca sobre elas, que são movidas e agitadas por ele, percebem um tipo de poder nele e formam toda sorte de resoluções por ele; contudo, não deixam a verdade fazer uma marca profunda nelas e criar raízes profundas em seus corações, cedendo, assim, espaço para o evangelho em suas memórias, em suas imaginações, em suas razões e em seu entendimento, mas não abrem as profundezas do seu ser para ela. Existe uma fina camada de solo na superfície onde a palavra cai, mas por baixo tudo está frio, inerte e duro como uma pedra. Portanto, eles não podem suportar a opressão e a tentação, nem a perseguição e os julgamentos. Quando tudo isso surge, essas pessoas são afrontadas e fogem, pois sua fé é temporária (Mateus 13:5,6,20,21).

Há aqueles para quem a semente cai entre os espinhos, e os espinhos crescem com ela (Lucas 8:7), sufocando-a de tal modo, que ela não gera fruto. Esses são os ouvintes mundanos da palavra, cujos corações estão cheios de espinhos, de preocupação pelo mundo e de tentações pelas riquezas. São totalmente tomados pelas preocupações ou tentações do mundo. Ouvem a palavra e a aceitam também. Às vezes ela penetra além de todos esses problemas e prazeres mundanos, alcançando os seus corações, e eles até pensam que pode ser melhor romper com o mundo e buscar o reino de Deus. Às vezes o medo do juízo os domina, contudo, justamente quando a semente da Palavra está para germinar, os espinhos aparecem – as preocupações e concupiscências deste mundo – e sufocam o nascimento da nova vida. Essas pessoas nunca chegam ao ponto de negar tudo, tomar a sua cruz e seguir Jesus, pois o deslumbramento do mundo é demais para elas (Mateus 13:7,22).

Consequentemente, existe uma aprovação e aceitação do evangelho que não é verdadeira fé. É verdade, existem aqueles que são orgulhosamente indiferentes, como Pilatos, que, com um sorriso de menosprezo, dá as costas para o evangelho (João 18:38). Existem também aqueles que, como os fariseus orgulhosos e os sábios gregos, consideram a cruz ofensa e loucura, e, assim, explodem de inimizade e ódio contra ela.[16] Mas existem outros que creem e não confessam, que preferiam a glória dos homens à glória de Deus (João 12:42-43). Ao longo das suas vidas, até suas mortes, eles permanecem sendo ouvintes da palavra, mas não praticantes.[17] Como Simão de Samaria, eles aceitam o evangelho apenas pelos sinais e grandes maravilhas que acontecem por meio dele (Atos 8:13ss); como o rei Agripa, eles são comovidos em um certo momento a se tornarem cristãos (Atos 26:27-28); e, como Demas, eles servem ao evangelho por anos e,

---

[16]Mateus 12:24; João 8:22; 1Coríntios 1:23.

[17]João 1:11; 3:3; 3:19-20; 6:44; 8:47; 1Coríntios 2:14.

então, novamente, caem no amor do presente século (2Timóteo 4:10). Há todos os tipos de fé: temporária; histórica; "milagrosa", isto é, uma fé incitada por sinais e maravilhas, e todas elas carregam o nome de "fé", mas não carregam a sua realidade, exibindo certa forma de religiosidade, mas rejeitando seu poder (2Timóteo 3:5).

A fé verdadeira e salvífica é distinta de todos esses tipos em três pontos. Em primeiro lugar, ela tem uma origem diferente. A fé histórica, a fé temporária e a fé milagrosa não são propriamente erradas e são melhores do que a incredulidade total e a inimizade amarga; além disso, elas também têm uma utilidade temporária, contudo, são apenas os dons da graça comum de Deus e foram concedidas apenas ao homem natural. Mas a fé salvífica é um dom de Deus – como toda a salvação (Efésios 2:8), bem como um dom da graça especial de Deus (Filipenses 1:29) e uma consequência da eleição (Atos 13:48; Romanos 8:30; Efésios 1:5). É uma obra do Espírito Santo (1Coríntios 12:3) e um fruto de arrependimento (João 1:12-13).

Aqueles que compartilham apenas do nascimento natural pertencem ao mundo, amam a escuridão mais do que a luz e não entendem a Palavra. Mas a regeneração nos explica por que alguns seguem o chamado do evangelho e aceitam a Cristo (João 1:12-13). Eles são nascidos de Deus; pertencem à verdade; são guiados a Cristo pelo Pai; ouvem sua voz; entendem suas palavras; e o seguem.[18] E o Espírito Santo, de quem são nascidos, testifica com o espírito deles que eles são filhos de Deus (Romanos 8:16) e põe a confissão de que Cristo é o Senhor em seus lábios (1Coríntios 12:3).

Por causa dessa origem, a fé verdadeira e salvífica deve ser, em segundo lugar, diferente dos outros tipos em essência. Com certeza, existe um elemento cognitivo nela, porque ela trata do testemunho das coisas invisíveis e eternas que não vimos e nem podemos ver. Ela não pode construir a verdade a partir da vida regenerada, nem da experiência ou do sentimento religioso subjetivo, porque, embora os cristãos tenham recebido a unção do Espírito daquele que é o Santo – Cristo – e que sabe todas as coisas (1João 2:20), eles devem esse Espírito precisamente a Cristo e permanecem sujeitos à palavra da verdade que ouviram desde o princípio (1João 2:21-24). E, com toda

[18]João 3:3,5; 6:44; 8:47; 10:5,27.

a igreja, eles foram edificados sobre o fundamento dos apóstolos e profetas (Efésios 2:20).

Contudo, o conhecimento particular à fé salvífica é de um tipo especial. Não é simplesmente um conhecimento teórico, compreendido apenas na mente e na memória, que deixa o resto do homem frio e indiferente. Esse conhecimento não está no mesmo nível do conhecimento obtido na ciência pela investigação e reflexão, assim como também não o mesmo que a aceitação de um relato histórico do passado. O conhecimento da fé é um conhecimento prático; um conhecimento do coração, e não da mente; um conhecimento com uma preocupação pessoal e profunda, porque ele pertence a algo no qual o ser, em sua essência mais íntima, está envolto, algo no qual minha existência, vida, alma e salvação estão envolvidas. Portanto, a fé é uma aprovação, aceitação e um conhecimento de um testemunho; mas ela é uma aceitação desse testemunho em sua aplicação pessoal, bem como um acolhimento da palavra da pregação de Deus, não como palavra humana, mas como palavra de Deus (1Tessalonicenses 2:13). É uma apropriação do evangelho como uma mensagem enviada por Deus e pessoalmente endereçada a mim.

Relacionado a isso, em terceiro lugar está o fato de que a fé salvífica difere das outras em seu objeto. A fé histórica para no relato externo e não avança mais, ao passo que fé secular vê uma certa beleza no relato e se deleita nela, mas se recusa a reconhecer o seu conteúdo e significado verdadeiro; já a fé milagrosa se prende aos sinais e maravilhas, mas fica essencialmente indiferente àquele que os faz. Por outro lado, quando aceitamos o evangelho com um coração sincero como palavra que Deus concede a nós pessoalmente, essa fé salvífica não nos deixa vazios e infrutíferos. Assim como alguém que sabe, enquanto viaja, que sua família corre grande perigo não fingirá que nada está acontecendo, aquele que realmente crê no evangelho e, portanto, sabe que é culpado e perdido, e que há redenção apenas em Cristo Jesus, não permanecerá frio e indiferente a tudo isso. Pelo contrário, a verdadeira fé imediatamente começa a operar naqueles que a receberam e não lhes dá descanso, mas os conduz a Cristo. Essa fé não se satisfaz com o relato externo, mas busca incessantemente a pessoa de quem o relato fala.

Já era assim no Antigo Testamento, tendo em vista que os santos que aparecem perante nós estão sempre ocupados e ativos com o próprio Deus. Algumas vezes isso é chamado de "crer",[19] e essa crença não é simplesmente estar racionalmente convencido de que Deus existe, mas uma dependência de toda a alma de Deus e uma vida segundo a sua Palavra; portanto, as palavras *crença* ou *fé* muitas vezes dão lugar a outros termos. Constantemente é dito que os santos confiam em Deus; se refugiam nele; esperam por ele e todas as coisas dele; repousam sobre ele; o aguardam; o buscam; o temem, e assim por diante; e isso também acontece no Novo Testamento. Os apóstolos, que o descreveram para nós, não são escritores históricos no sentido comum, mas testemunhas do que viram, ouviram e apalparam no Verbo da vida. Eles vivem em comunhão com Cristo e falam dela, pois crer é aceitar a Cristo, e não apenas o testemunho sobre ele escrito pelos apóstolos. É uma aceitação do próprio Cristo (João 1:12) e envolve se revestir de Cristo, da mesma forma que vestimos uma roupa (Gálatas 3:27); envolve também morrer com Cristo e ressuscitar com ele (Romanos 6:4); viver em comunhão com ele (Gálatas 2:20); permanecer nele como a verdadeira vinha; e assim por diante. Em e por meio de Cristo, Deus é o Pai dos santos, e estes são seus filhos e filhas (2Coríntios 6:18).

Em suma, a fé salvífica não é apenas um conhecimento, uma garantia firme e uma certeza inquestionável do testemunho profético e apostólico como a palavra de Deus. Ela é, ao mesmo tempo, uma confiança total no próprio Cristo como a plenitude de graça e verdade revelada nele por Deus. Um está em uma conexão inseparável com o outro, ou seja, sem o conhecimento nenhuma confiança é possível. Se não fosse assim, como confiaríamos em alguém que não conhecemos? Contudo, se o conhecimento não leva à confiança, não era o tipo certo de conhecimento, pois aqueles que conhecem o nome do Senhor confiam nele (Salmos 9:10), porém, aqueles que não confiam nele não conheceram como ele realmente é, segundo a sua Palavra. Todo aquele que busca Cristo fora da sua Palavra, somente pelo Espírito, perde a norma para testar os espíritos e, eventualmente, chega ao ponto de identificar seu próprio espírito com o Espírito de Cristo. E todo aquele que estuda a Palavra sem o Espírito de Cristo está estudando um retrato, enquanto ignora a pessoa que ele representa.

[19]Gênesis 15:6; Êxodo 14:31; 2Crônicas 20:20; Isaías 28:16; Habacuque 2:4.

É por isso que Cristo nos deu ambos: sua Palavra e seu Espírito. E é o Espírito de Cristo que nos dá testemunho na palavra da Escritura e nos corações dos cristãos. Na regeneração, o Espírito planta a Palavra em nossos corações (Tiago 1:18,21; 1Pedro 1:23,25). Segundo a sua natureza, ele conduz a vida espiritual dos cristãos sempre de volta para a Palavra, a fim de nos alimentarmos e fortalecermos. Aqui na terra, nunca necessitamos de algo além das Escrituras, porque essa Escritura é o único meio para nos levar à comunhão com o verdadeiro Cristo, que foi crucificado, mas agora está assentado à direita de Deus. O cristianismo é uma religião histórica, mas também uma religião do presente, pois tem uma Palavra que desenha para nós um retrato de Cristo, mas também temos um Espírito por quem o próprio Cristo habita em nossos corações. É por isso que a fé é tanto conhecimento quanto confiança, além da aceitação do próprio Cristo da forma como a Escritura o representa.

— ▪ —

Assim como a fé é fruto da regeneração na parte da mente, o arrependimento é a expressão da nova vida na vontade, e isso nos é dito diversas vezes no Antigo Testamento. Após sua emancipação, Israel foi levado pelo Senhor ao Sinai e lá foi consagrado em sua aliança. Como o povo de Deus, Israel devia guardar essa aliança e obedecer à sua voz; eles deviam se tornar um reino de sacerdotes e uma nação santa (Êxodo 19:5-6). Contudo, eles se tornaram culpados de infidelidade e desobediência, já no deserto. Em Canaã, essa apostasia só aumentou, porque Israel vivia entre povos pagãos. Quando a primeira geração morria e outra geração surgia – uma que não conhecia o Senhor, nem a obra que ele havia feito por Israel –, então os filhos de Israel faziam o que era mal aos olhos do Senhor e serviam a Baal (Juízes 2:10-11).

Portanto, a pregação de arrependimento se tornou necessária em Israel. Primeiro, o Senhor levantou juízes para libertar o povo das mãos dos seus inimigos e levar Israel de volta ao serviço do Senhor. Mais tarde, a partir de Samuel, os profetas vieram para advertir Israel a se arrepender dos seus maus caminhos e guardar os mandamentos e estatutos de Deus, segundo a lei dada aos seus pais (2Reis 17:13). Samuel começou com ela (1Samuel 7:3), e todos os profetas repetiram essa pregação: eles pregavam penitência e conversão, mas também eram proclamadores do perdão de pecados e da redenção perfeita.[20] Assim, algum arrependimento às vezes era perceptível entre o povo. Quando eles eram aprisionados por seus inimigos e oprimidos, eles começavam a clamar pelo Senhor (Juízes 3:9,15; 4:3). Os reis piedosos – Asa, Jeosafá, Josias e Ezequias – fizeram reformas variadas.[21] Jonas até foi para Nínive e, em resposta à sua pregação, o povo de Nínive creu em Deus, decretou um jejum, vestiu-se de pano de saco e se arrependeu do seu mau caminho (Jonas 3:5,10). É dito que, após a advertência de julgamento proclamada por Elias, Acabe se humilhou diante da face do Senhor (1Reis 21:27,29), e vemos o relato de que Manassés, no fim da sua vida, buscou a face do Senhor e reconheceu que o Senhor é Deus (2Crônicas 33:12).

Ainda que em alguns casos esse arrependimento tenha sido deliberado e sincero, para a maioria do povo ele era pouco mais do que uma mudança externa. Como Jeremias relata, eles não se arrependeram com todo o seu coração, mas com fingimento (Jeremias 3:10), portanto, os profetas continuaram sua pregação de arrependimento. Eles continuaram mantendo a exigência e o dever de arrependimento e continuamente enfatizavam o fato de que não apenas o povo em sua totalidade, mas cada indivíduo deveria se arrepender, afastar-se dos seus maus caminhos e voltar-se ao Senhor (Ezequiel 18:23,32; 33:11). E, quando o povo continuou a ignorar essas admoestações, amadureceu entre os profetas a ideia de que sua pregação julgaria o povo (Isaías 6:10); que Israel é um ramo degenerado da videira (Jeremias 2:21); que ele não pode se arrepender da mesma forma que um etíope não pode mudar sua cor ou um leopardo as suas pintas (Jeremias 13:23); e que é Deus quem deve conceder o arrependimento e dar um novo coração.[22] Eles anseiam pelo dia em que Deus fará uma nova aliança, circuncidará os corações do povo e escreverá sua lei neles.[23]

De acordo com a pregação de João Batista e Jesus, esse dia amanhece quando o reino dos céus está próximo, e os dois pregam que nenhum esforço para guardar a lei e nenhuma justiça própria farisaica poderá abrir o caminho para o reino e todos os seus benefícios;

---

[20]Jeremias 3:12,14; 18:11; 25:5; Ezequiel 14:6; 18:30-32; 33:11; Oseias 12:6; 14:3; Joel 2:12-13.
[21]1Reis 15:11ss; 22:47; 2Reis 23:15; 2Crônicas 33:12.
[22]Salmos 51:12; Jeremias 31:18; Lamentações 5:21.
[23]Deuteronômio 30:2,6; Salmos 22:28; Oseias 3:5; Jeremias 24:7; 32:33.

na verdade, somente o arrependimento e a fé são capazes disso (Marcos 1:4,15). Para indicar esse arrependimento, o Novo Testamento usa duas palavras no original. A primeira delas é um substantivo ou um verbo[24] e significa uma mudança espiritual interna – uma mudança na disposição moral. O outro termo[25] refere-se mais a uma conversão externa – a mudança na direção da vida –, uma evidência e consequência da mudança interna. Em Atos 3:19 e 26:20, as duas palavras se combinam: "Arrependei-vos e convertei-vos", isto é, mudem sua disposição e sua conduta, recobrem o juízo e transformem suas atitudes.

Quando, nos dias dos apóstolos, o evangelho era pregado aos judeus e aos gentios, e era aceito por eles, exigia-se uma mudança externa visível aos outros. Os judeus tinham de romper com a observância da lei mosaica, especialmente a circuncisão e toda a estrutura sacrificial, e os gentios tinham que se despedir das suas idolatrias, adoração de imagens e práticas religiosas. Era necessária uma boa quantidade de abnegação e coragem para se converter ao cristianismo, e isso era feito em virtude da convicção do coração, de forma sincera e verdadeira, porque nenhuma honra ou lucro poderia ser obtido disso. As duas questões expressas nas duas palavras gregas para arrependimento e conversão eram, portanto, intimamente relacionadas, e as mudanças interna e externa andavam juntas.

Essa reviravolta radical, tanto interna quanto externa, obteve seu selo no santo batismo (Atos 2:38): todo aquele que se submetia ao batismo rompia com todo o seu passado; deixava a sua família; era crucificado para o mundo; morria com Cristo; e, com ele, era sepultado no batismo. Contudo, simultaneamente ressuscitava com Cristo para uma nova vida; revestia-se de Cristo, como uma nova e diferente vestimenta na qual se exibiria ao mundo; tornava-se um discípulo, seguidor, servo, soldado de Cristo, um membro do seu corpo e um templo do Espírito Santo.[26] Quando a igreja cristã se espalhou para o mundo dos judeus e gentios, o arrependimento não era apenas uma mudança interna, mas também uma conversão externa, o que significa um abandono do serviço dos ídolos mudos (1Colossenses 12:2; 1Tessalonicenses 1:9); dos princípios e rudimentos pobres e fracos da religião (Gálatas 4:3; Colossenses 2:8,20); das obras mortas

[24]Mateus 3:2,8,11; 9:13; 11:20; Atos 2:38; 2Coríntios 7:9,10.
[25]Mateus 13:15; Lucas 1:16,16; 22:32; Atos 9:35; 11:21; 14:15; 15:19; 26:18,20.
[26]Romanos 6:3ss; Gálatas 3:27; Colossenses 2:11,12.

(Hebreus 9:14; 1Tessalonicenses 1:9); dos pecados e das transgressões públicas.[27] Agora, eles serviriam ao Deus vivo e verdadeiro (Hebreus 9:14; 1Tessalonicenses 1:9) e abraçariam o Senhor (1Coríntios 6:15-20).

Quando esse período missionário passou e a igreja se perpetuou nas próximas gerações, a conversão não mudou em sua natureza essencial. Entretanto, pela natureza das circunstâncias, ela deixou de lado aquela forma externa particular na qual antigamente se expressava. As crianças eram admitidas na aliança desde o seu nascimento e recebiam o santo batismo como o sinal e selo disso, e, dessa forma, eram, antes mesmo que suas consciências e aprovações pessoais pudessem acontecer, incorporadas na igreja de Cristo. Naturalmente, muitas vezes acontecia que membros da igreja que eram batizados em uma idade posterior ou quando crianças caíam em pecados menores ou maiores. Havia seitas — como os montanistas e novacianos — que defendiam que os pecados mais graves não deviam e nem podiam ser perdoados pela igreja; contudo, a igreja assumiu uma posição diferente e admitia de volta em sua comunhão aqueles que se desviavam ou caíam se eles retornassem contritos, confessassem seus pecados e se sujeitassem às censuras eclesiásticas.

Gradualmente, o sacramento da penitência se desenvolveu a partir disso, e nele os cristãos culpados de pecados menores ou maiores os confessavam no confessionário para o padre. Eles exibiam uma tristeza ou remorso perfeitos ou imperfeitos (perfeito quando alguém estava arrependido dos seus pecados por ter pecado contra Deus; e imperfeito quando alguém temia as consequências do seu pecado); e, por fim, faziam as orações e boas obras que o padre do confessionário prescrevia para a penitência. Assim, o arrependimento na igreja romana passou a ser completamente externo, e o cerne da questão foi transferido da mudança de disposição interna para a confissão e satisfação, porque uma tristeza imperfeita era suficiente para obter o perdão de pecados; além disso, era possível contornar as penalidades prescritas por meio de uma indulgência.

Foi nesse ponto que a Reforma de Lutero teve seu ponto de partida. Pela sua leitura do Novo Testamento, ele descobriu que a conversão no sentido bíblico era algo bem diferente da penitência de Roma. Contudo, Lutero ainda punha o arrependimento e fé muito

---

[27] 1Coríntios 6:10; Efésios 2:2-3; Colossenses 3:5,7; Tito 3:3.

longe um do outro. Em sua própria consciência, ele sentiu a maldição da lei e encontrou seu conforto na justificação somente pela fé. Segundo ele, a conversão (no sentido de remorso), penitência e arrependimento vinham por meio da lei; e a fé vinha por meio do evangelho. Mais tarde, Calvino entendeu melhor a natureza desse relacionamento e nos deu uma explicação um pouco diferente. Como as Escrituras, ele também fez uma distinção entre a verdadeira e falsa conversão (Jeremias 3:10); entre uma tristeza do mundo e uma tristeza segundo a vontade de Deus (2Coríntios 7:10); entre o remorso por um ato pecaminoso e um arrependimento sincero por termos provocado a ira de Deus pelo nosso pecado. Remorso por um ato pecaminoso também pode acontecer nos filhos do mundo, pois, quando o pecado tem uma consequência diferente do esperado, quando ele acarreta perda e vergonha, o mundo também sente remorso. Caim (Gênesis 4:13), Esaú (Hebreus 12:17) e Judas (Mateus 27:3) são evidências disso. Essa tristeza não leva ao verdadeiro arrependimento, mas leva à morte e traz consigo desespero, amargura e dureza de coração.

No entanto, a verdadeira conversão e arrependimento não consistem em uma tristeza que lamenta as consequências do pecado, mas sim em um quebrantamento do coração (Salmos 51:19; Atos 2:37) ou em um pesar por causa do próprio pecado, porque ele está em conflito com a vontade de Deus e suscita a sua ira. Ademais, eles consistem em um remorso sincero, uma abominação e fuga do pecado, e esse arrependimento não surge do antigo homem, mas do novo, e assume uma fé salvífica e é o fruto dessa fé. É uma tristeza que Deus deseja, opera e que nos leva em direção a Deus, e que traz um arrependimento para a salvação (2Coríntios 7:10). Quando o filho perdido recobra os seus sentidos, ele conclui que deve voltar para casa e diz: "Vou me levantar, irei até meu *Pai* e lhe direi: Pai, pequei contra o céu e contra ti" (Lucas 15:18). Ele diz o nome do Pai ainda que esteja longe dele e *ousa* ir ao Pai e confessar seus pecados diante da sua face porque, nos confins do seu coração, ele ainda acredita que o Pai é o seu Pai. Nós não ousaríamos voltar a Deus se não crêssemos confiantemente, por meio do Espírito Santo, que, como Pai, ele aceitaria a nossa confissão de pecados e nos perdoaria, pois o verdadeiro arrependimento tem uma conexão inseparável com a fé verdadeira e salvífica.

Portanto, a conversão completa do homem não pertence à doutrina da nossa miséria ou da nossa redenção, mas à doutrina da nossa gratidão (Catecismo de Heidelberg, Domingo 33). Às vezes, a palavra "conversão" é usada em um sentido maior e, então, compreende toda a mudança que acontece em uma pessoa para se tornar filho de Deus e cidadão do reino. Assim como Jesus, em João 3, fala apenas da regeneração; e, em Marcos 16:16, apenas da fé como o meio que leva a salvação; em Mateus 4:17 ele menciona apenas o arrependimento. Afinal de contas, não se pode ter um benefício sem o outro. A fé e o arrependimento, em princípio, estão contidos na nova vida da regeneração, e eles inevitavelmente se manifestam exteriormente; no entanto, embora eles não possam ser separados um do outro, é possível distingui-los. Assim, o arrependimento é fruto da regeneração e, ao mesmo tempo, pressupõe a fé, e até aqui o arrependimento continua sendo um dom e obra de Deus, não apenas no começo, mas por toda sua duração.[28] Mas ele é, por causa da nova vida implantada, um ato do homem,[29] que não acontece apenas por um momento, mas perdura a vida toda.

Apesar da sua unidade em essência, o arrependimento difere em forma de acordo com as pessoas em quem acontece e das circunstâncias nas quais acontece. O caminho sobre o qual os filhos de Deus andam é único, mas eles chegam ali de várias formas e com experiências variadas. Vejam que grande diferença há na forma que Deus conduz os diversos patriarcas; que diferença existe nas conversões de Manassés, Paulo e Timóteo! Quão incomuns são as experiências de Davi e Salomão, João e Tiago! E encontramos essa mesma diferença, fora da Escritura, na vida dos pais da igreja, dos reformadores e de todos os santos. Assim que abrimos os olhos para ver as riquezas da vida espiritual, deixamos de julgar os outros de acordo com a nossa medida insignificante. Existem pessoas que conhecem apenas um método e consideram que não houve arrependimento a menos que as mesmas experiências espirituais que as suas aconteçam, mas a Escritura é muito mais rica e ampla que a pequenez desse pensamento. Nesse ponto, esta palavra se aplica: "Há diversidade de dons, mas o Espírito é o mesmo. Há diversidade de ministérios, mas

[28] Jeremias 31:18; Lamentações 5:21; Atos 5:31; 11:18
[29] Atos 2:38; 11:21; Apocalipse 2:5,16ss.

o Senhor é o mesmo. E há diversidade de realizações, mas é o mesmo Deus quem realiza tudo em todos" (1Coríntios 12:4-6). O verdadeiro arrependimento não consiste naquilo que os homens acham, mas no que Deus diz. Na diversidade de providências e experiências, consiste e deve consistir na morte do velho homem e na ressurreição do novo homem.

O que é a morte do velho homem? É uma tristeza sincera por termos provocado a ira de Deus pelos nossos pecados, de forma que odiamos mais e mais esses pecados e fugimos deles.

E o que é a ressurreição do novo homem? É a alegria sincera em Deus por meio de Cristo, é um desejo e amor para viver com todas as boas obras por amor a Deus.

21. Justificação

A regeneração, que se manifesta nos frutos da fé e do arrependimento, abre o caminho para o reino de Deus, de modo que todos que são cidadãos desse reino passam a desfrutar de todos os benefícios pertencentes a esse reino. Podemos resumir tais benefícios em três: justiça, santidade e bem-aventurança. Trataremos do primeiro agora.

Geralmente, define-se justiça como a vontade firme e constante de um ser racional de dar a cada um o que lhe é devido. Em primeiro lugar, ela inclui uma disposição ou atitude espiritual por parte da pessoa a quem é atribuída, e, em segundo lugar, ela inclui uma política e conduta com relação a outros que se origina daquela disposição ou atitude basilar e que reconhece os direitos que lhes são devidos. Embora a Escritura, como veremos, introduza uma modificação a essa ideia comum de justiça ou retidão, ela, ainda assim, procede do mesmo pensamento básico. A retidão é a justiça que uma pessoa carrega e a ação justa que ela faz em relação aos outros.

Nesse sentido, o Antigo Testamento já atribui justiça ou retidão a Deus, que é a Rocha cuja obra é perfeita porque todos os seus caminhos são justos. Deus é fiel, e nele não há pecado; ele é justo e reto (Deuteronômio 32:4). A Escritura não deduz essa justiça como se fosse uma reflexão do Ser divino, mas a atribui a Deus com base na revelação. Ele se fez conhecido dessa forma para o seu povo desde o princípio. Ele não falou em segredo, a algum recanto obscuro da terra, nem disse à descendência de Jacó: Buscai-me em vão. Ele é o Senhor que proclama a justiça e anuncia o que é correto. Enquanto os pagãos adoram um deus que não pode salvá-los, ele se fez conhecido a Israel como Jeová, e além dele não existe outro deus, um Deus justo e um Salvador (Isaías 45:19-21). Como o Senhor justo, ele vive no meio de Israel, não pratica o mal e manifesta a sua justiça a cada manhã (Sofonias 3:5).

Antes de tudo, essa justiça de Deus é manifesta nas leis que ele deu ao povo. Para nós, a justiça consiste no fato de que, em nosso ser e em nossa conduta, nós correspondemos a uma lei. Mas não podemos falar da justiça de Deus nesse sentido, porque não existe lei acima de Deus à qual ele precise se conformar. Sua justiça consiste no fato de que ele se harmoniza perfeitamente consigo mesmo, de modo que todos os direitos e todas as leis têm sua origem nele; e todas essas leis são justas porque ele as concebeu em harmonia com o seu próprio ser e vontade. "Que grande nação", Moisés perguntou, "há que tenha estatutos e preceitos tão justos quanto toda esta lei que hoje ponho diante de vós?" (Deuteronômio 4:8). E os santos respondem: "Os preceitos do Senhor são retos e alegram o coração; o mandamento do Senhor é puro e ilumina os olhos. O temor do Senhor é limpo e permanece para sempre; os juízos do Senhor são verdadeiros e inteiramente justos. São mais desejáveis que o ouro, sim, do que muito ouro puro, mais doces do que o mel que goteja os favos" (Salmos 19:8-11; cf. 119).

Contudo, a justiça de Deus se manifesta ainda mais nisto: ele mantém essas leis em vigor e exige que o seu povo viva de acordo com elas. Ele deu seus mandamentos já ao primeiro homem (Gênesis 2:16), e, igualmente após a queda, ele não abandona nenhuma das suas exigências – seus julgamentos, como o grande dilúvio e a confusão das línguas em Babel, são evidências disso. Ele mantém todos os gentios sujeitos, em suas consciências, à lei (Romanos 1:20,32; 2:15). De forma particular, no entanto, ele exige lealdade de seu povo, Israel, a quem, com amor soberano, aceita como propriedade sua e que, portanto, deve guardar sua aliança, obedecer à sua voz e andar em seus caminhos (Êxodo 19:5). Nesse ponto, nada que o Senhor requer do seu povo é injustificado, porque, de sua parte, ele gastou tudo em sua vinha e espera que ela produza bons frutos (Isaías 5:4). O Senhor lhes revelou aquilo que era bom. E o que mais ele exige deles além de que eles pratiquem a justiça, amem a misericórdia e andem em humildade com o seu Deus?[1]

[1]Miqueias 6:8; Amós 5:14-15; Isaías 1:16-17.

Por fim, sua justiça se manifesta no fato de que ele julga e julgará todos os povos – inclusive o seu próprio povo, Israel – estritamente de acordo com a justiça. Deus é legislador e rei, mas também é juiz (Isaías 33:22), e algumas vezes, contra todas as pessoas que reclamam dizendo que Deus condena a fim de que seja justo (Jó 40:2), a soberania absoluta dos seus atos é enfatizada – essa ênfase repousa sobre o fato de que os moradores da terra são considerados nada diante dele. Deus age no exército do céu e entre os moradores da terra segundo a sua vontade. Ninguém pode deter a sua mão, nem lhe dizer: Que fazes? (Daniel 4:35). Ele é o Criador de todas as coisas, com quem nenhuma criatura pode discutir ou contender (Isaías 45:9). Ele é o oleiro em cuja mão Israel é como barro (Jeremias 18:6; Isaías 10:15). Mas essas declarações de maneira nenhuma servem para representar Deus como um tirano que opera arbitrariamente; pelo contrário, convidam o homem a se humilhar e a se prostrar perante a majestade dos pensamentos de Deus e da incompreensibilidade dos seus caminhos (Isaías 55:8-9). Ele é tremendamente majestoso e poderoso em força; mas não despreza ninguém. Pelo contrário, ele se importa com o homem e o trata de acordo com o que lhe é devido (Jó 36:5; 37:23).

Ele pode fazer isso porque é onisciente e absolutamente justo. No caso de governantes terrenos, normalmente é o oposto, por isso eles são admoestados diversas vezes no Antigo Testamento para não desrespeitarem as pessoas no juízo;[2] não aceitarem subornos;[3] não oprimirem os pobres e os estrangeiros, os órfãos e as viúvas;[4] a inocentarem o inocente, a condenarem o culpado e julgarem as pessoas com um julgamento justo.[5] Porque o que justifica o ímpio e o que condena o justo são igualmente abomináveis para o Senhor.[6] No entanto, o Senhor justo ama a justiça; o seu rosto contempla os justos.[7] Sua destra é cheia de justiça; justiça e julgamento são a habitação do seu trono.[8] Ele é imparcial, não faz discriminação de pessoas, nem aceita suborno.[9] O rico e o pobre são obras de suas mãos.[10] Ele

[2]Deuteronômio 1:17; Levítico 19:15; Provérbios 24:23.
[3]Deuteronômio 16:19; Êxodo 23:8; Isaías 5:23.
[4]Êxodo 23:6,9; Salmos 82:2-4; Isaías 1:12.
[5]Deuteronômio 16:19; 25:1.
[6]Provérbios 17:15,26; 18:5; 24:24.
[7]Salmos 11:7; 33:5; 99:4; Jeremias 9:23.
[8]Salmos 48:11; 89:14; 97:2.
[9]Deuteronômio 10:17; 2Crônicas 19:7.
[10]Jó 34:19.

não olha apenas o exterior, mas sonda os corações;[11] de fato, ele examina a mente e o coração.[12] Um dia ele julgará o mundo em justiça e ministrará julgamento com retidão.[13] Ele será exaltado pelo julgamento e santificado em sua justiça.[14]

—— ▪ ——

No entanto, se a justiça de Deus consiste num trato estritamente de acordo com a justiça e em julgar todos os homens pelo padrão da sua santa lei, como, então, qualquer filho do homem pode ser declarado livre de culpa por Deus e receber o direito à vida eterna?

Certamente, não pode haver dúvidas sobre o fato de que todos os homens, sem exceção, são culpados de transgredirem a lei de Deus e, assim, merecem a punição que ele estabeleceu para a transgressão. Desde a desobediência de Adão, uma corrente ininterrupta de injustiça dominou a raça humana, e a imaginação dos pensamentos do coração humano é continuamente má desde a juventude (Gênesis 6:5; 8:21). Todos nascem impuros; todos se extraviaram, não há ninguém que faça o bem, não, nenhum sequer.[15] Não há ninguém que não peque e ninguém que possa dizer: "Purifiquei meu coração, estou limpo do meu pecado".[16] Se o Senhor se atentasse para o pecado, quem resistiria?[17] Então, se essa é a situação humana, como pode haver justificação diante de Deus e por Deus?

Ainda assim, esse mesmo Antigo Testamento, que proclama tão claramente a pecaminosidade e injustiça de toda a raça humana, vez após outra menciona o justo e o reto de coração que vivem em um mundo cheio de rancor. Assim, Noé é chamado de um homem justo e perfeito em sua geração (Gênesis 6:9; 7:1) e Jó recebe do próprio Deus o testemunho que não existia ninguém como ele sobre a terra – um homem perfeito e íntegro, que teme a Deus e se afasta do mal.[18] Os Salmos também citam constantemente um pequeno grupo de justos

[11] 1Samuel 16:6; 1Crônicas 28:8.
[12] Salmos 7:10; Jeremias 11:20; 20:12.
[13] Salmos 9:8; 96:13; 98:9.
[14] Isaías 5:16.
[15] Jó 14:4; 25:4-6; Salmos 51:7; Salmos 14:3.
[16] 1Reis 8:46; Provérbios 20:9; Eclesiastes 7:20.
[17] Salmos 130:3; 143:2.
[18] Jó 1:1,7; 2:3.

que contrastam com o ímpio e sofrem muito nas mãos deles,[19] e os Provérbios estão cheios do mesmo contraste entre homens.[20] Assim também os profetas fazem uma distinção entre um pequeno núcleo de pessoas que se mantém fiéis ao Senhor e a grande multidão que se entrega à idolatria e iniquidade.[21] Ezequiel faz uma distinção muito nítida entre o justo e o ímpio, e, ao fazer isso, ele não está pensando em grupos entre as pessoas, mas de indivíduos.[22]

Contudo, isso não é a única coisa que nos surpreende no Antigo Testamento. Ainda é mais impressionante que esses justos (os retos de coração, ou como quer que sejam chamados) não têm nenhum medo da justiça de Deus e sequer cogitam o receio de serem destruídos pelo seu juízo. De fato, para os ímpios, essa justiça será terrível,[23] mas os santos fazem dessa mesma justiça a base dos seus apelos e eles oram por respostas para seu clamor e por livramentos, porque Deus é o Deus da justiça (Salmos 4:1; 143:1). Eles esperam que Deus – precisamente por ser o Deus justo que sonda os corações e as mentes – os estabeleça (Salmos 7:9); os guie (Salmos 31:2); os redima (Salmos 34:22); veja que eles são justos (Salmos 35:23ss); os perdoe (Salmos 51:16); os responda e os avive (Salmos 119:40; 143:11); e livre suas almas da tribulação (Salmos 143:11).

Esse apelo do justo para a justiça de Deus às vezes vai um passo além e toma a forma de pedir, de maneira bem inacreditável para nós, que Deus os livre de acordo com as *suas próprias* justiças. Jó não pode admitir que é culpado e está consciente da sua conduta pura e íntegra (Jó 29:12ss; 31:1ss). E, no final, o Senhor confirma sua justiça em relação aos seus amigos (Jó 42:7). Nos Salmos, frequentemente ouvimos o salmista dizer: Julga-me, ó Senhor, segundo a minha justiça e de acordo com minha integridade.[24] Para Isaías, a queixa do povo é esta: "O meu caminho está escondido do Senhor, e o meu direito passa despercebido ao meu Deus" (Isaías 40:27), mas o profeta foi enviado precisamente para proclamar a eles, no nome do Senhor, que isso não era verdade, pois o castigo – a disciplina – será seguido da redenção – o livramento. O tempo de luta já foi cumprido, o seu

[19]Salmos 1:5; 14:5; 32:11; 33:1; 34:16.
[20]Provérbios 2:20-22; 3:33; 4:18; 10:3.
[21]1Reis 19:18. Isaías 1:8-9; 4:3; 6:5.
[22]Ezequiel 3:18ss; 18:5ss; 33:8ss.
[23]Isaías 59:16-18; Jeremias 11:20; 20:12; Salmos 7:12; 9:5-6; 28:4; 129:4.
[24]Salmos 7:9; 17:1; 18:20-25; 24:5-6; 26:1; 37:18.

pecado foi perdoado (Isaías 40:2). E o Senhor faz chegar sua justiça, e sua salvação não tardará (Isaías 46:13), assim como, em seus caminhos redentivos, ele repetidamente intervém nas vidas dos seus santos, fazendo suas sentenças irem até a sua presença (Salmos 17:2) e executando justiça em prol dos necessitados e oprimidos.[25] No fim, ele defenderá a causa do seu povo.[26] O Senhor descobrirá o seu santo braço à vista de todas as nações; fará com que uma palavra de justiça saia da sua boca; e estabelecerá o seu povo por meio da justiça.[27] Ele é um Deus justo e um Salvador (Isaías 45:21) e nele estão a justiça e a força; toda a justiça deles procede de Deus; e, no Senhor, toda a descendência de Israel será justificada e, nele, estará toda a glória deles.[28]

Portanto, é bem evidente pelo Antigo Testamento que não apenas existem pessoas justas em Israel, mas também que elas buscam o seu bem-estar e salvação precisamente na justiça de Deus. É provável que isso nos assuste, porque somos inclinados a opor a justiça de Deus à sua misericórdia, e nós tendemos a pensar que somos condenados pela justiça de Deus e salvos pela misericórdia dele. Todavia, os santos do Antigo Testamento não faziam esse contraste, mas relacionam de maneira bem próxima a justiça de Deus com sua graça e misericórdia, sua bondade e verdade, seu favor e fidelidade.[29] Eles dizem que o Senhor é gracioso e justo (Salmos 112:4; 116:5) e que seus livramentos são evidências da sua justiça.[30] E é por isso que essa justiça, não menos que a sua misericórdia, é objeto da contínua adoração e louvor dos santos.[31]

—— ▪ ——

Mas como tudo isso é possível? Como pecadores podem comparecer na presença santa de Deus como justos e ser justificados? Como podem ter justiça e, segundo a justiça de Deus, ser absolvidos dos seus pecados e de suas culpas, admitidos na sua bendita comunhão?

[25]Salmos 103:6; 140:13; 146:7.
[26]Isaías 49:25; 51:22; Jeremias 50:34; 51:36; Miqueias 7:9.
[27]Isaías 45:23; 51:5; 52:10; 54:15.
[28]Isaías 45:24-25; 54:17.
[29]Salmos 33:5; 40:11; 51:16; 89:15; 103:17; 143:11; Jeremias 9:24; Oseias 2:18.
[30]Juízes 5:11; 1Samuel 12:7; Miqueias 6:5.
[31]Salmos 7:17; 22:31; 35:28; 40:10; 51:16; 71:15.

Será porque Israel era o povo de Deus, tinha o templo em seu meio e oferecia zelosamente seus sacrifícios de animais? Existiam muitos em Israel que confiavam nisso e daí concluíam que o mal não se aproximaria deles, mas os profetas que surgiram no nome do Senhor instruíram o povo de modo bem diferente. Quando Israel se orgulhou de seus privilégios externos, todos os profetas declararam unanimemente que eles eram indignos de confiança, ferindo a mão que os alimentava. "Ó israelitas", diz o profeta Amós (9:7), "não sois vós para comigo como os etíopes? Por acaso não tirei Israel da terra do Egito, e os filisteus de Caftor, e os sírios de Quir?" E contra as pessoas que confiavam em palavras mentirosas, dizendo: "O templo do Senhor, o templo do Senhor, o templo do Senhor", Jeremias pronunciou julgamento (Jeremias 7:14), dizendo, "O Senhor fará a esta casa, que se chama pelo seu nome, o mesmo que fez a Siló". Além disso, em se tratando dos sacrifícios e ofertas, os santos de Israel sabiam muito bem que eles próprios não poderiam satisfazer o Senhor (Salmos 40:9; 51:6). Pela boca dos profetas, o próprio Senhor disse: "Estou farto dos holocaustos de carneiros e da gordura de animais de engorda. Não me agrado do sangue de novilhos, de cordeiros e de bodes".[32]

Será que o fundamento da esperança de salvação entre os santos do Antigo Testamento é a sua própria justiça? É por isso que eles têm tanta esperança para o futuro? Eles acreditam que suas boas obras podem suportar o julgamento de Deus? Essa ideia pode se sugerir as nossas mentes quando observamos, como na pessoa de Jó, quão convencidos eles estão da sua própria inocência (Jó 29:12ss; 31:1ss); quão frequentemente eles apelam para sua própria integridade, fidelidade e justiça;[33] como eles constantemente falam dos seus *direitos* ou *sentenças*;[34] e, por fim, como o próprio Senhor os reconhece como sendo justos.[35] Mas, quando a investigamos mais a fundo, percebemos que tal fundamento logo desaparece.

Afinal de contas, esse apelo dos santos do Antigo Testamento as suas justiças é acompanhado, ou até suplantado, por uma mui

[32]Isaías 1:11; 66:2-3; Jeremias 6:20; Oseias 6:6; Amós 5:21; Miqueias 6:6-8; Provérbios 15:8; 21:27.
[33]Salmos 7:9; 18:21; 26:1; 102:2.
[34]Jó 27:2; Salmos 17:2; 26:1; 35:24; 43:1; Isaías 40:27.
[35]Isaías 53:4-6; 59:12; 64:6.

humilde confissão de pecados. Jó fala não apenas dos pecados da sua juventude, mas também, no fim, ele se abomina e se arrepende em pó e cinzas (Jó 13:26; 42:6). No Salmos 7:9, Davi fala da sua integridade, mas, em outro lugar, lança fora toda a sua justiça, confessa suas transgressões perante o Senhor e se gloria apenas no perdão de pecados (Salmos 32:11). Daniel não recorreu à sua justiça, mas às muitas misericórdias do Senhor (Daniel 9:18). Em Isaías, um Israel santo confessa que todas as suas justiças são como trapos de imundícia; que todos se extraviaram como ovelhas sem pastor; cada um se desviando para o seu próprio caminho; mas o Senhor fez cair a maldade de todos eles sobre o seu servo. Em Salmos 130:3-4, o poeta diz que, caso o Senhor se atentasse para o pecado, ninguém poderia resistir a sua presença, mas o perdão está com ele para que ele seja temido. E todos aqueles santos do Antigo Testamento reconhecem que Deus é justo em sua punição de Israel; eles e seus pais pecaram e se rebelaram contra ele.[36]

Quando os santos em Israel fazem menção da sua própria justiça, eles certamente também pensam em sua conduta correta e íntegra perante a face do Senhor. Eles até oram que o Senhor, o qual sonda os corações, os investigue e veja se há algum caminho perverso neles,[37] mas a justiça e integridade deles não significa uma perfeição moral, segundo a concepção dos fariseus da época de Cristo. Pelo contrário, eles estão pensando em uma integridade moral que tem seu fundamento e sua fonte em uma integridade religiosa: Em outras palavras, em uma justiça da fé, e isso se evidencia pelo fato de que o justo é frequentemente descrito como o pobre, o necessitado, o oprimido, o fiel, o humilde e o manso – aqueles que temem ao Senhor e não têm outra esperança além dele. Eles são aqueles que Jesus mais tarde chamou de pobres de espírito, aqueles que choram, os que têm fome e sede de justiça, os que estão cansados e sobrecarregados, e os pequeninos (Mateus 5:3ss; 11:25,28).

A marca dessas pessoas não é a ausência completa do pecado, mas por, no meio da opressão e perseguição às quais estão expostos por todos os lados neste mundo, colocarem sua confiança no Senhor e buscarem sua salvação e bem-aventurança somente nele.

[36]Amós 3:2; Lamentações 1:18; Esdras 9:6; Neemias 8:33; Daniel 9:14.
[37]Salmos 7:9-10; 17:3; 18:21-25.

O livramento deles não está neles mesmos nem em qualquer outra criatura, mas apenas no Senhor, seu Deus. Consequentemente, Deus também é o Deus deles, o Sol e escudo, refúgio e torre forte, rocha e força, libertador e redentor, glória e o tudo deles (Salmos 18:3; 73:25ss). Eles são seu povo, o rebanho do seu pastoreio, seus servos e seus beneficiários,[38] e buscam a sua salvação, apegam-se à sua palavra, deleitam-se em sua lei e esperam todas as coisas somente dele. Eles não são como os fariseus que, em oposição a Deus, insistiam em seus direitos e privilégios, mas são pessoas que se posicionam ao lado de Deus e que, em aliança com ele, tomam partido contra os inimigos dele.

Quando esse povo, em suas orações e súplicas, recorre à sua justiça e à justiça do Senhor, ele quer dizer que o Senhor é, por causa do seu pacto, obrigado a agir em favor do seu povo contra os seus inimigos, porque esse povo carrega e teme o seu nome. Ele não escolheu o seu povo por tamanho ou número, nem por justiça ou integridade, mas porque o Senhor voluntariamente lhes amou e por causa do juramento que ele fez aos pais deles (Deuteronômio 7:7ss; 9:5-6). O pacto com esse povo é baseado apenas em seu beneplácito e favor, mas, por causa do pacto, é impossível negar que ele está ligado a esse povo e assumiu, por assim dizer, a obrigação de mantê-los, preservá-los e conceder toda a salvação que ele prometeu quando disse a Abraão: "Firmarei minha aliança contigo e com tua descendência, como aliança perpétua em suas futuras gerações, para ser o teu Deus e o Deus da tua descendência" (Gênesis 17:7).

Consequentemente, a justiça de Deus, à qual os santos de Israel constantemente apelaram em meio a suas opressões, é um apelo segundo o qual, por causa do seu pacto, o Senhor é obrigado a livrar o seu povo de todos os seus inimigos. Essa não é uma obrigação que repousa sobre Deus por causa do seu povo, mas que repousa nele por causa dele mesmo. Ele não mais é livre; porém, livremente se vinculou em relacionamento com seu povo. Assim, ele deve a si mesmo, por sua própria aliança e seu juramento, sua palavra e sua promessa, permanecer sendo o Deus do seu povo apesar de toda a injustiça deles. Por isso, lemos tão frequentemente que é por causa do nome de Deus, da sua aliança, de sua glória e de sua honra que ele

[38]Salmos 33:12; 95:7; 100:3.

concede ao seu povo os benefícios que lhes prometeu.[39] Ainda que o povo possa se tornar infiel e apóstata, ele se lembra da sua aliança e a mantém em vigor para sempre.[40] A justiça de Deus a que os piedosos de Israel apelam não contrasta com a sua bondade e salvação, mas está relacionada a elas e permanece em íntima conexão com sua verdade e fidelidade. Ela confina Deus à sua própria palavra e promessa e o obriga, por pura graça, a salvar seu povo de toda opressão.

E foi assim que Deus se comportou no passado, quando vez após outra resgatou Israel dos seus inimigos.[41] Entretanto, ele fará muito mais abundantemente no futuro – assim o era segundo a perspectiva deles – quando estabelecer seu reino entre o seu povo. E, por causa da sua própria justiça – por ser um Deus de justiça, fidelidade e verdade –, ele fará uma nova aliança com eles; perdoará os pecados deles; derramará o seu Espírito sobre eles; e os fará andar em seus caminhos (Jeremias 31:31-34). Mas ele não o fará por causa deles, e sim por sua própria causa, pelo bem do seu grande nome. "Eu, eu mesmo, sou o que apago as tuas transgressões por amor de mim, e não me lembro dos teus pecados" (Isaías 43:25). Ele mesmo outorga a justiça de que Israel necessita,[42] e cria novos céus e uma nova terra onde as coisas passadas não serão lembradas nem recordadas (Isaías 65:17). Naqueles dias, Judá será salva, e Israel habitará seguro; e este é o nome com que será chamado: Senhor, justiça nossa![43]

—— ▪ ——

A ideia de que o próprio Deus concede justiça a seu povo e, assim, o justifica, desenvolve-se ainda mais no Novo Testamento, quando Cristo aparece na terra e, pela sua vida e sua morte, cumpre toda a justiça para sua igreja.

O próprio Jesus apareceu pregando que o tempo havia se cumprido e que o reino de Deus estava próximo (Marcos 1:15). Com isso, ele não quis dizer apenas que em pouco tempo o reino viria, mas também que, em princípio, em sua pessoa e sua obra, o reino já tinha

[39]Salmos 25:11; 31:3; 79:9; 106:8; 109:21; 143:11; Isaías 49:9; Jeremias 14:7,21; Ezequiel 20:9,14,22,44; Daniel 9:19.
[40]Salmos 105:8; 111:5; Isaías 54:10.
[41]Êxodo 2:24; Juízes 2:1; Isaías 37:20.
[42]Isaías 45:24,25; 46:13; 54:17.
[43]Isaías 62:2; Jeremias 23:6; 33:16.

vindo, porque ele é o messias, em quem a profecia do Antigo Testamento sobre o Servo do Senhor obteve seu cumprimento (Lucas 4:17;21), e que agora começa a provar isso pelas suas obras. Pois, quando ele cura enfermos, ressuscita mortos, expulsa demônios, prega o evangelho aos pobres e perdoa pecados, ele incontestavelmente demonstra que é aquele que a profecia prometeu e que o reino de Deus tinha vindo à terra.[44] Nos benefícios que Cristo dá – na redenção espiritual e física –, os tesouros do reino dos céus ficam evidentes.

Entre os tesouros desse reino, Jesus menciona especificamente a justiça. Em Mateus 6:33, essa justiça é mais intimamente relacionada ao reino de Deus e sua justiça, ou, de acordo com outra interpretação, busque primeiro o seu reino e sua justiça, a saber, aquela do Pai celestial mencionada no verso 32. Assim como o reino, a justiça nesse reino também é a propriedade e o dom de Deus, distribuídos por meio de Cristo, portanto, aquele que busca e encontra o reino de Deus recebe, ao mesmo tempo, a justiça que é necessária para se tornar cidadão desse reino.

É por isso que Jesus pode dizer em outra passagem que a posse dessa justiça é uma condição para entrar no reino de Deus. "Se a vossa justiça", Jesus diz, "não superar a dos escribas e fariseus, de modo nenhum entrareis no reino do céu".[45] Essa justiça que Jesus exige dos seus discípulos é bem diferente, bem mais profunda e íntima do que o cumprimento externo da lei com que os judeus estavam contentes. Ela é uma justiça espiritual e perfeita – uma semelhante à do Pai (Mateus 5:20,48). Mas quando Jesus considera essa justiça como necessária para entrar no reino de Deus, ele não quer dizer que uma pessoa deve realizar isso pela sua própria força, pois, se isso fosse necessário, ele não teria sido um messias e seu evangelho não teria sido boas novas. Em vez disso, seu propósito é lançar luz sobre a natureza e o caráter espiritual, além da perfeição, do reino de Deus: ninguém pode entrar nesse reino a menos que esteja em perfeita harmonia com a lei de Deus e desfrute da justiça perfeita.

Mas essa justiça, que, por um lado, é condição e exigência para entrar no reino, por outro configura um dom desse reino, pois é o

---

[44]Mateus 9:2; 10:7,8; 11:5; 12:28.
[45]Mateus 5:20; compare com Mateus 7:21; 1Coríntios 6:10; Gálatas 3:18,21; Efésios 5:5; Apocalipse 22:14.

próprio Cristo que concede todos os benefícios desse reino e também a justiça dele. É um reino de Deus e a sua justiça é uma justiça de Deus (Mateus 6:33), mas, assim como o Pai conferiu o reino a Cristo, ele o confere aos seus discípulos (Lucas 22:29; 12:32), pois o Pai ama o Filho e entregou todas as coisas em suas mãos.[46] Entretanto, o Pai lhe entregou tudo porque ele é o Filho do Homem (João 5:27), isto é, para que ele o alcançasse para si precisamente por meio da obediência até a morte. Ele não veio para ser servido, mas para servir e dar sua vida como resgate de muitos (Mateus 20:28). Em sua morte na cruz, ele permitiu que seu corpo fosse quebrado e seu sangue, derramado, a fim de que o Novo Testamento pudesse ser estabelecido e todos os pecados do seu povo fossem perdoados (Mateus 26:26-28).

Com base na sua designação pelo Pai e do seu próprio sacrifício, ele distribuiu — tanto antes quanto após sua morte — todos os benefícios do reino para os seus discípulos. E ele não apenas curou os enfermos, como também perdoou pecados e conferiu a vida eterna, e conferiu esses benefícios não aos fariseus hipócritas, mas aos publicanos e pecadores, aos cansados e sobrecarregados, aos pobres de espírito e àqueles que têm fome e sede de justiça. Ele não veio para chamar justos, mas os pecadores ao arrependimento (Mateus 9:13) e buscar e salvar o que estava perdido (Lucas 19:10). Não é a justiça própria, mas a regeneração, a fé e o arrependimento que dão acesso ao reino e a todos os seus benefícios, e esse novo nascimento, ou regeneração, é um dom e uma obra do Espírito Santo (João 3:5).

——— ▪ ———

Assim que o Espírito Santo foi derramado no Pentecostes, os apóstolos imediatamente passaram a pregar o Cristo crucificado como o Príncipe e Salvador exaltado por Deus para conceder arrependimento e perdão de pecados a Israel (Atos 2:36,38; 5:30-31). Após o evento da redenção mediante a morte de Cristo, a importância dela poderia, sob a luz da ressurreição e por meio da condução do Espírito, ser plenamente explicada e desenvolvida pelos apóstolos. E nenhum desses apóstolos o fez de forma mais clara e rica do que Paulo, circuncidado no oitavo dia, vindo da descendência de Israel, da

[46]Mateus 11:27; João 3:35; 13:3; 16:15.

tribo de Benjamim, hebreu de hebreus; quanto à lei, fariseu; quanto ao zelo, perseguidor da igreja; quanto à justiça que há na lei, irrepreensível. Mas o que para ele era lucro, passou a considerar perda, por amor a Cristo (Filipenses 3:5-7).

De acordo com o seu próprio testemunho, Paulo lutou por anos e com grande zelo pela justiça que há na lei, e já tinha avançado bastante. Quanto à justiça que há na lei (Filipenses 3:6) e que é obtida pela lei (Filipenses 3:9; Romanos 10:5; 9:32), ele era – por padrões humanos – irrepreensível, ou seja, ninguém poderia dizer nada contra ele; pelo contrário, todos o louvavam. Ele conseguiu honra e prestígio por causa disso, e continuou nesse caminho, ganhando muito com isso (v. 7). Mas, quando agradou a Deus revelar o seu Filho nele, então, por causa da excelência do conhecimento do Senhor Jesus Cristo, ele considerou toda essa antiga justiça como perda, lançando-a fora como algo descartável e inútil; para que, assim, ele pudesse ganhar Cristo e ser encontrado nele, não tendo a justiça que há na lei, mas aquela que provém da fé em Cristo e que vem de Deus mediante a fé.

O apóstolo explica mais de uma vez por que a justiça proveniente das obras da lei é insuficiente. A lei de fato é santa, justa, espiritual e boa; contudo, o homem, sendo carnal, foi vendido como escravo do pecado (Romanos 7:12,14); além disso, ela também não pode vivificar, nem, por seu julgamento, destruir o pecado, porque ela é enfraquecida pela carne (Romanos 8:3; Gálatas 3:21). De fato, ela faz exigências, mas não concede nada e não confere nenhum benefício; em vez disso, apenas diz que o homem que pratica a justiça proveniente da lei viverá por meio dela (Romanos 10:5; Gálatas 3:10,12). No entanto, ela não pode conceder essa vida porque a carne não está sujeita à lei de Deus e nem mesmo pode estar (Romanos 8:7). Em vez de justificar e dar vida, a lei agora é precisamente a força do pecado (1Coríntios 15:56), e, se não houvesse lei, não haveria pecado nem transgressão (Romanos 4:15; 7:8). Mas, na condição de pecado na qual o homem está, a lei desperta o pecado, incita o desejo e faz o homem ansiar pelas coisas proibidas. Em outras palavras, o pecado que vive dentro do homem toma proveito da ocasião dada pelo mandamento para excitar toda espécie de desejo no coração e para pecar excessivamente.[47] Consequentemente, o que a lei pode fazer é dar o

[47]Romanos 5:20; 7:8; Gálatas 3:19.

conhecimento do pecado (Romanos 3:20; 7:7), produzir ira (Romanos 4:15) e colocar as pessoas sob maldição (Gálatas 3:10); mas nenhum homem pode ser justificado pelas obras da lei.[48] Julgado pela lei, o mundo inteiro é considerado culpado perante Deus e sujeito à sua penalidade (Romanos 3:19), porque a ira de Deus é revelada contra toda impiedade e injustiça dos homens.[49]

Contudo, se esse é o julgamento justo que, segundo a lei, Deus pronuncia sobre os homens, então, quem pode ser salvo? Como Jesus disse em Mateus 19:26, Paulo responde assim: para os homens é impossível, mas para Deus todas as coisas são possíveis. Para ele é possível justificar os pecadores e, ainda assim, permanecer perfeitamente justo (Romanos 3:26; 4:5). Deus faz aquilo que ele mais condena em sua lei santa – a justificação do ímpio[50] –, aquilo que ele diz que nunca fará (Êxodo 23:7), mas ele o faz sem pôr em perigo a sua justiça – essa é a maravilha do evangelho.

Deus proclamou sua justiça não apenas na lei, mas no evangelho também, no qual sua justiça é revelada sem a lei, sem sua contribuição, separada dela e, aparentemente, em oposição a ela (Romanos 1:17; 3:20). Esse evangelho existia há muito tempo; ele passou a existir no Paraíso. A justiça de Deus que foi revelada no evangelho tem o testemunho da lei, dos profetas e de todo o Antigo Testamento (Romanos 3:21). Abraão foi justificado pelo evangelho antes da circuncisão (Romanos 4:1ss), Davi também descreveu a bem-aventurança do homem a quem Deus atribui a justiça sem as obras (Romanos 4:6), e Habacuque faz a declaração geral: o justo viverá pela fé (Romanos 1:17; Gálatas 3:11). Mas agora, no tempo presente (Romanos 3:21,26), essa justiça de Deus se manifestou muito mais claramente, porque Cristo se manifestou e se tornou justiça para nós (1Coríntios 1:30).

A lei que foi dada a Israel era um auxílio para a revelação completa da justiça de Deus no evangelho, pois, ao estimular o pecado e produzir o conhecimento dele, ao provocar a ira e colocar as pessoas sob a maldição, a lei se tornou nosso guia para conduzir a Cristo, a fim de que aqueles que estavam sob sua tutela pudessem, na plenitude dos tempos, se achegar a Cristo e serem justificados pela fé (Gálatas 3:22-25). Assim, as pessoas foram preparadas pela disciplina da

[48]Atos 13:39; Romanos 3:20,28; 8:3,8; Gálatas 2:16; 3:11.
[49]Romanos 1:18; Efésios 5:6; Colossenses 3:6.
[50]Deuteronômio 25:1; Salmos 82:2; Provérbios 17:15; Isaías 5:23.

lei para a manifestação do evangelho, mas, igualmente na perspectiva de Deus, a lei serviu para o cumprimento da promessa, porque, antes que Cristo viesse, em sua longanimidade Deus permitiu que as nações andassem em seus próprios caminhos e não levou em conta os pecados do seu povo no sentido de que ele não os puniu como mereciam (Romanos 3:25). É por isso que se tornou necessário que ele manifestasse sua justiça da forma do evangelho, bem diferente da lei (Romanos 3:25-26). Pela lei, ele colocou tudo debaixo do pecado para que a promessa fosse dada aos que creem, não pelas obras da lei, mas pela fé em Jesus Cristo.[51]

Consequentemente, a justiça que Deus revela no evangelho tem a sua própria natureza peculiar. Ela se dá sem a lei e, ainda assim, deve se harmonizar com a lei (Romanos 3:21); além disso, ela deve condenar e, ao mesmo tempo, preservar; além de ser uma manifestação da justiça de Deus, mas também da sua graça (Romanos 3:23-24). Ela deve ser capaz de justificar o ímpio e, mesmo assim, permanecer perfeitamente justa, e isso é feito objetivamente ao apresentar Cristo como uma reconciliação em seu sangue; e, subjetivamente, ao considerar a fé nesse Cristo como justiça (Romanos 4:4-5; Gálatas 3:6). Resumindo, a justiça que Deus revela no evangelho consiste em conceder uma justiça da fé que é diametralmente oposta à justiça das obras da lei,[52] ou seja, é uma justiça de Deus por meio da fé em Cristo (Filipenses 3:9).

Portanto, no ensino das Escrituras sobre a justificação de pecadores, toda ênfase recai sobre o fato de que essa justificação – com base na qual somos absolvidos da culpa e da punição – é dom de Deus. Se fossemos justificados pelas obras da lei, pela obediência dos mandamentos da lei, então, poderíamos nos apresentar perante o julgamento de Deus com a justiça que alcançamos por conta própria, e, assim, daríamos glória, em certo sentido, a nós mesmos (Romanos 4:2). Contudo, a Escritura nos ensina algo diferente: Abraão não fez nada para se vangloriar diante de Deus, porque não foi por obras que

[51]Gálatas 3:22; Romanos 3:9; 11:32.
[52]Romanos 3:21; 4:2-6; 9:32; 10:3; Filipenses 3:9.

ele foi justificado, mas pela fé que lhe foi atribuída como justiça, e ele não recebeu o seu salário de acordo com sua culpa, mas segundo a graça (Romanos 4:4-5).

Consequentemente, a justiça que Deus nos concede em Cristo, uma exigência para permanecermos em sua presença, de forma nenhuma é o fruto do nosso trabalho, mas sim um dom absoluto de Deus – um dom da sua graça –, por isso somos justificados gratuitamente por meio da redenção que há em Cristo Jesus (Romanos 3:24). A graça de Deus é o fundamento mais profundo e a causa final da nossa justificação, mas essa graça não deve ser considerada oposta à justiça de Deus, e sim relacionada a ela. Afinal de contas, Paulo diz, vez após outra, que a justiça de Deus se manifestou no evangelho.[53] Assim também João, em sua primeira carta (1João 1:9), escreve que, se confessarmos os nossos pecados, Deus é fiel e justo para nos perdoar os pecados e nos purificar de toda injustiça. E, Pedro, em sua segunda carta (2Pedro 1:1), diz que alcançamos a fé por meio da justiça do nosso Deus e Salvador Jesus Cristo.

Nessa doutrina está contida a ideia de que Deus – o Deus de justiça – criou, no evangelho, outra ordem de justiça, diferente da que é obtida sob a lei. A antiga ordem também revela a justiça de Deus, mas de tal forma que ele dá sua lei aos homens, os restringe à obediência dessa lei e, no fim, pune ou recompensa os homens de acordo com seu julgamento da sua conduta. No entanto, visto que essa lei se tornou ineficiente por causa do pecado, Deus estabeleceu outra ordem de justiça no evangelho, à qual os homens também devem se sujeitar (Romanos 10:3), mas essa ordem – em si mesma e por meio da fé – concede a justiça que é exigida para que permaneçam diante do trono de Deus. Consequentemente, o evangelho é, ao mesmo tempo, uma ordem de justiça e de graça. A graça consiste em Deus, que poderia nos manter presos à lei e nos condenar por ela, abrir outro caminho de justiça e vida em Cristo, ao passo que a justiça consiste nisto: Deus não nos leva para o seu reino sem justiça e santificação, antes, ele tem uma justiça perfeita cumprida pelo sacrifício de Cristo e que, por graça, é atribuída a nós. Cristo é um dom do amor de Deus (João 3:16; Romanos 5:8) e, ao mesmo tempo, uma manifestação da justiça de Deus (Romanos 3:25). No Calvário, a justiça e a graça se

[53]Romanos 1:17; 3:5,21,22,25,26; 10:3.

uniram, mostrando que a justificação é tanto um ato judicial quanto um ato gracioso de Deus.

Temos que agradecer a Cristo e todos os seus benefícios por essa unidade entre justiça e graça, pois também foi ele quem conquistou o benefício da justiça de que precisamos para permanecer perante julgamento de Deus. No entanto, essa justiça, concedida a nós pela fé, deve ser cuidadosamente diferenciada da justiça que é um atributo do ser de Deus e daquela das naturezas divina e humana de Cristo, porque, se a justiça, que é o atributo de Deus ou do ser de Cristo, fossem o fundamento da nossa justificação, não apenas a morte e a paixão de Cristo perderiam o seu valor, como também o limite entre o Criador e a criatura seria apagado e as naturezas desses dois seriam misturadas de uma forma panteísta. Contudo, a justiça que se torna nossa por meio da fé e que nos justifica diante de Deus foi conquistada pela paixão e morte de Cristo. Deus enviou Cristo para ser uma propiciação por meio da fé em seu sangue, isto é, para ser um meio de reconciliação que realiza a remissão de pecados por meio do poder do sangue derramado e da fé (Romanos 3:25), tornando-se maldição para nós para que, nele, possamos ser feitos justiça de Deus (2Coríntios 5:3; Gálatas 3:13). Uma transação aconteceu entre Cristo e o seu povo; Cristo tomou os pecados e maldições deles e os concedeu sua justiça. Da parte de Deus, ele se tornou para nós sabedoria, justiça, santificação e redenção (1Coríntios 1:30).

Essa justiça de Cristo é tão perfeita e suficiente, que não exige suplementação. Na verdade, não podemos aumentá-la ou amplificá-la de jeito nenhum, porque ela é um todo orgânico. Assim como a lei é um todo, de modo que aquele que guardar toda a lei, mas tropeçar em um mandamento, se tornará culpado de todos eles (Tiago 2:10); a justiça que satisfaz as demandas da lei é uma unidade perfeita como a túnica de Jesus, uma só peça de alto a baixo (João 19:23). Essa justiça não é composta por pedaços ou fragmentos, isto é, ou você a tem por inteiro ou não tem nada dela, pois não podemos pegar uma parte dela e completar o resto por nós mesmos. De qualquer forma, o que temos que poderia contribuir para essa justiça? Certamente não temos as boas obras feitas pela fé, pois a Escritura diz de forma clara que a imaginação dos pensamentos dos corações dos homens é má desde a juventude; que aquele que é nascido da carne é carne;

que a mentalidade da carne é inimiga de Deus e não pode se sujeitar a sua lei; e que todas as suas justiças são como trapos de imundícias.

Se boas obras tivessem que amplificar e completar a justiça que Cristo alcançou, as únicas obras que poderiam ser qualificadas para isso seriam aquelas que o homem regenerado faz pela fé, porque é obviamente verdadeiro que os cristãos podem fazer boas obras; assim como uma árvore boa produz frutos bons, assim um homem bom tira boas coisas do seu bom tesouro (Mateus 12:35). Renovado pelo Espírito de Deus, o cristão, no que diz respeito ao homem interior, deleita-se na lei de Deus (Romanos 7:22). Ainda assim, todas essas obras que surgem da fé são muito imperfeitas e manchadas pelo pecado, de modo que, quando o cristão quer fazer o bem, ele descobre que o mal está constantemente presente com ele (Romanos 7:21). Além disso, todas essas boas obras já presumem a justiça concedida por Cristo e aceita pela fé, portanto, o cristão simplesmente anda nas boas obras que Deus preparou e para as quais, como criação de Deus, ele foi feito em Cristo Jesus (Efésios 2:10).

Portanto, nosso consolo nessa questão da justificação é que toda a justiça de que precisamos vem de fora de nós– isto é, vem de Cristo Jesus –, portanto, não somos nós que devemos trazê-la a existência, pois Deus revela sua justiça no evangelho que ele mesmo provê – uma justiça por meio do sacrifício de Cristo. Sendo assim, a justiça que nos justifica é uma justiça de Deus por meio da fé em Cristo, e seja em seu todo ou em suas partes, ela não depende das nossas obras, mas é, em sua totalidade, perfeita e suficiente – um dom de Deus e um dom gratuito da graça.[54] E se é pela graça, já não é pelas obras; do contrário, a graça já não seria graça (Romanos 11:6). Resumindo, o próprio Cristo é a justiça necessária para comparecermos perante Deus (1Coríntios 1:30). Por meio da sua paixão e morte, ele conquistou o direito da vida eterna para si e para seu povo – que agora está livre de toda culpa e punição –, e de se assentar à direita de Deus.

A justiça que nos justifica, portanto, não deve ser separada da pessoa de Cristo, uma vez que não consiste em um dom material ou espiritual que Cristo nos concede separado de si mesmo ou que podemos aceitar e receber separados da sua pessoa. Não há possibilidade de desfrutarmos dos benefícios de Cristo sem estarmos em

[54]Filipenses 3:9; 2Timóteo 1:9; Tito 3:5.

comunhão com ele; e Cristo invariavelmente traz esses benefícios consigo. Sendo assim, para sermos aceitos diante do julgamento de Deus, sermos absolvidos de toda culpa e de toda punição, e desfrutar da glória de Deus e da vida eterna, devemos ter Cristo, não algo dele, mas o próprio Cristo. Em outras palavras, precisamos tê-lo na plenitude da sua graça e de sua verdade, segundo sua natureza divina e humana, em sua humilhação e exaltação. O Cristo crucificado e glorificado é a justiça que Deus nos concede por meio da graça na justificação, e, quando Deus nos concede Cristo com todos os seus benefícios gratuitamente – sem qualquer mérito da nossa parte e por meio da fé –, então ele, ao mesmo tempo, nos justifica. Ele nos declara livre de toda culpa e punição; e também nos dá o direito à vida eterna, à glória celestial e à sua própria comunhão eterna, fazendo com que, então, possamos ser aceitos diante da sua presença como se nunca tivéssemos pecado – como se tivéssemos alcançado a obediência que Cristo alcançou para nós.

—— ▪ ——

No entanto, existem duas formas pelas quais ela pode ser concedida a nós. Podemos ter posse dela por uma decisão judicial e, com base nisso, tomarmos posse dela mais cedo ou mais tarde. Aquele que é designado em um testamento como herdeiro ganha o direito aos bens transferidos no futuro, mas é possível que apenas anos mais tarde ele consiga realmente tomar posse desses bens. E até quando o direito legal e a posse real coincidem, ainda existe uma grande diferença entre os dois, visto que a propriedade é o domínio jurídico, ao passo que a posse é o domínio real sobre algo. Essa é uma distinção que não encontramos entre os animais, pelo menos não dessa forma, pois um animal pega o que ele pode, mas, para o homem, é diferente. Criado segundo a imagem de Deus, ele deve ter direito a algo para então possuí-lo e usá-lo, tendo em vista que sua honra e seu privilégio é não viver pela ação predatória, visto que pela obra das suas mãos ele come seu próprio pão.

Isso tem aplicação na esfera espiritual, porque temos todo tipo de relacionamento com Deus, que é nosso Criador e nós, suas criaturas. Ele é o oleiro e nós somos o vaso em suas mãos, do mesmo modo que ele é o construtor e arquiteto e, nós, seu templo. Ele é o lavrador e, nós, os ramos da sua vinha, ele também é nosso Pai e, nós, seus filhos. Todos os relacionamentos existentes no mundo entre noivas e noivos, homens e mulheres, pais e filhos, governantes e súditos, e assim por diante, são usados na Escritura para nos ensinar sobre o rico e multifacetado relacionamento que todas as pessoas – e os cristãos em particular – mantêm com ele. Nenhum desses relacionamentos pode ser negligenciado sem que de alguma forma abusemos da sua intimidade. Por exemplo, temos a relação de filho para com Deus, e, embora o filho perdido carregue o sobrenome de filho até quando se desvie, ele será um filho perdido e morto que só será encontrado e tornará a ter vida quando retornar ao Pai, confessando sua culpa.

Todavia, temos um relacionamento legal com Deus, que é o nosso Criador e, assim, também é nosso Legislador, Rei e Juiz. A Escritura nos diz isso diversas vezes,[55] e nossos próprios corações nos confirmam. A noção da lei está lá no fundo em nossa alma; na verdade, essa noção da lei está em todos os lugares e sempre é a mesma. Pode haver uma diferença de conteúdo sobre leis e regras particulares, mas a noção ou sentido da lei é inata. Assim como as noções de tempo, espaço, movimento e vida, também as noções de bem e mal não são aprendidas. A noção de lei é uma das ideias plantadas na natureza humana e que gradualmente são formuladas conscientemente; e não importa quão bárbaro ou não civilizado o povo possa ser, ele se sentirá ofendido e pegará em armas para defender seus direitos. O relacionamento com Deus também está incluído nessa noção da lei em sentido amplo, pois todo homem se sente obrigado em sua consciência a servir a Deus e viver de acordo com suas leis, e também tem a consciência de que, caso desobedeça, será culpado e merecerá a devida punição. A lei do pacto de obras, mesmo violada, ainda opera no coração de todo homem. E a lei moral proclamada por Deus no Sinai simplesmente aperfeiçoou o conteúdo dos seus mandamentos e o dever de guardá-los.

Esse relacionamento com a lei não é destruído pelo evangelho – como muitos dizem –, mas é restaurado e cumprido. A diferença entre a lei e o evangelho não é que, na lei, Deus se manifesta apenas como Juiz, ao passo que, no evangelho, apenas como Pai. Tampouco essa relação deve ser igualada com a diferença entre o Antigo

[55]Gênesis 18:25; Salmos 47:3,8; Isaías 33:22; Hebreus 4:12; Tiago 4:12.

e Novo Testamentos, porque, no Antigo Testamento, Deus também revelou o evangelho em sua graça e misericórdia ao povo de Israel. A lei servia ao pacto da graça; ela sucedeu e era subordinada à promessa; nesse sentido, foi um dom do favor paternal de Deus e da sua sabedoria pedagógica. É verdade que, na pessoa de Cristo, as profundezas das misericórdias de Deus são manifestas mais claramente do que era possível no Antigo Testamento; mas, ainda assim, por um lado, o evangelho da graça não era desconhecido em Israel; e, por outro, a plenitude do evangelho que apareceu em Cristo não foi uma aniquilação, mas sim um cumprimento da lei e dos profetas (Mateus 5:17; Romanos 3:31).

Portanto, Paulo declara vigorosamente que, no evangelho, a justiça de Deus é revelada (Romanos 1:17; 3:21-26), e a unidade e correspondência da lei e do evangelho são manifestas no fato de que a justiça de Deus é revelada em ambas. A diferença é revelada no fato de que, na lei, essa justiça é manifesta de acordo com a regra: "O homem que pratica essas coisas viverá"; ao passo que, no evangelho, essa justiça é revelada sem a lei e segundo a regra: "Aquele que, não pelas obras, mas pela fé naquele que justifica o ímpio, crer terá sua fé atribuída como justiça" (Romanos 4:5). A lei exige uma justiça perfeita e suficiente; o evangelho concede uma justiça perfeita e suficiente por Deus por meio da graça em Cristo. Visto que o homem não poderia e não queria manter a justiça de Deus manifesta na lei, o próprio Deus, pelo dom da justiça em Cristo, restaurou e confirmou sua justiça. Ele põe o seu amor e misericórdia a serviço da sua justiça e cumpre sua própria lei entregando a si mesmo. E, por graça, ele considera a justiça de Cristo como nossa para que possamos cumprir toda a justiça da sua lei, receber a remissão completa de todos os nossos pecados e obter um acesso confiante a seu reino celestial.

— ▪ —

Portanto, a justificação certamente é um ato gracioso de Deus, mas é também um ato jurídico – uma declaração pela qual ele, como Juiz, nos absolve da culpa e da punição, e nos concede o direito da vida eterna. Para o catolicismo romano e para todos aqueles que buscam fundamentar a nossa justificação – seja em parte, seja no todo – no próprio homem (em sua fé, boas obras, no Cristo em nós, no novo princípio de vida ou em o que quer que seja), essa declaração jurídica de justiça sempre é criticada como sendo ilusória e indigna de Deus. Eles argumentam que, se a base da nossa justificação repousa inteiramente em Cristo e fora de nós mesmos e se a fé ou as boas obras não são reconhecidas por Deus como parte da nossa justiça, então, a pessoa justificada não é realmente justa. E, assim, Deus transmite um julgamento irreal e falso sobre ele porque, nesse caso, o homem *não* é o que Deus *proclama* que ele seja.

Contra essa objeção, deve ser suficiente observarmos que a Escritura sempre tem em mente um ato jurídico quando fala de justificação. Ela fala diversas vezes da justificação do pecador diante de Deus e, ao fazer isso, usa um termo emprestado dos tribunais e que sempre tem um significado judicial. Para os juízes de Israel, Deus deu a ordem para declararem o justo como justo e para condenarem o injusto.[56] E ele mesmo revela sua justiça nisto: ele não justifica o ímpio, nem condena o justo.[57] Se essa palavra de Deus é aplicada à esfera espiritual, ela mantém o seu significado jurídico. Assim, por exemplo, Jesus diz que a sabedoria manifesta nele era justificada, isto é, reconhecida como sabedoria, pelas suas obras (Mateus 11:19). E, em Lucas 7:29, Jesus diz que as pessoas que ouviram João (inclusive os publicanos) e receberam o seu batismo, justificaram Deus, isto é, reconheceram a justiça de Deus como sendo justa – o significado moral de *justificar* está ausente nessas passagens.

O mesmo é verdade quando a palavra é usada para a salvação dos pecadores. Porque Paulo não apenas diz que a justiça de Deus foi revelada no evangelho (Romanos 1:19; 3:20ss), mas também declara que Deus justifica aqueles que creem; que, ao fazer isso, ele permanece sendo justo (Romanos 3:26); e que ao que não trabalha, mas crê naquele que justifica o ímpio, sua fé lhe é atribuída como justiça (Romanos 4:5). Ele estabelece a justiça sobre o culpado e o condenado e exclama: "Quem os condenará?" (Romanos 8:33-34) Paulo usa os termos *justificar* e *atribuir justiça* alternadamente (Romanos 4:3,6,11), mas também usa a expressão *ser feito justo* (Romanos 5:19). E, em Romanos 5:18, ele diz: "Assim como por uma só transgressão veio o julgamento sobre todos os homens para a condenação, assim

[56]Deuteronômio 25:1; Salmos 82:2-3; Provérbios 17:15; 24:24; Isaías 5:23.
[57]Gênesis 18:25; Êxodo 23:7; 2Crônicas 6:23.

também por um só ato de justiça veio a graça sobre todos os homens para justificação que produz vida". Desse modo, por toda parte a justificação é considerada um ato jurídico e legal. Ela é um veredito de absolvição pronunciado pelo Juiz celestial sobre o pecador que, segundo a norma da lei, é pecador, mas que, pela fé, aceitou a justiça concedida pelo próprio Deus em Cristo. Julgado assim, ele é justo.

Além do fato de que as Escrituras Sagradas falam claramente da justificação como um ato jurídico ou forense, devemos mostrar para os oponentes da doutrina da justificação que eles têm uma noção equivocada do que a justificação é. Eles dizem que essa absolvição do homem com base em uma justiça exterior a ele é indigna do homem e que ela não causa nenhuma mudança nele. Contudo, essa acusação acaba voltando para eles, porque, se justificam uma pessoa com base na justiça dela, eles certamente devem admitir que essa justiça no homem aqui na terra é muito frágil e imperfeita. Portanto, devem concluir que Deus justifica uma pessoa com base em uma justiça muito insuficiente e, assim, se torna culpado de um julgamento falso. Por outro lado, uma absolvição baseada na justiça que está em Cristo é perfeitamente justa porque foi apresentada perfeitamente pelo próprio Deus no Filho do seu amor. Além disso, embora essa justificação e absolvição do pecado sejam baseadas somente na justiça que está em Cristo, elas se tornam ativas, por meio da fé e no decorrer do tempo, na consciência do homem e realizam mudanças importantes nela. Até a pessoa que foi acusada de um crime sério e foi absolvida por um juiz terreno não é mais a mesma, pois todo o seu relacionamento com a lei é transformado. Da mesma forma, a justificação de Deus opera na consciência do homem e o liberta de todo senso de culpa.

Em certo sentido, a justificação do pecador já aconteceu no conselho da eleição e é objetivamente proferida na ressurreição de Cristo, que foi entregue pelos nossos pecados e ressuscitado para nossa justificação (Romanos 4:25); e no evangelho, que proclama as boas novas de que, na morte de Cristo, Deus se dispõe em um relacionamento de reconciliação e paz com o mundo (2Coríntios 5:19). E, subjetivamente, essa justificação vem ao homem pelo chamado interno e, da parte dele, aceita em fé. A justificação é apenas um elo na corrente da salvação: ela é relacionada, por um lado, à presciência e ao chamado, e, por outro, à santificação e glorificação

(Romanos 8:30). Consequentemente, a justificação no tribunal de Deus se manifesta no tempo por meio da fé na consciência do homem, e a justiça que Cristo conquistou não é um capital morto que está fora dele, mas está incluída em sua pessoa. Nesse sentido, Cristo foi ressuscitado precisamente para que, em seu próprio tempo, ele compartilhasse, por meio do Espírito Santo, todos os seus benefícios com o seu povo. Uma vez que o homem passa a enxergar essa realidade, todo o seu relacionamento com a lei muda imediatamente, tanto que aquele que era pobre se torna repentinamente rico por meio das riquezas que estão em Cristo Jesus, aquele que era culpado de transgredir todos os mandamentos de Deus repentinamente se vê absolvido de toda culpa e punição, e aquele que merecia a punição eterna se vê agraciado com a vida eterna! Com Paulo, podemos glorificar: "Quem trará alguma acusação contra os escolhidos de Deus? É Deus quem os justifica; quem os condenará? Cristo Jesus é quem morreu, ou, pelo contrário, quem ressuscitou dentre os mortos, o qual está à direita de Deus e também intercede por nós" (Romanos 8:33-34).

Por fim, a justificação e santificação não são a mesma coisa e devem ser diferenciadas uma da outra. Aquele que negligencia ou apaga essa distinção acaba estabelecendo uma nova forma de justiça própria no homem; não faz jus à perfeição e suficiência da justiça de Deus manifesta em Cristo; transforma o evangelho em uma nova lei; rouba o único conforto da alma do homem; e torna a salvação dependente dos méritos humanos. Na justificação, a fé apenas tem o papel de receber, como uma mão que aceita algo; por ela, a alma coloca sua dependência somente em Cristo e na sua justiça. É verdade que as Escrituras Sagradas dizem mais de uma vez que a fé é atribuída como justiça a alguém,[58] e, presumivelmente, a força dessa expressão é que a fé toma o lugar da justiça que a lei exige, mas que o pecado não possui. Contudo, nesse ponto, surge a seguinte a pergunta: por que e como essa fé toma o lugar da justiça exigida pela lei? Isso quer dizer que a fé tem um valor moral excepcional, como um bem, uma virtude, que satisfaz a lei?

Existem muitos que se apegam a essa visão e defendem que a própria fé, à parte do seu conteúdo e objeto, justifica sozinha por meio

[58]Gênesis 15:6; Romanos 4:3,5,9,22; Gálatas 3:6.

da sua natureza intrínseca. Contudo, certamente esse não é o ensino da Escritura, porque, se a fé justificasse por causa do seu valor moral, ela tomaria o seu lugar ao lado das obras e dos méritos, em vez de se opor a eles, e sabemos que Paulo deixa claro que a justificação dada no evangelho pela fé é diametralmente oposta a toda justificação pelas obras da lei.[59] Além disso, essa formulação da questão às vezes é trocada por outra, segundo a qual a justificação pela fé é considerada uma justificação pela graça e, consequentemente, exclui toda vanglória e todo mérito (Romanos 3:24; 4:4ss; Tito 3:5). Em Romanos 4:16, o apóstolo expressamente declara que a herança vem pela fé precisamente para que ela venha pela graça; e isso não seria possível caso a fé justificasse o homem por seu próprio valor e poder intrínsecos. Por fim, se a fé, interpretada dessa forma, pudesse exercer tal função, Cristo perderia toda importância na obra de justificação. Então, a única coisa que importaria seria que uma pessoa *cresse*; *no que* ela crê seria irrelevante. A fé, então, justificaria independentemente de ser uma fé em um ídolo, poder demoníaco ou falso profeta. E isso é defendido quando, por exemplo, médicos descrentes recomendam que seus pacientes visitem Lourdes ou um santuário equivalente porque a "fé" tem um "poder de cura".

O testemunho das Escrituras é diametralmente oposto a essa visão. O que realmente importa é precisamente o *conteúdo* e o *objeto* da fé. A fé pode tomar o lugar da justiça exigida pela lei e ser atribuída como justiça porque é uma fé em Cristo Jesus, aquele que foi apresentado por Deus como uma propiciação pelo poder do seu sangue (Romanos 3:25); que morreu, ressuscitou e está assentado à direita de Deus como nosso intercessor (Romanos 8:34); que se tornou justiça para nós (1Coríntios 1:30); e em quem somos feitos justiça de Deus (2Coríntios 5:21). Resumindo, a fé justifica porque, em Cristo, ela passa a desfrutar de uma justiça que é tão perfeita e suficiente quanto a que é exigida pela lei, mas que Deus, pela graça e por meio do evangelho, agora concede em Cristo (Filipenses 3:9). Ela não justifica pelo seu próprio valor moral intrínseco, mas pelo seu conteúdo, a saber, a justiça de Cristo.

Contudo, ainda que seja muito importante ver claramente a distinção entre a justificação e santificação, e mantê-la pura, esses

[59]Romanos 3:20-28; 4:4ss; Gálatas 2:16; 3:11.

dois benefícios nunca estão separados um do outro, nem por um momento. No conselho de Deus, eles não são separados, porque a justificação é apenas um elo na corrente da salvação.

Os que Deus conheceu por antecipação, também os predestinou para ser conformes à imagem do seu Filho, a fim de que ele seja o primogênito entre muitos irmãos. E os que predestinou, a eles também chamou; e os que chamou, a eles também justificou; e os que justificou, a eles também glorificou (Romanos 8:29-30).

Esses benefícios também não estão separados na pessoa e obra de Cristo; porque a justiça não é algo que está fora de Cristo e não pode ser concedida em separado da sua pessoa. O próprio Cristo é a nossa justiça, e ele é, ao mesmo tempo, nossa sabedoria, santificação e redenção (1Coríntios 1:30). Não podemos aceitar um benefício de Cristo sem o outro, porque todos eles estão contidos em sua pessoa, portanto, aquele que aceita Cristo como sua justiça pela fé, o recebe simultaneamente como sua santificação. Cristo não pode ser aceito em partes, por isso aquele que tem Cristo o tem em sua totalidade, e aquele que carece dos seus benefícios também carece da sua pessoa. Por fim, a justificação e santificação também estão inseparavelmente interligadas na fé. De fato, onde quer que haja justificação, essa fé pode ser considerada exclusivamente em sua natureza religiosa como uma confiança na graça de Deus, como uma aceitação de Cristo e da justiça concedida nele por Deus. Contudo, se a fé realmente funciona dessa forma, então ela é uma fé viva e salvadora, sendo preeminentemente obra de Deus (João 6:29) e manifesta sua realidade e poder nas boas obras (Gálatas 5:6; Tiago 2:20ss). Justificar não é a mesma coisa que vivificar; mas, como o pecado e a morte estão intimamente interligados, assim também o estão a justiça e a vida, por isso o justo viverá pela fé (Romanos 1:17). "Assim como por uma só transgressão veio o julgamento sobre todos os homens para a condenação, assim também por um só ato de justiça veio a graça sobre todos os homens para justificação que produz vida" (Romanos 5:18).

— ▪ —

Portanto, a justificação inclui dois benefícios: o perdão de pecados e o direito à vida eterna. Ambos estão relacionados entre si e mantêm as mesmas relações entre si como a obediência passiva e ativa na obra de Cristo. Jesus não apenas restaurou aquilo que Adão, em sua transgressão, estragou, mas também conquistou aquilo que Adão, por meio da obediência da lei, deveria ter alcançado – a vida eterna. Todo aquele que crê em Cristo recebe, em virtude dessa fé, o perdão de pecados;[60] e, nesse mesmo instante, também recebe a vida eterna (João 3:16,36).

Contudo, a maioria das pessoas pensa muito superficialmente sobre o perdão de pecados, considerando algo completamente natural o fato de Deus perdoar pecados e não considerar as imperfeições humanas. Eles apresentam a questão como se Deus precisasse perdoar os pecados para ser um Deus de amor, mas a experiência da vida deve ensinar a essas pessoas algo diferente, uma vez que perdoar, perdoar sinceramente, perdoar de uma forma que não sobre resquício algum da ofensa contra a nossa pessoa exige muito da nossa parte e significa uma vitória sobre nós mesmos que é difícil alcançar. É verdade que o sentimento de ter sido ofendido muitas vezes é indevido em nós; somos afetados por coisas que não deveriam nos afetar e deixamos passar aquilo que deveria nos entristecer profundamente. É verdade que nosso senso de justiça e honra não foi destruído, mas foi danificado e distorcido para a direção errada. Ainda assim, é possível que fiquemos profundamente ofendidos por alguma coisa e que sintamos nossa honra, nosso caráter e nosso nome violados, e é aí que custa muito extinguir completamente os vestígios da ira dos nossos corações e perdoar sinceramente nosso inimigo, de forma que perdoemos a ofensa e nunca mais nos lembremos dela. O perdão sempre pressupõe a violação de um direito e consiste na absolvição da punição merecida.

Tudo isso permanece sendo verdade para os homens, mas o pecado e o perdão assumem um conteúdo mais significativo quando são cometidos contra Deus e perdoados por ele. Deus também reivindica um direito, o direito de ser – em todo tempo, em todo lugar e em todas as coisas – reconhecido como Deus pelos homens e servido e honrado como tal. Esse direito é o princípio e fundamento de todo outro direito e lei, e aquele que entende isso entende toda a ordem da lei e toda a estrutura moral do mundo, porque tudo isso tem sua origem e constância em Deus. Sendo assim, aquele que

[60]Mateus 9:2; Romanos 4:7; Efésios 4:32.

passa a conhecer o pecado dessa maneira – que o interpreta à luz das Escrituras Sagradas, ou seja, o considera, pelo menos em certa medida, como Deus o considera – começará a pensar de outra forma sobre a importância do perdão de pecados. Essa pessoa pode até achar difícil acreditar no perdão de pecados, porque vai totalmente contra a natureza das coisas. Em primeiro lugar, existe o seu próprio coração que o condena e o declara culpado diante da face de Deus. Em segundo lugar, existe a lei, que anuncia a maldição sobre você e o considera merecedor de morte. Em terceiro lugar, existe Satanás, que o acusa recorrendo ao julgamento e à lei. Além disso, existem também as pessoas que o abandonam e acusam seus pecados abertamente. E, por trás de todas essas coisas, ainda se ouve a voz da justiça de Deus, buscando-o, perseguindo-o, agarrando-o e o entregando para o julgamento. Quem, ao refletir e experimentar tudo isso, pode crer no completo perdão de todos os seus pecados?

Mas a igreja de Cristo ousa acreditar, e ela pode e deve acreditar. Em humildade e entusiasmo de coração, ela confessa: *creio na remissão dos pecados*. Eu creio mesmo sem ver, creio ainda que minha consciência me acuse de ter pecado gravemente contra todos os mandamentos de Deus; de não ter guardado nenhum deles; e de ser propenso a todo mal. E a igreja tem um fundamento firme para fazer essa confissão de fé, pois aquele que busca o perdão de pecados fora de Cristo pode até desejar e esperar tal perdão, mas não pode, sincera e convincentemente, crer nele. Essa pessoa iguala tal perdão a um tipo de vista grossa para o pecado e, assim, violenta a seriedade e gravidade do pecado, todavia, o evangelho nos informa que Deus pode perdoar e vai perdoar os pecados porque sua justiça foi completamente vindicada por Cristo. A necessidade de satisfação da santidade de Deus não torna o perdão impossível, mas abre o caminho para ele, o garante e nos faz crer nele, e nos faz crer nesse perdão com uma confiança inabalável. Portanto, tão perfeito é o perdão de todos os nossos pecados, que a Escritura fala que Deus não mais se lembrará deles e os lançará para trás dele.[61] Veja, por exemplo, que o Senhor não olha para o pecado de Jacó nem para a maldade de Israel (Números 23:21).

[61]Isaías 38:17; 43:25; Hebreus 8:12.

Esse perdão já está contido no conselho de Deus e é publicamente proclamado para toda a igreja na ressurreição de Cristo (Romanos 4:25), e também é anunciado de forma geral no evangelho (Atos 5:31) e distribuído particularmente a cada cristão. Contudo, ainda que o cristão desfrute do perdão de todos os seus pecados, ele deve continuamente, de dia em dia, apropriar-se dele pela fé para desfrutar da segurança e do conforto desse perdão. Seria fácil se pudéssemos, com uma atitude de "uma vez salvo, sempre salvo", continuar na vida de acordo com os desejos dos nossos corações. E existem muitos que continuam a viver com base em uma experiência passada e estão contentes com isso, mas a vida cristã não é assim, pois a justiça presente em Cristo Jesus e a fé plantada pelo Espírito Santo dentro de nós não são um pedaço de papel morto. Em longo prazo, nos tornamos participantes do perdão de pecados apenas pela comunhão com o próprio Cristo, e temos segurança e certeza disso com o exercício de uma fé salvífica. Portanto, Jesus coloca a oração pelo perdão de pecados nos lábios dos seus discípulos (Mateus 6:12). Uma humilde confissão dos nossos pecados é o caminho pelo qual Deus prova sua fidelidade e justiça, perdoa nossos pecados e nos purifica de toda injustiça (1João 1:9). E, para que sempre sintamos profundamente o benefício concedido a nós no perdão de pecados, Cristo acrescenta as palavras: *como perdoamos os nossos devedores*. Essa cláusula adicional não constitui o fundamento no qual ousamos pedir a Deus que nos livre dos nossos pecados e também não é a norma segundo a qual pedimos a Deus para nos avaliar, mas descreve a disposição que deve estar presente naquele que ora para desfrutar e apreciar do benefício do perdão. É apenas então que percebemos, em certa medida, o que custou a Deus nos conceder o perdão de pecados em Cristo; é apenas quando arrancamos toda inimizade do nosso coração e perdoamos todos os nossos devedores sinceramente por todas as suas ofensas que apreciamos o que Deus fez por nós. Portanto, só podemos orar por esse grande e inestimável benefício com uma sinceridade de alma completa quando perdoamos de coração o nosso próximo. É verdade que o perdão de pecados aconteceu uma única vez de forma perfeita em Deus, mas ele é concedido a nós e apropriado por nós ao longo das nossas vidas por meio da fé e do arrependimento. A Ceia do Senhor também é evidência disso, porque nela somos lembrados de que Cristo partiu seu corpo e derramou seu sangue para o perdão dos pecados (Mateus 26:28).

O outro lado do benefício do perdão de pecados é o direito à vida eterna. Quando João fala disso, ele está pensando especialmente da nova vida nascida de Deus e plantada em nós pelo Espírito Santo (João 1:13; 3:5). Essa identidade de *filhos de Deus* que ele menciona surge da regeneração e consiste especialmente em ser conformado a Deus (João 1:13; 1João 1:1-3). Mas Paulo geralmente fala de sermos filhos de Deus em outro sentido, pois entende que Deus, com base na justiça em Cristo, nos aceita como seus filhos e herdeiros.

Entre os romanos, as famílias eram nitidamente distintas uma das outras, de modo que cada família tinha seus próprios privilégios e direitos, e, especialmente, suas práticas religiosas. Portanto, um filho só poderia ir de uma família para outra por meio de uma transação formal e legal, por meio da qual o pai natural vendia o seu filho, por assim dizer, para outro pai que vai aceitá-lo como seu. Caso o pai natural já tivesse morrido, a transação poderia acontecer apenas por meio de uma declaração formal dos envolvidos em uma reunião pública. Somente dessa forma um filho poderia ser liberado dos seus deveres para com uma família e ser sujeito a outros.

O apóstolo Paulo provavelmente deriva seu conceito de "adoção" desse fato e, assim, deixa claro o novo relacionamento do cristão com Deus. No Antigo Testamento, essa adoção já tinha sido o privilégio de Israel (Romanos 9:4), consequentemente, Israel era frequentemente chamado de "filho de Deus".[62] Ainda assim, essa adoção é uma bênção da nova aliança, porque os cristãos do Antigo Testamento ainda estavam sob a tutela da lei (Gálatas 3:23; 4:1-3). No entanto, agora Cristo veio na plenitude dos tempos, esteve debaixo da lei e suportou sua maldição para que aqueles que estivessem debaixo da lei fossem redimidos e recebessem a adoção de filhos (Gálatas 4:4-5). Cristo comprou nossa liberdade da escravidão da lei e da morte pela sua morte, e, assim, pertencemos agora a outro — àquele que ressuscitou dos mortos (Romanos 7:1-4) — e fomos aceitos por Deus como seus filhos e herdeiros (Gálatas 4:7). Dessa forma, também recebemos o Espírito do Filho, o Espírito de adoção, o Espírito que pertence a essa herança. Por meio desse Espírito, tornamo-nos conscientes da nossa

[62] Êxodo 4:22-23; Deuteronômio 8:5; Oseias 11:1.

adoção; recebemos a ousadia para nos dirigirmos a Deus como nosso pai; e somos continuamente guiados (Romanos 8:14-16; Gálatas 4:6). De fato, assim como essa adoção está enraizada no plano eterno de Deus (Efésios 1:5), ela também se estende para o futuro, porque, ainda que os cristãos já sejam filhos e tenham os privilégios de herdeiros (Romanos 8:17; Gálatas 4:7), eles, ainda assim, com todas as criaturas, aguardam ansiosamente pela manifestação dos filhos de Deus, isto é, a redenção dos seus corpos (Romanos 8:18-23). É apenas na ressurreição dos mortos, quando o corpo também será perfeitamente redimido, que a adoção se completará.

—— ▪ ——

O benefício da justificação pela fé somente é um grande conforto para o cristão, pois o perdão dos seus pecados, a esperança para o futuro e a certeza da salvação eterna não dependem do grau de santidade que ele alcançou em vida, mas estão firmemente enraizados na graça de Deus e na redenção que está em Cristo Jesus. Se esses benefícios precisassem obter sua certeza das boas obras dos cristãos, eles permaneceriam sempre incertos, porque até o mais santo dos homens está ainda no princípio da obediência perfeita. Consequentemente, os cristãos estariam constantemente divididos entre medo e ansiedade; eles nunca poderiam desfrutar da liberdade que Cristo lhes deu; e, sendo incapazes de viver sem essa certeza, teriam que recorrer à igreja e ao sacerdote, ao altar e ao sacramento, e aos ritos e às práticas religiosas. De fato, essa é a condição de milhares de cristãos tanto dentro quanto fora da igreja romana, os quais não entendem a glória e o conforto da justificação gratuita.

Contudo, o cristão cujos olhos foram abertos para as riquezas desse benefício vê a questão de modo bem diferente. Ele chega ao humilde reconhecimento que as boas obras, sejam entusiasmos emocionais, experiências da alma ou atos externos, nunca poderão ser o fundamento, mas apenas o fruto da fé. Sua salvação está fixada fora dele – em Cristo e sua justiça – e, portanto, pode suportar a força da chuva, inundações e tempestades. Naturalmente, essa confissão, como qualquer outra, pode ser distorcida. Se a fé que aceita Cristo e sua justiça é entendida como uma aprovação racional de uma verdade histórica, então o ser humano ainda pode permanecer frio, indiferente e morto com essa fé. Nesse caso, ele não produz nenhuma boa obra por meio dessa fé e, na verdade, também não aceita a pessoa de Cristo. Contudo, a verdadeira fé conduz o ser humano, atordoado e derrotado pelo senso de culpa, ao próprio Cristo, e essa fé se agarrará apenas à graça de Deus, se gloriará no perdão gratuito dos pecados e, ao mesmo tempo, fará boas obras.

Na verdade, essa fé que repousa somente sobre a graça de Deus em Cristo e, assim, está consciente do perdão de pecados é a única fé que equivale às verdadeiras boas obras, porque, enquanto permitimos que o perdão de pecados dependa, inteiramente ou em parte, dos entusiasmos emocionais de que desfrutamos e das boas obras que realizamos, continuaremos a viver em terror e medo. Assim, não seríamos filhos que agem movidos pelo amor, mas escravos e servos motivados por recompensas e não faríamos o bem simplesmente por ser o bem, isto é, por causa de Deus; pelo contrário, só o faríamos para benefício pessoal, para alcançar o favor por meio dele e ter uma boa aparência aos olhos de Deus. Porém, tudo isso muda quando entendemos pela fé que nossa salvação repousa exclusivamente na graça de Deus e na justiça de Cristo. Dessa forma, deixamos de edificar uma justiça própria e não nos preocupamos com alcançar nossa própria salvação, porque essas coisas já estão firmadas em Cristo Jesus. Confiantes dessa salvação em Cristo, podemos colocar toda a nossa atenção em fazer boas obras para glorificar nosso Pai, e as realizamos não para nós mesmos, mas por amor ao Senhor. Pertencemos a Cristo, ressurreto dentre mortos. para que pudéssemos produzir frutos para Deus (Romanos 7:4). Pela lei, morremos para a lei, a fim de viver para Deus (Gálatas 2:19). Essas obras são, pela primeira vez, obras verdadeiramente boas que procedem da fé, feitas de acordo com a vontade de Deus e direcionadas para a honra dele.

Por conseguinte, a liberdade do cristão, a qual passa a ser desfrutada na justificação, consiste na sua libertação da demanda e maldição da lei. O cristão não é liberto da lei no sentido de que ele pode viver segundo os desejos do seu coração; ou, como é ensinado hoje em dia, que ele pode viver de acordo com a inclinação da sua natureza pecaminosa. Pelo contrário, ele é muito mais sujeito a lei do que antes, porque a fé não anula a lei, mas a confirma (Romanos 3:31). A demanda da lei é cumprida naqueles que não andam de acordo com a carne, mas de acordo com o Espírito (Romanos 8:4). Mas, então, como aqueles que morreram para o pecado viverão nele (Romanos 6:2)? Mas o relacionamento que o cristão passa ter com a lei é muito deferente do anterior, uma vez que ele se sujeita agora pela lei da gratidão; ainda assim, ele está livre de sua demanda e maldição.

Dessa forma, os cristãos do Novo Testamento têm uma vantagem considerável sobre os do Antigo. No Antigo Testamento, a religião continua a ser geralmente descrita como o *temor do Senhor* e os cristãos são frequentemente designados como *servos do Senhor*. É verdade que eles eram filhos, mas filhos na menoridade e, portanto, ainda semelhantes a servos, sendo colocados sob guardiões e tutores até o tempo determinado pelo Pai (Gálatas 4:1-2; 3:23-24). No entanto, quando a plenitude dos tempos veio, Deus enviou seu filho, nascido de uma mulher e debaixo da lei (Gálatas 4:4). Por ter cumprido toda justiça em nosso lugar (Mateus 3:15), por se tornar uma maldição por nós (Gálatas 3:13) e por se tornar pecado por nós (2Coríntios 5:21), Cristo nos livrou da maldição da lei e da sua demanda, e fez isso de maneira perfeita. Não somos mais escravos da lei; pela lei, morremos para a lei. Agora somos servos de Cristo, vivendo para Deus (Romanos 7:1-4; Gálatas 2:19). Não estamos mais debaixo da lei, mas debaixo da graça (Romanos 6:15); permanecemos firmes na liberdade com a qual Cristo nos libertou (Gálatas 5:1). A norma "Faça isso e viverás" não vale mais para nós, pois a ordem é completamente diferente, uma vez que vivemos pela fé e agimos de acordo com a lei porque a apreciamos segundo o homem interior. Assim, a lei se tornou ineficaz contra os cristãos e não pode os acusar mais, porque sua culpa foi carregada por Cristo e sua demanda, satisfeita por ele. A lei não pode mais os condenar, porque Cristo assumiu sua maldição sobre si e suportou todas suas punições. Nem Satanás pode recorrer à Lei para acusar os cristãos, pois quem trará alguma acusação contra os escolhidos de Deus, se é o próprio Deus que os justifica e se é o Cristo, que morreu e está glorificado, que intercede por eles no céu? (Romanos 8:33-34).

Ao mesmo tempo que uma mudança acontece no relacionamento dos cristãos com a lei, com suas exigências e com sua maldição, uma mudança também acontece no relacionamento deles com todas as coisas e com todo o mundo. Quando somos reconciliados com Deus, somos reconciliados com todas as coisas, e, quando estamos em um relacionamento adequado com Deus, também passamos a estar em um relacionamento adequado com o mundo, pois a redenção em

Cristo é uma redenção da culpa e da punição do pecado, mas também é uma redenção do mundo, que pode nos prender e oprimir. Sabemos que o Pai amou o mundo e que Cristo conquistou a vitória sobre o mundo. Portanto, o mundo ainda pode nos oprimir, mas não pode tirar o nosso ânimo (João 16:33). Como filhos do Pai celestial, os cristãos não ficam ansiosos com o que eles vão comer, beber e vestir, porque Deus sabe que eles precisam de todas essas coisas (Mateus 6:25ss). Eles não acumulam tesouros sobre a terra, mas ajuntam seus tesouros no céu, onde a traça e a ferrugem não consome, e os ladrões não invadem nem roubam (Mateus 6:19-20). Eles são como desconhecidos, porém bem conhecidos; como quem está morrendo, mas vivendo; castigados, porém não mortos; entristecidos, mas sempre alegres; pobres, mas enriquecendo a muitos; nada tendo, mas possuindo tudo (2Coríntios 6:9-10). Eles não se atormentam com a atitude de "não proveis e não toqueis", mas consideram todas as coisas criadas por Deus como boas e as aceitam com gratidão (Colossenses 2:20ss; 1Timóteo 4:4). Eles permanecem e trabalham na condição em que foram chamados e não são servos de homens, mas de Cristo somente (1Coríntios 7:20-24). Eles não veem as suas provações como punição, mas uma disciplina, um símbolo do amor de Deus (Hebreus 12:5-8), e são livres de todas as criaturas, porque nada pode lhes separar do amor de Deus que está em Cristo Jesus, nosso Senhor (Romanos 8:35,39). De fato, todas as coisas são deles, porque eles são de Cristo (1Coríntios 3:21-23), e todas as coisas cooperam para o bem daqueles que amam a Deus e são chamados segundo o seu propósito (Romanos 8:28).

O cristão, justificado em Cristo, é a criatura mais livre do mundo. Pelo menos, deveria ser.

22. Santificação

A imagem de Deus não consiste apenas em conhecimento e justiça, mas também em santidade. Dessa forma, a redenção do homem não deve apenas restaurá-lo a uma relação adequada a Deus, mas também renová-lo internamente segundo a demanda da sua santa lei. O pecado é culpa, mas também é corrupção, e, nesse sentido, a justificação livra o homem da sua culpa, ao passo que a santificação o liberta da corrupção do pecado. A primeira transforma a sua mente, enquanto a segunda transforma o seu ser. Por meio da justificação, o homem passa a viver em um relacionamento correto novamente; por meio da santificação, ele se torna bom novamente e capaz de fazer o bem.

A palavra *santo* ocorre praticamente a cada página das Escrituras. Não é possível saber com certeza o significado original e natural da palavra hebraica traduzida por *santo*, pois, na Escritura, a palavra nunca é usada no sentido natural e original, mas sempre tem um significado religioso. Ainda assim, a palavra usada na Bíblia muito provavelmente veio de uma raiz que significava *ser cortado* ou *separado*. Também não é possível dizer de forma definitiva qual sentido a palavra foi introduzido pela primeira vez em uma discussão religiosa. De acordo com alguns, pessoas e coisas foram chamadas pela primeira vez de santas por terem sido separadas das outras pessoas e coisas e terem sido, por assim dizer, removidas do uso comum. O antônimo da palavra *santo* é profano, não consagrado, vil e ímpio.[1] De acordo com outros estudiosos, a palavra originalmente significava, em referência a assuntos religiosos, que pessoas e objetos estavam em um

[1]Levítico 10:10; 1Samuel 21:5; Ezequiel 22:6.

relacionamento especial com Deus e, nesse sentido, eram diferentes dos outros. Muito pode ser dito acerca dessa visão de que as pessoas e coisas por natureza nunca são santas, mas só podem se tornar santas por meio de uma ação definitiva que acontece com elas. Além disso, elas também não podem se santificar, porque toda santidade e santificação procede de Deus. Jeová é santo e, portanto, ele deseja um povo, sacerdócio e templo santos.[2] É ele que designa aqueles que são seus e aqueles que são santos (Números 16:5).

Consequentemente, vez após outra Deus é chamado de *o Santo* no Antigo Testamento. Apenas em Daniel 4:8,9,18 e 5:11 que Nabucodonosor também fala dos seus santos deuses. Essa palavra *santo*, quando usada em referência ao Ser Divino, não pretende designar um atributo particular que ele tem dentre outros; em vez disso, ela é usada para manifestar sua grandeza, sublimidade, majestade e inacessibilidade divina. Não há ninguém santo como o Senhor, porque não há outro além dele: nem há outra rocha como o nosso Deus (1Samuel 2:2). Ele é Deus, e não homem (Oseias 11:9), e ninguém é capaz de permanecer diante desse Deus santo (1Samuel 6:20). Ele é exaltado acima de todos os deuses, poderoso em santidade, admirável em louvores, capaz de maravilhas (Êxodo 15:11). Ele é tremendo desde o seu santuário (Salmos 68:35); seu nome é grande e tremendo (Salmos 99:2,3); jurar pela sua santidade é jurar por ele mesmo (Amós 4:2; 6:8). Em suma, a santidade aponta para Deus em sua distinção e elevação com relação as suas criaturas. Ele é o Santo, porque é Deus. Especialmente Isaías gosta de fazer uso dessa palavra para Deus.[3]

A santidade de Deus se manifesta em todos os relacionamentos iniciados com o seu povo. O primeiro princípio de toda a lei de Israel está fundamentado na santidade de Jeová e tem por finalidade a santificação do povo. Ele é santo em toda sua revelação e em tudo que procede dele: seu nome é santo (Levítico 20:3); seu braço é santo (Salmos 98:1); sua aliança é santa (Daniel 11:28); sua palavra é santa (Salmos 105:42); seu Espírito é santo (Salmos 51:11; Isaías 63:10,17). Portanto, ele quer que seu povo seja santo também.[4] Dentre esse povo, ele particularmente deseja que os sacerdotes e levitas, os quais ministram as coisas santas e são consagrados para o seu ofício por

[2]Êxodo 19:6; 29:43; Levítico 11:45ss; 19:2.
[3]Isaías 5:16; 6:3; 29:23; 30:11-12; compare com Ezequiel 37:28; 39:7; Habacuque 1:12; 3:3.
[4]Êxodo 19:6; 29:43-46; Levítico 11:44; 19:2.

cerimônias especiais, sejam santos (Êxodo 29). Na verdade, tudo que esteja em alguma relação com o culto a Deus – sejam lugares, tempos, ofertas, vestes sacerdotais ou o templo – deve ser dedicado ao Senhor como santo. Todo o significado da entrega da lei é que Israel deve ser uma nação sacerdotal e um povo santo para o Senhor (Êxodo 19:6), e o povo de Israel é realmente santo se corresponder em tudo à lei que o Senhor lhes deu.

Devemos lembrar que essa lei em Israel abrangia não apenas mandamentos morais, mas também diversas leis cívicas e cerimoniais. Portanto, a santidade consistia em perfeição (em uma correspondência completa da lei), porém essa perfeição não era apenas de natureza moral, mas cívica e cerimonial também. No entanto, as pessoas frequentemente caíam em uma unilateralidade e buscavam a essência da religião na pureza externa e levítica. Consequentemente, os profetas tinham que protestar e proclamar que a obediência era melhor do que o sacrificar; e o atender, melhor que a gordura de carneiros (1Samuel 15:22). Eles precisavam dizer que Deus quer misericórdia, e não sacrifícios; e o conhecimento de Deus mais do que os holocaustos (Oseias 6:6). Os profetas precisavam pregar que o Senhor não exigia nada além do que a prática da justiça, o amor à misericórdia e o caminhar em humildade com Deus (Miqueias 6:8). Eles enfatizaram que a santidade de Deus consiste especialmente em sua perfeição moral, em sua transcendência e em seu contraste com a pecaminosidade das criaturas (Isaías 6:3-7). Quando o povo profana o seu nome e aliança, ele se santifica em justiça (Isaías 5:16; Ezequiel 28:22). Como o Santo, ele certamente punirá o inimigo a fim de que saibam que ele é o Senhor (Jeremias 50:29; Ezequiel 36:23; 39:7). Mas ele libertará seu povo ao purificá-los de toda injustiça, estabelecendo uma nova aliança com ele e fazendo-os andar em seus caminhos com um novo coração (Jeremias 31:31-31; Ezequiel 36:25-29). E ele não fará isso por causa de Israel, mas por causa do seu grande nome (Isaías 43:35; Ezequiel 36:22).

—— ▪ ——

Da mesma forma que Deus, no Novo Testamento, concedeu, em Cristo, justiça ao seu povo, no Filho do seu amor ele lhes deu santidade. Cristo é nossa santidade e santificação, da mesma forma e no mesmo sentido que ele é nossa sabedoria e redenção. Devemos saber que ele foi, antes de tudo, alguém que desfrutou de uma santidade pessoal, porque, caso contrário, ele não poderia conquistar santidade nenhuma para nós. Aquele que foi concebido em Maria pelo Espírito Santo e nasceu dela era o Santo e lhe foi dado o nome de Filho de Deus (Lucas 1:35). Mais tarde, em seu batismo, ele recebeu o Espírito Santo sem medida e estava cheio dele (Lucas 3:22; 4:1). Aqueles que estavam possuídos por demônios o reconheceram como o Santo de Deus (Marcos 1:24; Lucas 4:34), e os discípulos, pela boca de Pedro, confessaram: "Senhor, para quem iremos? Tu tens as palavras de vida eterna. E nós cremos e sabemos que tu és o Santo de Deus" (João 6:68). Em Atos 4:27 (compare com 3:14), o mesmo apóstolo chama Cristo de santo Filho de Deus (ou santo Servo de Deus); já em Apocalipse 3:7, Cristo se chama de Santo e Verdadeiro. Assim como Cristo estava consciente da sua impecabilidade,[5] todos os seus apóstolos também testificam que ele não cometeu erro algum e que não havia engano em sua boca.[6]

No entanto, devemos fazer uma distinção em Cristo entre a santidade que ele tinha por natureza e a que ele conquistou por sua obediência perfeita. Ser concebido e nascido santo tinha, primeiro, este benefício: poder ser o nosso mediador (Catecismo de Heidelberg, Resposta 16); mas também tinha este outro benefício: sendo nosso Mediador, com sua inocência e perfeita santidade, ele cobre diante de Deus o meu pecado no qual fui concebido e nascido (Catecismo de Heidelberg, Resposta 36). Ele imediatamente tornou a santidade com a qual nasceu parte daquela santidade que ele, ao longo da sua vida até sua morte, precisou conquistar para sua igreja. Por exemplo, sabemos que o Pai já o santificou antes da encarnação ao consagrá-lo ao ofício de Mediador; e ele foi enviado ao mundo precisamente para isso (João 10:36). Além disso, Cristo se santificou e se entregou à vontade do seu Pai antes de ser concebido por Maria e nascer; sua encarnação já era um cumprimento da vontade do Pai, um ato de santificação (Hebreus 10:5-9). Todavia, não era suficiente que Cristo fosse santo: ele precisava se santificar desde o momento da sua concepção até a hora da sua morte.

[5]Mateus 12:50; João 4:34; 8:46.
[6]2Coríntios 5:21; Hebreus 4:15; 7:26; 1Pedro 1:19; 2:22; 3:18; 1João 2:1; 3:5.

Afinal de contas, como mediador, ele foi sujeito aos julgamentos e às tentações mais severas, as quais ocorreram especialmente após ele ter recebido o batismo, quando foi ungido pelo Espírito Santo e iniciou o seu ministério público. A tentação que lemos nos evangelhos era o começo de uma vida cheia de lutas; quando essa tentação terminou, o diabo afastou-se dele apenas por um período (Lucas 4:13). Não podemos imaginar como essas tentações eram, mas lemos que ele se tornou como seus irmãos *em todas as coisas* e que foi tentado em todas as coisas, porém sem pecado (Hebreus 2:17; 4:15). Não temos uma só fraqueza que ele não conheça e nenhuma tentação na qual ele não possa nos ajudar, porém, enquanto nós sucumbimos a todo momento, ele permanece fiel até o fim; ele foi tentado em todas as coisas, mas sem pecado; ele foi obediente até a morte, e morte de cruz (Filipenses 2:8). Ele não orou para que fosse poupado da morte, mas ofereceu orações e súplicas com grande clamor e lágrimas para aquele que era capaz de salvá-lo da morte, a fim de que permanecesse firme em seu sofrimento e pudesse, por sua morte, conquistar a vida. E ele foi ouvido nessa oração (Hebreus 5:7).

Mas, embora fosse o Filho, ele tinha de aprender a obediência por meio das coisas que sofreu (Hebreus 5:8). Ele foi obediente desde o princípio e, na verdade, ele *queria ser* obediente: a sua comida era fazer a vontade do Pai (João 4:34). Entretanto, em sua paixão, ele recebeu a oportunidade de comprovar essa obediência; no seu sofrimento ele precisava transformar a sua disposição e sua vontade para obedecer em ação. Assim, ele foi santificado por meio das coisas que sofreu (Hebreus 2:11; 5:9). Santificado não em um sentido moral, mas, tendo consumado sua obra, ele concluiu o que tinha sido proposto e, assim, por causa da paixão da sua morte, foi coroado com glória e honra (Hebreus 2:9; 12:2). Então, ele se tornou Autor da salvação dos filhos de Deus e o Consumador da fé (Hebreus 2:10; 12:2). Ao carregar a cruz e desprezar a vergonha com a perspectiva da alegria que o aguardaria após sua humilhação, ele se tornou o iniciador, o pioneiro e o agente da salvação do seu povo; e, simultaneamente, aquele que inicia e termina essa fé neles. Ao se aperfeiçoar no caminho da obediência, ao buscar a glória à direita do Pai em nenhum outro lugar senão na mais profunda humilhação, ele se tornou o autor da salvação eterna de todos aqueles que lhe obedecem (Hebreus 5:9). Além disso, ele se santificou e se entregou para a morte como sacrifício a fim de que seus discípulos pudessem ser santificados na verdade (João 17:19), e, da parte de Deus, ele se tornou para nós santificação (1Coríntios 1:30).

— ▪ —

A fim de entender a santificação dos cristãos de maneira correta, devemos ver claramente que Cristo é nossa santificação no mesmo sentido que ele é nossa justiça. Ele é um Salvador perfeito e suficiente, e não conquista sua obra apenas parcialmente, mas nos salva de forma real e perfeita, bem como não abandona sua obra até que tenha nos feito desfrutar plenamente da vida eterna e da bênção celestial. Portanto, pela sua justiça, ele não apenas nos restaura à condição de justos – daqueles que permanecem livres do julgamento de Deus –, de modo que deixa o resto em nossas mãos para que, por assim dizer, continuemos para conquistar a vida eterna ao fazer boas obras e nos conformarmos à imagem de Deus. Não, Cristo também termina toda essa obra para nós. Ele carregou a culpa e a punição do pecado por nós e também guardou a lei por nós e conquistou a vida eterna. Sua obediência era tanto *passiva* quanto *ativa* – e ambas simultaneamente.

Sua ressurreição foi a evidência disso. Por ela sabemos que Deus não deixou sua alma no inferno (entendido aqui, é claro, não como o lugar dos condenados, porque a alma de Cristo após sua morte estava no paraíso, mas como o túmulo, o reino dos mortos, onde Cristo também esteve enquanto permaneceu morto). Deus não permitiu que o seu Santo sofresse corrupção, mas o fez conhecer os caminhos da vida e o encheu de alegria na presença dele (Atos 2:27-28; 13:35-37). Em conformidade com o Espírito de santidade que habitava nele, após a sua ressurreição ele foi designado e apontado com poder por Deus como seu Filho (Romanos 1:4) para ser um Príncipe e Salvador, para conceder arrependimento e o perdão de pecados a Israel (Atos 5:31), para ser um Príncipe de vida que conquistou vida eterna e agora a concede ao seu povo (Atos 3:15).

E essa santificação alcançada por Cristo para sua igreja não permanece alheia a nós, mas realmente é compartilhada conosco, uma vez que, na justificação, somos declarados livres da culpa e da punição com base na justiça que está fora de nós – em Cristo Jesus. Por meio da graça de Deus, ela é considerada nossa e a recebemos em fé, no entanto, na santificação, a santidade de Cristo certamente é derramada em nós pelo Espírito Santo. Portanto, quando o catolicismo romano fala de uma graça que é derramada em nós, não temos nenhuma objeção quanto a isso; contestamos apenas o fato de que essa graça é considerada uma parte da justiça pela qual somos declarados livres diante de Deus. Porque, se fosse assim, a justificação e a santificação, a libertação da culpa e a remoção da corrupção se confundiriam. Assim, Cristo seria destituído da perfeição dessa justiça conquistada e o cristão perderia o seu conforto e segurança. Mas realmente existe essa graça infundida; Cristo realmente está em nós e trabalha em nós; existe tanto uma renovação segundo a imagem de Deus quanto uma transposição para um estado de justiça; e existe tanto uma mudança em nossa condição moral quanto em nossa relação com Deus.

Na verdade, essa santificação deve ser mantida com a mesma determinação e força que a justificação. Sempre houve aqueles que consideram o perdão de pecados como um grande benefício de Cristo e negam a renovação interior dos homens segundo a imagem de Deus, ou, pelo menos, a negligenciam. Eles dizem que, se uma pessoa é justificada e está consciente disso em fé, ela não precisa de mais nada e também defendem que a consciência do perdão de pecados já a torna uma pessoa diferente. Em suma, segundo essa perspectiva, a justificação e a regeneração são dois nomes para a mesma realidade.

Agora, o cristão, que crê com genuína fé que todos os seus pecados foram perdoados somente pela graça e pelos méritos de Cristo, certamente se torna uma pessoa diferente. Ele se sente absolvido de toda culpa; sendo justificado pela fé, ele encontrou paz com Deus; desfruta da liberdade que Cristo conquistou para ele; e, com Davi, pode regozijar-se e dizer: "Bem-aventurado aquele cuja transgressão é perdoada e cujo pecado é coberto! Bem-aventurado o homem a quem o Senhor não considerou sua injustiça!" Essa mudança pode, em certo sentido, até ser chamada de regeneração e renovação da consciência.

Mas se alguém inferir a partir disso que a justificação e a regeneração são exatamente a mesma coisa, ele está em erro e vai absolutamente contra o testemunho das Escrituras Sagradas. Afinal, a verdadeira fé salvífica – que aceita a justiça de Cristo e se torna consciente do perdão de pecados – não surge do homem natural, mas é um fruto da regeneração e, portanto, já pressupõe uma mudança espiritual realizada pelo Espírito Santo. E a calorosa alegria e paz de que o cristão desfruta por causa da certeza do perdão dos seus pecados são atributos do homem espiritual, que, em comunhão com Cristo, ressuscitou da morte no pecado.

Além disso, uma distinção precisa ser feita entre o estado no qual uma pessoa está e a condição na qual ela se encontra. Eles estão tão separados, que uma pessoa inocente às vezes é acusada e condenada e uma pessoa culpada às vezes é absolvida. Portanto, o estado de uma pessoa ainda não muda a sua condição, e o contrário também não ocorre, e isso é verdade na esfera natural, mas também o é na espiritual. O pecado não se limita à culpa, sendo também corrupção; por isso somos libertos do primeiro pela justificação e do segundo pela santificação. A salvação perfeita não consiste apenas no conhecimento e na justiça, mas também na santificação e redenção, por isso Cristo nos entregou ambas: a remissão de pecados e a vida eterna.

Assim, podemos concluir que a Escritura distingue claramente a justificação da regeneração. A promessa do Antigo Testamento continha a ideia de que, na nova aliança, o Senhor perdoaria a injustiça do seu povo, mas também continha a ideia de que daria um novo coração, no qual escreveria sua lei.[7] Ele poria o seu Espírito dentro deles e os faria andar em seus estatutos; e eles obedeceriam e praticariam os seus mandamentos (Ezequiel 36:27). Para cumprir essa promessa, Cristo não apenas deu sua alma como um resgate por muitos, mas, após sua exaltação à direita do Pai, também enviou o Espírito Santo para que esse Espírito habitasse e agisse na igreja. Já observamos anteriormente o que o seu Espírito realiza na igreja: no Espírito e por meio dele, Cristo partilha de si e seus benefícios com o seu povo.

Consequentemente, após Paulo, em sua carta aos Romanos, ter lidado com o assunto da justificação, ele procede para o tema da santificação no capítulo 6. Assim como hoje, também existia, nos dias dos apóstolos, a noção de que a doutrina da justificação pela graça afetaria negativamente a vida moral. Os defensores dessa posição temiam que as pessoas, incitadas por essa confissão, continuariam

[7]Jeremias 31:33-34; Ezequiel 36:25-26.

em pecado a fim de que o bem viesse e a graça abundasse (Romanos 3:8; 6:1). Paulo refuta essa acusação e alega que, para aqueles que morreram para o pecado, é impossível que continuem a viver nele (Romanos 6:2).

O seu argumento é que os cristãos, os quais pela fé receberam o perdão de pecados e a paz com Deus, também foram, pelo testemunho do seu batismo, mortos com Cristo em sua morte e ressuscitados com ele para uma nova vida (Romanos 6:3-11). Para Paulo, os cristãos sempre são pessoas que não apenas aceitaram a justiça de Deus em Cristo para a remissão de pecados, mas também morreram e ressuscitaram pessoalmente em comunhão com Cristo; portanto, eles estão mortos para o pecado e vivos para Deus.[8] Em outras palavras, a morte de Cristo não tem apenas força justificadora, mas também santificadora (2Coríntios 5:13), e a fé verdadeira aceita Cristo não apenas como justificação, mas também como santificação: na verdade, uma é impossível sem a outra, porque Cristo não está dividido e os seus benefícios são inseparáveis da sua pessoa. Ele é, de uma só vez, nossa sabedoria, justiça, santificação e redenção (1Coríntios 1:30); ele se tornou isso da parte de Deus e, para tanto, nos foi dado por Deus.

Dessa forma, a santificação a ser desfrutada por nós foi perfeitamente alcançada em Cristo, embora existam muitos cristãos que, pelo menos em sua vida prática, pensam de forma diferente. Eles reconhecem que são justificados pela justiça alcançada por Cristo, mas defendem (ou pelo menos agem como se defendessem) que eles precisam ser santificados por uma santidade a ser alcançada por ninguém mais que eles próprios. Se isso fosse verdade, então, nós, em clara contradição ao testemunho apostólico,[9] não estaríamos vivendo debaixo da graça em liberdade, mas debaixo da escravidão da lei. No entanto, a santificação evangélica distingue-se claramente da santificação legalista tanto quanto a justiça de Deus revelada no evangelho se distingue (não em seu conteúdo, mas no modo de desfrutá-la) daquela que foi exigida pela lei. Ela consiste nisto: em Cristo, Deus nos concedeu a santificação perfeita com a justificação, e ela foi concedida a nós como uma posse interior, mediante a regeneração e a operação renovadora do Espírito Santo.

[8]Gálatas 2:20; 3:27; Colossenses 2:12.
[9]Romanos 6:14; Gálatas 4:31; 5:1,13.

Portanto, a santificação é obra de Deus – tanto uma obra da sua justiça quanto da sua graça. Primeiro, ele reconhece Cristo e todos os seus benefícios como nossos e, depois, o compartilha conosco em toda a sua plenitude. Porque é ele que circuncida os corações (Deuteronômio 31:6); que tira o coração de pedra e o troca por um coração de carne (Ezequiel 12:19); que derrama o seu Espírito sobre eles (Joel 2:28); que cria um espírito novo dentro deles (Ezequiel 11:19; 36:26); que escreve sua lei em seus corações; os faz andar em seus caminhos; e os torna povo seu.[10] A questão é enfatizada ainda mais no Novo Testamento, no qual lemos que os cristãos são feitura de Deus, criados em Cristo Jesus (Efésios 2:10), novas criaturas (2Coríntios 5:17; 6:15) e obra de Deus (Romanos 14:20). Eles também são chamados de lavoura e edifício de Deus,[11] e lemos que todas as coisas são de Deus (2Coríntios 5:18). Quando eles foram mortos com Cristo e ressuscitados com ele, também foram lavados e santificados,[12] e continuarão sendo santificados no futuro,[13] até que tenham sido completamente conformados com a imagem do Filho.[14] A corrente da salvação não pode ser quebrada, porque ela é a obra de Deus do princípio ao fim. Os que ele conheceu, chamou e justificou são os que ele também glorificou (Romanos 8:30).

—— ▪ ——

Com base nessa obra de santificação que Deus produz por meio do Espírito de Cristo na igreja, os cristãos são frequentemente chamados de *santos* nas Escrituras Sagradas. Israel já era chamado assim antes (Êxodo 19:6), visto que eram o povo separado das outras nações para serem o povo do Senhor (Levítico 20:26) e para andar em seus caminhos (Êxodo 19:5). E, no futuro, quando Deus estabelecesse sua nova aliança, ele chamaria – com maior propriedade e em um sentido mais profundo – o seu povo de remidos do Senhor.[15] Nos dias do Novo Testamento, quando o Sumo Sacerdote se santificou por seu

[10]Jeremias 31:33; 32:38; Ezequiel 36:27,28.
[11]1Coríntios 3:9; Efésios 2:20; Colossenses 2:7; 1Pedro 2:5.
[12]1Coríntios 1:2; 6:11; Tito 3:5.
[13]João 17:17; 2Coríntios 3:18; 1Tessalonicenses 5:23; Efésios 5:26; Tito 2:14; Hebreus 13:20-21.
[14]Romanos 8:28; 1Coríntios 15:49; Filipenses 3:21.
[15]Isaías 62:12; Joel 3:17; Obadias 17; Zacarias 8:3; 14:20.

povo, para que eles fossem santificados na verdade (João 17:19), os cristãos também recebem imediatamente o nome de santos.[16] Esse nome não sugere que, num sentido moral, eles estejam livres de todo pecado, mas que a igreja do Novo Testamento substituiu agora o antigo Israel e se tornou a propriedade do Senhor,[17] visto que foi santificada em Cristo e se tornou um templo do Espírito Santo.[18]

Mas essa santificação que Cristo concedeu à igreja primariamente por meio do Espírito Santo coloca uma grande obrigação sobre os cristãos. A santificação é uma obra de Deus, mas é planejada para ser uma obra na qual os próprios cristãos também são ativos no poder de Deus. No Antigo Testamento, lemos em algumas passagens que o Senhor santifica o seu povo,[19] e, em outras passagens, que o povo deve se santificar.[20] Algumas vezes, lemos que o Senhor circuncida o coração (Deuteronômio 30:6), e, outras vezes, Israel é convocado para circuncidar os seus corações (Deuteronômio 10:16; Jeremias 4:4). Em certos momentos, a regeneração é chamada de obra de Deus (Jeremias 31:18; Lamentações 5:21), em outros, considera-se responsabilidade da própria pessoa (Jeremias 3:12-13). Da mesma forma, no Novo Testamento a santificação também é apresentada como um dom de Deus em Cristo e como uma obra do Espírito Santo pela qual os cristãos são santificados.[21] Ainda assim, esses cristãos são repetidamente admoestados a ser perfeitos como o Pai celestial é perfeito (Mateus 5:48); a fazer boas obras que glorificam o Pai que está no céu (Mateus 5:16; João 15:8); a apresentar seus membros como escravos da justiça para santificação (Romanos 6:19); a ser santos em todos os seus procedimentos (1Pedro 1:15; 2Pedro 3:11); a buscar santificação e a se aperfeiçoar no temor de Deus;[22] e a fazer isso porque, sem santidade, ninguém verá ao Senhor (Hebreus 12:14).

Uma coisa não exclui a outra. Seria mais verdadeiro dizer que o esforço dos cristãos em trabalhar pela sua própria santificação só se torna possível pela obra de Deus neles, pois certamente a graça, longe de destruir a natureza, a restaura. Enquanto o homem, por

[16]Atos 9:13,32,41; 26:10; Romanos 1:7; 1Coríntios 1:2.
[17]2Coríntios 6:16; Gálatas 6:16; 1Pedro 2:5.
[18]João 17:19; 1Coríntios 1:30; 3:16; 6:11,19.
[19]Êxodo 31:13; Levítico 20:8; 21:8.
[20]Levítico 11:44; 20:7; Números 11:18.
[21]João 17:17-19; 1Coríntios 1:2; 1Tessalonicenses 5:23.
[22]2Coríntios 7:1; 1Tessalonicenses 3:13; 4:3.

causa do pecado, não tinha o desejo e a capacidade de andar nos caminhos do Senhor, por causa da recriação se torna novamente inclinado e equipado, pelo menos em princípio, a viver em retidão não apenas com relação a alguns, mas a todos os mandamentos de Deus. Quando Deus penetra as partes interiores do ser humano com a poderosa operação do Espírito regenerador, ele abre o coração que está fechado, amolece o que está duro e circuncida o que é incircunciso. Além disso, implanta novas potencialidades na vontade, de modo que a vontade morta recebe vida, a vontade má se torna boa, a vontade desobediente escolhe seus caminhos e a vontade rebelde se torna obediente. Ele move e fortalece essa vontade de tal forma que, como uma boa árvore produz bons frutos, ela também possa produzir boas obras.

Consequentemente, quando as igrejas reformadas se expressam dessa forma na sua confissão (Cânones de Dort), elas se fundamentam nas Escrituras Sagradas e encontram apoio definitivo na declaração profunda do apóstolo Paulo: "Realizai a vossa salvação com temor e tremor; *porque* é Deus quem produz em vós tanto o querer como o realizar, segundo a sua boa vontade" (Filipenses 2:12-13). Assim como, na justificação, o perdão de pecados, completamente preparado em Cristo, só pode ser recebido e desfrutado por uma fé viva e ativa, Deus realiza a santificação em nós apenas por meio de nós mesmos. Ele não aniquila a nossa personalidade, mas a eleva; tampouco mata a nossa razão, nossa vontade e nossos desejos, mas os vivifica e os coloca para trabalhar. Ele nos torna seus aliados e cooperadores.

Mas essa santificação dos cristãos deve, então, ser entendida corretamente. Ela não deve se tornar uma santificação jurídica, mas é e deve permanecer sendo uma santificação evangélica. Ela não consiste no fato de que os cristãos se santificam por meio de uma santidade que eles mesmos criaram, inicialmente; ou por meio de uma que já existia, mas que eles – por meio dos seus esforços e de suas boas obras – devem se apropriar. A santidade revelada por Deus no evangelho não só está completamente preparada por Cristo, mas também é aplicada e desenvolvida em nossos corações pelo seu Espírito. Paulo diz de modo tão belo em Efésios 2:10: "Fomos feitos por ele, criados em Cristo Jesus para as boas obras, previamente preparadas por Deus para que andássemos nelas". Assim como a primeira criação foi trazida à existência pela Palavra, a recriação tem o seu ser na comunhão com Cristo. Os cristãos são crucificados, mortos, sepultados; e eles também são ressuscitados e renascidos para uma nova vida em comunhão com Cristo.

E essa recriação tem um propósito específico, uma vez que seu fim são as boas obras que os cristãos praticam. Deus não se importa com a árvore, mas com os frutos; e nesses frutos ele se importa com sua própria glorificação. Entretanto, essas boas obras não são criadas de forma independente pelos próprios crentes, mas estão completamente preparadas para cada um deles na decisão do conselho de Deus; elas foram realizadas e conquistadas por eles em Cristo, que no lugar deles cumpriu toda justiça e toda a lei; e desenvolvem-se neles pelo Espírito Santo, que toma tudo de Cristo e distribui a eles de acordo com a vontade de Cristo. Assim, podemos dizer que a santificação – como a soma de todas as boas obras da igreja, isto é, de todos os cristãos juntos e de cada um deles individualmente – não passa a existir por meio dos cristãos, mas já existia muito antes no plano do Pai, na obra do Filho e na aplicação do Espírito Santo. Portanto, todo o orgulho da parte do homem está excluído também na santificação. Devemos entender que Deus não deve nada a nós, por isso, ele não precisa ser grato a nós quando fazemos boas obras. Pelo contrário, nós é que ficamos em dívida com Deus por elas e temos de ser gratos a ele por todas as boas obras que praticamos.

—— ▪ ——

Desse modo, podemos ver a importância da fé na obra da santificação. Não é apenas na justificação que somos salvos exclusivamente pela fé, mas também na santificação, porque, da nossa parte, podemos aceitar Cristo e seus benefícios, e nos apropriarmos deles apenas pela fé. Se a justiça e santidade fossem produtos da lei, deveríamos consegui-las pela prática de boas obras, mas, no evangelho, elas são um dom de Deus concedido a nós na pessoa de Cristo, em quem há plenitude de graça e verdade (João 1:17); de sabedoria e conhecimento (Colossenses 2:3); e de justiça e santidade (1Coríntios 1:30). Nele estão contidas todas as bênçãos espirituais (Efésios 1:3); e nele a plenitude da divindade habita corporalmente (Colossenses 2:9). Cristo se doa a nós pelo Espírito Santo e se une conosco tão intimamente como a videira a seus ramos (João 15:2ss); a cabeça ao corpo (Efésios 1:22-23);

o marido à esposa (Efésios 5:32); e como ele mesmo – sendo o Mediador – está unido ao Pai (João 14:20; 17:21-23). Os cristãos são um só espírito (1Coríntios 6:17) e uma só carne (Efésios 5:30-31) com ele, de modo que Cristo vive neles e eles, em Cristo (Gálatas 2:20), sendo, portanto, Cristo tudo em todos (Colossenses 3:11).

Dessa forma, se Cristo é o obreiro da nossa santificação, então, da nossa parte, a obra de santificação pode ser cumprida somente pela fé, porque a santificação é – como todos os outros benefícios de Cristo – tão inseparavelmente ligada à pessoa de Cristo, que não podemos recebê-la sem estar em comunhão com o próprio Cristo. E isso, da nossa parte, só pode ser obtido e desfrutado por meio de uma fé verdadeira. Afinal, é somente por meio da fé que Cristo habita em nossos corações (Efésios 3:17) e que vivemos em Cristo (Gálatas 2:20). É apenas por meio da fé que nos tornamos filhos de Deus (Gálatas 3:27); que recebemos a promessa do Espírito (Gálatas 3:14); o perdão de pecados (Romanos 4:6); e a vida eterna (João 3:16). Viver pela fé e Cristo habitar em nós são dois lados da mesma moeda (2Coríntios 13:5; Gálatas 2:20). Assim, toda a vida em Cristo é uma vida de fé. Da mesma forma que os santos da Bíblia são apresentados para nós em Hebreus 11 como os heróis da fé, também somos admoestados a viver pela fé (2Coríntios 5:7); deixar a fé atuar pelo amor (Gálatas 5:6); com o escudo da fé, devemos apagar todos os dardos em chamas do Maligno (Efésios 6:16); e vencer o mundo (1João 5:4). E todas essas advertências se harmonizam perfeitamente com aquelas outras que obrigam os cristãos a não andar segundo a carne, mas segundo o Espírito (Romanos 8:4ss); a se despir do velho homem e se revestir do novo homem;[23] a aceitar o Senhor Jesus Cristo e andar nele (Colossenses 2:6; 1Pedro 3:16); a se revestir do Senhor Jesus Cristo e fazer tudo em seu nome (Romanos 13:14; Colossenses 3:17); a se fortalecer no Senhor e na força do seu poder (Efésios 6:10; 2Timóteo 2:1); e a crescer na graça e no conhecimento do seu Senhor e Salvador (2Pedro 3:18). Em suma, a santificação, em seu sentido evangélico, é uma atividade e exercício contínuo da fé.

Muitas pessoas questionam esse ensino das Escrituras, pois o consideram unilateral e perigoso para a vida moral. Às vezes, elas estão dispostas a aceitar que, na justificação, a lei está fora de questão e

[23]Efésios 4:22-24; Colossenses 3:10; Romanos 6:4ss.

somente a fé é determinante. Todavia, quando passam a discutir a santificação, mantêm que, mesmo a fé somente bastando, a lei – com todos os seus mandamentos e com tudo que ela proíbe, com todas as suas recompensas e punições – também deveria entrar em jogo para que uma vida santa seja seguida de forma frutífera e para que haja um incentivo às boas obras. Ainda que seja absolutamente verdade que a lei permanece sendo a regra de vida para o cristão, o evangelho nunca deriva as suas exortações para o bom combate dos terrores da lei, mas da vocação celestial, em que os que creem em Cristo são chamados. "Sede, pois, perfeitos, assim como perfeito é o vosso Pai celestial" (Mateus 5:48). Jesus é a videira, os discípulos os seus ramos; aquele que permanece nele produzem muito fruto, porque, sem Cristo, eles não podem fazer nada (João 15:5). Com Cristo, os cristãos morreram para o pecado, mas nele eles se tornaram vivos para Deus (Romanos 6:11). Eles não estão debaixo da lei, mas debaixo da graça; e, portanto, o pecado não reina sobre eles (Romanos 6:14). Pela lei, eles morreram para a lei e agora pertencem a Cristo, a fim de que possam viver para Deus (Romanos 7:4; Gálatas 2:19). Eles não estão na carne, mas no Espírito e devem, portanto, andar segundo o Espírito (Romanos 8:5). A noite já está avançada, e o dia se aproxima; portanto, as obras das trevas devem ser deixadas de lado e devemos nos revestir das armas da luz (Romanos 13:12). Os corpos dos cristãos são membros de Cristo e templos do Espírito Santo; portanto, eles devem fugir do pecado do adultério (1Coríntios 6:15ss). Eles foram comprados por preço e, portanto, devem glorificar a Deus em seus corpos e em seus espíritos, porque são de Deus (1Coríntios 6:20). Eles estão em liberdade – a liberdade para que Cristo os libertou – e, em Cristo, o que vale é a fé que atua pelo amor (Gálatas 5:1,6). De Cristo, eles ouviram e aprenderam que devem se despir do velho homem e se revestir do novo homem criado segundo Deus em verdadeira justiça e santidade (Efésios 4:21ss). Como filhos amados, devem ser imitadores de Deus (Efésios 5:6) e devem andar em amor como Cristo os amou (Efésios 5:2). Eles são luz no Senhor e, assim, devem andar como filhos da luz (Efésios 5:8).

Em suma, deveríamos registrar todas as exortações morais no Novo Testamento para resumir completamente todos os imperativos estabelecidos para encorajar os cristãos a uma vida santa, mas as passagens citadas são suficientes para indicar que todas elas são derivadas do evangelho e não da lei. Independentemente de os apóstolos falarem com homens ou mulheres; pais ou filhos; mestres ou servos; casados ou solteiros; governantes ou súditos; todos são exortados *no Senhor*.[24] O firme fundamento de Deus permanece e tem este selo: aparte-se da injustiça todo aquele que profere o nome do Senhor (2Timóteo 2:19).

—— ▪ ——

Portanto, de acordo com os princípios do evangelho, a fé é a única grande obra que o cristão deve cumprir em sua santificação (João 6:29). Embora, na santificação, a fé se apresente de uma forma diferente e seja vista de uma perspectiva diferente do que na justificação, ela é o único e suficiente meio pelo qual passamos a desfrutar desses benefícios. O evangelho não exige nada de nós além da fé – da confiança do coração sobre a graça de Deus em Cristo, e essa fé não apenas nos justifica, mas também nos santifica e salva, e o poder santificador da fé se torna bem claro nas seguintes considerações.

Em primeiro lugar, devemos mencionar que a fé verdadeira e sincera quebra a nossa falsa confiança, derruba nosso orgulho do seu pedestal e dá um fim a toda justiça própria. Se deixarmos de considerar aqueles que não se preocupam com Deus ou seus mandamentos; que consomem o pecado como água; e aqueles que fazem o bem apenas externamente por medo de punição, perda ou vergonha; ainda restarão aqueles que lutam sinceramente para cumprir as demandas da lei moral com suas próprias forças. Mas, ao fazer isso, eles nunca encontram a perspectiva correta para lidar com a lei moral ou o princípio genuíno pelo qual eles devem cumpri-la e, assim, posicionam-se acima ou abaixo da lei e fazem com que ela os sirva ou se tornam servos dela. No primeiro caso, eles dizem que o bem deve ser feito para o benefício e proveito que advém ao indivíduo ou grupo, ao passo que, no segundo caso, eles colocam a lei moral bem acima do homem e, assim, tornam o seu cumprimento mais impossível ainda. Assim, o homem natural oscila entre o saduceísmo e o farisaísmo – entre liberdade e autoridade – e não pode encontrar o equilíbrio entre a demanda da lei moral e a vontade do homem.

[24]Efésios 5:22ss; 6:1ss; Colossenses 3:18ss; 1Pedro 2:13ss; 3:1ss.

Mas a fé põe um fim a esse desequilíbrio, uma vez que nos capacita a ver que a lei moral está bem acima de nós e que ela exige uma obediência incondicional. Ela não pode ser realmente cumprida nem nos dar a vida eterna, porém, nessa aparentemente irreconciliável oposição, ela se rende à graça de Deus, confia em sua misericórdia e se gloria na justiça efetuada pelo Senhor. O verdadeiro cristão desiste de toda pretensão de ser capaz de cumprir as demandas da lei moral e permite que o ideal moral permaneça em toda a sua exigência sublime, mas desiste da esperança de conseguir cumpri-la por seu próprio esforço e, assim, fixa sua esperança em Deus que, na lei, mas também no evangelho, revelou sua justiça. Consequentemente, essa fé é a mãe de muitas virtudes, tendo em vista que gera humildade, dependência e confiança no homem – atributos de grande importância para a vida moral. Dessa forma, a prática do bem recebe da religião um fundamento firme e uma força invencível.

Outras virtudes estão associadas a essas. De acordo com a ordem que o próprio Deus estabeleceu na igreja, as promessas do evangelho precedem os mandamentos da lei. Primeiro, Deus nos assegura o seu favor, o perdão dos nossos pecados e a nossa herança com os santos; depois, conduz-nos no caminho dos seus testemunhos e de suas ordenanças. A árvore boa vem antes dos bons frutos, ou seja, não vivemos pelas boas obras, mas para elas; cumprimos a lei não para a vida eterna, mas dentro dela, pois essa vida foi plantada em nossos corações pela fé. É apenas com essa ordem que uma verdadeira vida moral é possível; portanto, aquele que quer mudar essa ordem e obter o seu conforto, sua certeza e sua salvação nas suas obras nunca alcançará o seu propósito, ficará constantemente dividido pelas dúvidas e viverá com medo todos os dias da sua vida. Deus toma outro caminho. No evangelho, ele nos dá tudo por nada: o perdão de pecados, a reconciliação, a aniquilação da punição, a salvação e a bem-aventurança eterna. Ele nos diz que, por meio da fé em sua graça, podemos nos apoiar totalmente sobre ele, e nos dá a certeza disso pelo testemunho do Espírito Santo. Consequentemente, a fé, por causa da sua própria natureza, nos traz conforto, paz, alegria e felicidade, e isso tem um valor inestimável para a vida moral, pois são os princípios e motivos de uma conduta santa. A purificação da consciência de todas as obras mortas tem por fim e objetivo o serviço ao Deus vivo (Hebreus 9:14), portanto, aqueles que são confortados por Deus são fortalecidos por ele em toda boa palavra e obra (2Tessalonicenses 2:17), pois a alegria do Senhor é a força do seu povo (Neemias 8:10).

Em segundo lugar, note que tanto uma atividade de rompimento quanto uma de apropriação, tanto um esforço destrutivo quanto construtivo, são comuns à fé salvífica que se apoia inteiramente sobre a graça de Deus em Cristo. Ela faz com que o filho pródigo torne da sua vida pecaminosa para a casa do pai e nos coloca em comunhão com a morte e ressurreição de Cristo, bem como nos crucifica e nos ressuscita para uma nova vida. Aquele que verdadeiramente crê em Cristo morre para o pecado; ele se sente sinceramente arrependido, porque o pecado atraiu a ira de Deus e, portanto, começa a odiar e fugir do pecado. Ele cria uma separação entre ele e o pecado de modo que ele pode justamente dizer: "Porque não faço o bem que prefiro, mas o mal que não quero, esse faço" (Romanos 7:19, ARA). Por outro lado, a fé se apropria de Cristo e sua justiça; ela faz com que o próprio Cristo habite no coração, e cada vez vive mais plenamente em sua comunhão, bem como faz com que Cristo tome forma em nós e nos transforme mais e mais segundo sua imagem. Resumindo, o cristão pode repetir a declaração de Paulo: "Posso todas as coisas naquele que me fortalece" (Filipenses 4:13).

Por fim, a fé frequentemente é comparada a uma mão, que não é apenas o órgão com o qual tomamos um objeto e o possuímos, mas também o instrumento pelo qual objetificamos nosso pensamento e nossa vontade. Assim, a fé não é apenas um órgão receptor, mas também uma força ativa, e a fé que justifica e salva não é morta, mas viva. Por sua própria natureza, ela produz frutos de boas obras e atua pelo amor (Gálatas 5:6). O homem não é justificado pelo amor, mas a fé que o justifica prova seu poder ativo vivo no amor, uma vez que, sem amor, a fé não é realmente fé salvífica (1Coríntios 13:1); e a obra do amor está sempre associada à verdadeira fé (1Tessalonicenses 1:3), porque o fim da lei (isto é, de todo o ensino apostólico) é o amor, que procede de um coração puro, de uma boa consciência e de uma fé sem hipocrisia (1Timóteo 1:5). E esse amor, enquanto fruto da fé, é um amor perfeito que lança fora o medo (1João 4:18) e, ao mesmo tempo, é o cumprimento perfeito da lei.[25]

[25]Mateus 22:37-40; Romanos 13:8-10; Gálatas 5:14; Tiago 2:8.

Da mesma forma, o evangelho não torna a lei inútil, mas a restaura e estabelece. É verdade que a demanda e a maldição da lei terminaram porque Cristo se colocou debaixo da lei, satisfez sua exigência e suportou sua maldição.[26] Portanto, não somos mais escravos, mas andamos em liberdade e no Espírito,[27] e onde está o Espírito do Senhor, aí há liberdade (2Coríntios 3:17; Gálatas 5:18). Todavia, essa liberdade da fé não remove a lei, mas a cumpre; a justiça da lei – aquela que a lei requer em seus mandamentos – é cumprida precisamente naqueles que não andam segundo a carne, mas segundo o Espírito (Romanos 8:4). Enquanto a carne torna a lei sem efeito por não querer e não poder se sujeitar a ela (Romanos 8:3,7), é precisamente o Espírito de Cristo que dá vida aos homens (2Coríntios 3:6) e é o Espírito que dá luz para provar qual é a boa, perfeita e agradável vontade de Deus.[28]

Segundo Jesus e os apóstolos, essa vontade de Deus, apesar do fato de que a lei foi descartada no sentido mencionado anteriormente, continua a ser conhecida pelo Antigo Testamento, pois Jesus não veio para acabar com a lei e os profetas, mas para cumpri-los (Mateus 5:17). Ele nunca menciona o abandono da lei, exceto na medida em que profetiza a queda da cidade e do templo, de todo o regime cívico e do culto público (Mateus 24; João 4:21-24), mas a purifica das doutrinas humanas que foram acrescentadas pelas escolas judaicas (Mateus 5:20ss). Em sua concepção da lei, ele retorna para os profetas, penetra até a natureza interior da lei e põe as características internas acima das externas (Marcos 7:15); a misericórdia acima dos sacrifícios (Mateus 9; 12:7); e une a lei e os profetas ao amor a Deus e ao próximo.[29] As leis morais mantêm a sua força.

Todos os apóstolos tomam a mesma atitude para com a lei e os profetas, pois Antigo Testamento ainda tem autoridade divina para eles. Ele foi dado por Deus (2Timóteo 3:15); escrito por homens santos sob a condução do Espírito de Deus (2Pedro 1:21); e foi entregue para nossa instrução e nosso conforto.[30] Portanto, repetidas vezes o Antigo Testamento é citado para fazer com que a igreja cristã

[26]Mateus 3:15; Gálatas 3:13; 4:4.
[27]Romanos 7:1-6; Gálatas 4:5,26ss; 5:1.
[28]Romanos 12:2; Efésios 5:10; Filipenses 1:10.
[29]Marcos 12:28-34; compare com Mateus 7:12.
[30]Romanos 15:4; 1Coríntios 10:11; 2Timóteo 3:15; 1Pedro 1:12.

conheça a vontade de Deus. Por exemplo, Paulo, em 1Coríntios 14:34, recorre a Gênesis 3:16 a fim de indicar a subordinação da esposa para com o marido; em 2Coríntios 9:9, ele recorre ao Salmos 112:9 a fim de exortar liberalidade para com os pobres; e, em 1Coríntios 1:31, ele recorre a Isaías 9:23, para admoestar que nos gloriemos apenas no Senhor. Em outras palavras, no que diz respeito ao seu conteúdo, a lei moral é idêntica tanto no Antigo quanto no Novo Testamento e está contida na única lei: a do amor.[31] É verdade que Cristo fala do amor que os discípulos devem exercitar entre si como um novo mandamento,[32] todavia, ele não quis dizer que o mandamento para amar um ao outro como cristãos era desconhecido antes, porque Levítico 19:18 demonstra claramente que não e o Salmos 133 fala de como é agradável que os irmãos vivam em comunhão.

Mas esse amor que deve unir os cristãos assumiu uma nova natureza no Novo Testamento, porque, nos dias do Antigo Testamento, a igreja e a nação coincidiam, e, portanto, a diferença entre o amor aos irmãos e o amor ao próximo ainda não podia ser claramente discernida. Entretanto, no Novo Testamento, isso mudou: a igreja foi separada da história nacional de Israel e tornou-se uma comunidade independente. No Espírito Santo, ela recebeu seu próprio princípio de vida, e agora uma distinção começou a ser feita entre o amor para com o irmão e o amor para com todos.[33] Dessa forma, o amor fraternal pode ser chamado de "novo mandamento", tendo em vista que une os cristãos em suas diferenças no mundo; mas, de resto, existe uma única religião e lei moral no Antigo e no Novo Testamento. É verdade que existem algumas explicações, um desenvolvimento e uma aplicação diferentes, mas nenhuma adição externa ou amplificação mecânica acontece. Cristo não foi um novo legislador como Moisés, mas ele mesmo, em sua própria vida e morte, cumpriu a lei e, pelo seu Espírito, traz o seu cumprimento em todos aqueles que são seus discípulos.

— ▪ —

Embora Cristo e seus apóstolos regularmente relacionem a lei moral do Antigo Testamento ao amor a Deus e ao próximo, sedimentou-se

[31]Romanos 13:8-10; Gálatas 5:14; Tiago 2:8.
[32]João 3:34; compare com 15:12; 1Tessalonicenses 4:9; 1Pedro 4:8; 1João 3:23; 4:21; 2João 5.
[33]Gálatas 6:10; 1Tessalonicenses 3:12; 2Pedro 1:7.

gradualmente no ensino moral cristão o hábito de explicar as virtudes e os deveres do homem na explanação dos Dez Mandamentos. Isso era uma forma preferida especialmente pelos reformadores, porque eles viam como uma das principais marcas das boas obras elas serem feitas segundo a vontade de Deus. Nesse ponto, eles se posicionaram contra a Igreja Católica Romana, que também reconhecia entre as boas obras aquelas ações que são baseadas em ordenanças e leis humanas (compare com Catecismo de Heidelberg, Resposta 91).

Roma faz uma distinção entre mandamentos e conselhos, e defende que essas conselhos foram acrescentadas à lei de Moisés por Cristo como um novo e superior legislador. Em seu período primitivo, a igreja cristã não conhecia essa distinção; contudo, quando o período de perseguição passou, todos os tipos de pessoas se juntaram à igreja – muitos apenas por prestígio e destaque; então, o nível moral caiu, e muitas pessoas sérias se retiraram para a solidão. O monasticismo que então apareceu tentou se agarrar à ideia moral, mas fez isso de uma forma que não poderia ser seguida pelos cristãos comuns, que viviam em família e nas demais vocações. Assim, gradualmente passou a existir uma distinção entre o clero, ou os religiosos, e as pessoas leigas, e, desse modo, passou-se a distinguir entre uma moralidade superior e inferior, uma diferença entre mandamentos e conselhos. Em outras palavras, os mandamentos, contidos nos Dez Mandamentos, eram obrigatórios para todos os cristãos, mas os conselhos foram deixados para a livre escolha das pessoas. Entre essas adições, logo foram reconhecidas a castidade (ou celibato), com base em Mateus 19:11-12 e 1Coríntios 7:7ss; a pobreza (ou doação de todas as posses terrenas), com base em Mateus 19:21 e 1Coríntios 9:14; e a obediência absoluta aos superiores sob os quais alguém se coloca, com base em Mateus 16:24 e Lucas 14:26-27. Entretanto, nas ordens monásticas, isso geralmente é suplementado por toda sorte de abstinências, mortificações e castigos – tudo com base em Mateus 5:29,39 e 42. É verdade que a intenção de Roma com isso não era negar que o ideal da perfeição moral é o mesmo para todos os cristãos e deve ser buscado por todos eles por meio da obediência aos mandamentos, mas aqueles que acrescentam os conselhos aos mandamentos seguem um caminho mais rápido e seguro para alcançar esse propósito, e também conseguem um valor e recompensas maiores. Enquanto o cristão comum que cumpre a lei permanece sendo um servo inútil, o qual fez apenas o que devia fazer (Lucas 17:10), o outro cristão, que seguiu também as conselhos, é chamado de servo bom e fiel, fiel no pouco e, assim, designado como governante sobre muito (Mateus 25:21).

É bastante natural que a Reforma não tenha apoiado essa distinção. Profundamente convencida da depravação da natureza humana, ela ensinou que os regenerados também não poderiam guardar a lei perfeitamente; que suas melhores obras ainda estavam manchadas pelo pecado; e que os mais santos não poderia alcançar nada mais do que uma pequena parte da obediência perfeita (Catecismo de Heidelberg, Respostas 62 e 114). Em outras palavras, o cristão nunca poderia chegar ao ponto de realizar os conselhos simplesmente porque não tinha o suficiente nem mesmo para cumprir os mandamentos. De qualquer forma, Deus exige, na lei moral, que o amemos com toda nossa mente e nossa força, e nosso próximo como a nós mesmos (Mateus 22:37; Lucas 10:27). Como, então, algo mais poderia ser acrescentado a esse mandamento? Se Deus exige todo o nosso ser, em todos os momentos e lugares para o seu serviço, então, não há nada mais em que ainda tenhamos a opção de obedecer ou ignorar, de dar ou reter de acordo com a nossa livre escolha.

Consequentemente, não há nenhum fundamento para afirmar que Cristo acrescentou algum tipo de lei de liberdade aos mandamentos exigidos da lei mosaica, porque, embora existam casos em que uma pessoa possa se abster do casamento, doar suas propriedades, e se retirar do seu ambiente e de sua vocação comuns, nenhuma opção especial é oferecida a ele para que aceite ou não. Antes, a mesma lei exige – em consideração à natureza das circunstâncias – uma aplicação particular e, assim, constitui essa aplicação um dever. O jovem rico não recebeu uma opção de Cristo para rejeitar ou aceitar, mas recebeu – como critério de integridade e firmeza do seu coração – o mandamento para vender tudo que tinha e dar aos pobres; a partir disso, seria manifestado se ele estava ou não totalmente comprometido com Cristo e seu reino. Portanto, devemos distinguir entre lei e dever: a lei é uma só e a mesma para todos, mas o dever é a forma particular pela qual a lei moral geral deve ser aplicada para cada indivíduo de acordo com sua natureza e com circunstâncias particulares.

Os reformadores, portanto, rejeitaram todas as obras que dependiam das determinações dos homens ou das prescrições da igreja e retornaram à vontade de Deus como a norma das boas obras, pois encontraram essa vontade formulada de forma breve e substancial nos Dez Mandamentos. Mas a lei dos Dez Mandamentos não está solta e independente de todo o resto; pelo contrário, ela se encontra em um rico contexto. Em seu conteúdo material, ela foi originalmente escrita no coração do homem, criado pelo próprio Deus, e está parcialmente preservada lá, visto que as pessoas continuam a naturalmente fazer as coisas da lei, provando, assim, que as obras da lei estão escritas em seus corações (Romanos 2:14-15). Todo ser humano tem consciência de que – em sua existência e conduta – está sujeito a certas normas morais definidas, e sente que, ao transgredi-las, sua consciência o acusa. Em Israel, essa lei foi restaurada à sua pureza original por meio de uma revelação particular, tornando-se útil para o pacto da graça, que, de acordo com suas palavras introdutórias, Deus estabeleceu com seu povo; e foi absorvida em um corpo de direitos e ordenanças, governando sobre toda a vida do povo. Além disso, essa lei foi explicada, desenvolvida e aplicada ao longo da história de Israel pelos salmistas, escritores de provérbios e profetas, de modo que Jesus poderia falar que toda a lei e os profetas dependem dos dois mandamentos de amar a Deus e o próximo (Mateus 22:40).

Consequentemente, quando Cristo traz o cumprimento das promessas de salvação do Antigo Testamento, ele não descarta a lei, mas cumpre toda sua justiça; por sua obediência perfeita, ele pavimenta o caminho e no Espírito Santo, concede o poder pelo qual os seus discípulos podem e andarão, em princípio, de acordo com os mandamentos da lei. Na verdade, podemos dizer que a forma do evangelho funcionar é que a justiça da lei é cumprida naqueles que não andam segundo a carne, mas de acordo com o Espírito, de modo que a vida espiritual da regeneração se torna benéfica para a restauração da vida moral. A longa série de admoestações com as quais os apóstolos – como regra geral – concluíam suas epístolas são uma amplificação e aplicação da santa lei do Senhor e tinham como objetivo ajudar os cristãos a viverem em todos os seus relacionamentos e em todas as circunstâncias segundo a vontade de Deus e a glorificação do seu nome. Por esse motivo, a lei dos Dez Mandamentos não pode ser separada desse rico contexto. De fato, o decálogo deve ser visto e explicado sob a luz de toda a revelação de Deus na natureza e na Escritura.

Entendidos dessa forma, os Dez Mandamentos são um breve resumo da ética cristã e uma regra incomparável para nossa vida. Existem também muitas outras leis às quais somos sujeitos. Deus também estabeleceu as leis para nosso pensamento; para a apreciação estética do belo; para a vida social; para o estudo e uso da natureza. Ele estabeleceu leis para todas suas criaturas; para o céu e a terra; o Sol, a Lua e as estrelas; para o dia e a noite; o verão e o inverno; a semeadura e a colheita.[34] A lei moral, porém, supera em muito a essas ordenanças, porque, diferentemente de todas elas, a lei moral se direciona à vontade do homem ou, melhor, ao próprio homem como um ser com desejos. Assim, ela se direciona à essência mais íntima da sua existência — ao centro da sua personalidade. Ela também estabelece a demanda de que deve ser guardada não apenas em palavras e ações, mas também em pensamentos e desejos. A lei é espiritual (Romanos 7:14); devemos ser perfeitos como nosso Pai que está no céu é perfeito (Mateus 5:48); e, no décimo mandamento, a lei cava até a raiz do pecado — à cobiça ou desejo — e tipifica isso como culposo e impuro diante da face de Deus.

Além disso, essa lei governa todos os relacionamentos em que o homem se encontra — seja com Deus, com seu próximo, seja ele mesmo ou com toda a natureza. Ela governa seu relacionamento com as outras pessoas em suas diversas classes e gradações, em suas vidas, vocações e propriedades, bem como seu relacionamento com a verdade da razão e com a integridade do coração. Em tudo isso, ela governa seu relacionamento com toda a natureza ao seu redor, em seu ofício e chamado, trabalho e lazer, e a toda natureza animada ou inanimada. E, nesse centro mais íntimo do seu ser, a lei moral exige do homem que, em tudo que ele faça, o faça para a glória de Deus (1Coríntios 10:31; Colossenses 3:17).

Quando sentimos pela primeira vez a lei nesse sentido mais profundo e espiritual, ficamos chocados e desesperados para cumpri-la. Se não conhecêssemos outra justiça além da que a lei exige de nós, não estaríamos em posição para cumpri-la, nem desejaríamos fazê-lo. Assim, tentaríamos sempre roubar o conteúdo espiritual da lei, externalizá-lo, acomodá-lo à nossa condição caída, e nos enganaríamos acreditando que podemos — por uma vida cívica

[34]Gênesis 8:22; Jeremias 31:35; 33:25.

respeitável – satisfazer suas altas exigências. O homem natural é ofendido pelo significado espiritual da lei, isto é, por sua perfeição; e resiste internamente à justiça e santidade absoluta que ela exige. Porém, no momento em que passamos a conhecer aquela outra justiça e santidade que Deus concedeu em Cristo e que se torna nossa pela fé, nossa atitude para com a lei e nossa percepção da sua importância mudam completamente. É verdade que podemos ainda reclamar, como Paulo, que, segundo a carne, ainda somos vendidos como escravos do pecado. Entretanto, deixamos que a lei permaneça em sua elevada transcendência e não nos esforçamos para a tirar do seu alto pedestal. Continuamos a honrá-la como santa, justa e boa, porque é a lei de Deus, e nós a amamos precisamente porque ela é sobremaneira espiritual em sua natureza. Deleitamo-nos nela segundo o homem interior e agradecemos a Deus não apenas pelo evangelho, mas também pela sua lei – por sua santa, justa e perfeita lei, que também se torna uma revelação e um dom da sua graça para nós. "Como amo tua lei! Ela é minha meditação o dia todo" (Salmos 119:97).

——— ▪ ———

Ainda que os cristãos na regeneração recebam imediatamente um desejo e amor interior e, assim, queiram viver de acordo com a vontade de Deus em todas as boas obras, eles não são aperfeiçoados imediatamente – na verdade, eles não alcançam perfeição nesta vida. A santificação deve ser distinguida da justificação, a qual consiste em uma absolvição divina consumada instantaneamente. É verdade que ela passa a ser aplicada repetidamente à consciência, mas não há desenvolvimento e ampliação. Porém, a vida da santificação, como a vida de todas as criaturas, está sujeita à lei do desenvolvimento, visto que ela se origina na regeneração, exige alimento para crescer e alcança o seu ápice apenas quando for plenamente revelada em Cristo.

O Antigo Testamento já dizia que o Messias alimentaria seu rebanho como um pastor; recolheria os cordeirinhos com seus braços e os levaria no colo; e guiaria mansamente as que amamentam (Isaías 40:11). E também lemos claramente que o Senhor ungiu o Messias para pregar boas novas aos oprimidos; enviou-o para restaurar os de coração abatido, proclamar liberdade aos cativos e pôr os presos em liberdade; para proclamar o ano aceitável do Senhor e o dia da vingança do nosso Deus; para consolar todos os tristes; para ordenar que se lhes dê uma coroa em vez de cinzas, óleo de alegria em vez de pranto, vestes de louvor em vez de espírito angustiado aos que choram em Sião; a fim de que se chamem carvalho de justiça, plantação do Senhor, para que ele seja glorificado (Isaías 61:1-3; compare com Ezequiel 34:16).

Portanto, durante o período do seu ministério na terra, Cristo não se direciona apenas aos adultos em Israel, mas também vai até as crianças e atribui o reino dos céus a elas (Mateus 18:1-6; 19:13-14). Ele não chama ao arrependimento apenas os habitantes de Corazim e Betsaida, de Cafarnaum e Jerusalém, mas também vai aos publicanos e pecadores, e também convida todos aqueles que estão sobrecarregados e aflitos para lhes dar descanso. Ele chama os herdeiros do reino por vários nomes, falando deles como os pobres; os que choram; os que têm fome e sede; os humildes; e os pacificadores (Mateus 5:3-9). E ele os distingue entre aqueles que são maiores e menores; os primeiros e os últimos no reino (Mateus 11:11; 20:16). Ele frequentemente reclama da pequenez da fé, da timidez e da dureza de coração dos seus discípulos,[35] mas se alegra quando encontra uma grande fé em alguns (Mateus 8:10; 15:28); além disso, prova ser o bom pastor, que reúne suas ovelhas em um só rebanho, que lhes concede vida e abundância, que as preserva e não perde nenhuma delas (João 10:1-30).

Distinções similares são feitas entre os cristãos das igrejas apostólicas. Os crentes do Antigo Testamento ainda eram crianças que foram postos sob tutores e guardiões, e, dessa forma, não eram diferentes de servos (Gálatas 4:1-2). Comparado com eles, os cristãos do Novo Testamento são filhos e filhas livres, aceitos por Deus como seus filhos e herdeiros; e eles permanecem na liberdade com a qual Cristo os libertou (Gálatas 4:4-7). Ainda assim, diversas diferenças ainda os distinguem. É verdade que a fé dada aos membros da igreja é a mesma em todos, mas ela é dada a cada um segundo a sua natureza e em uma medida específica (Romanos 12:3); os dons que o Espírito Santo distribui na igreja são diferentes (Romanos 12:6-8; 1Coríntios 12:4-11); o lugar que cada membro da igreja ocupa é diferente, como

[35]Mateus 6:30; 8:26; 14:31; 16:8; Lucas 24:25.

a relação dos membros para com o corpo (Romanos 12:4-5; 1Coríntios 12:12ss). Todavia, além dessa diferença de dom e função, existe também entre os cristãos uma diferença entre o forte e o fraco,[36] entre as crianças que ainda precisam de leite (1Coríntios 3:2; 5:12) e os perfeitos e maduros que podem tolerar a carne e que, pela prática do discernimento, têm a capacidade de distinguir entre o bem e o mal.[37] Além disso, existe uma diferença entre os jovens, que venceram o Maligno, mas que precisam ser cuidadosos para não perder essa vitória; e os pais, que têm uma longa experiência na luta e receberam um entendimento mais profundo do conhecimento de Cristo (1João 2:12-14). Por último, uma distinção foi feita no período apostólico entre igrejas ou cristãos que eram firmes na fé, abundantes em amor, pacientes no sofrimento, e aqueles que se permitiam ser enganados por toda sorte de erro e que sucumbiam a todos os tipos de pecados. As cartas dos apóstolos, e especialmente a de Cristo às sete igrejas na Ásia Menor (Apocalipse 1-3), nos dão descrições detalhadas dessas circunstâncias variadas.

Tudo isso ensina que o homem – tanto em sua vida espiritual quanto natural – nasce como uma criatura pequena, fraca e carente. Ele deve crescer gradualmente na graça e conhecimento do nosso Senhor e Salvador Jesus Cristo (2Pedro 3:18). Se a vida espiritual se desenvolve de forma sadia e normal, e se nutre com o alimento e bebida espiritual em Cristo (João 6:48ss; 1Coríntios 10:3-4), um crescimento contínuo na graça, uma permanência nela e uma renovação progressiva segundo a imagem de Cristo acontecem.[38] Mas toda sorte de obstáculos se interpõe no caminho desse desenvolvimento normal, uma vez que a vida do cristão não é um crescimento silencioso, mas uma luta contínua, uma luta contra inimigos externos e – não menos importante – uma luta contra o inimigo que habita em nossos próprios corações.

Para entender a natureza dessa luta corretamente, devemos primeiro notar que também existe uma luta frequente nos que não são regenerados, mas essa luta não é espiritual, e sim uma luta racional – um conflito no qual há, de um lado, a razão e consciência humana, e, de outro, sua vontade e seu desejo. Por sua razão e consciência, o

[36]Romanos 14:1ss; 15:1; 1Coríntios 8:7ss; 9:22; 10:25.
[37]1Coríntios 2:6; 3:2; 14:20; Filipenses 3:15; Hebreus 5:14.
[38]Romanos 12:2; 2Coríntios 3:18; 4:16; Efésios 3:16; 1Pedro 5:40.

homem ainda permanece sujeito à lei moral – ao mundo das coisas invisíveis e eternas – e em seu coração ele ainda ouve o imperativo: "Tu deves". No momento em que quer fazer o mal, seu bom senso oferece resistência, o adverte e tenta impedi-lo. Não existe um único ser humano que tenha se desviado ou afundado tanto que não perceba algo da dualidade dessa tensão em seu ser. E o homem pode às vezes vencer essa luta sob circunstâncias favoráveis, opondo-se aos seus apetites e desejos por sua razão, bem como pode suprimi-los e silenciá-los; caso consiga, ele se torna um homem corajoso e virtuoso, e vive uma vida honrada. Mas essa moralidade ainda não é verdadeira, não é a santificação cristã, porque a luta no homem natural é constantemente a luta entre razão e paixão, dever e desejo, consciência e apetite. A batalha não é travada contra todos os pecados, mas apenas contra alguns, e, na maioria das vezes, apenas contra certos pecados externos e publicamente ofensivos. Essa luta contra o pecado não é por ele provocar a ira de Deus, mas contra certos pecados que são considerados os piores dos males do mundo, frequentemente acompanhados de perdas e vergonha. Em circunstâncias favoráveis, o ser humano pode restringir e controlar essa inclinação má, mas não pode arrancá-la nem fazer qualquer mudança interna em seu coração.

A luta espiritual travada pelos cristãos dentro de suas almas tem uma natureza bem diferente. Não é uma luta entre razão e paixão, mas entre a carne o espírito; entre o velho e o novo homem; entre o pecado que continua a habitar neles e o princípio espiritual de vida que foi plantado em seus corações.[39] Essas duas forças não estão espacialmente separadas, como se uma parte dele – a razão, por exemplo – fosse regenerada e a outra parte – o coração – não fosse. Em vez disso, essas duas forças se espalham por todo o homem e por todas as suas capacidades e seus atributos, de modo que cada uma dessas forças pode ser chamada de homem – o velho e o novo homem.

Geralmente é dessa forma que Paulo caracteriza essa distinção, mas em Romanos 7 ele faz uso de outros nomes. Ele designa o homem espiritual como a vontade que ama e quer fazer o bem e como o homem interior que se deleita na lei de Deus; por outro lado, chama o velho homem da carne e o pecado que habita nele como a

[39]Romanos 6:6; 7:14-26; 8:4-9; Gálatas 5:17-26; Efésios 4:22-24; Colossenses 3:9-10.

lei em seus membros que guerreia contra a lei do seu espírito e lhe torna escravo da lei do pecado, que está nos membros do seu corpo. É uma diferença na formulação, mas o conteúdo é o mesmo. Em Paulo, a carne geralmente é o nome usado para designar o mal que continua no cristão e que certamente continua a habitar no homem interior – em sua alma, em seu coração e em seu espírito. Afinal de contas, as obras da carne não são apenas adultério, fornicação e coisas semelhantes; mas também idolatria, ódio, inimizade, ira e coisas semelhantes (Gálatas 5:19-20). E, quando Paulo pensa no homem interior, o apóstolo não se limita a algo que está apenas nas profundezas do ser humano, que continua escondido lá e nunca se manifesta externamente, porque ele claramente diz que os cristãos andam segundo o Espírito e tornam os seus membros armas de justiça. Mas ele chama o novo homem de homem interior porque, na terrível luta contra a carne, esse homem frequentemente permanece profundamente enraizado e raramente se revela.

A luta entre as duas forças consiste nisto: o Espírito de Cristo, que habita naqueles que creem, tenta incitar em sua mente, em seu coração e em sua vontade toda sorte de bons pensamentos, deliberações, inclinações e orientações (como amor, alegria, paz e coisas semelhante; Gálatas 5:22); e a carne, por outro lado, levanta sua voz e tenta corromper todo o homem com seus desejos malignos (Gálatas 5:19-20). E, nessa luta, a carne sempre parece tão poderosa, que os cristãos não fazem – na forma e medida que planejavam – aquilo que queriam fazer (Gálatas 5:17). Quando eles querem fazer o bem, o mal está presente com eles (Romanos 7:21). De fato, o espírito está pronto, mas a carne é fraca (Mateus 26:41).

Em outras palavras, o conflito não é entre razão e vontade, dever e desejo. A luta é entre desejar e fazer; entre a disposição interior e a ação pecaminosa, que se interfere e fica em seu caminho; entre o homem interior, com o coração recriado para Deus em verdadeira justiça e santidade, e o velho homem, que, mesmo perdendo a posição central, ainda quer se manter e lutar cada vez mais intensamente pelo espaço perdido. Essa batalha não é entre duas faculdades ou partes do homem, como seria se travada pela cabeça contra o coração, pela razão contra as paixões ou pela alma contra o corpo; em vez disso, essas duas forças permanecem – armadas e militantes – uma contra a outra, batalhando pela totalidade da pessoa humana. Na mesma racionalidade, existe uma batalha entre a fé e a incredulidade, entre a verdade e a mentira; no mesmo coração, existe uma oposição entre impulsos e desejos puros e os impuros; na mesma vontade, um desejo maligno se opõe a um benigno e uma disposição maligna guerreia contra uma disposição pura. De fato, a batalha acontece entre dois seres dentro de um único e mesmo ser.

Isso pode ser explicado psicologicamente como dois grupos de ideias que se posicionaram um contra o outro no campo da consciência; e duas séries de paixões que se opõem uma à outra no campo do coração e dos desejos. É verdade, falamos de um novo e velho homem no cristão e, assim, manifestamos o fato de que, na nova vida, todo homem já foi transformado a princípio e que, ainda assim, o poder do pecado continua a habitar em todas as suas faculdades e em seus membros. Contudo, na realidade, há dois grupos de interesses, ideias e inclinações guerreando entre si, e nenhum dos grupos foi capaz de conquistar o controle total de uma única faculdade humana. Se a verdade de Deus tivesse tomado completamente o controle e conquistado a consciência do cristão, naturalmente não haveria espaço para erro e mentiras; e se o amor de Deus tivesse preenchido completamente o coração, não haveria espaço para o ódio, inimizade e ira. Mas não é assim, como todos sabemos, e a Escritura testifica que não conseguiremos essa condição perfeita nesta vida. Em outras palavras, a luta continuará até o fim, porque a fé, a esperança, o amor e todas as virtudes cristãs nunca serão perfeitas nesta vida e, dessa forma, haverá espaço para descrença, dúvidas, desânimo e medo em nossa alma.

Consequentemente, em toda deliberação e ação do cristão, o bem e o mal estão misturados entre si. A medida e o grau em que ambos estão presentes em qualquer pensamento ou ação específica diferem bastante, é claro, mas, ainda assim, existe algo do velho e algo do novo homem em todas as nossas ações e em todos os nossos pensamentos. Todas as nossas ideias, palavras e ações são manchadas pelo pecado; elas exigem reconciliação e purificação. Além disso, eles podem ser chamados de boas obras na medida em que estão misturadas com a fé. Por todas essas razões, devemos estar em guarda contra o antinomianismo, porque essa heresia separa o velho e o novo homem e faz uma distinção espacial entre eles de uma forma parecida com a distinção entre espírito e matéria, entre alma e corpo.

O resultado dessa noção falsa é a perigosa doutrina de que os pensamentos e ações pecaminosos devem ser atribuídos ao velho homem e não têm nada a ver com o novo; contudo, a Escritura e a experiência nos ensinam que o cristão não é uma combinação externa de dois seres, mas que permanece sendo um único ser, um único *eu*, uma única consciência, coração e vontade. Não são dois seres independentes, mas dois grupos de desejos e disposições que estão em conflito dentro de uma única pessoa.

— ▪ —

A seriedade dessa luta já indica que levará um bom tempo para que o novo homem alcance a vitória; ainda assim, muitos cristãos têm a ideia de que eles alcançam a perfeição já na terra e podem aqui e agora subjugar toda ação e inclinação pecaminosa. Os pelagianos ensinaram isso muito tempo atrás, e, no Concílio de Trento, Roma assumiu uma posição parecida; além disso, muitos grupos protestantes também seguiram esse caminho. As pessoas tendem a apelar para o fato de que as Escrituras Sagradas usam palavras muito gloriosas para descrever a condição do cristão: por exemplo, 1Pedro 2:9-10, 2Pedro 1:4 e 1João 2:20. Essas pessoas apelam para o fato de que Paulo, após sua conversão, estava plenamente convicto da sua salvação; que ele se lembra do passado pecaminoso apenas como uma memória e nada mais; que as admoestações para os santos serem perfeitos em suas vidas são absolutamente responsabilidade deles (Mateus 5:48); que essas admoestações presumem a possibilidade de alcançar a perfeição;[40] e que a graça de Deus, obtida pela oração, tudo pode.[41] Consequentemente, essas pessoas argumentam que estaríamos fazendo injustiça às riquezas do amor de Deus se considerássemos inatingível a perfeição moral do cristão nesta vida, e, ao mesmo tempo, estaríamos removendo deles um forte incentivo para buscarem essa perfeição.

Não há dúvida de que as Escrituras Sagradas falam do privilégio e da condição do povo de Deus da forma mais cativante possível. Elas se referem ao Israel do Antigo Testamento como um reino sacerdotal,

[40]Filipenses 2:5; 1Tessalonicenses 2:10; 3:13.
[41]João 14:13-14; Efésios 3:20; 2Coríntios 12:10; Filipenses 4:13.

que Deus escolheu no meio de todas as nações da terra; como seu povo; como objeto do seu amor; como sua porção e honra; como filho e servo; como sua noiva, a quem adornou e aperfeiçoou pela glória que pôs sobre ela.[42] E os cristãos no Novo Testamento são chamados de sal da terra (Mateus 5:13); luz do mundo (Mateus 5:14); filhos de Deus, nascidos e aceitos por ele (João 1:13; Gálatas 4:5); eleitos, chamados, santos, santificados (1Coríntios 1:2); uma geração eleita e sacerdócio real (1Pedro 2:9-10); participantes da natureza divina (2Pedro 1:4); ungidos com o Espírito Santo (1João 2:20); feitos reis e sacerdotes pelo próprio Cristo (Apocalipse 1:5); herdeiros de Deus e coerdeiros com Cristo (Romanos 8:17). As coisas que os olhos não viram, nem ouvidos ouviram, nem penetraram o coração humano, são as que Deus preparou para os que o amam (1Coríntios 2:9). Todo aquele que rejeita o ensino da Escritura sobre o pecado e graça só pode ver em tudo isso um exagero grosseiro. Uma mudança radical, como acontece na justificação e regeneração, não é necessária, nem possível, mas, para a Escritura, a mudança que o ser humano sofre ao crer e se converter é uma mudança das trevas para luz; da morte para a vida; da escravidão para a liberdade; da falsidade para a verdade; do pecado para a justiça; da expectativa da ira de Deus para a esperança da glória. E os cristãos do Antigo e Novo Testamento, conscientes dessa enorme transformação, podem apenas se gloriar no Deus da sua salvação e se regozijar em sua comunhão. Quão distantes estamos deles na alegria dessa fé!

Além disso, a Escritura mantém o mais elevado dos padrões morais para os cristãos, porém, a tendência é ignorar esse fato. É dito que a vida moral que a cristandade deseja é unilateral, superespiritual, exclusivamente direcionada à vida no céu, avessa a se preocupar com problemas terrenos e antagonista à cultura. O tipo de vida moral que suborna o pobre e o oprimido com a vida eterna, contudo é totalmente indiferente à melhoria da condição deles aqui na terra – uma vida moral que talvez até possa ser rica em virtudes passivas e cheia de prescrições sobre sujeição, longanimidade e paciência, mas que é pobre em virtudes ativas que levem a uma reforma do mundo. Portanto, existiam muitos que almejavam uma moralidade diferente, melhor e mais elevada; e um ensino ético que estabelecesse uma

[42]Êxodo 19:5-6; 29:43; Deuteronômio 7:6ss; 32:6ss; Isaías 41:8ss; Ezequiel 16:14.

dedicação ao serviço da humanidade como o dever supremo e limitasse seu horizonte à vida na terra.

No entanto, uma preocupação com os interesses terrenos em si está em tão pouco conflito com a moralidade cristã, que até podemos dizer que ela se baseia e se fundamenta na criação do homem segundo a imagem de Deus. O homem era e, em certo sentido, ainda é o portador da imagem de Deus. Portanto, ele é chamado a subjugar a terra e dominar os peixes do mar, as aves do céu e todos os animais que rastejam sobre a terra (Gênesis 1:26-28; Salmos 8). Não existe outro livro que leva a natureza mais a sério que as Escrituras Sagradas. O paganismo está sempre vacilando entre um abuso arrogante do mundo e um medo servil e supersticioso do seu poder misterioso. Mas Moisés e os profetas, assim como Cristo e os apóstolos, estão perfeitamente livres do mundo porque são elevados acima dele pela comunhão com Deus. Conquanto seja verdade que a Escritura ordene que busquemos primeiro o reino dos céus e que os cristãos do período primitivo precisassem se retirar de diversas esferas da vida e se abster de várias coisas – porquanto tudo naquela época era permeado pelo espírito pagão –, o cristianismo, em princípio, incluía dentro de si todos os elementos que não só deram a liberdade para subjugar o mundo e dominar a terra, mas também fez com que essas realizações se tornassem o dever e o chamado do homem.

Afinal de contas, a ética cristã não é outra senão aquela resumida breve e claramente nos Dez Mandamentos e iluminada e interpretada ao longo de toda a Escritura. Nesses mandamentos, o amor a Deus está em primeiro plano, mas o amor ao próximo é o segundo mandamento da lei. Nesse amor ao próximo, se entendermos corretamente, não num sentido passivo budista, mas em um caráter ativo e cristão, está contido o dever da missão, da reforma e da cultura. Na missão, as posses religiosas e morais do cristianismo alcançam todos os povos e as nações; na reforma, que não é limitada a um período na igreja de Cristo, nem a um momento na vida do cristão, mas que é sempre contínua, acontece a renovação progressiva do coração e vida, da família e sociedade, de acordo com a exigência da vontade do Senhor; e, na cultura, acontece a subjugação da terra ao controle do homem, o domínio da matéria pelo espírito e da natureza pela razão.

O reino dos céus, que deve ser buscado primeiro, traz todas as outras coisas com a sua vinda (Mateus 6:33). A piedade é proveitosa para tudo, visto que tem a promessa da vida presente e da futura (1Timóteo 4:8). Nada é ritualmente impuro, visto que todas as coisas criadas por Deus são boas, e nada deve ser rejeitado se for recebido com ações de graças, pois é santificado pela palavra de Deus e pela oração (Romanos 14:14; 1Timóteo 4:4). O cristianismo, que encontra a base de toda a cultura na criação do homem segundo a imagem de Deus e sua restauração na ressurreição de Cristo, chama os seus fiéis a pensarem sobre tudo que é verdadeiro, honesto, justo, puro, amável, de boa fama, que tenha alguma virtude e que tenha algum louvor (Filipenses 4:8).

Não é possível pensar em nenhuma outra moralidade ou religião mais elevada do que aquela pregada para nós no evangelho. É verdade que é possível buscar outra moralidade, mas, ao fazer isso, logo se desvia para caminhos alheios. O tempo em que vivemos nos oferece a evidência mais forte disso. A moralidade das Escrituras é rejeitada, mas aquilo que toma lugar está continuamente entrando em conflito com as normas mais simples da vida ética.

A primeira coisa que acontece é a exclusão de todos os mandamentos relacionados ao amor a Deus do sistema moral. Assim, não há mais nenhuma preocupação com o amor a Deus, seu nome, sua verdade e seu serviço; na verdade, como as pessoas serão capazes de amar a Deus quando duvidam ou negam que ele pode ser conhecido, que ele se revela ou que ele sequer existe? No entanto, ao fazer isso, aqueles que negam a importância do primeiro mandamento enfraquecem os mandamentos da segunda tábua, porque, se não existe um Deus que torna o amor ao próximo obrigatório para o homem, qual o fundamento para esse amor existir? Consequentemente, os proponentes de um ensino moral independente da religião estão desesperadamente divididos sobre a questão de qual princípio está por trás do amor do homem pelo seu próximo. Alguns tentam basear esse amor em autointeresse; outros, na felicidade resultante; um terceiro grupo baseia na virtude da pena e compaixão; um quarto grupo, na consciência; mas todos eles juntos provam que, sem a autoridade divina para vincular a consciência, esse imperativo não pode existir.

Como consequência, os proponentes dessa moralidade encontram dificuldades com cada um dos mandamentos particulares em que o amor ao próximo é mais especificamente desenvolvido e circunscrito. Geralmente dizemos que as pessoas, embora difiram bastante na religião, ainda permanecem bem semelhantes na esfera da moralidade. Pode haver alguma verdade nisso, porque a natureza felizmente é mais forte que a teoria, e porque a obra da lei está escrita no coração de todo homem, mas, de resto, a realidade nos ensina algo bem diferente, pois não existe um único mandamento da segunda tábua da lei que não seja questionado em nossos dias. A autoridade do pai e da mãe e de qualquer outra autoridade é abertamente atacada e rejeitada. O assassinato está sendo levado cada vez menos a sério: no caso do suicídio, geralmente ele é relativizado, e não são raras as vezes em que o aborto é defendido. O casamento é considerado um contrato, admitido por um período de tempo arbitrário, e o adultério tem os seus defensores e apoiadores. No sentir de muitos, a propriedade é outro nome para roubo. A verdade se tornou instrumental para a utilidade, dependente do desenvolvimento evolucionário e distinta da falsidade apenas quanto ao tempo e lugar, ou em forma e grau. E a cobiça celebra o seu triunfo no espírito de Mamom da nossa era.

Contra todas essas alterações da moralidade, a Escritura defende o ideal moral em uma forma não adulterada. Ela nunca violenta a santidade de Deus e a santidade da sua lei, mas vez após outra as coloca – em toda sua majestade – de forma clara perante as consciências dos homens. Aquilo que Jesus disse aos seus discípulos – "Sede perfeitos como o vosso Pai celestial é perfeito" – se repete em diferentes formas por todos os apóstolos em suas admoestações para os cristãos, e o pecado não tem nenhum direito de existir, muito menos naqueles que são chamados pelo nome de Cristo. Nada pode ser subtraído da demanda da lei moral, muito menos por aqueles que morreram com Cristo e com ele foram ressuscitados para uma nova vida. Então, se, na providência de Deus, o velho homem morre paulatinamente no cristão e o novo homem cresce gradualmente para apenas posteriormente alcançar a perfeição, tudo isso aponta para a grande longanimidade e paciência de Deus. Essa é paciência acontece porque Cristo cobre os pecados da igreja com sua justiça e santidade, e garante o aperfeiçoamento do seu povo.

Embora a lei moral, a regra de vida para os cristãos, não possa ser satisfeita com nada menos do que o amor perfeito a Deus e ao próximo, é bastante evidente nas Escrituras que nenhum cristão alcançou essa perfeição ou possa alcançá-la nessa vida. Os santos da Bíblia frequentemente tropeçavam e caíam. Alguns deles – como Davi e Pedro – caíram em pecados graves, ainda que, em remorso profundo, tenham confessado os seus pecados. Não importa quem escolhamos ouvir, nunca escutaremos a afirmação que às vezes se encontra em alguns cristãos: "Eu não tenho mais pecado". Pelo contrário, Abraão (Gênesis 12:12), Isaque (Gênesis 26:5), Jacó (Gênesis 26:35), Moisés (Números 20:7-12; Salmos 106:33), Davi (Salmos 51), Salomão (1Reis 8:46), Isaías (Isaías 6:5) e Daniel (Daniel 9:4), todos eles, e outros, confessam ter transgredido e reconhecem seus pecados e erros.

O mesmo vale para o apóstolo Paulo, o qual foi crucificado com Cristo e andava em novidade do Espírito. Ele foi justificado diante de Deus e estava certo da sua salvação. Humanamente falando, ele recebe glória pelo seu trabalho apostólico e está consciente da fidelidade com a qual cumpriu o seu chamado,[43] mas, além de atribuir tudo isso à graça de Deus,[44] ele confessa que nenhum bem habita em sua carne (Romanos 7:18), que a carne luta contra o Espírito (Gálatas 5:17), que o querer e o fazer estão em um conflito contínuo dentro dele (Romanos 7:7-25) e que ele prossegue, procurando alcançar a perfeição, mas ainda não tinha a alcançado (Filipenses 3:12).

Moisés e os profetas testemunham o mesmo sobre o povo de Israel; Cristo não é diferente com os seus discípulos; e os apóstolos atestam tal fato nas igrejas confiadas aos seus cuidados. Jesus chama os seus discípulos à perfeição (Mateus 5:48), mas os ensina a orar pelo perdão das suas dívidas (Mateus 6:12). Os cristãos em Roma foram ressuscitados com Cristo para andar em novidade de vida (Romanos 6:3ss) e, ainda assim, são admoestados a apresentar seus membros como escravos da justiça para santificação (Romanos 6:19). Os coríntios foram lavados, santificados e justificados no nome do Senhor Jesus e pelo Espírito de Deus (1Coríntios 6:11); por outro lado, eram carnais (1Coríntios 3:1-4). Os gálatas receberam o Espírito pela pregação da fé (Gálatas 3:2), não obstante, se permitiram ser tentados à desobediência da palavra (Gálatas 3:1). A boa obra foi iniciada nos filipenses, mas não estava completa (Filipenses 1:6). Em todas as igrejas existem condições, erros e defeitos que não estão em harmonia

[43]Romanos 15:17ss; 1Coríntios 4:3; 9:15; 15:31; 2Coríntios 1:12; 6:3ss; 11:5ss; Filipenses 2:16ss; 3:4ss; 1Tessalonicenses 2:10ss.
[44]1Coríntios 15:10; 2Coríntios 12:9; Filipenses 4:3.

com a vida cristã, e os apóstolos estão genuinamente convictos de que o pecado continuará preso aos cristãos enquanto eles viverem. "Todos tropeçamos em muitas coisas" (Tiago 3:2). "Se dissermos que não temos pecado algum, enganamos a nós mesmos, e a verdade não está em nós" (1João 1:8).

Ainda assim, embora a perfeição não seja possível nessa vida, os apelos e as admoestações continuam sendo úteis e sérios. Naturalmente, aqueles que defendem a perfectibilidade dos cristãos nessa vida levantam essa objeção e alegam que, se tais exortações não podem ser cumpridas – ou pelo menos não *plenamente* –, elas necessariamente perdem sua força e, com o tempo, desgastam a motivação dos cristãos. No entanto, essa argumentação não procede. Partindo do fato de que uma pessoa precisa fazer algo, isso não significa que ela seja capaz de fazê-lo. Um homem pode precisar pagar uma quantia monetária e, ainda assim, não ser capaz de desembolsar tal valor; nesse caso, ele ainda é obrigado a pagar. Da mesma forma, a lei moral nunca pode suspender suas exigências, ainda que os seres humanos não sejam capazes de satisfazê-la por causa do pecado. Por outro lado, podemos argumentar que o ensino da perfectibilidade dos cristãos sempre acarreta um rebaixamento do ideal moral e uma compreensão menos séria do pecado.

Certamente, todo aquele que não limita o pecado apenas a atos pecaminosos externos, mas também inclui pensamentos e inclinações pecaminosas, dificilmente defenderá que os cristãos podem ser completamente livres dele nessa vida. Só podemos defender a perfectibilidade dos santos se não levarmos a sério a natureza pecaminosa do homem e negligenciarmos a absoluta santidade da lei. Na forma de administração da Ceia do Senhor das igrejas reformadas, lemos que descansamos confiantes que nenhum pecado ou fraqueza que ainda resta em nós *contra a nossa vontade* pode nos impedir de sermos recebidos por Deus em graça. Há uma grande controvérsia recente sobre se o regenerado ainda pode cair naqueles pecados que não ocorrem em virtude da fraqueza, mas são de caráter deliberado e, portanto, devem ser chamados de pecados de maldade premeditada. No entanto, duas coisas são certas: a primeira é que, naqueles que realmente nasceram de novo, não apenas a consciência, mas também a nova vida, a disposição e a vontade se opõem – em menor ou maior grau – a esses pecados; e a outra é que até os pecados cometidos em fraqueza, cometidos contra a nossa vontade, continuam sendo pecados e estão em conflito com a santidade da lei.

Ademais, as admoestações para uma vida santa, longe de inúteis e negativas, são precisamente o meio pelo qual Cristo aplica e desenvolve a justiça e santidade concedidas aos cristãos em Cristo. Jesus, em sua oração sacerdotal, ora para que o Pai santifique seus discípulos na verdade, isto é, por meio da sua palavra, que é a verdade (João 17:17; compare com 15:3). A palavra que Deus nos deu realmente é o principal meio para a nossa santificação, e a bênção que deriva não apenas da pregação pública, mas também da leitura, do estudo e da meditação dessa palavra na solitude do círculo familiar é simplesmente de relevância incomensurável para o crescimento na vida cristã. Acresenta-se a essa palavra a oração no nome de Jesus como meio de santificação (João 14:13-14; 16:23-24), a qual nos dá acesso à majestade divina e nos enche de confiança, visto que não há ninguém no céu nem na terra que nos ame mais que Jesus Cristo. Soma-se aí o louvor de salmos, hinos e cânticos espirituais (Efésios 5:19; Colossenses 3:16), porque eles exercem uma profunda influência na atitude do coração e na prontidão da vontade. E, por fim, existem as vigílias e os jejuns,[45] práticas que injustamente caíram em completo desuso. Todos esses meios de santificação provam que, nessa obra, Deus também não despreza o uso de meios.

Naturalmente, Deus é Todo-Poderoso, e ele poderia – se quisesse – ter santificado perfeitamente todos os seus filhos no momento da regeneração. Mas, aparentemente, essa não foi a sua vontade; na recriação, ele não nega a si mesmo como Criador. A vida de toda criatura é nascer, crescer e gradualmente alcançar sua maturidade. Já que a vida espiritual é uma vida real, ela passa a existir e se desenvolver da mesma forma. Deus não injeta a justiça e santidade de Cristo em nós mecanicamente ou a derrama como se fosse água derramada em um vaso, mas a desenvolve em nós de uma maneira orgânica. Portanto, um fato não entra em conflito com outro quando a Escritura constantemente nos apresenta a questão como se os cristãos devessem *se tornar* o que eles já *são*. O reino dos céus é um dom de Deus (Lucas 12:32) e, ainda assim, é um tesouro de grande valor que deve ser buscado (Mateus 6:33; 13:46). Os cristãos são os

[45]Mateus 17:21; 26:41; Efésios 6:18.

ramos da vinha e, consequentemente, não podem fazer nada sem Cristo. Por outro lado, é dito a eles, na palavra do mestre, para permanecerem nele, em sua palavra e em seu amor (João 15). Eles foram eleitos em Cristo antes da fundação do mundo e, ao mesmo tempo, devem ser diligentes para garantir seu chamado e sua eleição (Efésios 1:4; 2Pedro 1:10). Eles foram santificados pelo único sacrifício de Cristo e devem, simultaneamente, buscar a santificação, sem a qual ninguém verá ao Senhor (Hebreus 10:10; 12:4). Eles estão completos e, por outro lado, precisam de aperfeiçoamento e fortalecimento constante (Colossenses 2:10; 1Pedro 5:10). Além disso, foram revestidos do novo homem, mas ainda devem constantemente se revestir dele (Efésios 4:24; Colossenses 3:10). Eles crucificaram a carne com suas paixões e seus desejos, e, mesmo assim, ainda devem mortificar suas inclinações carnais (Gálatas 5:24; Colossenses 3:5). É Deus quem produz neles tanto o querer como o realizar, segundo a sua boa vontade; mas também devem realizar a sua salvação em temor e tremor (Filipenses 2:12-13).

Essas proposições não entram em conflito entre si, pois uma é simplesmente o fundamento e a garantia da outra. Uma vez que a santificação é obra de Deus, como toda a salvação, somos admoestados e sujeitos a uma nova obediência; e também somos qualificados para isso. Ele não concede graça abundante de modo que sejamos instantaneamente santos e continuemos a descansar nessa santidade, mas de modo que perseveremos na luta e permaneçamos de pé. Ele ouve nossas orações, mas o faz de acordo com a lei e ordem que ele fixou para a vida espiritual. Portanto, somos sempre corajosos, porque aquele que começou a boa obra em nós irá aperfeiçoá-la até o dia de Cristo Jesus. Os crentes podem se tornar e se *tornarão* santos, porque em Cristo eles *são* santos.

——— ▪ ———

Ou será tudo isso audacioso demais? Será que os cristãos podem realmente confessar que não apenas são membros vivos da igreja de Cristo, mas também que o permanecerão sendo eternamente? Existem muitos que questionam isso. Como regra geral, os proponentes da perfectibilidade dos santos nessa vida defendem, ao mesmo tempo, a possibilidade da apostasia e deserção. Uma posição está intimamente relacionada com a outra; e ambas surgem da mesma raiz; no fundo, as duas ideias assumem a noção de que a santificação do homem é obra do próprio homem e passa existir segundo a sua vontade. Essa posição afirma que, se o cristão — com o auxílio da graça — fizer bom uso da sua vontade e reunir todas as suas energias, ele poderá chegar à perfeição total nessa vida. Além disso, se ele relaxa, retrocede e começa a pecar, pode cair do estado de graça e se tornar novamente uma pessoa sem Deus e se perder eternamente. Assim como ambas as posições surgem da mesma heresia da vontade e da obra do homem na santificação, assim também elas são apoiadas pelo mesmo receio. A ideia é que, quando a perseverança dos santos é ensinada, a vida moral é prejudicada, a energia e o esforço dos cristãos não são incentivados e premia-se os ímpios que vivem pela proposição: uma vez perdido, sempre perdido!

Contudo, se, ao defender a doutrina da perseverança dos santos, buscarmos toda a nossa força na vontade e capacidade do homem, perderemos todo fundamento sob nossos pés e teremos de duvidar da constância de todo cristão. Todos os santos têm apenas um pequeno princípio da obediência perfeita; de acordo com o testemunho das suas próprias consciências, eles ainda estão inclinados a todo mal e vacilam diariamente em várias coisas; a cada momento, eles pecam e abdicam da graça que lhes é concedida. Se toda a questão dependesse deles, nem um cristão sequer perseveraria até o fim. Os oponentes da perseverança dos santos só podem escapar dessas inferências e conclusões distinguindo entre tipos de pecados. Visto que todos os cristãos ainda são culpados de toda sorte de transgressão contra a lei de Deus, esses oponentes realmente deveriam ensinar que a apostasia dos santos não é apenas possível, mas que ela, na verdade, acontece em todos os cristãos. Quando, em contrapartida, eles ainda defendem que alguns, muitos ou até a maioria dos cristãos preserva essa graça e persevera nela, eles só podem defendê-lo mediante algum tipo de distinção entre pecados mortais e pecados perdoáveis. Seria apenas por meio do primeiro que a graça poderia ser perdida.

No entanto, fazer isso é introduzir uma distinção altamente duvidosa na doutrina do pecado, porque os diversos pecados não são independentes um do outro, mas todos derivam de uma única fonte impura; consequentemente, todos levam à morte e são — com exceção da blasfêmia contra o Espírito Santo – perdoáveis pela graça de Deus que está em Cristo Jesus. Além disso, quem pode determinar se alguém se tornou culpado de um pecado mortal ou de um pecado perdoável, e, assim, se perdeu ou não a graça? As transgressões que os seres humanos muitas vezes consideram pequenas e mesquinhas às vezes são grandes aos olhos do Deus que prova o coração e examina a mente; e os pecados que um mundo sem misericórdia considera inaceitáveis são julgados de outra forma por aquele que sabe todas as circunstâncias e condições. O resultado, então, só poderia ser que o cristão vive em constante terror de que ele possa ter cometido esse tal pecado mortal e tenha perdido a graça ou tenha de, numa falsa segurança, acabar dependendo do juízo de um sacerdote meramente humano.

Pomos imediatamente um fim a todas essas dúvidas e incertezas quando pensamos na perseverança dos santos não como uma realização da vontade humana, mas como uma obra de Deus que – do início ao fim – é efetuada pelo próprio Deus. Em outras palavras, pomos um fim às dúvidas se consideramos a perseverança dos santos como uma preservação de Deus antes de uma perseverança humana. A Escritura não deixa dúvida sobre isso, mas, em conexão com o pacto da graça e todos os seus benefícios, nos dá diversas evidências na obra do Pai, do Filho e do Espírito.

O Pai escolheu os crentes em Cristo antes da fundação do mundo (Efésios 1:4), os ordenou para a vida eterna (Atos 13:48) e os conformou à imagem do seu Filho (Romanos 8:29). Sua eleição é imutável (Romanos 9:11; Hebreus 6:17) e traz consigo o chamado, a justificação e a glorificação (Romanos 3:39). Cristo, em quem todas as promessas de Deus são o "sim" e o "amém" (2Coríntios 1:20), morreu por aqueles que lhe foram dados pelo Pai (João 17:6,12) a fim de que pudesse lhes dar a vida eterna e não perder nenhum deles (João 6:39; 10:28). O Espírito Santo – que os regenera – permanece eternamente com eles (João 14:16) e os sela para o dia da redenção (Efésios 4:30). O pacto da graça é garantido e confirmado com um juramento (Hebreus 6:16-18; 13:20) tão inquebrável quanto um casamento (Efésios 5:31-32) e um testamento (Hebreus 9:17). Por causa desse pacto, Deus chama os seus eleitos, escreve sua lei em seus corações e põe o temor ao seu nome neles (Hebreus 8:10; 10:14ss). Ele não deixa que eles sejam tentados além do que podem resistir (1Coríntios 10:13), estabelece e completa a boa obra que começou neles (1Coríntios 1:9; Filipenses 1:6) e os preserva para o futuro de Cristo, a fim de os tornar coparticipantes da herança celestial (1Tessalonicenses 5:23; 1Pedro 1:4-5). Por meio da sua intercessão perante o Pai, Cristo está sempre ativo em nosso favor para que a fé dos cristãos não falhe (Lucas 22:32); para que eles sejam preservados do Maligno no mundo (João 17:11,20); para que possam ser totalmente salvos (Hebreus 7:25); para receber o perdão de pecados (1João 2:1); e para que um dia todos estejam com ele e vejam a sua glória (João 17:24). Por fim, os benefícios de Cristo, que o Espírito Santo os fez desfrutar, são todos irrevogáveis (Romanos 11:29) e são mútua e inseparavelmente relacionados um ao outro: aquele que é chamado é justificado e glorificado (Romanos 8:30); aquele que é recebido como filho de Deus é um herdeiro da vida eterna (Romanos 8:17; Gálatas 4:7); aquele que crê tem a vida eterna imediatamente (João 3:16). E essa vida – por ser eterna – não pode ser perdida; ela é uma vida que não pode pecar (1João 3:9) e que não pode morrer (João 11:25-26).

Mas, no caso da santificação, a preservação dos cristãos é aplicada e desenvolvida de forma que eles próprios também perseverem em graça o que lhes é concedido por Deus. Deus nunca usa a coerção, mas lida com o homem de uma forma racional. Na regeneração, ele transmite novas potencialidades e, assim, transforma a vontade que era rebelde para uma que não é mais. Dessa mesma forma espiritual, ele continua operando nos cristãos após a regeneração inicial; ele não os torna passivos, mas os desperta e os faz andar nas boas obras preparadas para eles; ao fazer isso, utiliza a Palavra como seu meio.

Ele nunca deixa de admoestá-los a perseverar até o fim;[46] a permanecerem em Cristo, em sua palavra e seu amor;[47] a vigiarem e serem sóbrios;[48] a preservarem a fé; e a permanecerem fiéis até a morte.[49] Ele os adverte contra a soberba e, em caso de apostasia, os ameaça com uma duro castigo.[50] Mas ele também atribui abundantes promessas de recompensas para a santificação e perseverança.[51]

[46]Mateus 10:22; 24:13; Romanos 2:7-8.
[47]João 15:1-10; 1João 2:6,24,27; 3:6,24; 4:12ss
[48]Mateus 24:42; 25:13; 1Tessalonicenses 5:6; 1Pedro 5:8.
[49]Colossenses 1:23; Hebreus 2:1; 3:14; 6:11; Apocalipse 2:10,26.
[50]João 15:2; Romanos 11:20-22; Hebreus 4:1; 6:4-8; 10:26-31; 2Pedro 2:18-22.
[51]Mateus 5:12; 6:4; 10:22; 16:27; 24:13; 25:21ss; Romanos 2:7; Apocalipse 2:7; 22:12.

Na verdade, nas pessoas de Davi e Pedro vemos exemplos de uma grande deserção, e, nas pessoas de Himeneu e Alexandre (1Timóteo 1:19-20; 2Timóteo 2:17-28), Demas (2Timóteo 4:10) e outros (Hebreus 6:4-8; 2Pedro 2:1), vemos exemplos, como advertências para nós, de total apostasia.

Mas todas essas advertências e admoestações não provam que os verdadeiramente santificados podem se desviar, porque a declaração de João sustenta que eles saíram da igreja, mas que não pertenciam de fato a ela (1João 2:19). As pessoas de Davi e Pedro nos mostram claramente que Deus não se esqueceu deles em seus tropeços, mas, pelo contrário, os preservou e os conduziu de volta para a confissão da culpa e arrependimento. Eles são exemplos dados a nós para admoestação, mas também para consolo; de modo que nós também – se por fraqueza cairmos no pecado – não precisemos duvidar da graça de Deus nem permanecer no pecado, mas podemos nos fortalecer com o fato de que temos uma pacto de graça eterno com Deus, e é nos termos desse pacto que ele nos faz andar pela sua Palavra e pelo seu Espírito. Aquele que ensina a possibilidade da apostasia dos santos fere a fidelidade de Deus; torna a salvação e a perseverança dependentes do esforço humano e, consequentemente, mutáveis e incertos; e também prejudica a unidade e maturação da vida espiritual. Essa pessoa deve presumir que essa vida pode diversas vezes acabar e recomeçar vez após outra. Contudo, aquele que crê na perseverança dos santos tem o seu ponto de partida e de descanso na graça de Deus; gloria-se na fidelidade de Deus; e, ao mesmo tempo, mantém a coerência da vida espiritual e eterna. Porque, embora na vida do cristão exista toda sorte de mudança e oscilação enquanto o velho homem continuar a viver nele, essa nova vida é indestrutível; a semente que Deus plantou permanece nele (1João 3:9).

Entretanto, essa certeza da perseverança não faz com que os verdadeiros cristãos se orgulhem e se acomodem; pelo contrário, ela é a verdadeira raiz da humildade, do temor filial, da verdadeira piedade, da paciência em toda provação, das orações fervorosas, da firmeza em carregar a cruz, de confessar a verdade e da alegria firme em Deus. Além do mais, a reflexão desse benefício torna-se um estímulo para praticar séria e constantemente a gratidão e as boas obras, como é evidente nos testemunhos da Escritura e nos exemplos dos santos (Cânones de Dort, V, 12).

—— ▪ ——

Se devemos produzir esse precioso fruto, devemos crer na preservação dos santos como Deus quer que creiamos. Seria essa a razão para Deus tê-la revelado em sua palavra, isto é, para que a aceitássemos como uma doutrina e anunciássemos para os outros que esse é um ensinamento claro e a pura verdade? De fato, Deus quis e planejou a sua revelação assim porque a verdade em si já tem grande valor. De todo modo, essa não é a única razão, nem mesmo a principal, pois, se abraçarmos a preservação dos santos com fé genuína, estamos confessando também que Deus continua a trabalhar em seus filhos. A preservação dos santos não é uma verdade histórica nem um fato que aconteceu em algum momento do passado; ela não é uma verdade científica como uma matriz ou o produto de uma multiplicação. Em vez disso, ela é uma verdade eterna; uma verdade que Deus atesta de era em era, de geração em geração; uma realidade na qual nós vivemos, uma realidade que Deus chama à existência e que sustenta na vida de todos os seus filhos.

Nesse sentido, só pode crer na preservação dos santos aquele que sabe ser parte dela e que sabe sua verdade por causa de sua experiência. E é autoevidente que todo aquele que crê na preservação – incluindo a sua própria preservação – não pode tornar essa confissão uma ocasião para a carne da mesma forma que uma pessoa em quem Cristo foi plantado por uma verdadeira fé não pode falhar em produzir frutos de gratidão.

Isso nos leva a outro ponto. Se a preservação dos santos é uma obra de Deus continuamente executada no coração e na vida de todos os cristãos, então podemos dizer que, na consciência desses cristãos, uma firme certeza dessa realidade também se desenvolve. Se não houvesse uma preservação dos santos, nenhum cristão poderia, nem por um momento, ter garantia perfeita da sua salvação, porque estaria vivendo em constante medo de perder a graça de Deus por algum pecado grave. Mas, se Deus preserva o seu povo, então o crente não apenas tem uma firme garantia desse fato em seu coração, mas ele pode e deve tê-la; pois sem essa certeza da salvação a preservação dos santos perderia todo o seu valor para a vida prática dos crentes. Qual seria a utilidade da doutrina da preservação dos santos para os filhos de Deus se eles não pudessem saber com certeza que realmente são seus filhos? A preservação dos santos e a certeza da salvação, portanto, estão inseparavelmente interconectadas: sem a primeira a segunda não seria possível, e a segunda torna a primeira um apoio real para os crentes e um conforto em seus corações.

Todos os santos que chamam a nossa atenção no Antigo e no Novo Testamentos são, consequentemente, participantes dessa certeza. Não apenas Abraão (Gênesis 15:6; Romanos 4:18ss), Jacó (Gênesis 49:18), Davi (2Samuel 22:2ss; Hebreus 3:17-19), mas também todos os cristãos cujas circunstâncias são descritas pelos salmistas, escritores de provérbios e profetas. Muitas vezes, eles viviam em profunda miséria; foram oprimidos, perseguidos e zombados pelos seus inimigos: "Onde está o seu Deus agora? Você confiou que o Senhor te livraria!"[52] Algumas vezes o desespero dominou sua alma como se Deus tivesse se esquecido deles e, em sua ira, lhes negado as suas misericórdias.[53] Eles também reconhecem a justiça dos julgamentos de Deus confessando os seus pecados.[54] Ainda assim, Deus é o Pai deles e eles são o seu povo – ovelhas do seu pastoreio.[55] Ele não pode lhes abandonar por causa do seu nome e da sua aliança (Salmos 79:8-9). "Sua ira dura só um momento; no seu favor está a vida" (Salmos 30:5). Ele não os trata de acordo com os pecados deles, nem os retribui segundo as iniquidades deles (Salmos 103:10). Ele perdoa as transgressões e cobre os pecados (Salmos 32:1). O Senhor é rocha e baluarte, fortaleza e refúgio, escudo e força da salvação, luz e alegria, é tudo para eles (Salmos 18:2; 73:25).

O tom no qual os apóstolos e os cristãos do Novo Testamento falam da sua salvação é muito seguro e certo – não há dúvida nenhuma. Eles sabem que Deus não poupou seu único Filho, mas o entregou por todos eles e agora lhes concederá todas as coisas (Romanos 8:32), bem como que são justificados pela fé; têm paz com Deus; e que ninguém pode lhes acusar (Romanos 5:1; 8:33). Eles sabem que nasceram de novo para uma viva esperança e passaram da morte para a vida;[56] que receberam o Espírito de adoção; e que

[52]Salmos 22:9; 42:4; 71:11.
[53]Salmos 10:1,11ss; 13:2; 28:1; 44:10ss; 77:8ss.
[54]Salmos 51:5; Neemias 9:33; Daniel 9:14.
[55]Salmos 95:7; 100:3; Isaías 63:16; 64:8.
[56]1Pedro 1:3; Tiago 1:18; 1João 3:14.

esse Espírito testifica com o espírito deles que são filhos de Deus (Romanos 8:15-16).

O conhecimento deles tem influência não apenas no presente – no que eles já são –, mas também no futuro – para o que eles ainda serão –, porque aquele que Deus conheceu, chamou e justificou também foi glorificado (Romanos 8:30). Se eles são filhos, também são herdeiros (Romanos 8:17). Eles já receberam a vida eterna por meio da fé e não podem perdê-la (1João 3:9; 5:1). Foram regenerados para uma viva esperança e são protegidos pelo poder de Deus para a salvação (1Pedro 1:3-5), e a boa obra iniciada neles será a realizada até o dia de Cristo Jesus (Filipenses 1:6). Em suma, eles foram selados com o Espírito Santo como garantia e penhor até o dia da promessa.[57]

Os cristãos teriam mais força e influência se sempre permanecessem na firme certeza dessa fé, mas estão sempre incertos da sua própria causa; como, então, eles podem dar um testemunho eloquente e provocar inveja no mundo pelo seu alegre testemunho? Na igreja católica romana, essa certeza é negada à fé; o cristão pode ter certeza absoluta da sua salvação somente por meio de uma revelação especial, dada a poucos. Todos os outros cristãos não tem nada mais que uma suposição, uma expectativa, uma probabilidade, e Roma não trata isso como uma desvantagem, mas como uma vantagem, resultando em uma ansiedade lucrativa e servindo como incentivo para a santificação. Portanto, o cristão romano não depende do testemunho do Espírito Santo em seu coração, mas dos pronunciamentos do sacerdote e da certeza que a igreja lhe dá acerca da salvação. Em geral, isso lhe daria uma grande confiança.

No entanto, a Reforma tinha uma ideia bem diferente da justificação e da fé, e, da mesma forma, da certeza da salvação. Para Roma, a fé é simplesmente aceitar o ensino da igreja; e a justificação consiste no derramamento da graça sobrenatural, que serve para equipar o homem novamente para as boas obras e, assim, conquistar a vida eterna. Portanto, pela sua própria natureza, a fé não pode dar a ninguém a certeza da salvação; tal certeza deve ser inferida do amor e das boas obras. Portanto, não pode ser uma certeza absoluta, mas deve permanecer como uma esperança fraca ou forte. Em vez disso, a Reforma reconheceu uma importância independente na justificação

[57]Romanos 6:23; 2Coríntios 1:22; 5:5; Efésios 1:13; 4:30.

e a tratou como a restauração do relacionamento do homem com Deus. Assim, eles precisavam ver na fé algo maior e diferente do que um puro consentimento à verdade, e esse algo a mais era a confiança pessoal do coração na graça de Deus em Cristo Jesus.

Essa fé trazia consigo a certeza, mas os luteranos e remonstrantes a consideraram relevante apenas para o presente. O cristão pode estar absolutamente certo de que agora – nesse exato momento – ele é cristão, mas não pode ter certeza de que ele sempre crerá e, portanto, que realmente será salvo. Contudo, as igrejas reformadas incluíram o futuro também no âmbito dessa certeza; e é por isso que a busca pela certeza da salvação ocupa um lugar tão grande na vida dos santos. No primeiro período, quando havia uma avivada e poderosa vida de fé, essa busca deliberada não era necessária; os homens viviam e falavam do que estava cheio seus corações, como é bem evidente em nossas confissões, liturgias e orações. Mas, quando a fé esmoreceu, passou a ser necessário refletir sobre a fé e a busca das suas marcas. E, em vez de encontrar a certeza, as pessoas se tornaram mais e mais envolvidas nas confusões da dúvida. A certeza da fé não pode ser obtida por qualquer processo de raciocínio ou por qualquer inferência – ela deriva apenas da própria fé. Portanto, quando a fé definha e se oculta, a certeza também deixa o coração e não pode ser revivida por nenhum meio artificial.

Os Cânones de Dort apresentam isso de forma bela: "Os eleitos recebem, no devido tempo, a certeza da sua eterna e imutável eleição para a salvação, ainda que em vários graus e em medidas desiguais. Eles não a recebem quando curiosamente investigam os mistérios e as profundezas de Deus, mas a recebem quando observam em si mesmos, com alegria espiritual e gozo santo, os infalíveis frutos de eleição indicados na Palavra de Deus, tais como uma fé verdadeira em Cristo, um temor filial para com Deus, tristeza por seus pecados e fome e sede de justiça" (Cânones de Dort, I, 12).

No artigo 12 do primeiro capítulo e nos artigos 9 e 10 do quinto capítulo dos cânones, lemos o seguinte: "Os cristãos podem estar certos, e estão certos, dessa preservação dos eleitos para a salvação e da perseverança dos verdadeiros cristãos na fé. Essa certeza ocorre de acordo com a medida de sua fé, pela qual eles creem que são e permanecerão verdadeiros e vivos membros da Igreja, e que têm o perdão dos pecados e a vida eterna". Contudo, "esta certeza não vem de uma revelação especial, sem a Palavra ou fora dela, mas vem da fé nas promessas de Deus, que ele revelou abundantemente em sua Palavra para nossa consolação; vem também do testemunho do Espírito Santo, testificando com o nosso espírito que somos filhos e herdeiros de Deus; e, por fim, vem do zelo sério e santo por uma boa consciência e por boas obras."

Consequentemente, a certeza da salvação não se acrescenta à vida da fé externamente, mas floresce intrinsecamente da própria vida de fé. Portanto, a certeza difere "de acordo com a medida da fé". Nessa vida, os crentes devem batalhar contra várias dúvidas carnais e, às vezes, são gravemente tentados. Portanto, eles nem sempre sentem essa completa segurança da fé e certeza da perseverança (Compare com Cânones de Dort, V, 11).

Mas tudo isso não muda o fato de que a fé salvífica – conforme descrita pela Escritura e restaurada na Reforma – não é idêntica, por si só e em sua natureza interna, à certeza, e de que essa certeza se torna mais forte em proporção ao fortalecimento da fé. Essa fé não é oposta ao conhecimento, mas sim a toda e qualquer dúvida.

A dúvida não vem do novo homem, mas do velho; não do Espírito, mas da carne. A fé diz "sim" e "amém" a todas as promessas de Deus, abraça-as por completa e nelas repousa. Nesse processo – e na proporção em que faz isso –, a confiança ansiosa dessa fé se torna uma confiança firme e concede ao cristão a liberdade para aplicar e se apropriar de todas aquelas promessas de Deus. A crescente confiança se torna uma confiança firme de que o perdão de pecados, a justiça eterna e a salvação foram dadas por Deus não apenas a outros, mas também a *mim*, por pura graça e somente pelos méritos de Cristo.

Essa confiança também se estende – não por meio de um raciocínio, mas de acordo com sua própria natureza e seu ser – para o futuro. Certamente tal fé seria estranha se dissesse: "Agora eu sou filho de Deus, mas não sei se vou continuar sendo amanhã!" Se a fé for real e poderosa, ela naturalmente regozijará: "O Senhor é meu Pastor e nada me faltará. Quando eu tiver de andar pelo vale da sombra da morte, não temerei mal algum, porque tu estás comigo; tua vara e teu cajado me tranquilizaram". E a fé regozija e testifica assim não porque confia em si mesma, mas porque confia nas promessas de Deus: "Eu serei teu Deus, agora e eternamente; Com amor eterno te amei; Eu não vos deixarei nem vos desampararei". Em outras palavras, a fé sem certeza para o presente e futuro não faz jus à verdade das promessas de Deus e à fidelidade do seu amor.

Em segundo lugar, temos o testemunho do Espírito Santo. O Espírito Santo é a grande e onipotente Testemunha de Cristo, que testifica de Cristo em nossos corações; nos leva até a fé em seu nome; e nos faz conhecer as coisas que nos são concedidas por Deus em Cristo.[58] Mas esse Espírito de Cristo, ao mesmo tempo, nos faz conhecer a nós mesmos, não apenas em nossa culpa e impureza, mas também em nossa comunhão com Cristo e nossa porção nele. Após ter primeiro nos convencido do pecado, da justiça e do juízo – e, como o Espírito da fé (2Coríntios 4:13), operado a fé em nós –, ele continua sua obra de nos assegurar na fé. Ele se torna um Espírito de adoção (Gálatas 4:6); um Espírito adequado aos filhos e vivo nos filhos (Romanos 8:15). E, de fato, ele nos faz saber que somos filhos.

Isso acontece de diferentes formas, e sua ação consiste em o Espírito testificar com nosso espírito que somos filhos de Deus (Romanos 8:16); conduzir-nos poderosamente à alegre confissão: Aba, Pai (Romanos 8:15); dar-nos paz com Deus e derramar o amor a Deus em nossos corações (Romanos 5:1,5); gerar uma nova vida em nós, progressivamente nos conduzindo em nossa vida cristã e preenchendo nossas almas com uma alegria até então desconhecida.[59] E ele faz tudo isso – além de muitas outras coisas – para nos selar até o dia da redenção.

A palavra *selar*, em referência a pessoas ou coisas (como cartas), às vezes significa colocá-los fora do alcance de outras pessoas e preservá-los de algum perigo;[60] às vezes, a palavra é usada para provar e estabelecer pessoas ou testemunhas específicas como válidas e autoritativas.[61] Nesse último sentido, os cristão são selados com o Espírito Santo como fiador até o dia da redenção.[62] O Espírito Santo, que foi entregue aos crentes; que plantou a fé neles e continuamente a sustenta; que testifica a eles e lhes conduz; ele é quem sela a salvação deles. Por meio disso tudo ele prova ser o fiador dos cristãos

[58]João 15:26; 16:13-15; 1Coríntios 12:3; 2Coríntios 4:3-6.
[59]Romanos 8:10-11; 14:17; 15:13.
[60]Deuteronômio 32:34; Cantares 4:12; Isaías 8:16; 29:11; Daniel 6:17; 12:4; Ezequiel 9:1-6; Mateus 27:66; Apocalipse 5:5-6; 7:1-4; 20:3; 22:10.
[61]Ester 3:12; 8:8; 1Reis 21:8; Neemias 9:38; Jeremias 32:10; João 3:13; 6:27; Romanos 4:11; 1Coríntios 9:2.
[62]Romanos 8:32; 2Coríntios 1:22; 5:5; Efésios 1:13; 4:30.

para que possam ser preservados até o dia da redenção e herdar as bênçãos celestiais, porque esse Espírito nunca os deixará, mas permanecerá eternamente com eles (João 14:16). E aquele que tem o Espírito é propriedade de Cristo (Romanos 8:19) e é preservado por ele para a eternidade (João 17:24). Cristo no céu e o Espírito Santo na terra são a certeza da salvação do eleito, e eles selam isso no coração dos cristãos.

Essas duas maneiras, por meio das quais a certeza da salvação passa a estar nos cristãos, não são duas maneiras efetivamente separadas e não andam em linhas paralelas, mas são uma única realidade vista de pontos de vistas diferentes. Afinal, o Espírito Santo não opera, testifica e sela os cristãos fora da fé, mas faz tudo isso sempre mediante a fé. E essa fé não é morta, mas sim viva, e revela sua essência e prova seu poder nas boas obras.

Portanto, podemos falar dessas boas obras como uma união da fé nas promessas de Deus e do testemunho do Espírito Santo; e, em terceiro lugar, como um meio pelo qual Deus assegura os cristãos da sua adoção em Cristo (Catecismo de Heidelberg, Pergunta 86; Cânones de Dort, V, 10). Todavia, devemos ter cautela e notar que, ao buscar essa certeza, não devemos começar com as boas obras; a fé nunca pode repousar ou descansar firmemente sobre elas; e muito menos elas podem ser realizadas por nós com o objetivo de conquistar essa certeza da salvação por conta delas. A razão é que todas as boas obras são imperfeitas, e a perfeição delas depende de derivarem de uma fé forte. Contudo, na medida em que elas derivam de uma verdadeira fé, podem servir como auxílios para nossa certeza, e, assim como a fé prova e figura nas boas obras, assim também ela é confirmada e fortalecida por elas. E, quando os homens veem nossas boas obras, eles glorificam ao nosso Pai, que está no céu.

23. A Igreja de Cristo

Todos os ricos benefícios que Cristo dá aos cristãos aqui na terra são cumpridos e coroados na glorificação que advém a eles em parte em sua morte e em sua plenitude após o dia do juízo. Mas ainda não podemos discutir esse benefício da glorificação, porque primeiro precisamos passar pela maneira ou o caminho ao longo do qual Cristo traz à existência os benefícios do chamado e da regeneração, da fé e do arrependimento, da justificação e da adoção, da renovação e da santificação, em seus crentes aqui na terra, sustentando-os e fortalecendo-os. Já observamos que ele concede todos esses benefícios por meio de sua Palavra e de seu Espírito; contudo, ainda precisamos observar que ele os concede apenas na comunhão que une todos os cristãos. Ele não os distribui a indivíduos isolados, nem a um pequeno grupo de pessoas, mas a uma grande multidão, para toda a nova humanidade, aqueles escolhidos nele pelo Pai antes da fundação do mundo (Efésios 1:4).

O cristão, portanto, nunca permanece isolado; ele nunca está sozinho. No mundo natural, todo ser humano nasce na companhia dos seus pais e, assim, ele é, sem qualquer esforço próprio, membro de uma família, de um povo e também de toda a humanidade. Não é diferente na esfera espiritual, pois o cristão nasce do alto – de Deus –, mas recebe a nova vida apenas na comunhão do pacto da graça, no qual Cristo é o cabeça e, ao mesmo tempo, o conteúdo. Se, em virtude dessa regeneração, Deus é seu Pai, a igreja pode, em certo sentido, ser chamada de sua mãe. No mundo pagão, não haverá nenhum cristão, nem qualquer congregação, exceto se for pela missão na qual a igreja de Cristo os envia. Desde o primeiro momento da sua regeneração, portanto, o cristão é, independentemente da sua vontade e do seu fazer, incorporado a uma vasta totalidade e iniciado em uma rica comunhão; ele é membro de uma nova nação e cidadão de um reino espiritual, cujo rei é glorioso na multidão dos seus súditos (Provérbios 14:28).

Essa comunhão é um poderoso apoio para cada cristão, por isso devemos ser fortes o suficiente para não duvidar e nem temer ainda que estivéssemos sozinhos e ainda que houvesse, como disse Lutero, tantos demônios quanto tijolos no teto, pois, se Deus é por nós, quem será contra nós; se o Senhor está conosco, o que o homem pode nos fazer?[1] Todavia, como regra geral, não devemos considerar tal independência equivalente a isolamento e solidão. É verdade que existem casos especiais em que uma pessoa é chamada para seguir a voz do Senhor e romper com todo o seu ambiente e a questionar toda a sua geração; contudo, quando tal necessidade surge, Deus garante uma graça especial e um poder extraordinário para tanto, como no caso de Abraão, Moisés e Elias. Entretanto, mesmo nesses casos, a solidão é dura. Elias reclamou que apenas ele tinha sobrado entre os fiéis (1Reis 18:22; 19:10) e o coração de Paulo estava triste quando, no fim da sua vida, ele se viu esquecido por todos (2Timóteo 4:10). Isso nos mostra que um ser humano precisa de companhia e não gosta de estar sozinho.

A eleição compreende uma grande multidão de todas as gerações, línguas, povos e nações. É verdade que ela é pessoal e individual também, e que Deus conhece cada um dos seres humanos pelo nome, mas a eleição os seleciona e os combina de tal maneira, que todos eles juntos possam formar o templo de Deus, o corpo e a noiva de Cristo. O propósito da eleição é a criação de um organismo, isto é, a redenção, renovação e glorificação de uma humanidade regenerada que proclama as excelências de Deus e carrega seu nome sobre sua fronte. Quando Deus realiza essa eleição no tempo, ele o faz exclusivamente mediante o pacto da graça; e ele nunca inclui nesse pacto ninguém de modo a ficar independente de todos os outros, mas a toda pessoa em particular ele, ao mesmo tempo, chama de sua família e descendência. Ele fez isso com Adão, Noé e Abraão, e ainda o faz com qualquer um que transfira

[1]Salmos 56:12; 118:6; Romanos 8:31.

da escravidão do mundo à sua comunhão; além disso, ele estabelece sua aliança com essa pessoa e sua descendência, confirmando a aliança de geração em geração.

Há no coração de todos os cristãos uma tendência social e um anseio por companheirismo que corresponde a essa atividade orgânica de Deus. Por um lado, não existe nada no mundo com tanto poder para dividir essas pessoas e, por outro, também não há poder no mundo para uni-las assim. Fora do cristianismo, no entanto, a comunhão religiosa quase sempre coincide com a unidade de uma tribo ou povo; em outras palavras, a religião aparentemente não é forte o suficiente para se sustentar sem o apoio tribal, por isso no paganismo não há uma igreja no sentido próprio da palavra. Mas na cristandade é diferente.

É verdade que, em Israel, a nação e a igreja, de modo geral, eram coexistentes, mas, desde o princípio, a unidade nacional dependia mais da unidade religiosa do que o contrário. O maravilhoso nascimento de Isaque serve como evidência disso; o pacto da graça cria um povo peculiar a ser gerado por Abraão. Deus – como o Onipotente – torna a natureza útil à graça. É por isso que, no Antigo Testamento, o Deus do pacto, o povo de Israel e a terra de Canaã estão intimamente relacionados, ou seja, Israel deve a sua nacionalidade e unidade ao fato de Deus ter lhes escolhido;[2] e Canaã é a terra do Senhor (Levítico 25:23; 1Samuel 26:19) dada a Abraão e sua semente como herança pela sua livre graça.[3] Rute demonstrou esse fato quando, ao retornar para a terra de Judá com sua sogra, disse: "Aonde quer que fores, irei também; e onde quer que ficares, ali ficarei. O teu povo será o meu povo, e o teu Deus será o meu Deus" (Rute 1:16). Foi por essa razão também que, depois de o povo se afastar mais e mais de Deus a ponto de sofrer o exílio e a dispersão, ainda assim restou um remanescente fiel a Deus e seu culto e que, no meio da multidão do povo, era o verdadeiro Israel, a verdadeira descendência de Abraão.[4] E, ao mesmo tempo que esses santos se separavam dos impiedosos, eles se atraíam mutuamente e eram fortificados pela sua comunhão.[5]

---

[2]Êxodo 19:5; Deuteronômio 4:20; 7:6.
[3]Gênesis 12:7; Levítico 20:24.
[4]Amós 5:15; Isaías 1:9; 4:3; 8:18.
[5]Salmos 1:1; 16:3; 22:23; 26:4-12; 35:18; 40:10; 66:16; 122:1ss; 133:1ss

Essa separação continuou e culminou no Novo Testamento. Depois que João Batista, com sua pregação de arrependimento e perdão de pecados, preparou o caminho, o próprio Jesus começou seu ministério e o direcionou primeiro ao povo de Israel. Ele ensinou na Galileia e Judeia, em cidades e vilarejos, e percorreu o país fazendo o bem e curando a todos que eram oprimidos pelo diabo (Atos 10:38). Mas logo aprendeu, pela experiência, que o povo, sob a liderança dos escribas e fariseus, não queria ouvir do seu reino espiritual e do seu ministério como Messias. Quanto mais ensinava, mais antagônico o povo se tornava, até que finalmente o entregaram para ser crucificado. Quanto mais esse fim se aproximava, mais Jesus falava contra as cidades de Corazim, Betsaida e Cafarnaum (Mateus 11:20ss), os fariseus e os escribas (Mateus 23:13ss), Jerusalém e seus filhos (Mateus 23:27), o povo de Israel (Mateus 21:19ss; Lucas 23:28ss), a cidade e o templo (Mateus 24), pronunciando seu terrível juízo sobre todos esses. Israel rejeitou seu Messias; portanto, outros tomariam o seu lugar.

No começo, era apenas o pequeno círculo de discípulos que confessaram a Jesus como seu Senhor; mas essa confissão os compeliu a tamanha unidade, que, depois de o mestre os deixar, eles continuaram unidos em oração e súplicas (Atos 1:14). No dia de Pentecostes, eles foram revestidos com o poder do alto e, no Espírito Santo, receberam um princípio independente de vida, que os emancipou de todos os laços nacionais e os organizou em uma comunhão peculiar no mundo, independentes de qualquer povo ou nação. O derramamento do Espírito Santo deu à igreja de Cristo sua existência independente.

— ▪ —

O ajuntamento de cristãos que confessam Jesus como Senhor foi, desde o princípio, chamado pelo nome de "comunhão" ou "igreja". O Antigo Testamento já contava com duas palavras para as reuniões do povo de Israel, mas não fazia uma distinção real entre elas. Os judeus do período posterior, contudo, parecem ter distinguido os dois termos de forma que o primeiro designava a igreja em sua situação real e, o segundo, a igreja em sua condição ideal, isto é, um ajuntamento de pessoas chamadas por Deus para sua salvação. A primeira palavra foi traduzida para o grego pela palavra *synagoge*; a segunda, pela palavra *ekklesia*. A distinção já alcançada entre os judeus contribuiu para que os cristãos dessem preferência ao segundo termo. Afinal, a igreja cristã era o ajuntamento de cristãos que passou a ocupar o lugar do antigo Israel e realizou o plano do amor eletivo de Deus.

Quando os judeus e os cristãos definitivamente se separaram, passou-se gradualmente a chamar o ajuntamento de judeus pelo nome de *synagoge* e o de cristão por *ekklesia* (comunidade de cristãos ou igreja), e esse uso permanece em voga até hoje. Originalmente, não havia diferença entre os dois termos. Em Tiago 2:2 (e Hebreus 10:25), a palavra *synagoge* é usada para a reunião da igreja cristã; e, em Atos 7:38 (e Hebreus 2:12), a palavra *ekklesia* é usada para se referir ao ajuntamento do povo de Israel. Na verdade, em Atos 19:32,39 e 41, este último termo é usado para uma reunião popular geral, mas a separação entre judeus e cristãos reforçou dois significados diferentes para esses dois termos.

Os discípulos de Jesus em Jerusalém (e também após o Pentecostes) continuaram a se encontrar no templo ou em uma das construções adjacentes,[6] a fim de guardar as horas de oração consagradas do código moral judeu e, ao mesmo tempo, pregar o evangelho para o povo. Essa pregação dos apóstolos, do dia de Pentecostes em diante, foi ricamente abençoada, de modo que milhares foram acrescentados à igreja como salvos.[7] Mas, logo depois, iniciou-se uma perseguição que culminou no apedrejamento de Estevão como o primeiro mártir (Atos 6:8-7:60), e, por causa disso, os discípulos em Jerusalém se dispersaram por todas as terras da Judeia, Samaria, e foram tão longe quanto Fenícia, Chipre e Antioquia (Atos 8:1; 11:19). Pela pregação dos discípulos, em vários lugares, muitos judeus foram convertidos para a fé e muitas igrejas foram estabelecidas; essas igrejas desfrutaram de paz por um tempo e se multiplicaram bastante.[8] Podemos observar que esses judeus convertidos continuaram por muito tempo nutrindo a esperança de que todo o povo de Israel se converteria ao Senhor (Atos 3:17-26), mas essa esperança foi desaparecendo e ao poucos o centro de gravidade veio a mudar da igreja cristã-judaica para a igreja cristã-gentia.

---

[6]Atos 2:46; 3:1; 5:12.
[7]Atos 2:41; 2:47; 4:4; 5:14; 6:7.
[8]Atos 8:4,14,25; 9:31,35,38.

Já no período da vida de Jesus havia alguns poucos prosélitos gregos que vieram adorar no banquete e manifestaram o desejo de ver Jesus (João 12:20ss). Entre os membros da igreja em Jerusalém havia certos judeus de cultura grega (Atos 6:1) que muito provavelmente, como Estevão, cogitavam uma ideia mais liberal do relacionamento dos cristãos com o templo e a lei (Atos 6:13 e 14). Na dispersão, os discípulos proclamaram o evangelho de Jerusalém para os samaritanos (Atos 8:5ss), para o eunuco da Etiópia (Atos 8:26ss), para o centurião romano Cornélio (Atos 10) e para os gregos em Antioquia (Atos 11:20).

Todos esses eventos foram preparações para o grande trabalho missionário que Paulo, com Barnabé, por ordem do Espírito Santo, começaria a realizar logo após a imposição de mãos da igreja de Antioquia (Atos 13:2ss). Nesse trabalho missionário, Paulo seguiu sua regra de dirigir seu convite primeiro aos judeus,[9] mas, quando estes, como era de costume, desprezavam sua pregação, ele partia para os gentios.[10] Foi uma grande aflição e uma tristeza contínua para ele que seus irmãos na carne ficassem ofendidos pela cruz de Cristo e buscassem estabelecer sua própria justiça (Romanos 9:2), mas ele nunca cessou os seus esforços para provocar neles ciúme e salvar alguns (Romanos 11:14). E havia um remanescente de acordo com a eleição da graça, sendo o próprio Paulo evidência viva disso (Romanos 11:1-5).

Mas não se nega o fato de que a cegueira veio em parte a Israel até que a plenitude dos gentios chegasse (Romanos 11:25). Os ramos da oliveira foram cortados por causa da incredulidade, sendo substituídos pelos ramos da oliveira selvagem, enxertados em seu lugar (Romanos 11:17-24). Há uma diferença entre o Israel segundo a carne e segundo o Espírito.[11] A igreja de Cristo agora é a verdadeira descendência de Abraão, o povo e Israel de Deus,[12] e aqueles entre os judeus que rejeitaram o Cristo não são verdadeiros judeus; são da falsa circuncisão (Filipenses 3:2); são indisciplinados, vãos faladores, enganadores e perseguidores de cristãos (1Tessalonicenses 2:14-16; Tito 1:10-11). Os judeus que molestaram a igreja em Esmirna se diziam cristãos, mas não eram — eram da sinagoga de Satanás (Apocalipse

[9]Atos 13:5,14; compare com Romanos 1:16; 2:9; 3:1; 9:3; 11:13ss; 1Coríntios 1:22ss; 9:20.
[10]Atos 13:46; 17:17; 18:4,6; 28:25-28.
[11]Romanos 2:28-29; 9:8; 1Coríntios 10:18.
[12]Atos 15:14; Romanos 9:25-26; 2Coríntios 6:16-18; Gálatas 3:29; 6:16; Hebreus 8:8-10; Tiago 1:1,18; 1Pedro 2:9; Apocalipse 21:3,12.

2:9; 3:9), e foi assim que os judeus e os cristãos se separaram. Embora os que confessavam a Cristo inicialmente fossem considerados uma seita dos judeus (Atos 24:5,14; 28:22), eles passaram a ser chamados de "cristãos" em Antioquia (Atos 11:26). Uma distinção começou a ser feita entre a reunião dos judeus e a reunião dos cristãos, e linguisticamente isso levou a chamar a primeira pelo nome de *synagoge* e a segunda pelo de *ekklesia* (comunidade de cristãos ou igreja).

A palavra *ekklesia*, traduzida como "igreja" em nossas Bíblias, foi usada pela primeira vez pelo próprio Cristo se referindo à multidão dos seus seguidores (Mateus 16:18; 18:17). Não há nada estranho sobre isso se lembramos de que a palavra hebraica empregada por Cristo ocorre diversas vezes no Antigo Testamento e era comumente conhecida. A novidade é que Cristo a aplicou ao círculo dos seus discípulos e, assim, declarou que a sua igreja suplantaria o povo de Israel. Além disso, Jesus não usa o termo para designar uma reunião de cristãos em um lugar particular, mas, em vez disso, deseja abranger a todos aqueles que acreditassem nele por meio da palavra dos apóstolos, e ele a usa de forma tão abrangente quanto possível. Foi apenas mais tarde – de acordo com o desenvolvimento da igreja – que a palavra assumiu um sentido mais específico.

Em Atos 2:47,5:11,8:1 e 11:22, o nome "igreja" é aplicado às reuniões locais dos cristãos em Jerusalém, uma vez que, nesse período, a igreja em Jerusalém era praticamente a única. É muito provável que houvesse alguns discípulos vivendo em outros lugares – na Judeia, Samaria e Galileia – e que, mais tarde, quando a perseguição começou em Jerusalém e os discípulos foram dispersos, eles passassem a agir como ponto de contato para a obra missionária entre os judeus. Mas uma reunião de cristãos – uma igreja – só existiu, num primeiro momento, em Jerusalém; contudo, quando essas reuniões aconteciam em outros lugares por meio da pregação da palavra dos discípulos, o termo "igreja" também era aplicado a esses grupos locais. A igreja em Jerusalém não foi uma organização que formou ramos de si mesma em outros lugares; pelo contrário, outras reuniões de cristãos que também se chamavam de igrejas cresceram com ela.

Assim, por exemplo, há menção da igreja em Antioquia (Atos 11:26; 13:1) e de igrejas em Listra, Derbe e arredores (Atos 14:20ss). Paulo continuamente aplica o nome de igreja a cada uma das reuniões de cristãos em Roma, Corinto, Éfeso, Filipos, Colossos e outros lugares. E, de acordo com essa prática, ele fala em várias igrejas que estão no território da Galácia (Gálatas 1:2) e Judeia (Gálatas 1:22). Mas isso não é tudo. Os cristãos que viviam em uma localidade particular logo começaram a se encontrar regularmente, às vezes diariamente (Atos 2:46), mas regularmente no domingo.[13] Mas eles não tinham seu próprio edifício para a igreja – presumivelmente, a palavra *reunião* em Tiago 2:2 é o primeiro exemplo do Novo Testamento de uma referência a um lugar específico; portanto, eles precisavam se reunir na casa de algum irmão ou irmã preparada para esse fim.

Em Jerusalém, eles primeiro se reuniam no templo,[14] mas, além disso, também ocorreram reuniões especiais (Atos 1:14; 2:42) nas casas de alguns dos seus irmãos (Atos 2:46; 5:42). Assim, aconteceu que a casa de Maria, mãe de João Marcos (Atos 12:12), e depois a de Tiago (Atos 21:18) se tornaram o centro da vida eclesiástica de Jerusalém. Por já ser grande, a igreja se dividia em grupos e se reunia na mesma casa em diferentes momentos ou em diferentes casas ao mesmo tempo. Essa prática era seguida em outros lugares: em Tessalônica (Atos 17:11); Trôade (Atos 20:8); Éfeso (Atos 20:20); Corinto (1Coríntios 16:19); Colossos (Filemon 2); Laodiceia (Colossenses 4:15); e Roma (Romanos 16:5,14 e 15). É notável que todas essas igrejas domésticas ou igrejas nos lares sejam definitivamente chamadas de igrejas,[15] tendo em vista que uma não se subordinava a outra, mas cada uma delas era independente, tendo os mesmos direitos.

Ainda assim, elas eram todas uma só. Jesus tinha falado de todos os seus discípulos reunidos como a sua igreja (Mateus 16:18; 18:17), e os apóstolos falam da mesma maneira do corpo de cristãos – especialmente Paulo. A igreja em sua totalidade é o corpo de Cristo e ele é a cabeça.[16] A igreja é a noiva do Cordeiro adornada para o seu esposo,[17] a casa e o templo de Deus, construída pelos apóstolos sobre a fundação de Cristo (1Coríntios 3:10-16); ou, de acordo com outra aplicação da mesma ilustração, edificada sobre o fundamento dos profetas e dos apóstolos, sendo o próprio Cristo a principal pedra de esquina e, os cristãos, as pedras vivas.[18] A igreja é geração eleita,

---

[13]1Coríntios 16:2; Atos 20:7; Apocalipse 1:10.
[14]Atos 2:1,46; 3:11; 5:12,20,42.
[15]Romanos 16:5; 1Coríntios 16:19; Colossenses 4:15; Filemon 2.
[16]Efésios 1:22-23; 4:15; Colossenses 1:18,24.
[17]Efésios 5:32; 2Coríntios 11:2; Apocalipse 21:2
[18]Efésios 2:20-22; 1Timóteo 3:15; 1Pedro 2:5; Apocalipse 21:3.

sacerdócio real, nação santa, povo de propriedade exclusiva de Deus, para anunciar as grandezas daquele que os chamou das trevas para sua maravilhosa luz (1Pedro 2:9).

Observando as gloriosas virtudes que os apóstolos atribuem à igreja, alguns procuram distinguir entre a igreja empírica e a igreja ideal, mas essa distinção ocidental é estranha para o Novo Testamento. Quando os apóstolos, seguindo o exemplo de Cristo, falam tão gloriosamente da igreja – especialmente em João 14–17 – eles não estão pensando em algo que existe abstratamente ou apenas teoricamente, nem num ideal a ser almejado, e provavelmente nunca alcançado. Em vez disso, eles sempre tinham em mente a igreja completa e real, aquele corpo do qual as reuniões de cristãos em várias localidades, em diversas nações e em diferentes épocas são as revelações específicas. É verdade que essas revelações ainda são todas muito defeituosas, tanto que os apóstolos testificam isso em todas as suas cartas. Porém, ainda assim elas são revelações de uma realidade anterior a elas, realizações do conselho de Deus de geração em geração.

Nesse conselho ou decreto, Deus vê toda a igreja de Cristo diante de si em sua perfeição; em Cristo, que a comprou com seu sangue, a igreja está contida como o fruto na semente, ao passo que, no Espírito Santo, que recebe tudo de Cristo, está a raiz da existência dela e a garantia do seu cumprimento. Portanto, a igreja não é uma ideia ou um ideal, mas uma realidade que está se tornando e se tornará algo, porque ela já é algo. É assim que a igreja continua em constante mudança; ela estava sendo reunida desde o princípio do mundo e será reunida até o fim do mundo. Diariamente partem daqui alguns que combateram o bom combate, guardaram a fé, conquistaram a coroa da justiça e agora constituem a igreja triunfante – a igreja dos primogênitos e dos espíritos dos justos aperfeiçoados (Hebreus 12:23). E diariamente novos membros são acrescentados à igreja na terra – a igreja militante aqui embaixo; eles nasceram nela ou foram trazidos pela obra de missões.

Essas duas partes da igreja estão unidas e são a vanguarda e a retaguarda do grande exército de Cristo. Aqueles que nos precederam formam hoje uma grande nuvem de testemunhas ao nosso redor; durante suas vidas, fizeram sua confissão de fé e, assim, nos admoestam à fidelidade e paciência. Sem nós, eles não poderiam se tornar perfeitos e, sem eles, não poderíamos ser perfeitos (Hebreus 11:40). Apenas todos os santos juntos podem compreender plenamente a grandeza do amor de Cristo e ser preenchidos com toda a plenitude de Deus (Efésios 3:18-19). Portanto, a história continuará até que todos nós tenhamos chegado à unidade da fé e do pleno conhecimento do Filho de Deus, ao estado de homem perfeito, à medida da estatura da plenitude de Cristo (Efésios 4:13).

— ▪ —

Ao atribuírem essas características maravilhosas à igreja como um todo, os apóstolos não tinham um ideal em mente, mas uma realidade, e isso é indicado mais claramente pelo fato de que eles falam da mesma forma sobre cada igreja local ou até de cada cristão em específico. A igreja local em Corinto, por exemplo, apesar dos seus muitos erros, é chamada de templo de Deus, a habitação do seu Espírito e o corpo de Cristo (1Coríntios 3:16; 12:27). Da mesma forma, lemos de cada cristão que seu corpo é um templo do Espírito Santo, pertencendo em corpo e espírito a Deus (1Coríntios 6:19-20). Todos eles – a igreja em sua totalidade, a igreja local e cada cristão em particular – desfrutam dos mesmos benefícios; partilham do mesmo Cristo; estão em posse do mesmo Espírito; e, por esse Espírito, são conduzidos ao mesmo Pai.[19] Há uma diferença na medida de graça que Cristo concede a cada um dos seus (Romanos 12:6; Efésios 4:7); há uma diferença de dom, administração, operação e função (1Coríntios 12:4-6). Mas essa diferença não impede a unidade dos cristãos. Pelo contrário, a nutre e fortalece.

Se a igreja realmente é um organismo – um corpo vivo –, isso indica que ela abrange diversos membros, e cada um deles recebe seu próprio nome e lugar, sua devida função e vocação dentro do todo, pois, se todos fossem um só membro, onde estaria o corpo? (1Coríntios 12:19). Mas, assim como o corpo é uma unidade, embora tenha muitos membros, e todos os membros formam um só corpo, assim é a igreja (1Coríntios 12:12). Consequentemente, todo membro da igreja recebe de Cristo seu próprio dom – ainda que seja pequeno ou modesto –, e, com esse dom, ele deve servir não a si mesmo, mas

[19]1Coríntios 8:6; Efésios 2:18; 4:3-6.

à igreja. De acordo com a natureza do dom que cada um recebeu, deve se ministrar aos irmãos como um bom mordomo da multiforme graça de Deus (1Pedro 4:10). Ninguém recebeu sua habilidade para si mesmo, mas todos para o bem comum (1Coríntios 12:7); para a edificação da igreja (1Coríntios 14:12); e para cuidar dos outros como eles cuidam dele.

Portanto, em sua rica variedade, a igreja de Cristo permanece uma *unidade*. Isso não significa dizer que sempre houve e sempre haverá somente uma igreja; também significa dizer que essa igreja é – sempre e em todos os lugares – a mesma, tendo os mesmos benefícios, privilégios e bens. Essa unidade não se origina fora da igreja; não é imposta pela força; não passa a existir por um acordo contratual ou é temporariamente organizada por causa de um inimigo em comum. Nem dos instintos sociais da vida religiosa. Em vez disso, ela é uma unidade espiritual por natureza e depende e tem por fundamento e exemplo a unidade entre o Pai e Cristo como mediador (João 17:21-23), uma unidade que vem de Cristo como a Videira, que produz todos os ramos e os nutre (João 15:5); como a Cabeça, em quem todo o corpo efetua o seu crescimento (Efésios 4:16). E essa unidade é trazida pelo Espírito com o qual somos conduzidos ao Pai.[20] O amor do Pai, a graça do Filho e a comunhão do Espírito Santo são a porção de todo cristão, de toda igreja local e da igreja em sua totalidade, e nisso consiste sua profunda e imutável unidade.

Essa unidade continua a ser muito defeituosa e imperfeita na igreja aqui na terra. Assim como a própria igreja, sua unidade também ainda está no processo de tornar-se; essa unidade está presente em todo tempo, mas ela se desenvolve e se aplica gradualmente. Jesus orou por ela (João 17:21), e o apóstolo Paulo a apresenta como sendo plenamente alcançada apenas no futuro (Efésios 4:13). Ainda assim, ela não é apenas algo imaginário, sem qualquer base na realidade; pelo contrário, ela existe e se manifesta de alguma forma na vida da igreja e se apresenta não apenas na igreja invisível, mas também na manifestação visível da igreja. Na igreja em Jerusalém, ela se revelou quando todos os irmãos e irmãs, após terem ingressado na igreja pelo batismo, perseveraram na doutrina dos apóstolos e na comunhão, no partir do pão e nas orações (Atos 2:42). Eles estavam unidos

[20]1Coríntios 12:13; Efésios 2:18; 4:4.

de coração e alma; eles compartilhavam o que era necessário com os outros (Atos 2:44; 4:32-35). Quando igrejas foram fundadas em outros lugares, essa unidade dos crentes continuou.

Contudo, por causa das várias origens e costumes dos cristãos que provinham de um passado judeu ou gentio, a igreja encontrou um grande impedimento para essa unidade. Diversas vezes os dois grupos permaneceram nitidamente opostos um ao outro nas igrejas e muitas vezes havia um conflito total entre os dois. Até Pedro provou ser fraco em um dado momento no conflito em Antioquia e foi repreendido por Paulo (Gálatas 2:11-14). Mas o apóstolo dos gentios, que era um judeu para os judeus e se tornou tudo para todos, manteve-se focado no grande objetivo da unidade e admoestou amor e paz por toda a igreja, dizendo que todos eram um só corpo e tinham um só Espírito; um só Senhor, uma só fé, um só batismo; um só Deus e Pai de todos, que é sobre todos, por todos e está em todos (Efésios 4:4-6). Eles não precisavam ser parecidos, porque um corpo presume diferenças nos membros; cada um devia servir o todo com suas habilidades específicas (1Coríntios 12:4ss) e precisavam honrar a liberdade dos outros (Romanos 14). Pela morte de Cristo, a barreira de separação foi derrubada e os dois – judeus e gentios – foram reconciliados um com o outro para formar um novo homem (Efésios 2:14ss). Na confissão de Cristo como Senhor eles eram um (1Coríntios 12:3) e todos se comprometeram com um dever – fazer todas as coisas para glória de Deus.[21] E Paulo foi abençoado nesse trabalho; a oposição entre os dois gradualmente desapareceu e a unidade da igreja foi preservada.

No entanto, nos séculos seguintes, a igreja de Cristo foi sendo sucessivamente dividida por toda sorte de heresia e cismas. No tempo presente, uma multidão de denominações e seitas apresenta um espetáculo lamentável de desunião, mas, mesmo assim, algo da antiga união ainda pode ser visto, uma vez que todas as igrejas cristãs ainda estão separadas do mundo por um só e o mesmo batismo, continuam na doutrina dos apóstolos na confissão dos doze artigos de fé, e, ainda que em formas diferentes, elas participam do partir do pão e de orações. A igreja é, em sua unidade, um objeto de fé; ainda que não possamos vê-la ou não tão claramente quanto gostaríamos, ela existe agora e um dia alcançará a perfeição.

[21]Romanos 14:6-8; 1Coríntios 10:31; Colossenses 3:17.

O mesmo pode ser dito de outra característica da igreja – a sua *santidade*. Desde o princípio, o único acesso à igreja era por meio da fé e do arrependimento; aquele que se arrependia era batizado, recebia o perdão de pecados e o dom do Espírito Santo (Atos 2:38). Embora o próprio Jesus não tenha batizado (João 4:2) e os apóstolos, via de regra, também não batizassem (Atos 10:48; 1Coríntios 1:14-17), o batismo era administrado a todos que desejavam pertencer à igreja. Entretanto, esse batismo foi entendido o tempo todo, na unidade do sinal visível e do significado espiritual invisível, como sendo simultaneamente uma remoção da impureza da carne e a resposta de uma boa consciência para com Deus (1Pedro 3:21). Consequentemente, o batismo contrastava com a circuncisão, uma cerimônia que tinha se tornado vã. Visto dessa forma, o batismo era, na verdade, uma preservação, como aquela da arca que poupou Noé (1Pedro 3:20-21); uma morte e ressurreição com Cristo (Romanos 6:3-4); uma lavagem de pecados (Atos 22:16); um rompimento com o mundo; e uma entrada em uma nova comunhão.

Assim, o batismo implicava uma atitude completamente diferente para com o mundo; e era necessário grande coragem para uma pessoa se sujeitar a isso e se unir à igreja de Cristo, mas não apenas porque essa igreja consistia em uma grande multidão de pessoas simples e comuns (1Coríntios 1:25-29), mas frequentemente também por precisar passar por desdém e opressão. Primeiro, essa inimizade e perseguição veio em parte dos judeus, fossem as autoridades,[22] fossem o povo, que mais de uma vez incitou os gentios à oposição e tumultos.[23] Às vezes, os gentios também foram antagônicos aos cristãos, mas isso era uma exceção; e o governo, na maioria das vezes, não estava indisposto para com os cristãos.[24]

A perseguição da igreja por parte de Roma começou com Nero, em 64 d.C. Por isso, os cristãos buscaram proteção das autoridades romanas em vez de perseguição;[25] reconheceram uma autoridade ordenada por Deus no governo romano; e encorajaram as pessoas a se sujeitarem à sua lei e a orar pelo seu bem.[26]

---

[22]Atos 4:1ss; 5:17ss; 6:12ss; 9:1ss.
[23]Atos 9:23ss; 13:50; 14:2; 17:5.
[24]Atos 17:9; 18:17; 19:35ss; 21:32; 23:17ss.
[25]Atos 16:37; 22:25; 25:10; 2Tessalonicenses 2:7.
[26]Romanos 13:1-7; 1Timóteo 2:2; Tito 3:1; 1Pedro 2:13-17.

Quanto à vida social, os apóstolos recomendaram que o cristão não deixasse o seu cônjuge (1Coríntios 7:12; 1Pedro 3:1), mas que, caso se casasse, o fizesse no Senhor (1Coríntios 7:39; 2Coríntios 6:14). Eles recomendaram que todos – servos ou servas – continuassem na mesma condição em que foram chamados (1Coríntios 7:20); que os cristãos não se retirassem completamente do contato com não cristãos (1Coríntios 5:10); que pudessem aceitar convites a um banquete; mas que, por causa da consciência e exemplo, se abstivessem de comer ofertas feitas a um ídolo (1Coríntios 10:27,28; 8:12; 10:20). Além disso, os apóstolos ensinaram que os cristãos deveriam viver em paz e amor com todos os homens – e com os inimigos também[27] –, não considerando nada como impuro por si mesmo, visto que toda criação de Deus é boa (Romanos 14:14; 1Timóteo 4:4).

Consequentemente, esse relacionamento da igreja com o mundo é um relacionamento de liberdade, completamente livre de toda abstinência ou afastamento falsos e artificiais; mas isso só pode ser assim enquanto a igreja for consciente do seu chamado e andar em santidade diante de Deus. A igreja é um povo santo e os cristãos são pessoas santas (Romanos 1:7; 1Coríntios 1:2) porque são – coletiva e individualmente – templos do Espírito Santo (1Coríntios 3:16-17; 6:19); por esse Espírito, eles são lavados e santificados em Cristo Jesus.[28] Portanto, eles devem, por um lado, fugir e batalhar até a morte contra todos os pecados, todas as obras da carne e todos os desejos mundanos;[29] e, por outro, praticar todas as virtudes e apoiar tudo que é bom.[30] Os cristãos devem viver uma vida de amor (Efésios 5:2), porque o amor é a maior de todas as virtudes (1Coríntios 13:13), o elo da perfeição (Colossenses 3:14) e o cumprimento da lei (Romanos 13:10).

E a disciplina é um meio dado por Cristo à igreja para que ela preserve essa natureza santa. A disciplina não deve ser exercida apenas em privado – entre dois irmãos[31] –, mas, no caso de pecados públicos, ela também deve ser aplicada pela igreja aos seus membros.[32] Diversas cartas relatam o quanto dessa santidade faltava no período apostólico, e os séculos seguintes amiúde deram origem a

[27]Romanos 12:14,17; 13:10; Gálatas 6:10; Colossenses 4:5; 1Tessalonicenses 3:12; 2Pedro 1:7.
[28]João 17:17,19; 1Coríntios 1:2; 6:11; Efésios 2:27.
[29]Gálatas 5:19; Colossenses 3:5; Hebreus 12:1,4.
[30]Gálatas 5:22; Filipenses 4:8; Colossenses 3:12; Tito 2:14.
[31]Mateus 18:15-22; 1Tessalonicenses 5:14; Hebreus 10:24.
[32]Mateus 18:17; 1Coríntios 5:5; 2Coríntios 2:5-10; Tito 1:10-16.

um profundo declínio religioso e moral. Contudo, após descuidos e declínios, o Espírito Santo repetidas vezes provoca avivamento e renovo, e essa santidade é contada como uma característica que Cristo conquistou para sua igreja e que ele desenvolve na igreja e por meio dela.

Por fim, há a característica da catolicidade ou universalidade que pertence à igreja, característica esta que aparece primeiro em um escrito pós-apostólico cuja intenção era declarar que – contra toda sorte de heresia e cisma – a igreja verdadeira é aquela que obedece ao bispo e permanece com o corpo principal, visto que a igreja católica universal, como um todo, é aquela em que Cristo está. Mais tarde, sugeriu-se toda sorte de explicação para esse nome; as pessoas passaram a entender que a igreja deve se espalhar por todo o mundo, que esse termo inclui todos os cristãos de todos os tempos e que –como ela compartilha de toda verdade e graça – ela é um meio suficiente de salvação para todos. Essas explicações só não estarão erradas se, ao pensar na igreja, não consideremos apenas uma organização eclesiástica – como a igreja católica romana, por exemplo –, mas nos refiramos à igreja cristã que se revela em todas as igrejas juntas e em graus bem diferentes de pureza e clareza. Porque essa igreja é realmente uma igreja católica. Até no Antigo Testamento, a promessa central foi feita a Adão e Eva e, assim, a toda raça humana. E se, mais tarde, as condições da época levaram à seleção de um povo específico em Abraão para servir como portadores da revelação, essa revelação, ainda assim, era e permanece sendo planejada para toda humanidade. Na descendência de Abraão todas as gerações da terra deviam ser abençoadas (Gênesis 12:2), e a profecia manteve seus olhos firmemente fixados sobre esse destino geral da redenção.[33]

É verdade que, quando Cristo começou seu ministério, ele apenas se dirigiu às ovelhas perdidas da casa de Israel (Mateus 15:24), mas o reino que ele pregou, ainda assim, era católico, livre de qualquer limitação nacional e aberto a todos aqueles que cressem e se arrependessem (Marcos 1:15). Ele diz que, caso os judeus rejeitassem o seu evangelho, os filhos do reino seriam lançados fora e muitos viriam do Oriente e do Ocidente para se sentar à mesa de Abraão, Isaque e Jacó (Mateus 8:11-12). Ele mesmo cairia na terra como um grão de

[33]Joel 2:32; Miqueias 4:1-2; Sofonias 2:11; Isaías 25:6-10.

trigo e morreria, mas depois daria muito fruto (João 12:24). Ele tem outras ovelhas além de Israel, e é necessário que as conduza para que sejam um só aprisco sob um único pastor (João 10:16; 11:52). Após sua ressurreição, ele ordena que seus discípulos preguem o evangelho a todas as criaturas e façam discípulos de todas as nações (Mateus 28:19; Marcos 16:15). E os apóstolos executaram esse mandato; eles saíram como testemunhas, em Jerusalém, em toda a Judeia e Samaria e até os confins da terra (Atos 1:8).

É notável que, embora Jesus fale continuamente do reino dos céus e mencione poucas vezes a igreja, os apóstolos, ao contrário, raramente citam o reino de Deus, e falam detalhadamente da igreja de Cristo. Contudo, há uma explicação para isso.

Afinal de contas, o reino dos céus de que Jesus tanto fala não é primeiro uma reunião de pessoas ou uma comunidade de cidadãos, mas uma composição de bens e bênçãos espirituais, um tesouro (Mateus 13:44), uma pérola (Mateus 13:45), justiça, paz e alegria no Espírito Santo (Mateus 6:33; Romanos 14:17). Esse reino é dos céus e agora havia descido com Cristo para a terra, porque, em Cristo, o Pai distribui todas suas bênçãos e todos os bens (1Coríntios 1:30; Efésios 1:3). O Pai confere o reino a Cristo, e ele, por sua vez, confere aos seus discípulos (Lucas 22:29). Ele já o faz agora na terra; quando, pelo Espírito de Deus, expulsa demônios, pois isso é evidência de que o reino de Deus já havia chegado (Mateus 12:28); e esse reino continua vindo quando ele compartilha de si mesmo e de todos os seus tesouros por meio da fé (Lucas 17:21); esse reino progride como uma árvore que cresce e como um fermento que leveda a massa toda (Mateus 13:31-33) e chegará em toda a sua plenitude com o retorno de Cristo.[34]

Entendido dessa forma, esse reino é, da primeira vinda de Cristo até a segunda, entregue ao povo, dado àqueles que são nascidos de novo da água e do Espírito e creem no nome de Cristo (João 1:12-13; 3:3-5). É por isso que ele é representado por uma semente, plantada na terra a fim de produzir fruto, ou como uma rede que, lançada ao mar, pega todo tipo de peixe (Mateus 13:24,46). E os apóstolos são os pescadores que saem com essa rede e pescam homens para fazer com que eles compartilhem – no presente e futuro – das bênçãos do reino (Mateus 4:19).

[34]Mateus 5:3ss; 6:10; Lucas 12:32; Atos 14:22; 1Coríntios 15:24-28; 2Tessalonicenses 1:5.

Enquanto Jesus pregava o evangelho do reino e explicava a natureza, o caráter e o desenvolvimento desse reino, seus apóstolos foram chamados e qualificados para reunir a igreja por meio desse evangelho do reino – a igreja que se deleita nos tesouros do reino e que um dia os receberá plenamente. A palavra do reino fixa nossa atenção especialmente sobre os tesouros, os bens e as bênçãos distribuídas pelo Pai em Cristo; no entanto, a igreja nos faz pensar no ajuntamento de pessoas que receberam esses bens e seguem em direção à sua plena medida. Em outras palavras, a igreja está em Cristo – o autor, possuidor, preservador, distribuidor e herdeiro do reino de Deus. Ou isso é o tesouro e a glória da igreja, ou nada mais será. Pedro uma vez disse algo que a igreja pode repetir: "Não tenho prata nem ouro. Mas o que tenho isso te dou: Em nome de Jesus Cristo, o Nazareno, anda!" (Atos 3:6).

Todos os tesouros do reino que a igreja possui são espirituais e não consistem em ouro ou prata, poder ou força, mas em justiça, paz e alegria no Espírito Santo. Por isso, soma-se à igreja a qualidade característica da catolicidade. A igreja não se restringe a uma terra ou um povo, a um tempo ou lugar, a uma geração, um patrimônio ou uma propriedade; ela é independente de todas as distinções e contrastes terrenos, e traz o evangelho a todas as criaturas, evangelho este que é sempre e somente o evangelho – uma alegre notícia que é adequada e necessária para todas as pessoas, em todos os tempos, sob todas as circunstâncias e em todas as condições. O reino de Deus não se opõe a nada, senão o pecado.

— ▪ —

Desde o princípio, essa igreja, pensada como um ajuntamento de cristãos, tinha uma organização específica, e toda organização deve – a fim de evitar confusão, dissolução e para ser suficiente à finalidade proposta – ter normas que governem suas reuniões e atividades. A igreja de Cristo também se enquadra nessa lei geral da sociedade humana, pois Deus não é Deus de confusão, mas sim de paz: ele estabeleceu ordenanças para todas as suas criaturas e, do mesmo modo, deseja que nas igrejas tudo aconteça com decência e ordem (1Coríntios 14:33,40). E essa normatização é muito importante para a vida da igreja, porque Deus quer usá-la para um propósito específico. Afinal, a igreja – enquanto continua na terra – ainda é imperfeita; cada um dos seus membros e todos os membros juntos devem constantemente lutar contra o pecado e buscar a santidade; essas pessoas precisam a todo momento de instruções, direções, fortalecimento, conforto, admoestação e castigo. E não apenas isso, mas a igreja deve também se reproduzir de geração a geração; ela não tem os mesmos membros sempre, visto que diariamente perde aqueles que são transferidos para a igreja triunfante, constantemente cresce com novos membros nela nutridos e na vida da igreja introduzidos. Além disso, ela recebeu o mandato de Cristo para pregar o evangelho ao mundo todo e a todas as criaturas, e, portanto, tanto fora quanto dentro de si ela tem um chamado santo e difícil a realizar.

Quando Deus decreta esse mandato para a igreja, ele lhe dá simultaneamente as qualificações e as ferramentas para executá-lo, concedendo à igreja dons, poderes e administrações necessárias e organizando as coisas de tal forma que ela possa executar a tarefa a ela outorgada. Ele deu à igreja, como Paulo diz, apóstolos, evangelistas, pastores e mestres para que estes possam cumprir a obra do ministério na igreja e, assim, edificar o corpo de Cristo e efetuar o aperfeiçoamento dos santos. Toda essa série de arranjos deve, portanto, permanecer em voga até que o propósito seja alcançado e todos cheguem à unidade da fé e ao conhecimento de Deus, ao homem perfeito e à medida da estatura da plenitude de Cristo (Efésios 4:11-13). Em outras palavras, a igreja, como um ajuntamento de cristãos e tendo em vista o chamado dela a ser cumprido na terra, recebeu de Cristo uma instituição especial, um arranjo peculiar de dons e poderes, ofícios e serviços por meio dos quais pode responder à sua vocação. Essa instituição de leis e normas não foi acrescentada à igreja depois, mas estava presente desde o princípio. E já que nem tudo pode ser discutido de uma vez só, é necessário primeiro discutirmos a igreja como uma reunião de pessoas e, posteriormente, tratarmos das regras que governam sua vida e operações. Mas não devemos inferir disso que o primeiro estava em vigor – ainda que por algum tempo – antes de o segundo surgir, ou que um existia sem o outro. Deus imediatamente estabeleceu a igreja na terra da forma que sua posição e tarefa no mundo exigiam.

Todavia, embora não haja diferença temporal entre os dois, existe uma diferença, e isso se evidencia pelo fato de que a instituição dada à igreja mudou consideravelmente ao longo dos séculos. Desde o paraíso, havia cristãos na terra e eles também se reuniam uns com os outros. Lemos em Gênesis 4:26 que, nos dias de Enoque, os homens começaram a invocar o nome do Senhor e sem dúvida isso quer dizer que, nos dias dos filhos de Caim, os filhos de Sete se separaram e se reuniam em encontros que giravam em torno da confissão do nome do Senhor. Portanto, a partir desse momento, havia culto público, e esse culto consistia, em sua maior parte, em pregação, sacrifícios e oração. Mas, fora isso, há pouca menção de sua organização, até porque a igreja naquele tempo era centrada na família. No período patriarcal, o pai era o rei e o sacerdote da sua família; ele realizava a circuncisão (Gênesis 17:23) e fazia os sacrifícios (Gênesis 22:2; 26:1).

Quando a lei foi dada no Sinai e Deus estabeleceu sua aliança com seu povo, uma grande mudança aconteceu, e, naquele tempo, uma instituição particular especial do sacerdócio e dos levitas foi instituída. Um lugar e tempo determinados foram designados para os sacrifícios, e as próprias ofertas foram diferenciadas e organizadas em uma ordem definida; além disso, tudo relacionado a pessoas, horários, lugares e ações sagradas era estritamente regulado e prescrito detalhadamente. A lei era um jugo pesado para carregar (Atos 15:10), mas era necessária naquele tempo para afiar o senso do pecado, despertar a necessidade de perdão, iluminar a importância e a necessidade de sacrifícios e, dessa forma, conduzir o povo a Cristo.

Ainda assim, por trás e ao lado dessa prescrição legal e oficial cresceu outra organização da vida religiosa de Israel. Temos de lembrar que o povo vivia por toda a Canaã e alguns habitavam até do outro lado do Jordão, e apenas uma pequena parte desse povo podia subir a Jerusalém para as grandes festas. Além disso, todos eles eram rigidamente obrigados a guardar o sábado, fazendo-o todos eles em suas próprias casas. É muito provável que, naquele tempo, os cristãos mantinham reuniões religiosas e se uniam na meditação da lei, em louvores e oração. Consequentemente, em Atos 15:21, lemos que, em cada cidade, Moisés tinha homens que o pregassem, sendo lido a cada sábado nas sinagogas.

A origem da sinagoga é desconhecida por nós, mas a sua antiguidade é certa. Foi durante e após o exílio, quando os judeus se dispersaram por todas as terras e muitas vezes viviam distantes da sua nação e do templo que essas sinagogas adquiriram uma nova e rica importância. Em todos os lugares que os judeus viviam, uma sinagoga era construída; e lá – no sábado, nos dias de festa e também nos dias da semana – eles se reuniam para manifestar uma confissão comum; se unir em oração; ouvir a leitura de uma porção da lei, dos profetas e também a um discurso independente (Lucas 4:21); e para receber a bênção do sacerdote. O governo da igreja foi dado a um colegiado de anciãos, a quem foram delegados os direitos de executar a disciplina e a excomunhão; também eram eles que governavam diversas partes do culto e regulavam as cerimônias religiosas.[35] Entre os oficiais, estava o tesoureiro, que recebia os presentes dados para misericórdia, e um ministro (Lucas 4:20), o qual trazia as Escrituras Sagradas e as expunha. Toda essa regulação das sinagogas era de extrema importância para a vida religiosa dos judeus; e de várias formas ela também se tornou o exemplo para a organização da igreja cristã.

Jesus tinha o hábito de visitar as reuniões das sinagogas (Lucas 4:16) e se sujeitou também à manutenção de toda a lei mosaica; assim, cumpriu toda a justiça (Mateus 3:15). Ele veio para que, ao guardar a lei, a cumprisse e, assim, colocasse um fardo diferente do jugo da lei nos ombros dos seus discípulos (Mateus 11:29-30). Ele pregou o evangelho do reino de Deus e reuniu ao redor de si discípulos que o reconheciam como seu Mestre e que foram gradualmente guiados mais profundamente no conhecimento da sua pessoa e obra.

Para esse círculo de discípulos, Cristo, tendo em vista as doze tribos de Israel (Mateus 19:28), escolheu doze homens, a quem também deu o título de apóstolos (Lucas 6:13). A seriedade e importância dessa escolha se comprova pelo fato de que ele gastou uma noite inteira em oração a Deus no monte antes de escolher seus discípulos (Lucas 6:12); humanamente falando, boa parte do futuro desse reino de Deus dependia dessa escolha. O título de apóstolo, concedido a cada um dos doze discípulos, significa *embaixador* (também mensageiro ou missionário) e não era incomum naqueles dias. Entre os judeus, os homens enviados de Jerusalém para arrecadar verbas para o templo provavelmente já eram designados por esse título. No Novo Testamento, o próprio Jesus é chamado de apóstolo (Hebreus 3:1) e Barnabé também (Atos 14:4,14); pode até ser que em outros lugares outros servos do evangelho também fossem chamados assim.

[35]Marcos 5:22,35ss; Lucas 8:49; 13:14.

Entretanto, logo o nome de apóstolo foi limitado aos doze escolhidos por Jesus e a Paulo, que, de uma forma especial, foi chamado para ser um apóstolo aos gentios.[36]

O propósito imediato da escolha dos apóstolos foi para que eles estivessem com Jesus a fim de, posteriormente, serem enviados por ele para pregar e curar os enfermos (Mateus 3:14-15). De acordo com Mateus 10:1 em diante (Marcos 6:7ss; Lucas 9:1ss), Jesus de fato os enviou a vários vilarejos e cidades da Galileia. Por essa missão, Jesus sem dúvida queria levar o evangelho aos judeus, a quem ele mesmo não podia alcançar, mas, ao mesmo tempo, estava preparando seus apóstolos para a sua vocação futura. E essa vocação era que, após a ascensão de Jesus, eles deveriam se apresentar como suas testemunhas ao mundo e edificar sua igreja sobre esse testemunho. Ele os prepara de uma forma especial: ao andar com eles e os ensinar; ao lhes constituir testemunhas das suas palavras e de suas obras, da sua vida e da sua paixão, da sua morte e, especialmente, da sua ressurreição;[37] e ao prometer lhes enviar o Espírito da verdade, que os conduziria a toda verdade, os confortaria e permaneceria com eles eternamente.[38] Além dessa preparação, ele lhes deu um poder especial, a saber, o poder de pregar e ensinar; de curar todo tipo de doentes; de administrar o batismo e a ceia do Senhor; de praticar a disciplina; e de abrir e fechar o reino dos céus ao perdoarem ou não os pecados.[39] Os apóstolos eram servos de Cristo e mordomos dos mistérios de Deus (1Coríntios 4:1).

Dentre os apóstolos, Pedro tinha a primazia. Ele era filho de Jonas, um pescador em Betsaida (João 1:42). Ele já tinha se casado em Cafarnaum, antes de Jesus tê-lo conhecido (Marcos 1:21,29). Seu nome originalmente era Simão, mas, no primeiro encontro com Jesus, ele foi imediatamente agraciado com o nome de Cefas (ou Pedro), que significa "rocha" (João 1:42). Esse nome era uma expressão da sua natureza, sua disposição, sua independência, seu coração aberto e sua constância. E vamos sabendo mais sobre Pedro no decorrer da vida de Jesus. Ele foi o primeiro a ser escolhido entre os apóstolos (Marcos 3:13) e assumiu o papel de seu representante e porta-voz. Sua

[36]Atos 1:2; 2:37; Gálatas 1:17; 1Coríntios 9:5; 15:7; Apocalipse 2:2; 18:20; 21:14.
[37]Atos 1:8,22; 2:32; 3:15.
[38]João 14:17; 15:26; 16:17; 20:23.
[39]Mateus 16:19; 18:18; 28:19; João 20:23.

firmeza precisava passar por uma dura prova durante a paixão de Cristo, e ele sucumbiu em sua terrível negação, mas foi reerguido e restaurado por Jesus (Lucas 22:32; João 21:15ss), de forma a poder fortalecer seus irmãos melhor por causa disso (Lucas 22:32). Portanto, após a ascensão de Jesus, ele logo assumiu a liderança novamente; como pode se ver na escolha de Matias (Atos 1:15ss), na pregação em Pentecostes (Atos 2:14ss), na obra dos milagres (Atos 3:6), na defesa da igreja perante o concílio (Atos 4:8ss), no julgamento de Ananias e Safira (Atos 5:4ss), na viagem e visita a Samaria (Atos 8:14), na pregação do evangelho aos gentios (Atos 10:1ss) e na assembleia ou sínodo feito em Jerusalém (Atos 15:7ss).

Os católicos romanos argumentam, a partir de todas essas circunstâncias, que Pedro desfrutou de uma hierarquia superior aos outros apóstolos e que, mais tarde, ele se tornou o primeiro papa em Roma; contudo, não há base nenhuma para isso. É verdade que ele foi o primeiro e principal apóstolo, mas não tinha nenhuma hierarquia ou poder superior aos outros, ou seja, era igual aos outros onze. O poder de pregar e ensinar, de administrar o batismo e a ceia do Senhor, de abrir e fechar o reino dos céus não foi dado somente a ele (Mateus 16:19), mas também aos outros apóstolos.[40] Na verdade, após Atos 15, Pedro se retira do centro da narrativa, de modo que sabemos apenas isto sobre ele: ele esteve em Antioquia (Gálatas 2:11) e na Babilônia (1Pedro 5:13), e, mais tarde, morreu em Roma como mártir (João 21:18-19). Depois, ele abre caminho para Paulo que, por um lado, se autodenomina menor dos apóstolos (1Coríntios 15:9), mas que, por outro, não admite ser inferior em hierarquia, ofício, poder ou atividade a nenhum outro,[41] de modo que ele até repreende Pedro em Antioquia (Gálatas 2:11).

Lemos, em Mateus 16:18, que Jesus, após a corajosa e precisa confissão de Pedro, o intitulou: “Tu és Pedro, e sobre esta pedra edificarei a minha igreja”. Nessa declaração, Jesus tem em mente não tanto a pessoa de Pedro nem a confissão que ele tinha acabado de fazer sobre Cristo, mas sim o Pedro que confessou (Pedro como confessor e, mais especificamente, Pedro como confessor de Cristo em nome de todos os seus apóstolos). E Pedro não era um confessor isolado: os

[40]Mateus 18:18; 28:19; João 20:23.
[41]1Coríntios 15:10; 2Coríntios 11:23ss; 12:11.

outros apóstolos o eram também, de modo que a igreja não foi construída somente sobre Pedro, mas sobre todos os apóstolos (Efésios 2:20; Apocalipse 21:14). O apostolado é e permanece sendo a fundação da igreja; não há comunhão com Cristo a não ser pela comunhão com ele e suas palavras (João 17:20; 1João 1:3).

—— ▪ ——

Esses apóstolos assumiram a liderança da igreja em Jerusalém imediatamente após a ascensão de Jesus, formando o conselho dessa igreja. Todo poder estava com eles, e eles não o receberam da igreja, mas do próprio Cristo. Mas era um poder, como o próprio Pedro mais tarde descreveu, designado para "pastorear o rebanho de Deus, cuidando dele não por obrigação, mas espontaneamente, segundo a vontade de Deus; nem por interesse em ganho ilícito, mas de boa vontade; nem como dominadores dos que vos foram confiados, mas servindo de exemplo ao rebanho" (1Pedro 5:2-3). O apostolado está acima da igreja, porém tem o propósito de servir à igreja, e foi instituído por causa da igreja (Efésios 4:11-12) – vemos isso claramente na igreja de Jerusalém. Os apóstolos lideravam as reuniões dos cristãos (Atos 1:15); pregaram e batizaram (Atos 2:38); mantiveram a pureza da verdade; continuaram firmes no partir do pão, na comunhão e nas orações (Atos 2:42); e faziam sinais e maravilhas (Atos 2:43) e distribuíam as doações entre irmãos e irmãs pobres (Atos 4:37; 5:2). No começo, não havia outro ofício na igreja além do apostolado, por isso eles faziam tudo o que é feito hoje por mestres e pastores, e também pelos presbíteros e diáconos.

Mas essa condição não podia continuar. Quando a igreja se expandiu, e particularmente quando foram acrescentadas igrejas fora do âmbito de Jerusalém – na Judeia, Samaria, Galileia e, posteriormente, no mundo pagão –, fez-se necessário prover conselho e ajuda, o que aconteceu de duas formas: para as igrejas como um todo e para cada igreja em particular.

As diversas igrejas que gradualmente se estabeleceram fora de Jerusalém não eram subordinadas à igreja em Jerusalém, mas passaram a existir independentemente dela. Só podemos chamar a igreja em Jerusalém de igreja-mãe se quisermos dizer que ela foi a primeira e que as outras igrejas passaram a existir por meio do esforço missionário dela. Mas isso estaria errado se quisermos dizer que as outras igrejas estavam em um relacionamento de dependência com Jerusalém. Nesse sentido, não pode existir uma igreja-mãe, porque cada igreja – até a menor e mais pobre – deve a sua origem e sua existência somente e diretamente a Cristo e ao seu Espírito, ainda que eles usem as missões de outras igrejas como meio. Consequentemente, toda igreja é uma igreja de Cristo, e não uma subdivisão ou ramo de outra igreja – seja em Jerusalém, Roma, seja em qualquer outro lugar. No entanto, ainda que as igrejas se estabeleceram paulatinamente na Palestina e no resto do mundo fossem igrejas irmãs, e não filhas da igreja de Jerusalém, todas permaneciam indistinta e igualmente dependentes e sujeitas à autoridade dos apóstolos.

Os apóstolos eram muito mais do que o conselho de uma igreja local; eles eram e permaneceram sendo o conselho de toda a igreja cristã onde quer que ela se estabelecesse. Portanto, no momento em que Samaria aceitou a palavra de Deus, os apóstolos enviaram Pedro e João para orar pelos cristãos, para impor suas mãos sobre eles a fim de receber o dom do Espírito Santo e lhes pregar a palavra (Atos 8:13-25). Mais tarde, Pedro passou visitando todas as novas igrejas na Judeia, Samaria e Galileia a fim de fortalecê-las e nutrir a comunhão mútua entre elas (Atos 9:31-32). Dessa forma, as igrejas não permaneciam isoladas e não eram abandonadas ao seu próprio destino e capricho; em vez disso, essas igrejas retiveram seu fundamento e seu centro no apostolado.

Mas isso gerou um cenário em que o trabalho dos apóstolos cresceu rapidamente, fazendo com que a divisão de trabalho e o aumento de trabalhadores envolvidos se tornassem necessários. A divisão de trabalho aconteceu quando, no concílio de Jerusalém, foi mutuamente acordado que os apóstolos deveriam ir aos judeus em Jerusalém e, Paulo, aos gentios (Gálatas 2:6-9). Naturalmente, essa divisão de trabalho não significava que Paulo não poderia pregar mais aos judeus ou que os apóstolos em Jerusalém não poderiam evangelizar os gentios. Paulo continuou a se preocupar antes de tudo com o povo da sua própria nação e raça, a quem ele tanto amava, e Pedro, João e Tiago, segundo as suas cartas, também eram ativos entre os cristãos gentios. Ainda assim, essa divisão estabeleceu os limites gerais e facilitou o trabalho deles.

Em segundo lugar, devemos acrescentar que os apóstolos tinham colaboradores – pessoas que estavam ao lado deles em suas diversas atividades. Essas pessoas eram Barnabé (Atos 13:2); Marcos e Lucas (Atos 12:25; 13:5; Filemom 1,24); Timóteo (Romanos 16:21; 1Tessalonicenses 3:2); Tito (2Coríntios 8:23); e Silas (Atos 15:40).[42] Algumas vezes, essas pessoas, como Filipe (Atos 5:8,40; 21:8), foram chamadas de evangelistas (Efésios 4:11; 2Timóteo 4:5). Além disso, os apóstolos também receberam ajuda de profetas – pessoas que não tinham um ofício específico, mas que receberam um dom especial de Deus. Alguns exemplos são Ágabo (Atos 11:28; 21:10) e as filhas de Filipe (Atos 21:9). Eles também ajudaram a iluminar a igreja e edificá-la na verdade.[43]

Todos esses ofícios – apóstolos, profetas e evangelistas– foram sumindo à medida que seus detentores foram morrendo. Pela natureza da questão, eles não foram substituídos por outros. Eles foram necessários naquele tempo incomum em que a igreja tinha para se estabelecer na terra, mas a obra deles não foi inútil no Senhor, porque, em primeiro lugar, eles de fato construíram a igreja sobre o único fundamento de Jesus Cristo (1Coríntios 3:11); e, em segundo lugar, o testemunho deles vive nos livros do Novo Testamento – nos evangelhos, nas epístolas, no livro de Atos e no Apocalipse – e, com certeza, em toda a igreja até hoje. Por causa desse testemunho, a igreja é capaz de perseverar na doutrina dos apóstolos, na comunhão, no partir do pão e nas orações (Atos 2:42). A palavra dos apóstolos – inicialmente falada e depois escrita – sustenta e garante a unidade da igreja não apenas por todo o território do mundo, mas também por toda a extensão dos séculos.

Assim como os apóstolos, no trabalho de governar a igreja como um todo, receberam ajuda dos ofícios extraordinários de profetas e evangelistas, eles igualmente foram apoiados no cuidado de cada igreja local pelo ministério de presbíteros e diáconos. Devemos nos lembrar de que, no começo, os próprios apóstolos eram os distribuidores dos dons de misericórdia (Atos 4:37; 5:2), entretanto, quando a igreja se tornou perceptivelmente grande, eles não poderiam mais realizar esse trabalho sozinhos. Numa ocasião de uma disputa que

---

[42]Compare com Romanos 16:9; Filipenses 2:25; 4:3; Colossenses 4:10-11.
[43]1Coríntios 12:28; 14:4; Efésios 4:11.

surgiu na igreja sobre o serviço diário, os apóstolos propuseram que sete homens – cheios de fé e do Espírito Santo – fossem escolhidos para a ministração das mesas (Atos 6:1-6). Sempre houve uma considerável diferença de opinião sobre se isso é um relato da instituição do ofício de diácono, pois não é impossível que o ofício desses sete homens – instituído pelos apóstolos em Atos 6 – originalmente abrangesse mais responsabilidades e tarefas do que o ofício atual do diaconato. Ainda assim, lemos claramente que os apóstolos reservaram para si os ministérios da palavra e da oração (Atos 6:4); e os sete novos homens foram encarregados do serviço às mesas, isto é, a regulação de tudo que se refere às refeições ou festas habituais – que geralmente terminavam com a celebração da Ceia do Senhor – e com a distribuição aos pobres daquilo que fora trazido pelos cristãos para as festas e do que restara delas, seja comida, bebida, seja dinheiro.

Em outras igrejas também, o ofício de diácono foi instituído. Lemos sobre a presença de diáconos em Filipos (Filipenses 1:1) e em Éfeso.[44] Em 1Timóteo 3:8ss, Paulo resume as qualificações que um diácono deve ser capaz de satisfazer. Não foi diferente com os apóstolos em Jerusalém, os quais vieram à igreja com a proposta de que sete homens fossem escolhidos, bem como indicando as habilidades exigidas e a natureza e função do ofício. Assim, a igreja os selecionou. Porém, no fim, são novamente os apóstolos que delegam o ofício a eles pela imposição de mãos.

Com os diáconos, os presbíteros também foram instituídos. Nada é dito sobre a origem desse ofício, porém, quando recordamos que, entre os judeus, o governo dos anciãos – seja na vida cívica, seja nas sinagogas – era uma prática comum, não há nada de surpreendente no fato de que os membros da igreja escolheram alguns com a responsabilidade de supervisão e disciplina. Lemos sobre os presbíteros pela primeira vez na passagem de Atos 11:30, quando eles receberam a ajuda que Barnabé e Paulo trouxeram para os irmãos que viviam na Judeia; em Atos 15:2ss eles já estão na assembleia convocada para a regulamentação da missão entre judeus e gentios.

O ofício dos presbíteros foi rapidamente introduzido nas outras igrejas. Paulo e Barnabé escolheram presbíteros em cada igreja fundada em suas viagens missionárias (Atos 14:23; compare com 21:18).

[44]1Timóteo 3:8; compare com Romanos 12:8; 1Coríntios 12:28.

Encontramos também a presença de presbíteros em Éfeso (Atos 20:28) e em Filipos (Filipenses 1:1), mas, nesses casos, eles são chamados de bispos. Em 1Coríntios 12:28, os encontramos, talvez, sendo descritos como aqueles que administram, ao passo que, em Efésios 4:11, os encontramos como pastores e mestres.[45] Em 1Timóteo 3:1ss e Tito 1:6-9, Paulo indica as qualificações deles; e, em Tito 1:5, ele pede que Tito designe presbíteros em cada igreja. Esses presbíteros eram encarregados da supervisão da igreja[46] e, ainda no período apostólico, tinham uma posição diferenciada como aqueles que governavam e trabalhavam na ministração da palavra e o ensinamento da verdade.[47] Pode ser que Diótrefes – o qual, segundo 3João 9, ocupou a liderança na igreja, mas abusou do seu poder – e os anjos das sete igrejas (Apocalipse 2:1-8) fossem mestres nesse sentido, ou seja, em distinção dos outros presbíteros, eles também trabalhavam no ministério da palavra e, assim, ocuparam um lugar único e importante.

—— ▪ ——

Esse era o governo simples que os apóstolos desenvolveram para reger a igreja. Os ofícios instituídos são poucos em número, sendo apenas dois: o de presbítero e o de diácono; o primeiro pode ser dividido em presbítero docente e presbítero regente; esses ofícios eram ordenados pelos apóstolos; estes estabeleceram os deveres e as qualificações para os presbíteros, mas deixaram a seleção das pessoas para a igreja. Uma vez que a escolha ocorresse, eram introduzidos ao ofício pela imposição de mãos. Não havia nada semelhante a um poder dominante. Visto que somente Cristo é o cabeça da igreja (Efésios 1:22), o único Mestre (Mateus 23:8-10) e Senhor,[48] nunca poderá haver na igreja qualquer poder que coexista com ou supere o poder dele, mas apenas aqueles que ele mesmo delegou e delimitou.

Isso era verdade para os ofícios extraordinários de apóstolos, evangelistas e profetas do primeiro período, instituídos antes do estabelecimento da igreja no mundo, os quais receberam seu ofício

[45]1Tessalonicenses 5:12; 1Coríntios 16:15-16; Romanos 12:8; Hebreus 13:7; 1Pedro 5:1; Tiago 5:14-16; 1Timóteo 4:14; 5:17-22; Tito 1:5-9.
[46]Atos 21:28; Efésios 4:11; 1Pedro 5:2.
[47]1Timóteo 5:17; Hebreus 13:7; 1Pedro 4:11; 1Timóteo 3:2 (apto para ensinar).
[48]João 13:13; 1Coríntios 8:6; Filipenses 2:11.

e poder de Cristo, e não da igreja, embora tivessem de aplicar esse poder que receberam a serviço da igreja (Mateus 20:25-27; 1Pedro 5:3). O mesmo se aplica – e em um sentido ainda mais forte – aos ofícios comuns que ainda existem na igreja. Os pastores e mestres, os presbíteros e diáconos também devem o ofício e autoridade deles a Cristo – que instituiu esses ofícios e continuamente os sustenta; que dá as pessoas e seus dons; e que os designa para a igreja (1Coríntios 12:28; Efésios 4:11).

Mas esse dom e essa autoridade são dados a eles a fim de que os usem para o benefício da igreja e tendo como finalidade o aperfeiçoamento dos santos (Efésios 4:12). O ofício foi instituído a fim de que a igreja perseverasse no ensino dos apóstolos e na comunhão, no partir do pão e nas orações (Atos 2:42).

Mas toda essa administração e esse governo, simples e belo como eram, já foram distorcidos e desnaturados muito cedo, logo depois do período apostólico. Primeiro surgiu o ofício de bispo – o assim chamado episcopado. No Novo Testamento e também em certos escritos do período pós-apostólico, os nomes de ancião (presbítero) e de supervisor (bispo) ainda eram usados para designar a mesma pessoa. O papel do supervisor – a saber, de superintender e disciplinar – era a definição da tarefa dada ao presbítero escolhido (ou presbíteros).[49]

Entretanto, no começo do século II, uma distinção já estava sendo feita entre os dois em algumas igrejas: o supervisor ou bispo foi elevado acima dos presbíteros e diáconos, sendo considerado o portador de um ofício especial – como sucessor dos apóstolos, preservador da pureza da doutrina e a pedra angular da igreja. Naturalmente, isso significava entrar no caminho hierárquico, e esse caminho levou, por um lado, à privação de toda independência dos presbíteros e diáconos e à depreciação dos cristãos ao nível de pessoas simplórias, leigas e imaturas. Por outro, esse caminho levou a uma exagerada elevação dos bispos e sacerdotes na igreja e, entre eles, ao engrandecimento do bispo de Roma com o papel de príncipe de toda igreja. Como sucessor de Pedro, o bispo de Roma deveria carregar as chaves do reino; ser o vice-regente de Cristo na terra; e, como papa, ser revestido com poder divino infalível nas questões da fé e prática.

[49]Atos 20:17; compare com Atos 20:28; Tito 1:5,7; 1Pedro 5:1-2.

A cada vez que esse governo sacerdotal da igreja de Cristo avançava, era combatido por oposições e impedimentos. Todavia, foi apenas na Reforma que esse conflito se tornou tão forte a ponto de a cristandade ser dividida em dois grandes ramos. Alguns deles – como os anabatistas – caíram no extremo oposto e defendiam que toda forma de ofício, autoridade ou poder estava em conflito com a igreja de Cristo. Outros – como a igreja anglicana na Inglaterra – romperam a conexão com o papa em Roma, mas mantiveram o episcopado em voga. Os luteranos restauraram o ofício da pregação, mas entregaram o governo da igreja e o cuidado aos pobres quase inteiramente nas mãos das autoridades cívicas. Toda sorte de propostas para o governo da igreja passou a existir nessa época. E, atualmente, as diferenças de opiniões sobre a política da igreja não são menores do que as diferenças sobre a confissão da igreja.

Calvino tem a honra de ter restaurado – enquanto batalhava contra a hierarquia sacerdotal romana – os ofícios de presbítero, diácono e o da pregação. Por meio dele a igreja finalmente recebeu sua esfera própria e atividade independente. Ele lutou duramente e por muitos anos pela independência da igreja; pelo livre exercício da sua disciplina; e para a manutenção da pureza na ministração da Palavra e dos Sacramentos. Ao pensar na igreja, ele não levou em conta primeiro os ofícios desta – da igreja como uma instituição –, mas, acima de tudo, viu nela um ajuntamento ou uma comunhão de cristãos que, pela sua confissão e sua vida, precisavam provar ser o povo de Deus; e que eram todos ungidos por Cristo para ser profetas, sacerdotes e reis. A igreja é tanto a mãe quanto a comunidade de cristãos, mas também é algo diferente, algo a mais do que uma multidão se reunindo em um lugar no domingo para ouvir a pregação; ela é uma comunidade ou comunhão que, também durante a semana, tem uma influência perceptível tanto nos de dentro quanto nos de fora. A pregação é apenas um dos ofícios; além dele, existe o ofício de presbítero, que também deve realizar seu trabalho, por meio da visita pessoal às casas, da supervisão e da disciplina; existe também o ofício de diácono, que deve mostrar misericórdia aos pobres e doentes; e há também o ofício de doutor ou mestre, cuja função é desenvolver a verdade, ensiná-la e defendê-la.

Embora cada igreja seja independente e deva seu fundamento e sua existência, seus dons e seu poder, seus ofícios e suas ministrações somente a Cristo, ela também está intimamente relacionada com todas as igrejas que, com ela, repousam sobre o mesmo fundamento. Era assim na era apostólica. Toda igreja – não importa quão pequena ou pobre – era uma igreja de Cristo, seu corpo e templo; mas toda igreja também era, desde o princípio, mesmo antes de qualquer decisão, absorvida em uma unidade espiritual com todas as outras igrejas. Todas as igrejas juntas constituíam uma só igreja (Mateus 16:18); todas elas estavam sujeitas à autoridade dos apóstolos, os quais, pela sua palavra, lançaram os fundamentos de toda a igreja (Efésios 2:20). Juntas, todas elas eram uma em vida e confissão; todas tinham um só batismo, uma só fé, um só Espírito, um só Senhor, um só Deus e Pai que está acima de todos e em todos (Efésios 4:3-6). Elas mantinham comunhão entre si por meio de membros viajantes (por exemplo, Áquila e Priscila),[50] cumprimentos recíprocos[51] e ao servir uns aos outros com dons de amor.[52] Elas também trocavam cartas que os apóstolos lhes enviavam (Colossenses 4:16) e, em casos difíceis, deliberavam juntas e tomavam decisões comuns (Atos 15).

De todas as formas de governo da igreja, o sistema presbiteriano – como foi restaurado por Calvino – é o que melhor corresponde ao da era apostólica.

—— ▪ ——

Todas as ministrações e os ofícios que Cristo instituiu para sua igreja são centrados na Palavra. Ele não deu aos seus discípulos poder mundano (Mateus 20:25-27), nem senhorio sacerdotal (1Pedro 5:3), porque todos eles são pessoas espirituais (1Coríntios 2:10-16), ungidas pelo Espírito Santo (1João 2:20) e que, juntas, formam um sacerdócio real (1Pedro 2:9). As atribuições e os ofícios têm apenas um objetivo: que aqueles que os receberam os utilizem para servir aos outros em amor (Romanos 13:18; Gálatas 5:13). As armas de sua guerra são puramente espirituais (2Coríntios 10:4); elas consistem no cinto da verdade, a couraça da justiça, o escudo da fé, o capacete da salvação e a espada do Espírito (Efésios 6:14-17).

---

[50]Atos 18:2,18; Romanos 16:3; 2Timóteo 4:19.
[51]Romanos 16:16; 1Coríntios 16:20; 2Coríntios 13:12.
[52]Atos 11:29; 1Coríntios 16:1; 2Coríntios 8:1; 9:1; Gálatas 2:10.

Por essa razão, a Palavra também é a única marca pela qual a igreja de Cristo pode ser conhecida em sua verdade e pureza, e foi por ela que todos os membros verdadeiros da igreja nasceram de novo e foram levados à fé e ao arrependimento, foram purificados e santificados, reunidos e estabelecidos. Por sua vez, eles são chamados a preservar essa Palavra (João 8:31; 14:23), estudá-la (João 5:39), avaliar os espíritos com (1João 4:1) e a fugir de todos aqueles que não ensinam essa Palavra.[53] Na verdade, de acordo com Calvino, a Palavra de Deus é a alma da igreja.

Essa Palavra de Deus não foi dada exclusivamente à igreja como instituição ou somente aos oficiais, mas a todos os cristãos (João 5:39; Atos 17:11), a fim de que, mediante a paciência e o conforto das Escrituras, tenham esperança (Romanos 15:4) e possam mutuamente ensinar e admoestar uns aos outros.[54] Roma violou esse padrão, mas a Reforma devolveu a Bíblia às mãos de todos e, assim, tornou possível para família e escola, ciência e arte, sociedade e Estado, e cada cristão em particular, ter acesso a essa fonte de ensino e instrução. Além disso, Deus providenciou um ministério oficial da Palavra. Ele deu e continua a dar à igreja pastores e mestres,[55] que devem ministrar a Palavra em público e nas casas (Atos 20:20), para dá-la como leite aos imaturos e como carne para os membros maduros da igreja;[56] eles devem fazer isso em harmonia com as necessidades das pessoas e das circunstâncias – de cada igreja e de cada cristão em particular.[57] Em outras palavras, o ministério da Palavra inclui a preservação, tradução, interpretação, disseminação, defesa e proclamação dela a todos os homens, porque, assim, a igreja permanece edificada sobre o fundamento dos apóstolos e profetas (Efésios 2:20); e será, como deve ser, coluna e alicerce da verdade (1Timóteo 3:15).

A Palavra tem a sua confirmação nos sacramentos, que são sinais e selos do pacto da graça e que, desse modo, servem para o fortalecimento da fé. No Antigo Testamento, Deus empregou a circuncisão (Gênesis 17:7) e a páscoa (Êxodo 12:7) para tal fim. Os dois sinais tinham uma importância espiritual, porque a circuncisão era

[53]Gálatas 1:8; Tito 3:10; 2João 9.
[54]Romanos 12:7-8; Colossenses 3:16; Hebreus 10:24-25.
[55]1Coríntios 12:28; Efésios 4:11; 1Timóteo 5:17; 2Timóteo 2:2.
[56]1Coríntios 3:2; Hebreus 5:12; 1Pedro 2:2.
[57]Atos 20:20,27; 2Timóteo 2:15; 4:2.

um selo da justiça da fé (Romanos 4:11) e da circuncisão do coração (Deuteronômio 30:6; Romanos 2:28-29). E a páscoa – como uma oferta de pecado e refeição sacrificial – apontava para Cristo (João 1:29,36; 19:33,36). Consequentemente, ambas foram cumpridas na paixão e morte de Cristo (Colossenses 2:11; 1Coríntios 5:7) e, portanto, substituídas no Novo Testamento pelo batismo (Mateus 28:19) e pela santa ceia (Mateus 26:17). A esses dois sinais – universalmente reconhecidos como os sacramentos (mistérios: 1Coríntios 4:1) – foram, sem fundamentação bíblica, acrescentados outros cinco (confirmação, penitência, casamento, ordenação e unção dos enfermos), além de incontáveis cerimônias. Não devemos considerar que eles tenham espacial e materialmente a graça de Deus, mas sim como sendo reminiscências e confirmações da graça que Deus, por meio do Espírito, concede aos corações dos seus cristãos. Esses dois sacramentos contêm todo o pacto da graça, com todos os seus benefícios. Em outras palavras, eles têm o próprio Cristo por conteúdo e, dessa forma, não podem transmitir tais benefícios exceto por meio da fé. Consequentemente, eles foram instituídos para os cristãos e os asseguram da porção deles em Cristo. Eles não precedem a Palavra, mas a seguem; não têm o poder de conceder uma graça especial que não poderia ser obtida pela Palavra nem aceita pela fé. Antes, eles estão baseados, da parte de Deus, na instituição do pacto da graça e, da parte do homem, na confirmação desse pacto.

Especificamente, o batismo é um sinal e selo do benefício do perdão (Atos 2:38; 22:16) e da regeneração (Tito 3:5) – trata de ser incorporado na comunhão com Cristo e sua igreja (Romanos 6:4). Portanto, o batismo é administrado não apenas aos adultos, depois de serem conquistados por Cristo por meio da obra missionária, mas aos filhos dos cristãos também, pois eles – junto a seus pais – estão incluídos no pacto da graça,[58] pertencem à igreja (1Coríntios 7:14) e foram incorporados na comunhão com o Senhor.[59] Posteriormente, quando essas crianças crescem, passam a concordar pessoalmente com o pacto por uma confissão pública; chegam à idade da razão; podem discernir o corpo e o sangue do Senhor (1Coríntios 11:28); então são chamadas a proclamar, com toda a igreja, vez após outra, a morte

[58]Gênesis 17:7; Mateus 18:2-3; 19:14; 21:16; Atos 2:39.
[59]Efésios 6:1; Colossenses 3:20.

do Senhor até que ele venha; e, assim, se fortalecerem na comunhão com Cristo. Porque, embora o batismo e a ceia do Senhor tenham o mesmo pacto da graça por conteúdo e ambos garantam o benefício do perdão dos pecados, a ceia do Senhor difere do batismo por não ser um sinal e um selo de incorporação, mas de maturação e fortalecimento na comunhão de Cristo e todos os seus membros (1Coríntios 10:16-17).

Por fim, o exercício da disciplina e o ministério de misericórdia devem ser acrescentados à ministração da Palavra e do sacramento. A disciplina – às vezes denominada poder das chaves, entregue primeiro a Pedro (Mateus 18:18; João 20:20) e depois à toda a igreja em sua organização oficial[60] – consiste no fato de que a igreja, por meio dos seus oficiais, proclama aos justos que tudo correrá bem, porque comerão do fruto do seu proceder; e anuncia que o mal atingirá os ímpios, pois receberão a recompensa das obras das suas mãos (Isaías 3:10-11). A igreja age de forma geral e pública na ministração da Palavra em todas as reuniões dos cristãos, e faz isso de forma particular e pessoal nas visitas oficiais aos lares. Nas igrejas reformadas, isso veio a substituir a confissão romana e se fundamenta no exemplo apostólico.[61] Finalmente, a igreja pratica essa disciplina nas admoestações particulares direcionadas à persistência obstinada no pecado e na excomunhão da comunidade.[62]

Porém, enquanto a igreja no nome de Cristo se importar dessa maneira com os sacramentos do Senhor e colocar pecadores para fora da sua comunhão, ela também se compadecerá com grande compaixão de todos os pobres e doentes, oferecendo a eles tudo de que precisam para sua necessidade espiritual e física. O próprio Cristo fez isso (Mateus 11:5), e seus discípulos ordenaram que assim seja.[63] Os membros da igreja têm o dever de contribuir para as necessidades dos santos (Romanos 12:13); de fazer a distribuição em simplicidade, mostrando misericórdia com alegria (Romanos 12:8); de visitar as viúvas e órfãos em suas aflições (Tiago 1:27); de oferecer orações pelos enfermos no nome do Senhor (Tiago 5:14); e, em geral, carregar

[60]Mateus 18:7; 1Coríntios 5:4; 2Tessalonicenses 3:14.
[61]Mateus 10:12; João 21:15-17; Atos 20:20; Hebreus 13:17.
[62]Mateus 18:15-17; Romanos 1:16-17; 1Coríntios 5:2; 5:9-13; 2Coríntios 2:5-10; 2Tessalonicenses 3:6; Tito 3:10; 2João 10; Apocalipse 2:2.
[63]Mateus 5:42-45; 6:1-4; 25:34ss; Marcos 14:7.

o fardo uns dos outros e, assim, cumprir a lei de Cristo (Romanos 12:15; Gálatas 6:2).

Fé e amor são a força da igreja do Senhor; e a esses dois se acrescenta a esperança. Em meio a um mundo que não sabe para onde vai e cada vez mais regride por seu desânimo e desespero, a igreja vive sua alegre esperança. Creio na remissão dos pecados, na ressurreição do corpo e na vida eterna.

24. A vida eterna

O fim e o destino de todas as coisas, como seu princípio e ser, estão envoltos em uma neblina impenetrável para a razão humana. Aquele que tenta desvendar tais mistérios por meio da ciência deve, mais cedo ou mais tarde, admitir o mesmo que um estudioso dos tempos modernos: o fim e propósito da história? Eu não sei e ninguém mais sabe.

Ainda assim, novos esforços continuam sendo empregados para dar uma resposta a essas perguntas incômodas ou suprimi-las e arrancá-las do coração do homem. Não faz muito tempo que diversos estudiosos assumiram essa posição. O materialismo era a moda, e ele proclamava em alto e bom som que a morte marcava o fim de tudo e que a crença na imortalidade era loucura. Um dos seus representantes declarou abertamente que a crença na vida após a morte era o último inimigo que tinha que ser combatido pela ciência e que, se possível, deveria ser derrotado. Então, esse mundo visível e tangível é o único que existe; e ninguém pode falar de uma origem ou fim desse mundo, porque ele vagueia em um labirinto eterno. O resultado prático dessa doutrina superficial e sem consolo era declarar que todo esforço para a eternidade é fútil e recomendar que os homens aproveitassem da melhor forma possível esta vida — comamos e bebamos, porque amanhã morreremos!

Ainda existem muitos que pensam e agem dessa forma; contudo, houve uma mudança de direção, levando a uma investigação mais profunda; as questões sobre a eternidade não parecem mais tão fúteis e tolas, tampouco parecem ser tão fáceis de responder quanto eles pensaram. O estudo das religiões dos vários povos revelou que a crença na imortalidade é comum a todos os homens e está presente até nas tribos mais bárbaras e primitivas. Um estudioso holandês, que ganhou uma grande reputação nessa área de estudo, atestou alguns anos atrás que encontramos o senso de imortalidade em todos os lugares – entre todos os povos e a cada nível de desenvolvimento civilizado; a menos que especulações filosóficas o tenham enfraquecido ou outra causa o tenha suprimido. E disse também que esse senso de imortalidade sempre está conectado com a religião. De fato, todas as tribos e todos os povos agem com a convicção de que o homem é, por natureza, imortal, de forma que não é a imortalidade que deve ser provada, mas a morte que não pode ser explicada, uma vez que esta é sempre vista como algo não natural. De acordo com a crença de muitos povos, ela é obra de espíritos malignos; em outras palavras, eles acreditam que houve um tempo em que a morte não existia e a humanidade gozava de uma vida tranquila e ininterrupta.

O mundo pagão tem interpretações muito diferentes da condição das almas após a morte. Alguns povos defendem que as almas permanecem com os corpos nos túmulos, que continuam a ter comunhão com os vivos, exercem influência sobre eles e podem até aparecer para eles. Outros julgam que todas as almas após a morte se reúnem em um grande domínio da morte, onde vivem uma existência incolor e espectral ou afundam totalmente na inconsciência e no sono. É muito comum também a ideia de que as almas, após saírem do corpo humano, vão imediatamente para outro corpo; dependendo do que fizeram e como viveram na terra, assumem o corpo de uma árvore, de outro animal, de um ser humano ou de alguma criatura mais elevada. Por fim, a noção de imortalidade também se expressa na ideia de que os bons e os maus encaram destinos diferentes após a morte e continuam sua existência em lugares diferentes. As cerimônias de enterro, a cremação de corpos e as ministrações oferecidas aos mortos diferem de acordo com o que pensamos sobre a condição e o estado das almas após a morte. Às vezes, toda a religião dos povos pagãos praticamente assumia a forma de culto aos ancestrais. Frequentemente, a visão pagã se limita à condição das almas após a morte; mas, às vezes, sua visão é mais ampla e abrange também o fim do mundo. E, então, continuamente reaparece a expectativa de que o bem vencerá o mal, a luz vencerá as trevas e as forças e os poderes celestiais vencerão aqueles sobre a terra e debaixo da terra.

Todas essas interpretações pagãs, que foram subjugadas e purificadas pelo cristianismo, retornaram nos tempos modernos e encontraram milhares de apoiadores. Após um breve período de sobrevida, eram tão poucos os que se satisfaziam com o materialismo, que alguns caíram no extremo oposto. O homem permanece o mesmo, seu coração não muda e ele não pode viver sem esperança. Que as almas continuam a viver após a morte; que elas fazem aparições e revelações àqueles que permanecem aqui; que, imediatamente após a morte, de acordo com sua conduta na terra, elas assumem outro corpo e se desenvolvem mais nele: tudo isso está sendo recebido em muitos círculos como se fosse a mais nova e elevada sabedoria. Na verdade, em alguns casos, os mortos já estão sendo invocados, adorados e temidos; o culto a espíritos – ou espiritismo – está tomando o lugar do culto ao único Deus verdadeiro.

É um sinal particularmente notável do tempo que esse culto a espíritos esteja intimamente conectado com a doutrina da evolução, mas, à primeira vista, poderíamos achar essa conexão estranha. Como alguém que aceita o desenvolvimento do homem a partir do animal acreditaria na existência de almas após a morte? Mas essa conexão se prova bem simples e natural: se, no passado, os vivos poderiam surgir dos mortos, a alma, da matéria; e o ser humano, do animal, então por que seria impossível que, no futuro, o ser humano se desenvolvesse mais e mais não apenas na terra, mas também do outro lado do túmulo? Se a vida pode surgir da morte, a morte também pode levar a um nível mais elevado de vida. Se um animal pode se tornar um homem, o homem também pode se tornar um anjo, e essa ideia de evolução parece tornar tudo possível e explicável.

Entretanto, no mesmo instante em que esse castelo de cartas foi sendo cuidadosamente construído e essa esperança foi sendo alimentada, o fundamento sobre o qual tudo repousava começou a vacilar.

A verdade é que os proponentes das teorias da imortalidade e da evolução nada querem com a doutrina bíblica sobre a morte e sepultura, julgamento e punição. Na sua perspectiva, a morte não é uma penalidade para o pecado, mas uma forma de transitar para uma vida mais elevada e melhor. Não há um juízo na morte, exceto no sentido de que todos devem sofrer as consequências dos seus desejos e atos. Não há lugar para um inferno, visto que todos estão presos ao processo de evolução e, por isso, todos devem – mais cedo ou mais tarde – alcançar o ponto certo após um período maior ou menor de erros e desvios. Quando questionados sobre se a vida eterna – uma vida de bem-aventuranças e glórias inabaláveis – ou algo do tipo é possível, eles se veem incapazes de responder. Faz tanto tempo que argumentam contra as doutrinas cristãs da morte e sepultura, juízo final e punição eterna, e regozijam com o desaparecimento delas, que se esqueceram de perguntar se – com a extinção dessas doutrinas – a esperança de uma vida e de uma bem-aventurança eterna não desapareceu com elas. No momento em que essa questão se formula, fica claro que, no calor da batalha, a esperança de uma vida eterna acaba se perdendo, e, assim, a mesma faca que foi usada para cortar todo medo do coração do homem extirpou também toda esperança.

Se é certo que a evolução é a lei que governa o mundo e a humanidade, o presente e o futuro, então a esperança de uma vida eterna é destituída de todo fundamento seguro. A ideia de que no fim tudo acabará satisfatoriamente é por si só uma suposição que não encontra apoio na Escritura e na consciência, na natureza e na história. Mas presuma por um momento que essa suposição estivesse correta: essa seria uma condição que jamais poderia permanecer assim, pois a mesma lei de desenvolvimento que tem estado ativa antes e que trouxe essa nova condição ainda continuaria ativa e faria o ser humano entrar em uma condição diferente. Na Teoria da Evolução, não há um lugar de descanso, nem um fim ou propósito; a bem-aventurança, que segundo a expectativa de muitos está vindo, está sempre em processo de mudança. Então, não é possível algo como uma vida eterna e bem-aventurada; consequentemente, alguns que estão convencidos da impossibilidade de um lugar de descanso têm buscado novamente a antiga doutrina pagã do retorno eterno de todas as coisas. Agora, eles a apresentam como a solução para o problema do mundo. Se o mundo atual alcançou o ápice de seu desenvolvimento, ele deve colapsar e começar tudo de novo. Após o fluxo da maré vem o refluxo, e o refluxo causa o fluxo; após o desenvolvimento vem o retrocesso, que causa um desenvolvimento. E isso continua eternamente. Existe apenas o tempo; não há eternidade. Há apenas o movimento; não há descanso. Há apenas o "tornar-se"; não há o ser. Há apenas a criatura; não há o Criador que era, que é e que há de vir.

Tudo isso confirma a palavra da Escritura de que aqueles que estão sem Cristo, separados da comunidade de Israel e estranhos às alianças da promessa não têm esperança e não têm Deus no mundo (Efésios 2:12). É claro que eles podem opinar e desejar tê-la, e de fato eles nunca param de fazer isso. Contudo, não têm um fundamento sólido para suas esperanças e carecem da certeza da esperança cristã.

— ▪ —

No entanto, no momento em que nos voltamos a Israel, deparamo-nos com uma mentalidade bem diferente. O Antigo Testamento nunca fala da chamada imortalidade da alma e não mostra evidência nenhuma disso; mas nutre noções de vida e morte que não podem ser encontradas em outro lugar e que apresentam o futuro de um modo bem diferente.

Na Escritura, a morte nunca é o mesmo que aniquilação ou "não ser"; morrer e estar morto estão em contraste com a vida como um todo, a vida rica e completa que originalmente era a porção do homem na comunhão com Deus aqui na terra; portanto, quando o homem morre, não apenas o seu corpo, mas também sua alma é afetada. O homem como um todo morre e – tanto no corpo quanto na alma – passa a existir no estado de morte; ele não pertence mais à terra, mas habita no reino dos mortos (Sheol), um lugar que se pensa estar nas profundezas da terra, até embaixo das águas e da fundação das montanhas.[1] É verdade que os falecidos ainda têm um existência lá, mas essa existência não é digna do nome de vida e é como se fosse uma inexistência.[2] Eles são fracos e impotentes (Salmos 88:5; Isaías 14:10); vivem em silêncio;[3] em uma terra de escuridão (Jó 10:20-21) e decadência (Jó 26:6; 28:22). Tudo que se chama "vida" cessa ali; Deus e os homens não são mais vistos (Isaías 38:11); O Senhor não é mais adorado lá, tampouco recebe gratidão (Salmos 6:5; 115:17); suas excelências não são mais proclamadas e suas maravilhas não mais vistas (Salmos 88:11-13). Os mortos não têm conhecimento; não têm sabedoria ou ciência; não trabalham nem desfrutam de tudo que acontece

[1]Números 16:30; Deuteronômio 32:22; Jó 26:5; Salmos 63:10.
[2]Jó 7:21; 14:10; Salmos 39:13.
[3]Jó 3:13,18; Salmos 94:17; 115:17.

debaixo do Sol.[4] É uma terra de esquecimento (Salmos 88:13). Era assim que a morte era entendida pelos santos em Israel: como um banimento total do reino da vida e da luz. Em contrapartida, a vida era pensada como uma plenitude de bem-estar e salvação. A vida não era considerada uma forma abstrata e filosófica, como se fosse um tipo de existência despida. Pela sua própria natureza, a vida abrangia uma plenitude de bênçãos: a comunhão com Deus antes de tudo, mas depois a comunhão com seu povo e a comunhão com a terra que o Senhor tinha dado ao seu povo. A vida incluía a existência completa e rica do homem na unidade da sua alma e de seu corpo, na unidade com Deus e em harmonia com seu ambiente, o que incluía também bem-aventurança e glória, virtude e felicidade, paz e alegria. Se o homem tivesse permanecido obediente ao mandamento de Deus, teria provado dessa vida abundante e não teria visto a morte (Gênesis 2:17). Nessa hipótese, não haveria divisão entre seu corpo e alma, e não teria sido quebrado o elo que lhe une a Deus, à raça humana e à terra. Então, o homem viveria eternamente na rica comunhão na qual ele foi posto no princípio. Como homem, ele teria sido imortal na unidade e plenitude do seu ser.

Se a morte entrou no mundo por causa do pecado, Deus, em graça, renova a comunhão com o homem e estabelece sua aliança com Israel. Nessa aliança, a princípio, toda aquela comunhão é restabelecida. Aquela aliança, como existia no Antigo Testamento, abrangia a comunhão com Deus, mas, consequentemente, a comunhão com seu povo e sua nação também. A comunhão com Deus é o primeiro e mais importante benefício da aliança; sem isso, não poderia se falar sobre vida. Deus se vinculou a Abraão e à sua descendência no pacto, dizendo: “Eu serei o teu Deus e o Deus da tua descendência” (Gênesis 17:7). Ele conduziu Israel para fora do Egito e entrou em vínculo pactual com eles no Sinai.[5]

Portanto, para o povo de Israel e cada membro dele, não há alegria senão em comunhão com o Senhor. Os ímpios não entendiam isso, violavam o pacto e buscavam vida e paz de suas próprias maneiras. Eles abandonaram a fonte de águas vivas e cavaram para si cisternas – cisternas furadas – que não retêm água. Mas os santos

[4]Jó 14:21; Eclesiastes 9:5,6,10.
[5]Êxodo 19:5; 20:2; Ezequiel 16:8.

sabiam qual era a verdadeira vida e trataram disso em suas orações e canções. O Senhor era a porção da sua herança, sua rocha e fortaleza, seu escudo e torre forte (Salmos 16:5; 18:2). O amor de Deus era melhor que a vida para eles (Salmos 63:3). Ele era seu maior bem; não havia ninguém no céu nem na terra que eles desejassem mais do que o Senhor (Salmos 73:25). Ainda que pudessem ser esquecidos por todos, perseguidos pelos seus inimigos e subjugados por eles, eles lançavam-se e regozijavam-se no Senhor. Eles exultavam no Deus da sua salvação (Habacuque 3:18). Nessa comunhão com Deus, eles eram capazes de transcender toda a miséria desta vida terrena e também o medo do túmulo, o terror da morte e a escuridão do Sheol. Talvez os ímpios até prosperassem temporariamente, mas, no fim, pereceriam (Salmos 73:18-20). Os caminhos dos ímpios levam à morte (Provérbios 8:36; 11:19), mas o temor do Senhor é uma fonte de vida para os santos (Provérbios 8:35; 14:27). O Senhor sempre os livra da morte, mas também tem poder sobre o reino da morte; com seu Espírito, ele também está presente lá (Salmos 139:7-8). Não há nada que lhe seja oculto, nem mesmo os corações dos filhos dos homens.[6] O Senhor destrói e ressuscita; ele pode descer até o abismo e sair dele.[7] Ele pôde tomar Enoque e Elias para si sem que morressem.[8] Na verdade, ele pode destruir a morte e, ao ressuscitar aqueles que morreram, triunfar completamente sobre ela.[9]

Entretanto, embora seja verdade que os cristãos do Antigo Testamento tenham percebido – em um grau maior ou menor – que a comunhão do Senhor não poderia ser destruída nem temporariamente rompida – fosse pela morte, pela sepultura, fosse por permanecer no estado de morte –, ainda assim, na maior parte do tempo, eles viviam com uma mentalidade diferente e pensavam de uma forma bem diferente de nós. Quando pensamos no futuro, quase sempre imaginamos a nossa própria morte e a nossa alma no céu, mas os israelitas tinham um entendimento de vida que era muito mais rico do que o nosso. Para eles, a consciência da comunhão com Deus estava conectada com a comunhão com seu povo e com a terra, e a vida verdadeira e completa era a vitória contra *toda* separação; era a restauração e confirmação

[6] Jó 26:6; 38:17; Provérbios 15:11.
[7] Deuteronômio 32:39; 1Samuel 2:6; 2Reis 5:7.
[8] 1Reis 17:22; 2Reis 4:34; 13:21.
[9] Jó 14:13-15; 19:25-27; Oseias 6:2; 13:14; Isaías 25:8; 26:19; Ezequiel 37:11-12; Daniel 12:2.

daquela rica comunhão na qual o homem foi originalmente criado. Deus não estabeleceu o pacto com uma única pessoa, mas com seu povo e também com a terra que lhes foi dada como herança, portanto a morte seria completamente vencida e a vida surgiria plenamente apenas quando, no futuro, o próprio Senhor viesse habitar entre o seu povo; lhe purificasse de todas as injustiças; lhe concedesse vitória contra todos os seus inimigos; e garantisse que viveria seguro em uma terra de prosperidade e paz. Portanto, era relativamente raro que os santos de Israel direcionassem os olhos da fé para o fim da vida individual de alguém. Como regra geral, sua visão incluía muito mais; ela incluía também o futuro do seu país e seu povo. O israelita sempre se sentia parte do todo, membro da família, raça, tribo e nação com a qual Deus estabeleceu sua aliança, por isso ele nunca poderia esquecê-los ou destrui-los. E, no futuro desse povo, o crente em Israel encontrava seu próprio futuro garantido; sua imortalidade e vida eterna tinham sua garantia e porção na teocracia. Pode ser que a ira do Senhor dure por um dia: toda uma vida da sua benignidade se seguiria após isso. O presente podia sugerir que Deus tinha se esquecido do seu povo e que o direito deles teria se perdido, mas, após o castigo, Deus retornaria e estabeleceria uma nova aliança que nunca seria quebrada. O anseio dos santos de Israel se projetava para o futuro com todo o desejo das suas almas; eles eram um povo de esperança; e a promessa do Messias era o centro da esperança deles.

Todas essas expectativas tinham seu fundamento no pacto que Deus estabeleceu com seu povo. Até a lei desse pacto dizia que Israel, quando desobedecia à voz do Senhor e andava segundo seus próprios caminhos, seria severamente punido pelo Senhor e visitado com toda sorte de pragas. Precisamente por serem escolhidos entre todas as gerações da terra, os santos de Israel seriam punidos por todas as suas iniquidades (Amós 3:2), mas esse castigo seria temporário; após seu fim, o Senhor novamente teria compaixão do seu povo e os faria desfrutar de sua salvação.[10]

A razão é que Senhor não pode se esquecer da sua aliança (Levítico 26:42). Ele castiga seu povo com repressões e se esquece dele, mas por pouco tempo,[11] pois ama o seu povo com um amor

[10]Levítico 26:42ss; Deuteronômio 4:29ss; 30:1-10; 32:15-43.
[11]Isaías 27:7ss; 54:7-8; Jeremias 30:11.

eterno (Miqueias 7:19; Jeremias 31:3,20) e a aliança da sua paz não será removida (Isaías 54:10). Ele se obrigou por seu próprio nome; por sua glória entre os gentios; para redimir seu povo no final do período da punição; e de fazê-los triunfar contra todos os seus inimigos.[12]

Consequentemente, o "dia do Senhor" está vindo – um dia grande e terrível[13] –, no qual ele terá compaixão do seu povo e se vingará dos seus inimigos. O reino que ele estabelecerá nesse dia não passará a existir por meio de um desenvolvimento gradual do poder moral das pessoas; em vez disso, ele vem do alto – do céu – e chega à terra pelo ungido do Senhor, cuja promessa existe desde o princípio da história de Israel e de toda humanidade. Desde o Paraíso, o conflito entre a descendência da mulher e a descendência da serpente é anunciada; e a vitória é prometida ao primeiro (Gênesis 3:15). É dito a Abraão que nele todas as gerações da terra serão abençoadas (Gênesis 13:3; 26:4). Judá é exaltado acima dos seus irmãos, porque dele Siló virá, a quem todas as nações obedecerão (Gênesis 49:10, ARA).

Mas essa promessa toma mais forma quando Davi é designado rei de todo o Israel e recebe a promessa de que sua casa permanecerá por toda eternidade (2Samuel 7:6; 23:5). Depois disso, a profecia desenvolve essa promessa em maiores detalhes. O governante por meio de quem Deus estabelecerá o seu reino será descendente da casa real de Davi em Belém (Miqueias 5:1-2). Ele virá como um ramo de Davi (Isaías 11:1-2);[14] crescerá na pobreza (Isaías 7:14-17); será manso e humilde; montará num jumentinho (Zacarias 9:9); e, como servo sofredor do Senhor, carregará as iniquidades do seu povo (Isaías 53). Ainda assim, esse humilde filho de Davi é, ao mesmo tempo, o Senhor de Davi (Salmos 110:1; Mateus 22:43); o Ungido ou Messias; o verdadeiro rei de Israel, que combina seu valor real com suas habilidades proféticas e sacerdotais.[15] Ele é o governante a quem todas as nações serão sujeitas (Gênesis 49:10; Salmos 2:12) e carregará o nome de Emanuel; de Senhor, nossa justiça; de Maravilhoso Conselheiro, Deus forte, Pai eterno e Príncipe da paz.[16]

---

[12]Deuteronômio 32:27; Isaías 43:25; 48:9; Ezequiel 36:22.
[13]Joel 2:11,31; Malaquias 4:5.
[14]Isaías 4:2; Jeremias 23:5-6; 33:14-17; Zacarias 3:8; 6:12.
[15]Deuteronômio 18:15; Salmos 110; Isaías 11:2; 53:1ss; Zacarias 5:1ss; 6:13; Malaquias 4:5.
[16]Isaías 7:14; 9:5; Jeremias 23:6.

O reino que esse Messias estabelecerá é um reino de justiça e paz, e ele trará consigo um tesouro de bênçãos espirituais e materiais. Os salmos e os profetas estão repletos da glória desse reino messiânico. Por meio do seu Ungido, o Senhor fará com que seu povo retorne do cativeiro e lhes concederá o verdadeiro arrependimento do coração. É verdade que nem todos voltarão para o Senhor – muitos perecerão no julgamento que atingirá até o seu povo.[17] Não obstante, haverá um remanescente segundo a eleição da graça,[18] e esse remanescente será um povo santo para o Senhor, a quem ele será fiel por toda a eternidade.[19] Ele estabelecerá uma nova aliança com eles; não se lembrará dos seus pecados; os purificará de toda impureza; lhes concederá um novo coração; escreverá sua lei em seus corações; derramará o seu Espírito sobre eles; e habitará no meio deles.[20]

Não apenas toda sorte de benefícios espirituais, mas também todo tipo de bênçãos materiais virá com esse reino. Não haverá mais guerra; as espadas serão trocadas por arados e as lanças por podadores; eles se sentarão em paz sob suas próprias vinhas e figueiras. A terra será extremamente produtiva; os animais receberão uma natureza diferente da que têm hoje; os céus e a terra serão renovados; não haverá mais doença, nem tristeza e choro; e a morte será tragada. Os israelitas que morreram também desfrutarão dessas bênçãos e ressuscitarão dos mortos (Isaías 26:19; Daniel 12:2). No fim, as nações pagãs reconhecerão que o Senhor é Deus e o glorificarão.[21] A nação dos santos receberá o domínio sobre todas as nações da terra (Daniel 7:14,27) e o Rei ungido da casa de Davi reinará de mar a mar e dos rios até os confins da terra.[22]

— ▪ —

O cumprimento de todas essas promessas do Antigo Testamento começou quando Cristo se manifestou em carne; porque, em sua pessoa e por meio da sua obra, o reino dos céus foi estabelecido sobre a terra. Pelo seu sangue, ele confirmou a nova e melhor aliança

[17]Amós 9:8-10; Oseias 2:3; Ezequiel 20:33ss.
[18]Isaías 4:3; 6:13; Jeremias 3:14; Sofonias 3:20; Zacarias 13:8-9.
[19]Oseias 1:10; 2:15; Isaías 4:3; 11:9.
[20]Joel 2:28; Isaías 44:21ss; 43:25; Jeremias 31:31; Ezequiel 11:19; 36:25ss.
[21]Jeremias 3:17; 4:2; 16:19; Ezequiel 17:24.
[22]Salmos 2:8; 22:28; 72:8ss.

que o Senhor estabeleceria com seu povo nos últimos dias; e, no dia de Pentecostes, ele enviou esse Espírito de graça e oração para a igreja, e esse Espírito os levaria a toda verdade e os aperfeiçoaria até o fim; todavia, o que a profecia do Antigo Testamento compreendia em um todo unificado foi dividido em várias partes posteriormente. Algumas coisas passaram a existir lado a lado, mas isso não foi realizado em um momento ou dia, mas através de um longo período de tempo e pouco a pouco. Mais especificamente, o Novo Testamento nos ensina que a vinda do Messias, antecipada pelos profetas, deveria se separar em uma primeira e uma segunda vindas. De acordo com a profecia, o Messias precisava vir para a redenção e o julgamento – para a redenção do seu povo e para o julgamento dos seus inimigos, mas, quando essa profecia se cumpre, torna-se evidente que cada um desses propósitos precisa de uma vinda específica de Cristo.

Afinal, durante sua estada na terra, Jesus repetidamente disse que tinha vindo para buscar e salvar aquele que estava perdido (Lucas 19:10), a fim de servir e dar sua alma como resgate para muitos (Mateus 20:28), não para condenar o mundo, mas para salvá-lo.[23] Ao mesmo tempo, ele afirma de forma clara e poderosa que traz – pela luz que resplandece – um julgamento e uma divisão no mundo (João 3:19; 9:39) e que retornará para julgar os vivos e mortos (João 5:22,27-29). É verdade que ele deveria ser crucificado e morto, mas logo em seguida ele ressuscitaria e ascenderia aos céus (Mateus 16:21; João 6:62), a fim de retornar para reunir todos os povos diante de si e recompensar cada um segundo as suas obras.[24]

Por conseguinte, existe uma grande diferença entre essas duas vindas do Senhor. Na primeira, Cristo se revelou na fraqueza da carne – na forma de um servo – para sofrer e morrer pelos pecados do seu povo (Filipenses 2:6-8); e, na segunda, ele se manifestará a todos em grande poder e glória como Rei que sai para conquistar.[25] Ainda assim, essas duas vindas do Senhor estão intimamente relacionadas. A primeira prepara o caminho para a segunda, porque, de acordo com as Escrituras e a lei fundamental do reino dos céus, é apenas a paixão de Cristo que pode levar à glória; apenas a cruz pode levar à coroa; e apenas a humilhação pode levar à exaltação (Lucas 24:26).

[23]João 3:17; 12:47; 1João 4:14.
[24]Mateus 16:27; 24:30; 25:32.
[25]Mateus 24:30; Apocalipse 6:2; 19:11.

Em sua primeira vinda, Cristo estabeleceu a fundação; e, em sua segunda vida, ele completará o edifício de Deus. A primeira é o começo e a segunda, o fim da sua obra como mediador. Por ser um salvador perfeito, que traz não apenas a possibilidade, mas também a realização da salvação, Cristo não pode e não vai descansar até que todas as suas ovelhas sejam compradas pelo seu sangue, renovadas pelo seu Espírito e trazidas para onde ele está – onde serão espectadoras e participantes da sua glória (João 14:3; 17:24). Ele deve dar a vida eterna àqueles que o Pai lhe deu (João 6:39; 10:28); apresentar sua igreja ao Pai sem mancha, nem ruga, nem qualquer coisa semelhante (Efésios 5:27); e entregar o reino ao Pai, após ser plenamente completo e cumprido (1Coríntios 15:23-28).

Visto que a primeira e segunda vindas de Cristo têm tão íntima relação entre si, uma não seria concebível sem a outra; as Escrituras Sagradas colocam pouca ênfase na duração do tempo existente entre as duas. Na Escritura, a conexão temporal é muito menos importante que a conexão material, por isso o tempo interveniente entre as duas é diversas vezes apresentado como bem curto. Os cristãos do Novo Testamento estavam vivendo no fim dos tempos (1Coríntios 10:11), nos últimos dias (1Pedro 1:20), na última hora (1João 2:18). Eles sofrerão apenas um pouco (1Pedro 1:6; 5:10), porque o dia está chegando (Hebreus 10:25,37), a vinda do Senhor está próxima (Tiago 5:8), o tempo está próximo (Apocalipse 1:3; 22:10), o Juiz está às portas (Tiago 5:9) e Cristo vem sem demora (Apocalipse 3:11; 22:7,20). Paulo pensava que provavelmente ele e seus contemporâneos viveriam para ver o retorno de Cristo (1Tessalonicenses 4:15; 1Coríntios 15:51).

Ao dizer essas coisas, a Escritura não nos dá qualquer instrução específica sobre esse ínterim, porque ela nos diz claramente que o dia e a hora estão escondidos dos homens e anjos – eles foram estabelecidos pelo Pai em seu próprio poder (Mateus 24:36; Atos 1:7). Todo esforço para calcular o momento exato é incerto e infrutífero (Atos 1:7), porque o dia do Senhor virá, como um ladrão na noite, em uma hora que os homens não sabem.[26] Na verdade, esse dia não pode chegar até que o evangelho tenha sido pregado para todos os povos (Mateus 24:14), que o reino dos céus tenha levedado todas as coisas

[26]Mateus 24:42-44; 1Tessalonicenses 5:2,4; 2Pedro 3:10; Apocalipse 3:3; 16:15.

(Mateus 13:33) e o homem da iniquidade tenha aparecido (2Tessalonicenses 2:2ss). O Senhor mede o tempo com um padrão diferente do nosso; um dia é como mil anos e mil anos como um dia. Sua aparente demora vem da sua paciência para conosco, porque ele não quer que ninguém pereça, mas que todos venham a se arrepender (2Pedro 3:8-9).

Mas, com essas declarações sobre o interregno entre as duas vindas de Cristo, as Escrituras Sagradas querem nos ensinar que as duas estão em um relacionamento bem íntimo uma com a outra. A obra que o Pai deu para Cristo é única; e essa obra se estende a todas as eras e abrange toda a história da humanidade. Ela começou na eternidade; continuou no tempo; e terminará na eternidade novamente. O breve período pelo qual Cristo viveu na terra é apenas uma pequena porção das eras nas quais será nomeado como Senhor e Rei. Aquilo que ele alcançou na sua paixão e morte ele aplica na igreja por meio da sua Palavra e de seu Espírito a partir do momento da sua ascensão em diante; e ele consuma tudo isso em sua segunda vinda. De fato, ele subiu aos céus para estar mais perto do seu povo, para estar constantemente mais ligado a eles de modo mais íntimo e para sempre estar mais perto deles. O tempo que passa entre sua primeira e segunda vindas é, na verdade, uma contínua vinda de Cristo ao mundo.

Da mesma forma que, nos dias do Antigo Testamento, a sua vinda em carne foi anunciada por toda sorte de manifestações e atividades, ele está agindo agora, preparando seu retorno para julgar e dividir – um julgamento e uma divisão que acontecem pela sua Palavra e por seu Espírito no mundo dos homens. É uma contínua vinda de Cristo, da qual os cristãos do Novo Testamento são testemunhas. Eles veem o Filho do Homem sentado à direita do poder de Deus, vindo sobre as nuvens (Mateus 26:64), e veem sua vinda na pregação da sua Palavra e na operação do seu Espírito (João 14:18-20; 16:16,19ss). Não é verdade que Cristo veio apenas uma vez ao mundo, mas ele vem continuamente. Ele é aquele que é, que era e que há de vir (Hebreus 10:37; Apocalipse 1:4,8).

Por essas razões, os crentes do Novo Testamento esperavam ansiosamente pelo retorno de Cristo. Assim como os santos do Antigo Testamento, os crentes do Novo Testamento raramente pensavam e falavam sobre seu fim pessoal na morte. Todas as expectativas deles estavam direcionadas ao retorno de Cristo e o cumprimento do reino de Deus. Eles estavam bem conscientes do fato de que viviam no dia do cumprimento, no dia que a profecia do Antigo Testamento representava como o grande dia do Senhor, estendendo-se da ascensão até o retorno de Cristo. A proximidade desse retorno – como eles pensavam – é outra expressão da certeza absoluta com a qual eles o aguardavam. A sua forte fé é a raiz da esperança resoluta deles.

Em seu ministério com os discípulos, Jesus falou bastante sobre fé e amor e pouco sobre esperança, porque o que mais importava naquele momento era que a atenção deles estivesse fixada na sua pessoa e em sua obra. Mas ele fez muitas promessas sobre sua ressurreição e ascensão, o envio do Espírito e seu retorno em glória. Por meio da paixão e morte de Cristo, os discípulos ficaram abatidos e desolados em suas expectativas, mas, pela sua ressurreição, eles renasceram para uma viva esperança (1Pedro 1:3,21). O próprio Cristo agora era a esperança deles, o objeto e conteúdo de todas as suas expectativas (1Timóteo 1:1). Porque, quando retornar, ele cumprirá todas as suas promessas e concederá aos seus discípulos a salvação perfeita e a vida eterna. Portanto, eles vivem em esperança e aguardam continuamente a esperança abençoada e a manifestação da glória do grande Deus e Salvador Jesus Cristo (Tito 2:13), esperança esta que é compartilhada por toda a criação que geme, sujeita à vaidade; ela também anseia para ser liberta do cativeiro da corrupção, para a liberdade da glória dos filhos de Deus (Romanos 8:21).

Embora os cristãos do Novo Testamento deem a maior parte da sua atenção ao retorno de Cristo, certos detalhes no Novo Testamento esclarecem o que eles esperavam da morte. De acordo com a igreja romana, poucos santos e mártires podem – pelas suas boas obras – alcançar tanto na terra para ser imediatamente levados ao céu na sua morte. A grande maioria dos cristãos – segundo essa visão – deve viver um período maior ou menor no purgatório para pagar as penalidades temporais merecidas pelos seus pecados e que não puderam satisfazer em sua vida terrena.

Portanto, o purgatório não é um lugar de arrependimento, no qual os descrentes e ímpios ainda têm a oportunidade de ser salvos, porque eles vão diretamente para o inferno. Também não é um lugar de purificação e santificação, porque os cristãos que vão para lá não podem alcançar novas virtudes ou méritos naquele lugar. O purgatório é unicamente um lugar de punição, onde os cristãos que, por um lado, são abençoados e, por outro, são pobres almas, são punidos pelo fogo até que suas penalidades temporais sejam pagas. Além da igreja militante na terra e da triunfante no céu, portanto, de acordo com Roma existe uma igreja passiva e sofredora no purgatório. É possível auxiliar aqueles que lá estão por meio de orações, boas obras, abstinência e especialmente pelo ofertório das missas; porquanto aqueles que estão no purgatório estão à frente dos cristãos e mais perto da salvação, eles, como os anjos e santos no céu, podem ser invocados para auxílio e assistência.

Visto que muitos não entendiam essa confissão romana corretamente, os homens diversas vezes a glorificaram de modo extravagante e usaram a doutrina do purgatório para defender uma purificação contínua dos cristãos após a morte. Eles não conseguiam entender que os cristãos, imperfeitos e propensos a todo mal até a hora da morte, deviam ser imediatamente libertos de todo pecado e estar prontos para o céu. E outros foram ainda mais longe, aplicando a noção de evolução à vida pós-morte também ao defender que todas as pessoas continuam a mesma vida que começaram na terra, ou talvez até numa existência anterior, do outro lado do túmulo. Assim, a morte não seria um rompimento com esta vida e uma penalidade para o pecado, mas simplesmente a transição de um tipo de existência para outro, assim como a lagarta se torna uma borboleta, e essa evolução continuaria até que tudo se endireitasse ou retornasse para o nada.

Mas as Escrituras Sagradas desconhecem todos esses ensinamentos desoladores. Em cada página, está evidente que este mundo é o único lugar para arrependimento e purificação, pois em nenhum lugar se encontra uma pregação do evangelho do outro lado da sepultura, nem mesmo em Mateus 12:32, 1Pedro 3:18-22 ou 1Pedro 4:6. A morte, como penalidade para o pecado, representa uma ruptura total com a vida aqui na terra e o período provisório após a morte não é considerado no julgamento final. O julgamento leva em conta somente o que aconteceu no corpo, sejam atos bons ou maus (2Coríntios 5:10), mas, para aqueles que creem em Cristo, tanto a morte quanto o julgamento perdem todo o seu terror; porque, na comunhão com Deus, por meio de Jesus Cristo, nosso Senhor, a morte não é mais morte. O pacto que Deus estabelece com o seu povo pela graça garante a salvação perfeita e a vida eterna. Deus não é um Deus de mortos, mas de vivos (Mateus 22:32), e aquele que crê em Cristo, mesmo que morra, viverá; e todo aquele que vive, e crê nele, jamais morrerá na eternidade (João 11:25-26), de modo que essa pessoa não vai a julgamento, mas já passou da morte para a vida (João 5:24).

Consequentemente, após a morte, as almas dos cristãos são imediatamente levadas a Cristo no céu. Se a justificação e a santificação fossem obra humana, a ser realizada por meio da sua própria força ou por meio da força de uma graça sobrenatural nele infundida, então não faria sentido que esta obra tivesse de acabar na curta duração da sua vida. Portanto, é por isso que aqueles que pensam assim precisam crer na ideia de um purgatório e de uma purificação contínua após essa vida. Todavia, Cristo cumpriu tudo para os que são seus, uma vez que não apenas sofreu a penalidade por eles e conquistou o perdão completo por todos os pecados deles, como também cumpriu a lei no lugar deles e lhes trouxe a incorruptível vida eterna. Aquele que crê está imediatamente livre da ira de Deus e se torna herdeiro da vida eterna. Nesse mesmo instante, ele está pronto para o céu, porém, se ele ainda há de permanecer na terra, não é porque ainda precisa se aperfeiçoar e conquistar a vida eterna por suas boas obras; em vez disso, é por causa dos nossos irmãos, a fim de que eles andem em boas obras, que Deus previamente preparou (Filipenses 1:24; Efésios 2:10). Até o sofrimento que essa pessoa muitas vezes terá sobre a terra não é uma punição, mas uma disciplina paternal que serve para nos educar (Hebreus 12:5-11); um preenchimento do que resta dos sofrimentos de Cristo no seu corpo, a igreja, para edificá-la e estabelecê-la na verdade (Colossenses 1:24).

Portanto, com base na obra perfeita de Cristo, o céu se abre para os cristãos imediatamente após a morte, de modo que eles não precisam sofrer punições pelos seus pecados em nenhum purgatório, porque Cristo cumpriu e conquistou tudo. De acordo com a parábola em Lucas 16, o pobre Lázaro, após a morte, foi imediatamente levado para o seio de Abraão pelos anjos para que, em comunhão com Abraão, desfrutasse da bênção eterna. Quando Jesus morreu na cruz, entregou seu próprio espírito nas mãos do seu Pai; e prometeu de antemão para o assassino que este estaria com ele no paraíso (Lucas 23:43,46). O primeiro mártir cristão, Estevão, ao ser apedrejado, clamou ao Senhor Jesus e orou para que recebesse o seu espírito (Atos 7:59). Paulo estava certo de que estaria com Cristo e habitaria com o Senhor quando se ausentasse do corpo (2Coríntios 5:8; Filipenses 1:23). De acordo com Apocalipse 6:9 em diante e 7:9, as almas dos mártires e de todos os salvos no céu estão presentes diante do trono de Deus e diante do Cordeiro, vestidas com túnicas brancas e segurando palmas nas mãos. "Bem-aventurados os mortos que desde agora morrem no Senhor. Sim, diz o Espírito, para que descansem de seus trabalhos, pois suas obras os acompanham" (Apocalipse 14:13; Hebreus 4:9). Eles vivem e reinam com Cristo todo o tempo até o seu retorno (Apocalipse 20:4,6).

— ▪ —

Ainda que os cristãos se tornem participantes da bênção celestial imediatamente após a morte, a condição deles ainda é, em certo sentido, preliminar e imperfeita. Afinal, os seus corpos ainda estão no túmulo, sujeitos ao apodrecimento; alma e corpo ainda estão separados e não participam da bênção eterna juntos. Portanto, os cristãos como um todo ainda se encontram no estado de morte nesse período, assim como Jesus continuou nessa condição depois da sua morte e antes da sua ressurreição. Consequentemente, nesse estado, os cristãos são chamados de aqueles que dormem em Cristo ou que morreram nele;[27] a morte deles é chamada de sono (João 11:11; 1Coríntios 11:30) e deterioração (Atos 13:36). Tudo isso prova que o estado intermediário não é o estado final. E tendo em vista que Cristo é o Salvador perfeito, ele não está contente com a redenção da alma, mas também efetua a redenção do corpo. Portanto, o reino de Deus estará completo apenas quando ele destruir todo domínio, toda autoridade e todo poder; pôr todos os inimigos debaixo de seus pés; e conquistar o último inimigo — a morte (1Coríntios 15:24-26).

Consequentemente, tanto no céu quanto na terra, existe um anseio por esse futuro no qual o último golpe será dado e a vitória perfeita será alcançada. As almas dos mártires no céu clamam em alta voz: ó Soberano, santo e verdadeiro, até quando aguardarás para julgar os que habitam sobre a terra? (Apocalipse 6:10). E o Espírito e a

[27]1Tessalonicenses 4:14,16; 1Coríntios 15:18.

noiva na terra dizem: Vem! (Apocalipse 22:17). E não apenas isso, mas o próprio Cristo se prepara para sua vinda; ele se prepara tanto na terra quanto no céu. Na casa do seu Pai, ele prepara um lugar para o seu povo; e, quando estiver pronto, ele virá novamente e tomará os que são seus para si, a fim de que possam estar onde ele está (João 14:2-3). Na terra, ele governa como rei; pela sua graça na igreja; pelo seu poder no mundo; até que tenha reunido todos os seus eleitos e subjugado todos os seus inimigos (1Coríntios 15:25). Ele não descansa, mas sempre trabalha, e isto manifesta: "Venho em breve e trago a recompensa, com a qual retribuirei a cada um segundo a sua obra" (Apocalipse 22:12,20).

A história do mundo entre a ascensão e o retorno de Jesus é uma contínua vinda de Cristo, um ajuntamento progressivo da sua igreja na terra e uma contínua sujeição dos seus inimigos. Normalmente, não a vemos nem entendemos, mas Cristo realmente é o Senhor dos tempos e o Rei das eras; o Alfa e o Ômega, o princípio e o fim, o primeiro e o último (Apocalipse 22:13). Por ter amado o Filho, o Pai criou o mundo nele, elegeu a igreja e todos aqueles que lhes serão dados; tudo isso para que possam contemplar sua glória com ele (João 17:24).

Portanto, a consumação do reino de Deus não é o resultado de um desenvolvimento gradual da natureza, nem um produto do esforço humano. Pois, ainda que o reino dos céus seja como uma semente, como um fermento e como um grão de mostarda, ele cresce sem conhecimento nem contribuição dos homens (Marcos 4:27). Paulo pode plantar e Apolo pode regar, mas é somente Deus quem dá o crescimento (1Coríntios 3:6). A Escritura desconhece uma natureza autossuficiente ou um homem autônomo; sempre é Deus que mantém o mundo e cria a história. E, especialmente conforme o fim se aproxima, ele intervirá extraordinariamente na história e, pela manifestação de Cristo, fará com que ela termine e passe à eternidade. Será um evento terrível, quando Cristo, enviado pelo Pai (Atos 3:20; 1Timóteo 6:15) aparecer nas nuvens. Assim como ele deixou a terra subindo para o céu, retornará do alto (Filipenses 3:20). Em sua ascensão, uma nuvem o tirou da vista dos seus discípulos; e, sobre as nuvens do céu, ele virá em uma grande carruagem da vitória (Mateus 24:30; Apocalipse 1:7). Ele apareceu na terra pela primeira vez na forma de um servo, mas, na segunda, virá com grande poder e glória (Mateus 24:30); como o Rei dos reis e Senhor dos senhores; sentado sobre um cavalo branco; com uma espada saindo-lhe da boca; seguido de seus anjos e santos;[28] e anunciado pela voz do arcanjo e pela trombeta dos anjos.[29]

A fim de nos dar uma impressão da majestade e glória na qual Cristo aparecerá, a Escritura faz, e precisa fazer, uso de palavras e imagens que podemos compreender; contudo, geralmente é difícil distinguir entre a própria realidade e a representação que nos é dada dela. Mas isto é certo: Cristo está voltando, o mesmo Cristo que nasceu de Maria, que padeceu sob Pôncio Pilatos, que morreu, ressuscitou e ascendeu aos céus, e que retornará em glória para julgar vivos e mortos. "Aquele que desceu é o mesmo que também subiu muito acima de todos os céus, para preencher todas as coisas" (Efésios 4:10). Aquele que se humilhou e se rebaixou é o mesmo a quem Deus exaltou com soberania e deu o nome acima de todo nome; para que ao nome de Jesus se dobre todo joelho dos que estão nos céus, na terra e debaixo da terra (Filipenses 2:6-11). Aquele que foi sacrificado uma vez para suportar os pecados de muitos aparecerá pela segunda vez, sem pecado, para aqueles que lhe esperam para salvação (Hebreus 9:28). "Maranata" é o conforto da igreja, pois aquele que amou a igreja desde a eternidade e se entregou à morte por ela retornará, a tomará para si e compartilhará da sua glória com ela para sempre, tendo em vista que o Salvador e o Juiz da igreja são a mesma pessoa.

No entanto, esse consolo dos cristãos é substancialmente modificado pelos chamados quiliastas, proponentes da doutrina pré-milenista, os quais distinguem o retorno de Cristo entre um primeiro e segundo retorno. No primeiro, Cristo subjugará as forças anticristãs; prenderá Satanás; ressuscitará os cristãos mortos; reunirá a igreja – particularmente a igreja de um Israel piedoso –, e, então, por meio dessa igreja, governará as nações. Depois de esse reino ter existido por certo tempo e quando Satanás for solto novamente, Cristo retornará mais uma vez para ressuscitar todos os homens, julgá-los e estabelecer o reino consumado de Deus sobre a nova terra.

Com essa distinção entre os dois retornos de Cristo, o fim da história do mundo é postergado por um longo período. Quando Cristo, então, retornar sobre as nuvens do céu, o fim das eras ainda não terá

[28]Mateus 25:31; 1Tessalonicenses 3:13; Apocalipse 19:14.
[29]Mateus 24:31; 1Coríntios 15:52; 1Tessalonicenses 4:16.

chegado, mas apenas um período preliminar do senhorio e poder, de bênçãos espirituais e materiais; um período sobre o qual os próprios milenaristas têm dificuldade de entender de forma mais precisa. Contudo, existe uma grande divergência entre eles no que diz respeito à duração desse milênio.

O erro fundamental desse afastamento milenarista da verdade está em uma concepção equivocada da relação entre o Antigo e Novo Testamento. A escolha de Abraão e sua descendência não tinha o objetivo de colocar o povo de Israel – em algum tempo no futuro ou até no reino dos céus consumado – à frente de todas as nações, mas abençoar todas as gerações da terra naquele que é o verdadeiro descendente de Abraão.[30] Israel não foi escolhido em detrimento da humanidade, mas em benefício da humanidade; consequentemente, quando Cristo apareceu sobre a terra, todas as promessas do Antigo Testamento começaram a ser cumpridas na sua igreja, e, ao longo da dispensação do Novo Testamento, essas promessas não estão apenas esperando estaticamente o seu cumprimento, e sim constantemente sendo cumpridas desde a primeira vinda de Cristo até o seu retorno. Cristo, em sua pessoa, não apenas é o verdadeiro profeta, sacerdote, rei e servo do Senhor; e sua oferta não apenas é a verdadeira oferta pelo pecado, a verdadeira circuncisão, a verdadeira Páscoa.[31] Na verdade, a sua igreja também é a verdadeira semente de Abraão, o verdadeiro Israel, o verdadeiro povo de Deus, o verdadeiro templo e a verdadeira Sião. Todas as bênçãos de Abraão e todas as promessas do Antigo Testamento são acrescidas à igreja em Cristo e executadas nela ao longo dos séculos.[32]

Mas, assim como a vida de Cristo pode ser separada em um estado de humilhação e um estado de exaltação, a igreja, e todo cristão em particular, não pode entrar no reino da glória a não ser por meio da escola do sofrimento. Não existe uma igreja sofredora separada no purgatório, como Roma defende, mas a igreja sofredora é a mesma igreja militante aqui na terra, visto que em nenhum lugar o Novo Testamento abre a possibilidade de a igreja de Cristo desfrutar de poder e senhorio nessa dispensação. Pelo contrário, um discípulo não é maior do que seu mestre, nem um servo maior que o seu senhor;

[30]Gálatas 3:16; Gênesis 12:3; Gálatas 3:8,14.
[31]Romanos 3:25; 1Coríntios 2:11.
[32]Romanos 9:25-26; 11:17; 2Coríntios 6:16-18; Gálatas 3:14,29.

se eles perseguiram Jesus, por que não perseguiriam os seus seguidores (João 15:19-20)? “No mundo tereis aflições” (João 16:33). E eles receberão a vida eterna apenas no mundo vindouro (Marcos 10:30), porque, se eles sofrem com Cristo, com ele também serão glorificados (Romanos 8:17). Na verdade, o Novo Testamento repetidamente afirma que, no fim dos tempos, a calamidade e a apostasia se multiplicarão.[33] O que precede o dia de Cristo é a grande apostasia, a revelação do homem do pecado – do anticristo (2Tessalonicenses 2:3ss); é verdade que esse anticristo será preparado por muitos falsos profetas e falsos cristos,[34] mas, no fim, ele mesmo aparecerá e concentrará todo o seu poder em um governo mundial (a besta que saiu do mar ou o abismo em Apocalipse 11:7 e 13:1-10), apoiado por sua falsa religião (a besta que saiu da terra em Apocalipse 13:11-18), estabelecendo seu trono na Babilônia (Apocalipse 17–18), donde fará seu último ataque desesperado contra Cristo e seu reino.

Entretanto, por sua manifestação em glória (Apocalipse 19:11-16), Cristo põe fim de uma vez por todas ao poder da besta do mar e da terra (Apocalipse 19:2), bem como subjuga Satanás. No entanto, esse último evento tem dois aspectos: primeiro, Satanás será preso e amarrado como o tentador dos cristãos (Apocalipse 20:1-3; compare com 12:7-11). Depois disso, ele será preso como o tentador das nações que habitam os quatro cantos da terra (Apocalipse 20:7-10). Enquanto isso, os cristãos que permaneceram fiéis até a morte ao testemunho de Jesus e à palavra de Deus viverão e reinarão com Cristo no céu por todo o tempo (um período simbolicamente representado como mil anos: Apocalipse 20:3,4,6-7). Durante esse tempo, Satanás será expulso das nações nas quais a igreja está presente e estará ocupado organizando um novo poder contra o reino de Cristo no meio dos povos pagãos.[35] A primeira ressurreição consiste nesse viver e reinar com Cristo; os outros mortos, que seguiram a besta e sua imagem, não vivem e governam, mas o povo de Deus, sim, e eles não precisam temer a segunda morte – a punição do inferno, pois agora já são sacerdotes de Deus e de Cristo (Apocalipse 20:6) e, após a ressurreição e o julgamento do mundo, eles são recebidos como cidadãos na nova Jerusalém.

[33]Mateus 24:37ss; Lucas 17:26ss; 18:8.
[34]Mateus 7:5; 25:5,24; 1João 2:22; 4:3.
[35]Apocalipse 20:4; compare com 2:26; 3:21.

A ressurreição dos mortos segue a manifestação de Cristo. Ainda que essa ressurreição dos mortos seja geralmente atribuída a Deus (1Coríntios 6:14; 2Coríntios 1:9), ela é mais especificamente tratada como obra do Filho, a quem o Pai concedeu ter vida em si mesmo (João 5:26), sendo ele a ressurreição e a vida (João 11:25) e tendo recebido a autoridade para ressuscitar todos os mortos pela mera palavra da sua boca (João 5:28-29). Tudo isso claramente ensina[36] que haverá uma ressurreição de todos os homens, dos injustos e dos justos.

Ainda assim, existe uma grande diferença entre as duas. A ressurreição dos injustos é uma evidência do poder e da justiça de Jesus Cristo, ao passo que a dos justos é uma manifestação da sua misericórdia e graça. A primeira consiste simplesmente em reunir alma e corpo para realizar o juízo (João 5:29), enquanto a segunda é uma ressurreição para a vida, uma vivificação do homem completo, uma renovação de alma e corpo em comunhão com e por meio do Espírito de Cristo.[37] Isso não significa que as duas ressurreições vão acontecer em momentos diferentes, mas que a natureza das duas difere substancialmente. Apenas a primeira é uma ressurreição abençoada e tem sua causa e certeza na ressurreição de Cristo, que é o primeiro, o primogênito entre os que faleceram; logo em seguida temos aqueles que estão em Cristo (1Coríntios 15:20-23).

Nessa ressurreição, a unidade da pessoa – alma e corpo – é preservada. Como isso é possível, após o desastre horrível da morte, nós não sabemos. Assim, muitos rejeitam a ressurreição do corpo e defendem que após a morte a alma assume outro corpo mais refinado, seja um corpo humano, seja um corpo animal; mas, ao fazer isso, essas pessoas se esquecem de que a preservação da unidade da alma, ainda que seja de outro tipo, no fim passa pelas mesmas dificuldades; portanto, muitos ensinam a imortalidade da alma apenas no sentido de que o espírito do homem continua a viver, mas sem qualquer preservação da unidade da sua consciência. Contudo, isso é desistir da imortalidade, porque, se a autoconsciência e memória

---

[36]Daniel 12:2; Mateus 10:28; Atos 24:15; Apocalipse 20:12-13.
[37]João 5:29; Romanos 8:8; Filipenses 3:21.

são completamente rompidas na morte, a pessoa ressuscitada não é mais a mesma que vivia na terra.

No entanto, essa autoconsciência do ser humano inclui a posse de corpo e alma. O corpo não é prisão do espírito, mas parte da essência do homem, e é por isso que, assim como a alma, ele é redimido por Cristo – o Salvador perfeito. O homem como um todo foi criado segundo a imagem de Deus e do mesmo modo foi corrompido; portanto, o homem como um todo é redimido do pecado e da morte por Cristo, recriado segundo a imagem de Deus e introduzido no seu reino. Mas o corpo que os cristãos recebem na ressurreição corresponde ao corpo terreno, não em forma externa, em características acidentais ou quantidade material, mas apenas em essência, tendo em vista que não se trata de um corpo natural, mas espiritual, o qual é exaltado acima da vida sexual (Mateus 22:30) e acima da necessidade de comida e bebida (1Coríntios 6:13). Ele é imortal, incorruptível, espiritualizado e glorificado (1Coríntios 15:42-44), e é conformado ao corpo de Cristo, como este foi depois da ressurreição (Filipenses 3:21).

A ressurreição é seguida pelo juízo. Desde o princípio, visto que Deus estabeleceu a inimizade, há uma grande divisão entre as pessoas – entre a descendência da mulher e a descendência da serpente (Gênesis 3:15). No Antigo Testamento, essa divisão prosseguiu entre Sete e Caim, Sem e Jafé, Israel e as nações, e, dentro de Israel, entre os filhos da promessa e os filhos da carne. Quando Cristo veio ao mundo, ele confirmou e intensificou essa distinção, ainda que sua primeira vinda não almejasse condenar, mas sim salvar o mundo (João 3:17). Pela sua palavra e por sua pessoa, ele trouxe juízo e separação entre os homens (João 3:19-21), e esse juízo continua até o presente e culmina no juízo final. Na verdade, existe um juízo que percorre a história de todos os povos, gerações, famílias e pessoas. Se os lugares secretos do coração do homem fossem conhecidos, saberíamos muito mais e estaríamos muito mais profundamente convencidos disso. Ainda assim, a história do mundo não é o juízo final, pois muita iniquidade passa impune para isso ser verdade, muita bondade não é recompensada e nossas consciências não podem se satisfazer com a presente dispensação. A mente e o coração da humanidade, a razão e a consciência; a filosofia e a religião, toda a história do mundo clama por um julgamento supremo, justo e decisivo.

É para esse julgamento, segundo o testemunho da Escritura, que caminhamos. "Está ordenado aos homens morrerem uma só vez, vindo depois o juízo" (Hebreus 9:27). Ainda que apenas Deus seja Legislador e Juiz de todos os homens,[38] o juízo final é especificamente conduzido por Cristo, a quem o Pai delegou o juízo por ser o Filho do Homem.[39] O julgamento dos vivos e dos mortos é a finalização da sua obra como mediador, o último grau da sua exaltação. A partir desse julgamento, se tornará evidente que ele cumpriu perfeitamente todas as coisas que o Pai lhe confiou, pôs todos os seus inimigos sob os seus pés e redimiu perfeita e eternamente toda a sua igreja.

Mas, quando Cristo vier para julgar, sabemos também qual tipo de julgamento será: misericordioso e gracioso, mas, ao mesmo tempo, absolutamente justo, porque ele conhece a natureza do homem e tudo que está nele; conhece os lugares secretos do coração e detecta todo mal nele, mas também vê o menor princípio de fé e amor que está presente lá. Ele não julga segundo as aparências e não faz acepção de pessoas, mas sim segundo a verdade e a justiça, e, usando a lei e o evangelho como norma, ele julgará as obras (Mateus 25:35ss), as palavras (Mateus 12:36) e os pensamentos dos homens (Romanos 2:16; 1Coríntios 4:5), porque nada permanece oculto e tudo é revelado (Mateus 6:4; 10:26). Para todos aqueles que podem dizer com Pedro: "Tu sabes todas as coisas e sabes que te amo", esse julgamento é uma fonte de consolo, mas, para todos aqueles que não quiseram Cristo como Rei, é uma causa de medo e terror.

Esse julgamento traz consigo uma separação perfeita e eterna entre os homens. Em Israel havia aqueles que diziam: "O Senhor não vê; o Deus de Jacó não percebe" (Salmos 94:7), e também "todo aquele que faz o mal passa por bom aos olhos do Senhor" ou "Onde está o Deus do julgamento?" (Malaquias 2:17). Da mesma forma, hoje existem aqueles que se enganam com a ideia de que não há um juízo final; que a possibilidade de arrependimento permanece aberta após esta vida ou depois da conclusão da história do mundo; e que, assim, no longo prazo, todos os homens, e até os demônios, serão salvos; ou que os ímpios que continuam a se endurecer no pecado deixarão de existir para sempre.

---

[38]Gênesis 18:25; Salmos 50:6; Isaías 33:22; Tiago 4:12.
[39]João 5:22; Atos 10:42; 17:31; Romanos 14:9.

Contudo, a consciência e a Escritura contestam esses vãos pensamentos. "Na noite do julgamento, duas pessoas estarão deitadas numa cama; uma será levada e, a outra, deixada. Duas mulheres estarão juntas moendo trigo, uma será levada, e a outra, deixada" (Lucas 17:34-36). O justo irá para a vida eterna, mas, ao ímpio, será dada a dor eterna (Mateus 25:46). Existe um céu de glória, mas há também um Geena – um inferno – "onde o verme não morre e o fogo não se apaga" (Marcos 9:44), onde há choro e ranger de dentes (Mateus 8:12), onde a escuridão, a corrupção e a morte reinam pela eternidade (Mateus 7:13; 8:12; Apocalipse 21:8). É o lugar onde a ira de Deus será revelada em todo o seu terror.[40]

Ainda assim, haverá uma grande diferença entre a punição eterna lançada sobre todos os pecadores – uma diferença de grau. Os pagãos que não conheciam a lei mosaica, mas que pecaram contra a lei que lhes era conhecida pela natureza, também serão condenados sem essa lei (Romanos 2:12). Haverá menos rigor para a terra de Sodoma e Gomorra do que para Cafarnaum e Jerusalém (Mateus 10:15; 11:22,24). Aqueles que conheciam a vontade do Senhor e não a cumpriram serão castigados duas vezes mais (Lucas 12:47). Até entre os espíritos malignos é feita uma distinção no grau da maldade deles (Mateus 12:45). Portanto, todos receberão sua recompensa segundo as suas obras.[41] O julgamento será tão perfeitamente justo, que ninguém será capaz de criticá-lo; sua própria consciência não conseguirá deixar de aprová-lo completamente. E, assim como Cristo aqui na terra não luta com nenhuma outra arma além das espirituais, no dia do juízo ele – pela sua Palavra e por seu julgamento – justificará a si mesmo nas consciências de todos os homens.

Sabemos que ele é o Fiel e o Verdadeiro, que conduz sua guerra em justiça; a espada afiada que sai da sua boca é a espada da Palavra (Apocalipse 19:11,15,21). Portanto, no fim dos tempos – voluntariamente ou não –, todo joelho se dobrará ao nome de Jesus e toda língua confessará que Cristo é o Senhor para a glória de Deus, nosso Pai (Filipenses 2:11). A punição dos pecadores não é propriamente o propósito final, mas a glória de Deus manifesta na vitória de Cristo sobre todos os seus inimigos. Os pecadores serão eliminados da terra

[40]Romanos 2:8; 9:22; Hebreus 10:31; Apocalipse 6:16-17.
[41]Mateus 16:27; Romanos 2:6; Apocalipse 22:12.

e os perversos não subsistirão. Ó minha alma, bendize o Senhor! Louvai o Senhor! (Salmos 104:35).

—— ▪ ——

Após o juízo final e o banimento dos ímpios acontecerá a renovação do mundo. As Escrituras Sagradas muitas vezes falam disso numa linguagem muito forte e nos dizem que os céus e a terra serão varridos como fumaça; envelhecerão como uma vestimenta; e que Deus criará novos céus e nova terra,[42] mas, ainda assim, não devemos pensar em uma criação absolutamente nova. É verdade que céus e terra passarão, em sua forma presente (1Coríntios 7:31); e que eles, como a terra antiga que foi destruída pelo dilúvio, serão queimados e purificados pelo fogo (2Pedro 3:6,7,10). Porém, assim como o próprio homem não é aniquilado, mas recriado por Cristo (2Coríntios 5:17), o mundo, em sua essência, será preservado, ainda que passe por uma grande mudança a ponto de passar a ser chamado de novos céus e nova terra. O mundo em sua totalidade caminha para o dia da sua grande regeneração (Mateus 19:28).

Nessa nova criação, Deus estabelecerá seu reino. Cristo completou a obra que lhe foi dada como mediador. Ele reinou como Rei, pôs todos os seus inimigos debaixo dos seus pés e ressuscitou todos aqueles que o Pai lhe deu. É verdade que ele, na eternidade, permanecerá como cabeça da igreja, aquele que lhes concede sua glória para ser contemplada e que os preenche com sua plenitude (João 17:24; Efésios 1:23). Não obstante, sua obra de redenção terminou; ele cumpriu o reino e agora o transfere para Deus e Pai para que se sujeite, como mediador, àquele que sujeitou todas as coisas, para que Deus seja tudo em todos (1Coríntios 15:24,28).

Tal reino abrange céu e terra e traz consigo recompensas em bênçãos espirituais e físicas. Não apenas o Antigo Testamento, mas o Novo também claramente ensina que os santos herdarão a terra (Mateus 5:5). Toda a criação será liberta do cativeiro da corrupção para a liberdade da glória dos filhos de Deus (Romanos 8:21). A Jerusalém celestial que está no alto, a cidade onde Deus habita com seu

[42]Salmos 102:26; Isaías 34:4; 51:6; 65:17; 66:22; Mateus 24:35; Hebreus 1:11-12; 2Pedro 3:10,12-13; 1João 2:17; Apocalipse 21:1.

povo retornará para terra (Apocalipse 21:2), e, nessa nova Jerusalém, na presença imediata de Deus, não haverá mais pecado, doença ou morte; pelo contrário, glória e incorruptibilidade reinarão no mundo material também.[43] Essa é mais uma dimensão da revelação da vida eterna, santa e abençoada, de que todos os cidadãos dessa cidade participam na comunhão de Deus.[44]

Nesse reino também haverá variação e mudança dentro da unidade da comunhão. Pequenos e grandes estarão lá (Apocalipse 22:12), primeiros e últimos (Mateus 20:16). Cada pessoa receberá seu nome e sua posição (Apocalipse 2:17) de acordo com as obras de fé e amor que fez na terra. "Quem pouco semeia, pouco também colherá; quem semeia com generosidade, também colherá generosamente" (2Coríntios 9:6). Há recompensa por toda perseguição que os discípulos de Jesus sofreram por causa dele e por toda obra feita em seu nome (Mateus 5:12; 6:1,6,18). Em proporção à fidelidade daquele que usou bem os talentos que lhe foram dados, essa pessoa receberá no reino de Deus maior ou menor honra e domínio (Mateus 25:14ss). Até o copo de água fria que, em nome de um discípulo, é dado a um dos seus pequeninos não será esquecido no dia do julgamento; ele coroa e recompensa as boas obras que ele – nele e por meio dele – trouxe à existência por meio do seu povo. Assim, todos participam das mesmas bênçãos, da mesma vida eterna e da mesma comunhão com Deus. Ainda assim, há uma diferença entre eles em esplendor e glória. Em proporção à sua fidelidade e ao seu zelo, as igrejas receberão do seu Senhor e rei coroas e recompensas diferentes (Apocalipse 2–3). E mais: há muitas moradas na casa do Pai (João 14:2).

Por essa diferença de grau e posicionamento, a comunhão dos santos é enriquecida, a harmonia de um hino é engrandecida pela qualidade das vozes e a beleza da luz é multiplicada pelas riquezas de suas cores e tonalidades. Da mesma forma, Cristo será glorificado na multidão dos seus santos e se tornará maravilhoso nos milhares e milhares que creem em seu nome, pois todos os habitantes da Nova Jerusalém contemplarão a face de Deus e carregarão seu nome sobre suas testas. E todos juntos entoarão a canção de Moisés diante do trono, a canção do Cordeiro, e cada um a seu modo proclamará

[43]1Coríntios 15:42-44; Apocalipse 7:16-17; 21:4.
[44]1Coríntios 13:12; 1João 3:2; Apocalipse 21:3; 22:1-5.

as maravilhas de Deus: "Grandes e admiráveis são as tuas obras, ó Senhor Deus Todo-Poderoso; justos e verdadeiros são os teus caminhos, ó Rei das nações. Senhor, quem não te temerá e não glorificará o teu nome?" (Apocalipse 15:3-4).

Porque dele, por ele e para ele são todas as coisas. A ele seja a glória eternamente! Amém.

Índice remissivo

Abraão, 76, 102, 109-116, 118-120, 133, 136, 139, 147, 184, 192, 195, 197, 263, 273, 285, 339, 343, 346, 351, 358, 367, 389, 401, 415, 427, 432, 441, 500, 537, 542-543, 598, 607, 614-615, 618, 627, 652, 655, 662, 666
abstinência 92, 331, 511, 583, 661
Adão; veja *natureza humana*, 78, 84, 116, 225, 242, 243, 244, 245, 266, 270, 274, 276, 278, 279, 280, 281, 285, 286, 293, 297, 305, 307, 308, 310, 311, 345, 346, 352, 376, 409, 413, 417, 499, 502, 515, 532, 614, 628
 antes da queda, 225, 243-245, 271, 274-276, 285, 286, 413
 como homem natural, 280, 515
 como representante, 305-308, 345, 409
 descendentes de, 70, 78, 84, 242, 293, 297, 308, 311, 346, 499
 e a imagem de Deus, 243-244, 266, 280, 286, 409
 e a queda, 276, 285, 293, 298, 305-311
 e Cristo, 276, 307, 310, 345, 352, 409, 413, 417, 515, 555
 e o mandamento probatório, 117, 226, 243, 278-280, 285
 imortalidade e, 279
adivinhação, 90, 91, 96
adoção, 334, 336, 438, 463, 486-487, 558-559, 607, 611-613
adoração, 52, 65, 67, 77, 78, 88, 89, 90, 92, 96, 105, 110, 111, 123, 129, 130, 131, 164, 169, 175, 195, 196, 209, 220, 262, 317, 331, 332, 351, 356, 358, 359, 403, 447, 523, 529, 581, 617, 648, 649
 de animais, 89
 de anjos, 262
 de imagens, 77, 89, 105, 129, 130, 131, 195, 196
agnosticismo, 177
Agostinho, 49, 166, 206, 222, 224, 337
Aliança abraâmica, 111-117, 118-119, 147, 184, 195, 198, 339, 343, 346, 358, 428, 499, 537, 615, 654, 655
alma, 443, 48, 50, 53, 57, 73, 75, 80, 83, 88, 89, 90, 91, 96, 103, 107, 123, 128, 150, 152, 163, 168, 174, 175, 185, 186, 196, 210, 217, 237, 252, 254, 256, 258, 259, 260, 261, 269, 271, 274, 280, 285, 288, 292, 303, 304, 309, 318, 321, 322, 325, 326, 331, 332, 338, 351, 367, 373, 381, 390, 402, 403, 405, 411, 421, 423, 428, 429, 435, 437, 443, 444, 446, 448, 452, 457, 467, 479, 493, 494, 502, 511, 512, 515, 520, 521, 527, 533, 540, 548, 552, 557, 559, 568, 569, 570, 590, 591, 592, 607, 611, 623, 632, 643, 648, 649, 650, 652, 654, 657, 661, 662, 663, 664, 668, 671, 672
 Deus e a, 443, 48, 50, 53, 57, 73, 75, 80, 83, 88, 89, 90, 91, 96, 103, 107, 123, 128, 150, 152, 163, 168, 174, 175, 185, 186, 196, 210, 217, 237, 254, 256, 258, 259, 260, 261, 269, 271, 274, 280, 285, 292, 304, 309, 318, 321, 322, 325, 326, 331, 332, 338, 351, 367, 373, 381, 390, 402, 403, 405, 411, 421, 423, 428, 429, 435, 437, 443, 444, 446, 448, 457, 467, 479, 493, 494, 502, 511, 512, 515, 520, 521, 527, 533, 540, 548, 552, 557, 559, 568, 569, 590, 591, 592, 607, 611, 623, 632, 643, 649, 650, 652, 654, 657, 661, 662, 663, 664, 668, 671, 672

e espírito, 48, 57, 80, 83, 88, 89, 90, 103, 107, 123, 150, 152, 163, 168, 174, 185, 186, 196, 210, 217, 256, 259, 260, 261, 269, 271, 280, 292, 309, 318, 322, 326, 331, 338, 367, 381, 390, 403, 405, 411, 423, 437, 444, 446, 448, 452, 457, 467, 478, 493, 495, 502, 511, 512, 515, 521, 527, 540, 548, 557, 569, 570, 591, 591, 592, 607, 611, 623, 643, 648, 649, 657, 663, 664, 668, 671, 672
imortalidade da, 90, 244, 280, 648, 649, 650, 654, 668
preexistência da, 502
união com o corpo, 326, 402, 405, 652, 663
amor, 47, 49, 53, 56, 57, 120, 121, 123, 124, 127, 184, 185, 187, 198, 200, 201, 202, 205, 209, 211, 220, 236, 250, 264, 272, 274, 281, 294, 297, 316, 322, 327, 334, 336, 338, 343, 347, 348, 371, 375, 389, 392, 401, 431, 434, 435, 436, 438, 445, 451, 458, 462, 465, 478, 481, 484, 486, 487, 501, 519, 528, 530, 538, 541, 544, 549, 551, 555, 560, 562, 565, 576, 577, 580, 581, 582, 587, 589, 591, 592, 593, 594, 595, 596, 597, 601, 604, 608, 611, 617, 622, 623, 624, 626, 642, 646, 654, 660, 670, 673
como virtude teológica, 49, 57, 120, 184, 201, 209, 274, 316, 322, 451, 478, 519, 538, 555, 582, 592, 595, 596, 626
de Deus, 53, 185, 211, 220, 237, 281, 327, 336, 338, 343, 376, 378, 389, 392, 397, 401, 402, 408, 409, 414, 415, 418, 425, 431, 434, 435, 436, 438, 446, 451, 458, 462, 466, 478, 483, 487, 502, 531, 537, 540, 544, 549, 551, 555, 560, 561, 562, 565, 578, 582, 592, 594, 595, 596, 597, 604, 611, 616, 622, 623, 624, 636
e fé, 57, 127, 183, 210, 230, 336, 340, 347, 348, 369, 370, 408, 451, 462, 466, 478, 486, 487, 494, 519, 537, 540, 544, 549, 551, 555, 560, 578, 580, 581, 587, 589, 591, 592, 594, 596, 604, 609, 611, 622, 624, 642, 645, 659, 670, 673
Anabatistas, 400, 491, 641
animais, 43, 44, 58, 85, 89, 103, 215, 224, 226, 239, 241, 244, 246-253, 254, 256, 257-259, 261, 271, 284, 289, 324, 331, 339, 374, 416, 426, 427, 429, 430, 432, 535, 595, 656
animismo, 88, 110
aniquilação, 92, 167, 290, 325, 496, 549, 574, 579, 651
anjos, 65, 69, 102, 103, 116, 131, 163, 194, 197, 200, 202, 204, 223, 225, 226, 228, 239, 256, 259-264, 271, 274, 280, 283-285, 292, 352, 376, 378, 392, 393, 420, 440, 453, 456, 466, 470, 509, 639, 649, 658, 661, 665
ansiedade, 151, 320, 559, 608
anticristo, 384, 400
antiga aliança, 131, 194, 199, 372, 430, 431
Antigo Testamento, 56, 101, 105, 106, 107, 108, 111, 113, 117, 118, 128, 131, 132, 133, 138, 144, 147, 153, 154, 157, 159, 160, 163, 196, 198, 200, 201, 284, 295, 334, 345, 347, 351, 354, 355, 356, 357, 361, 364, 366, 373, 375, 376, 386, 386, 391, 393, 394, 399, 410, 411, 414, 419, 421, 422, 423, 426, 430, 431, 432, 436, 439, 440, 441, 454, 458, 459, 461, 469, 470, 471, 472, 473, 477, 479, 506, 509, 512, 520, 522, 529, 531, 532, 533, 535, 536, 542, 549, 558, 560, 564, 570, 572, 573, 581, 582, 587, 588, 594, 603, 615, 616, 619, 628, 643, 650, 652, 653, 656, 657, 659, 666, 669, 672
autoridade na Igreja Primitiva, 159, 581
e a graça, 56, 113, 118, 132, 138, 153, 198, 199, 334, 345, 347, 355, 356, 357, 375, 376, 410, 411, 419, 422, 426, 436, 439, 440, 458, 471, 506, 535, 549, 561, 573, 587, 593, 603, 615, 619, 643, 652, 656, 657
e a Trindade, 163, 199, 201, 354
e confiabilidade, 138
e o Novo Testamento, 56, 101, 106, 107, 111, 118, 128, 131, 132, 133, 135, 137, 138, 143, 153, 154, 157, 159, 160, 167, 198, 199, 200, 201, 294, 334, 343, 345, 347, 351, 355, 356, 364, 366, 367, 368, 372, 376, 385, 387, 391, 393, 394, 414, 419, 421, 422, 426, 429, 430, 431, 432, 436, 438, 440, 441, 458, 460, 469, 470, 472, 475, 477, 479, 496, 498, 499, 506, 512, 514, 522, 523, 526, 535, 539, 540, 549, 558, 560, 570, 572, 573, 581, 582, 587, 588, 594, 615, 619, 650, 652, 653, 656, 657, 659, 666, 673
eleição no, 201, 345, 426
igreja no, 159, 582, 588, 666
monoteísmo e o, 110
profecias messiânicas no, 356, 357, 375, 377, 385
revelação de Deus no, 56, 101, 105, 106, 107, 110, 113, 118, 131, 132, 135, 137, 143, 153, 160, 196, 198, 199, 200, 284, 334, 354, 355, 356, 372, 385, 387, 400, 409, 411, 426, 436, 458, 459, 477, 479, 496, 498, 508, 523, 529, 564, 587, 628, 673
sacramentos no, 643
sobre a morte, 651, 652, 659
antinomianismo, 497, 592
Apocalipse, 140, 153, 154, 155, 364, 382, 566, 637, 663
apócrifos, 157, 160
apostasia, 78, 125, 130, 137, 295, 422, 441, 479, 522

apóstolos, 52, 108, 115, 135, 138, 139, 140, 142, 143, 153, 154, 155, 156, 157, 159, 160, 163, 165, 167, 192, 200, 201, 204, 205, 337, 369, 370, 378, 381, 382, 383, 384, 384, 385, 389, 392, 393, 394, 395, 397, 399, 403, 408, 412, 424, 425, 438, 440, 441, 452, 456, 457, 458, 460, 461, 464, 465, 470, 472, 474, 475, 477, 478, 479, 481, 482, 502, 506, 508, 509, 517, 520, 521, 540, 541, 552, 558, 565, 567, 570, 574, 578, 581, 582, 586, 589, 590, 595, 597, 598, 607, 617, 619, 620, 621, 622, 623, 624, 625, 628, 629, 630, 632-639, 640, 641, 642, 643
argumento cosmológico, 70
arianismo, 206
arrependimento, 79, 263, 296, 347, 351, 369, 370, 371, 382, 385, 415, 439, 443, 451, 457, 476, 499, 507, 510, 512, 516, 519, 522, 523, 525, 526, 527, 528, 540, 557, 568, 588, 605, 616, 625, 656, 660, 661, 670
como contínuo, 523
e batismo, 371, 415, 451, 512, 525, 625
e fé, 79, 263, 296, 347, 351, 369, 370, 371, 382, 385, 415, 439, 443, 444, 451, 457, 476, 486, 499, 507, 510, 512, 516, 519, 522, 523, 525, 526, 527, 528, 529, 540, 557, 568, 588, 605, 615, 624, 656, 658, 661, 662, 670
e o batismo de João, 371, 415, 512, 625
e perdão, 369, 371, 382, 415, 443, 451, 457, 486, 499, 512, 522, 526, 557, 569, 604, 616, 625, 661
e regeneração, 296, 486, 510, 512, 516, 519, 522, 527, 529, 540, 568, 605
arte, 48, 72, 82, 89, 145, 151, 156, 168, 169, 247, 255, 267, 272, 308, 320, 329
árvore da vida, 92, 242, 243, 278, 279, 285, 304, 512, 516, 574, 579, 648
árvore do conhecimento do bem e do mal, 242, 243, 278, 279, 285
asceticismo, 331
astrologia, 90, 260
astronomia, 87
Atanásio, 163, 206
ateísmo, 102, 177, 179, 181
atributos das Escrituras, 179, 180, 181, 186, 205, 229, 239, 256, 291, 338, 392, 399, 401, 403, 570
autoridade das, 138, 147, 156, 159, 160, 163, 166, 581
clareza das, 136, 166, 168
necessidade das, 96
atributos de Deus; veja *nomes de Deus*, 43, 54, 67, 179, 180, 181, 182, 183, 185, 186, 191, 192, 205, 229, 239, 256, 277, 291, 338, 349, 389, 391, 392, 399, 401, 403, 579
amor de Deus, 183-185, 205, 208, 210, 272, 281, 327, 336, 338, 346-347, 389, 431, 435, 438, 458, 462, 478, 487
bondade, 44, 56, 67, 179, 181, 185, 187, 188, 189, 220, 239, 262, 291, 413, 535, 538
classificação dos, 173-189
deísmo e os, 179, 181, 186
e a Trindade, 191, 192, 205
e os seus nomes, 180, 186, 204
essência e os, 207
eterno/eternidade, 43, 44, 443, 52, 70, 73, 74, 84, 111, 175, 177, 180, 181, 182, 183, 185, 186, 200, 201, 202, 205, 210, 213, 218, 219, 220, 221, 222, 228, 229, 262, 271, 272, 336, 351, 352, 378, 400
glória, 48, 189
graça, 56, 169, 183, 189, 198, 199, 205
imanência, 181
imutabilidade, 180-185
imutável, 149, 214, 217, 218, 334, 336, 338, 343, 349, 399, 603, 623
independência, 62, 70, 103, 177, 181, 182, 183, 185, 186, 207, 214, 338
infinito, 177, 181, 182-183, 185
invisível, 62, 84, 204, 213, 391
justiça, 181, 183, 187, 188
justiça, 56, 57, 65, 67, 72, 74, 111, 131, 132, 152, 179, 185, 188, 199, 220, 234, 267, 338, 357, 361, 362, 364, 365, 376, 383, 406, 415, 421, 422, 429, 438, 450, 459, 467, 471, 472, 497, 503, 506, 515, 529, 530, 531, 532, 533, 535, 537, 538, 539, 540, 541, 542, 543, 544, 546, 547, 549, 550, 551, 552, 553, 556, 557, 558, 559, 560, 561, 565, 568, 569, 570, 571, 573, 574, 576, 579, 580, 581, 586, 587, 591, 597, 599, 600, 610, 611, 628, 629, 632, 643, 655, 656, 668, 669, 670, 671, 672
longanimidade
misericordioso, 179, 181, 187, 188, 272
natureza espiritual, 182, 186-187
natureza pessoal, 52, 57, 96, 177, 204, 217, 272, 484
onipotente, 70, 102, 103, 105, 110, 111, 205, 215, 239, 240, 245, 246, 346, 347, 391, 401, 402, 466, 467, 509, 615
onipresença, 43, 69, 70, 84, 103, 105, 181, 182, 183, 205, 222, 229, 236, 390, 401, 402
paciência, 56, 187, 189
panteísmo e os, 96, 102, 179, 181, 182, 186, 207, 209, 217, 232, 253, 256, 402, 544
perfeição, 65, 66, 68, 74, 107, 169, 220, 338, 371, 539, 565, 569
presciência, 205, 291, 334, 407, 425, 551
sabedoria,, 48, 65, 66, 67, 92, 179, 181, 185, 187, 197, 199, 214, 217, 220, 221, 239, 262, 264, 291, 317, 334, 338, 349, 355, 391,

457, 469, 475, 509, 546, 553, 565, 571, 576
santidade, 48, 57, 67, 89, 90, 181, 183, 185, 187, 188, 199, 200, 384, 449, 556, 564, 565, 567, 569, 574, 597, 600
simplicidade divina e os, 181, 182, 185, 186, 192
soberania, 62, 63, 67, 113, 128, 131, 169, 183, 195, 214, 220, 245, 268, 315, 370, 454, 466, 478, 500–502, 530
transcendência, 89, 178, 179, 180, 181, 182, 185, 399, 418
unicidade, 69, 182, 195, 196, 200, 208, 357, 391, 394
unidade, 52, 132, 182, 195, 196, 200, 205, 207, 208, 480
vontade divina, 177, 178, 179, 182, 185, 187, 204, 206, 209, 210, 214, 217, 218, 219, 220, 222, 230, 231, 234, 236, 391
autoridade, 138, 146, 156, 157, 159, 161, 162, 165, 167, 200, 246, 279, 291, 313, 321, 365, 372, 383, 387, 439, 443, 453, 578, 581, 596, 597, 625, 636, 640, 641, 642, 663, 668
da Escritura, 138, 146, 156, 159, 161, 162, 167, 581
da igreja, 156
de acordo com a Reforma, 167
de acordo com Roma, 165–167
do Estado, 625
na ciência e arte, 246
avivamento, 91, 150, 158, 171, 627

Babel, 70, 77, 82, 83, 85, 86, 122, 123, 198, 242
Babilônia, 87, 88, 89, 109, 242, 634
Barnabé, 618, 632, 637, 638
Batismo, 59, 80, 170, 200, 202, 337, 345, 371, 373, 377, 378, 393, 413, 415, 416, 417, 451, 458, 470, 476, 511, 512, 514, 516, 524, 525, 550, 566, 567, 571, 623, 623–625, 633, 634, 642, 644
batismo com o Espírito, 58, 80, 163, 170, 200, 202, 205, 337, 345, 371, 377, 378, 392, 393, 415, 416, 418, 458, 470, 475, 500, 511, 512, 514, 515, 525, 550, 565, 567, 571, 623, 624, 633, 642, 644
beleza, 48, 72, 93, 208, 254, 256, 258, 281, 390, 517, 520, 673
Belzebu, 284, 318
bem-aventuranças, 650
Bíblia, 46, 51, 144, 145, 153, 154, 156, 157, 159, 178, 182, 218, 226, 490, 576, 598, 619, 643
bispos, 165, 167, 639, 640
blasfêmia contra o Espírito Santo, 205, 319, 603
boas obras, 124, 166, 168, 337, 340, 482, 512, 525, 528, 535, 545, 546, 550, 554, 559, 560, 568, 573, 574, 575, 577, 579, 580, 583, 585, 587, 592, 604, 605, 609, 610, 612, 661, 662, 673
bondade, 45, 67, 178, 181, 185, 187, 188, 220, 239, 256, 262, 288, 291, 400, 413, 534, 538, 669
budismo, 92, 304, 511

cananeus, 78, 79, 85
cânon, 146, 156, 160
Cânones de Dort, 501, 502, 503, 507, 510, 574, 605, 609, 610, 612
Capadócios, 206
casamento, 93, 126, 243, 246, 247, 253, 262, 265, 278, 280, 370, 395, 597, 603, 644
castidade, 583
castigo, 357, 434, 533, 583, 630, 654
Catecismo de Heidelberg, 194, 231, 277, 527, 566, 583, 612
Catecismo de Westminster, 59
catolicidade da igreja, 627, 629
causas secundárias, 103, 235, 236
certeza, 48, 146, 223, 251, 274, 281, 338, 339, 349, 360, 521, 557, 559, 563, 579, 605, 606, 609, 610, 650, 659
da fé, 338, 521, 557, 559, 579, 605, 606, 609, 610, 650, 659
da filosofia e ciência, 48
dos decretos de Deus, 349
e o período probatório de Adão, 281, 340
céu; veja *anjos*; *bem-aventuranças*, 41, 44, 49, 51, 53, 56, 57, 65, 67, 69, 70, 84, 90, 95, 98, 103, 106, 107, 121, 151, 156, 163, 166, 170, 178, 179, 186, 195, 197, 200, 210, 214, 218, 219, 221, 222, 223, 226, 227, 228, 231, 234, 239, 240, 242, 243, 259, 261, 262, 264, 266, 266, 277, 279, 280, 281, 283, 285, 295, 296, 316, 323, 332, 335, 336, 346, 351, 352, 366, 369, 370, 374, 375, 376, 378, 386, 390, 395, 400, 401, 404, 406, 415, 417, 423, 438, 440, 443, 444, 446, 447, 449, 450, 451, 452, 453, 454, 456, 458, 460, 461, 462, 463, 466, 470, 471, 473, 480, 494, 495, 498, 500, 507, 508, 512, 513, 515, 517, 523, 526, 531, 538, 539, 561, 562, 573, 586, 588, 594, 595, 600, 604, 612, 628, 633, 634, 653, 655, 656, 657, 658, 659, 661, 662, 663, 664, 665, 666, 667, 671, 672
chamado; veja *chamado interno*
como lei, 494, 495–497, 498, 499, 505, 506, 507, 508, 551, 626
e regeneração, 487, 509, 515, 519, 594, 601, 613
chamado interno, 502, 503, 504, 506, 507, 508, 509
ciência, 44, 444, 46, 50, 58, 61, 70, 72, 73, 82, 84, 85, 87, 90, 96, 99, 103, 127, 141, 145,

146, 156, 157, 161, 163, 165, 168, 169, 205, 209, 214, 215, 219, 228, 235, 243, 244, 246, 248, 249, 252, 253, 256, 257, 258, 259, 260, 266, 267, 272, 286, 288, 291, 292, 294, 302, 304, 308, 316, 317, 319, 320, 321, 325, 328, 338, 402, 429, 462, 467, 490, 494, 495, 497, 498, 503, 520, 526, 530, 548, 556, 579, 580, 585, 587, 589, 590, 596, 597, 599, 602, 610, 625, 643, 647, 650, 652, 669, 670, 671, 672
abordagem à teologia, 70, 145, 235, 267
cristianismo e, 163, 165, 260, 490, 497
darwinismo e, 248, 249, 252
e a idade da raça humana, 82, 87, 209, 243, 246, 286, 294, 302, 304, 316, 317, 319, 320, 328, 402, 585, 589, 599, 652
e a origem humana, 443, 73, 87, 90, 243, 246, 249, 252, 253, 256, 267, 272, 286, 288, 291, 292, 304, 308, 585, 650
e criação, 46, 61, 73, 82, 84, 169, 205, 214, 215, 219, 228, 235, 243, 246, 248, 256, 257, 291, 292, 325, 495, 596, 671, 672
e fé, 72, 146, 156, 163, 165, 169, 209, 215, 267, 462, 520
e origem do universo, 215, 325
e os relatos da criação em Gênesis, 85, 87, 145, 146, 156, 243, 257, 266, 286, 288, 294
e religião, 72, 73, 90, 96, 99, 168, 209, 243, 244, 246, 252, 253, 258, 259, 260, 272, 316, 328, 490, 498, 579, 596, 597, 647, 669
e teologia, 70, 145, 235, 267
Escritura e, 44, 444, 46, 58, 73, 84, 85, 87, 96, 99, 103, 141, 145, 156, 157, 161, 163, 165, 169, 205, 209, 214, 215, 228, 235, 246, 256, 259, 260, 266, 267, 272, 286, 288, 291, 294, 304, 317, 320, 338, 490, 495, 497, 526, 548, 556, 596, 597, 610, 643, 650, 669, 670, 671, 672
geologia, 252
sobre morte, 58, 90, 127, 146, 214, 258, 288, 292, 294, 304, 308, 317, 319, 320, 321, 325, 429, 462, 467, 497, 526, 556, 580, 643, 647, 650, 652, 670
circuncisão, 112, 114, 115, 155, 251, 296, 344, 415, 512, 524, 618, 625, 631, 643, 666
cismas, 77, 164, 168, 170, 304, 318, 481, 624, 627
Clemente de Alexandria, 160
cobiça, 586, 597
cognição, 244
comunhão dos santos, 345, 480, 492, 525, 616, 635, 641, 673
comunhão, 53, 106, 289, 311, 325, 333, 345, 394, 396, 414, 415, 433, 451, 480, 492, 521, 525, 570, 571, 575, 576, 580, 616, 635, 641, 652, 673
comunicação das propriedades, 402
comunidade, 87, 93, 132, 161, 298, 302, 309, 310, 316, 499, 582, 617, 619, 641
Concílio de Calcedônia, 163, 395
Concílio de Niceia, 163, 395
Concílio de Trento; veja *teologia católica romana*, 170, 593
Concílio Vaticano de 1870 (Vaticano I), 167
concílios ecumênicos, 163
concílios; 163
confiança, 57, 76, 89, 138, 167, 183, 189, 192, 193, 210, 218, 240, 262, 322, 355, 498, 521, 522, 527, 535, 537, 579, 598, 607
fé como, 57, 76, 89, 138, 167, 183, 189, 192, 193, 210, 218, 240, 262, 322, 355, 498, 521, 522, 527, 535, 537, 579, 598, 100
confissão de fé, 78, 92, 142, 161, 163, 173, 174, 177, 178, 192, 193, 195, 204, 206, 207, 208, 209, 210, 215, 235, 236, 296, 300, 316, 325, 327, 337, 340, 366, 367, 370, 371, 372, 373, 377, 381, 384, 384, 385, 389, 395, 396, 401, 402, 411, 415, 425, 443, 449, 457, 464, 477, 478, 479, 490, 496, 506, 508, 511, 512, 515, 519, 525, 526, 527, 536, 548, 556, 557, 559, 565, 574, 597, 600, 602, 605, 606, 609, 611, 616, 622, 624, 632, 634, 641, 642, 644, 645
confissão de pecados, 371, 415, 512, 525, 526, 536, 549, 556, 557, 559, 604, 645
diante de um padre, 525-526, 609, 644
confissões reformada, 174, 402, 444
confucionismo, 92
conhecimento, 43, 44, 46, 48, 51, 53, 54, 56, 57, 58, 59, 61, 62, 63, 65, 66, 71, 73, 75, 78, 96, 99, 100, 107, 109, 110, 127, 135, 141, 142, 145, 146, 149, 155, 160, 163, 173, 174, 175, 177, 178, 179, 180, 181, 185, 187, 195, 199, 241, 242, 243, 251, 258, 260, 261, 267, 268, 273, 274, 278, 279, 280, 285, 292, 295, 299, 301, 332, 350, 355, 356, 358, 409, 410, 439, 446, 458, 470, 475, 477, 480, 483, 490, 494, 495, 502, 505, 507, 508, 509, 519, 520, 521, 522, 523, 536, 541, 542, 550, 551, 559, 563, 565, 570, 571, 576, 577, 589, 598, 607, 610, 622, 630, 632, 652, 656, 664
do bem e do mal, 48, 91, 242, 243, 244, 260, 273, 278, 279, 280, 285, 292, 294, 299, 316, 327, 371, 495, 589
e fé, 56, 57, 58, 66, 67, 72, 163, 173, 174, 175, 177, 178, 180, 267, 519, 520, 521, 522, 542, 576, 577, 589, 598, 607, 610, 622, 630
e sabedoria, 443, 46, 48, 58, 65, 66, 67, 142, 173, 179, 181, 185, 187, 199, 301, 334, 355, 475, 505, 508, 509, 550, 565, 571, 576, 652

humano, 443, 46, 48, 49, 56, 61, 62, 63, 65, 68, 73, 75, 96, 99, 112, 141, 145, 177, 181, 185, 199, 202, 207, 242, 243, 260, 261, 267, 269, 273, 274, 280, 285, 292, 294, 296, 299, 300, 316, 319, 332, 333, 358, 368, 371, 400, 409, 411, 423, 426, 440, 483, 495, 502, 505, 507, 520, 559, 589, 598, 630, 632, 652, 664
conhecimento de Deus, 51-59
adquirido, 251
analógico, 180
éctipo, 180
Escritura e o, 44, 444, 46, 51, 52, 58, 63, 65, 68, 73, 75, 96, 98, 99, 100, 105, 109, 135, 141, 142, 145, 149, 159, 160, 163, 174, 178, 179, 180, 181, 187, 188, 195, 205, 207, 242, 260, 261, 267, 268, 269, 273, 274, 280, 285, 294, 296, 299, 300, 333, 334, 358, 366, 369, 400, 426, 440, 458, 483, 490, 495, 502, 505, 507, 508, 509, 521, 522, 542, 550, 551, 563, 577, 610, 632, 664
incompreensibilidade e o, 55, 64, 72
independência do, 99, 141, 207, 258, 369
natural, 268
pela fé, 541, 542, 576
pela razão, 44, 53, 356
revelação e o; veja *revelação*
visão imediata de Deus, 268
consciência, 44, 71, 72, 73, 85, 87, 96, 99, 103, 127, 146, 163, 215, 234, 252, 253, 256, 286, 287, 291, 294, 302, 304, 308, 316, 319, 320, 321, 338, 429, 463, 467, 490, 494, 495, 497, 498, 502, 526, 530, 548, 556, 579, 580, 585, 587, 589, 590, 596, 597, 602, 610, 625, 650, 669, 671
conselho, divino; 89, 197, 199, 201, 210, 220, 231, 239, 268, 291, 318, 337, 341, 346, 362, 384, 391, 407, 424, 425, 446
e eleição divina, 201, 268, 341
e liberdade humana, 337
e presciência, 291, 407, 425
e providência, 201, 231, 291, 337, 346
e redenção, 201, 210, 337, 341
Escritura e, 220, 291, 318, 337, 384
propósito e, 267, 341
Constantino, 165
conversão, 77, 106, 164, 165, 337, 385, 479, 486, 490, 509, 524-527, 593
coração, 44, 47, 49, 51, 52, 53, 56, 57, 66, 67, 68, 70, 72, 73, 78, 80, 81, 84, 85, 88, 93, 96, 99, 103, 111, 117, 119, 121, 123, 128, 142, 152, 153, 155, 161, 162, 164, 166, 168, 169, 173, 174, 175, 179, 192, 193, 195, 199, 206, 208, 209, 233, 236, 243, 244, 263, 273, 274, 278, 283, 286, 288, 289, 294, 295, 298, 299, 302, 308, 311, 312, 315, 317, 318, 319, 320, 324, 327, 330, 331, 332, 333, 337, 340, 341, 344, 347, 348, 364, 365, 366, 381, 388, 390, 405, 409, 411, 451, 476, 479, 481, 486, 490, 492, 493, 498, 499, 501, 502, 504, 505, 506, 507, 508, 509, 512, 514, 515, 516, 520, 523, 526, 527, 530, 532, 541, 548, 556, 557, 560, 565, 572, 573, 574, 576, 578, 580, 585, 586, 588, 590, 591, 592, 594, 595, 597, 600, 603, 606, 609, 614, 615, 624, 633, 647, 649, 650, 656, 669, 670
corpo, 46, 57, 58, 90, 99, 103, 118, 132, 153, 156, 164, 165, 174, 186, 210, 217, 245, 248, 251, 252, 254, 256, 260, 261, 262, 266, 269, 271, 272, 273, 280, 290, 292, 294, 298, 299, 301, 302, 303, 304, 308, 309, 310, 311, 314, 320, 321, 322, 326, 327, 331, 336, 341, 344, 345, 349, 356, 359, 366, 367, 381, 387, 390, 396, 400, 402, 403, 405, 408, 411, 422, 424, 426, 430, 441, 444, 446, 447, 448, 449, 452, 456, 465, 465, 466, 467, 473, 474, 478, 481, 482, 483, 487, 491, 500, 508, 511, 515, 525, 540, 541, 558, 559, 576, 577, 585, 588, 591, 592, 614, 621, 622, 623, 624, 625, 627, 630, 642, 644, 645, 647, 648, 649, 652, 659, 662, 663, 668, 669
atributos divinos e o, 186
e alma, 668
espiritual, 260-261, 271-273, 280, 290, 292, 301, 302, 326, 331, 591, 592
humano, 217, 245, 248, 252, 256, 261, 269, 271, 272, 273, 280, 292, 290, 301, 302, 321, 322, 326, 331, 367, 390, 402, 405, 408, 411, 422, 424, 444, 446, 447, 448, 449, 452, 464, 467, 508, 511, 515, 540, 558, 559, 577, 592, 645, 648, 649, 652, 659, 662, 663, 668, 669
ressurreição do, 559, 645
Credo Apostólico, 163
Credo Niceno, 163
crentes, 80, 108, 116, 118, 142, 156, 160, 161, 167, 174, 193, 201, 205, 207, 209, 280, 315, 319, 335, 341, 345, 347, 348, 349, 355, 356, 389, 392, 437, 447, 451, 452, 462, 465, 472, 477, 478, 481, 482, 483, 486, 487, 496, 499, 503, 509, 511, 514, 515, 521, 543, 546, 548, 560, 561, 568, 571, 572, 574, 576, 577, 578, 582, 583, 586, 587, 588, 589, 590, 591, 592, 597, 598, 599, 600, 603, 604, 606, 607, 609, 610, 612, 613, 614, 616, 619, 620, 621, 622, 623, 625, 627, 630, 631, 635, 636, 638, 641, 643, 644, 645, 653, 658, 659, 661, 662, 663, 665, 667, 668
criação, 43, 46, 61, 63, 65, 68, 69, 73, 77, 81, 82, 83, 84, 95, 98, 100, 102, 107, 142, 169, 170, 187, 192, 193, 195, 196, 197, 201, 202, 205, 208, 210, 213, 214, 215, 217, 218, 219,

220, 221, 222, 223, 224, 226, 227, 228, 229, 230, 231, 232, 235, 236, 239, 240, 243, 246, 248, 256, 257, 264, 269, 273, 276, 277, 279, 281, 283, 284, 290, 291, 292, 300, 301, 325, 333, 334, 335, 336, 337, 346, 352, 356, 389, 399, 400, 409, 438, 440, 469, 475, 482, 493, 495, 504, 507, 511, 514, 546, 573, 574, 586, 585, 596, 600, 614, 661, 671, 672, 673
bondade da, 187, 220, 239, 256, 291, 400
ciência e a, 46, 61, 73, 82, 84, 169, 205, 214, 215, 219, 228, 235, 243, 246, 248, 256, 257, 291, 292, 325, 495, 596, 671, 672
como revelação, 46, 61, 63, 65, 68, 69, 73, 81, 83, 84, 95, 98, 100, 102, 107, 170, 192, 193, 195, 196, 205, 230, 232, 236, 277, 279, 284, 290, 333, 334, 356, 400, 409, 495, 586, 673
de Adão e Eva, 226, 243
descanso da, 232, 277
Deus e a, 43, 46, 61, 63, 65, 68, 69, 73, 77, 81, 82, 83, 84, 95, 98, 100, 102, 107, 142, 169, 187, 192, 193, 195, 196, 197, 201, 202, 205, 208, 210, 213, 214, 215, 217, 218, 219, 220, 221, 222, 223, 224, 227, 228, 229, 230, 231, 232, 235, 236, 237, 239, 240, 243, 246, 256, 257, 264, 269, 273, 276, 277, 279, 281, 283, 284, 290, 291, 292, 300, 301, 325, 333, 334, 335, 336, 337, 346, 352, 356, 389, 399, 400, 409, 438, 440, 475, 482, 493, 495, 504, 507, 511, 514, 546, 573, 574, 586, 595, 596, 600, 614, 661, 671, 672, 673
dias da, 224, 226
distinta da Queda, 276
diversidade na, 192
dos animais, 43, 223, 226, 239, 257, 595
dos anjos, 223, 226, 227, 239, 284
dos seres humanos, 240, 276
doutrina da, 235
e encarnação, 98, 399, 400, 440, 469
e geração, 264, 399, 400
e glória divina, 201, 205
e o sábado, 228, 277
e providência, 84, 98, 100, 196, 201, 202, 205, 213, 214, 217, 219, 221, 223, 226, 228, 230, 231, 232, 235, 236, 237, 291, 333, 334, 336, 337, 346, 482, 504
e racionalismo, 230
e tempo, 222, 224
Escritura e a, 46, 63, 65, 68, 69, 73, 77, 83, 84, 98, 100, 102, 107, 142, 169, 187, 195, 205, 208, 213, 214, 215, 218, 219, 220, 221, 222, 224, 226, 227, 228, 229, 230, 232, 235, 239, 240, 246, 256, 269, 273, 283, 290, 291, 300, 333, 334, 337, 352, 399, 400, 438, 440, 469, 482, 493, 495, 507, 511, 546, 574, 586, 595, 596, 600, 671, 672
evolução e a, 215, 217, 218, 227, 246, 248
gnosticismo, 400
materialismo e a, 102, 217
ordem na, 218, 224, 226
paganismo e a, 95, 196, 236, 356, 440, 595
panteísmo e a, 102, 217, 232
relato bíblico da; 246
renovação da, 169, 170, 187, 197, 208, 276, 333, 334, 335, 336, 352, 514, 574, 586, 600
sabedoria e a, 65, 187, 197, 214, 220, 221, 239, 264, 291
Trindade e a, 193–197, 201, 208, 210
crime, 551
cristianismo; 92, 115, 159, 163, 164, 165, 206, 260, 265, 329, 333, 350, 369, 383, 386, 389, 394, 396, 405, 442, 490, 498, 522, 595, 596, 615
como religião histórica, 385, 490, 498, 522
conflito com o paganismo, 164, 165, 179, 209, 236, 369, 411, 595, 649
e cultura, 266, 329, 495, 596
essência do, 115, 159, 206, 389, 396, 490, 497
Cristo; veja *Jesus Cristo*
cruz, 53, 56, 57, 76, 84, 106, 169, 214, 311, 357, 372, 382, 383, 385, 388, 390, 398, 406, 407, 411, 421, 424, 426, 432, 438, 440, 442, 444, 448, 449, 453, 455, 460, 462, 463, 467, 508, 512, 518, 540, 567, 618, 657, 662
culpa, 44, 106, 124, 128, 129, 168, 169, 176, 187, 188, 210, 229, 233, 235, 255, 270, 274, 275, 286, 288, 290, 294, 295, 296, 297, 298, 299, 300, 301, 305, 307, 309, 311, 313, 315, 320, 321, 322, 323, 327, 330, 332, 337, 339, 357, 403, 412, 415, 421, 425, 427, 428, 430, 432, 435, 436, 437, 448, 486, 497, 520, 522, 525, 532, 533, 534, 542, 543, 546, 547, 548, 549, 550, 551, 552, 556, 561, 563, 568, 569, 570, 602, 603, 605
culto, 79, 123, 150, 160, 243, 265, 355, 358, 360, 565, 581
cultura, 46, 48, 77, 78, 82, 83, 85, 87, 88, 91, 99, 104, 243, 265, 266, 317, 329, 330, 595, 596
e esperança de redenção, 329
progresso da, 48, 317, 328
cura, 374, 420, 429, 476, 553, 616

Darbismo, 171
Darwin, Chales, 230, 248–252, 254
decretos divinos, 214, 621
demônios, 57, 260, 273, 284, 318, 367, 372, 444, 539, 566, 614, 628, 670
depravação, 584
descida ao inferno, 444

desespero, 47, 74, 152, 288, 305, 337, 338, 526, 586, 607, 646
destino, 74, 84, 426
destino humano, 44, 46, 241, 346, 410, 648; veja *bem-aventuranças*; *pacto/aliança*; *vida eterna*
Deus; veja *Pai*; *Espírito Santo*; *Jesus Cristo*; *Trindade*
atributos de; veja *atributos de Deus*; *nomes de Deus*
autoconsciência de, 63, 65, 99, 100, 102, 187, 204, 290, 376, 387, 414
bondade e amor de, 56, 185, 187, 220, 262
como Criador, 43, 51, 66, 84, 88, 89, 90, 100, 103, 178, 201, 206, 209, 210, 213, 218, 232, 272, 278, 290, 291, 333, 346, 352, 391, 395, 397, 402, 493, 500, 504, 509, 544, 548, 600, 650
como inconsciente, 63, 99, 217, 290
como trino, 164, 191–209, 220, 221, 458
conhecimento de, 66, 99, 100, 181, 185, 187
consciência de, 63, 65, 187, 204, 291, 387, 414
conselho de; veja *conselho, divino*
e alma humana, 443, 73, 75, 90, 96, 103, 107, 152, 185, 186, 196, 254, 256, 261, 269, 271, 274, 280, 285, 292, 304, 318, 321, 322, 332, 367, 381, 390, 402, 403, 405, 411, 423, 443, 448, 479, 502, 511, 515, 520, 548, 552, 557, 559, 590, 591, 592, 632, 649, 650, 652, 664, 668
e antropomorfismo, 178
e conhecimento humano; veja *conhecimento de Deus*
e Cristo, 46, 51, 52, 53, 54, 56, 57, 58, 59, 63, 65, 66, 67, 68, 70, 75, 80, 81, 89, 91, 92, 95, 96, 101, 106, 107, 110, 112, 113, 115, 116, 118, 119, 122, 132, 133, 136, 138, 140, 142, 148, 152, 153, 156, 159, 160, 161, 163, 166, 168, 169, 173, 174, 175, 179, 180, 182, 185, 186, 188, 192, 193, 195, 200, 201, 202, 204, 205, 206, 207, 210, 213, 214, 221, 234, 237, 237, 254, 259, 260, 261, 262, 264, 265, 267, 273, 274, 280, 281, 284, 285, 296, 298, 299, 300, 305, 307, 311, 314, 315, 316, 318, 319, 323, 327, 329, 333, 334, 335, 336, 338, 340, 341, 343, 344, 345, 346, 348, 349, 350, 351, 352, 354, 355, 356, 358, 365, 366, 367, 369, 370, 373, 375, 376, 377, 378, 381, 382, 383, 384, 384, 385, 387, 389, 390, 392, 393, 394, 395, 396, 397, 399, 400, 401, 402, 403, 404, 405, 406, 407, 408, 409, 411, 412, 413, 414, 415, 418, 419, 420, 421, 422, 423, 424, 425, 426, 429, 430, 431, 432, 434, 435, 436, 437, 438, 440, 441, 442, 443, 444, 446, 447, 449, 450, 451, 453, 454, 456, 457, 458, 459, 460, 461, 462, 464, 465, 466, 467, 470, 471, 472, 473, 474, 475, 477, 481, 482, 483, 484, 486, 487, 489, 490, 493, 494, 495, 496, 497, 498, 499, 500, 503, 504, 505, 506, 507, 508, 509, 512, 513, 514, 515, 519, 520, 521, 522, 523, 525, 526, 528, 539, 540, 541, 542, 543, 544, 546, 547, 549, 550, 551, 552, 553, 555, 556, 557, 557, 559, 560, 561, 562, 565, 567, 568, 569, 571, 572, 573, 574, 576, 577, 578, 580, 581, 582, 583, 585, 586, 587, 588, 590, 591, 592, 594, 595, 596, 597, 598, 599, 600, 603, 604, 606, 607, 609, 610, 611, 612, 613, 614, 615, 616, 619, 621, 622, 623, 624, 625, 627, 628, 629, 630, 631, 632, 633, 635, 636, 641, 642, 643, 644, 645, 649, 650, 656, 657, 659, 661, 662, 663, 664, 665, 666, 667, 668, 669, 670, 671, 672, 673, 674
e o pacto/aliança, 51, 80, 81, 82, 102, 105, 110, 111, 112, 113, 115, 116, 117, 119, 120, 123, 124, 125, 127, 128, 129, 130, 131, 132, 137, 147, 148, 149, 153, 161, 183, 185, 188, 191, 195, 197, 198, 199, 305, 327, 328, 331, 333, 335, 337, 339, 340, 341, 343, 344, 345, 346, 347, 348, 349, 350, 352, 354, 355, 356, 357, 358, 361, 364, 366, 370, 372, 375, 377, 379, 411, 412, 426, 428, 429, 430, 431, 437, 438, 486, 493, 496, 499, 512, 522, 523, 525, 530, 537, 538, 548, 549, 558, 564, 565, 572, 585, 603, 605, 607, 613, 614, 615, 631, 643, 644, 652, 653, 654, 655, 656, 662
e outros deuses, 88, 89, 90, 109, 129, 179, 181, 195, 290, 355, 564
e seres humanos; 62, 65, 68, 103, 181, 186, 240, 246, 253, 254, 260, 262, 293, 397, 426, 505, 586, 591, 592, 599, 603, 614, 630 veja também *pacto/aliança*; *revelação*
essência de, 99, 207, 209, 218, 232, 234, 351, 392, 399, 401, 402, 459
eternidade de, 443, 51, 52, 54, 68, 70, 73, 74, 84, 95, 111, 175, 177, 181, 182, 183, 185, 191, 200, 206, 207, 210, 218, 219, 220, 221, 222, 228, 229, 262, 272, 278, 334, 336, 338, 341, 351, 362, 367, 370, 390, 394, 403, 409, 434, 478, 558, 606, 610, 611, 655
exaltação de, 375, 376, 384, 396, 399, 403, 407, 413, 442, 443, 454, 456, 464, 471, 472, 474, 484, 509, 547, 657, 666, 669
existência de, 70, 72, 73, 78, 81, 96, 102, 103, 177, 179, 191, 195, 207, 208, 240, 273, 351, 390, 394
fidelidade de, 81, 124, 128, 149, 183, 188, 357, 535, 538, 557, 605, 611

glória de, 443, 48, 53, 54, 56, 66, 67, 69, 70, 88, 107, 119, 169, 175, 201, 202, 205, 208, 209, 220, 221, 230, 265, 266, 268, 273, 332, 335, 351, 355, 357, 364, 365, 366, 376, 378, 379, 383, 384, 385, 390, 391, 397, 399, 402, 422, 443, 450, 451, 454, 456, 457, 461, 467, 483, 487, 495, 498, 509, 511, 515, 533, 537, 538, 547, 568, 587, 594, 604, 624, 629, 652, 655, 656, 657, 658, 659, 661, 664, 665, 666, 667, 670, 671, 672, 673, 674
honra, 58, 66, 69, 70, 74, 81, 109, 120, 128, 143, 152, 188, 198, 202, 221, 229, 262, 264, 344, 354, 357, 361, 371, 394, 416, 443, 454, 467, 503, 538, 548, 560, 568, 594
mistério de, 56, 397, 434, 441
natureza absoluta de, 62, 74, 177, 180
nomes de; 186, 204, 206, 207, 354, 362, 385, 387, 391, 392, 412, veja *nomes de Deus*
paternidade de, 208
personalidade de, 99, 177, 372, 489
presciência de, 205, 334, 407, 425, 551
santidade, 43, 48, 57, 67, 89, 90, 124, 127, 128, 181, 183, 185, 187, 188, 199, 200, 266, 267, 268, 273, 274, 280, 286, 296, 325, 350, 384, 409, 411, 449, 515, 529, 556, 559, 563, 564, 565, 567, 569, 571, 573, 574, 576, 578, 587, 591, 597, 598, 599, 600, 624, 627, 630
soberania de, 62, 63, 67, 113, 128, 131, 169, 183, 195, 214, 220, 245, 268, 315, 370, 454, 466, 478, 500, 502, 530
visões de, 107, 137, 268
Dez Mandamentos, 583, 585, 586, 595
dia do Senhor, 358, 655, 658, 660
diáconos, 635, 638-640
dilúvio, 225
direitos, 125, 203, 424, 529, 530, 537, 548, 558, 585, 620
disciplina da igreja, 161, 164, 170, 626, 632, 633, 638, 640, 641, 645
distinção Criador-criatura, 89, 103, 177, 232, 491, 500, 547
diversidade divina, 193, 197, 207, 208
divórcio, 123
dogma, 161, 209, 330
dois estados, 366, 375, 396, 399, 403, 413, 442, 443, 446, 449, 454, 456, 464, 471, 484, 547, 657, 666
donatismo, 164
dor; veja *sofrimento*, 229, 321, 322, 434, 445, 446, 671
doutrina das duas naturezas; veja *união das duas naturezas de Cristo*, 396, 403
dualismo, 92, 216
dúvida, 48, 73, 78, 88, 91, 96, 104, 171, 196, 206, 210, 216, 233, 236, 274, 279, 285, 296, 302, 306, 319, 323, 353, 366, 367, 372, 377, 383, 387, 405, 439, 474, 513, 519, 521, 532, 579, 592, 593, 603, 607, 609, 610, 631, 633

educação, 99, 141, 144, 321
Efraim, 130, 422
eleição, divina, 200, 201, 267, 341
causa, 130, 200, 201, 248, 249, 252, 267, 335, 336, 340, 341, 428, 656
Cristo e a, 200, 201, 267, 334, 335, 336, 338, 340, 341, 345, 408, 426, 506, 519, 551, 603, 610, 614, 619, 628, 640, 656
e a igreja, 201, 335, 336, 338, 345, 506, 610, 619, 628, 640
e a justificação, 551
e batismo, 200, 345
e Israel, 130, 200, 201, 334, 345, 360, 426, 428, 619, 628, 656
e o mundo, 335, 336, 338, 551, 603, 614
e o pacto, 130, 335, 340, 341, 345, 426, 428, 603, 614, 656
Escritura e a, 267, 334, 345, 360, 408, 426, 551, 603, 610
natureza pessoal da, 614
propósitos, 334, 335, 336, 341, 345, 360, 426, 614
teologia reformada e a, 267
Emanuel, 51, 131, 362, 375, 655
emoções, 179, 186, 262, 272, 292, 332
empirismo, 177, 215, 621
encarnação, 97, 200, 354, 379, 384, 390, 396, 397, 399, 400, 401, 405, 406, 408, 413, 416, 439, 444, 449, 469, 566
como humilhação, 390, 396, 399, 405, 406, 408, 413, 416, 449
e a criação, 97, 399, 400, 469
e história da redenção, 399, 469
e o pecado, 97, 200, 384, 390, 399, 400, 405, 406, 409, 413, 416, 439, 444, 449, 567
e o testemunho da Escritura, 397
e Trindade, 354
luteranos sobre a, 444
necessidade da, 396
endurecimento dos pecadores, 93, 317, 318
entusiasmo, 367, 481
escolasticismo, 131
Escritura/Escrituras; veja *autoridade: da Escritura; inspiração da Escritura/ Novo Testamento; Antigo Testamento*, 44, 443, 46, 51, 52, 58, 63, 65, 68, 69, 73, 75, 77, 80, 83, 84, 85, 87, 96, 98, 99, 100, 101, 102, 103, 105, 107, 108, 109, 110, 111, 113, 120, 129, 135, 136, 137, 138, 140, 141, 142, 143, 145, 147, 149, 152, 153, 154, 156, 157, 158, 159, 160, 161, 163, 164, 165, 166, 167,

169, 174, 178, 179, 180, 181, 186, 187, 188, 195, 200, 204, 205, 206, 207, 208, 213, 214, 215, 218, 219, 220, 221, 222, 224, 226, 227, 228, 229, 230, 232, 234, 235, 239, 240, 242, 246, 254, 256, 259, 260, 261, 262, 266, 267, 268, 269, 271, 272, 273, 274, 280, 283, 285, 286, 288, 290, 291, 293, 294, 296, 298, 299, 300, 303, 304, 307, 310, 312, 314, 315, 317, 318, 320, 322, 323, 326, 333, 334, 337, 338, 345, 351, 352, 358, 360, 366, 369, 372, 377, 381, 384, 392, 396, 397, 399, 400, 401, 403, 406, 408, 412, 426, 431, 432, 436, 438, 440, 441, 444, 453, 456, 458, 464, 469, 482, 483, 486, 487, 489, 490, 491, 493, 495, 496, 497, 500, 502, 505, 507, 508, 509, 511, 512, 515, 517, 521, 522, 526, 527, 529, 542, 543, 546, 548, 550, 551, 552, 553, 556, 563, 570, 572, 574, 577, 586, 592, 594, 595, 596, 597, 600, 603, 605, 610, 632, 643, 650, 657, 658, 662, 664, 665, 669, 670, 671, 672

e a Palavra de Deus, 51, 52, 63, 65, 68, 73, 80, 85, 98, 99, 100, 101, 107, 111, 120, 129, 135, 136, 137, 138, 140, 141, 143, 145, 147, 149, 152, 153, 156, 158, 159, 160, 161, 163, 164, 169, 174, 178, 179, 180, 181, 188, 204, 205, 206, 207, 208, 214, 218, 219, 220, 221, 239, 246, 259, 260, 262, 266, 267, 272, 290, 296, 300, 307, 312, 314, 317, 320, 333, 351, 352, 360, 369, 372, 377, 381, 384, 392, 396, 397, 399, 400, 401, 403, 408, 412, 431, 436, 438, 440, 441, 444, 453, 456, 458, 489, 490, 493, 495, 496, 497, 500, 502, 505, 507, 508, 509, 511, 512, 521, 527, 550, 563, 574, 586, 592, 596, 597, 600, 603, 605, 610, 643, 650, 665, 669, 670, 671, 672

e anjos, 65, 69, 102, 103, 154, 164, 195, 200, 222, 224, 226, 227, 228, 239, 259, 260, 261, 262, 271, 273, 280, 283, 351, 392, 440, 453, 456, 658, 665

e ciência, 44, 444, 46, 58, 73, 84, 85, 87, 96, 99, 103, 141, 145, 156, 157, 161, 163, 165, 169, 205, 209, 214, 215, 219, 228, 235, 246, 256, 259, 260, 266, 267, 272, 286, 288, 291, 294, 304, 317, 320, 338, 490, 495, 497, 526, 548, 556, 596, 597, 610, 643, 650, 669, 670, 671, 672

e confiabilidade, 138

e confissão, 46, 52, 63, 142, 159, 160, 161, 163, 164, 165, 167, 169, 174, 178, 195, 204, 206, 207, 208, 209, 215, 235, 296, 300, 337, 366, 372, 377, 381, 384, 396, 401, 464, 490, 496, 508, 511, 512, 515, 526, 527, 548, 556, 574, 597, 605, 632

e igreja, 46, 52, 58, 63, 75, 77, 107, 113, 142, 152, 154, 156, 157, 159, 160, 161, 163, 164, 165, 166, 167, 169, 174, 180, 181, 195, 206, 207, 208, 209, 262, 283, 300, 314, 333, 338, 345, 366, 369, 381, 392, 396, 397, 401, 403, 438, 440, 441, 444, 456, 458, 464, 469, 472, 483, 486, 489, 490, 491, 496, 509, 515, 517, 526, 527, 556, 570, 572, 574, 596, 597, 605, 610, 632, 643, 657, 658, 664, 665, 669

e lógica, 73, 83, 96, 141, 145, 153, 174, 180, 260, 283, 286, 288

e revelação, 46, 51, 58, 63, 65, 68, 69, 73, 75, 83, 84, 85, 96, 98, 99, 100, 101, 102, 105, 107, 108, 109, 110, 111, 113, 120, 135, 136, 137, 140, 141, 143, 152, 153, 154, 160, 174, 179, 180, 195, 200, 205, 206, 207, 230, 232, 260, 262, 266, 272, 286, 290, 318, 333, 334, 372, 397, 400, 426, 436, 458, 495, 496, 497, 505, 508, 509, 529, 586, 610

e tradição, 77, 87, 136, 154, 165, 167, 490, 491

e Trindade, 164, 195, 204, 205, 206, 207, 208, 209, 213

relação às outras ciências, 58, 260

esperança, 46, 48, 80, 87, 132, 148, 163, 170, 175, 215, 229, 277, 290, 320, 321, 323, 327, 329, 345, 350, 355, 356, 357, 358, 359, 364, 385, 451, 452, 456, 466, 478, 484, 486, 487, 509, 512, 521, 536, 537, 556, 559, 579, 592, 594, 596, 607, 609, 617, 643, 645, 648, 649, 650, 654, 659, 661

espiritismo, 170, 446, 649

Espírito, divino; veja *Espírito Santo*, 193, 200, 205, 207, 208, 393, 466, 470, 594

Espírito Santo; veja *Deus*; *Trindade*, 46, 47, 49, 58, 63, 83, 100, 103, 107, 108, 115, 131, 138, 140, 141, 142, 143, 145, 147, 149, 150, 151, 155, 162, 163, 164, 180, 186, 187, 191, 192, 193, 194, 199, 200, 201, 202, 203, 204, 205, 206, 207, 208, 209, 210, 215, 217, 221, 234, 260, 262, 267, 269, 271, 272, 280, 318, 319, 326, 336, 337, 338, 341, 343, 344, 345, 347, 349, 356, 360, 370, 371, 377, 378, 381, 382, 383, 389, 390, 395, 399, 400, 409, 411, 412, 415, 416, 418, 425, 430, 437, 441, 444, 446, 448, 458, 459, 462, 467, 469, 470, 471, 472, 473, 474, 475, 478, 479, 480, 481, 482, 483, 484, 486, 487, 489, 490, 491, 493, 495, 497, 498, 500, 503, 506, 507, 508, 509, 511, 514, 515, 517, 519, 522, 525, 527, 540, 541, 551, 557, 558, 564, 565, 567, 569, 570, 571, 572, 573, 574, 576, 577, 579, 581, 582, 586, 587, 588, 592, 594, 595, 600, 602, 603, 604, 607, 609, 610, 611, 612, 616, 617, 621,

622, 623, 624, 627, 628, 629, 636, 642, 644, 656, 657, 658, 663, 671
derramamento do, 200, 469, 471, 473, 474, 481, 499
divindade do, 191–210, 271, 394
e a Ceia do Senhor, 557, 633, 638, 644
e a criação, 43, 46, 63, 83, 100, 107, 142, 170, 187, 192, 193, 195, 196, 197, 201, 202, 205, 208, 210, 215, 217, 218, 221, 227, 231, 232, 256, 264, 269, 273, 277, 281, 284, 290, 292, 301, 336, 337, 356, 389, 399, 400, 409, 469, 475, 482, 493, 495, 504, 507, 511, 514, 546, 573, 574, 586, 595, 596, 600, 614, 671, 672
e a igreja, 46, 58, 63, 89, 107, 142, 152, 155, 161, 163, 164, 166, 167, 168, 170, 174, 180, 192, 193, 195, 201, 206, 207, 208, 209, 262, 264, 277, 309, 336, 338, 343, 345, 347, 349, 350, 366, 370, 381, 389, 390, 392, 393, 394, 395, 397, 403, 411, 441, 444, 448, 458, 462, 465, 466, 467, 469, 471, 472, 473, 474, 475, 477, 478, 479, 480, 481, 482, 483, 484, 486, 489, 490, 491, 496, 498, 499, 504, 506, 509, 515, 517, 525, 527, 539, 541, 557, 567, 569, 570, 572, 573, 574, 579, 581, 582, 588, 589, 596, 597, 598, 602, 605, 609, 610, 613, 615, 616, 617, 619, 621, 622, 623, 624, 627, 628, 629, 633, 635, 636, 638, 642, 643, 644, 645, 657, 658, 659, 663, 664, 666, 669
e a natureza humana de Cristo, 202, 390, 391, 393, 395, 400, 403, 405, 409, 411, 412, 469, 473, 483, 484, 487, 514, 547
e a Palavra, 57, 63, 140, 145, 147, 150, 155, 161, 163, 174, 180, 191, 192, 193, 196, 197, 198, 199, 202, 210, 231, 272, 381, 391, 392, 397, 399, 400, 412, 415, 416, 418, 458, 459, 471, 489, 490, 491, 493, 494, 499, 500, 574, 604, 610, 613, 642, 644, 659
e a Trindade, 191–210, 341
e a vida espiritual, 141, 150, 206, 271, 341, 479, 482, 487, 514, 515, 527, 586, 604
e aplicação da salvação, 336, 341, 343, 574, 586
e batismo, 58, 163, 200, 202, 205, 337, 345, 371, 377, 378, 415, 416, 418, 458, 470, 475, 500, 511, 514, 515, 525, 565, 567, 571, 623, 624, 642, 644
e benefícios da salvação, 174, 343, 349, 392, 458, 486, 487, 499, 504, 527, 537, 538
e iluminação, 108, 142, 319, 383, 508, 509
e o Filho, 131, 138, 140, 191, 192, 193, 195, 199, 200, 201, 202, 204, 205, 206, 207, 208, 210, 215, 262, 318, 319, 336, 337, 341, 343, 370, 377, 378, 381, 382, 389, 395, 399, 400, 412, 415, 416, 418, 425, 437, 441, 458, 459, 462, 467, 469, 470, 471, 473, 481, 482, 483, 484, 487, 493, 498, 506, 508, 509, 514, 517, 540, 565, 567, 569, 572, 574, 603, 607, 623, 664
e o Pai, 191, 192, 193, 199, 200, 201, 202, 204, 205, 206, 207, 208, 210, 215, 221, 262, 271, 319, 336, 337, 338, 341, 343, 345, 350, 356, 370, 371, 377, 378, 379, 381, 389, 390, 391, 392, 394, 395, 397, 399, 400, 403, 409, 411, 412, 415, 416, 418, 425, 430, 437, 441, 458, 462, 466, 467, 469, 470, 471, 472, 480, 481, 482, 483, 484, 487, 508, 512, 513, 515, 519, 521, 527, 540, 560, 567, 570, 573, 574, 576, 586, 603, 604, 607, 611, 612, 613, 622, 623, 624, 628, 629, 642, 658, 659, 664
e os apóstolos, 108, 115, 138, 140, 142, 143, 155, 163, 192, 200, 201, 204, 205, 337, 370, 381, 382, 383, 389, 395, 412, 425, 441, 458, 472, 474, 475, 481, 482, 506, 509, 517, 540, 567, 570, 581, 582, 586, 595, 617, 621, 622, 623, 624, 628, 629, 636, 638, 642
e regeneração, 83, 100, 107, 205, 336, 448, 452, 479, 484, 486, 487, 509, 511, 512, 513, 514, 515, 517, 519, 521, 522, 527, 529, 540, 569, 570, 573, 586, 587, 594, 600, 604, 613, 644, 671, 672
e santificação, 571
habitação do, 142, 473, 491
no Antigo Testamento, 107, 108, 131, 138, 143, 145, 164, 167, 196, 198, 199, 200, 201, 345, 356, 366, 376, 377, 391, 393, 394, 400, 409, 411, 430, 441, 458, 459, 469, 470, 471, 472, 473, 477, 479, 496, 498, 506, 508, 512, 514, 522, 558, 560, 564, 570, 573, 581, 582, 588, 594, 616, 619, 628, 653, 656, 657, 659, 666
no Novo Testamento, 138, 143, 155, 200, 202, 343, 356, 366, 382, 391, 441, 458, 469, 470, 472, 475, 477, 482, 496, 498, 499, 506, 509, 514, 521, 540, 560, 565, 572, 573, 581, 582, 594, 607, 621, 644, 657, 658, 659
obras do, 48, 63, 100, 103, 142, 150, 166, 168, 180, 192, 197, 200, 201, 205, 206, 207, 210, 218, 221, 234, 264, 266, 277, 309, 336, 337, 370, 371, 378, 389, 391, 392, 403, 412, 416, 420, 474, 475, 477, 479, 481, 491, 493, 495, 506, 509, 511, 512, 513, 517, 528, 539, 560, 573, 574, 576, 612, 633, 664
pessoalidade do, 202–206, 207
testemunho do, 138, 381, 382, 425, 480, 494, 521, 607, 610, 611, 612, 633
espírito; veja *mundo espiritual*, 43, 44, 46, 48, 49, 57, 58, 59, 62, 63, 74, 80, 83, 88, 89, 90, 92, 100, 103, 106, 107, 108, 115, 116, 120, 123, 131, 138, 140, 141, 142, 143, 145, 146, 147, 148, 149, 150, 152, 155, 161, 163,

164, 166, 167, 168, 170, 174, 180, 182, 185, 186, 187, 191, 192, 193, 195, 196, 197, 198, 199, 200, 201, 202, 204, 205, 206, 207, 208, 209, 210, 215, 217, 218, 221, 227, 231, 232, 234, 245, 249, 256, 259, 260, 261, 262, 264, 266, 267, 268, 269, 271, 272, 273, 277, 280, 281, 284, 290, 290, 292, 293, 297, 299, 301, 302, 308, 309, 312, 315, 316, 318, 319, 322, 326, 331, 336, 337, 338, 341, 343, 344, 345, 347, 349, 350, 356, 357, 360, 361, 364, 366, 367, 370, 371, 376, 377, 378, 379, 381, 382, 383, 384, 389, 390, 391, 392, 393, 394, 395, 397, 399, 400, 403, 405, 406, 409, 411, 412, 414, 415, 416, 418, 420, 423, 425, 430, 437, 441, 444, 446, 447, 448, 449, 452, 453, 457, 458, 459, 462, 465, 466, 467, 469, 470, 471, 472, 473, 474, 475, 477, 478, 479, 480, 481, 482, 483, 484, 486, 487, 489, 490, 491, 493, 494, 495, 496, 497, 498, 499, 500, 502, 503, 504, 505, 506, 507, 508, 509, 511, 512, 513, 514, 515, 517, 519, 521, 522, 523, 525, 527, 528, 529, 537, 538, 539, 540, 541, 546, 547, 548, 550, 551, 557, 558, 560, 564, 565, 567, 569, 570, 571, 572, 573, 574, 576, 577, 579, 581, 582, 586, 587, 588, 589, 590, 591, 592, 594, 595, 596, 597, 598, 600, 602, 603, 604, 605, 607, 609, 610, 611, 612, 613, 614, 615, 616, 617, 619, 621, 622, 623, 624, 627, 628, 629, 633, 635, 636, 638, 642, 643, 644, 645, 648, 649, 653, 656, 657, 658, 659, 663, 664, 666, 668, 669, 671, 672

e alma, 48, 57, 80, 83, 88, 89, 90, 103, 107, 123, 150, 152, 163, 168, 174, 185, 186, 196, 210, 217, 256, 271, 260, 261, 269, 271, 280, 292, 309, 318, 322, 326, 331, 338, 367, 381, 390, 403, 405, 411, 423, 437, 444, 446, 448, 452, 457, 467, 479, 493, 494, 502, 511, 512, 515, 521, 527, 540, 548, 557, 569, 570, 590, 591, 592, 607, 611, 623, 643, 648, 649, 657, 663, 664, 668, 671, 672

e corpo, 103, 186, 217, 256, 260, 261, 271, 272, 273, 280, 290, 301, 302, 322, 326, 331, 367, 390, 446, 447, 515, 591, 592, 622, 663, 668, 669

e natureza, 46, 49, 57, 62, 74, 80, 92, 100, 103, 106, 115, 116, 120, 141, 145, 146, 149, 150, 152, 170, 180, 191, 193, 202, 204, 208, 209, 215, 217, 227, 231, 234, 245, 251, 256, 259, 260, 261, 267, 268, 269, 271, 272, 277, 281, 284, 290, 292, 293, 299, 301, 302, 315, 316, 331, 337, 347, 357, 371, 381, 382, 389, 390, 393, 394, 395, 397, 399, 400, 403, 405, 406, 409, 411, 412, 414, 415, 416, 420, 423, 452, 453, 466, 469, 473, 482, 483, 484, 487, 490, 494, 495, 497, 498, 499, 500, 502, 503, 504, 507, 508, 514, 521, 525, 539, 547, 548, 560, 565, 567, 573, 579, 586, 588, 589, 594, 595, 596, 597, 609, 610, 611, 615, 623, 629, 633, 638, 648, 656, 664, 668, 669

essênios, 131

estado intermediário, 663

eternidade, 55, 65, 149, 180, 182, 185, 186, 201, 202, 204, 218, 222, 228, 236, 262, 271, 280, 289, 310, 337, 338, 340, 342, 349, 351, 353, 357, 359, 362, 363, 377, 386, 401, 407, 409, 411, 417, 423, 442, 449, 450, 452, 456, 459, 461, 466, 480, 483, 485, 507, 612, 647, 650, 655, 656, 659, 662, 665

ética, 72, 256

Eutiques, 395

Eva, 225, 242, 243, 245, 265, 266, 276, 279, 280, 284, 285, 286, 294, 315, 322, 339, 358, 627

evangelho, 66, 67, 79, 112, 124, 132, 140, 153, 154, 155, 156, 159, 160, 166, 193, 296, 297, 318, 334, 341, 344, 347, 351, 368, 369, 372, 374, 376, 378, 382, 384, 385, 387, 393, 407, 411, 412, 413, 418, 419, 429, 437, 439, 440, 444, 457, 470, 471, 475, 479, 489, 490, 491, 493, 495, 496, 497, 498, 499, 500, 502, 503, 504, 505, 506, 507, 508, 509, 513, 517, 518, 519, 520, 524, 526, 539, 542, 543, 546, 548, 550, 551, 552, 553, 556, 557, 574, 575, 578, 579, 581, 587, 596, 617, 628, 629, 630, 632, 633, 634, 637, 658, 661, 670

evangelistas, 154, 376, 382, 384, 446, 630, 637, 639

evidências para a existência de Deus, 70–72

exaltação, estado de, 312, 375, 384, 398, 403, 407, 408, 413, 435–467, 469, 471, 472, 475, 485, 510, 547, 570, 657, 666, 670

excomunhão, 632, 645

exílio, 122, 125, 127, 131

existência de Deus, 70–72

experiência religiosa, 332, 517, 519, 559

expiação; veja *reconciliação*, 428–431, 435–437, 461

falsos profetas, 54, 157, 419, 535, 666

família, 70, 80, 87, 93, 105, 109, 126, 146, 179, 247, 253, 295, 309, 310, 313, 316, 346, 373, 382, 405, 441, 500, 520, 558, 583, 595, 613, 614, 631, 643, 654

farisaísmo, 578

fato (histórico) e a palavra na revelação, 63, 101, 107, 108, 148, 152, 164, 333, 372, 382

fé; veja *regra de fé*

aceita como autoridade, 156, 160, 163, 517, 521, 522

benefícios apropriados do pacto da graça, 343, 437, 539
como ativa, 574
como confiança, 521–522
como disposição, 77, 529, 557, 599
como dom gratuito, 57, 98, 187, 340, 341, 547
como poder miraculoso, 519, 520
como salvífica, 519, 520, 521, 526, 527, 550, 555, 557, 570, 580, 610
como uma obra divina, 337, 341, 506, 519, 527, 555, 574, 576
como virtude teológica, 478, 579, 592
de acordo com a Reforma, 166, 169, 526, 609, 610
e a Ceia do Senhor, 557, 644
e arrependimento, 296, 347, 369, 370, 440, 451, 499, 506, 512, 517, 519, 522, 523, 526, 527, 529, 540, 557, 624
e ciência, 169, 520
e conhecimento, 519–522
e justificação, 487, 514, 526, 539, 541, 542, 543, 544, 549–555, 559, 569, 574, 576, 577, 578, 580, 607
e obras, 337, 340, 347, 517, 542, 543, 546, 547, 549, 550, 552, 559, 560, 574, 576, 577, 579, 580, 592, 609, 610, 612, 673
e provas para a existência de Deus, 72
e providência, 72, 236
e redenção, 119, 210, 236, 437
e regeneração, 336, 487, 517, 522, 527, 529, 540, 594, 613
e sacramentos, 166, 641, 643, 644
e salvação, 52, 57, 111, 112, 138, 280, 305, 335, 337, 339, 369, 466, 486, 490, 519, 520, 527, 552, 609, 610, 612, 642
e santificação, 571, 574
histórica e salvífica, 519–521
no Antigo Testamento, 496, 520, 522, 529
no Novo Testamento, 496, 523, 526, 549
no sentido cristão, 366, 490, 517, 519
Filho de Deus, 65, 116, 132, 140, 164, 175, 177, 192, 193, 200, 201, 202, 204, 205, 206, 207, 208, 210, 215, 228, 236, 262, 319, 352, 361, 365, 370, 372, 373, 376, 377, 378, 379, 381, 382, 384, 384, 391, 392, 394, 397, 399, 400, 401, 403, 405, 406, 408, 412, 413, 415, 416, 418, 419, 420, 423, 424, 425, 434, 437, 438, 441, 443, 448, 449, 451, 454, 456, 458, 459, 460, 461, 462, 470, 473, 483, 484, 493, 498, 506, 508, 513, 514, 541, 551, 553, 558, 565, 567, 569, 603, 622, 623, 667
nomes do, 381, 382, 385, 387, 391, 392, 412
obras do, 54, 65, 66, 98, 132, 192, 200, 201, 205, 206, 207, 210, 336, 370, 372, 373, 378, 389, 391, 392, 401, 403, 412, 420, 456, 493, 506, 541, 551, 560, 574, 664
Filho do Homem, 66, 78, 132, 361, 375, 376, 384, 424, 432, 443, 448, 467, 540, 659, 669
Filho; veja *Jesus Cristo*
como imagem de Deus, 54, 66, 202, 351, 378, 391, 397, 399
como Logos, 93, 206, 354, 495, 500
divindade do, 350, 426, 452
e a Trindade, 164, 191, 192, 193, 195, 197, 199, 201, 204, 205, 206, 207, 208, 209, 210, 213, 341, 343
e criação, 65, 107, 192, 193, 201, 202, 205, 208, 210, 215, 228, 231, 236, 333, 335, 336, 337, 352, 389, 399, 400, 409, 438, 440, 469, 482, 493, 514, 574
e o Pai, 53, 54, 65, 66, 107, 138, 140, 164, 165, 191, 192, 193, 199, 200, 201, 202, 204, 205, 206, 207, 208, 210, 215, 236, 262, 319, 335, 336, 341, 343, 351, 352, 370, 372, 375, 377, 378, 379, 381, 384, 384, 389, 390, 391, 392, 394, 395, 397, 399, 400, 401, 402, 403, 405, 406, 408, 412, 413, 414, 415, 416, 418, 419, 420, 423, 425, 426, 430, 431, 432, 434, 437, 438, 441, 443, 448, 449, 451, 452, 454, 456, 458, 462, 466, 467, 469, 470, 471, 472, 480, 481, 482, 483, 484, 486, 487, 502, 508, 512, 513, 515, 517, 519, 521, 525, 539, 540, 548, 560, 561, 567, 603, 604, 607, 622, 623, 629, 659, 664, 667, 669, 671, 672
filhos, 53, 54, 56, 57, 69, 70, 77, 80, 84, 109, 110, 118, 124, 125, 128, 137, 142, 146, 152, 168, 185, 198, 201, 206, 209, 210, 227, 236, 240, 251, 256, 262, 264, 273, 294, 298, 299, 308, 309, 314, 322, 334, 338, 347, 355, 372, 376, 378, 392, 401, 429, 432, 437, 441, 462, 475, 479, 486, 487, 499, 503, 507, 512, 515, 519, 522, 525, 526, 527, 535, 537, 548, 550, 558, 559, 560, 561, 568, 576, 578, 588, 594, 600, 606, 607, 610, 611, 612, 613, 615, 628, 644, 653, 661, 669, 673
nascidos no pacto da graça, 346, 525, 644
filosofia, 443, 46, 48, 72, 88, 92, 99, 168, 193, 215, 219, 249, 253, 290, 303, 320, 332, 397, 669
filosofia e religião indiana, 87, 303, 369, 511
filosofia grega; 193 veja *nomes de filósofos específicos*
França, 170
frutos do Espírito, 487, 516, 529, 546, 560, 574, 579, 606, 609

Galileia, 368, 414, 446, 457, 470, 616, 619, 633, 635, 636

Gênesis, 196, 222-226, 240, 243, 257, 264, 276, 283
geração eterna do Filho, 207
gnosticismo, 155, 400
governo da igreja, 632, 641, 642
graça, 51, 52, 56, 57, 59, 64, 67, 68, 75, 76, 77, 81, 91, 95, 112, 113, 114, 115, 119, 120, 124, 130, 132, 139, 150, 153, 166, 169, 170, 173, 184, 185, 187, 188, 197, 199, 205, 208, 209, 211, 213, 221, 244, 263, 270, 293, 295, 301, 304, 307, 311, 316, 317, 318, 319, 320, 327, 328, 329, 331, 333, 334, 335, 336, 337, 339, 340, 341, 343, 344, 345, 346, 347, 348, 349, 353, 355, 356, 357, 358, 362, 365, 375, 389, 402, 409, 410, 411, 414, 419, 420, 422, 427, 434, 437, 439, 440, 449, 458, 463, 464, 466, 471, 483, 485, 486, 487, 491, 494, 496, 497, 499, 500, 503, 504, 505, 506, 507, 509, 516, 519, 521, 534, 538, 543, 544, 547, 549, 551, 553, 554, 559, 560, 561, 569, 571, 573, 576, 577, 578, 579, 580, 585, 587, 589, 594, 598, 599, 601, 602, 603, 604, 605, 606, 609, 610, 613, 614, 615, 618, 622, 623, 627, 643, 644, 652, 656, 657, 662, 664, 668
  Agostinho sobre, 166, 337
  anjos e a, 198, 262, 440
  como nova lei, 340, 491, 497, 552
  comum, 67, 68, 317, 494, 504, 519
  e livre-arbítrio, 166, 492, 500, 507
  e natureza, 65
  especial, 67, 68, 75, 76, 81, 95, 138, 166, 188, 198, 318, 506, 519, 614
  no catolicismo romano, 166, 549
  nos sacramentos, 166, 484, 490, 491, 559, 643, 644
  pelagianismo e a, 303-304
  Reforma sobre, 166, 168, 169, 170, 491, 609, 610, 643
  restaura a natureza, 346, 573, 580
  sobrenatural, 608, 662
graça preveniente, 504
gratidão, 48, 52, 77, 80, 120, 245, 527, 561

hábito, 298, 583, 632
heresia, 218, 232, 395, 416, 490, 592, 602, 624, 627
hipnotismo, 141
história, 45, 52, 65, 67, 68, 70, 72, 73, 75, 76, 77, 80, 82, 84, 85, 87, 88, 89, 91, 92, 95, 96, 99, 101, 103, 105, 106, 109, 110, 111, 112, 118, 119, 128, 129, 130, 132, 140, 146, 147, 148, 150, 152, 154, 157, 158, 177, 179, 192, 193, 195, 197, 199, 207, 227, 228, 236, 240, 243, 252, 264, 269, 274, 286, 291, 294, 299, 305, 307, 310, 315, 316, 327, 328, 331, 333, 337, 341, 343, 346, 355, 356, 357, 358, 359, 361, 366, 367, 382, 385, 396, 399, 400, 403, 405, 411, 459, 467, 469, 494, 495, 498, 500, 512, 548, 582, 585, 622, 647, 650, 655, 659, 664, 666, 669, 670
história das religiões, 88, 89, 91, 95, 96, 99, 179, 328, 331, 333, 366, 647
história e historicidade da Escritura, 85
  necessita de testemunha, 70, 84, 89, 129, 132, 140, 148, 195, 382, 411, 494, 495
  propósito da, 70, 101, 109, 112, 129, 132, 236, 240, 243, 343, 357, 500, 647, 650, 666, 669
  tanto fatos quanto doutrina, 101, 307, 366
Homero, 110
humilhação, estado de, 366, 375, 390, 397, 398, 403, 405-434, 442, 443, 445, 449, 455, 456, 463, 471, 485, 547, 567, 657, 666

idolatria, 78, 89, 90, 96, 105, 109, 127, 129, 131, 146, 195, 403, 498, 524, 533, 591
ignorância, 244, 314
igreja, 46, 52, 58, 63, 70, 75, 77, 81, 89, 107, 113, 133, 142, 152, 154, 155, 156, 157, 159, 160, 161, 163, 164, 165, 166, 167, 168, 169, 170, 174, 177, 180, 181, 192, 193, 195, 201, 206, 207, 208, 209, 262, 264, 265, 277, 283, 300, 309, 314, 333, 335, 336, 338, 343, 345, 346, 347, 349, 350, 366, 368, 369, 370, 381, 385, 389, 390, 392, 393, 394, 395, 396, 397, 401, 403, 411, 438, 440, 441, 442, 443, 444, 448, 450, 456, 458, 462, 464, 465, 466, 467, 469, 471, 472, 473, 474, 475, 477, 478, 479, 480, 481, 482, 483, 78, 486, 489, 490, 491, 496, 498, 499, 504, 506, 509, 515, 517, 520, 525, 526, 527, 539, 541, 556, 557, 559, 567, 569, 570, 572, 573, 574, 579, 581, 582, 583, 585, 588, 589, 596, 597, 598, 599, 602, 605, 609, 610, 613-645, 657, 658, 659, 661, 663, 664, 665, 666, 667, 669, 673
  características da, 622-629
  como instituição, 630-631
  como mãe dos crentes, 613, 635, 641
  como objeto de fé, 624
  como organismo, 622
  como pilar e fundamento da verdade, 161, 643
  divisões dentro da, 164
  e Estado, 440, 643
  e ministério da Palavra, 599, 629, 631, 634, 641, 659
  e o Espírito Santo, 63, 107, 141, 143, 152, 155, 162, 164, 191, 192, 193, 194, 199, 202, 206, 207, 208, 209, 262, 336, 338, 343, 345, 349, 370, 381, 389, 390, 395, 411, 441, 444, 448, 458, 463, 467, 469, 471, 472, 473, 474, 475, 477, 479, 480, 481, 482, 483, 484,

486, 489, 490, 491, 499, 506, 509, 515, 517, 525, 527, 541, 557, 567, 569, 570, 572, 573, 574, 579, 581, 582, 588, 602, 609, 610, 616, 617, 621, 622, 623, 624, 627, 628, 629, 636, 638, 642, 644, 657, 658, 664
e o mundo, 107, 113, 142, 161, 164, 169, 206, 208, 346, 369, 381, 448, 458, 471, 472, 473, 475, 482, 621, 624, 627, 630, 633, 635, 638, 640, 645, 659, 664, 666, 667, 669
e o reino de Deus, 133, 166, 202, 314, 346, 350, 366, 370, 397, 443, 471, 479, 506, 527, 539, 584, 588, 595, 616, 628, 629, 632, 633, 640, 657, 658, 663, 664, 665, 666, 667, 673
fundamento apostólico, 161, 369
independência da, 165, 641
infalibilidade da, 162, 167, 168, 396
militante, 622, 661, 666
não há salvação fora da, 350
nascimento da, 476
no Antigo e Novo Testamentos, 52, 133, 343, 345, 441, 469, 472, 479, 498–499, 506, 570, 572, 573, 581, 588, 615, 619, 659, 666
ocidental, 164, 165
oriental, 164
triunfante, 621, 630, 661
união com Cristo, 107, 333, 370, 396, 480, 481, 482, 483, 491, 525, 570, 574, 634, 641. 663
Igreja Anglicana, 641
imagem de Deus, 43, 44, 51, 52, 54, 56, 58, 66, 73, 77, 88, 89, 95, 96, 98, 105, 129, 130, 131, 132, 179, 185, 186, 187, 195, 196, 202, 209, 220, 227, 228, 239, 240, 242, 244, 256, 257, 258, 259, 262, 264, 265, 266, 267, 268, 269, 271, 272, 273, 274, 276, 277, 278, 279, 280, 281, 286, 292, 293, 299, 325, 326, 332, 334, 351, 352, 361, 364, 366, 378, 391, 397, 399, 409, 411, 423, 424, 429, 431, 437, 459, 465, 487, 493, 512, 514, 515, 523, 548, 553, 563, 568, 569, 572, 580, 595, 596, 603, 665, 667, 668
anjos e a, 228, 239, 257, 259, 262, 264, 271, 273, 280, 292, 351, 378, 423, 665
e pecado, 43, 54, 56, 77, 88, 95, 96, 98, 105, 130, 132, 179, 186, 187, 195, 209, 227, 228, 240, 244, 259, 262, 264, 266, 267, 268, 269, 272, 274, 276, 278, 280, 286, 292, 293, 299, 325, 326, 332, 334, 351, 352, 366, 378, 399, 409, 424, 429, 431, 437, 487, 512, 514, 515, 523, 548, 553, 563, 568, 569, 572, 580, 603, 665, 667, 668
e semelhança de Deus, 43, 51, 52, 73, 98, 179, 185, 187, 220, 239, 240, 256, 264, 265, 266, 273, 397, 423
em Adão, 228, 242, 244, 266, 271, 274, 276, 278, 279, 280, 281, 286, 293, 352, 409, 515
Filho como, 54, 66, 132, 202, 228, 262, 266, 267, 351, 352, 361, 378–379, 391, 397, 399, 515, 553, 572, 580, 603, 668
manifesta no corpo, 186, 256, 262, 266, 269, 271, 272, 273, 280, 292, 299, 326, 366, 411, 424, 465, 515, 668
perspectiva católica romana, 267, 268, 569
restauração da, 58, 95, 267, 391, 411, 429, 563, 568, 580, 596
santidade e a, 43, 89, 185, 187, 266, 267, 268, 273, 274, 280, 286, 325, 409, 299, 515, 563, 569
teologia luterana e a, 267–268
teologia reformada e, 267, 268
imaginação, 46, 48, 80, 88, 89, 145, 228, 260, 279, 286, 294, 301, 304, 315, 316, 355, 369, 433, 508, 517, 532, 545, 623
Imortalidade, 90, 281, 324, 392, 647, 648, 649, 651, 654, 668; veja *vida eterna*
Inácio, 153
incredulidade, 78, 96, 109, 168, 218, 260, 286, 319, 420, 503, 517, 519, 592, 618
indulgências, 525
infalibilidade da igreja e do papa, 396
inferno, 76, 90, 315, 323, 438, 442, 444, 445, 448, 450, 568, 649, 660, 667, 671
Inglaterra, 170, 641
inspiração das Escrituras, 107, 108, 139, 141, 142, 143, 145, 166
inspiração orgânica, 108
intelecto, 206
Irineu, 154, 160, 206
irvingismo, 171
Israel; veja *judeus*; *judaísmo*, 52, 63, 70, 84, 88, 102, 105, 106, 110, 111, 112, 113, 115, 117, 118, 119, 120, 122, 123, 124, 125, 127, 128, 129, 130, 131, 132, 133, 137, 147, 148, 149, 150, 152, 153, 155, 184, 186, 195, 196, 198, 199, 201, 214, 224, 254, 296, 297, 305, 328, 332, 334, 343, 344, 345, 346, 347, 353, 354, 355, 356, 357, 358, 359, 360, 361, 362, 364, 365, 366, 368, 373, 375, 376, 377, 387, 410, 414, 415, 422, 426, 428, 429, 432, 439, 440, 441, 443, 474, 479, 493, 500, 508, 512, 513, 522, 523, 529, 530, 531, 533, 535, 536, 538, 540, 541, 542, 549, 550, 557, 558, 564, 565, 569, 572, 573, 582, 585, 588, 594, 598, 615, 616, 617, 619, 628, 631, 632, 650, 652, 653, 654, 655, 656, 665, 666, 669, 670
como comunidade nacional, 582, 616
como teocracia, 654
conversão de, 107, 479, 522, 523, 594
depois do exílio, 122, 124, 127, 131

desenvolvimento evolucionário da religião, 254
e a igreja, 52, 63, 70, 89, 107, 113, 133, 152, 155, 195, 201, 333, 343, 345, 346, 347, 366, 368, 385, 411, 438, 440, 441, 443, 473, 479, 496, 499, 541, 557, 569, 572, 573, 582, 585, 588, 598, 615, 616, 617, 619, 628, 631, 632, 665, 666, 669
e as nações, 69, 70, 84, 89, 105, 111, 112, 118, 128, 129, 130, 132, 133, 153, 195, 304, 334, 344, 346, 354, 357, 359, 362, 368, 373, 407, 414, 426, 438, 440, 441, 494, 499, 507, 533, 542, 572, 585, 594, 628, 655, 656, 665, 666, 669, 670
e eleição, 130, 200, 201, 334, 345, 360, 426, 428, 619, 628, 656
e religiões, 88, 328, 333, 366, 426
e salvação, 52, 111, 112, 113, 183
futuro de, 132, 148, 149, 150, 155, 199, 304, 355, 356, 357, 358, 359, 360, 361, 364, 365, 376, 429, 512, 536, 538, 558, 572, 632, 650, 654, 666
quebra da aliança, 117, 124, 131, 343
sombras em, 132, 153, 344, 356, 366, 376, 429

Jefté, 198
Jeová, 79, 105, 106, 109, 119, 123, 124, 129, 130, 149, 150, 183, 184, 186, 195, 197, 198, 218, 353, 358, 387, 388, 427, 529, 564; veja *nomes de Deus*
Jerusalém, 51, 132, 133, 139, 154, 155, 264, 279, 296, 362, 372, 414, 415, 422, 424, 425, 429, 446, 453, 457, 460, 473, 475, 481, 588, 616, 617, 619, 620, 623, 631, 632, 634, 635, 636, 638, 667, 671, 673
jesuítas, 170, 386
Jesus Cristo; veja *expiação*; *exaltação, estado de*; *humilhação, estado de*; *encarnação*, 53, 54, 56, 57, 58, 64, 66, 106, 138, 140, 154, 155, 159, 163, 167, 175, 192, 193, 200, 201, 205, 210, 236, 262, 273, 281, 285, 296, 299, 307, 313, 318, 319, 323, 334, 335, 348, 350, 351, 356, 366, 367, 368, 369, 370, 372, 373, 375, 376, 377, 378, 381, 382, 384, 387, 389, 392, 393, 395, 406, 407, 408, 413, 414, 415, 419, 420, 424, 425, 426, 429, 432, 442, 443, 446, 447, 449, 452, 454, 456, 457, 458, 459, 460, 464, 465, 470, 472, 473, 475, 477, 480, 485, 489, 504, 506, 507, 508, 512, 513, 514, 517, 520, 523, 539, 541, 542, 543, 544, 546, 550, 552, 553, 557, 559, 560, 562, 569, 572, 574, 577, 581, 585, 589, 597, 598, 599, 602, 603, 607, 609, 615, 616, 617, 619, 620, 623, 625, 628, 629, 632, 633, 634, 635, 637, 657, 660, 661, 662, 663, 664, 665, 667, 668, 671, 673
adoração de, 64, 66, 164, 175, 262, 351, 356, 447, 523, 581, 617
aparência externa, 384
ascensão de, 106, 155, 201, 205, 392, 393, 447, 452, 453, 456, 457, 458, 459, 464, 465, 470, 471, 472, 473, 484, 633, 634, 635, 659, 664
batismo de, 58, 200, 205, 372, 373, 377, 378, 392, 393, 413, 415, 418, 458, 470, 512, 514, 550, 623, 624, 633, 634
circuncisão de, 155, 296, 414, 512, 523, 542, 619, 666
como a maior revelação, 64
como Filho; veja *Filho*
como mediador, 201, 335, 350, 356, 366, 368, 370, 372, 375, 377, 456, 484, 623, 657, 673
como o fundamento da justificação, 335, 432, 543, 544, 557
como ponto focal da história mundial, 106, 192
como profeta, 54, 106, 138, 154, 159, 164, 167, 210, 262, 356, 366, 367, 368, 369, 370, 393, 407, 408, 414, 415, 418, 419, 424, 425, 426, 429, 456, 458, 459, 465, 471, 472, 517, 520, 523, 542, 553, 581, 585, 598, 632, 638, 657, 666, 667
como rei, 57, 58, 106, 155, 167, 201, 205, 210, 236, 262, 281, 285, 296, 314, 319, 348, 350, 351, 356, 366, 369, 370, 372, 373, 375, 376, 377, 378, 381, 384, 407, 408, 418, 419, 424, 426, 442, 443, 456, 457, 459, 464, 470, 471, 472, 473, 474, 477, 489, 506, 507, 512, 513, 514, 517, 523, 539, 544, 550, 557, 560, 577, 585, 598, 599, 602, 603, 615, 623, 624, 627, 628, 629, 632, 633, 634, 635, 638, 657, 659, 662, 663, 664, 665, 666, 667, 668, 671, 672, 673
como sacerdote, 53, 54, 56, 106, 154, 167, 210, 262, 350, 366, 370, 376, 377, 384, 407, 408, 413, 418, 420, 424, 425, 426, 429, 442, 449, 456, 459, 460, 464, 471, 480, 484, 489, 559, 572, 599, 603, 609, 632, 666, 667
consciência messiânica, 372, 387, 414
divindade, 350, 426, 452
duas naturezas de, 65, 154, 193, 307, 381, 382, 384, 385, 389, 393, 395, 415, 420, 443, 452, 484, 544, 599
e a criação, 64, 192, 193, 201, 205, 210, 236, 273, 281, 334, 335, 356, 389, 504, 507, 514, 546, 574, 661, 671, 672, 673
e a igreja, 58, 154, 155, 159, 164, 167, 192, 193, 201, 262, 314, 335, 350, 366, 368, 369, 370, 381, 385, 389, 392, 393, 395, 442,

443, 456, 458, 464, 465, 471, 472, 473, 474, 477, 480, 484, 489, 504, 506, 517, 520, 539, 541, 557, 559, 569, 572, 574, 581, 585, 589, 597, 598, 599, 602, 609, 615, 616, 617, 619, 620, 623, 624, 627, 628, 629, 632, 633, 634, 635, 638, 657, 659, 661, 663, 664, 665, 666, 667, 673
e destino humano, 281, 335
e eleição, 200, 201, 334, 335, 408, 426, 506, 551, 603, 619, 628
e Espírito Santo, 58, 138, 140, 155, 164, 192, 193, 200, 201, 205, 210, 262, 318, 319, 356, 370, 377, 378, 381, 382, 389, 395, 415, 418, 425, 446, 458, 459, 470, 471, 472, 473, 474, 480, 484, 489, 506, 507, 508, 514, 517, 541, 551, 557, 569, 572, 574, 577, 581, 602, 603, 607, 609, 616, 617, 623, 624, 627, 628, 629, 638, 657, 664, 671, 672
e os anjos, 56, 65, 154, 164, 200, 201, 262, 273, 351, 376, 378, 392, 393, 453, 456, 661, 663, 665
e Trindade, 164, 192, 193, 201, 205, 210
humanidade de, 393, 504
intercessão de, 210, 484
mérito de, 57, 345, 506, 513, 569, 661
milagres de, 67, 106, 192, 407, 420, 474, 513, 634
morte de, 53, 54, 57, 58, 106, 140, 285, 299, 307, 318, 319, 323, 335, 369, 372, 381, 384, 389, 406, 407, 408, 413, 424, 425, 426, 429, 432, 442, 446, 447, 449, 452, 456, 458, 459, 460, 470, 504, 539, 544, 551, 559, 603, 607, 624, 627, 633, 657, 659, 661, 662, 663, 664, 665, 667, 668, 673
na teologia moderna, 368
nomes de, 167, 334, 382, 385, 387, 392, 473, 474, 569
obediência de, 53, 285, 307, 367, 389, 408, 413, 424
obra de, 54, 58, 65, 106, 140, 154, 167, 175, 192, 193, 200, 201, 205, 210, 236, 273, 285, 319, 323, 334, 335, 350, 351, 356, 369, 370, 372, 373, 378, 389, 392, 393, 405, 406, 407, 408, 413, 415, 418, 419, 420, 424, 426, 429, 442, 443, 446, 452, 453, 456, 457, 458, 459, 464, 465, 470, 473, 474, 477, 480, 489, 504, 506, 508, 512, 513, 514, 517, 520, 539, 541, 542, 543, 546, 550, 551, 553, 559, 560, 562, 572, 574, 577, 585, 597, 598, 599, 602, 603, 607, 609, 617, 620, 623, 624, 627, 632, 633, 634, 638, 657, 659, 661, 662, 663, 664, 667, 673
ofícios, 106, 167, 210, 262, 366, 370, 407, 408, 418, 424, 426, 456, 459, 471, 632, 666, 667
oração em Getsêmani, 53, 413
ressurreição de, 106, 200, 201, 205, 262, 369, 373, 377, 378, 381, 384, 384, 389, 393, 425, 442, 446, 447, 449, 452, 453, 456, 458, 459, 464, 465, 470, 472, 484, 551, 557, 559, 569, 628, 633, 659, 663, 667, 668
retorno de, 192, 323, 376, 392, 406, 414, 418, 443, 447, 452, 457, 470, 472, 480, 512, 581, 585, 615, 629, 632, 657, 659, 661, 662, 663, 664, 665, 666, 673
revelação especial e, 67, 106, 318, 334, 356, 385, 407, 424, 477, 523, 585, 609
sacrifício de, 296, 426, 429, 432, 459, 523, 544, 665
santificação de, 192, 201, 205, 210, 406, 413, 429, 460, 473, 484, 514, 544, 546, 551, 553, 569, 572, 574, 577, 581, 597, 598, 599, 602, 609, 627, 661, 662
sepultamento de, 366, 369, 384, 413, 442, 449, 457, 514, 572, 574, 665
solidariedade com a humanidade, 514
tentações, 285, 392, 420, 425
transfiguração, 378, 425
unção com o Espírito, 200, 366, 376, 377, 418, 470, 471
Jesus histórico, 369, 370, 386
João Batista, 131, 351, 367, 370, 372, 373, 376, 382, 388, 415, 418, 471, 472, 512, 523, 616
João Calvino, 59, 73, 74, 169, 177, 300, 337, 358, 407, 502, 526, 641, 642, 643
José (marido de Maria), 368, 411
judaísmo, 92, 115, 162, 164, 209, 440
judeus; veja *Israel*; *judaísmo*, 106, 126, 154, 155, 158, 201, 273, 296, 353, 355, 366, 367, 368, 369, 372, 373, 376, 378, 383, 385, 411, 417, 423, 424, 425, 439, 441, 449, 464, 473, 513, 524, 539, 616, 617, 618, 619, 624, 625, 627, 632, 633, 636, 638
julgamento, 53, 66, 76, 77, 80, 81, 83, 90, 92, 105, 107, 117, 123, 124, 127, 130, 137, 152, 188, 199, 223, 258, 273, 284, 294, 296, 299, 307, 308, 318, 320, 323, 326, 328, 333, 348, 357, 358, 364, 379, 449, 451, 454, 467, 471, 472, 478, 494, 503, 505, 506, 518, 522, 523, 529, 530, 531, 533, 535, 536, 541, 542, 543, 544, 547, 550, 551, 555, 556, 568, 570, 589, 603, 607, 611, 613, 616, 634, 649, 656, 657, 659, 662, 665, 667, 668, 669, 670, 671, 672, 673
final, 299, 318, 467, 530
na história do mundo, 80, 105, 307, 328, 333, 467, 494, 659, 669, 670
no estado intermediário, 663
sobre Israel, 105, 107, 117, 123, 124, 127, 130, 137, 152, 199, 296, 328, 333, 357, 358, 364, 494, 522, 523, 529, 530, 531, 533,

535, 536, 541, 542, 550, 616, 656, 665, 669, 670
juramento, 112, 114, 127, 343, 537, 603
justiça, 43, 52, 57, 65, 67, 80, 96, 111, 115, 118, 131, 132, 138, 149, 152, 179, 185, 188, 195, 199, 209, 220, 266, 267, 268, 269, 273, 274, 280, 291, 292, 296, 297, 299, 305, 307, 308, 309, 310, 317, 320, 344, 357, 361, 362, 364, 365, 371, 376, 383, 406, 409, 411, 414, 415, 421, 438, 450, 459, 467, 471, 472, 495, 497, 503, 506, 511, 512, 515, 523, 529, 530, 531, 532, 533, 535, 536, 537, 538, 539, 540, 541, 542, 543, 544, 546, 547, 549, 550, 551, 552, 553, 555, 556, 557, 558, 559, 560, 561, 565, 568, 569, 570, 571, 573, 574, 576, 578, 579, 580, 581, 586, 587, 591, 594, 597, 598, 599, 600, 610, 611, 617, 621, 628, 629, 632, 642, 643, 654, 655, 656, 668, 670, 671, 672
e culpa, 43, 188, 209, 274, 291, 296, 297, 299, 305, 307, 308, 320, 357, 414, 421, 532, 533, 535, 541, 543, 546, 547, 549, 550, 551, 552, 556, 559, 561, 568, 569, 570, 586, 598, 611
imputada, 542
original (natural), 152, 179, 267, 268, 269, 273, 280, 291, 292, 297, 299, 307, 308, 317, 320, 364, 409, 411, 421, 471, 511, 523, 555, 558, 570, 579, 587, 600, 611, 654
sem a lei, 542, 552, 553, 570
sobrenatural, 268, 511
justiça, 75, 92, 127, 145, 179, 181, 187, 188, 207, 208, 214, 235, 274, 302, 307, 315, 320, 321, 325, 327, 328, 338, 341, 393, 396, 397, 431, 432, 436, 467, 489, 529, 531, 533, 535, 543, 544, 549, 552, 579, 594, 595, 599, 605, 607
e graça, 75, 187, 188, 208, 307, 320, 327, 328, 341, 436, 535, 543, 544, 549, 552, 579, 594, 599, 605
e moralidade, 595
Israel e, 127, 328, 431, 529, 531, 533, 535, 549, 594
natural, 92, 302, 320, 325, 328, 393, 436, 579
sobrenatural, 393
justificação, 529-562
como liberdade da culpa, 561, 569
e batismo, 345, 393, 451, 514, 550, 571
e fé, 574
e morte e ressurreição de Cristo, 297, 442, 450, 451, 551, 559, 580
e obras, 118, 166, 214, 291, 526, 539, 541, 542, 543, 546, 547, 548, 549, 550, 551, 552, 555, 559, 560, 574, 576, 577, 579, 587, 599, 604, 609, 662
e purgatório, 166, 662
e regeneração, 486, 529, 569, 570, 587, 594, 604, 100
e santificação, 214, 431, 450, 451, 544, 546, 551, 552, 553, 563, 569, 570, 571, 572, 574, 576, 577, 578, 579, 587, 594, 595, 599, 604, 609, 613, 662
eterna, 117, 174, 181, 188, 207, 235, 286, 307, 325, 335, 338, 341, 345, 434, 437, 442, 450, 497, 532, 547, 549, 552, 555, 559, 569, 570, 576, 579, 595, 603, 604, 605, 607, 609, 662, 671, 672
forense, 551
frutos da, 526, 529, 543, 559, 570, 574
Lutero sobre, 169, 181, 526, 609

Kant, Emanuel, 230

legalismo, 115, 436
lei, 44, 49, 70, 72, 73, 81, 82, 84, 85, 92, 100, 101, 102, 103, 105, 111, 112, 113, 115, 116, 117, 118, 119, 120, 122, 123, 124, 125, 127, 128, 129, 130, 131, 132, 136, 137, 138, 146, 147, 153, 155, 159, 166, 186, 196, 197, 206, 209, 214, 227, 228, 235, 243, 244, 246, 254, 256, 268, 272, 274, 278, 284, 286, 291, 292, 296, 297, 300, 301, 303, 304, 305, 307, 308, 309, 310, 311, 312, 314, 315, 316, 318, 320, 321, 322, 327, 331, 340, 343, 344, 345, 346, 352, 356, 360, 364, 366, 376, 390, 393, 405, 419, 421, 422, 423, 425, 426, 428, 429, 430, 432, 434, 436, 437, 448, 449, 453, 460, 462, 473, 486, 487, 489, 491, 493, 494, 495, 496, 497, 498, 499, 505, 506, 507, 508, 511, 512, 513, 522, 523, 526, 529, 530, 531, 532, 537, 539, 540, 541, 542, 543, 544, 544, 548, 549, 551, 552, 553, 555, 556, 558, 560, 561, 563, 564, 565, 568, 570, 571, 572, 574, 576, 577, 578, 579, 580, 581, 582, 583, 585, 586, 587, 589, 590, 596, 597, 599, 602, 603, 615, 617, 625, 627, 630, 631, 632, 635, 645, 650, 654, 656, 657, 662, 669, 670
como o prazer e meditação do crente, 587
de Israel, 70, 84, 102, 105, 111, 112, 113, 115, 117, 118, 119, 120, 122, 123, 124, 125, 127, 128, 129, 130, 131, 132, 136, 137, 147, 153, 155, 186, 196, 254, 296, 297, 304, 343, 344, 345, 346, 352, 356, 360, 364, 366, 376, 422, 426, 428, 429, 432, 473, 493, 494, 496, 499, 507, 512, 513, 522, 523, 529, 530, 531, 540, 541, 542, 549, 558, 564, 565, 572, 582, 585, 615, 617, 631, 632, 650, 654, 656, 669, 670
e a segunda tábua, 70, 73, 312, 315, 596, 597, 603
e gratidão, 107, 560, 561

e o evangelho, 112, 124, 132, 153, 155, 159, 166, 296, 297, 318, 340, 344, 376, 393, 419, 430, 437, 489, 491, 494, 495, 496, 497, 498, 499, 505, 506, 507, 508, 513, 523, 526, 539, 542, 543, 544, 546, 549, 551, 552, 553, 556, 571, 574, 576, 577, 578, 579, 580, 586, 587, 596, 617, 630, 632, 662, 670
e pecado, 81, 92, 102, 105, 111, 112, 113, 116, 117, 118, 119, 120, 122, 124, 125, 127, 128, 130, 132, 137, 146, 147, 153, 166, 186, 209, 214, 227, 228, 235, 243, 244, 246, 254, 268, 272, 274, 278, 284, 286, 291, 292, 296, 297, 300, 301, 303, 304, 305, 307, 308, 309, 310, 311, 312, 314, 315, 316, 318, 320, 321, 322, 327, 331, 343, 344, 346, 352, 360, 366, 390, 393, 405, 419, 421, 422, 428, 429, 430, 432, 434, 436, 437, 448, 449, 453, 460, 473, 486, 487, 489, 491, 494, 495, 496, 497, 499, 505, 506, 507, 512, 522, 523, 526, 532, 537, 539, 540, 541, 542, 543, 544, 546, 548, 549, 551, 552, 553, 555, 556, 558, 560, 561, 563, 565, 568, 570, 571, 572, 574, 576, 577, 578, 579, 580, 582, 583, 586, 587, 589, 590, 597, 599, 602, 603, 615, 625, 627, 630, 631, 632, 645, 650, 656, 657, 662, 669, 670
e promessa, 81, 105, 111, 112, 113, 115, 116, 117, 118, 120, 122, 123, 124, 128, 130, 131, 132, 153, 159, 316, 318, 343, 344, 346, 356, 366, 376, 426, 453, 473, 496, 497, 499, 506, 512, 537, 539, 542, 543, 549, 570, 579, 586, 596, 603, 650, 654, 656, 669
entre Adão e Moisés, 305
lei de Cristo, 645
lei natural, 81, 85, 100, 101, 105, 122, 301, 314, 320, 453, 585, 586, 670
lei mosaica, 122, 123, 125, 147, 436, 449, 584, 632, 671
levitas, 126, 564, 631
liberdade cristã, 163, 505, 559, 560, 569, 571, 577, 581, 595, 626
libertinagem, 393
linguagem, 52, 62, 69, 83, 150, 182, 244, 247, 258, 272, 324, 364, 366, 394, 396, 397, 411, 474, 672
linguagem antropomórfica, 178
línguas, 70, 82, 83, 87, 109, 133, 171, 473, 474, 475, 477, 478, 530
livre-arbítrio, 95, 300, 302, 347, 442, 500, 507
Lutero, Martinho, 169, 526

magia, 260, 331
mal; veja *pecado*
e a vontade de Deus, 235, 236, 290, 291
e Deus, 84, 92, 198, 210, 235, 290, 327, 532
e redenção, 198, 328, 329, 331, 333
pelagianos sobre o, 300, 303
maldade, 298, 299, 317, 319, 479
maldição, 76, 117, 127, 140, 229, 234, 266, 310, 312, 320, 323, 364, 381, 383, 433, 449, 478, 526, 541, 542, 545, 553, 556, 558, 561, 581
Maria, 154, 200, 201, 210, 368, 377, 384, 399, 400, 401, 411, 412, 413, 423, 447, 457, 470, 566
mártires, 148, 155, 426, 617, 660, 662, 663
matéria, 57, 58, 63, 72, 77, 80, 88, 95, 99, 103, 116, 125, 128, 130, 131, 136, 143, 154, 155, 157, 160, 175, 179, 182, 187, 207, 208, 210, 216, 217, 218, 219, 227, 229, 244, 246, 249, 251, 252, 256, 258, 265, 268, 269, 273, 279, 280, 286, 288, 289, 290, 291, 292, 299, 310, 312, 328, 334, 349, 356, 377, 385, 396, 400, 402, 432, 441, 444, 448, 453, 482, 491, 494, 505, 525, 526, 546, 552, 553, 555, 559, 557, 569, 572, 576, 587, 590, 592, 596, 597, 600, 602, 611, 634, 641, 642, 649, 658, 659, 661, 667
materialismo, 97, 102, 216, 647, 649
medo, 46, 49, 56, 57, 83, 116, 130, 152, 179, 191, 198, 199, 236, 262, 273, 281, 293, 320, 321, 322, 325, 329, 332, 333, 462, 470, 477, 518, 521, 526, 530, 532, 536, 537, 559, 560, 564, 571, 573, 574, 578, 579, 580, 591, 592, 595, 600, 602, 604, 606, 610, 611, 614, 649, 653, 667, 670, 674
meio ambiente, 170, 288, 299, 323, 584, 614
meios de graça, 67, 166, 471, 490, 491, 504, 505, 599, 600, 604, 609, 613, 627
Melquisedeque, 109, 199, 423, 459, 461
membros da igreja, 207, 283, 335, 345, 392, 393, 465, 474, 477, 478, 525, 588, 609, 610, 613, 618, 621, 622, 624, 630, 638, 642, 643, 644, 645
mérito, 57, 114, 127, 165, 269, 458, 478, 506, 513, 547, 552, 553, 569, 610, 660
Messias, 150, 199, 318, 351, 355, 358, 359, 360, 361, 362, 363, 364, 366, 372, 373, 374, 377, 385, 387, 409, 415, 416, 420, 421, 422, 423, 424, 454, 459, 472, 509, 513, 539, 587, 616, 654, 655, 656, 657
metodismo, 170
milagres, 67, 101-107, 192, 253, 408, 420, 421, 479, 513, 634
milênio; 666
ministério, 373, 408, 414, 416, 425, 465, 567, 588, 616, 627, 630
da Palavra, 408, 416, 425
de misericórdia, 373, 408
miséria, 50, 90, 119, 229, 259, 287, 304, 305, 325, 335, 421, 435, 497, 527, 607, 653
missionários, 155, 439, 632

mistério, 47, 55, 62, 235, 259, 309, 325, 396, 398, 434, 440
misticismo, 207, 331, 490, 491
Moisés, 79, 102, 105, 107, 111, 116, 119, 120, 122, 125, 127, 130, 135, 137, 138, 145, 146, 147, 150, 152, 182, 184, 191, 195, 198, 199, 285, 305, 328, 360, 366, 368, 408, 419, 421, 424, 427, 530, 582, 595, 598, 614, 631, 673
monismo, 115
monofisitas, 164
monoteísmo, 88, 110, 111, 123
Monte Sinai, 102, 105, 113, 117, 119, 125, 128, 147, 344, 473, 496, 522, 548, 631, 652
moralidade, 86, 244, 247, 252, 253, 254, 258, 259, 268, 272, 305, 316, 498, 583, 590, 595, 596, 597
moralismo, 331
morte, 53, 54, 57, 58, 89, 90, 106, 117, 118, 121, 124, 127, 133, 140, 146, 150, 166, 173, 185, 189, 214, 229, 258, 261, 270, 278, 283, 285, 289, 291, 293, 294, 297, 299, 301, 303, 304, 305, 306, 307, 311, 313, 315, 317, 318, 319, 320, 321, 322, 323, 325, 326, 335, 349, 359, 369, 372, 381, 383, 385, 389, 390, 406, 407, 408, 413, 421, 423, 424, 425, 426, 429, 430, 431, 432, 434, 435, 436, 437, 438, 440, 442, 444, 446, 447, 448, 449, 450, 451, 452, 456, 458, 459, 460, 461, 462, 467, 470, 482, 483, 486, 487, 497, 504, 505, 511, 519, 526, 539, 540, 544, 547, 551, 555, 556, 558, 559, 567, 568, 570, 571, 580, 582, 594, 603, 604, 607, 611, 613, 624, 627, 633, 643, 644, 647, 648, 649, 650, 652, 653, 654, 656, 657, 659, 661, 662, 663, 664, 665, 667, 668, 670, 673
  como consequência do pecado, 106, 124, 293, 310, 321, 322, 435, 448, 526, 649
  como mistério, 325
  como não natural, 325, 648
  como punição/penalidade, 124, 127, 320, 556, 568, 649, 662
  como último inimigo, 647, 664
  e pecado, 53, 54, 57, 90, 106, 117, 118, 120, 124, 127, 132, 146, 147, 149, 166, 173, 214, 229, 269, 278, 283, 285, 288, 290, 292, 293, 294, 297, 299, 301, 303–326, 335, 349, 359, 369, 372, 383, 389, 390, 406, 407, 408, 413, 421, 424, 429, 430, 431, 432, 434, 435, 436, 437, 438, 440, 442, 444, 446, 448, 449, 450, 451, 452, 456, 458, 460, 461, 483, 486, 487, 497, 504, 505, 526, 539, 540, 544, 547, 551, 555, 556, 558, 559, 567, 568, 570, 571, 580, 582, 594, 603, 604, 607, 611, 613, 624, 627, 633, 643, 644, 648, 649, 650, 652, 653, 656, 657, 661, 662, 663, 665, 667, 668, 670, 673
  no Antigo Testamento, 117, 421, 426, 429, 430, 431, 432, 436, 438, 460, 650–653
  no Novo Testamento, 426, 429, 430, 431, 432, 440, 460, 650, 661, 667, 673
  tragada pela vitória, 656
mundo; 44, 45, 46, 48, 52, 55, 58, 64, 66, 67, 68, 69, 70, 72, 74, 75, 76, 77, 78, 80, 81, 85, 89, 90, 92, 93, 95, 97, 99, 102, 103, 106, 107, 112, 114, 121, 128, 132, 139, 141, 142, 150, 152, 155, 158, 159, 161, 163, 169, 177, 178, 179, 181, 183, 184, 186, 187, 188, 189, 192, 196, 197, 200, 202, 206, 208, 209, 214, 215, 217, 218, 219, 220, 221, 222, 226, 227, 228, 229, 230, 231, 232, 234, 235, 236, 237, 240, 246, 250, 252, 253, 254, 257, 259, 262, 271, 272, 273, 274, 276, 277, 281, 283, 284, 287, 290, 293, 297, 299, 305, 307, 310, 314, 316, 317, 319, 320, 324, 328, 330, 331, 332, 333, 335, 336, 338, 342, 346, 351, 353, 354, 355, 369, 374, 376, 379, 381, 383, 385, 390, 391, 393, 394, 395, 399, 400, 409, 411, 413, 419, 421, 423, 424, 432, 437, 438, 439, 440, 441, 442, 444, 447, 448, 449, 450, 452, 455, 456, 459, 462, 466, 467, 471, 472, 475, 476, 481, 482, 483, 485, 490, 493, 495, 500, 501, 503, 505, 506, 507, 509, 511, 515, 517, 518, 519, 524, 526, 532, 536, 542, 548, 551, 555, 561, 562, 566, 576, 582, 590, 594, 595, 601, 603, 604, 608, 613, 615, 616, 621, 624, 625, 627, 630, 633, 635, 637, 640, 646, 647, 648, 650, 652, 657, 659, 664, 665, 667, 669, 670, 672, 673
  corrompido pelo pecado, 229, 297, 307, 440, 448, 561
  Deus e o, 44, 443, 46, 48, 52, 54, 56, 58, 65, 66, 67, 68, 69, 70, 73, 74, 75, 76, 77, 78, 80, 81, 82, 83, 84, 85, 88, 89, 90, 92, 93, 95, 96, 99, 102, 103, 105, 106, 107, 111, 112, 113, 120, 128, 130, 131, 135, 138, 140, 142, 150, 153, 158, 159, 161, 164, 169, 177, 178, 179, 181, 182, 183, 186, 187, 188, 192, 193, 197, 200, 202, 206, 208, 209, 214, 215, 217, 218, 219, 220, 221, 222, 227, 228, 229, 230, 231, 232, 234, 235, 236, 237, 240, 246, 253, 254, 257, 259, 262, 265, 271, 272, 273, 274, 277, 281, 283, 284, 290, 293, 297, 298, 305, 307, 314, 315, 317, 319, 320, 323, 327, 328, 329, 331, 332, 333, 335, 336, 338, 343, 346, 351, 352, 354, 355, 369, 375, 376, 379, 381, 383, 384, 390, 391, 393, 394, 395, 399, 400, 403, 409, 411, 413, 420, 421, 423, 424, 432, 436, 437, 438, 440, 441, 442, 443, 444, 448, 449, 450, 454, 457, 458, 459, 461, 466,

467, 471, 472, 473, 475, 477, 481, 482, 483, 486, 490, 493, 494, 495, 499, 500, 503, 505, 506, 507, 508, 511, 515, 518, 519, 525, 526, 531, 532, 537, 541, 548, 551, 556, 561, 562, 567, 577, 582, 590, 594, 595, 600, 603, 604, 609, 613, 614, 616, 621, 624, 625, 627, 630, 631, 633, 635, 642, 645, 650, 652, 657, 659, 664, 666, 667, 669, 670, 671, 672, 673
e eleição, 200, 335, 336, 338, 409, 506, 519, 551, 603, 614
espiritual, 44, 48, 74, 92, 107, 131, 150, 155, 186, 206, 209, 227, 249, 262, 271, 272, 281, 290, 293, 297, 315, 331, 376, 379, 383, 420, 423, 448, 452, 458, 471, 482, 483, 486, 490, 493, 500, 505, 506, 507, 508, 511, 515, 517, 541, 548, 589, 590, 595, 600, 604, 613, 614, 624, 642, 645, 666, 669, 671, 672
eternidade do, 219, 221-222, 228, 232, 310, 338, 351, 352, 400, 408, 409, 411, 483, 647, 650
material, 74, 90, 92, 96, 102, 153, 193, 217, 252, 253, 272, 343, 369, 393, 467, 483, 494, 495, 647, 648, 666, 673
princípio do, 46, 55, 66, 67, 68, 69, 74, 77, 78, 81, 90, 102, 103, 112, 159, 192, 197, 200, 202, 206, 214, 215, 219, 220, 221, 222, 227, 228, 232, 240, 246, 250, 283, 284, 290, 310, 314, 319, 333, 351, 352, 354, 369, 379, 390, 391, 393, 400, 409, 424, 441, 448, 452, 456, 459, 485, 493, 500, 515, 566, 590, 615, 621, 624, 627, 630, 640, 646, 647, 652, 657, 664, 665, 669
seres humanos e o, 65, 68, 103, 181, 186, 240, 246, 249, 252, 253, 254, 262, 293, 332, 393, 505, 603, 614, 630

nascimento virginal, 363, 411, 412
naturalismo; veja *racionalismo*
natureza, 44, 443, 46, 49, 52, 54, 56, 57, 61, 62, 65, 66, 67, 68, 69, 70, 72, 73, 74, 75, 76, 78, 80, 81, 82, 84, 85, 87, 91, 92, 95, 96, 99, 100, 101, 103, 105, 106, 110, 111, 112, 113, 116, 117, 120, 122, 124, 141, 145, 146, 149, 150, 152, 154, 170, 173, 177, 180, 183, 188, 191, 193, 202, 204, 208, 209, 213, 214, 215, 217, 227, 228, 231, 234, 236, 240, 244, 245, 248, 249, 251, 253, 254, 256, 257, 258, 259, 260, 261, 267, 268, 269, 271, 272, 274, 276, 277, 279, 281, 283, 284, 286, 288, 290, 291, 292, 293, 294, 298, 299, 300, 301, 302, 304, 307, 311, 314, 315, 316, 317, 320, 321, 323, 325, 328, 329, 331, 332, 333, 337, 339, 346, 347, 352, 355, 357, 368, 371, 372, 373, 381, 382, 384, 385, 389, 390, 391, 393, 394, 395, 396, 397, 399, 400, 401, 402, 403, 404, 405, 406, 407, 409, 411, 412, 413, 414, 415, 416, 419, 420, 421, 423, 424, 434, 443, 452, 453, 454, 466, 469, 473, 482, 483, 484, 487, 490, 494, 495, 497, 498, 499, 500, 502, 503, 504, 507, 508, 514, 521, 525, 526, 539, 544, 547, 548, 556, 560, 563, 565, 567, 573, 579, 580, 583, 585, 586, 588, 589, 594, 595, 596, 597, 599, 609, 610, 611, 615, 623, 629, 633, 638, 639, 640, 648, 650, 652, 656, 664, 668, 669, 670
e graça, 52, 56, 57, 65, 67, 68, 75, 76, 81, 82, 91, 95, 111, 112, 113, 115, 116, 120, 124, 170, 173, 183, 188, 208, 209, 213, 244, 269, 293, 304, 307, 311, 316, 317, 320, 328, 329, 331, 333, 337, 339, 346, 347, 352, 355, 357, 389, 402, 409, 411, 419, 420, 466, 483, 484, 490, 494, 497, 499, 500, 503, 504, 507, 521, 544, 547, 560, 573, 579, 580, 585, 589, 594, 599, 609, 610, 615, 623, 652, 656, 664, 668
e ordem natural, 62, 65, 68, 103, 240, 248, 249, 253, 254, 260, 293, 332, 393, 397, 586, 599
Escritura e, 44, 443, 46, 52, 65, 68, 69, 73, 75, 80, 84, 85, 87, 96, 99, 100, 101, 103, 105, 110, 111, 113, 120, 141, 145, 149, 152, 154, 180, 188, 204, 208, 209, 213, 214, 215, 227, 228, 234, 240, 254, 256, 259, 260, 261, 267, 268, 269, 271, 272, 274, 283, 286, 288, 290, 291, 293, 294, 298, 299, 300, 304, 307, 314, 315, 317, 320, 323, 333, 337, 352, 372, 381, 384, 396, 397, 399, 400, 401, 403, 406, 412, 453, 467, 482, 483, 487, 490, 495, 497, 500, 502, 507, 508, 521, 526, 548, 556, 563, 586, 594, 595, 596, 597, 610, 650, 664, 669, 670
Queda, antes e depois, 73, 76, 80, 81, 85, 105, 110, 117, 124, 146, 150, 177, 193, 234, 240, 245, 261, 267, 268, 269, 276, 283, 284, 286, 288, 290, 291, 293, 294, 302, 304, 314, 315, 323, 328, 332, 333, 339, 347, 355, 357, 381, 389, 394, 395, 400, 409, 413, 424, 454, 490, 494, 495, 503, 525, 599, 610, 648, 670
natureza humana, 47, 65, 202, 262, 267, 269, 270, 275, 292, 297, 299, 300, 311, 368, 371, 390, 391, 393, 399, 400-404, 405, 406, 409, 411, 412, 452, 469, 473, 484, 487, 548, 584, 679; veja *imagem de Deus*
antes da Queda, 239-281, 293, 413
evolução e a, 170, 248, 249, 253, 254, 256, 315, 317, 320, 650
semelhança divina e, 256, 399, 423
Nestorianismo, 164

Nestório, 395
Nicodemos, 479, 513
Nietzsche, Friedrich, 141
Noé, 70, 80, 81, 82, 83, 86, 105, 110, 242, 295, 333, 339, 343, 344, 346, 426, 445, 501, 532, 614, 625
nomes de Deus, 54, 69, 98, 115, 124, 149, 182, 198, 202, 206, 207, 217, 245, 284, 291, 334, 354, 362, 378, 382, 385, 387, 391, 392, 412, 471, 485, 487, 496, 569, 578, 588, 590
  Adonai, 388
  e antropomorfismo, 178
  e essência de Deus, 207, 233
  e os atributos de Deus, 180, 181, 186, 291, 391, 392
  e Trindade, 207
  Elohim, 183, 195, 196
  Jeová, 52, 78, 105, 106, 109, 119, 123, 124, 129, 130, 149, 150, 183, 185, 186, 195, 197, 198, 218, 354, 358, 385, 387, 426, 529, 564
  kurios, 388
  no Antigo Testamento, 354, 386, 388, 391
  no Novo Testamento, 334, 362, 382, 384, 387, 391, 496, 577, 588
  o Santo, 141, 377, 519, 564, 565
  Pai, 124, 186, 204, 206, 207, 354, 362, 391, 392, 412, 487
  Senhor dos Exércitos, 98
nomismo; veja *pelagianismo*
nova aliança, 51, 80, 81, 110, 119, 120, 128, 129, 131, 132, 137, 153, 197, 198, 199, 335, 340, 343, 344, 345, 346, 347, 352, 355, 356, 359, 364, 366, 368, 372, 426, 429, 430, 431, 437, 438, 486, 491, 493, 496, 499, 512, 523, 538, 549, 558, 565, 570, 572, 605, 607, 613, 614, 615, 644, 652, 653, 654, 656
nova criação, 83, 107, 169, 193, 197, 201, 202, 208, 228, 230, 232, 334, 335, 336, 352, 438, 440, 511, 514, 546, 573, 574, 596, 600, 614, 661, 671, 672, 673
novacianos, 525
novo nascimento, 480, 514, 540
novo nascimento; veja *regeneração*, 480, 514, 540
Novo Testamento; veja *Escritura*, 52, 101, 106, 107, 128, 132, 133, 135, 138, 139, 143, 153, 155, 157, 158, 160, 167, 200, 201, 202, 296, 297, 334, 343, 347, 351, 354, 362, 365, 366, 367, 368, 376, 382, 384, 387, 388, 391, 421, 422, 426, 429, 431, 432, 436, 437, 440, 441, 458, 460, 464, 470, 475, 482, 496, 500, 506, 509, 514, 521, 524, 525, 538, 540, 549, 565, 572, 573, 577, 582, 588, 594, 607, 616, 620, 621, 632, 640, 644, 657, 658, 659, 666, 667, 676
  e confiabilidade, 138
  relação com o Antigo Testamento, 132, 135, 153, 159, 200, 201, 345, 366, 393, 419, 432, 440, 526, 549, 558, 560, 587, 666
  revelação de Deus no, 56, 101, 106, 107, 110, 118, 128, 131, 132, 135, 137, 143, 153, 160, 198, 199, 200, 334, 355, 356, 362, 372, 382, 385, 387, 426, 436, 458, 477, 479, 496, 498, 509, 523, 565, 587, 621, 667, 673
  salvação e o, 52, 138, 154, 200, 202, 297, 334, 343, 355, 356, 364, 384, 422, 431, 435, 441, 458, 460, 469, 470, 499, 526, 535, 560, 570, 572, 594, 607, 652, 653, 658, 661
obediência, 53, 71, 117, 120, 166, 220, 243, 263, 279, 285, 305, 307, 315, 339, 367, 371, 388, 404, 408, 413, 416, 421, 424, 426, 432, 445, 455, 461, 471, 496, 540, 544, 547, 555, 559, 565, 567, 568, 579, 583, 585, 601, 602
obras, 48, 54, 63, 65, 66, 68, 69, 73, 98, 100, 103, 105, 106, 111, 113, 117, 118, 124, 129, 132, 142, 150, 161, 166, 168, 178, 179, 180, 188, 192, 197, 200, 201, 205, 206, 207, 209, 210, 213, 214, 218, 220, 221, 223, 227, 234, 235, 236, 264, 266, 273, 277, 291, 303, 304, 309, 320, 323, 334, 336, 337, 340, 343, 345, 347, 354, 370, 371, 372, 373, 378, 389, 391, 392, 401, 403, 412, 416, 420, 456, 464, 474, 475, 477, 479, 481, 491, 493, 495, 496, 497, 500, 506, 509, 511, 512, 513, 517, 520, 525, 526, 528, 536, 539, 541, 542, 543, 546, 547, 548, 549, 550, 551, 552, 555, 559, 560, 568, 573, 574, 576, 577, 579, 580, 582, 583, 585, 587, 590, 592, 599, 600, 604, 605, 609, 610, 612, 627, 633, 655, 661, 662, 663, 664, 670, 673, 674
  boas, 124, 166, 168, 337, 340, 481, 512, 517, 526, 528, 536, 546, 550, 555, 559, 560, 568, 573, 574, 576, 577, 579, 580, 582, 585, 587, 592, 604, 605, 609, 610, 612, 661, 662, 673
  da lei, 118, 495, 541, 543, 552, 585, 627
  de fé, 517, 543, 546, 559, 560, 580, 609, 610, 612, 673
  pacto das, 117, 340, 343, 345, 412, 496, 548
obras de justiça, 511, 536, 540, 544, 550, 552
obras; divinas; veja *conselho, divino*
oração, 56, 77, 78, 80, 90, 113, 150, 169, 214, 245, 294, 319, 331, 350, 367, 372, 378, 384, 390, 392, 394, 416, 422, 423, 442, 462, 473, 481, 526, 537, 557, 567, 594, 596, 599, 600, 605, 609, 616, 617, 623, 624, 631, 632, 635, 638, 640, 645, 653, 657, 661

ordem da salvação; veja *pacto da graça*
ordenação, 214, 334, 644
ordenanças, 71, 81, 82, 84, 130, 137, 199, 479, 579, 583, 585, 586, 629
orgulho, 131, 244, 283, 284, 296, 312, 535, 578
origem humana, 239-281
ciência e a, 215
filosofia e a, 247-253
religião e a, 330
Orígenes, 501

paciência, 187, 597
pacto com a natureza, 81
pacto da graça, 51, 81, 82, 111, 112, 113, 115, 116, 120, 124, 130, 132, 153, 183, 185, 188, 195, 198, 199, 327, 328, 331, 333, 335, 337, 339, 340, 341, 343, 344, 345, 346, 347, 348, 349, 352, 355, 356, 357, 358, 375, 411, 426, 428, 437, 438, 486, 491, 496, 499, 538, 549, 585, 603, 605, 613, 614, 615, 643, 644, 652, 656, 662
começa depois da Queda, 81, 340, 343, 347, 496
condições do, 339, 347
diferentes dispensações do, 113, 115, 132, 153, 199, 333, 343, 344, 345, 346, 355, 356, 438, 496
e a ordem da salvação, 340, 486
e batismo infantil, 644
e eleição, 130, 335, 340, 341, 345, 426, 428, 603, 614, 656
e pacto de obras, 340, 343, 345, 496
e *pactum salutis*, 340, 341
em Israel, 111, 112, 113, 115, 120, 124, 130, 132, 153, 183, 185, 195, 198, 199, 328, 333, 343, 344, 345, 346, 347, 352, 355, 356, 357, 358, 375, 411, 426, 428, 438, 496, 499, 538, 549, 585, 615, 652, 656
filhos nascidos no, 347, 644
no Monte Sinai, 113, 344, 496
precede a regeneração, 355, 486, 613, 644
pacto de obras, 117, 340, 343, 345, 496, 548
e pacto da graça, 340, 343, 345, 496
pacto/aliança, 51, 80, 81, 82, 102, 105, 110, 111, 112, 113, 115, 116, 117, 119, 120, 123, 124, 125, 127, 128, 129, 130, 131, 132, 137, 147, 148, 149, 153, 161, 183, 185, 188, 191, 195, 197, 198, 199, 305, 327, 328, 331, 333, 335, 337, 339, 340, 341, 343, 344, 345, 346, 347, 348, 349, 350, 352, 354, 355, 356, 357, 358, 359, 361, 364, 366, 368, 370, 372, 375, 377, 379, 411, 412, 426, 428, 429, 430, 431, 437, 438, 486, 491, 493, 496, 499, 512, 522, 523, 525, 530, 537, 538, 548, 549, 558, 564, 565, 570, 572, 585, 603, 605, 607, 613, 614, 615, 631, 643, 644, 652, 653, 654, 655, 656, 662
Adão/Deus, 117, 305, 345, 346, 352, 614
de obras; 117, 340, 343, 345, 412, 496, 548
e comunhão entre Deus e humanos, 339, 340, 429, 493, 613, 614, 615, 644, 652, 653, 654, 662
e eleição, 130, 335, 340, 341, 345, 426, 428, 603, 614, 656
e mandamento probatório, 226, 243, 279, 285, 286, 291, 493
e vida cristã, 333, 340, 350, 491, 496, 499, 512, 523, 525, 614
em Gênesis, 80, 111, 198, 343, 358, 359, 631
interno e externo, 128, 523, 525
no Antigo Testamento, 113, 131, 153, 198, 199, 343, 345, 347, 354, 355, 356, 357, 361, 364, 366, 372, 375, 377, 411, 426, 429, 430, 431, 438, 496, 499, 512, 522, 523, 549, 558, 564, 570, 615, 643, 652, 653, 656
religião e, 110, 111, 113, 115, 119, 129, 132, 328, 331, 333, 340, 341, 350, 352, 355, 358, 366, 426, 525, 565, 614
significado, 115, 131, 339, 564
paganismo, 90, 96, 105, 118, 162, 164, 165, 209, 595
Pai, 52, 54, 56, 59 64, 65, 66, 106, 133, 139, 140, 164, 191, 192, 194, 199, 200, 201, 202, 204, 205, 206, 207, 208, 209, 210, 215, 221, 236, 262, 266, 271, 273, 278, 292, 297, 319, 335, 336, 337, 338, 339, 341, 345, 346, 350, 351, 352, 354, 359, 362, 370, 371, 372, 373, 375, 377, 378, 379, 381, 384, 384, 389, 390, 391, 392, 394, 395, 397, 399, 400, 401, 402, 403, 293, 406, 407, 408, 409, 411, 412, 413, 414, 415, 416, 418, 419, 420, 421, 425, 426, 430, 431, 432, 434, 436, 437, 438, 441, 442, 443, 446, 447, 448, 449, 450, 451, 452, 453, 454, 456, 457, 458, 462, 464, 466, 467, 469, 470, 471, 472, 480, 481, 482, 483, 484, 486, 487, 502, 508, 512, 513, 515, 517, 519, 521, 527, 539, 540, 548, 549, 560, 561, 567, 568, 570, 573, 574, 576, 576, 586, 597, 598, 603, 604, 607, 611, 612, 613, 622, 623, 624, 628, 629, 642, 655, 658, 659, 663, 664, 665, 667, 669, 671, 672, 673, 674
Antigo Testamento e o, 52, 56, 106, 107, 129, 131, 133, 138, 164, 167, 199, 200, 201, 343, 345, 351, 354, 356, 367, 372, 375, 377, 391, 394, 400, 409, 411, 414, 419, 421, 423, 426, 430, 431, 432, 436, 438, 441, 453, 458, 469, 470, 471, 472, 508, 512, 522, 526, 536, 539, 540, 549, 558, 560, 570, 573, 603, 628, 659, 669, 673
e a criação, 65, 107, 192, 193, 201, 202, 205, 208, 210, 215, 221, 228, 236, 273, 279, 292, 335, 336, 337, 346, 352, 356, 389, 399,

400, 409, 438, 469, 482, 573, 574, 586, 671, 672, 673
e a Trindade, 164, 191, 192, 193, 199, 201, 204, 205, 206, 207, 208, 209, 210, 341, 354
e o Filho, 443, 51, 52, 53, 54, 56, 59, 65, 66, 67, 89, 106, 107, 109, 111, 112, 124, 128, 129, 131, 133, 138, 140, 164, 165, 167, 177, 179, 183, 185, 186, 191, 192, 193, 199, 200, 201, 202, 204, 205, 206, 207, 208, 209, 210, 215, 221, 228, 236, 262, 266, 271, 273, 279, 292, 296, 297, 310, 318, 319, 335, 336, 337, 338, 339, 341, 343, 345, 346, 350, 351, 352, 354, 356, 359, 362, 367, 370, 371, 372, 373, 375, 377, 378, 379, 381, 384, 384, 389, 390, 391, 392, 394, 395, 397, 399, 400, 401, 402, 403, 405, 406, 407, 408, 409, 411, 412, 413, 414, 415, 416, 418, 419, 420, 421, 423, 425, 426, 430, 431, 432, 434, 436, 437, 438, 441, 442, 443, 446, 447, 448, 449, 450, 451, 452, 453, 454, 456, 457, 458, 462, 464, 466, 467, 469, 470, 471, 472, 480, 481, 482, 483, 484, 486, 487, 502, 508, 512, 513, 517, 519, 521, 522, 526, 527, 536, 537, 539, 540, 548, 549, 558, 560, 561, 567, 568, 570, 573, 574, 576, 580, 586, 589, 597, 599, 603, 604, 607, 611, 612, 613, 622, 623, 624, 628, 629, 631, 632, 642, 655, 658, 659, 662, 663, 664, 665, 667, 669, 671, 672, 673, 674
e providência, 201, 202, 205, 221, 228, 236, 336, 337, 346, 482, 597
Novo Testamento e o, 52, 56, 106, 107, 128, 129, 131, 133, 138, 167, 199, 200, 201, 202, 296, 297, 343, 345, 351, 356, 362, 367, 372, 384, 391, 394, 414, 419, 421, 426, 430, 431, 432, 436, 438, 441, 458, 464, 469, 470, 472, 482, 512, 521, 522, 526, 539, 540, 549, 558, 560, 570, 573, 607, 632, 658, 659, 667, 673
obras do, 54, 65, 66, 179, 192, 200, 206, 207, 209, 210, 221, 236, 266, 337, 370, 371, 391, 392, 420, 456, 674
pais da igreja, 207, 395, 527
Palavra, 51, 52, 53, 54, 56, 57, 62, 63, 65, 66, 67, 68, 72, 74, 80, 81, 87, 98, 99, 100, 101, 105, 107, 108, 111, 115, 119, 123, 125, 128, 129, 130, 131, 133, 136, 137, 138, 140, 141, 143, 145, 146, 147, 148, 149, 150, 153, 157, 158, 159, 161, 163, 168, 170, 174, 175, 177, 178, 180, 181, 189, 191, 192, 194, 196, 197, 198, 199, 201, 202, 204, 205, 206, 207, 208, 210, 214, 218, 219, 220, 222, 226, 231, 239, 243, 246, 259, 260, 263, 264, 266, 268, 272, 276, 278, 279, 290, 296, 297, 300, 301, 307, 312, 313, 319, 320, 328, 339, 341, 352, 355, 360, 363, 371, 372, 377, 379, 379, 381, 382, 383, 384, 388, 390, 394, 396, 397, 399, 402, 403, 404, 408, 409, 412, 415, 416, 418, 419, 420, 424, 425, 428, 429, 431, 435, 436, 437, 438, 440, 441, 444, 446, 453, 454, 456, 458, 459, 462, 465, 466, 471, 474, 475, 477, 479, 480, 481, 489, 490, 491, 493, 494, 495, 496, 497, 498, 499, 500, 502, 503, 504, 505, 506, 507, 508, 509, 511, 512, 513, 517, 518, 519, 520, 521, 523, 525, 527, 528, 533, 535, 537, 538, 550, 557, 563, 564, 565, 571, 574, 580, 581, 583, 585, 586, 591, 592, 596, 597, 599, 600, 603, 604, 605, 610, 611, 613, 614, 615, 616, 619, 620, 629, 630, 633, 634, 636, 638, 639, 641, 642, 643, 644, 645, 648, 650, 656, 659, 665, 667, 669, 670, 671, 672
administração da, 320, 528, 599, 630
como marca da igreja, 643
como meio de graça, 67, 471, 490, 491, 499, 503, 504, 505, 521, 599, 600, 604, 613
como nome para Cristo, 51, 56, 57, 63, 66, 67, 68, 73, 85, 93, 101, 136, 137, 140, 146, 147, 150, 155, 156, 158, 159, 160, 161, 163, 164, 174, 180, 192, 193, 196, 197, 198, 199, 202, 210, 214, 219, 221, 231, 243, 260, 272, 290, 297, 351, 352, 354, 355, 367, 369, 379, 381, 384, 391, 392, 396, 397, 399, 400, 401, 402, 412, 415, 416, 418, 440, 458, 459, 471, 489, 490, 491, 493, 494, 496, 500, 574, 604, 610, 613, 620, 641, 642, 643, 644, 659, 671, 672
divina, 147, 181, 352, 581
e atos, 52, 54, 57, 62, 63, 78, 80, 81, 85, 98, 101, 107, 108, 111, 129, 136, 137, 148, 152, 164, 175, 179, 188, 192, 201, 204, 214, 220, 257, 259, 266, 276, 279, 297, 300, 301, 312, 314, 317, 319, 320, 333, 339, 350, 371, 381, 382, 396, 400, 407, 408, 416, 418, 419, 424, 436, 446, 453, 475, 477, 480, 489, 494, 499, 504, 509, 513, 517, 527, 533, 550, 586, 591, 592, 596, 599, 605, 638, 648, 650, 659, 671, 672
e Escritura, 51, 52, 63, 65, 68, 73, 80, 85, 98, 99, 100, 101, 107, 108, 111, 120, 129, 135, 136, 137, 138, 140, 141, 143, 145, 147, 149, 152, 153, 156, 157, 158, 159, 160, 161, 163, 164, 169, 174, 178, 179, 180, 181, 188, 204, 205, 206, 207, 208, 214, 218, 219, 220, 221, 226, 239, 246, 259, 260, 262, 266, 267, 272, 290, 296, 300, 307, 312, 314, 317, 320, 333, 351, 352, 360, 369, 372, 377, 381, 384, 392, 396, 397, 399, 400, 401, 403, 408, 412, 431, 436, 438, 440, 441, 444, 453, 456, 458, 489, 490, 491, 493, 495, 496, 497, 500, 502, 505, 507, 508,

509, 511, 512, 517, 521, 527, 550, 563, 574, 586, 592, 596, 597, 600, 603, 605, 610, 643, 650, 665, 669, 670, 671, 672
e Espírito, 57, 62, 63, 74, 80, 100, 106, 107, 108, 120, 123, 131, 138, 140, 141, 143, 145, 146, 147, 148, 149, 150, 152, 155, 161, 163, 164, 168, 174, 180, 193, 196, 197, 198, 199, 201, 202, 204, 205, 206, 207, 208, 210, 218, 221, 231, 259, 260, 262, 264, 266, 267, 272, 290, 297, 301, 312, 319, 341, 350, 356, 360, 367, 370, 371, 377, 378, 379, 381, 382, 383, 389, 391, 392, 394, 397, 399, 400, 403, 409, 412, 415, 416, 418, 420, 425, 437, 441, 444, 446, 453, 458, 459, 462, 465, 466, 471, 474, 475, 477, 479, 480, 481, 489, 490, 491, 493, 494, 495, 496, 497, 498, 499, 500, 502, 503, 504, 505, 506, 507, 508, 509, 511, 512, 513, 517, 519, 521, 523, 525, 527, 528, 537, 538, 550, 557, 564, 565, 571, 574, 581, 586, 591, 592, 596, 597, 600, 603, 604, 605, 610, 611, 613, 614, 615, 616, 619, 629, 633, 636, 638, 642, 643, 644, 645, 648, 656, 659, 669, 671, 672
e sacramento, 490, 491, 525, 641, 643, 644
escrita e não escrita, 156
significado do termo na Escritura, 505
paleontologia, 252
Palestina, 129, 132, 154, 241, 382, 386, 474, 636
panteísmo, 97, 99, 102, 179, 181, 183, 207, 209, 217, 232
papa, 165, 167, 168, 484, 634, 641
Pascal, Blaise, 49
Páscoa, 414, 643, 666
pastores, 630, 635, 639, 640, 643
patriarcal, sociedade, 125, 126
patriarcas, 52, 110, 111, 112, 120, 147, 164, 167, 197, 344, 354, 360, 426, 499, 527, 615, 631
Paulo, 46, 66, 73, 88, 93, 111, 113, 115, 117, 118, 120, 139, 140, 143, 144, 147, 153, 154, 155, 160, 195, 214, 233, 237, 265, 266, 283, 292, 296, 301, 305, 307, 313, 331, 337, 345, 347, 355, 366, 369, 382, 384, 385, 389, 392, 426, 444, 447, 451, 452, 465, 466, 470, 472, 474, 475, 477, 479, 481, 504, 508, 509, 511, 515, 527, 540, 541, 542, 544, 549, 550, 552, 558, 570, 571, 574, 580, 582, 587, 590, 593, 598, 614, 618, 619, 620, 623, 624, 630, 633, 634, 636, 638, 639, 658, 663, 664
aparição de Cristo a, 508
como apóstolo, 115, 140, 140, 142, 153, 155, 159, 160, 337, 369, 382, 383, 384, 385, 389, 392, 425, 452, 465, 475, 477, 481, 509, 540, 570, 581, 598, 617, 619, 620, 621, 623, 624, 630, 633, 634, 636, 636, 639
conversão de, 508
e Jesus, 138, 140, 154, 155, 159, 297, 307, 314, 337, 366, 369, 382, 384, 385, 389, 392, 425, 447, 452, 465, 470, 471, 474, 477, 478, 479, 504, 508, 511, 514, 527, 541, 542, 543, 550, 574, 581, 598, 617, 619, 620, 623, 624, 633, 634, 638, 663, 664
sobre lei, 73, 92, 111, 113, 115, 117, 118, 120, 138, 147, 153, 155, 159, 214, 291, 297, 301, 305, 307, 314, 345, 366, 425, 508, 511, 540, 541, 542, 543, 549, 552, 558, 570, 571, 574, 580, 581, 587, 590, 617, 630
paz, 52, 83, 169, 199, 248, 250, 274, 298, 320, 323, 325, 326, 329, 339, 343, 345, 357, 362, 363, 364, 375, 412, 421, 422, 429, 434, 437, 440, 452, 459, 479, 486, 487, 497, 551, 569, 570, 571, 579, 591, 607, 611, 617, 624, 626, 628, 629, 652, 654, 655, 656
pecado; 43, 48, 54, 56, 57, 67, 75, 76, 77, 81, 90, 95, 96, 102, 105, 106, 111, 116, 117, 118, 124, 130, 142, 149, 166, 168, 169, 177, 187, 188, 195, 205, 214, 227, 229, 235, 237, 254, 260, 264, 266, 267, 268, 269, 272, 274, 276, 280, 283, 284, 285, 286, 288, 290, 290, 291, 292, 293, 294, 296, 297, 298, 299, 300, 301, 302, 303, 304, 305, 307, 308, 309, 310, 311, 312, 314, 315, 316, 317, 318, 319, 320, 321, 322, 323, 325, 326, 327, 329, 331, 332, 333, 335, 337, 338, 343, 344, 346, 347, 351, 352, 365, 366, 367, 369, 370, 371, 372, 373, 382, 383, 385, 390, 392, 399, 400, 403, 405, 406, 407, 408, 409, 412, 413, 415, 416, 421, 424, 428, 429, 430, 431, 432, 434, 435, 436, 437, 438, 440, 442, 443, 444, 448, 449, 450, 451, 452, 457, 458, 460, 461, 471, 472, 486, 487, 489, 494, 495, 496, 497, 499, 500, 503, 504, 505, 506, 507, 509, 512, 515, 522, 525, 526, 527, 528, 532, 535, 536, 537, 538, 539, 540, 541, 542, 543, 544, 546, 547, 549, 550, 551, 552, 553, 555, 556, 557, 558, 559, 560, 561, 563, 565, 567, 568, 569, 570, 571, 572, 573, 574, 576, 577, 578, 579, 580, 583, 586, 587, 588, 589, 590, 591, 592, 594, 597, 598, 599, 602, 603, 604, 605, 606, 607, 610, 611, 615, 624, 625, 627, 629, 630, 631, 633, 643, 644, 645, 649, 652, 656, 657, 658, 661, 662, 663, 665, 666, 667, 668, 670, 671, 672, 673
Adão e, 69, 77, 117, 243, 244, 245, 266, 274, 276, 278, 280, 285, 286, 293, 298, 305, 307, 308, 310, 311, 346, 352, 409, 413, 416, 499, 502, 515, 532, 555, 628
caráter ético, 291, 366
como falsidade, 254, 260, 280, 591, 592, 594, 597
como mistério, 56, 309, 325, 434

como privação, 292, 597
como substância, 292
como universal, 111, 293, 294, 296, 297, 298, 299, 302, 303, 304, 440
consciência do, 272, 293, 299, 319, 321, 487, 494, 496, 525, 551, 563, 569, 570, 591, 592, 606, 668
consequências do, 106, 124, 214, 254, 274, 286, 310, 322, 337, 435, 448, 526, 649
da comissão e omissão, 312
e a comunhão com Deus, 53, 107, 290, 311, 326, 333, 393, 415, 432, 451, 525, 571, 574, 576, 580, 652
e evolução, 217, 227, 246, 247, 249, 252, 253, 254, 315, 317, 320, 597, 649, 650, 661, 662
e morte, 54, 57, 90, 106, 117, 118, 124, 214, 229, 269, 278, 283–326, 335, 369, 372, 383, 390, 406, 407, 408, 413, 421, 424, 429, 430, 431, 432, 434, 435, 436, 437, 438, 440, 442, 444, 448, 449, 450, 451, 452, 458, 460, 461, 486, 487, 497, 504, 505, 526, 539, 540, 544, 547, 551, 555, 556, 558, 559, 567, 568, 570, 571, 580, 594, 603, 604, 607, 611, 624, 627, 633, 643, 644, 649, 652, 656, 657, 661, 662, 663, 665, 667, 668, 673
e predestinação, 437
e punição eterna, 117, 235, 323, 547, 549, 552, 569, 579, 649, 662, 667, 671, 672
e sofrimento, 56, 76, 81, 92, 112, 187, 229, 322, 365, 366, 371, 385, 406, 413, 421, 424, 428, 431, 432, 434, 440, 444, 461, 542, 567, 568, 580, 597, 605, 658, 661
origem do, 286, 288, 290, 290, 291, 299, 303, 307, 310
original, 267, 268, 269, 307
restringido pela lei e evangelho, 118, 268, 316, 495, 590
Pedro, 65, 138, 143, 144, 154, 155, 160, 167, 284, 356, 366, 372, 373, 376, 384, 392, 425, 430, 431, 432, 439, 444, 446, 451, 452, 453, 457, 463, 464, 465, 470, 474, 485, 487, 504, 505, 508, 514, 515, 522, 544, 566, 572, 573, 576, 581, 582, 589, 592, 594, 598, 601, 604, 605, 607, 618, 621, 623, 624, 625, 629, 633, 634, 635, 636, 639, 640, 642, 643, 645, 658, 659, 661, 670, 672
como rocha, 505, 607, 633, 634
em Roma, 154, 155, 167, 582, 592, 625, 634, 635, 641, 643
pelagianismo, 230, 303, 304
Pelágio, 166, 297, 299, 489, 491
pena de morte, 124
penitência, 415, 523
Pentecostes, 381, 394, 439, 469, 472, 473, 474, 475, 481, 499, 506, 540, 616, 617, 657
perdão, 67, 112, 117, 124, 149, 169, 187, 237, 267, 305, 369, 371, 373, 382, 392, 415, 429, 431, 436, 438, 443, 450, 451, 452, 457, 460, 486, 499, 512, 523, 525, 536, 555, 556, 557, 558, 559, 560, 569, 570, 571, 574, 576, 579, 598, 604, 610, 616, 625, 645, 645, 662
perseguição, 151, 155, 165, 237, 413, 476, 518, 536, 583, 619, 625, 673
perseverança dos santos, 602, 603
Pérsia, 91, 131, 164
personalidade, 45, 99, 176, 369, 373, 483, 489, 492, 515, 574, 586
pessoas (da Trindade); veja *Pai*; *Espírito Santo*; *Filho*; *Trindade*, 163, 193, 207, 208, 209, 329
distinção entre as, 208
piedade, 206, 292, 315, 348, 542, 595
pietismo, 170
Platão, 503
pobreza, 166, 244, 287, 325, 375, 485, 583, 655
poder, 49, 52, 53, 54, 58, 62, 65, 67, 68, 69, 70, 73, 74, 78, 82, 84, 98, 102, 103, 105, 106, 119, 120, 124, 138, 141, 142, 150, 165, 170, 179, 182, 185, 187, 196, 197, 198, 200, 201, 204, 205, 208, 213, 219, 220, 226, 227, 231, 236, 244, 257, 260, 261, 262, 264, 265, 268, 271, 272, 273, 276, 284, 285, 290, 291, 293, 298, 307, 308, 309, 310, 314, 316, 317, 318, 319, 332, 333, 338, 339, 346, 347, 349, 350, 352, 354, 358, 362, 371, 375, 378, 379, 384, 385, 387, 391, 392, 393, 394, 397, 399, 402, 403, 407, 408, 409, 415, 416, 418, 420, 421, 422, 423, 424, 426, 430, 437, 438, 442, 444, 446, 448, 449, 453, 454, 457, 458, 462, 464, 466, 467, 470, 471, 474, 475, 477, 478, 479, 482, 483, 484, 490, 491, 493, 494, 500, 502, 503, 504, 505, 506, 509, 511, 515, 518, 519, 546, 553, 555, 569, 571, 573, 578, 580, 586, 590, 591, 594, 595, 596, 609, 611, 612, 614, 616, 629, 630, 633, 634, 635, 639, 640, 641, 642, 644, 648, 652, 653, 655, 657, 658, 659, 664, 665, 666, 667, 668
poesia, 150
politeísmo, 69, 89, 110, 179, 181, 182, 208, 209, 217
Pôncio Pilatos, 323, 413, 424, 426, 449, 518, 665
pregação, 78, 80, 91, 140, 152, 153, 160, 169, 276, 280, 296, 297, 351, 369, 370, 373, 381, 383, 384, 385, 389, 396, 412, 414, 418, 419, 425, 440, 452, 453, 456, 457, 458, 465, 479, 489, 494, 496, 497, 509, 512, 520, 522, 523, 539, 580, 598, 599, 615, 617, 620, 629, 631, 634, 641, 659, 662

presbíteros, 125, 127, 167, 635, 638-641
presbíteros, 167, 640
presciência, 205, 334, 407, 425, 551
preservação, 80, 146, 155, 321, 486, 499, 510, 603, 604, 606, 607, 609, 668
pressuposição, 71, 96, 111, 217
profecia, 48, 67, 118, 119, 122, 130, 132, 137, 138, 140, 142, 147, 149, 150, 152, 198, 204, 277, 329, 356, 357, 359, 361, 362, 365, 366, 372, 375, 409, 412, 414, 418, 421, 422, 423, 424, 429, 430, 458, 475, 477, 478, 539, 628, 655, 657, 659
 como meio de revelação, 67, 118, 122, 140, 169, 409, 458
 na nova aliança, 119, 132, 137, 198, 356, 359, 366, 372, 429, 430
 no paganismo, 118
profecia messiânica no Antigo Testamento, 356-357, 362, 375
profetas, 52, 54, 98, 101, 107, 108, 110, 111, 122, 127, 131, 135, 136, 137, 138, 142, 143, 147, 148, 149, 156, 157, 159, 160, 166, 185, 196, 198, 199, 202, 234, 356, 358, 360, 361, 366, 367, 370, 393, 397, 409, 411, 412, 414, 418, 419, 421, 425, 429, 441, 465, 479, 482, 498, 505, 517, 520, 522, 522, 523 532, 535, 542, 549, 565, 581, 585, 595, 598, 606, 621, 632, 636, 638, 641, 643, 656, 657, 667
 e lei, 101, 111, 122, 127, 131, 136, 137, 138, 147, 159, 166, 196, 356, 360, 366, 393, 419, 421, 425, 429, 498, 505, 522, 523, 532, 542, 549, 565, 581, 585, 595, 632, 656, 657
 no Antigo Testamento, 52, 101, 107, 108, 110, 131, 135, 137, 138, 143, 157, 159, 160, 196, 198, 199, 356, 361, 366, 367, 393, 409, 411, 414, 419, 421, 429, 441, 479, 498, 520, 522, 523, 532, 535, 549, 656, 106
 ofícios extraordinários, 638
 sobre o dia do Senhor, 131, 137, 149, 198, 199, 358, 360, 366, 418, 425, 429, 479, 482, 523, 535, 638, 656, 657
progresso, 48, 128, 158, 194, 249, 315, 317, 324, 328, 344
promessa, 51, 52, 76, 81, 105, 110, 111, 112, 113, 115, 116, 117, 118, 119, 120, 122, 123, 124, 128, 130, 131, 132, 133, 149, 150, 152, 159
propiciação, 365, 435, 436, 438, 450, 462, 545, 553
providência, 72, 84, 91, 98, 100, 136, 196, 201, 202, 205, 213, 214, 217, 219, 221, 223, 226, 228, 230, 231, 232, 234, 235, 236, 237, 291, 333, 334, 336, 337, 346, 482, 500, 504, 505, 528, 597
 aspectos da, 236
 como uma confissão de fé, 235, 236, 337, 597
 conselho e, 84, 201, 214, 219, 231, 291, 334, 336, 337, 346, 500, 504
 criação e, 84, 98, 100, 196, 201, 202, 205, 213, 214, 217, 219, 221, 223, 226, 228, 230, 231, 232, 235, 236, 237, 291, 333, 334, 336, 337, 346, 482, 504
 destino e, 84
 e a causa primária, 217
 e causas secundárias, 235, 236
 e decretos divinos, 214
 e o conselho de Deus, 84, 201, 214, 219, 231, 291, 334, 562, 337, 346, 500, 504
 e o povo de Deus, 72, 84, 91, 136, 196, 201, 202, 205, 213, 217, 228, 234, 291, 333, 334, 336, 346, 500, 597
 e pecado, 98, 205, 214, 217, 228, 231, 232, 234, 235, 237, 291, 333, 334, 336, 337, 346, 500, 504, 505, 528, 597
 e predestinação, 219
 e Trindade, 201, 205, 213
 Escritura e a, 84, 98, 100, 136, 205, 213, 214, 219, 221, 226, 228, 230, 232, 234, 235, 291, 333, 334, 337, 482, 500, 505, 597
 fé e, 72, 84, 91, 98, 100, 136, 196, 201, 202, 205, 213, 214, 217, 219, 221, 223, 226, 228, 230, 231, 232, 234, 235, 236, 237, 291, 333, 334, 336, 337, 346, 482, 500, 504, 505, 528, 597
 pelagianismo e a, 230
 presciência e, 205, 334
 preservação, 72, 136, 230, 333, 346
 significado, 100, 202, 226, 505
punição, 75, 76, 77, 83, 117, 127, 128, 130, 140, 149, 214, 235, 300, 303, 315, 316, 320, 321, 322, 323, 338, 317, 321, 436, 449, 532, 536, 543, 547, 548, 549, 552, 561, 562, 569, 578, 579, 649, 662, 667, 671, 672
 católicos romanos sobre a, 549, 569
 como sofrimento, 76, 83, 214, 322, 434, 662
 decretos de, 127, 315, 671, 672
 e pecado, 75, 76, 77, 83, 117, 127, 128, 130, 149, 214, 235, 300, 303, 315, 316, 320, 321, 322, 323, 338, 429, 434, 436, 449, 532, 536, 543, 547, 548, 549, 552, 561, 569, 578, 579, 649, 662, 667, 671, 672
 e satisfação, 76, 436, 561
 lugar da, 83, 117, 300, 315, 316, 322, 323, 338, 434, 449, 543, 547, 548, 552, 561, 578, 649, 662
 objetivo da, 83, 579
purgatório, 660, 661, 662, 666

Queda, 50, 73, 76, 77, 80, 81, 85, 89, 105, 107, 109, 110, 117, 118, 124, 128, 130, 131, 146, 150, 161, 166, 167, 168, 177, 179, 185, 186,

187, 193, 194, 223, 225, 229, 234, 235, 240, 245, 261, 266, 267, 268, 270, 275, 280, 283, 284, 285, 286, 287, 290, 290, 291, 293, 294, 303, 304, 305, 314, 318, 322, 323, 326, 329, 332, 333, 338, 339, 340, 343, 347, 355, 357, 381, 389, 394, 395, 400, 409, 413, 422, 424, 441, 454, 490, 494, 495, 496, 503, 505, 513, 517, 518, 525, 530, 536, 543, 561, 581, 587, 599, 600, 602, 605, 610, 628, 641, 648, 649, 659, 670
querubim, 262

racionalismo, 230, 490
razão, 44, 62, 72, 85, 93, 97, 101, 103, 124, 170, 182, 207, 217, 230, 235, 244, 252, 253, 256, 258, 259, 260, 268, 273, 286, 288, 292, 302, 311, 313, 316, 317, 320, 324, 347, 356, 362, 372, 386, 421, 422, 458, 466, 490, 494, 495, 498, 574, 586, 590, 591, 592, 596, 604, 606, 609, 615, 643, 647, 654, 669
recompensa, 303, 320, 321, 335, 340, 544, 560, 577, 583, 604, 657, 664, 669, 671, 672, 673
reconciliação, 50, 76, 91, 92, 124, 168, 169, 193, 205, 234, 262, 305, 310, 383, 385, 391, 405, 406, 427, 428, 435, 436, 437, 438, 440, 450, 452, 485, 497, 543, 545, 551, 561, 579, 592, 624
redenção, 45, 91, 105, 120, 132, 151, 189, 192, 197, 198, 201, 205, 208, 210, 214, 236, 237, 270, 275, 288, 290, 328, 329, 330, 332, 333, 334, 335, 336, 338, 340, 341, 349, 353, 354, 357, 358, 365, 382, 399, 410, 420, 435, 437, 438, 442, 443, 469, 483, 504, 506, 507, 511, 520, 523, 527, 533, 539, 540, 544, 545, 554, 559, 561, 566, 570, 571, 603, 611, 612, 614, 627, 657, 663, 672
Reforma, 92, 166, 167, 168, 169, 170, 491, 525, 584, 595, 608, 610, 641, 643
reformadores, 583, 584
regeneração, 65, 83, 100, 107, 205, 296, 336, 355, 448, 452, 479, 484, 486, 487, 509, 511, 512, 513, 514, 515, 517, 519, 521, 522, 527, 529, 540, 569, 570, 573, 586, 587, 594, 600, 604, 613, 644, 671, 672
  e arrependimento, 296, 486, 509, 512, 517, 519, 522, 527, 529, 540, 569, 604
  e batismo, 205, 511, 512, 514, 515, 644
  e chamado, 100, 486, 509, 512, 514, 517, 519, 521, 586, 600, 613
  e fé, 65, 83, 100, 107, 205, 296, 336, 355, 448, 452, 479, 484, 486, 487, 509, 511, 512, 513, 514, 515, 517, 519, 521, 522, 527, 529, 540, 569, 570, 573, 586, 587, 594, 604, 613, 644, 671, 672
  e justificação, 514, 569, 587, 604
  nos filhos dos crentes, 355, 486, 515, 519, 594, 600, 613, 644
  sentido amplo e restrito, 487, 527
regra de fé, 146, 156
reino de Deus, 57, 82, 83, 85, 128, 129, 130, 133, 147, 148, 150, 166, 201, 205, 228, 236, 291, 296, 304, 314, 317, 319, 346, 350, 357, 361, 364, 365, 366, 370, 371, 372, 373, 375, 376, 378, 396, 409, 416, 418, 419, 422, 423, 428, 443, 457, 459, 471, 479, 505, 506, 507, 511, 512, 513, 518, 522, 523, 527, 529, 538, 539, 540, 544, 549, 585, 588, 594, 595, 596, 600, 614, 99=156, 628, 629, 632, 633, 641, 655, 656, 657, 659, 663, 664, 665, 666, 667, 668, 671, 672, 673
  abertura e fechamento do, 633
  como presente e vindouro, 357, 364, 376, 629, 659
  e a igreja, 133, 166, 202, 314, 346, 350, 366, 370, 396, 443, 471, 479, 506, 527, 539, 585, 588, 596, 615, 628, 629, 632, 633, 641, 657, 659, 663, 664, 665, 666, 667, 673
  e o Espírito, 57, 83, 147, 148, 150, 166, 201, 205, 319, 350, 357, 361, 364, 366, 370, 371, 376, 378, 409, 416, 418, 423, 457, 459, 471, 479, 505, 506, 507, 511, 512, 513, 522, 523, 527, 529, 538, 539, 540, 588, 594, 595, 596, 600, 614, 615, 628, 517, 633, 656, 657, 659, 663, 664, 666, 668, 671, 672
  e o Messias, 150, 319, 361, 364, 365, 366, 372, 373, 375, 409, 416, 422, 423, 459, 513, 539, 615, 655, 656, 657
  e reinos do mundo, 82, 83, 85, 128, 150, 228, 236, 314, 317, 319, 346, 375, 376, 409, 423, 443, 457, 459, 471, 505, 506, 507, 511, 518, 594, 595, 600, 614, 633, 657, 659, 664, 666, 667, 671, 672, 673
  na profecia, 130, 147, 150, 357, 361, 365, 366, 372, 375, 409, 418, 422, 423, 539, 628, 655, 657, 659
religião; veja *história das religiões*, 48, 72, 73, 74, 77, 78, 88, 89, 90, 91, 92, 95, 96, 99, 100, 109, 110, 111, 113, 115, 118, 119, 122, 129, 132, 164, 168, 170, 179, 193, 209, 210, 234, 243, 244, 246, 252, 253, 254, 258, 259, 260, 265, 268, 272, 316, 328, 329, 331, 332, 333, 340, 341, 350, 352, 355, 358, 366, 369, 385, 395, 405, 418, 426, 442, 487, 490, 498, 511, 521, 525, 560, 565, 579, 582, 596, 597, 614, 647, 648, 667, 669
  como conhecimento, 48, 72, 73, 78, 91, 95, 96, 99, 100, 109, 179, 243, 256, 258, 260, 268, 316, 332, 333, 350, 355, 358, 366, 369, 426, 490, 521, 565
  como objetiva e subjetiva, 90

523, 565, 585, 586, 587, 606, 609, 610, 621, 628, 638, 663, 667, 673
e encarnação, 98, 155, 200, 354, 397, 400, 415
e Escritura, 46, 51, 58, 63, 65, 68, 69, 73, 75, 83, 84, 85, 96, 98, 99, 100, 101, 102, 105, 107, 108, 109, 110, 111, 113, 120, 135, 136, 137, 140, 141, 143, 152, 153, 154, 160, 174, 179, 180, 195, 200, 205, 206, 207, 230, 232, 260, 262, 266, 272, 286, 290, 318, 333, 334, 372, 397, 400, 426, 436, 458, 495, 496, 497, 505, 508, 509, 529, 586, 610
e fé, 46, 51, 54, 56, 58, 61, 62, 63, 65, 66, 67, 68, 69, 70, 72, 73, 74, 75, 76, 78, 81, 83, 84, 85, 88, 90, 92, 95, 96, 98, 99, 100, 101, 102, 105, 106, 107, 108, 109, 110, 111, 112, 113, 116, 118, 119, 120, 122, 123, 125, 128, 130, 131, 132, 135, 136, 137, 140, 141, 143, 146, 152, 153, 154, 155, 160, 170 173, 174, 179, 180, 182, 192, 193, 195, 196, 198, 199, 200, 205, 206, 207, 230, 232, 236, 260, 262, 266, 272, 277, 279, 284, 286, 290, 318, 319, 327, 329, 332, 333, 334, 344, 354, 355, 356, 362, 365, 372, 382, 385, 387, 397, 400, 407, 409, 411, 415, 418, 420, 424, 426, 436, 458, 459, 477, 478, 479, 494, 495, 496, 497, 498, 505, 508, 509, 523, 529, 564, 565, 585, 586, 587, 606, 609, 610, 621, 628, 638, 648, 663, 667, 673
e inspiração, 107, 108, 141, 143
e os nomes de Deus, 69, 98, 180, 206, 207, 284, 334, 354, 362, 382, 385, 387, 496
e redenção, 105, 119, 132, 152, 192, 198, 205, 236, 290, 329, 332, 333, 334, 354, 365, 382, 409, 420, 565, 628, 663, 673
e religião, 72, 73, 74, 78, 88, 90, 92, 95, 96, 99, 100, 109, 110, 111, 113, 118, 119, 122, 132, 170, 179, 193, 260, 272, 329, 332, 333, 350, 355, 385, 418, 426, 498, 565, 648, 667
especial, 46, 63, 67, 68, 70, 74, 75, 76, 81, 84, 95, 96, 98, 100, 101, 102, 105, 106, 107, 109, 110, 111, 113, 116, 118, 120, 122, 123, 125, 128, 130, 132, 135, 136, 137, 143, 146, 152, 198, 286, 318, 327, 329, 332, 333, 334, 344, 354, 355, 356, 365, 385, 407, 409, 424, 477, 495, 497, 498, 505, 523, 564, 565, 585, 609, 621
geral, 46, 63, 67, 68, 70, 74, 75, 76, 81, 84, 95, 96, 98, 100, 101, 102, 105, 106, 107, 109, 110, 111, 113, 116, 118, 120, 122, 123, 125, 128, 130, 132, 135, 136, 137, 143, 146, 152, 198, 286, 318, 327, 329, 332, 333, 334, 344, 354, 355, 356, 365, 385, 407, 409
história da ideia na teologia e filosofia, 70
interna e externa, 73, 83, 92, 95, 128, 286, 494, 495, 509, 523, 587
mediada e imediata, 58, 73, 74, 75, 76, 109, 116, 120, 125, 146, 173, 182, 230, 277, 333, 400, 459, 505, 587, 648, 663, 673
meios de, 46, 67, 78, 90, 92, 98, 99, 101, 102, 105, 107, 108, 110, 116, 118, 122, 140, 141, 143, 155, 196, 272, 277, 334, 409, 436, 458, 459, 494, 495, 498, 505, 523, 609
modos de, 207
na criação, 46, 61, 63, 65, 68, 69, 73, 81, 83, 84, 95, 98, 100, 102, 107, 170, 192, 193, 195, 196, 205, 230, 232, 236, 277, 279, 284, 290, 333, 334, 356, 400, 409, 495, 586, 673
nas religiões pagãs, 90, 95, 105, 110, 118, 160, 179, 196, 200, 207, 236, 260, 355, 356, 411, 648
natural e sobrenatural, 90, 98, 106, 110, 230, 260, 350, 609
no Antigo Testamento, 56, 101, 105, 106, 107, 108, 110, 113, 118, 131, 132, 135, 137, 143, 153, 154, 160, 196, 198, 199, 200, 284, 334, 354, 355, 356, 372, 385, 387, 400, 409, 411, 426, 436, 458, 459, 477, 479, 496, 498, 508, 523, 529, 564, 587, 628, 673
revelação contínua, 105
revelação natural; veja *revelação*, 508
Revolução Francesa, 170
Roma; veja *teologia católica romana*, 154, 168, 170, 206, 412, 491, 583, 598, 608, 620, 625, 634, 640, 643, 661, 666

Sábado, 228, 277, 278, 340, 387, 414, 631, 632
sabedoria, 443, 46, 48, 58, 65, 66, 67, 82, 92, 93, 118, 120, 130, 132, 142, 147, 152, 158, 173, 179, 181, 185, 187, 197, 198, 199, 206, 214, 217, 220, 221, 239, 262, 264, 288, 291, 301, 317, 334, 338, 349, 355, 372, 390, 391, 402, 403, 414, 457, 469, 475, 505, 508, 509, 511, 546, 549, 550, 553, 565, 571, 576, 649, 652
divina, 65, 147, 152, 179, 181, 185, 197, 199, 206, 220, 239, 291, 391, 402, 403, 505, 509
e a criação, 46, 65, 82, 142, 187, 197, 214, 217, 220, 221, 239, 264, 291, 301, 334, 469, 475, 511, 546
e conhecimento, 443, 46, 48, 58, 65, 66, 67, 142, 173, 179, 181, 185, 187, 199, 301, 334, 355, 475, 505, 508, 509, 550, 565, 571, 576, 652
Escritura e, 443, 46, 58, 65, 120, 142, 147, 152, 158, 179, 181, 187, 206, 214, 220, 221, 239, 262, 288, 291, 317, 334, 338, 372,

403, 469, 505, 508, 509, 511, 546, 550, 553
no Antigo Testamento, 118, 132, 198, 199, 334, 355, 372, 391, 414, 469, 475, 508, 549, 652
sabelianismo, 206
sacerdócio, 126, 130, 132, 345, 375, 421, 427, 428, 459, 564, 594, 621, 631, 642
sacramentos, 166, 484, 490, 491, 525, 559, 641, 643, 644
como meios de graça, 166, 490, 491
como sinais e selos do pacto da graça, 525, 643, 644
e perdão de pecados, 484, 525, 559, 644
sacrifícios, 77, 78, 90, 170, 179, 207, 296, 315, 331, 393, 423, 426, 428, 429, 431, 432, 436, 459, 461, 523, 535, 544, 600, 643, 665
no Antigo Testamento, 393, 421, 426, 429, 431, 432, 436, 459, 461, 523, 535, 643
Páscoa, 643
salvação, 48, 52, 53, 57, 67, 78, 80, 90, 91, 92, 95, 96, 111, 112, 113, 138, 154, 156, 168, 169, 174, 175, 183, 188, 192, 197, 200, 202, 205, 210, 230, 237, 262, 264, 268, 280, 297, 305, 307, 318, 331, 334, 335, 336, 337, 339, 340, 341, 343, 349, 350, 354, 355, 356, 361, 364, 365, 369, 383, 384, 392, 396, 397, 399, 404, 422, 431, 434, 435, 437, 441, 442, 443, 444, 450, 451, 456, 458, 460, 462, 466, 469, 470, 484, 486, 487, 490, 494, 499, 503, 504, 519, 520, 526, 527, 533, 535, 536, 537, 538, 551, 552, 553, 559, 560, 568, 570, 572, 574, 579, 586, 594, 598, 600, 605, 606, 607, 507, 610, 612, 616, 627, 642, 652, 653, 654, 658, 661, 662, 665, 670
como obra de Deus, 48, 80, 111, 113, 156, 168, 169, 175, 188, 192, 197, 200, 205, 210, 230, 264, 280, 334, 335, 336, 337, 340, 341, 343, 350, 354, 356, 361, 369, 392, 422, 431, 434, 435, 437, 441, 442, 443, 450, 451, 456, 458, 466, 470, 490, 499, 504, 519, 520, 526, 527, 536, 551, 552, 553, 559, 560, 568, 572, 574, 579, 586, 598, 600, 605, 606, 607, 609, 610, 612, 627, 642, 652, 661, 662, 670
como propósito da revelação, 90, 95, 112, 334, 458
dos pagãos, 90, 91, 95, 200, 355, 356
fé e, 52, 57, 91, 111, 112, 113, 138, 174, 183, 188, 210, 264, 280, 305, 335, 336, 337, 339, 340, 349, 369, 399, 404, 422, 437, 450, 451, 462, 466, 486, 490, 494, 499, 519, 520, 526, 527, 537, 551, 552, 553, 559, 560, 568, 579, 594, 598, 605, 606, 607, 609, 610, 612, 642, 670
ideia comum em todas as religiões, 90
Israel e a, 52, 111, 112, 113, 183, 200, 297, 334, 343, 354, 355, 356, 361, 364, 365, 422, 441, 443, 494, 499, 533, 535, 536, 538, 572, 594, 598, 616, 652, 653, 654, 665, 670
justiça de Deus e, 52, 57, 67, 80, 96, 111, 138, 188, 268, 280, 297, 305, 307, 361, 364, 365, 383, 450, 503, 533, 535, 536, 537, 538, 551, 552, 553, 559, 560, 568, 574, 579, 586, 594, 598, 600, 610, 642, 654, 670
objetiva e subjetiva, 174, 551
predestinação e, 437
santidade, 43, 47, 57, 67, 89, 90, 124, 126, 128, 181, 184, 185, 187, 188, 198, 200, 266, 267, 268, 273, 274, 280, 287, 295, 325, 350, 385, 409, 410, 449, 515, 529, 563, 564, 565, 566, 569, 571, 573, 574, 576, 577, 587, 591, 597, 599, 600, 624, 627, 630
da igreja, 567, 569, 573, 574, 597, 598, 599, 600, 625, 627, 630
de Deus, 48, 57, 67, 89, 90, 181, 183, 185, 187, 188, 199, 204, 267, 273, 274, 280, 515, 529, 556, 564, 565, 567, 569, 574, 578, 587, 597, 600
imagem de Deus e, 43, 89, 185, 187, 266, 267, 268, 273, 274, 280, 288, 325, 409, 411, 515, 563, 569
significado, 89, 274
santificação, 188, 192, 198, 201, 205, 209, 210, 214, 243, 266, 404, 406, 412, 413, 416, 429, 431, 441, 450, 451, 460, 461, 462, 473, 484, 487, 514, 531, 544, 546, 551, 552, 553, 563–612, 613, 627, 643, 661, 662
como ativa e passiva, 568, 595
como processo orgânico, 546, 600
e conversão, 487, 594
em Cristo, 188, 192, 201, 205, 210, 214, 404, 406, 412, 413, 429, 431, 441, 450, 451, 460, 461, 462, 473, 484, 487, 514, 544, 546, 551, 552, 553, 565, 567, 568, 569, 570, 571, 572, 573, 574, 576, 577, 578, 581, 583, 586, 587, 588, 590, 592, 594, 595, 596, 597, 598, 599, 600, 602, 604, 606, 609, 611, 613, 627, 643, 661, 662
morte como, 214, 406, 413, 429, 431, 450, 451, 460, 461, 462, 487, 544, 551, 567, 568, 570, 571, 594, 604, 611, 613, 627, 643, 661, 662
santos, 52, 65, 80, 132, 140, 152, 164, 177, 188, 273, 294, 296, 350, 359, 443, 444, 512, 520, 521, 527, 530, 533, 535, 536, 572, 576, 579, 594, 597, 599, 602, 603, 605, 606, 609, 615, 622, 627, 630, 640, 645, 652, 653, 654, 656, 659, 661, 665, 673, 674
canonização de, 165

crentes como, 80, 521, 572, 576, 594, 597, 599, 602, 603, 606, 609, 622, 627, 630, 645, 653, 659, 661, 665
Satanás, 91, 106, 234, 284, 285, 292, 297, 314, 315, 319, 339, 376, 407, 416, 420, 425, 437, 448, 462, 556, 561, 619, 665, 667
satisfação, 200, 437, 556
seitas, 131, 165, 170, 369, 415, 525, 624
semelhança de Deus; veja *imagem de Deus*, 43, 51, 53, 73, 98, 178, 180, 185, 186, 220, 239, 240, 256, 264, 266, 273, 389, 405, 412, 423
semipelagianismo, 300, 302
Senhor, 48, 52, 56, 57, 58, 66, 70, 77, 78, 80, 81, 84, 85, 98, 102, 103, 105, 107, 109, 112, 119, 120, 123, 124, 125, 127, 128, 129, 131, 132, 136, 137, 142, 143, 149, 150, 152, 164, 178, 183, 185, 186, 188, 189, 191, 195, 196, 197, 198, 199, 201, 205, 210, 215, 223, 231, 234, 236, 237, 240, 242, 256, 262, 266, 280, 281, 294, 296, 301, 304, 307, 317, 318, 334, 335, 336, 338, 344, 345, 349, 351, 352, 354, 355, 357, 358, 359, 360, 361, 362, 364, 365, 366, 368, 369, 370, 372, 376, 377, 379, 381, 382, 383, 384, 384, 385, 387, 389, 392, 395, 401, 403, 406, 409, 412, 418, 422, 423, 424, 425, 426, 428, 429, 430, 432, 434, 438, 440, 442, 443, 447, 449, 450, 454, 457, 458, 464, 466, 467, 469, 470, 478, 479, 481, 482, 484, 494, 495, 499, 506, 507, 508, 509, 512, 514, 515, 517, 519, 521, 522, 523, 525, 528, 529, 530, 531, 532, 533, 535, 536, 537, 538, 539, 541, 557, 560, 562, 564, 565, 570, 572, 573, 577, 578, 580, 581, 586, 588, 589, 596, 598, 600, 607, 611, 614, 615, 616, 617, 624, 625, 631, 633, 634, 635, 638, 640, 642, 644, 645, 652, 653, 654, 655, 656, 657, 658, 659, 662, 663, 664, 665, 666, 670, 671, 672, 673, 674
sensualidade, 290, 290, 320
serafim, 261
seres humanos; 62, 65, 68, 103, 181, 186, 240, 246, 248, 249, 252, 253, 254, 260, 262, 293, 332, 393, 397, 426, 505, 586, 591, 592, 599, 603, 614, 630
  autoconsciência, 64, 73, 92, 141, 204, 252, 272, 293, 299, 321, 367, 372, 487, 511, 591, 592, 648, 668
  como imagem de Deus, 186, 240, 262, 293, 332, 397, 603; veja *imagem de Deus*
  como virtude teológica, 320-321, 478, 579, 592
  conhecimento dos, 62, 65, 332
  corpos dos, 252
  de Israel, 132, 356-359, 385, 654
  destino final; veja *destino humano*
  e domínio, 240
  e natureza, 443, 61, 62, 65, 68, 69, 73, 92, 96, 103, 112, 141, 145, 154, 177, 191, 193, 204, 209, 214, 240, 245, 249, 253, 254, 256, 260, 269, 271, 272, 274, 276, 286, 291, 292, 293, 299, 315, 320, 321, 328, 332, 346, 372, 384, 391, 393, 395, 397, 399, 401, 402, 403, 404, 411, 412, 413, 415, 423, 453, 454, 473, 483, 484, 487, 495, 499, 500, 502, 514, 544, 547, 573, 583, 585, 586, 589, 594, 599, 648, 650, 652, 668
  e o Espírito Santo, 186, 262, 586, 603
  e os animais, 103, 246, 248, 249, 252, 253, 254, 332, 426
  e os anjos, 65, 103, 260, 262, 393
  faculdades dos, 591-592
  linguagem, 62, 246, 252, 253, 397
  mortalidade dos, 443, 294, 305, 322, 323, 603
  origem dos; veja *origem humana*
  propósito dos, 68, 181, 214, 240, 243, 245, 249, 252, 254, 265, 271, 276, 280, 328, 345, 384, 411, 413, 426, 473, 500, 583, 614, 630, 650
serpente, 284, 339, 358, 424, 655, 669
sexualidade, 246, 262, 301, 669
Sião, 264, 437, 464, 474, 588, 666
sinais, 135, 141, 148, 161, 317, 407, 416, 420, 473, 475, 477, 498, 519, 520, 635, 643, 644
Sinédrio, 425, 513
sistema presbiteriano, 642
soberania, divina, 62, 63, 67, 113, 128, 131, 169, 183, 195, 214, 220, 245, 268, 315, 370, 454, 466, 478, 500-502, 530
  a vontade de Deus como última, 63, 214, 220, 245, 454, 466, 478, 530
  decretos divinos e a, 214
  livre-arbítrio divino, 63, 214, 220, 245
  onipotência, 245, 466
  providência e, 214, 500
sobrenatural, 44, 97, 106, 269, 330, 350, 369, 377, 393, 510, 608, 662
  de acordo com a Reforma, 608
  de acordo com Roma, 608
socianismo, 170, 491
sociedade, 48, 82, 90, 152, 169, 229, 246, 254, 267, 288, 290, 290, 308, 310, 311, 312, 314, 316, 317, 321, 392, 440, 495, 504, 596, 630, 643
Sócrates, 503
sofrimento, 53, 56, 72, 76, 80, 81, 92, 112, 166, 187, 189, 229, 322, 356, 357, 364, 365, 366, 371, 375, 376, 385, 404, 406, 413, 421, 424, 425, 431, 432, 434, 440, 444, 460, 461, 467, 473, 482, 511, 542, 567, 568, 589, 595, 597, 605, 655, 657, 658, 661, 662, 666

de inocentes, 567
e glória, 53, 56, 356, 357, 364, 365, 366, 376, 385, 434, 457, 461, 467, 495, 511, 568, 629, 655, 657, 658, 659, 661, 664, 666
e pecado, 112, 166, 229, 322, 365, 371, 406, 413, 421, 424, 431, 432, 434, 444, 461, 568, 589, 605, 661
no budismo, 92, 511
punição como, 322, 434, 662
solidariedade humana, 309, 310, 515
sonhos, 50, 90, 229
subordinação (da esposa para o seu marido), 581
substituição, 89, 131, 167, 251, 310, 432, 434
suicídio, 597
superstição, 71, 78, 90, 91, 96, 109, 110, 146, 260, 331

teísmo, 104
teodiceia, 291
teologia, 70, 145, 174, 207, 234, 267, 300, 307, 395, 396
católica romana, 267, 307; veja *teologia católica romana*
como uma ciência, 70, 145
cristã; 174, 207, 267, 300, 307, 395, 396
luterana, 267; veja *teologia luterana*
método distinto de teologia, 174
reformada; veja *teologia reformada*
teologia católica romana, 165, 166, 167, 267, 268, 443, 549, 569, 582, 609, 627, 634
e a concepção dupla da humanidade, 267-268
e graça, 166, 549, 569, 609, 627
sobre a Ceia do Senhor, 634
sobre a descida ao inferno, 443
sobre a Escritura e a igreja, 165, 166, 167
sobre a igreja, 165, 166, 167, 443, 569, 582, 609, 627, 634
sobre a imagem de Deus, 267, 268, 569
sobre a Queda, 267
sobre a Reforma, 166, 167, 609
sobre batismo, 634
sobre batismo, 634
sobre boas obras, 166, 582, 609, 627
sobre certeza, 609
sobre clareza das Escrituras, 166, 268
sobre fé, 165, 166, 267, 443, 549, 569, 609, 610
sobre inspiração, 166
sobre justificação, 166, 549, 569, 609
sobre lei e evangelho, 166, 549
sobre Maria, 165, 167
sobre meios de graça, 166, 609, 627
sobre o homem natural, 268, 609, 627
sobre o pecado original, 166, 267, 268
sobre pacto, 549
sobre pecado, 166, 267, 268, 443, 549, 569, 582, 627, 634
sobre poder eclesiástico, 165, 569, 609, 634
sobre punição, 549, 569
sobre regeneração, 569
sobre revelação, 609
sobre sacramentos, 166
sobre tradição, 165, 167
teologia luterana, 180, 181, 267, 444, 491, 501, 609, 641
teologia reformada, 267
Tertuliano, 160, 206
testemunho do Espírito Santo, 140, 162, 345, 356, 370, 381, 389, 411, 418, 486, 495, 510, 517, 519, 541, 569, 571, 579, 605, 608, 610, 611, 612, 637
trabalho, 145, 233, 243, 245, 328, 457, 586, 636, 637, 663
Trento, Concílio de; veja *Concílio de Trento*, 170, 593
tribulação, 230, 237, 533
Trindade; veja *Pai*; *Deus*; *Espírito Santo*; *Jesus Cristo*; *Filho*, 163, 191–210, 213, 341, 354
anjos e a, 164, 195, 197, 199, 201, 204, 354
Antigo testamento e a, 199, 201, 354
arianismo e a, 206
criação e a, 192, 193, 195, 197, 201, 205, 208, 210, 213
diferenças entre o Oriente e Ocidente, 164
distinções entre a, 201, 204, 205, 208, 209
e a simplicidade divina, 192, 193
e o mediador, 197, 201
e o verdadeiro Deus vivo, 192, 208, 213, 341, 354
e os atributos divinos, 191, 192, 205, 206
Escritura e a, 164, 195, 204, 205, 206, 207, 208, 209, 213
filosofia e a, 193, 209
importância, 164, 193, 204, 208, 209, 341
Jeová e a, 195, 197, 353
obras da, 192, 197, 201, 205, 206, 207, 209, 210, 213, 354
"pessoas", 164, 192, 193, 195, 201, 204, 207, 208, 209, 213, 341
providência e a, 201, 205, 213
recriação e a, 197, 208
sabelianismo e a, 206
unidade e a, 164, 192, 195, 208

unção, 202, 359, 360, 417, 519
união
com Cristo, 405, 422, 483
das duas naturezas de Cristo, 401, 402
Urim e Tumim, 102, 127

verdade, 44, 47, 49, 51, 52, 56, 57, 68, 76, 81, 90, 92, 96, 139, 142, 143, 155, 156, 160, 161,

163, 165, 168, 173, 174, 176, 181, 182, 188, 189, 195, 196, 203, 205, 206, 207, 208, 210, 214, 230, 236, 254, 256, 260, 266, 274, 280, 285, 287, 301, 317, 319, 323, 351, 352, 381, 394, 402, 403, 407, 408, 411, 415, 419, 421, 426, 438, 440, 449, 458, 472, 480, 483, 490, 491, 499, 504, 518, 519, 521, 528, 535, 538, 547, 559, 568, 573, 576, 586, 591, 592, 595, 596, 597, 599, 605, 606, 609, 611, 627, 633, 635, 637, 639, 641, 643, 657, 663, 666, 670
vergonha, 293, 296, 317, 319, 322, 333, 526, 568, 578, 590
vida cristã, 174, 213, 557, 589, 590, 595, 596, 598, 599, 600, 609, 611
vida eterna, 140, 326
vingança, 364, 655
virtude, 57, 65, 181, 183, 259, 267, 268, 304, 315, 391, 478, 491, 507, 579, 583, 592, 594, 621, 626
vocação, 186, 241, 243, 245, 313, 482, 583, 584, 586, 633
vocação, 43, 63, 78, 82, 100, 112, 119, 122, 128, 131, 147, 148, 153, 186, 201, 204, 207, 209, 227, 239, 243, 267, 274, 277, 300, 310, 322, 323, 333, 334, 345, 360, 365, 367, 371, 372, 408, 409, 414, 418, 422, 428, 431, 457, 486, 489-528, 551, 561, 577, 586, 595, 598, 600, 603, 613, 616, 619, 622, 625, 627, 630, 633

Zaratustra, 91
Zuínglio, Ulrico, 169

Índice bíblico

Gênesis
1–2, 225
1, 265
1:1–2, 224
1:1, 195, 218, 222, 223, 283
1:2, 197, 223, 224
1:3ss, 492
1:3–10, 224
1:3, 98, 142, 505
1:8, 222
1:8, 20, 222
1:11ss, 224, 257
1:11, 21ss, 226
1:20, 21, 24, 258
1:20, 21, 24
1:24–25, 225
1:26–3:3
1:26–27, 196, 225
1:26–28, 595
1:26, 220, 264, 265, 276
1:26, 28, 275
1:27, 265
1:28, 276
1:31, 227, 229, 283
2, 242, 265
2:1, 4, 222
2:1, 195, 223, 226
2:2, 233
2:2, 3, 214
2:4b–25, 240
2:4b, 241
2:7, 271, 322
2:8–14, 225
2:15, 276
2:16–17, 225, 278
2:16, 18
2:16, 18, 102, 530
2:17, 320, 436, 652
2:18–20, 225
2:19, 258, 271
2:21–23, 225
3, 287
3:1–6, 286
3:1, 284
3:7–15, 333
3:7–8, 322
3:7, 293
3:14ss, 436
3:14–15, 339
3:15, 77, 131, 343, 358, 655, 669
3:16, 322, 582
3:17–19, 322
3:19, 323
3:22, 196
3:24, 262
4:3–4, 77
4:6, 102
4:9–16, 78
4:13, 526
4:16, 242
4:17ss, 85
4:17–24, 78
4:17, 77
4:23–24, 78, 149
4:25, 242, 333
4:26, 77, 78, 79, 631
5:1–3, 266
5:3ss, 78
5:15, 79
5:22, 79
5:29, 79
6:3, 79
6:4, 79
6:5, 79, 307, 532
6:5, 11, 12, 295
6:5, 12–13
6:6–9, 70
6:8, 333
6:9, 532
6:12ss, 333
6:13, 102
7:1, 532
8:4, 242
8:21ss, 80
8:21–22, 81
8:21, 79, 80, 295, 508, 532
8:22, 104, 586
9:1–3, 7, 81
9:4, 271
9:4, 10, 12, 16, 258
9:5–6, 81
9:6, 266
9:9ss, 81
9:12ss, 81
9:14–16, 81
9:20, 82
9:26–27, 358
9:26, 109
9:27, 439
10:1ss, 83
10:11, 22, 86
11:2, 82, 83
11:7–8, 70
11:8–9, 242

12:1-3, 7, 112
12:2-3, 358
12:2, 627
12:3, 439, 666
12:6b, 146
12:7, 102, 615
12:12, 598
13:3, 655
13:7, 146
13:14-17, 112
13:14, 102
14, 145
14:1, 86
14:18-20, 109
14:19, 22, 219
15:1ss, 17-21, 112
15:6, 112, 521, 552, 607
15:16, 109
15:17, 102
16:10, 354
16:6ss, 197
16:13, 198
17-21, 112
17, 112
17:1ss, 112
17:1, 113, 120, 184, 195, 333
17:7, 537, 643, 644, 652
17:20, 114
17:23, 631
18ss, 197
18:1ss, 109
18:2, 261
18:10, 112, 113
18:14, 103
18:17, 138, 147
18:23-33, 427
18:25, 548, 670
20:7, 147
21:18, 354
22:2, 631
22:8, 231
22:11, 427
22:17-19, 112
22:13, 432
24:27, 189
25:2, 114
25:34, 121
26:1, 631
26:4, 655
26:5, 598
26:35, 598
27:14ss, 121
28:13ss, 197
28:30, 32, 198
29:35, 358
31:13, 198, 354
31:19, 34, 110
31:20, 110
32:1, 102
32:10, 189
32:26, 113
32:29, 178
35:2-4, 110
36:31b, 146
39:21, 187
41:16, 38-39, 198
41:32, 214
48:15-16, 354
48:16, 198
49, 147
49:8-10, 359
49:10, 359, 655
49:18, 607

Êxodo

2:24, 538
3:1-6, 191
3:2, 102, 197
3:2, 6, 354
3:4, 198
3:6ss, 119
3:6, 195
3:8, 198, 354
3:14, 79, 195
3:16ss, 125
4:16, 148, 182
4:21ss, 234
4:21, 317
4:22-23, 558
4:22, 376
4:29, 125
5:6, 10, 14, 19, 125
6:1, 10, 13, 137
6:2, 184
6:3, 195
6:6, 129
7:1, 148, 182
7:3, 317
7:14, 317
8:15, 19, 23, 318
9:7, 317
9:12, 317
9:34, 318
9:35, 317
10:20, 27, 317
12:7ss, 643
12:46, 430
13:21, 102, 197
14:17, 221
14:19, 197
14:21, 198, 354
14:31, 521
15, 150
15:11, 564
15:13, 120
15:18, 127
15:20, 147
16:28, 129
17:14, 137, 146
18:18, 129
18:21, 23, 125
18:9-12, 109
19:4ss, 195
19:4, 120
19:5-6, 188, 522, 594
19:5, 6, 127, 530, 572, 615, 652
19:6, 127, 363, 365, 410, 422, 427, 564, 565, 572
19:7, 125
19:8, 125, 129
19:9, 102
19:16-18, 116
19:21ss, 116
20, 234
20:1, 505
20:2-5, 195
20:2, 120, 126, 652
20:3, 182
20:5, 188, 320
20:11, 219, 222, 224, 233
20:17, 301
23:6, 9, 531
23:7, 542
23:8, 531
23:20-23, 197, 198, 354
23:20, 198
23:21, 102, 198
24:3, 7, 125, 129
24:7, 153, 430
24:8, 430
25:16, 102
29, 565
28:3, 198
28:30, 102
29:11, 430
29:15ss, 428
29:36, 360
29:43-46, 354, 428, 564
29:43, 564, 594
30:23, 360
31:3-5, 198
31:3, 48, 473
31:13, 573
31:17, 224, 233
31:18, 102
32:4ss, 427
32:9, 120
32:11-14, 427
32:34, 197
33:2, 197
33:3, 120

33:9, 102
33:11, 107, 137
33:14, 354
33:18-23, 107
33:19, 124, 427, 428
33:20, 187
34:6, 427
34:6, 7, 9, 124
34:7,320
34:9, 120, 124
34:10, 214
34:27, 137, 146
35:31-35, 198
35:31, 48
40:10, 360

Levítico
4:3, 360
4:22, 27, 427
5:15, 18, 427
6:22, 360
8:12, 30, 360
10:8-11, 126
10:10, 563
11:10, 258
11:44-45, 188
11:44, 564
11:45ss, 564
16:1, 432
16:2, 102
16:15, 430
16:27, 430
17:11, 258, 428
17-26, 124
18:5, 340
19:2, 564
19:8, 125, 129
19:15, 531
19:18, 123, 582
19:26, 260
19:31, 260
20:3, 564
20:24, 615
20:26, 572
20:27, 260
21:8, 573
21:17ss, 430
22:20ss, 430

Números
6:24-26, 199
8:19, 428
11:5, 121
11:16, 125
11:17, 25, 198
11:18, 573
11:25-29, 107, 198
11:25, 147
12:2, 147
12:3, 120
12:6, 107
12:8, 107
13:16, 368
14:15-20, 427
14:18-20, 124
14:18, 320
14:19, 187
15:25ss, 427
15:27, 30, 314
16:5, 564
16:30, 651
19:4, 430
20:7-12, 598
20:16, 197
21:14, 144
21:17-18, 149
21:27-30, 149
23:21, 127, 556
24:2-3, 198
25:2ss, 427
25:11, 427
32:2, 137, 146
33:2, 146
35:11, 427

Deuteronômio
1:13ss, 125
1:15, 125
1:17, 531
1:22-23, 125
1:31, 202
2:30 234, 271, 318
4:2, 137
4:6-8, 130
4:8, 530
4:12, 15, 197
4:12, 16, 186
4:15-19, 187
4:19, 222
4:20, 333, 615
4:29ss, 654
4:29-31, 128
4:33, 102
4:35-39, 195
4:35, 105
5:6, 120
5:22-27
5:26, 186
5:27, 125, 129
6:4-5, 195
6:4, 183, 186
6:5, 123
6:13, 263
7:6-8, 127, 333
7:6ss, 594
7:6, 615
7:7ss, 537
8:5, 558
9:5-6, 537
9:6, 120
10:12, 123
10:16, 512, 573
10:17, 531
12:23, 427
12:32, 137
13:1-6, 107
14:1, 376, 427
16:18, 125
16:19, 531
17:14-20, 126
18:8-13, 126
18:10-14, 260
18:10, 260, 427
18:11, 260
18:15, 655
18:16, 116
18:18, 147, 199
19:17-18, 126
21:23, 448
25:1, 531, 542, 550
26:5, 110
27:26, 188, 320
28:29, 127
30:1ss, 128
30:1-10, 654
30:2, 6, 523
30:6, 512, 573, 644
31:6, 572
31:9, 22, 22, 146
31:19, 22
32, 137, 150, 150
32:4, 214, 234, 529
32:6ss, 594
32:6, 18, 202
32:6, 113, 201
32:8, 70, 84, 233
32:11-12, 120
32:15-43, 654
32:21, 439
32:22, 651
32:26ss, 128
32:27, 655
32:34, 611
32:39, 105, 128, 653
33:5, 127
34, 146
34:10, 147

Josué
7:14, 125
7:21, 121
10:13, 150

11:20, 234, 318
20:3, 9, 427
21:45, 189
22:22, 195
23:2, 125
24:2, 14-15, 110
24:14, 129
24:15-25, 125
24:16, 129

Juízes
2:6-13, 129
2:7, 129
2:10-11, 522
2:11-23, 129
3:9, 15, 523
3:10, 198
4:3, 523
5:11, 534
6:34, 198
8:22ss, 127
9:7ss, 151
11:29, 198
13:18, 178
14:6, 198
14:14, 151
15:14, 198
15:19, 271
17:6, 130
18:3, 261
21:25, 130

Rute
1:16, 615

1Samuel
2, 150
2:2, 564
2:3, 46
2:6, 653
2:8, 226
6:6, 318
6:20, 564
7:3, 522
8:7, 126, 127
10:1, 360
10:5-12, 148
12:7, 534
15:22, 315, 427, 565
16:1, 231
16:6, 532
16:7, 348
16:13, 360
18:7, 149
19:19ss, 148
21:5, 563
26:11, 360
26:19, 615

2Samuel
1, 150
1:18, 150
2:4, 360
3:33-34, 150
7:6, 655
7:9-16, 359
7:11-14, 202
7:12ss, 362
7:12-16, 199
7:16, 422
7:22, 195
7:28, 189
11:14, 376
12, 151
14, 151
14:2, 359
16:10, 234
19:35, 149
22:2ss, 607
22:32, 195
23:1, 150
23:2, 107
23:3-5, 361
23:5, 655
24:1, 234

1Reis
1:34, 360
2:3, 146
3:5-14, 301
4:29-34, 151
8:27, 223
8:46, 295, 532, 598
15:11ss, 523
17:22, 653
18:22, 614
18:39, 195
19:10, 614
19:16, 360
19:18, 533
21:8, 611
21:27, 29, 523
21:29, 317
22:23, 234
22:47, 523

2Reis
1:2, 284
2:35, 148
4:34, 653
4:38-43, 148
5:7, 653
6:1, 148
7:13, 522
13:21, 653
14:6, 146
23:2, 153
23:15, 523

1Crônicas
5:2, 359
21:1, 234, 284
25:1-3, 150
28:8, 532
28:12, 198
29:29, 148

2Crônicas
6:23, 550
9:29, 148
19:7, 531
20:20, 521
29:30, 150
20:34, 148
25, 148
28:15, 360
33:12, 523
36:13, 318

Esdras
9:6, 536

Neemias
8:10, 580
8:33, 536
9:6, 219, 231
9:36-37, 131
9:38, 611

Ester
3:12, 611
8:8, 611

Jó
1:1, 7, 532
1:1, 284
2:3, 532
2:10, 311
3:3, 296
3:13, 18, 651
7:21, 651
10:20-21, 651
13:26, 536
14:4, 295, 308, 532
14:10, 651
14:13-15, 653
14:21, 652
19:25-27, 653
20:20-28, 197
22:2-3, 220
25:4-6, 532
26:5, 651
26:6, 651, 653
26:13, 197, 221
27:2, 535
27:3, 197

28:20ss, 214, 220
28:20–28, 187
28:22, 651
29:12ss, 533, 535
31:1ss 533, 535
32:8, 197
33:4, 197, 203, 221, 231
34:10, 188, 234, 320
34:11, 320
34:19, 531, 214
36:5, 531
36:26, 178
37:23, 531
38:4-7, 223
38:7, 376
38:17, 653
40:2, 531
40:4, 178
42:6, 536
42:7, 533

Salmos
1:1, 615
1:5, 533
2:1ss, 362
2:2, 360
2:2, 6, 361
2:4, 223
2:6, 464
2:7, 214, 362, 376, 377
2:8, 9, 464
2:8, 335, 463, 656
2:9, 364
2:12, 655
4:1, 533
4:2, 189
5:5, 234, 320
6, 295
6:5, 651
7:9-10, 536
7:9, 533, 536
7:10, 189, 532
7:12, 533
7:17, 534
8, 595
8:3, 222
8:5–6, 69
9:5–6, 533
9:8, 532
9:10, 57, 521
10:1, 11ss, 607
10:11, 327
10:14, 327
11:7, 531
13:2, 607
14, 295
14:1, 72, 327
14:3, 532
14:5, 533
16, 444
16:2, 53
16:3, 615
16:5, 653
17:1, 533
17:2, 534
17:3, 536
18:2, 607, 653
18:3, 537
18:20-25, 533
18:21-25, 536
18:21, 535
19:1, 69, 85, 221, 495
19:8-11, 530
20:7, 189
22:9, 607
22:23, 615
22:28, 523, 656
22:31, 534
23:5, 360
24:5-6, 533
25:7, 307
25:11, 538
26:1, 533
26:4-12, 615
28:1, 607
28:4, 364, 533
29:3-9, 98
29:3-10, 196
29:4, 196
30:5, 607
30:6, 76
31:2, 189, 533
31:3, 538
31:18, 364
32:1, 533, 607
32:11, 533, 536
33:1, 533
33:4, 213
33:5, 531, 534
33:6, 98, 142, 178, 197, 203, 204, 492, 505
33:9, 98, 119, 178, 196, 214, 231, 492
33:11, 214, 334
33:12, 189, 537
33:13, 233
33:15, 233
34:7, 198, 263
34:16, 533
34:22, 189, 533
35:5, 198
35:18, 615
35:23ss, 533
35:24, 189
35:28, 534
36:9, 182, 186
36:10, 234
37:18, 533
39:13, 651
39:19–38, 359
40:7, 427
40:9, 535
40:10, 534, 615
40:11, 534
42, 301
42:4, 607
43:1, 535
44:5, 127
44:10ss, 607
44:22, 365
45:7, 188, 320
45:9, 454
47:3, 8, 548
48:11, 531
48:14, 189
49:2, 226
49:7–9, 45
50:6, 670
50:7–14, 427
51, 598
51:5, 607
51:6, 535
51:7, 532, 307
51:11, 564
51:12-13, 198, 479
51:12, 203, 506, 512, 523
51:16, 189, 533, 534
51:18, 19, 427
51:19, 526
53, 295
55:9, 364
56:12, 614
62:12, 320
63:3, 653
63:10, 651
65:4, 428
65:6–7, 69
66:16, 615
68:2–3, 21–24, 364
68:25, 127
68:35, 564
69:23–29, 364
71:11, 607
71:15, 534
72, 150, 422
72:2–7, 464
72:5, 8, 17
72:8ss, 656
73:18–20, 653
77:8ss, 607
79:8–9, 427

72:8, 464
72:9ss, 362
73:25, 607
79:9, 428, 538
72:12–14, 362
73:25ss, 537
73:25, 607, 653
78:38, 427, 428
79:8, 9, 427, 607
82:1, 6, 182
82:2–3, 550
82:2–4, 531
82:2, 542
82:6, 376
84:10, 360
86:15, 189
88:5, 651
88:11–13, 651
88:13, 652
89:6, 178
89:14, 531
89:15, 534
89:27–28, 376
89:39, 360
89:51–52, 365
90, 150
90:2, 182, 218
90:7, 328
90:7, 14, 76
91:11, 263
92:5, 213
94:7, 327, 670
94:9, 273
94:17, 651
95:7, 537
95:8, 318
96:13, 532
97:1, 237
97:2, 531
98:1, 564
98:9, 532
99:2, 3, 564
99:4, 531
100:3, 185, 537
102:2, 535
102:26, 672
103:6, 534
103:7, 138
103:8, 10-13, 56
103:8, 56, 189
103:10, 607
103:17, 189, 534
103:20–21, 261
103:20, 260
104:2–3, 69
104:7, 98
104:8, 13, 69
104:13–15, 69
104:24, 196, 221, 328, 495
104:30, 142, 197, 204, 218, 231, 232, 271, 492
104:35, 672
105:8, 189
105:15, 147, 360
105:42, 564
106, 199
106:6, 296
106:8, 538
106:28, 427
106:33, 598
107:25, 231
109:6–20, 364
109:21, 538
110, 372, 421, 655
110:1, 2, 464
110:1, 362, 454, 655
110:2, 4, 362
110:2, 362
110:4, 199, 363, 422
110:5–6, 364
111:5, 6
111:7, 213
112:4, 534
112:9, 582
115:3, 219
115:16, 223
115:17, 651
116:5, 534
118:6, 614
118:22, 464
119, 530
119:18, 509
119:40, 533
122:1ss, 615
129:4, 533
130, 295
130:3–4, 536
130:3, 532
133, 582
133:1ss, 615
133:2, 360
137:8–9, 364
138:8, 189
139:1–16ss
139:6, 178
139:7ss, 232
139:7–8, 653
139:7, 182, 197, 204
139:14, 213
140:13, 534
143, 295
143:1, 533
143:2, 295, 532
143:10, 198, 506
143:11, 533, 534, 538
145:7, 495
145:8, 189
145:9, 187
145:10, 214
145:17, 213
146:7, 534
147:18, 196
147:19, 20, 138

Provérbios

1:7, 46, 152
2:6, 46
2:20–22, 533
3:19, 46
3:33, 533
4:18, 533
4:23, 45, 308
5:21, 142, 233
6:30, 315
8:22ss, 214, 220
8:22–31, 197
8:31, 226
8:35, 653
8:36, 653
10:3, 533
11:19, 653
11:23, 301
12:4, 126
13:11, 46
14:27, 653
14:28, 614
15:8, 535
15:11, 653
16:4, 65
16:6, 428
16:9, 142
16:33, 102
17:15, 542, 550
17:15, 26, 531
18:5, 535
19:21, 142, 214, 334
20:9, 295, 327, 532
21:1, 142
21:2, 142
21:3, 427
21:27, 535
22:17ss, 151
24:12, 320
24:23, 531
24:24, 531, 550
27:9, 359
30:4, 178
31:10ss, 126

Eclesiastes

1:18, 58
3:11, 45

7:20, 295, 532
9:5, 6, 10, 652
12:7, 271
12:12, 58

Cantares
4:12, 611

Isaías
1:1, 138
1:3, 508
1:8–9, 533
1:9, 615
1:11, 535
1:12, 531
1:16–17, 530
1:27, 437
2:1, 138
3:10–11, 645
3:18ss, 121
4:2, 655
4:3, 615, 656
5:4, 530
5:9, 138
5:16, 532, 564, 565
5:23, 531, 542, 550
6, 138, 262
6:3–7, 565
6:3, 203, 564
6:5, 296, 598
6:8, 196
6:9, 138, 508
6:10, 523
6:13, 656
7:14–15, 363
7:14–17, 655
7:14, 199, 362, 412, 655
8:1, 137, 138, 149
8:16, 29:11, 611
8:18, 615
8:22, 414
9:1, 414
9:5, 655
9:6, 199, 351, 362, 401, 412, 464
9:23, 582
10:15, 531
10:23, 214
11:1–2, 655
11:1–5, 464
11:1, 199, 363, 414, 417
11:2, 199, 470, 655
11:9, 656
14, 150
14:10, 651
14:27, 214, 334
16:5, 199, 533
19:25, 214
22:14, 138
25:6–10, 627
25:8, 653
26:19, 653, 656
27:7ss, 654
27:9, 428
28:16, 521
28:22, 138
28:26, 100
29:8, 50
29:11, 611
29:16, 234, 464
29:22, 119
29:23, 564
29:29, 214
30:8, 137, 149
30:11–12, 564
30:31, 98
32:15, 199, 479, 506
33:22, 127, 278, 531, 548, 670
34:4, 672
34:16, 149
36:3, 149
37:20, 538
38, 150
38:11, 651
38:17, 436, 556
40:2, 429, 534
40:7, 197
40:10–11, 362
40:13ss, 197
40:15–18, 178
40:25, 69
40:27, 533
41:8ss, 594
41:8–9, 365
42ss, 335
46:13, 534
42:1, 199
42:1, 6, 439
43:3, 11, 391
43:10–15, 184
43:25, 221, 340, 427, 436, 538, 556, 655, 656
42ss, 335
43:35, 565
44:3, 199, 470
44:6, 184, 333
44:21ss, 656
44:22, 436
45:1, 360
45:5, 18, 21, 195
45:5, 18, 22, 105
45:7, 218, 231
45:9, 234, 531
45:15, 391
45:18, 84, 224
45:19–21, 530
45:21, 534
45:23, 534
45:24-25, 534
46:10, 214, 334
46:13, 534
47:9, 260
47:13, 260
48:9, 340, 655
48:12, 184
49:8, 214
49:9, 11, 538
49:25, 534
51:1–2, 113
51:5, 534
51:6, 672
51:22, 534
52:10, 534
52:13, 365
53:12, 365
53, 655
53:1ss, 655
53:2ss, 199, 429
53:2–3, 390
53:2, 363
53:4–6, 296
53:5–6, 434
53:5, 432
53:10, 214, 335, 442
53:11, 365
53:11, 12, 441
54:7–8, 654
54:10, 343, 655
54:15, 534
54:17, 534
55:8–9, 531
55:8, 328
55:11, 119, 492
57:15, 49, 180, 184, 271
59:12, 535
59:16–18, 533
60:10, 214
61:1–3, 588
61:1, 199, 361, 410
61:2, 214
62:2, 538
62:12, 572
63:1-6, 364
63:8, 376
63:9-12, 199
63:9, 354
63:10-11, 203
63:10, 199
63:10, 17, 564
63:16, 201
63:17, 318
64:8, 201

65:17, 538, 672
66:2-3, 535
66:6, 98
66:22, 672

Jeremias
1, 138
1:2, 138
1:2, 4, 505
1:5, 144
1:9, 138
2:1, 138, 505
2:13, 50, 186
3:6, 138
3:10, 523, 526
3:12-13, 573
3:12, 14, 523
3:14, 656
3:17, 656
4:2, 656
4:4, 573
4:11, 138
6:20, 535
7:14, 535
9:23, 531
9:24, 534
10:12, 196
10:23, 233
11:12, 427
11:20, 532, 533
13:23, 479, 523
14:7, 21, 340, 538
14:8, 391
15:1, 427
16:19, 656
17:9, 299, 308
17:25, 359
18:4, 234
18:6, 531
18:18, 126
18:23, 428
20:7-9, 138
20:12, 532, 533
22:4, 359
23:5-6, 655
23:5, 363
23:6, 199, 362, 655
23:23-24, 232
22:37, 187
23:6, 199, 362
24:7, 512, 523
25:5, 523
25:13, 137
27:10, 260
30:2, 137
30:11, 654
31:3, 20, 655
31:18, 523, 527, 573
31:31ss, 153
31:31-34, 199, 512, 538
31:31, 656
31:33ss, 429
31:33-34, 570
31:33, 506, 572
31:35, 586
32:10, 611
32:19, 214
32:38-41, 199
32:33, 523
32:38, 572
32:39, 506, 512
33:8, 429
33:14-17, 655
33:15, 363
33:16, 362
33:25, 586
36:2, 137
50:29, 565
50:34, 534
51:12, 214
51:15, 196
51:36, 534

Lamentações
1:18, 536
3:22, 317
5:21, 523, 527, 573

Ezequiel
1-3, 138
3:14, 425
3:16, 26, 27, 138
3:18ss, 533
7:26, 126
8:10, 427
9:1-6, 611
11:19-20, 199
11:19, 506, 512, 572, 656
11:20, 429
12:19, 572
14:6, 523
16:8, 652
16:14, 365, 594
16:63, 428
17:24, 656
18:5ss, 533
18:23, 32, 523
18:23, 439
18:30-32, 523
20:7, 13, 129
20:6, 231
20:9, 14, 22, 44, 538
20:11, 13, 340
20:33ss, 656
22:6, 563
24:2, 137
28:22, 565
33:8ss, 533
33:11, 439, 523
33:20, 320
34:16, 588
34:24, 362
36:22, 565, 655
36:23, 362, 565
36:25ss, 429
36:25-26, 570
36:25-29, 565
36:25, 514
36:26-27, 199
36:26-28, 512
36:26, 199, 3646, 506, 572
36:27, 479, 570, 572
37:11-12, 653
37:28, 564
39:7, 564, 565
39:29, 470
44:23, 126
48:35, 362

Daniel
4:8, 9, 18, 564
4:35, 178
5:11, 564
6:17, 611
6:27, 186
7:1, 138
7:13, 374
7:14, 27, 656
8:13, 102
8:16, 262
9:4, 598
9:5ss, 296
9:14, 213, 536
9:18, 536
9:19, 538
9:25, 361
10:3, 359
10:13, 21, 262
11:28, 564
12:2, 653, 656, 668
12:4, 137

Oseias
1:7, 199
1:10, 656
2:3, 656
2:15, 656
2:18, 534
3:5, 523, 359
6:2, 653, 427, 535, 565
6:6, 427, 535, 565
11:1, 365, 376, 558
11:2, 427

11:9, 564
12:4, 113
12:6, 523
12:13, 147
13:4, 391
13:14, 653
14:2, 427
14:3, 523

Joel
2:8, 506
2:11, 31, 655
2:12–13, 523
2:28ss, 470
2:28–29, 199
2:28, 512, 572, 656
2:32, 627
3:17, 572

Amós
1:3, 6, 9, 138
3:2, 536, 654
3:7–8, 138
3:7, 138, 147
3:8, 138
4:2, 564
5:14–15, 530
5:15, 615
5:21, 535
6:5, 149
6:8, 564
7:4–6, 427
7:15, 138
9:7, 535
9:8–10, 656
9:11, 359

Obadias
17, 572

Jonas
2, 150
3:5ss, 317
3:5-10, 523

Miqueias
3:8, 198, 473
4:1–2, 627
5:1–2, 655
5:2, 351, 363, 377
5:3, 365
5:4, 362
5:11, 260
6:5, 534
6:6–8, 535
6:6, 427
6:8, 530, 565
7:9, 534
7:18, 427

7:19, 436, 655

Naum
1:2, 320

Habacuque
1:12, 564
2:2, 149, 137
2:4, 521
3:3, 564
3:13, 360
3:17–18, 237
3:18, 653

Sofonias
2:11, 627
3:5, 530
3:20, 656

Ageu
2:4-5, 198

Zacarias
1:9ss, 102
3, 284
3:8, 363, 655
5:1ss, 655
6:12–13, 422
6:12, 363, 655
6:13, 363, 655
8:3, 572
8:6, 187
9:9, 363, 422, 655
9:10, 422
12:1, 271
12:10, 199
13:8–9, 656
14:20, 572

Malaquias
2:17, 327, 670
3:1, 131, 199
3:16, 131
4:4, 146
4:5, 655

Mateus
1, 422
1:1, 154
1:20, 200, 400
1:21, 54, 368, 399, 441
1:22, 143
1:25, 412
2:15, 17, 23, 143
2:23, 368, 414
3:2ss, 512
3:2, 418
3:2, 8, 11, 524
3:3, 143
3:5,6, 296

3:6, 371
3:11, 472, 514
3:12, 347
3:14–15, 371, 633
3:15, 132, 406, 429, 432, 561, 581, 632
3:16–17, 200, 416
3:16, 54
3:17, 54, 202, 378, 391
4:1, 416
4:2, 389
4:3, 284, 376
4:4, 138, 505
4:8–10, 423
4:10, 263, 403
4:13, 414
4:14, 143
4:17, 418, 527
4:19, 628
5:3ss, 536, 628
5:3–9, 588
5:5, 672
5:8, 57, 175
5:12, 604, 673
5:13, 594
5:14, 594
5:16, 573
5:16, 35, 45, 418
5:17, 132, 138, 419, 429, 432, 496, 549, 581
5:20ss, 581
5:20, 539
5:20, 48, 539
5:22, 315
5:29, 39, 42, 583
5:42–45, 645
5:45, 69, 85, 187, 235, 378, 495
5:48, 573, 577, 586, 593, 598
6:1–4, 645
6:1, 673
6:4, 604, 670
6:9, 223, 378
6:10, 628
6:12, 557, 598
6:13, 202, 284
6:17, 359
6:19–20, 562
6:23, 509
6:25ss, 562
6:25–30, 69
6:26, 232
6:28, 232
6:30, 588
6:33, 539, 540, 595, 600, 628
7:5, 667
7:11, 512
7:12, 581

11:26, 188, 201, 214
11:27, 54, 55, 64, 187, 201, 202, 203, 371, 378, 418, 419, 457, 484, 513, 540
11:29-30, 632
12:8, 375, 387
12:16, 374
12:18, 335
12:23, 423
12:24, 518
12:28, 200, 372, 470, 539, 628
12:31-32, 205, 319
12:32, 661
12:33, 35, 516
12:33, 516
12:35, 546
12:36, 670
12:40, 375
12:41, 42, 371
12:45, 284, 671
12:50, 566
13:4, 19, 517
13:5, 518
13:7, 518
13:13-15, 418
13:14-15, 508
13:15, 318, 524
13:19, 284
13:24, 46, 628
13:29, 347
13:31-33, 628
13:32, 202
13:33, 659
13:35, 388
13:39, 284
13:41, 375
13:44, 628
13:45, 628
13:46, 600
13:55, 368
13:58, 420
14:14, 420
14:23, 423
14:28, 30, 387
14:31, 588
14:33, 376, 509
15:7, 138
15:13, 513
15:19, 512
15:22, 386, 423
15:24, 296, 627
15:28, 588
15:32, 420
16:1, 420
16:8, 588
16:13-14, 367
16:16-17, 372, 376
16:16, 376, 381, 384, 385
16:17, 107, 508, 513
16:18, 371, 441, 619, 620, 634, 642
16:19, 633, 634
16:20, 374
16:21, 425, 657
16:22-23, 425
16:22, 385
16:24, 583
16:26, 45
16:27, 375, 604, 657
17:1-8, 425
17:5, 378, 391
17:9, 375
17:12, 375
17:15, 386
17:21, 600
18:1-6, 588
18:2-3, 644
18:3, 57, 512
18:10, 65, 260, 263
18:11, 375
18:15-22, 626
18:17, 619, 620, 626
18:18, 633, 634, 645
18:20, 441
19:8, 123
19:11-12, 583
19:13-14, 588
19:14, 644
19:16ss, 340
19:21, 583
19:26, 103, 513, 542
19:28, 375, 454, 511, 632, 672
20:16, 588, 673
20:18, 375
20:19, 449
20:20, 372
20:21, 454
20:25-27, 640, 642
20:25-28, 423
20:27, 432
20:28, 421, 430, 540, 657
20:30, 423
21:2ss, 372
21:3, 387
21:4, 5, 388
21:9, 423
21:11, 368
21:12ss, 372
21:15, 16, 17, 21, 387
21:16, 644
21:19ss, 616
21:27, 202
21:33, 38, 370
21:37, 417
21:42, 464
21:44, 318
22:1, 424
22:2, 202, 370
22:14, 500, 506
22:30, 262, 669
22:32, 325, 662
22:37-38, 123, 314
22:37-40, 580
22:37, 584
22:39, 123
22:40, 585
22:42, 372
22:43-45, 144, 387
22:43, 138, 655
23:1-11, 387
23:8-10, 368, 417, 639
23:7, 371
23:8, 368
23:13ss, 616
23:27, 616
24, 581, 616
24:13, 604
24:14, 226, 658
24:15, 138
24:27, 375
24:30, 657, 664
24:31, 665
24:35, 672
24:36, 260, 378, 658
24:37ss, 667
24:37-38, 78
24:42ss, 388
24:42-44, 658
24:42, 604
25:1, 370
25:5, 24, 667
25:13, 375, 604
25:14ss, 673
25:21ss, 604
25:21, 584
25:31-32, 455
25:31, 454, 665
25:32, 657
25:34ss, 388, 645
25:35ss, 670
25:46, 671
26:13, 439
26:17, 644
26:22, 387
26:26ss, 372
26:26-28, 540
26:26, 367
26:28, 133, 430, 431, 558
26:38, 367, 389
26:39, 371
26:41, 591, 600

26:42, 335
26:53, 420
26:54, 431
26:63-64, 376
26:63, 376, 385
26:64, 375, 452, 454, 659
26:69, 368
27:3, 526
27:11, 424
27:37, 385
27:40, 43, 376
27:40, 54, 376
27:46, 202
27:50, 389
27:54, 376
27:66, 611
28:1, 9, 457
28:5-6, 456
28:6, 446
28:9-10, 447
28:10, 457
28:18-20, 457
28:18, 464, 466
28:19, 204, 205, 378, 392, 457, 628, 633, 634, 644
28:20, 390

Marcos
1:1, 140, 153, 154, 376
1:3, 388
1:4, 15, 524
1:9, 414
1:14-15, 512
1:15, 296, 347, 370, 538
1:21, 29, 633
1:22, 27, 387
1:24, 141, 377, 566
1:34-44, 374, 420
1:38, 351
2:14, 154
2:17, 351
2:19, 370
3:5, 367
3:11, 376
3:12, 374, 420
3:13, 139
3:21-22, 367
3:31, 412
4:27, 664
4:33, 418
5:19, 387
5:22, 35ss, 632
5:43, 374
6:3, 412, 414
6:7ss, 633
6:12, 296
6:13, 360
6:15, 368
7:15, 581
7:21-22, 308
7:21, 299
7:23, 311
7:28, 368
7:36, 374
8:26, 374
8:28, 368
8:30, 374
8:38, 378
9:11-13, 351
9:44, 671
10:18, 371
10:30, 667
10:45, 351
10:47, 368
11:30, 415
12:6-7, 378
12:6, 201, 351
12:26, 146
12:28-34, 581
12:29, 183
12:37, 352
13:32, 378, 403
14:7, 645
14:61, 377
16:1, 360
16:6, 446
16:7, 446
16:12, 447
16:15-16, 66, 296
16:15, 457, 628
16:16, 527
16:17, 475
16:19, 452, 453, 454

Lucas
1:1-4, 140
1:3, 144
1:15, 472
1:16, 16, 524
1:19, 26, 262
1:26, 414
1:32-33, 423
1:32, 377
1:33, 464
1:35, 200, 377, 399, 400, 412, 566
1:38, 132
1:41, 473
1:42-43, 412
1:43, 387
1:70, 143, 226
2:1, 226
2:7, 400
2:11, 38, 387
2:14, 188, 334
2:26-27, 472
2:34, 234, 318, 505
2:35, 505
2:39, 51, 414
2:40, 52, 389, 403, 414
2:41ss, 414
2:49, 373, 378, 414
2:51, 414
2:52, 367, 373
3, 423
3:22, 566
3:29, 368
3:38, 201, 376
4:1, 416, 470, 566
4:13, 567
4:14, 470
4:16ss, 417, 424
4:16, 414, 632
4:17ss, 372, 429
4:18-19, 470
4:20, 632
4:21, 632
4:28ss, 414
4:34, 566
4:43, 351
5:1, 505
5:13, 374
5:27, 154
6:12, 632
6:13, 139, 632
6:27, 138
7:13, 31, 387
7:16, 417
7:29, 550
7:30, 334, 337
7:46, 360
8:7, 518
8:49, 632
9:1ss, 633
9:1, 139
9:20, 202
10:1, 387
10:19, 284
10:21, 367
10:27, 584
10:34, 360
11:20, 372
11:28, 412
11:39, 387
12:32, 188, 418, 540, 600, 628
12:47-48, 57
12:47, 671
13:1-3, 323
13:14, 632
14:26-27, 583
14:33, 512

15:10, 263
15:18, 512, 526
15:24, 513
16, 662
16:22, 263
17:6, 387
17:10, 584
17:21, 628
17:26ss, 667
17:34-36, 671
18:8, 667
18:30, 513
19:3, 504
19:10, 540, 657
22:19-20, 432
22:29, 370, 378, 418, 540, 628
22:32, 524, 604, 634, 634
22:42, 367
22:53, 445
22:69, 454
23:28ss, 616
23:34, 462
23:42, 423
23:43, 46, 662
23:46, 367, 271
23:56, 360
24:3, 446
24:14ss, 457
24:16, 31, 447
24:25, 431, 588
24:26-27, 44-47, 456
24:26, 657
24:27, 366
24:34, 457
24:37, 447
24:39, 446
24:41, 446
24:44ss, 457
24:45, 509
24:46, 406
24:47, 457
24:49, 378, 457, 469
24:49, 53, 473
24:50, 453
24:51, 452, 453

João
1:1-3, 221
1:1-9, 67, 509
1:1,14, 201, 352
1:1, 202, 203, 379, 390, 391, 398
1:3-5, 440
1:3-10, 85
1:3, 202, 203, 214, 260, 272, 297, 352, 390, 403, 492
1:5, 93, 318, 352
1:5, 10, 353
1:7, 351
1:9, 352, 493, 500
1:10, 93, 226, 297, 353
1:11, 353
1:12-13, 519, 628
1:12, 55, 201, 353, 391, 521
1:13, 412, 514, 558, 594
1:14, 51, 54, 67, 352, 367, 379, 384, 389, 391, 398, 400, 402, 499
1:14, 16, 465, 485
1:16, 466
1:17, 116, 419, 575
1:18, 64, 187, 200, 202, 205, 379, 390, 401, 419
1:29-52, 373
1:29, 420, 424, 430, 438
1:29, 36, 644
1:31, 415
1:34, 49, 376
1:34, 50, 378
1:38, 368
1:42, 633
1:43, 387
1:45, 366, 368
2:4, 412
2:11, 420
2:19, 424, 429
3, 527
3:2, 420
3:3-5, 480, 628
3:3-8, 513
3:3, 204, 336, 506
3:3, 5, 519
3:3, 5, 8, 514
3:5, 57, 487, 506, 540, 558
3:6, 308, 438, 438, 515
3:8, 438
3:10, 186
3:11, 472
3:13, 351, 390, 401, 453, 611, 634
3:14, 426, 429
3:16, 55, 175, 187, 200, 202, 379, 399, 431, 438, 544, 576, 604
3:16, 17, 35, 379
3:16, 36, 66, 555
3:17, 106, 379, 438, 657, 669
3:18, 467
3:19-20, 518
3:19-21, 97, 669
3:19, 318, 504, 657
3:29, 370, 464
3:34, 582
3:35, 419, 484, 540
4:1, 512
4:2, 625
4:6-7, 367
4:21-24, 581
4:24, 186, 203, 271, 272
4:25, 361
4:34, 54, 106, 335, 372, 406, 409, 419, 566, 567
4:42, 379, 438
4:48, 420
4:54, 420
5:17, 213, 231, 233, 455
5:18, 201, 378
5:19, 379, 419
5:19, 20, 30, 200, 372
5:20ss, 378
5:20, 201, 379
5:20, 30, 409
5:21, 26, 203, 379
5:22, 443, 670
5:22, 27-29, 657
5:23, 203
5:24ss, 351
5:24, 662
5:24, 30, 37, 379
5:25, 378
5:26, 182, 201, 202, 203, 205, 379, 391, 668
5:27, 379, 540
5:28-29, 668
5:29, 668
5:36, 106
5:39, 132, 366, 643
5:43, 351
5:46-47, 146
5:46, 144
6:14-15, 374
6:15, 423
6:23, 387
6:27, 611
6:29, 554, 578
6:33, 438
6:33, 51, 438
6:37, 39, 514
6:38-40, 335
6:38, 200, 351, 409
6:39, 441, 603, 658
6:42, 368
6:44, 514, 519
6:46, 187
6:48ss, 589
6:51, 429
6:62, 452, 657
6:63, 504, 514
6:68, 566
6:68-69, 382
6:69, 378

6:70, 139
7:16, 409
7:30, 445
7:31, 420
7:38, 138
7:39, 471
7:41-42, 412
8:12, 439
8:20, 445
8:21, 24, 323
8:22, 518
8:26-28, 54
8:26, 372
8:28, 409, 426
8:31, 643
8:34, 308, 313, 505
8:38, 200
8:39-44, 273
8:42, 351
8:44, 261, 285, 293, 314
8:46, 275, 566
8:47, 519
8:58, 352, 401
9:3, 221, 323
9:4, 106, 214
9:11, 368
9:16, 420
9:35, 378
9:39, 318, 504, 657
10:1-30, 588
10:5, 519
10:11, 441
10:11, 15, 18, 429
10:15, 432
10:16, 171, 439, 628
10:17-18, 426, 432, 445
10:18, 335, 372, 406, 409
10:28, 281, 603, 658
10:30, 379
10:33ss, 378
10:33-35, 182
10:35, 138
10:36, 378, 566
10:37, 420
10:38, 379, 483, 484
11:2, 387
11:4, 378, 420
11:11, 663
11:25-26, 58, 280, 604, 662
11:25, 448, 668
11:27, 378
11:35, 389
11:52, 441, 628
12:20ss, 618
12:23, 425, 445
12:23, 27, 445
12:24, 425, 429, 628
12:31, 284, 314
12:32, 34, 426
12:34, 374
12:42-43, 518
12:46, 351
12:47, 438, 657
12:49, 335
12:49-50, 409
12:50, 54, 372
13:1, 445
13:3, 540
13:3, 33, 452
13:13-14, 417
13:13, 639
13:14, 387
14–16, 480
14–17, 621
14:1, 403
14:2-3, 463, 664
14:2, 673
14:3, 658
14:6, 205, 344, 494
14:9, 54, 66, 379, 391, 419
14:10, 419
14:10, 24, 409
14:11, 20, 483
14:13-14, 600
14:13, 403
14:16, 472, 487, 506, 603, 612
14:16, 26, 463
14:17, 472, 633
14:18-20, 659
14:20, 576
14:23, 643
14:26, 139, 203, 204, 458, 469, 471
14:28, 379, 452
14:30, 297, 448
14:31, 426
15, 601
15:1-2, 464, 465
15:1-10, 604
15:2ss, 575
15:2, 347, 604
15:3, 600
15:5, 577, 623
15:8, 573
15:12, 582
15:13, 429
15:19-20, 667
15:26-27, 139
15:26, 201, 203, 204, 205, 336, 381, 458, 463, 471, 472, 611, 633
16:3, 438
16:5, 10, 17, 28, 452
16:7, 336, 463, 471, 472
16:8-11, 467, 471, 472
16:11, 297, 314
16:13-14, 204, 205, 336, 471
16:13-15, 484, 611
16:13, 139, 204, 458
16:14, 139, 205
16:15, 205, 484, 540
16:16, 19ss, 659
16:17, 633
16:23-24, 600
16:27, 201
16:33, 438, 562, 667
17, 462
17:1-3, 53
17:1, 425, 445
17:2, 441
17:3, 175, 183, 186, 200, 385, 403
17:4, 24, 221, 335, 407, 409, 442
17:4, 6, 205, 372
17:5, 24, 202, 352
17:5, 379, 385, 390, 450, 455
17:6, 12, 603
17:6, 64, 200
17:8, 372
17:9, 20, 441
17:10, 484
17:11, 20, 604
17:17-19, 626
17:17, 572, 600
17:19, 188, 404, 568, 573
17:20, 516, 635
17:21ss, 481
17:21-23, 483, 484, 576, 623
17:21, 623
17:24, 201, 218, 379, 443, 463, 604, 612, 658, 664, 672
18:5, 7, 368
18:33, 464
18:37, 351
18:38, 518
19:11, 445
19:19-22, 424
19:19, 368, 385
19:23, 545
19:30, 407, 442
19:33, 36, 644
19:36, 430
19:40, 360
João 20:2, 446
20:8, 203
20:14ss, 457
20:16, 368
20:17, 201, 202, 447, 453
20:20, 645
20:21-22, 470

20:21-23, 457, 473
20:22–23, 473
20:23, 633, 634
20:27, 446
20:28, 379, 388, 392, 457
20:30, 135
20:31, 140, 376, 378, 384
21, 457
21:10, 446
21:15ss, 634
21:15-17, 457
21:18-19, 634

Atos
1:1–12, 452
1:2, 457, 470, 633
1:2, 9, 11, 22, 453
1:21, 452
1:3, 457
1:4, 5, 8, 457
1:6, 373
1:7, 403, 658
1:8, 22, 633
1:8, 457, 628
1:10, 454
1:12, 453
1:13, 154
1:14, 616, 620
1:14–15, 473
1:15ss, 634
1:15, 635
1:16, 143
2:1, 473
2:2, 154
2:4, 473, 474
2:4, 14ss, 475
2:4, 17, 336
2:6, 83
2:6, 8, 475
2:7, 475
2:7, 37, 43, 476
2:14ss, 634
2:21, 388
2:22, 383
2:22–38, 369
2:23ss, 425
2:23, 214, 406, 425, 431, 445, 449, 452
2:24, 200, 445
2:25–27, 445
2:27–28, 568
2:27, 444
2:28, 476
2:30, 150, 400
2:31, 445
2:32, 452, 633
2:32, 33, 36, 383
2:33, 469
2:34, 388, 454
2:35, 388
2:36, 38, 540
2:36, 377, 382, 385, 443, 450, 463
2:37, 504, 526, 633
2:38, 387, 524, 527, 625, 635, 644
2:39, 644
2:41, 617
2:42, 481, 620, 623, 635, 637, 640
2:43, 635
2:44, 624
2:46, 617, 620
2:47, 619
3:1, 617
3:6, 106, 383, 387, 629, 634
3:10, 476
3:11, 620
3:14ss, 425
3:14, 566
3:15, 450, 462, 568, 633
3:17–26, 617
3:18, 143
3:19, 524
3:20, 664
3:21, 438, 452
3:26, 445
4:1ss, 625
4:2, 452
4:8ss, 634
4:8, 31, 476
4:10ss, 425
4:10, 106, 383
4:11, 464
4:12, 344, 450, 494
4:13, 476
4:18, 387
4:25, 143
4:27, 566
4:28, 214, 406, 425, 431, 436, 445
4:32–35, 624
4:37, 635, 637
5:2, 635, 637
5:3–4, 204
5:4ss, 634
5:5, 11, 13, 24, 476
5:5, 12, 15, 16, 476
5:8, 40, 637
5:11, 619
5:12, 617
5:14, 618
5:17ss, 625
5:30–31, 106, 383, 540
5:30, 383
5:31, 382, 385, 388, 443, 450, 452, 463, 527, 557, 568
5:32, 381
5:41, 387
5:42, 620
6, 638
6:1–6, 638
6:1, 618
6:3, 10, 476
6:4, 638
6:5, 476
6:7, 617
6:8–7:60, 617
6:12ss, 625
6:13–14, 618
7:22, 144
7:38, 116, 617
7:45, 368
7:55–56, 454
7:55, 452, 476
7:59, 271, 403, 663
8:1, 617, 619
8:4, 14, 25, 617
8:7, 13, 476
8:13ss, 518
8:13–25, 636
8:14, 634
8:15, 204
8:17, 476
8:26ss, 618
8:29, 107
8:39, 476
9:1ss, 625
9:3ss, 476
9:5, 508
9:6, 506
9:13, 403, 573
9:13, 32, 41, 573
9:17, 476
9:23ss, 625
9:31–32, 636
9:31, 476, 487
9:35, 524
10, 618
10:1ss, 634
10:19, 476
10:36, 388
10:38, 616
10:42, 214, 388, 450, 670
10:43, 344, 387
10:44, 204
10:46–47, 474
10:46, 474, 476
10:47, 474
10:48, 625
11:15, 204

11:17, 474
11:18, 527
11:19, 617
11:20, 618
11:21, 524, 527
11:22, 619
11:24, 476
11:26, 619
11:28, 476, 637
11:29, 642
11:30, 638
12:12, 154, 620
12:25, 637
13:1, 619
13:2ss, 618
13:2, 204, 476, 637
13:5, 14, 618
13:5, 637
13:12, 132
13:25, 383
13:33, 449
13:35-37, 568
13:36, 663
13:37, 445
13:39, 542
13:46, 618
13:48, 214, 334, 335, 519, 603
13:50, 625
13:52, 476
14:2, 625
14:4, 14, 632
14:15, 186, 524
14:16-17, 85
14:16, 70, 84
14:17, 70, 495
14:20ss, 619
14:22, 628
14:23, 639
15, 642
15:2ss, 638
15:7ss, 634
15:8, 474, 476
15:10, 631
15:11, 344
15:14, 618
15:19, 524
15:21, 631
15:28, 204, 476
15:40, 637
16:6, 476
16:6, 7, 9, 477
16:13, 390
16:14, 506, 509
16:37, 625
17:5, 625
17:9, 625
17:11, 620, 643
17:17, 618
17:24ss, 355
17:24, 226
17:25, 182, 220
17:26, 70, 84, 233, 493
17:27-28, 69, 182
17:27, 66, 70, 101, 232, 329
17:28, 73, 103, 142, 178, 201, 231, 266, 494
17:31, 214, 388, 670
18:2, 18, 642
18:4, 6, 618
18:17, 625
19:2, 472
19:4, 383
19:6, 474, 476
19:9, 318
19:17, 387
19:32, 39 e 41, 617
19:35ss, 625
20:7, 620
20:8, 620
20:17, 640
20:20, 620, 643
20:20, 27, 643
20:22, 476
20:23, 476
20:27, 334
20:28, 388, 431, 441, 483, 639, 640
20:34, 497
20:35, 383
21:8, 637
21:9, 637
21:10, 637
21:11, 476
21:18, 620, 639
21:28, 639
21:32, 625
22:8, 368, 387
22:16, 403, 625, 644
22:25, 625
23:17ss, 625
24:5, 14, 619
24:15, 668
25:10, 625
26:9, 387
26:10, 573
26:18, 314
26:18, 20, 524
26:20, 524
28:22, 619
26:27-28, 519
28:25-28, 618

Romanos

1:2, 132, 344
1:3-4, 412, 449
1:3, 367, 383, 385, 389, 400, 423, 497
1:4, 377, 470, 485, 568
1:7, 573, 626
1:16-17, 645
1:16, 502, 504, 618
1:17, 542, 544, 549, 554
1:18-23, 195
1:18-32, 296
1:18–3:20, 305
1:18, 188, 234, 320, 436, 542
1:19ss, 355
1:19-20, 85
1:19, 70, 550
1:20-23, 55
1:20-32, 96
1:20, 101, 493
1:20, 32, 530
1:21ss, 355, 498
1:21-23, 88
1:21, 233, 308, 508
1:21, 72
1:24, 234
2:1-3:20, 297
2:2-11, 188
2:5-10, 320
2:6, 320
2:7-8, 604
2:7, 604
2:8, 234, 671
2:9, 618
2:12, 671
2:14-15, 85, 234, 493, 494, 585
2:15, 530
2:16, 670
2:18, 20, 497
2:28-29, 644
2:29, 347
3:1, 618
3:2, 355
3:4, 497
3:5, 21, 22, 25, 26, 544
3:8, 337, 571
3:9, 297, 543
3:13-17, 308
3:19-20, 117, 296
3:19, 542
3:20ss, 550
3:20-28, 553
3:20, 118, 292, 542, 542
3:20, 28, 542
3:21-26, 497, 542, 549
3:21, 345, 542, 543
3:23-24, 543
3:24, 544, 553
3:25-26, 432, 543

3:25, 187, 383, 431, 435, 436, 543, 544, 545, 553
3:26, 542, 550
3:31, 496, 549, 560
3:39, 603
4, 111
4:1ss, 542
4:2-6, 543
4:2, 543
4:3-8, 497
4:3, 344
4:3, 5, 9, 22, 552
4:3, 6, 11, 550
4:4ss, 553
4:4-5, 543, 544
4:5, 542, 549, 550
4:6, 542, 576
4:7, 555
4:11ss, 112
4:11, 344, 611, 644
4:15, 117, 541, 542
4:16-22, 112
4:16, 553
4:17, 219, 305
4:18ss, 607
4:25, 432, 450, 551, 557
5, 307
5:1-2, 497
5:1, 438, 607
5:1, 5, 611
5:3, 230, 463, 487
5:5, 487
5:7-8, 433
5:8, 431, 432, 544
5:9, 383, 431, 450
5:9, 10, 437
5:10, 407
5:10-11, 437
5:11, 437
5:12-14, 117, 306
5:12-21
5:12, 306, 436, 447
5:13, 20, 117
5:14, 305, 308, 345
5:15ss, 305
5:15, 19, 441
5:18, 307, 550, 554
5:19, 305, 550
5:20, 116, 541
6:1, 571
6:2, 451, 561, 571
6:3ss, 438, 451, 524, 598
6:3-4, 625
6:3-11, 571
6:4ss, 576
6:4, 497, 514, 515, 521, 644
6:5, 452
6:6, 590
6:8-10, 452
6:8, 477
6:10, 451
6:11, 365, 482, 577
6:13, 308
6:14, 571, 577
6:15, 561
6:19, 515, 573, 598
6:20, 505
6:23, 306, 436, 447, 608
7:1ss, 438
7:1-4, 558, 561
7:1-6, 581
7:4, 560, 577
7:5, 497
7:7-25, 598
7:7, 118, 301, 497, 542
7:8, 117, 515, 541
7:12, 14, 541
7:14-26, 590
7:14, 313, 586
7:15-21, 515
7:18, 598
7:19, 580
7:21, 546, 591
7:22, 515, 546
8:1, 10, 482
8:2, 14, 487
8:2, 482, 487
8:3, 7, 581
8:3, 8, 542
8:3, 389, 399, 412, 430, 432, 495, 496, 541, 542
8:4ss, 487, 576
8:4-9, 590
8:4, 560, 581
8:4, 9, 15, 482
8:5, 577
8:7, 308, 340, 506, 541
8:8, 668
8:9-10, 482
8:9, 203, 514
8:9, 13, 497
8:10-11, 611
8:11, 487
8:14-16, 559
8:14, 143, 506
8:15-16, 483, 608
8:15, 132, 201, 336, 438, 463, 487, 611
8:16, 502, 519, 611
8:17, 352, 438, 559, 594, 604, 608, 667
8:18-23, 559
8:19, 612
8:20, 323
8:21, 660, 672
8:23, 477
8:24, 175
8:26, 487
8:27, 204
8:28-30, 506
8:28, 214, 230, 334, 562, 572
8:29-30, 214, 554
8:29, 203, 267, 334, 438, 464, 515, 603
8:30, 334, 438, 514, 519, 552, 572, 604, 608
8:31-34, 434
8:31, 237, 438, 614
8:32, 202, 377, 391, 431, 432, 607, 611
8:33-34, 550, 552, 561
8:33, 607
8:34, 383, 454, 553
8:35, 237
8:35, 39, 562
8:38-39, 281
8:38, 438
9:2, 618
9:3, 618
9:4-5, 355
9:4, 558
9:5, 203, 355, 367, 389, 392, 400, 401, 412
9:6-8, 500
9:6, 347
9:8, 347, 441
9:11, 214, 334, 603
9:13, 334
9:15-16, 335
9:16, 506
9:18, 234
9:19-20, 337
9:20-21, 234
9:22, 671
9:25-26, 618, 666
9:32, 318, 541, 543
10:3, 543, 544
10:5, 340, 541
10:9-10, 162
10:9, 348, 389
10:12-13, 403
10:13, 390
10:18, 439, 501
10:20, 144
11:1-5, 618
11:5, 334
11:6, 341, 546
11:7, 25, 318
11:8-10, 496
11:13ss, 618
11:14, 618

11:17-24, 618
11:17, 666
11:20-22, 604
11:25, 70, 618
11:29, 604
11:32, 297, 305, 543
11:33, 46, 66
11:34-35, 338
11:36, 65, 182, 219, 221, 232, 333
12:2, 117, 515, 581
12:3, 588
12:4-5, 465, 589
12:4, 481
12:5, 481
12:6-8, 588
12:6, 622
12:7–8, 643
12:8, 638, 639, 645
12:10, 497
12:13, 645
12:14, 17, 626
12:15, 646
13:1-7, 625
13:8-10, 580, 582
13:8, 124
13:10, 626
13:12, 577
13:14, 576
13:18, 642
14, 487, 497, 624
14:1ss, 589
14:6-8, 624
14:9, 403, 443, 670
14:14, 596, 626
14:17, 487, 611, 628
14:20, 572
15:1, 589
15:3, 420
15:4, 581, 643
15:8, 383
15:12-13, 116
15:13, 487, 611
15:13, 16, 487
15:17ss, 598
15:18-19, 477
15:19, 139
16:3, 642
16:5, 620
16:5, 14 e 15, 620
16:9, 637
16:16, 642
16:21, 637
16:25, 26, 441
16:27, 187

1Coríntios
1:2, 388, 572, 573, 594, 626
1:9, 604
1:14-17, 625
1:18, 505
1:21, 93
1:23, 449, 508, 518
1:25-29, 625
1:30, 202, 542, 545, 546, 553, 554, 568, 571, 575, 628
1:31, 582
2:4, 10-13, 140
2:6, 589
2:7, 334
2:8, 383
2:9, 594
2:10-16, 642
2:10, 46, 187, 221
2:11, 203, 204, 271
2:12, 107, 142, 515
2:14, 482, 506, 508
2:16, 482
3:1-4, 598
3:2, 589
3:5-9, 509
3:6-9, 506
3:6, 664
3:7, 504
3:9, 514
3:10-16, 620
3:10, 464
3:11, 370, 637
3:16-17, 482, 626
3:16, 204, 622
3:19, 46
3:21-23, 67, 562
3:23, 202
4:1, 633, 644
4:3, 598
4:5, 670
4:6-7, 477
5:2, 645
5:3-4, 271
5:4, 645
5:5, 626
5:7, 430, 644
5:10, 626
5:12, 589
6:9-11, 515
6:10, 525
6:11, 487, 598, 626
6:11, 19, 573
6:12, 393
6:13, 280, 447, 669
6:14, 668
6:15ss, 577
6:15-20, 525
6:17, 482, 576
6:19-20, 622
6:19, 482, 626
6:20, 577
7:7ss, 583
7:10-12, 383
7:12, 626
7:14, 644
7:20-24, 562
7:20, 626
7:31, 672
7:39, 626
8:1, 393
8:4, 200
8:6, 201, 202, 203, 389, 622
8:7ss, 589
8:12, 626
9:2, 611
9:5, 383, 633
9:14, 583
9:15, 598
9:20, 618
9:22, 589
10:3-4, 589
10:11, 581, 658
10:13, 285, 603
10:16-17, 645
10:18, 618
10:20, 626
10:25, 589
10:27, 28, 626
10:31, 586, 624
11:1, 383
11:3, 466
11:5ss, 598
11:7, 265
11:8, 245
11:23, 383
11:25, 431
11:28, 644
11:30, 663
12–14, 477
12:3, 205, 336, 381, 382, 389, 449, 478, 506, 514, 519, 611, 624
12:4ss, 624
12:4-11, 478, 588
12:7, 478, 623
12:8-10, 477
12:8, 142
12:11, 204, 389
12:12ss, 481, 589
12:12-27, 336, 465
12:12-30, 478
12:12, 345, 622
12:13, 623
12:19, 622

12:27, 622
12:28, 637, 638, 639, 640
12:31, 478
13:1-3, 478
13:1, 580
13:2, 47
13:4-7, 478
13:8-13, 478
13:12, 673
13:13, 626
13:14, 205
14, 474
14:1, 478
14:4, 637
14:6, 18, 477
14:12, 478, 623
14:20, 479
14:33, 40, 629
14:34, 582
15:2, 504
15:3-4, 366
15:3-5, 406
15:5, 383, 457
15:7, 633
15:9, 634
15:10, 509
15:12ss, 452
15:14, 445
15:18, 663
15:20-23, 668
15:20, 383
15:21, 447, 448, 306, 308
15:22, 306, 308
15:23-28, 658
15:24-26, 663
15:24-28, 628
15:24, 443
15:24, 28, 672
15:25-27, 464
15:25, 443, 455, 664
15:27, 455
15:28, 133, 466
15:31, 598
15:42-44, 669, 673
15:44, 447, 487
15:45-49, 280
15:45, 345, 470
15:45, 47, 322
15:47, 352
15:48-49, 515
15:49, 572
15:51, 658
15:52, 665
15:55, 438
15:56, 117, 118, 541
16:1, 642
16:2, 620
16:15-16, 639
16:19, 620
16:20, 642
16:21, 147

2Coríntios
1:9, 668
1:12, 598
1:20, 133, 603
1:22, 477, 483, 487, 608
2:5-10, 626
2:16, 318, 504
2:17, 140
3:6ss, 153
3:6, 581
3:7, 504
3:14, 153
3:17, 470, 482, 581
3:18, 365, 516, 572
4:3-6, 611
4:4, 267, 284, 314, 391
4:5, 389
4:6, 66, 509
4:11, 482
4:13, 162, 611
4:16, 589
5:3, 545
5:5, 477, 487, 608
5:7, 576
5:8, 663
5:9, 438
5:10, 188, 320, 454, 661
5:13, 571
5:14, 15, 21, 432
5:15, 403, 433, 451, 516
5:16, 385
5:17, 482, 514, 572, 672
5:18-20, 437
5:18, 437, 572
5:19, 485, 551
5:21, 383, 430, 433, 553, 561, 566
6:9-10, 562
6:14, 626
6:16, 186, 441
6:18, 376, 521
6:15, 284, 572
6:3ss, 598
7:9, 10, 524
7:10, 526
8:1, 642
8:9, 352, 485
8:23, 637
9:1, 642
9:6, 673
9:9, 582
10:4, 642
10:17, 189
11:2, 620
11:3, 284
11:23ss, 634
11:28, 156
12:1-7, 477
12:9, 598
12:10, 593
12:11, 634
12:12, 477
13:5, 348, 482, 576
13:12, 642
13:13, 343, 389, 392
13:14, 204, 205

Gálatas
1:1, 140
1:2, 620
1:6-8, 153
1:8, 140, 643
1:11, 347, 506
1:12, 140
1:15, 144
1:16, 509, 509
1:17, 633
1:19, 383
1:22, 620
2:2, 477
2:6-9, 636
2:9, 155
2:10, 642
2:11-14, 624
2:11, 634
2:16, 542, 553
2:19, 438, 560, 561, 577
2:20, 438, 451, 482, 514, 515, 516, 521, 571, 576
3:1, 382, 598
3:2, 598
3:5ss, 111
3:6, 543, 552
3:8, 344
3:8, 14, 666
3:10-11, 12, 117
3:10, 188, 320, 436, 542
3:10, 12, 541
3:10, 13, 19, 497
3:11, 542, 553
3:12, 340
3:13, 383, 432, 433, 437, 438, 545, 561, 581
3:14, 477, 576
3:14, 29, 666
3:15ss, 113
3:16, 367, 389, 666
3:17-19, 116
3:17, 114
3:18, 21, 539
3:19-20, 116

3:19, 116, 117, 541
3:21, 118, 541
3:22-25, 542
3:22, 297, 543
3:22, 26, 116
3:23-24, 561
3:23, 558
3:24, 497
3:27, 516, 521, 524, 571, 576
4, 132
4:1-2, 561, 588
4:3, 524
4:4-5, 558
4:4-7, 588
4:4, 333, 367, 377, 383, 389, 398, 400, 412, 561, 581
4:5, 438, 594
4:5, 26ss, 581
4:6, 487, 559, 611
4:7, 118, 558, 559, 604
4:8, 355
4:19, 516
4:26, 133
4:29, 441
4:31, 571
5:1, 438, 561, 581
5:1, 6, 577
5:1, 13, 571
5:6, 554, 576, 580
5:13, 642
5:14, 124, 496, 580, 582
5:16, 25, 487
5:17-26, 590
5:17, 515, 591, 598
5:18, 487, 581
5:19-20, 591
5:19, 626
5:22, 591, 626
5:23, 487
5:24, 601
6:2, 646
6:10, 582, 626
6:14, 516
6:16, 441

Efésios
1:3, 201, 453, 575, 628
1:4, 218, 334, 335, 336, 344, 409, 483, 603, 613
1:4, 9, 11, 201
1:5, 334, 519, 559
1:5, 9, 214, 334
1:5, 11, 214, 334
1:6-7, 483
1:6, 221, 391
1:7, 431
1:9, 334
1:10, 70, 83, 133, 333, 346, 438, 440, 441, 466, 483
1:11, 142, 214, 334
1:13, 336, 483, 487, 608, 611
1:14, 477
1:17, 189
1:18, 506
1:20-23, 443
1:20, 454
1:21, 226, 262
1:22-23, 336, 465, 575
1:22, 639
1:23, 390, 465, 481, 484, 672
2:1-2, 506
2:1, 323, 514
2:2-3, 525
2:2, 284, 314
2:3, 436
2:6, 482
2:7, 187
2:8, 187, 335, 519
2:10, 482, 514, 546, 572, 574, 662
2:11-12, 355
2:12, 651
2:14ss, 70, 624
2:14-15, 133
2:15, 83
2:18-22, 487
2:18, 622, 623
2:18, 22, 483
2:20-22, 620
2:20, 370, 464, 520, 572, 635, 642, 643
2:21, 465
3:2, 140
3:3-9, 441
3:9, 221, 509
3:10, 46, 263
3:11, 214, 334, 335, 344
3:12, 403
3:15, 179, 201
3:16, 589
3:17, 576
3:18-19, 622
3:19, 466, 484
3:20, 593
4:3-4, 487
4:3-6, 345, 622, 642
4:4-6, 624
4:4, 623
4:5-7, 59
4:7, 622
4:8-10, 453, 470
4:8, 453, 470, 485
4:9-10, 443
4:9, 386, 444
4:10, 390, 401, 452, 454, 665
4:11-12, 635
4:11-13, 630
4:11, 637, 640
4:12, 465, 640
4:13, 16, 484
4:13, 466, 622, 623
4:15, 465
4:15, 16, 465
4:16, 336, 623
4:18, 505
4:21ss, 577
4:22-24, 438, 576, 590
4:23, 515
4:24, 267, 515, 601
4:30, 336, 438, 477, 483, 487, 506, 603, 608
4:32, 555
5:2, 430, 431, 577, 626
5:5, 539
5:6, 542, 577
5:8, 505, 577
5:10, 581
5:19, 600
5:22ss, 578
5:23, 403, 465
5:25-26, 441
5:25, 464
5:26-27, 188
5:26, 572
5:27, 443, 658
5:30-31, 576
5:31-32, 603
5:32, 576
6:1ss, 578
6:1, 644
6:10, 576
6:11, 261, 314
6:14-17, 642
6:16, 576, 600
6:18, 600

Filipenses
1:1, 638, 639
1:6, 598, 604, 608
1:9, 443
1:10, 581
1:19, 482
1:21, 482
1:23, 663
1:24, 662
1:29, 519
2:5, 593
2:6-7, 398, 412
2:6-8, 657
2:6-11, 665

2:6, 202, 203, 352, 377, 383, 390, 398
2:7-8, 352, 406
2:7, 367, 398, 412
2:8, 335, 421, 432, 567
2:9-11, 443, 455, 463
2:9, 335, 383, 403, 450, 452
2:10-11, 467
2:10, 221
2:11, 389, 671
2:12-13, 574, 601
2:13, 142, 506
2:16ss, 598
2:25, 637
3:2, 618
3:4ss, 598
3:5-7, 541
3:6, 541
3:9, 541, 543, 546, 553
3:12, 598
3:15, 589
3:20, 452, 664
3:21, 572, 669
4:3, 637
4:8, 596, 626
4:13, 580

Colossenses
1:9-11, 506
1:13, 391
1:15, 203, 267, 272, 352, 390, 391, 466, 492
1:15, 16, 403
1:16, 202, 221, 260, 262, 297, 352
1:17, 232, 352, 390
1:18, 203, 445, 465
1:18, 24, 620
1:19, 402, 484
1:20, 383, 431, 438, 440
1:23, 501, 604
1:24, 365, 481, 662
1:26, 27, 441
1:27, 403
2:3ss, 393
2:3, 46, 575
2:6, 576
2:7, 572
2:8, 46
2:8, 20, 524
2:9, 401, 402, 465, 484, 575
2:10, 262, 465, 466, 601
2:11-12, 524
2:11, 644
2:12, 571
2:12, 20, 482
2:14, 383
2:15, 453, 467
2:17, 132
2:19, 465
2:20ss, 562
3:1, 454
3:3, 482
3:4, 482
3:5, 601, 626
3:5, 7, 525
3:6, 542
3:9-10, 590
3:10, 267, 515, 576, 601
3:11, 484, 576
3:12, 626
3:14, 626
3:16, 600
3:17, 576, 586, 624
3:18ss, 578
3:20, 644
4:5, 626
4:10-11, 637
4:11, 368
4:14, 154
4:15, 620
4:16, 160, 642

1Tessalonicenses
1:5-6, 506
1:9, 524, 525
1:10, 452
2:10ss, 598
2:10, 593
2:13, 140, 520
2:14-16, 618
2:15, 383
3:2, 637
3:12, 582, 626
3:13, 593, 665
4:6, 320
4:9, 582
4:14-16, 452
4:14, 16, 663
4:15, 658
4:16, 665
5:2, 4, 658
5:6, 604
5:10, 432
5:12, 639
5:14, 626
5:23, 515, 572, 573, 604

2Tessalonicenses
1:5, 628
1:10, 443
1:11, 188
2:2ss, 659
2:3ss, 667
2:7, 625
2:11, 234
2:13, 487
2:15, 140
2:17, 580
3:6, 645
3:14, 140, 645

1Timóteo
1:1, 660
1:5, 124, 580
1:11, 391
1:12, 140
1:17, 236
1:19-20, 605
2:2, 625
2:3, 391
2:4, 439
2:5, 200
2:6, 432
2:14, 284
3:1ss, 639
3:2, 639
3:8ss, 638
3:8, 638
3:15, 161, 186, 643
3:16, 452, 453
4:4, 562, 596, 626
4:8, 596
4:14, 639
5:17-22, 639
6:13, 426
6:15, 189, 236, 664
6:16, 176, 187
6:17, 186

2Timóteo
1:9, 214, 409, 546
1:10, 391
1:10, 11, 441
2:1, 576
2:2, 643
2:13, 398
2:15, 643
2:17-28, 605
2:19, 487, 578
2:20, 347
3:5, 348, 519
3:15, 581
3:16, 139, 140
4:2, 643
4:5, 637
4:10, 519, 605, 614
4:11, 154
4:19, 642

Tito
1:3, 391
1:4, 391

1:5-9, 639
1:5, 639
1:5, 7, 640
1:6-9, 639
1:10-16, 626
1:15, 308
2:10, 391
2:11, 439
2:13, 391, 660
2:14, 572, 626
3:1, 625
3:3, 511, 525
3:5, 336, 487, 511, 546, 553, 572, 644
3:6, 391
3:10, 643, 645

Filemom
1, 24, 637
2, 620

Hebreus
1:1, 418
1:1, 8, 391
1:2-3, 232, 459
1:2, 221, 297, 352, 403
1:2, 10, 352
1:3-4, 463
1:3-13, 352
1:3, 13, 460
1:3, 54, 202, 231, 352, 390, 391, 398, 454, 461, 492, 505
1:5, 377, 449
1:6, 403
1:8-9, 203, 392
1:11-12, 672
1:13, 454
1:14, 261, 263
2:1, 604
2:8, 455
2:8, 9, 460
2:9, 432, 455, 567
2:10ss, 461
2:10, 406, 462, 567
2:11, 464, 567
2:12, 617
2:14, 389, 400, 448, 460
2:14, 17, 367, 400
2:17, 412, 430, 435, 436, 459, 461, 462, 567
2:18, 417, 462
3:1, 426, 632
3:2, 408
3:5-6, 408
3:6, 461
3:7, 138
3:14, 604
3:17-19, 607
4:1, 604
4:8, 368
4:9, 277, 280, 663
4:12, 502, 505, 548
4:14, 452, 454
4:15, 367, 400, 416, 417, 461, 462, 566, 567
4:16, 460, 463
4:15, 412
5:5, 408, 449, 461
5:7-8, 367, 383
5:7-9, 485
5:7-10, 461
5:7, 567
5:8-9, 404
5:8, 335, 421, 461, 567
5:9, 404, 567
5:10, 459, 461
5:12, 504
6:1, 422
6:4-8, 319, 604, 605
6:11, 604
6:13ss, 114
6:16-18, 603
6:17, 214, 334, 603
6:20, 452, 459, 461
7:3, 459
7:10, 421
7:14, 367, 389, 421, 460
7:17, 422
7:18, 429
7:23, 429
7:24, 459
7:25, 463, 485, 604
7:26-28, 459
7:26, 383, 430, 566
7:27, 429, 460, 461
7:28, 461
8:1, 454, 460, 463
8:2, 461
8:3, 460
8:4, 460
8:5, 429
8:6ss, 153
8:6-13, 460
8:7, 429
8:8-10, 618
8:10, 515, 603
8:12, 556
9:7, 429
9:9, 13, 429
9:11-12, 460
9:12ss, 430
9:12, 430, 461, 462
9:12, 14, 431
9:12, 26, 28, 460
9:14-22, 460
9:14, 200, 204, 470, 459, 525, 579
9:14, 26, 430
9:15-22, 430
9:17, 603
9:24, 452
9:26, 28, 460
9:27, 326, 670
9:28, 665
10:1, 132, 428, 429
10:4, 429
10:5-7, 409, 461
10:5-9, 432, 459, 566
10:6, 18, 432
10:7, 9, 389
10:10-14, 460
10:10, 601
10:10, 14, 460
10:12, 454, 460
10:14ss, 603
10:16, 515
10:19ss, 422
10:20, 340, 462
10:22, 463
10:24, 626
10:25-29, 319
10:25, 617
10:25, 37, 658
10:26-31, 604
10:31, 186, 671
10:37, 659
11:3, 185, 218, 219
11:4, 77
11:8-21, 113
11:40, 231, 622
12:1, 4, 626
12:2, 383, 426, 454, 462, 567
12:4, 601
12:5-8, 562
12:5-11, 662
12:9, 201, 271
12:14, 573
12:15-17, 319
12:17, 526
Hebreus, 12:18, 116
12:22, 264
12:23, 621
12:24, 430, 431
12:27, 132
13:7, 639
13:8, 390
13:11, 430
13:12, 383, 430, 460
13:20-21, 572
13:20, 603

Tiago
1:1, 18, 618
1:13, 234
1:14-15, 312
1:15, 325
1:17, 182, 234
1:18, 514
1:18, 21, 522
1:22, 57, 500
1:27, 645
2:2, 617, 620
2:8, 580, 582
2:10, 313, 314, 545
2:19, 57, 273
2:20ss, 554
3:2, 599
3:9, 266
4:4, 297
4:12, 548, 670
5:8, 658
5:9, 658
5:14-16, 639
5:14, 360, 645

1Pedro
1:2, 205, 392, 430, 487, 514
1:2, 19, 431, 514
1:3-5, 608
1:3, 21, 660
1:3, 451, 485, 515
1:4-5, 604
1:4, 149, 463
1:5, 333
1:6, 658
1:10-11, 356
1:10-12, 139
1:11, 132, 365, 366, 383, 410, 418
1:12, 263, 581
1:15, 573
1:17, 320
1:19, 430, 566
1:20, 409, 658
1:23, 502, 515
1:23, 25, 522
1:25, 504
2:4-6, 464
2:4-8, 464
2:5, 572
2:7, 505
2:9-10, 593, 594
2:9, 188, 345, 618, 621, 642
2:13ss, 578
2:13-17, 625
2:21, 383, 426, 432
2:22, 275, 383, 566
2:24, 389, 420
3:1ss, 578
3:1, 626
3:4, 515
3:15, 162
3:16, 576
3:18-22, 661
3:18, 430, 432, 566
3:19-20, 80
3:19-21, 444
3:19, 271
3:19, 22, 453
3:20-21, 625
3:20, 79
3:21, 625
3:22, 452, 453, 454, 470
4:6, 661
4:8, 582
4:10, 623
5:1-2, 640
5:1, 639
5:2-3, 635
5:3, 640, 642
5:7, 231
5:8, 604
5:10, 601, 658
5:13, 154, 634

2Pedro
1:1, 391, 392, 544
1:4, 267, 593, 594
1:7, 582, 626
1:10, 601
1:11, 391
1:19-21, 138
1:21, 107, 143, 144, 581
2:1, 605
2:4, 261, 284
2:5, 79
2:18-22, 604
2:20-21, 149
2:20, 391
3:6, 7, 10, 672
3:8-9, 659
3:9, 439
3:10, 12-13, 658, 672
3:11, 573
3:15-16, 160
3:18, 391, 576, 589

1João
1:1-3, 140, 384, 558
1:1, 381, 390
1:3, 516, 635
1:5, 176, 182, 234, 382
1:7, 431
1:8, 599
1:9, 189, 544, 557
2:1, 204, 566, 604
2:2, 432, 435, 436, 438, 462, 463
2:6, 24, 27, 604
2:12-14, 589
2:15, 297
2:17, 46, 297, 672
2:18ss, 393
2:18, 164, 658
2:19, 605
2:20, 142, 519, 593, 594, 642
2:21-24, 519
2:22ss, 391
2:22, 155, 382, 384, 400, 667
3:2-3, 384
3:2, 516
3:4, 292
3:5, 383, 566
3:6, 24, 604
3:8, 285, 438
3:9, 280, 514, 604, 605, 608
3:23, 582
3:24, 142
4:1ss, 393
4:1, 643
4:2-3, 162, 164
4:3, 142, 155, 667
4:6-13, 142
4:8, 187
4:9, 379
4:10, 432, 435, 436
4:12ss, 604
4:14, 657
4:15, 384
4:18, 281, 580
4:19, 56
4:20, 382
4:21, 582
5:1, 608
5:2, 516
5:4-6, 205
5:4, 230, 576
5:5ss, 393
5:5, 384
5:6, 384, 431
5:16, 319
5:18, 514
5:19, 297
5:20, 54

2João, 160
5, 582
9, 643
10, 645

3João, 160
9, 639

Judas

6, 160

Apocalipse

1-3, 589
1:3, 658
1:4-6, 205, 392
1:4, 204
1:4, 8, 659
1:5-6, 370
1:5, 426, 431, 464, 594
1:6, 411
1:7, 664
1:10, 620
1:11, 17, 352
1:13, 452
1:18, 442, 450, 462
2–3, 673
2:1-8, 639
2:1, 454
2:2, 633, 645
2:5, 16ss, 527
2:7, 604
2:9, 618
2:10, 26, 604
2:17, 204, 673
2:26, 667
3:1, 470
3:3, 658
3:7, 566
3:9, 618
3:11, 658
3:14, 352, 390, 426
3:21, 454, 455, 667
4:7, 154
4:11, 218, 219, 220, 231
5:5-6, 611
5:5, 367, 383
5:6-9, 430
5:6, 430, 462
5:9, 431, 441
6:2, 657
6:9, 663
6:10, 663
6:16-17, 671
7:1-4, 611
7:9, 70, 663
7:15, 280
7:16-17, 673
9:13-15, 364
12ss, 314
12:7-11, 667
12:9, 284
12:10, 202, 284, 438
13:8, 409
14:13, 280, 663
15:3-4, 674
16:15, 658
17:8, 409
17:14, 464
18:20, 633
19:6, 236
19:10, 132, 356, 418
19:11-16, 667
19:11, 657
19:11, 15, 21, 671
19:13, 391
19:14, 261, 665
20:1-3, 667
20:3, 611
20:3, 4, 6-7, 667
20:4, 667
20:4, 6, 663
20:6, 667
20:7-10, 667
20:12-13, 668
21:1, 438, 672
21:2, 464, 673
21:3, 12, 618
21:3, 133
21:4, 673
21:8, 260, 671
21:9, 464
21:14, 633, 635
21:24, 83
21:25, 279
22:5, 279
22:7, 658
22:9, 263
22:10, 611, 658
22:12, 20, 664
22:12, 320, 604, 673
22:13, 333, 352, 390, 664
22:14, 539
22:16, 383
22:17, 664

Este livro foi impresso pela Lis Gráfica, em 2023, para a Thomas Nelson Brasil. A fonte do miolo é Lora. O papel do miolo é pólen natural 70g/m², e o da capa é cartão 250g/m².